열반종요 涅槃宗要

원효학 토대연구소
원효전서 번역총서 01

열반종요涅槃宗要
-
초판 인쇄 2019년 5월 13일
초판 발행 2019년 5월 20일
-
저   자 박태원
발행인 이방원
편   집 정우경 · 김명희 · 안효희 · 윤원진 · 정조연 · 송원빈
디자인 손경화 · 박혜옥 **영 업** 최성수 **마케팅** 이미선
-
발행처 세창출판사
　　　　신고번호 제300-1990-63호
　　　　주소 03735 서울시 서대문구 경기대로 88 냉천빌딩 4층
　　　　전화 02-723-8660 팩스 02-720-4579
　　　　이메일 edit@sechangpub.co.kr 홈페이지 www.sechangpub.co.kr
-
ISBN 978-89-8411-817-1 94150
　　　　978-89-8411-815-7(세트)

_ 이 도서의 국립중앙도서관 출판예정도서목록(CIP)은 서지정보유통지원시스템 홈페이지(http://seoji.nl.go.kr)와
　국가자료공동목록시스템(http://www.nl.go.kr/kolisnet)에서 이용하실 수 있습니다.(CIP제어번호: CIP2019017625)
_ 이 저서는 2015년 정부(교육부)의 재원으로 한국연구재단의 지원을 받아 수행된 연구임
　(NRF-2015S1A5B4A01036232)

원효학 토대연구소

원효전서 번역총서 01

열반종요 涅槃宗要

원효학 토대연구소 번역

주저자 박태원

세창출판사

원효전서를 번역하면서

박태원

(책임연구자, 울산대학교 원효학 토대연구소 소장)

대학생 때 『기신론소』를 읽으면서 처음 원효(617-686)와 만났다. 대학원 시절에는 원효전서 전체를 원전으로 일람—覽하였다. 박사학위 논문에도 원효를 담았다. 그러고 보니 원효와의 인연이 거의 35년이다.

원효 관련 글을 쓸수록 숙제 하나가 뚜렷해졌다. 원효저서들을 다시 정밀하게 음미하는 동시에 전체를 번역해 보아야겠다는 생각이 간절하였지만 차일피일 미루고 있었다. 더 이상 미루지 못하게 자신을 압박하는 어떤 계기가 필요했다. 2015년에 한국연구재단 토대연구사업으로 '원효전서 번역'을 수행키로 함으로써 그 계기가 마련되었다. 전체는 아닐지라도 이미 원효 저술의 상당 부분이 번역되어 있고, 『기신론소·별기』 같은 저술은 다수의 번역이 나와 있다. 저술 일부는 영역英譯도 되어 있다. 그래서 〈이런 상황에서 굳이 원효전서를 다시 번역할 필요가 있는가?〉라는 질문을 자주 접하였다. 나의 대답은 〈반드시 다시 번역해야 한다〉는 것이었다. 학인의 길을 걷는 내내, 기존 번역들의 번역양식과 내용에 대해 비판의식을 갖고 새로운 대안적 번역양식에 대해 지속적으로 궁리해 왔기 때문이었다.

어떤 인물과 그의 사상에 대한 탐구가 '학學(Science)'의 자격을 갖추려면 다층적이고 다원적인 탐구와 독법이 결합되어 하나의 학적 체계를 구성할 수 있어야 한다. 그리고 한반도 지성사에서 '학學'의 대상이 될 수 있는 인물들 가운데서도 원효는 단연 돋보인다. 그런데 '원효학'이라 부를 만한 내용은 아직 그 토대나 내용이 많이 취약하다. 무엇보다 원효 저술 전체가 제대로 번역되지 않고 있다는 점이 결정적 원인이다. 원효전서 번역을 통해 원효학 수립의 든든한 초석을 놓고 싶은 의욕도 소신의 근거였다.

인간과 세상의 향상진화에 기여할 수 있는 '보편 성찰에 관한 탐구'를 '보편학'이라 불러 본다면, 원효는 한국학·한국철학을 보편인문학으로 승격시키는 데 결정적 가교가 될 수 있는 인물이다. 이러한 전망을 구현해 가는 지성공동체의 협업과정에 일정 부분 기여해 보고 싶은 것이 학인으로서 개인적인 목표이기도 하다.

새로운 번역양식의 시도

가. 현토형 번역과 해석학적 번역

한문으로 저술한 원효의 글을 읽으면서 번역과 관련하여 품게 된 생각 두 가지가 있다. 하나는, 원문에 대한 자신의 이해를 분명하게 확인하려면 무엇보다도 번역을 해 보는 것이 최고라는 생각이다. 다른 하나는, 현재 통용되고 있는 '한문고전 번역양식'에 대한 방법론적 회의이다. 한문 저술을 원문대로 읽을 때는 원문 특유의 감각을 생생하게 직접 대면할 수 있다는 점이 가장 큰 장점이다. 그러나 원효 저술처럼 고도의 철학적 내용을 담은 글을 읽을 때는 심각한 난제에 봉착한다. 한문이 지니는 어문학적 특징은 철학적 사유의 표현과 전달에 심각한 문제를 발생시키기 때문이다. 한자어는 같은 용어라도 개념의 범주가 넓고 중층적 의미를 담아낸다. 또 한문 문장은 단어와 단어, 구절과 구절, 문장과 문장의 관계를 확인시키는 접속어가 풍부하지도 않고 정밀하지도 않다. 그래서 작자의 의중을 문장에 정밀하게 담아내는 일에, 또한 독자가 필자의 의중에 명확하게 접근하는 일에 많은 장애를 겪게 한다. 무릇 철학적 사유를 글에 담고 또 읽어 내려면, 가급적 개념을 명확히 제한할 수 있는 언어, 문장의 의미를 정확하게 표현할 수 있는 규칙을 정밀하게 구사할 수 있는 언어가 요구된다. 그런 점에서 고전한문은 철학적 사유의 그릇으로 사용하기에는 매우 불편하다.

문장을 구성하는 요소들 상호간의 관계나 문장 안에서의 역할을 결정해 주는 격변화 법칙이 문장에 정밀하게 적용되는 문어文語, 단어의 개념범주가 분명한 언어는 번역작업을 용이하게 해 준다. 독일어처럼 격변화 법칙이 정밀하고 일관성 있게 반영되는 언어는 철학적 사유를 표현하거나 읽고 이해하는 데 매우 편리하다. 팔리어나 산스크리트어도 격변화 법칙이 분명하고 개념의 범주가 분명하기 때문에 문장 번역이나 이해에서 편차가 줄어든다. 이에 비해 고전한문은 단어의 격변화 법칙이 없다. 한자어 하나가 어미변화 없이 다양한 품사로 구사된다. 그나마 문장 구성요소들의 관계를 파악하는 데 도움이 되는 허사虛辭들도 소략하다. 정밀하지도 않고 풍부하지도 않다. 그래서 단어들 사이의 관계나 문장 내에서의 역할을 결정하는 일에서 감당해야 할 독자讀者나 번역자의 몫이 너무 크다. 게다가 단어의 개념범주는 넓고도 다층적이다. 사정이 이렇다 보니 한문 해독력이나 문장 구사력을 확보하기 위해서는 다양한 문형들을 거듭 익히는 것이 전통 학습법이 되었다. '백번 읽다 보면 뜻이 저절로 드러난다'(讀書百遍義自見)는 말도 고전한문의 특성과 무관하지 않다.

원효 시대의 한국어, 특히 구어의 내용이 어떤 것이었는지 정확하게 확인하기는 어렵지만, 현재를 기준 삼아 볼 때 한국어는 접속어나 수사법의 정밀성이나 풍부함이 가히 최고수준이다. 한자어를 포섭하면서

구사되는 현재의 한국어는, 기록과 수사修辭는 물론 철학적 사유의 그 릇으로 정말 탁월하다. 그래서 나는 한국어의 주체로 살아가는 것을 크 나큰 행복으로 여긴다. 원효 시절의 한국어가 지금처럼 정밀하고 풍요 로웠는지는 알 수 없으나, 한문이 한국어의 구어적 정밀성과 풍요로움 을 담아내기에는 턱없이 부족했을 것이라 생각한다. 원효는 자신의 정 교하고 다층적인 사유를 한자와 한문에 담아내는 데 매우 불편했을 것 이다. 그러나 어쩔 수 없이 한문을 문어文語로 사용해야만 하는 시절이 었다.

원효의 입장에서 볼 때, 다양한 의미일지라도 어쩔 수 없이 동일한 한자어를 쓸 수밖에 없는 경우가 허다했을 것이다. '불변의 본질' '본연' '특성' '면모' 등의 상이한 의미를 '성性'이라는 한 용어에 담아야 했고, '불변·독자의 실체 없음'과 '헛됨'도 모두 '공空'에 담아야 했으며, '실체 관념' '특징' '양상' '능력' '모습' '차이'라는 다양한 의미도 '상相'이라는 한 용어에 담아야 했다. 또 '가르침' '진리' '방법' '객관세계' '도리' '대상' '바탕' '존재' '온갖 것' '현상' 등의 의미도 모두 법法이라는 말에 담아야 했다. 이런 사례는 부지기수이다. 문장이 전하는 뜻을 결정짓는 핵심 개념의 거의 전부가 이런 사정에 노출되어 있다. 게다가 개념과 개념, 구절과 구절, 문장과 문장의 관계를 이어 주는 접속어가 정교하지 않은 탓에, 순접과 역접뿐 아니라 미세하고 중요한 관계의 차이들을 한문 문 장으로는 명확히 구현할 수가 없었다. 그의 사유가 보여 주는 극미세한 분석적 정밀성과 다층·다면적 입체성으로 볼 때, 한문과의 불화는 심 각한 문제였지만 다른 방법도 없었다.

원효 저술뿐 아니라 한문으로 저술된 고전들, 특히 철학적 내용을 담 은 고전들에 대한 번역은, 이런 난제들을 얼마나 잘 해결했는가에 따라 번역물의 수준이 결정된다. 그런데 한문고전에 대한 기존의 한글번역 은 과연 이런 난제들을 얼마나 해결하고 있을까? 아니, 이러한 문제들 을 해결과제로서 인식하고는 있는 것일까? 필자의 생각으로는 회의적이다. 문제의식 자체가 결여되어 있는 것으로 보인다. 그래서 해결의 지도 약하고, 해결하려는 시도도 만나기 어렵다.

기존의 원효저서 한글번역본들은 일종의 '현토懸吐형 번역'이다. 원전의 한문용어를 대부분 그대로 채택하면서 최소한의 접속어를 부가하여 한글문장으로 전환시키고 있다. 현토가 전통한문에 결핍되어 있는 정밀한 접속사나 관계사를 최소한의 방식으로 보완하여 의미파악의 보조수단으로 삼는 수단이었다면, 근대 이후의 한글번역은 현토라는 최소한의 방식을 한글로 보완한 형태라 할 수 있다. 그런 점에서 선행 번역들은 '현토형 번역' 혹은 '전통형 번역'이라 부를 수 있다.

현토형 번역은 원전의 어문적 구성요소들을 가급적 원형 그대로 번역문에 반영한다는 점에서, 의미의 변형이나 훼손을 최소화할 수 있는 번역양식으로 간주되곤 한다. 그래서 원효 저술 번역의 경우, 예컨대 성性·상相·체體·법法이나 이런 개념들과 결합한 복합어를 모두 원전표현 그대로 사용하는 것이 의미훼손을 막을 수 있다고 주장하면서 그대로 번역어로 채택한다. 그러나 같은 용어라도 맥락에 따라서는 상반되거나 다른 의미로 사용되고 있기 때문에, 번역자는 자신의 관점에 따라 그 의미를 결정하여 번역어에 반영하는 것이 원칙이다. 특히 문학이나 역사서가 아닌 철학적 문헌일 경우에는 반드시 그렇게 해야 한다. '모든 번역은 해석이다'는 말은 한문으로 된 철학적 문헌, 특히 원효 저술의 경우에 고스란히 유효하다. 번역자의 관점에 따라 의미를 선택하고 내용을 명확하게 하는 방식으로 번역해 보면, 원문에 대한 번역자의 이해가 타인뿐 아니라 자신에게도 분명해진다. '원문에 대한 자신의 이해를 분명하게 확인하려면 무엇보다도 번역을 해보는 것이 최고'라고 생각하는 이유이다.

그러나 현실의 풍경은 많이 다르다. '풍부한 원어의 의미를 제한하면 안 된다', '심오한 뜻을 훼손시키지 않아야 한다'는 등의 논리를 앞세워 가급적 원전표현을 그대로 사용하려는 태도가 일반화되어 있다. 단순

개념이든 복합개념이든 원문용어 그대로 가져와 한글 문장을 만들고 있다. 그런 번역에서는 문장을 구성하는 '용어들의 맥락적 의미'와 '문장의 의미'를 읽어 내는 역자의 관점 및 이해가 드러나기 어렵다. 번역자나 독자 모두 문장의 의미에 접근하기 어렵다. 특히 독자는, '읽을 수는 있으나 뜻을 알기 어려운 현토형 한글문장' 앞에서 고개를 젓는다.

문장의 의미파악을 현토懸吐적 번역으로 처리하는 현토형 번역양식을 채택하는 것은 번역자에게는 매우 유리하고 독자에게는 극히 불리하다. 원전용어의 현토형 배열에는 역자의 이해 수준을 숨길 공간이 넉넉하여, 역자에게는 편할지 몰라도 독자에게는 불편하고, 학문적 기여도는 제한된다. 현토형 번역들 사이의 우열은 그저 한문해석의 어문학적 타당성이나 현토의 차이를 기준 삼아 평가할 수 있을 뿐인데, 그런 평가는 너무 엉성하다.

한문고전의 영어번역과 비교해 보면 현토형 번역의 문제점이 분명히 드러난다. 영어번역은 아무리 단순한 개념을 담은 용어라도 원전표현을 그대로 사용할 수가 없다. 영어에는 한자어가 없기 때문이다. 그래서 번역자가 선택한 해당 용어의 의미를 일일이 영어로 기술해야 한다. 한문을 영어로 옮기려면 모든 용어와 문장에 대한 번역자의 이해를 고스란히 번역문에 반영해야 한다. 따라서 영역된 것을 읽으면 뜻이 분명하고 이해하기가 쉽다. 원문에 대한 의미파악이 얼마나 정확한지, 얼마나 좋은 번역인지는, 여러 번역들을 비교하고 평가하는 담론과정에서 결정하면 된다. 달리 말해, 영역은 번역자의 이해가 분명히 드러나므로 차이의 확인과 평가가 용이하다. 그리하여 다른 이해를 반영한 다른 번역이나 더 좋은 번역이 등장하기 쉽다. 영역에서는 동일 고전에 대한 새로운 번역이 계속 이어지고, 또 그런 현상을 당연하게 여기는 이유가 여기에 있다. 동일 문헌에 대한 다양한 번역을 통해 번역의 자기진화가 가능하다. 현토형 한글번역과 영역은 모든 점에서 극명하게 대비된다. 이 차이가 무엇을 의미하는지 주목해야 한다.

전통/현토형 번역의 유용성은 제한된 소수자들만의 협소한 공간에 유폐된다. 전문가를 자처하는 소수자들 사이에서만 유통되고 재생산되는 번역은 폐쇄적 공간에 머물기 마련이다. 학문적 기여가 제한되고, 현재어와의 소통성 부재로 인해 다양한 언어지형들과 상호작용하기가 어려우며, 의미 가독성이 떨어져 연구자들과 대중지성들의 갈증을 채워 줄 수가 없기 때문이다. 그럼에도 불구하고 한국에서의 동아시아 한문고전 번역, 특히 철학/사상 관련 고전들의 번역에서는 아직도 이러한 폐쇄적 방식이 일반형으로 유통되고 있다.

고전한문으로 기술된 철학적 문헌은 관점과 이해한 내용에 따라 번역의 편차가 특히 심하다. 원효저서의 번역에는 이런 문제가 고스란히 노출된다. 더욱이 원효는 거의 모든 유형의 불교교학을 통섭通攝적으로 다루고 있기에 그의 언어를 번역하기 위해서는 다채로운 역량을 준비해야 한다. 원효저서 번역을 위해서는 어문학적 한문해독력은 물론 모든 불교교학과 원효사상에 대한 심도 있는 탐구, 연관되는 철학적 성찰에 대한 넓고 견실한 소양을 확보해야 한다. 아울러 불교언어의 특수성이 요구하는 근원적 역량도 유념해야 한다. 불교언어는 경험에 의한 검증가능성을 원칙으로 삼는 진리관 위에 수립된 것이기에 사변적 방식만으로 접근하는 것에는 한계가 있다. 따라서 언어에 반영된 그 언어주체의 경험지평에 접근하려는 실존적 노력마저 요구된다. 이 근원적 역량의 향상은 결코 단기간에 가능한 것도 아니고 쉬운 것도 아니지만, 번역대상 언어의 의미파악에서 결정적 역할을 한다. 번역자는 이런 다채로운 역량들에 의거하여 최종적으로 자신의 해석학적 관점을 선택한 후, 그 관점에 따라 포착한 문장의 의미를 명확한 형태로 현재어에 담아내야 한다.

원효저서에 대한 기존의 한글번역들은 현토형 번역양식이 안고 있는 문제점들을 그대로 노출하고 있다. 이런 문제점들을 극복할 수 있는 대안은 '해석학적 번역양식'이다. 원전 내용에 대한 번역자의 이해를 명확히 드러내면서 그 이해를 현재어에 담아내는 것을 '해석학적 번역'이라 불러 보자. 그럴진대 해석학적 번역은, 번역자의 이해를 명확히 드러냄으로써 '의미 가독성'을 높이고 '번역내용에 대한 평가'를 용이하게 하여 더 좋은 번역들이 이어지게 한다. 또한 번역이 현재어와 접속되어 다양한 지식지형의 현재언어들과 상호작용할 수 있는 '소통성'을 높여 준다.

해석학적 번역을 구현하기 위해서는, '모든 한자어의 의미 풀어쓰기'와 더불어, 문장 의미에 대한 번역자의 이해를 번역문에 명확하게 반영하는 작업이 이루어져야 한다. 이러한 작업을 위해서는 파악한 뜻을 부연하여 설명하고 단어와 문장들의 관계를 정밀하게 연결시켜 주는 보조문의 삽입이 필수적이다. 원문에는 없어도 의미 전달에 필요한 내용을 원문과 차별 가능한 형태로 적절하게 추가해야 한다. 이를 위해 이 '원효전서 번역' 작업에서는 글자 크기를 달리하는 '〔 〕' 기호를 사용하여 그 안에 보조문구를 기입하는 방식을 적극 활용했다.

기존의 현토형 내지 전통형 번역을 통틀어 '1세대 번역양식'이라 부른다면, 이제는 기존 번역양식의 한계와 문제점을 보완한 '2세대 번역양식'이 요청된다. 그리고 이 2세대 번역양식은 '해석학적 번역'이어야 한다. 이번에 시도하는 원효전서 번역은 이러한 해석학적 번역양식을 원효 저술을 대상으로 구현해 보려는 것이다. 해석학적 번역은 원효 저서의 외국어번역을 위한 저본으로 사용하기가 용이하다. 현행 현토형 번역은 외국어번역의 저본으로 채택하기가 어렵다. 현재 부분적으로 영역되어 있는 것들은 영어권 학자 스스로 원전의 의미를 파악하여 영어로 옮긴 것이다. 원효저서 전체에 대한 신뢰할 만한 영어번역본의 확보는 원효학의 세계적 전개를 위해 시급한 과제인데, 이번의 번역이 그 토대가 될 수 있기를 기대하고 있다. 아울러 한문 불전佛典뿐 아니라 동아시아 고전의 한글번역 방식에 있어 양식 전환의 계기로 작용할 수 있는 한 전범典範을 마련해 보려는 전망까지 품고 있다.

나. 협업적 공동번역시스템에 의한 번역

번역자의 역량이 아무리 출중해도 단독번역 작업은 여러 한계를 수반한다. 아무리 꼼꼼히 챙겨도 놓치는 것이 있다. 의미파악, 번역문 구성 등 번역의 모든 면에서 의도하지 않은 문제점들이 발생하기 마련이다. 이런 문제를 해결하려면 다양한 역량을 지닌 사람들이 팀을 이루어 협업하는 것이 이상적이다.

통상적으로 대형 공동번역은 번역물을 연구자들에게 배분한 후 각 연구자들이 번역한 것을 종합하는 형식이다. 번역어 통일이나 내용의 정합성을 위한 조정과정을 거치기는 해도, 기본적으로는 단독번역들의 종합이 된다. 그러다 보니 문헌마다 담당 번역자의 이해가 단독적으로 반영될 뿐, 의미파악의 타당성을 공동으로 면밀하게 검토할 수 있는 기회가 결여된다. 무엇보다도 다수의 연구자들이 꾸준히 머리를 맞대고 함께 작업할 수 있는 환경을 확보하기가 어렵기 때문이다. 이번 원효전서 번역은 한국연구재단의 재정지원으로 인해 이런 문제점을 극복할 수 있는 협업적 공동번역 시스템을 구성하여 가동할 수가 있었다.

한역漢譯대장경을 산출했던 번역시스템은 탁월했다. 국가적 지원 아래 구성한 번역시스템은 가히 이상적이었던 것으로 보인다. 산스크리트어에 대한 어문학적 해석력, 한문 번역문의 구성력, 불교언어의 뜻을 읽어 내는 의미파악력 등, 번역에 필요한 역량의 최고수준들이 모여 각자의 역량을 결합시킬 수 있는 시스템이었다. 그런 시스템을 다시 꾸리기는 어려울 것으로 보인다. 그러나 이번 원효전서 번역에서는 그런 시스템의 장점을 조금이라도 닮아 보려고 했다. 그래서 불교학 각 분야 전문연구자들의 역량을 결합할 수 있는 팀을 구성하고, 모든 번역문을 독회세미나를 거쳐 결정했다. 매주 1회 개최되는 '원효전서 독회세미나'에서 연구자들의 역량을 상승적으로 결합시키면서 모든 번역문을 확정했다. 이 팀 번역시스템은 언제나 다음과 같은 3단계의 작업으로 진행하였다.

1단계: 참여연구자들은 각자 맡은 번역내용과 관련된 교학이론 및 기존의 연구를 소화하는 동시에, 문장내용, 인용문 원전내용, 전문 교학용어 등 관련 사항들을 꼼꼼히 분석하고 자료들을 종합한다. 또한 기존의 번역이 있는 경우에는 그 번역들과 대비시키면서 해석학적 번역양식에 맞추어 새로운 번역문을 준비하여 책임연구자에게 전달한다.

2단계: 책임연구자는 참여연구자들이 작성한 번역문 및 관련자료의 모든 내용을 원문과 대조하여 수정/보완한 새로운 번역문을 작성한다.

3단계: 참여연구자들이 준비한 관련자료 및 번역과 책임연구자의 번역을 종합하여, 매주 1회 연구자들이 모두 모인 '원효전서 독회세미나'에서 함께 검토하면서 최종 번역문을 확정한다. 한 용어, 한 구절의 의미나 번역을 둘러싼 다양한 문제와 이견이 제기되고 토론되는 과정에서, 참여자들은 원효사상과 불교철학에 대한 이해 및 번역역량을 향상시켜 간다.

이 모든 과정에서 번역의 일관성과 정합성을 위해 의미파악과 번역문의 최종결정은 책임연구자가 맡았다. 따라서 의미파악의 오류나 번역문의 문제점이 있다면 전적으로 책임연구자의 허물이다. 책임연구자가 꾸준히 원효연구를 진행했기에 그런 역할을 하긴 했지만, 잘못 이해하거나 놓쳐 버린 뜻을 일깨워 주는 참여연구자들의 혜안과 역량이 있었기에 역할 수행이 가능했다. 이러한 협업적 공동번역은 참여연구자들 각자의 공부 향상에도 크게 기여했지만, 무엇보다 나 자신에게 매우 유익했다. 한 단어 한 구절씩 해석학적 양식으로 꼼꼼히 번역하다 보니, 원문으로 읽을 때는 놓치거나 대충 넘어갔던 내용과 의미들을 새롭게 만날 수 있었다. 그 동안 원효와 너무 건성으로 만났다는 것을 확인해야 하는 것은 부끄러움이었지만, 새로운 원효를 만난다는 것은 설레는 기쁨이었다. 거듭 새 모습으로 서 있는 원효를 만나고, 그를 통해 불교철학에 대한 새로운 독법을 전망해 보는 희열 때문에, 나와 참여연구자들 모두 장기간의 혹독한 과정을 기꺼운 마음으로 감내할 수 있었다. 원효와 대화하면서 비단 불교학이나 종교학뿐만 아니라 인문학과 철학 자체의 새로운 전망까지 품을 수 있었던 것은 행복을 넘어선 행운이었다.

원효사상의 통섭적通攝的 성격 때문에, 원효저서를 번역하려면 원효가 탐구했던 모든 유형의 교학과 불교철학을 소화해야 한다. 따라서 번역과정에서 연구자들은 자연스럽게 폭넓고 깊고 유기적인 불교이해와 건실한 학문 역량을 다져 가게 된다. 이러한 성취는 고된 작업과정을 감내해 낸 참여연구자들에게 주어지는 최고의 보상이다. 원효전서 번역과정을 통해 참여연구자들이 확보한 역량은 향후 원효학 수립은 물론 한국 인문학 발전의 소중한 자원이 될 것이다.

원효전서 번역은 2020년까지 진행된다. 현재(2018년 12월)까지 해석학적 번역양식에 따라 『대승기신론소·별기』, 『이장의』, 『열반종요』, 『본업경소』, 『보살계본지범요기』를 교감과 함께 번역 완료하였고, 『금강삼매경론』도 조만간 완료된다. 『대승기신론소·별기』는 교감·번역은 물론 『별기』와 『소』를 엄밀하게 대조한 새로운 회본會本을 편찬하여 현재 통용되는 회본會本의 문제점을 해결하였다. 『본업경소』는 현존하는 하권下卷의 주석부분만 소개되어 있고 번역도 시도되지 않고 있는데, 주석 대상인 『본업경』 내용을 해당 주석과 대비시켜 편집한 후 번역함으로써 『본업경소』를 제대로 연구할 수 있게 하였다. 또한 원효가 종횡무진으로 광범위하게 인용하고 있는 경론들의 산스크리트본이 현존하는 경우, 해당하는 산스크리트 문구들을 찾아 번역하여 역주에 반영시킴으로써 한역漢譯 내용과 대조해 볼 수 있게 하였다. 올해

(2019)부터는 완료한 것들을 정리하여 순차적으로 발간하는 작업에도 착수한다. 우선『열반종요』를 내놓는다.

2019년 1월 15일
문수산* 자락 울산대학교 연구실에서

---

* 문수산(옛 영취산)은 원효가 사미 시절 영취산 서북쪽 반고사磻高寺에 있을 때 스승으로 삼았던 낭지朗智스님이 주석하던 곳이다. 이때 낭지스님은 원효로 하여금『초장관문初章觀文』과『안신사심론安身事心論』이라는 두 권의 책을 저술하도록 하였는데, 저술을 마친 원효가 낭지스님께 책을 올리며 쓴 게송이 지금도 전한다. 이 영취산 자락에 있는 울산대학교에 원효학 토대연구소가 있고, 이 연구소에서 원효전서를 번역하며 원효를 만나고 있다.

🏵 차 례

원효의 科文(내용 구분)에 따른 차례

박태원

통섭通攝 그리고 인간 원효

원효의 언어체계는 다채로운 결이 중층적, 융섭적으로 어우러져 직조되어 있다. 그의 사유를 구성하는 언어는 그 깊이와 높이, 넓이를 헤아리기 어렵다. 상찬을 위한 수사적 과장이 아니다. 한 글자, 한 문장, 한 단락씩 짚어 가며 대화를 시도하다 보면, 언제나 예상보다 앞선 자리에서 손짓하는 원효를 보며 흠칫 놀라게 된다. 이런 수준의 인물을 등장시킨 한반도 토착지성의 역량이 놀랍기만 하다.

원효의 언어체계를 관통하는 원리로서는, 그가 구사하는 일심一心, 화쟁和諍, 무애無碍, 회통會通, 화회和會 등의 용어가 자주 거론된다. 아닌 게 아니라, 이 중 어느 말을 잡아도 원효사상의 면모가 적절히 드러난다. 어느 면모에 가중치를 두느냐에 따라 선호가 갈리지만, 어느 하나를 택하여도 다른 면모들이 빠져나가지는 않는다. 원효사상의 특징이 여기에 있다. 원효가 펼치는 다채로운 통찰과 언어는 '서로를 향해 열려 있고', '서로를 껴안아 들이는 면모'가 특히 뚜렷하다. 그의 사상이 그러하기 때문이다. 그런 점에서 원효사상은 단연 '통섭通攝'적이다. 열려 있기에 '서로 통하고'(通), 걸림 없이 받아들이고 또 들어가기에 '서로 껴안는다'(攝). 그래서 필자는 원효철학을 관통하고 또 포괄할 수 있는 개념으로 주저 없이 '통섭通攝'(서로 통하고 서로를 받아들임)을 선택한다. 화쟁和諍이나 일심一心 등은 모두 원효의 통섭학을 직조해 내는 소재들이다.

학제 간 융합의 요청을 흔히 통섭統攝이라는 말에 담는 경향이 있다. 융합을 추구하는 일련의 방법론적 경향을 아예 통섭학統攝學이라 부르기도 한다. 그런데 '통섭統攝'과 '통섭通攝'은 같은 의미가 아니다. '통섭統攝'은, '다양한 것들을 하나로 통합하려는 지향'이라는 점에서, 편입과 통일의 권력적 속성이 수반할 수 있다. 이에 비해 '통섭通攝'은, '다양한 차이들이 서로 통하고 서로를 받아들이는 지평'이라는 점에서, 권력적 위계나 흡수통일의 유혹을 원천에서 해체시킨다. 원효사상에서 보자면, 융합은 '통섭統攝'이 아니라 '통섭通攝'이어야 한다. 차이들이 각자의 자리에서 자신을 사방으로 열고 서로를 받아들이면서 더 좋은 이로움을 향해 역동적으로 변화해 가는 것이 원효의 통섭이다. 실제로 원효는 '통섭統攝'이 아니라 통섭通攝·통通·섭攝·총섭總攝·회통會通·화회和會라는 말을 즐겨 구사하는데, 그 용어들이 채택되는 맥락을 보면 모두가 '통섭通攝' 지평의 언어적 변주이다.

원효가 화쟁철학을 전개할 때 가장 역점을 두는 것은 '문門(조건인과의 맥락/계열)의 식별과 구분'인데, 문門 구별을 통해 펼치는 화쟁논법은 결국 '통通'과 '섭攝'으로 귀결된다. 통섭을 위해 화쟁논법을 펼치는 것이다. 또한 원효가 즐겨 구사하는 '무이無二', '일미一味' 등의 용어도 통섭으로 들어가고 통섭에서 발산된다. 이런 사정은 일심一心철학에서도 마찬가지다. 일심철학과 화쟁철학 모두를 관통하면서 그 통찰의 핵심을 드러내는 용어와 내용이 바로 '통섭通攝'인 것이다. 원효의 모든 탐구와 성취, 실천과 염원은 통섭을 향하고 있다.

개인과 인간세상은 비非연기적 관점/욕망/행위에 의해 칸칸이 '닫히고 막혀' 있다. 이 폐쇄와 불통의 프레임은 차이와 타자를 밀어내고 제압하려는 폭력성을 원천으로 품은 채, 그 살기를 분출할 기회만 기다린다. 인간이 집단의 구성원으로 생존을 도모한 이후, 집단이익의 확보전

략과 맞물려 축적되어 온 이 불통과 배제의 체계는 국가방식의 군집전략이 정착한 이후로는 논리와 사상, 문명과 문화, 관습과 제도에 의해 보호되고 강화된다. '닫힘과 밀어냄'을 속성으로 삼는 이 무지와 폭력의 구조적 경향성은 개인에게는 본능처럼 내면화되었고 사회와 세상에게는 지배적 운영원리로 군림하게 되었다. 인간의 행적 전체를 체계적으로 정리하고 종합적으로 성찰하게 된 작금에서야, 우리는 붓다의 연기緣起 법설이 지닌 문제해결력과 치유력의 수준 및 의미를 조금씩이나마 제대로 들추어 볼 수 있게 되었다. '닫힘과 밀어냄'의 무지와 폭력, 그에 수반하는 배타적 소유문명의 조건인과를 원천에서 짚어볼 수 있게 되었고, '열림과 끌어안음'의 지혜와 자비, 그에 수반하는 연기 공동체문명의 내용과 전망을 구체적으로 품을 수 있게 되었다. 원효는 붓다 법설의 이러한 면모를 '통섭'으로 읽어 소화하고 실천한 인물이다.

통섭에 초점을 두고 원효와 대화하면, 그의 사상이 지니는 삶의 문제 해결력과 치유력을 '지금 여기'로 길어 올릴 수 있게 된다. 일심一心 사상을, '저 높은 신비의 자리'로 올려놓고 온갖 찬사로 숭앙하거나, 사변적 유희의 땔감으로나 즐긴다면, 원효의 모든 것은 박제화되고 관람용 전시유품이 되고 만다. 원효를 '지금 여기'로 소환하여 그와 함께 '오늘의 세상'을 만들어 가려면, 원효사상의 통섭적 면모에 집중하는 것이 적절하다.

원효가 눈떠 걸어간 통섭의 길은, 걸어 볼 엄두도 못 내고 황홀하게 쳐다보기나 해야 할 구름 위의 신비가 아니다. 그의 통섭은 붓다의 법설처럼 개인 치유력과 사회 치유력의 근원적 수준이 동시적으로 결합하여 일상에서 작동하는 지평이다. 이 문제해결력은 깊고 탄탄한 철학적 성찰을 딛고 있기에, 당위적 구호나 반복하는 사회적 열정 수준을 훌쩍 넘어선다.

원효가 초대하는 통섭의 길을 오늘의 관심으로 읽어 내려면, 그의 언어를 읽어 온 전통적 독법에 머물지 말고 끊임없이 새로운 읽기를 시도

해야 한다. 그가 구사하는 일심이나 본각·진여·여래장 등의 긍정형 기호를, '실체-현상'론의 '실체實體(substance)'나 현상 이면의 '기체基體'를 지시하는 것으로 읽는 것은 심히 부적절하다. 본질/실체주의나 그것의 다양한 변형문법들을 끌어들여 원효의 언어를 요리하는 방식은 분명 극복되어야 한다. 원효의 유식학적 통찰을 유심적 세계발생론으로 치환하는 것도 부적절하다. 우리는 아직 원효를 읽는 독법들을 충분하게 확보하지 못하고 있다. 불교를 읽어 온 교학적 전통독법의 틀로 원효를 찍어 내는 방식은 충분하지도 적절하지도 않다. 새로운 독법을 지속적으로 생산해 내기 위해서는, 전통교학의 독법이 붓다의 언어를 충분히 제대로 읽어 왔을 것이라는 암묵적 합의에도 갇히지 않을 수 있어야 한다.

원효의 언어를 원전형태로 재구사하면서 이리저리 조합하고 분석하는 교학적 독법으로는 통섭의 길을 만나기 어렵다. 불교학 전반의 문제이기도 하지만, 원효연구를 비롯한 불교연구는 이제 문헌학과 교학의 방법론적 관행과 내용에서 한 걸음 더 나아가야 한다. 문헌학/교학의 성과를 품으면서도 오늘의 관심과 현재어로 자유롭게 재성찰하는 '성찰적 탐구'가 활성화되어야 한다. 응용불교나 비교철학적 격의格義불교가 '성찰 불교학'의 자리를 대신하는 것은 그 한계가 명백하다. 전통교학이 확보한 해석학적 권위에 주눅 들지 않는 기백과 역량 계발이 수반해야 가능한 일이다.

흥미로운 것은, 원효야말로 이러한 '성찰적 불교탐구'의 주목할 만한 모범이라는 점이다. 원효는, 접할 수 있었던 모든 불교문헌과 교학을 정밀하게 탐구하면서도 결코 능동적 성찰의 끈을 놓지 않는다. 또 자신의 실존적 갈증과 무관한 메마른 사변에 몰두하지 않는다. 그리고 성찰적 탐구의 성과를 그 시대의 현재어에 담아 정밀하게 펼친다. 그는, 지적 성취로 우쭐대려는 현학적 지성도 아니고, 중심부 지식을 조금 익혀와 행세하려는 주변부 지성도 아니며, 권력에 비위 맞추며 기생하려는 노예 지성도 아니다. 그는 당당한 태도로 자유롭게 성찰하였고, 치열하게 실험하였으며, 거칠게 자기를 검증하였다.

그는 '지식과 지식 너머', '언어와 언어 너머'를 모두 성취하여 양자를 결합시킨 성찰적 구도자였다. 또 그러한 수준을 방대한 지식과 정교한 언어에 담아 춤추듯 굴린다. 사유의 깊은 주름을 품은 열린 열정. 경계와 만나면서도 빠져들거나 갇히지 않으려는 현장적 자기초월. 그리하여 차이의 파도를 타고 유희하듯 미끄러지며 노니는 힘 있는 자유인. 인간 원효가 내뿜는 강렬한 매력이다.

불교해석학의 통섭通攝과 원효

원효의 사유는 동아시아 대승불교 전통 속에서 성립된 것이지만, 원효의 시야와 기획은 불교전통 전체를 아우르고 있다. 북방불교 전통은 대승교학/대승불교가, 남방불교 전통은 상좌부와 부파불교가 대변한다면, 원효는 이 두 전통에서 산출된 불교해석학(교학)의 핵심 내용을 모두 탐구하여 가히 '통섭通攝'(서로 통하고 서로를 받아들임)이라 할 만한 관점을 제시하고 있다. 그것도 경이로운 수준으로 토해 내고 있다. 원효시대의 문헌 유통과 지성의 상호소통이 생각 이상으로 활발했을 가능성을 십분 감안하여도, 당시의 환경에서 그가 탐구한 내용의 방대함과 소화한 내용 및 그 통섭적 결실은 불가사의하다. 원효가 보여 주는 근원적 문제의식과 광활한 전망, 치밀한 탐구와 능동적 역량은 소름을 돋게 한다.

대승교학/대승불교는 상좌부교학과 부파불교 내부의 교학적/종교적 요소들을 새롭게 소화하는 과정에서 출현한 것이다. 따라서 대승교학/대승불교와 그들이 비판대상으로 설정한 이른바 소승교학/소승불교는, 단절적 관계라기보다는 연속적 관계로 보아야 한다. 다만 그 연속성은 순응적 계승이 아니라 비판적 연접連接이다. 니까야/아함에 담긴 붓다의 통찰에 대한 최초기의 해석학인 상좌부교학과 부파불교는 붓다를 읽는 나름대로의 독법을 제시하였다. 대승교학도 사실상 그 독법이 마련한 '붓다 이해의 기본 틀'에서 자유롭지 않다. 대승교학이 제시한 새로운 해석학도 그 의제 선택이나 관심의 범주는 대부분 기존 해석학이 마련한 틀 안에 놓여 있다. 다만 대승교학의 동아시아적 전개과정 속에서는 그 틀 자체에서 벗어나려는 의미 있는 내용과 행적이 목격된다. 이 점은 향후 원효학을 구성하는 과정에서도 주목할 필요가 있다.

상좌부가 시도한 붓다와의 대화가 과연 얼마나 타당한 것이며 성공적이었는가를 되물어 보는 것은 언제나 필요하다. 사실 대승교학/대승불교의 등장도 그런 근원적 질문에 대한 대답이다. 근자에 한국불교에는 니까야 대장경과 상좌부교학에 의거하여 붓다를 만나려는 관심과 열정이 고조되어 있다. 한국불교를 비롯한 대승불교 권역에서는 역사적으로 니까야/아함을 면밀히 탐구하는 과정이 결여되어 있었다는 것이 가장 큰 이유이다. 대승교학이나 선불교만으로는 채워지지 않는 갈증이 확인될수록 초기불교에 대한 관심이 커졌다. 한국불교의 이런 요청에 부응하여 급기야 팔리어 대장경 한글번역본이 두 종류나 등장하였고, 남방불교 관련 서적들이 대거 소개되었다. 그 결과 한국불교에 니까야를 통해 붓다와 대화할 수 있는 여건이 마련되었다. 대승교학이나 선종 선불교의 언어에만 의거하던 한국인들은, 근대불교학의 성과를 접하면서 니까야/아함을 통해 붓다와 대화해야 할 필요에 눈뜰 수 있었다.

이 과정에서 부각된 것이 상좌부 전통의 교학/수행론이다. 니까야 대장경만을 보존하면서 탐구해 온 것이 상좌부 전통이기에, 상좌부의 교학과 수행론은 붓다 법설에 대한 정통적 이해이고 또 가장 신뢰할 만한 내용일 것이라는 기대가 자연스럽게 자리 잡았다. 그리하여 직접 남방불교 권역에 가서 교학과 수행법을 익히는 학인들도 급증하였다. 상좌부 교학의 논서들도 속속 번역되었고, 상좌부교학과 수행론을 중심으로 한 신행활동도 지속적으로 확산되고 있다.

그런데 남방 상좌부전통을 '붓다의 불교'로 간주하는 시선은 한국불교의 대승과 선불교 전통에 대해 매우 비판적이다. 대승불교와 선불교 전통을 '비非불교' 내지 '변형된 힌두이즘'이라고까지 힐난한다. 반면에 대승과 선종을 신뢰하는 전통교단과 대승교학 진영 역시 '소승/소승관법'이라는 전통 해석학에 의거하여 상좌부 교학/수행의 부상에 대해 비판적인 태도를 보여 준다. 불교교학의 전개과정에서 이미 확인된 아비달마 교학의 문제점을 간과한 채, '붓다 전통의 순수한 계승'이라는 근거 없는 기대에 의거하여 남방 상좌부불교를 찬미하는 것은 문제가 있다는 것이 그 비판의 핵심이다.

문헌성립의 과정이나 내용으로 볼 때, 니까야/아함이 붓다의 육성을 고스란히 전하는 것이 아니라는 점은 명백하다. 그러나 붓다의 육성과 만날 수 있는 유일한 문헌도 니까야/아함이다. 그런데 니까야만을 탐구해 온 남방 상좌부의 불교이해가 과연 붓다 법설과 얼마나 상응하는 것인지는, 모든 가능성을 열어 놓고 탐구해야 할 필요가 있다. 불교 해석학의 수립과정에서, 붓다의 법설은 후학들에 의해 굴절된 측면이 많아 보인다. 그 굴절은 발전과 풍요일 수도 있지만, 일탈과 오해의 측면이 있음을 간과할 수 없다. 필자의 소견은 그렇다.

붓다는 인도의 전통적 사유프레임을 가장 근원적으로, 또 철저히 비판한 인물로 보인다. 또한 인도전통의 사유방식에 대한 그의 비판, 그리고 그가 연 새로운 길은, 아직까지 인류가 충분히 이해하지도 감당해 내지도 못했던 지평이라고 생각한다. 붓다의 길에 동참하려 했던 학인들도 사정은 비슷하다고 본다. 붓다의 법설을 해석해 온 교학의 요소요소에는, 붓다가 근원적으로 비판하고 벗어나려고 했던 인도전통의 사유프레임에 갇혀 있는 내용들이 박혀 있는 것으로 보인다. 붓다는 그의 후학들에 의해, 그가 탈출했던 인도전통 프레임에 오히려 갇혀 버린 측면이 있다고 생각한다. 인도전통 사유프레임에 기대어 붓다를 읽었던 학인들은 붓다의 탈脫인도적 법설을 제대로 소화하기가 어려웠을 것이다. 붓다의 법설은 불교 내부의 작업에 의해 인도프레임에 포위되어 버린 측면이 있다.

붓다를 인도프레임의 밧줄로 묶어 버리는 작업은 붓다의 제자들에서부터 시작되었을 가능성이 있다. 붓다 법설에 대한 해석과 체계화 작업을 주도했던 사람들은 지식 엘리트들이었을 것이고, 그들은 붓다의 제자가 되기 이전에 자신들의 지적 토대를 기존의 인도전통 속에서 구축한 사람들이 많았을 것이다. 니까야/아함의 전승과 불교해석학/교학의 기초 프레임을 구축한 아비담마 교학의 주체들이 펼친 이해력의 토대가, 붓다 이전부터의 인도전통 사유프레임에 기대어 있을 가능성을 간과해서는 안 된다. 그들이 붓다의 법설을 읽을 때 가동한 독법의 지적知的/종교적/수행적 기초는 기존의 인도전통 속에서 마련된 것이었고, 무의식적으로 전통 사유프레임에 의거하여 붓다의 법설을 소화한 학인들이 있었을 것이다. 그리고 그들이 니까야/아함의 전승과 편찬 및 교학 형성에서 역할을 하였다면, 그들의 작업과 붓다 법설의 상응 문제는 모든 가능성을 열어 놓고 살펴야 한다. 이런 문제의식은 인도전통과 연결된 아비담마와 대승교학 모두에게 유효할 것이다. 불교학이라는 전통범주에서 교학적 전문소양을 익히는 것만으로는 이런 문제의식을 살려 가기가 어려울 것이다. 아비담마와 대승교학에 축적된 혜안들에 의거하면서도 기존의 관점에 갇히지 않을 수 있다면, 붓다 법설에 대한 새로운 읽기가 지속적으로 가능할 것이다. 그 '새로운 붓다 읽기'에 의해 드러날 삶의 의미와 세상의 지평은 실로 설레는 전망을 품게 한다. 가히 인간의 마지막 진화, 궁극적 향상을 전망할 수 있기 때문이다.

한국불교는 역사상 처음으로 남방교학과 북방교학을 편견 없이 탐구할 수 있는 의미심장한 환경을 대면하고 있다. 각자의 개성이 뚜렷한 남방전통과 북방전통의 붓다 해석학이 서로 직접 대면하고, 학인은 그들에 대한 폭넓고 자유로운 탐구가 가능해졌다. 이 새롭고 획기적인 조건발생(緣起)의 초기현상으로, 현재 한국불교는 교학/철학적으로나 신행/종교적으로나 남방전통과 북방전통 사이의 심각한 불화와 갈등에 직면하고 있다. 그야말로 위태로움(危)과 기회(機)의 공존상태이다. 한국불교가 이 변혁적 조건들을 향상의 기회로 소화하는 역량을 펼친다면, 한국불교는 새로운 단계에 접어들 수 있다. 어쩌면 최초로 붓다의 적손嫡孫이 될 수도 있다. 그러나 그런 역량을 확보하고 또 펼치려면, 어떤 전제에도 갇히지 않는 열린 태도와 깊은 수준의 탐구력을 보여 주어야 한다.

이러한 각별한 상황과 새로운 붓다 읽기의 전망을 모두 고려할 때, 원효와의 대화는 각별한 의미를 지닌다. 흥미롭게도 원효가 직면했던 환경은 지금 우리가 대면하고 있는 문제 상황과 매우 유사하다. 비록 대승불교가 주도하는 흐름 속에서의 현상이긴 하였지만, 아비달마부터 화엄까지 거의 모든 유형의 불교해석학을 동시에 접해야 했던 원효시대의 학인들은, 그 다층·다양한 관점들을 혼란 없이 소화해야 했다. 원효는 그 문제 상황에 능동적이고도 성공적으로 대응하고 있다. 원효와 대화할수록 확인되는 그의 문제의식과 역량은 가히 경이롭다. 이번에 번역하면서 원효저서를 꼼꼼히 읽어 가다 보니, 그의 탐구력과 성취에 새삼 놀란다. 붓다와 새롭게 만나고자 할 때도 마찬가지이지만, 통용되는 교학적 이해와 교학적 용어, 그리고 교학연구 방법론만으로는 원효와 대화하기가 어렵다는 것을 갈수록 절감한다. 부족한 역량이 안타까우면서도 새삼 의욕이 솟는다.

원효는 아비달마부터 대승교학까지 불교해석학의 모든 유형을 접하였고, 그의 생전에 선禪에 대한 새로운 이해인 선종禪宗이 대두하는 것을 목격했다. 원효의 말기 저술인『금강삼매경론』은, 선종의 발흥을 보면서 평생 축적해 왔던 불교적 역량을 종합하여 선禪에 관한 자신의 관점을 표명하는 동시에, 선禪을 매개로 삼아 불교철학을 통섭通攝적으로 정리해 보려는 의지와 무관하지 않아 보인다. 그는 다양·다층의 교학들을 정밀하게 탐구하여 그에 대한 자신의 관점을 수립했다. 각 교학의 핵심을 정확하게 파악하고 정밀하게 분석하며 비판적으로 검토한 후, 방대한 경론들을 종횡무진 인용하면서 '서로 통하게 하고 서로 받아들이게'(通攝) 한다. 그의 탐구내용과 역량을 보노라면 절로 감탄사를 흘리게 된다.

원효가 그 시절에 그 수많은 경론들을 어떻게 입수하여 연구했으며, 방대한 저술을 하면서 어떻게 필요한 내용만을 그토록 콕 짚어 끌어내어 적재적소에 자유롭게 인용할 수 있었는지 모르겠다. 한 번 읽으면 입력하듯 그대로 저장되고 언제든지 호출하는 특별한 기억력을 가졌을 거라고 가정해야 조금이라도 설명된다. 그런 천재적 기억력을 보여 주는 사람이 간혹 있기는 하다. 그러나 그런 기억력 수준에 걸맞은 이해와 분석, 통찰력까지 모두 갖춘 사람은 매우 희유하다. 선천적 자질이든 후천적 노력의 산물이든, 원효는 그 희유한 능력을 발휘한 인물이다. 어렵게 입수한 경론을 음미하면서 그대로 머릿속에 저장하고, 필요할 때마다 기억해 내어 활용하는 능력. ─ 이런 능력을 설정하지 않으면 그의 저술 작업이 설명되지 않는다. 서명만이 전하는 저술까지 모두 합하면 원효는 동아시아 최대 저술가이다. 게다가 현존저술만으로도 확인되듯이, 저술내용의 깊이와 다양성은 가히 압도적 수준이다. 저술 분량은 최대급이고 저술 수준은 최고급이라고 말해도 과장이 아니다. 게다가 그의 통찰과 사유는 지식박물관에 전시하고 흥미롭게 구경만 하게 하는 불용不用의 유물이 아니다. 끊임없이 '지금 여기'로 달려와 보편적 인문 지평을 열어 주고, 삶을 끝 모를 수준으로 승격시켜 줄 수 있는 생명력을 지녔다. 이런 인물을 아직 우리는 방치하고 있다. 수사적 찬사만 늘어놓을 뿐, 그를 평가할 수 있는 근거들을 현재의 인문 언어로 확보하지 못하고 있다.

원효철학과 긍정형 기호들

원효 언어체계의 정점에는 긍정형 기호들이 배열되어 있다. 하부에 배치된 풍성한 언어들은 결국 정점에 자리한 긍정형 기호들의 의미지평을 드러내는 다양한 밑그림들이다. 따라서 원효가 적극적으로 채택하여 구사하고 있는 긍정형 기호와 그 용법들이 지닌 의미를 어떻게 읽어 내느냐에 따라 원효 언어체계가 던지는 의미의 향배와 생명력이 결정된다. 그 긍정 기호들을 '본질주의'나 '실체론의 본체-현상 독법'이나 이른바 '기체설基體說 독법'으로 처리하면, 원효의 언어는 사변적 형이상학이 되고 만다.

원효는 진리접근과 구현의 언어를 구사함에 있어 부정방식과 긍정방식을 모두 자유롭게 운용하고는 있지만, 그의 저술과 사유에서 특징적으로 부각되는 것은 '긍정형 기호들'이다. 긍정형 언어들의 의미맥락과 그 긍정 기호들로써 드러내려는 지평을 포착하는 것이 원효 탐구의 핵심부 과제가 되고, 원효학의 생명력을 결정하는 관문이 된다.

원효시대 동아시아 대승교학의 두드러지는 특징 가운데 하나는 긍정형 기호들이 대거 등장한다는 점이다. 불성佛性, 여래장如來藏, 본각本覺, 진여眞如, 일심一心, 진심眞心, 자성청정심自性淸淨心 등이 대표적이다. 그리고 원효의 저술에는 이 대승교학의 긍정형 기호들이 종합적으로 등장한다. 원효시대에는 이 긍정형 기호들이 불교이해와 서술을 위해 활발하게 유통되었기 때문이기도 하지만, 특히 원효사유의 기본얼개 구축에 결정적 역할을 한 『대승기신론』의 영향이 컸던 것으로 보인다. 『대승기신론』은 대승교학에서 새롭게 채택한 긍정형 용어들을 거의 망라하면서 강요綱要적 불교 종합이론을 펼치고 있다. '일심一心' '심진여心眞如' '여래장如來藏' '진여眞如' '진여성眞如性' '진여정법眞如淨法' '진여법眞如法' '진심眞心' '불생불멸不生不滅' '심원心源' '구경각究竟覺' '본각本覺' '진각眞覺' '자성청정심自性淸淨心' '법신法身' '여래법신如來法身'

'심체心體' '자성自性' 등의 용어가 모두 채택되고 있다. 그리고 바로 이러한 이유 때문에 『대승기신론』이나 원효사상 및 이런 용어들을 구사하는 동아시아 대승교학과 선종을 향해 불교적 정체성을 묻는 질문이 끊이지 않는다. 현재 한국불교계에서 빈번하게 목격하게 되는 대승교학 비판들도 기본적으로 이런 긍정형 기호들에 대한 의문을 논거로 삼는 경우가 대부분이다.

붓다의 연기법이 겨냥하는 것은, 온전한 연기적 통찰력(明知)이 조건이 되어 드러나는 긍정지평임이 분명하다. 진리다운 내용의 경험적 구현을 '긍정'이라 칭하면 말이다. 그런데 흥미롭게도 붓다는 이 긍정지평을 확정적 긍정언어로 표현하지 않는다. 해탈이나 열반이라는 용어도 '속박으로부터 풀려남', '탐욕·분노·무지의 불길이 꺼짐' 정도의 의미이므로, '부정적 상태의 해소를 조건으로 발생하는 긍정내용'을 지시하는 조건적 기술법記述法이지, 독립적 개념 안에 긍정내용을 안치하는 확정 기술법이 아니다. 사선四禪 국면에 대한 기술에서 등장하는 '기쁨'(pīti, 喜)이나 '행복'(sukha, 樂), '평온'(upekkhā, 捨) 같은 긍정용어도 그 전후맥락을 보면 조건형 기술이다. '어떤 조건들을 갖추면'이라는 조건문에서의 발생현상을 지칭하는 것이지, 독자적 내용을 명칭에 담으려는 본질적 규정이 아니다. 붓다는, 긍정내용이든 부정내용이든, 모든 현상을 언제나 '연기적'으로, 다시 말해 '조건적으로' 기술한다. 연기법을 언어용법에서도 관철하고 있는 것이다.

붓다가 긍정 확정형 언어를 구사하는 데 소극적인 것은, 연기적 사유의 언어적 관철일 뿐 아니라, 긍정 확정형 언어용법에 수반하는 '본질/실체 관념의 증식增殖 가능성'을 예방하려는 고려일 수 있다. 예컨대 '진정한 자아'(眞我)나 '대아大我' 같은 용어는 이미 범람하는 절대본질/실체로서의 아트만 관념과 쉽게 결합할 수 있기 때문에 의도적으로 그런 용어를 회피했을 수 있다. 그러한 긍정 확정형 언어용법은 연기 지평을 왜곡할 수 있는 '부적절한 언어용법'이라고 판단했을 가능성이 있다. 그런데 언어에 대한 붓다의 이러한 태도는 진리구현의 긍정지평을 긍정 확정형 언어로 확인하고 싶은 사람들에게는 갈증을 느끼게 했을 것이다. 수행의 목표와 근거 및 내용을 확정적 긍정언어로 적극적으로 제시할 때라야 목표를 향한 구도자의 성취의지나 대중 설득력이 확보된다고 생각하는 사람들은, 붓다의 언어방식이 못내 아쉬웠을 것이다.

붓다의 연기적 언어용법과 용어선택의 세심한 고려는 대승불교의 과감한 시도로 인해 그 연속성이 교란된다. 대승불교는 '진여眞如' '불성佛性' '여래장如來藏' '진심眞心' '자성청정심自性淸淨心' '본각本覺' '일심一心' 등, 긍정형 기호들을 과감하게 채택하면서 종래의 갈증을 해소하려고 했다. 무엇보다 수행목표나 근거 및 내용에 대한 명료한 긍정적 제시의 필요성, 대중적 호소력의 확보 등이 고려되었을 것이다. 원효가 사유의 기본 얼개를 구축하는 데 결정적으로 활용한 것으로 보이는 『대승기신론』은, 대승교학에서 채택한 긍정형 용어들을 거의 망라하면서 불교 종합이론을 구성하고 있다. 대승교학이 감행한 긍정형 기호 채택을 망라하면서 유식연기설을 축으로 삼아 연기설 체계로써 불교사상을 종합해 보려는 것. ― 이것이 『대승기신론』의 불교사상사적 의미라고 생각한다. 〈수행의 목표나 근거 및 내용에 관한 긍정형 기술방식을 적극 수용한다〉는 것과, 〈유식연기설을 축으로 삼는 연기설 체계로써 불교사상을 종합한다〉는 것이, 『대승기신론』의 철학적 태도를 결정한 두 가지 중심요소인 것이다. 따라서 『대승기신론』의 등장이 동아시아 사상계에 미친 영향도 이 두 가지 요소를 조건으로 발생한 현상들을 중심으로 음미해야 할 것이다.

어느 영역에서든 이미 자리 잡은 체계를 비판하고 새로운 대안을 수립하려 할 때는, '부정을 통한 해체'가 선행된 후 '긍정을 통한 새로운 수립'이 뒤따른다. 붓다는 비非연기적 사유가 구축한 허구의 체계와 그 병리현상을 비판하고 진실한 체계와 치유된 경험세계를 열어 주려 하였다. 불변·독자의 자아관념이나 실체/본질 구성체계가 이미 강고하게 자리 잡고 있었기에, 그것을 비판하고 해체하려면 부정방식을 채택해야 했다. '자아'의 문제만 하더라도 종래의 비非연기적/본질적/실체적 자아 규정의 뿌리가 워낙 깊은 것이었기 때문에, '자아'를 지시하는 긍정형 언어는 가급적 배제되었다. 구실만 생기면 기존의 자아환각과 비非연기적 사유를 정당화시키려는 중생의 열망을 직시하였기 때문에, 붓다의 법설에는 전반적으로 부정형 언어가 부각된다. 그러나 붓다가 부정방식을 채택하는 것은 어디까지나 허구를 해체하고 진실을 드러내려는 언어전략이다. 따라서 붓다와 대화하려면 언어 전략적 수순을 고려하면서 부정내용과 긍정내용을 동시에 보아야 한다. 이 균형이 기울어지거나 어느 한쪽을 놓치게 되면 붓다 법설의 이해도 치우치거나 왜곡된다.

붓다가 비판과 해체를 위한 부정방식을 선택한 것은 단지 비판지성의 표현만은 아니었다. 〈삶과 세상의 근원적 질병'(苦)과 끝까지 씨름하여 완전한 승리를 성취하였다〉고 붓다는 자신 있게 술회하고 있다. 그는 표면증상이 일시적으로 치료되는 정도에는 만족하지 않는 구도자였다. 그리하여 마침내, 그 철저하고 정직한 태도가 스스로, 〈이제는 미진한 구석이 조금도 남지 않은 문제해결에 이르렀다〉고 인정하였다. 따라서 붓다가 구사하는 부정형 언어방식의 이면에는, 그가 체득으로 확인한 그 '궁극적 긍정지평'이 자리 잡고 있다. 붓다의 부정형 언어는, 긍정형 언어에 담아낼 수 있는 긍정지평을 드러내려는 도구이고 밑그림이다. 그의 부정 언어는 긍정지평을 드러내는 것이 목적이다. 붓다의 부정형 언어방식을 가능케 하는 것은 어디까지나 문제가 해결된 긍정지평인 것이다. 붓다의 법설 속에서는 이처럼 부정과 긍정이 맞물려 한 몸을 이루고 있다. 붓다의 진리언어는 부정과 긍정을 모두 안고 있고, 부정과 긍정이 연기적 관계로 결합되어 있다. 따라서 붓다와의 대화가 성공적이려면 이 부정과 긍정을 균형 있게 소화해야 한다.

붓다 법설에 대한 최초기의 해석학인 아비담마는 주로 붓다 언어의 부정형 방식을 계승하려 한 것으로 보인다. 이런 아비담마 해석학에서 부각되는 궁극적 긍정기호는 '자성'(自性, svabhāva)이다. 그런데 이 '자성' 개념에는 붓다의 법설이 거부한 본질/실체 관념이 스며들어 있다. 이 문제점이 대승 공사상에 의해 비판 받으면서 아비담마 해석학의 타당성과 신뢰성은 불교사상사에서 근본적으로 흔들린다. 아비담마의 기여분마저 퇴색될 정도로.

대승의 공空교학도 부정형 방식을 적극 채택한다. 어떤 점에서는 더욱 철저하게 부정적이다. 그 어떤 실체/본질 관념도 허용하지 않겠다는 태도의 표현이다. 그러면서도 대승의 언어 속에서는 시간이 갈수록 긍정형 언어들이 등장하여 힘을 얻는다. 『열반경』의 상常·낙樂·아我·정淨은 그러한 경향의 한 정점을 보여 준다. 특히 유식·여래장 계열의 언어에서 그러한 경향이 두드러진다. 그들은 수행의 근거지점에서부터 궁극지점에 이르기까지, 붓다의 언어전략에서는 채택하지 않았던 긍정 언어들을 등장시키는 과감성을 보여 준다. 진심眞心, 여래장如來藏, 불성佛性, 본각本覺, 일각一覺, 일심一心, 무구식無垢識, 자성청정심自性淸淨心 등의 긍정형 기호들이 이들 계열의 후기로 갈수록 만발한다.

원효는 유식·여래장 계열의 언어가 지니는 의미를 적극적으로 발굴하고, 그에 대해 높은 긍정가치를 부여한다. 동시에 원효는, 진리접근과 구현을 위한 긍정형 방식과 부정형 방식을 균형 있게 모두 채택하고 있다. 긍정형 방식과 부정형 방식을 상생적相生的, 통섭적通攝的으로 결합시켜 구사한다. 게다가 그 구사력이 자유롭고 치우치지 않으며 정교하고 수준이 고도화되어 있다. 부정방식과 긍정방식의 상호관계를 온전하게 포착해야 붓다와의 대화가 성공할 수 있다는 점을 고려할 때, 원효는 모범적이다. 이 점은 원효 탐구에서 각별히 주목받아야 할 대목이다.

원효철학과 비판불교 논쟁

불교해석학/교학 내부에서 긍정형 기호들을 적극적으로 채택하여 긍정내용을 부각시키려는 일련의 흐름은 근원적인 질문에 대면한다. 반드시 그리고 충분히 대답해야 하는 질문이며, 아직 미완으로 남아 있는 질문이다. 〈긍정형 기호들을 채택하는 불교해석학/교학은 붓다의 법설과 상응하는 것인가?〉라는 질문이 그것이다. 이와 관련하여 주목되는 것은 이른바 '비판불교 논쟁'이다.

소위 '비판불교'는 다양한 사회적 차별을 승인하고 합리화시켜 제도로 정착시켜 온 것이 일본불교의 전통 및 현실이라는 문제의식에서 출발하였다. 이때 '비판불교'란, 〈불교는 비판이어야 한다〉 혹은 〈불교는 가치를 분별하고 선택할 수 있는 비판철학이어야 한다〉라는 의미이다. 비판불교 주창자들은 일본 본각本覺사상의 형성과 연관된 여래장사상, 불성사상을 묶어 이들 모두가 〈비판을 못하게 하는 교학으로서 참된 불교가 아니다〉라고 단언한다. 나아가 선禪 내지 동아시아 선종 역시 〈불교가 아니다〉라고 비판한다.

본각·여래장·불성사상을 비판하기 위해 그들이 채택한 용어는 '기체설基體說'이다. 여래장·본각·불성사상은 현상세계의 기저에 실체를 상정하고 있기 때문에 기체설로 부를 수 있으며, 이러한 기체설은 불교가 비판하는 것이므로 여래장·불성·본각사상은 불교가 아니라는 주장이다. 일본불교와 동아시아 대승교학에 대한 이러한 격렬한 비판에 대해, 학계에서는 긍정적 평가와 부정적 평가가 선명하게 엇갈린다. 반론도 만만치 않다. 필자가 보기에 일본학계의 비판불교 주장에는 수긍할 만한 내용과 그렇지 못한 내용이 비슷한 비중으로 혼재한다. 특히 여래장·불성·본각 교학과 선禪 내지 선불교에 관한 세부 논의와 내용에 대해서는 수긍하기 어려운 대목이 허다하다. 게다가 그들이 참된 불교의 내용으로 천명하는 연기와 무아에 대한 이해는 상식적이고 소략하여, 비판불교의 대안으로 삼기에는 빈약하다. 해체를 위한 비판은 돋보이나 수립해야 할 내용은 허술하다.

그러나 많은 오류와 취약점을 노출하고 있음에도 불구하고, 그 모든 허물을 상쇄하는 것은 그들의 질문이다. 그들이 제기한 문제는, 불교 교학/철학과 불교 현실 모두에 걸쳐, 학인들로 하여금 근원적이고도 절실한 여러 문제들을 마주하게 한다. 특히 한역불교의 동아시아 대승권역과 선종 선불교 권역의 학인들에게는 자신의 입지를 재검토할 것을 요구한다. 일본학계가 자랑스러운 학문적 성과로 내세우던 여래장사상, 동아시아 불교인들의 구도적 실존에 깊숙이 개입해 온 불성·본각·진여·진심·자성청정심·일심 등 긍정형 기호들의 의미와 그 불교적 정체성을, 원점에서부터 진지하게 성찰해야 할 필요를 환기시켜 준다. 여래장·불성·본각 교설과 선종의 돈오·견성을 불교의 정점이라 자부하면서 몰두해 온 학인들, 종파들, 전통을 향해, 〈과연 불교인가?〉를 따져 보자고 한다.

필자는 비판불교 담론이 동아시아 불교뿐 아니라 불교 전체에 매우 유익하다고 본다. 기존 비판불교의 질문은 긍정형 기호들을 선호하는 동아시아 대승교학과 선종에 집중되어 있지만, 그 질문 범위를 초기불교까지 확장해야 한다고 생각한다. 니까야에 대한 주석서들의 관점과 상좌부 교학전통을 망라한 '니까야에 대한 이른바 초기불교적 이해'에 대해서도, 〈과연 붓다 법설의 비판불교적 면모에 얼마나 상응하는가?〉를 물어야 한다고 본다. 그리고 모든 질문은 결국 〈붓다의 법설은 무엇인가? 인간에게, 지금 여기의 우리에게, 붓다와 불교는 무엇을 줄 수 있고, 또 주어야 하는가?〉에 충분히 응답할 것을 요구하는 것이기도 하다. 이런 질문들을 회피하지 않고 응답하려는 태도야말로 '불교적인 것'이고 '붓다의 후학다운 것'이다. 그리고 이런 질문들에 대해 열린 마음과 진정성을 가지고 성실하게 응답하는 과정이야말로 '불교적 역동성'이고, '불교가 기여할 수 있는 진리의 몫'은 그럴 때라야 구현된다.

그런데 이런 질문에 응답하는 일은 당연해 보이지만 결코 쉽지 않다. 우선 기존의 불교학 방법론과 교학적 관점에 갇히지 않을 수 있어야 한다. 언어학·문헌학·교학의 전문성으로 전개하는 '학문으로서의 불교', '직업으로서의 불교학'에 안주하는 한, 이런 질문에 제대로 응답할 수가 없다. 현대불교학은 옳고 그름을 판별하려는 비판적 성찰이 작동하기 어려운 '직업으로서의 불교학'이다. 가치중립을 표방한 언어/문헌/교학 전문성은, 이미 확립된 질서와의 밀월 관계를 결별할 의지도 능력도 없다.

필자는 비판불교가 주장하는 '비판철학으로서의 불교'에 대해 전적으로 공감한다. 전통적인 교학(불교해석학)과 현대 불교학 방법론은 붓다 법설의 비판철학적 면모를 굴절 내지 무력화시켜 온 측면이 크다고 생각해 왔기 때문이다. 그러나 붓다 법설의 비판철학적 면모가 과연 무엇인가에 대해서는 기존 비판불교 측의 주장 정도로는 크게 미흡하다고 본다.

여래장·불성·본각·일심과 같은 긍정형 기호를 구사하는 교학이 과연 '실체-현상론' 혹은 기체설의 불교적 유형인가? 두 가지 측면이 혼재한다고 본다. 비판불교 진영의 주장대로 기체설적 사유방식을 담아내고 있는 경우도 실제로 있고, 기체설 독법이 적용되지 않는 사유방식을 표현하는 경우도 있다고 본다. 이 두 가지 경우는 이 긍정형 기호들이 등장하면서부터 혼재했을 것이다. 어느 경우가 주류이고 다수인지를 판정하는 문제와는 별도로, 이 두 측면의 존재를 인정하는 것이 적절하다고 본다. 그리고 비판불교의 질문에 충분히 응답하려면 종래의 방식과 내용으로는 한계가 있다. 비판불교의 주장을 재비판하는 학인들이 선택하는 방법은, 여래장·불성·본각의 교학과 선종의 언어가 기체설의 표현이 아니라고 볼 수 있는 논거들을 해당 문헌과 언어들 속에서 찾아 제시하는 방식이다. 그 과정에서 언어학적 견해 차이, 문구의 의미 파악을 둘러싼 교학적 관점의 차이들이 동원된다. 이런 방식의 논쟁은 필수적이고 또 지속되어야 한다. 그러나 이러한 반론 방식이 아무리 성공적일지라도 대승교학의 긍정형 기호들에 대한 불교정체성 논란은 완전히 해소되기 어려울 것이라 생각한다.

비판불교의 질문에 제대로 대답하려면 '새로운 독법'을 마련해야 한다. 이 새로운 독법은 두 가지 방식으로 가능하다. 하나는, 관련 용어와 교학들을 읽어 온 기존의 해석학에서 놓치고 있던 내용들을 새롭게 발굴하는 방식이다. 긍정형 기호들에 담겨 있던 의미 가운데서, 학인들이 놓치고 있던 것을 포착하여 밝히는 방식이다. 또 하나는, 아예 붓다 법설에 대한 새로운 독법을 마련한 후, 여래장·불성·본각 類類의 긍정형 기호들과 그것으로써 직조된 교학 내지 선종의 언어들을 그 독법에 의해 새롭게 읽어 내는 방식이다. 긍정형 기호들과 그 교학들을 살릴 수 있는 붓다 법설의 독법을 새롭게 수립하는 것이다. 후자의 방식이 과연 가능할까? 붓다의 법설에 상응하면서도 대승교학의 긍정형 기호와 이론들, 나아가 선종의 언어들을 담아낼 수 있는 새로운 독법이 가능할까? 가능하다고 본다.

붓다의 법설이 삶과 세상의 새로운 '세계내적世界內的 안식처'를 여는 문이라는 점은 명백하다. 탐욕·분노·무지에 의한 개인과 세상의 허구적 구성, 그에 수반하는 개인적/사회적 해로움을, 그 근원에서부터 치유한 '긍정지평'이 목표라는 점은 의심의 여지가 없다. 그런 점에서는 불교언어는, 허구세계를 비판하고 제거하려는 부정형 기호들은 물론, 경험 범주에서 실현되는 진실세계를 드러내는 긍정형 기호의 근거와 내용을 모두 품고 있다. 지금까지의 법설 해석학, 즉 교학의 역사에서는, 특히 대승교학에서는 이 부정 지향과 긍정 지향이 팽팽한 상호 견제와 상호 작용을 통해 불교를 풍성하게 만들어 왔다. 그러나 이 두 지향의 줄다리기가 제공하는 기존의 균형에 만족할 수 없다면, 달리 말해 붓다 법설을 읽어 온 종래의 부정형 문법과 긍정형 문법 안에서 만족할 수 없다면, 다시금 이 문제에 도전해야 한다. 무아/연기의 통찰을 수용하면서, 실체론/기체설의 덫에 걸리지 않으면서, 붓다 법설의 부정지평과 긍정지평을 모두 담아낼 수 있는 독법을 수립해야 한다.

새로운 독법을 마련하기 위해서는, 긍정형 기호들을 적극 선택했던 유식·여래장·선종의 언어 진영은 이제 자기 발밑을 전제 없이 성찰해 볼 필요가 있다. 마찬가지로, 기존의 무아/연기 해석학, 공 교학의 언어들도 자기 발밑을 냉정하게 성찰해 보아야 할 필요가 있다. 여래장·불성·진심·자성청정심·일심과 같은 긍정형 기호들에 대해 실체론/기체설의 혐의를 두는 학인들은 흔히 무아·연기·공에 대한 전통교학을 전가傳家의 보도寶刀처럼 휘두르고, 또 그걸로 끝나지만, 그렇게 해서 해결되는 문제가 아니다. 연기와 붓다 법설의 핵심을 공空의 언어로 재해석한 반야공/중관의 교학도 그 유효성을 조건적/제한적으로 평가할 필요가 있어 보인다. 공 교학에 부여된 무소불위의 과도한 해석학적 권위는, 붓다 법설과 불교에 대한 학인들의 성찰과 해석학적 선택의 운신 폭을 제한시켜 온 측면이 있다고 생각한다. 아비담마나 공 교학을 니까야/아함 법설에 과도하게 대입하지 않을 때 오히려 붓다와의 대화 내용이 풍성해진다.

비판불교가 맹폭하는 본각사상의 본산이 『대승기신론』이라는 점은 익히 알려져 있다. 『대승기신론』은 본각 개념뿐 아니라 비판불교가 기체설의 표현이라고 간주하는 긍정형 기호들을 모두 종합하고 있다. 게다가 원효는 이 『대승기신론』을 사유구성의 토대로 수용하고 있고, 말년의 저술인 『금강삼매경론』은 『대승기신론』에서 눈뜬 본각사상의 원효적 전개가 그 정점을 보여 준다. 따라서 만약 비판불교의 관점대로 일본 본각사상이 기체설이라면, 본각사상의 원천인 『대승기신론』의 본각사상도 기본적으로 기체설의 표현일 수 있다. 뿐만 아니라 본각 이외에도, 여래장·진여·자성·일심 등 비판불교 입장에서 명백한 기체설의 증좌로 간주할 수 있는 용어들까지 모두 등장한다는 점에서, 『대승기신론』은 꼼짝없이 기체설의 논서가 될 것이고 원효사상도 그렇게 묶여 처리될 것이다. 그러면 『대승기신론』에 의거하여 구성되고 전개된 동아시아의 모든 대승교학과 불교는 몽땅 '비非불교의 망설妄說'로 전락한다. 만약 그렇게 보는 것이 타당하다면 필자도 망설임 없이 그렇게 볼 것이다. 『대승기신론』이나 원효보다는, '더 좋은 진리'가 언제나 필자의 관심사이기 때문이다.

『대승기신론』과 원효에 대한 연구나 해설 가운데는 비판불교의 기체설 독법에 고스란히 해당하는 내용이 흔하게 목격된다. 일본학계의 『대승기신론』 연구나 해설에 비일비재하고, 한국도 마찬가지다. 그런 글들을 읽다 보면 이런 생각을 누르지 못하게 된다. ― 〈이런 식으로 이해한다면, 그리고 만약 기신론이나 원효사상이 이런 이해에 해당하는 내용이라면, 과연 기신론이나 원효사상이 불교적 통찰에 어떤 기여를 할 수 있나? 아니, 인간과 세상에 어떤 기여를 할 수 있나? 사변과 사고훈련에 사용할 수 있는 형이상학의 계보에는 등재할 수 있지만, 과연 인간의 실존과 세상에 어떤 이로움과 불교적 기여를 할 수 있나?〉

『대승기신론』이 유식연기설을 모형으로 하면서, 수행의 목표와 근거 및 내용을 긍정형 기호로써 명시하려는 대승의 시도를 전폭적으로 수용하여 연기설을 재구성한 것은, 붓다가 그토록 비판하고 경계하는 실체/본질주의의 뎛에 다가선 것이기도 하다. 〈여래장사상은 붓다의 가르침이 아니다〉라고 주장하는 이른바 여래장비불설如來藏非佛說 논란도 여기서 발원發源한다. 생멸 변화하는 모든 현상의 근거이자 그 현상의 기저基底에 존재하는 불생불멸의 그 무엇, 생멸하는 세계를 창출하는 원점이면서 마음의 심층에 존재하는 불생불멸의 바탕. ― 그것이 여래장·진여·자성청정심·진심·일심·법신·본각이며 또 개별 존재들의 우주적 동일성과 보편성의 근거라고 읽어 버린다면, 『대승기신론』은 실체/본질을 선호하는 존재 형이상학의 불교적 위장僞裝이 되고 만다.

『대승기신론』에는 '본체/실체-현상론'이나 기체설의 독해로 기울어지기 쉬운 언어용법들이 풍부하게 등장한다. 이런 언어용법들에 일상 언어적 의미를 안이하게 대입시켜 이해하게 되면, 『대승기신론』은 '불생불멸의 본체적 존재와 그것에 의거하여 생겨난 생멸 현상세계에 관한 교설'이 되고 만다. 이럴 경우에 『대승기신론』은, '불교언어로 포장

된 아트만사상' 내지 '실체주의 존재 형이상학의 아류'라는 혐의를 벗기가 어렵게 된다. 여래장·진심·진여·자성청정심·본각·일심 등의 용어와 유식연기설의 결합은 실체주의의 '본체-현상론'과 접속될 가능성이 매우 높다는 점이, 대승교학이 채택하고 있는 긍정형 언어전략에 수반하는 불가피한 그늘이다. 그리고 이 그늘에서 탈출하려면 새로운 독법을 마련해야 한다. 긍정형 기호들로 하여금 '실체주의 존재 형이상학'의 덫에 걸리지 않을 수 있게 하는 독법이라야, 긍정 지향형 언어전략이 품게 된 그늘에서 깔끔하게 탈출할 수 있다.

그런 점에서 원효의 안목은 주목된다. 원효는 이들 긍정 기호들을 실체/본질론의 덫에서 탈출시키는 통찰과 언어들을 풍부하게 펼치고 있기 때문이다. 이 통찰과 언어용법의 의미를 현재어로 포착해 내는 것은 오늘의 학인들에게 부과된 과업이다. 그리고 원효학의 생명력도 이 작업의 성공 여하에 달려 있다. 원효의 통찰을 언제나 '지금 여기'로 소환시킬 수 있는 근거가 여기에 있기 때문이다.

필자는 『대승기신론』을 '본체/실체-현상론'이나 기체설 독법으로 읽을 필요를 느끼지 못한다. 흥미롭게도 원효 역시 그렇다. 원효의 언어 속에서 본각이나 여래장, 진여, 자성, 일심 등 모든 긍정형 기호들은 기체설 프레임에 걸리지 않는다. 본각이나 여래장 등의 긍정형 기호들에 대한 비판불교적 혐의를 그대로 원효 언어에 적용하고 싶은 충동을 느끼는 사람들은 먼저 원효와 대화할 수 있는 역량을 계발할 필요가 있다. 현재 통용되는 일상 언어의 이미지를 기신론 언어 위에 성급히 뒤집어씌우는 일은 무엇보다 경계해야 한다. 또한 기신론의 용어와 논리가 생성되어 온 계보에 대한 성찰적 이해, 사유와 언어의 맥락과 결(理)들을 섬세하게 다룰 수 있는 역량의 계발이 지속적으로 요청된다. 모든 고전과의 대화가 요구하는 것이기도 하지만.

원효 언어체계의 정점에 배열된 긍정형 기호들과 그 용법들의 의미를 '본체-현상'론이나 기체설 독법으로 처리하면, 원효의 언어는 사변적 형이상학이 되고 지식박물관의 유물이 되고 만다. 원효의 언어가 그렇게 지식 고고학적 유물일 수밖에 없는 것이라면, 원효학의 생명력과 전망 역시 제한된다. 언제든지 길어 올려 현재와 접속시키면서 문제를 풀어가는 '보편 인문학적 생명력'을 상실케 된다.

원효의 언어에 담긴 통찰은 붓다와 대화하는 데 큰 도움을 줄 뿐 아니라, 인간에 의해 수립된 '인문적 문제'를 깊이 이해하고 원점 수준에서부터 문제를 다루게 해 준다. 개인적 소견으로는, 붓다와 대화하려면 결국 '차이 현상들을 다루는 인간의 방식'에 관한 그의 통찰을 주목해야 한다고 생각한다. 그런데 원효의 관심과 통찰 역시 이 문제에 집중되고 있다. 그런 점에서 붓다와 원효는 '인문人文의 근원적 문제'를 다루고 있는 것이며, '지금 여기에서의 인문학적 보편과제'와 직결된다. 붓다와 원효의 언어가 지니는 이 인문학적 의미를 현재언어에 담아내는 일은 흥미진진하고 유익한 미답의 영역이다. 원효의 언어는 끝없이 현재로 귀환하면서 펄펄 살아 움직이는 '보편성찰의 보물창고'이다. 그 보고寶庫의 문을 여는 역량과 기술을 확보하는 것은 지금 학인들의 몫이다. 이번의 원효전서 번역본이 그 역량의 개발과 기술 연마에 조금이라도 도움이 되었으면 하는 바람이다.

한국인문학의 숙원과제는 자생인문학의 형성이다. 최근 100여 년간 서구인문학의 성과를 열정적으로 소화해 온 한국인문학은 그간에 축적한 역량으로 자생인문학을 수립할 수 있는 조건들을 확보한 것으로 보인다. 한반도를 토양으로 삼아 고유성을 확보한 인문학을 자생인문학이라 한다면, 한국의 자생인문학은 한반도 지성의 과거가 반영된 내재적 모델을 갖추어야 고유의 정체성과 생명력을 확보할 수 있다. 원효학이 주목되어야 하는 또 하나의 이유가 여기에 있다. 원효학은 자생인문학의 내재적 모델을 수립하기 위한 최적의 의지처로 보이기 때문이다. 이 원효전서 번역이 한국의 자생인문학 형성에 기여할 수 있다면 참여 연구자들에게는 가장 큰 보상일 것이다.

『열반종요』는 대승불교에서 산출된 『열반경』의 사상을 탐구한 저술이다. 원효는 『열반종요』에서 『열반경』이 펼치는 '가르침의 핵심 내용'(敎宗)을 열반문涅槃門과 불성문佛性門의 두 가지 부문으로 구분한다. 탁월한 안목이다. 원효의 분석처럼, 『열반경』의 주제는 불교에서 추구하는 이상적 지평인 '열반涅槃'과 그 이상적 지평에 도달한/도달하는 주체인 '부처 면모'(佛性)라는 두 축으로 구성된다. '이상적 지평'(열반)과 '이상적 주체'(불성)에 관한 탐구를 주제로 삼는 경전이기 때문에 『열반경』의 출현은 불교계의 뜨거운 관심을 받을 수밖에 없었다.

『열반경』 이해의 사상사적 추이에 대한 원효의 분석

『열반경』이 '열반의 네 가지 능력'(涅槃四德)으로서 제시하는 상常·락樂·아我·정淨이라든가 '불성=아트만'[1]이라는 명제 등은 불교의 근

---

1 비대승非大乘 『열반경涅槃經』류(예를 들어 『장아함경長阿含經』 권2~4(T2)에 수록된 『유행경遊行經』, 『반니원경般泥洹經』 2권(T2) 등)의 출현으로부터 대승 『열반경』이 성립하기까지의 사상사적 과정을 탐구하는 시모다 마사히로(下田正弘)는, 부처님 입멸 후 유골이 된 불신佛身의 존재를 확인하는 아이콘으로서의 초기 불탑 신앙으로부터 이후 중생들과 구별되는 영원한 존재로서의 불신사상이 출현하여 여래장사상과 결합하고 이 흐름이 모든 중생에 내재화된 불성으로 발전해 가는 과정을 면밀하게 추적한다. 그는 연구의 말미에서, "불성=아트만이라고 표현한 것은 『열반경』에서 중요한 의미를 지니며, 오랜 시간 지속적으로 품어 왔던 문제를 해결했음을 선언한 것이다"(p.581)라는 하나의 결론을 제시한다. 이자랑

본법설인 연기와 무아에 배치되는 것이 아니냐는 혐의를 비롯하여,『열반경』은 숱한 논란의 대상이 되어 왔다. 예컨대『고승전』[2]은 동진東晉 시대 열반학자였던 도생道生(355~434)이 대본大本『열반경』이 전해지기 이전에 6권『대반니원경大般泥洹經』의 탐구만으로 일천제성불一闡提成 佛을 주장하여 대중에게 배척받았던 사연을 전한다.

중국불교에서 대승『열반경』의 사상이 전해진 시기는 법현法顯에 의해『대반니원경大般泥洹經』 6권이 역출된 동진東晉의 의희義熙 14년(418)을 기점으로 삼는다. 이후 북량北涼의 현시玄始 10년(421)『대반열반경』 40권(북본)이 담무참曇無讖(385~433)에 의해 번역되고, 남조南朝 유송劉宋의 원가元嘉 13년(436)에는 혜엄慧嚴(363~443), 혜관慧觀(?~453), 사령운謝靈運(385~433) 등에 의해 40권본이 재편집되어 36권본(남본)이 성립한다.[3]『열반종요』에서 원효가 대상으로 삼은『열반경』역본은 이 재편집된 36권본이었던 것으로 보인다.[4]『열반경』의 완본이 간행된 이래 수많은 열반학자들이 배출되어 하나의 거대한 학계를 형성해 간다. 황제보살로 불렸던 남조南朝 양梁 무제武帝(464~549; 재위 502~549)의 칙명에 의해『대반열반경집해大般涅槃經集解』 71권(T37)이 집대성된 것, 호

역,『열반경 연구』, 서울: 씨아이알, 2018.

2   관련된 내용은『고승전高僧傳』권7의 다음과 같은 대목이다. "六卷『泥洹』先至京 都, 生剖析經理洞入幽微, 迺說一闡提人皆得成佛. 于時大本未傳, 孤明先發獨見忤衆, 於是舊學以爲邪說, 譏憤滋甚, 遂顯大衆擯而遣之."(T50, p.366c21~25.)

3 『열반경』의 역출 시기에 관해서는 平井俊榮,『中國般若思想史研究』(東京: 春秋使, 1976), p.309 참조.

4   원효는『열반종요』에서『열반경』의 제1품을 '서품序品'이라고 부르므로 원효가 대상으로 삼은『열반경』역본은 제1품이 '수명품壽命品'인 북본(40권본)이 아니라 남본(36권본)으로 보인다. 40권으로 된 북본北本『열반경』과 36권으로 된 남본南本『열반경』 중에서 첫 번째 품명品名이 '序品第一'인 것은 담무참曇無懺 (385~433) 번역의 북본이 아니라(40권본의 첫 번째 품명은 「수명품壽命品」임), 남조南朝 송대宋代 혜엄慧嚴(363~443) 등이 번역한 남본이다.

법보살로 불렸던 북조北朝 시대의 대표적 논사인 정영사淨影寺 혜원慧遠(523~592)에 의해『대반열반경의기大般涅槃經義記』10권(T37)이 찬술된 것 등은『열반경』사상에 관한 탐구가 중국불교의 한 중요한 흐름이었음을 증명한다.

『열반종요』에서 원효는『열반경』사상에 대한 이해의 역사적 추이를 구체적으로 거론한다. 불성문佛性門 서두에서 '불성의 바탕'(佛性體)에 관한 여러 학설을 서술하는 대목이 그것이다. 여기서 등장하는 '여섯 법사'(六師)들은 각각 불성의 바탕에 대해 다양한 견해들을 제시한다. 요약하자면, ① 미래에 있을 부처라는 결실(當有佛果), ② 마음을 거느리는 주인인 현재에 있는 중생(現有衆生), ③ 괴로움을 싫어하고 즐거움을 추구하는 중생의 마음의 면모(衆生之心性), ④ 의식이 없는 존재와는 다른 마음의 신령한 면모(心神), ⑤ 제8아뢰야식에 있는 진리 그대로인 종자(阿賴耶識法爾種子), ⑥ 번뇌에서 풀려난 제9아마라식의 참 그대로인 면모(阿摩羅識眞如解性)를 각각 불성의 바탕으로 주장하는 견해들이다.

첫 번째는 동진東晉 축도생竺道生(355~434)의 견해, 두 번째는 양조梁朝 승민僧旻(467~527)의 견해, 세 번째는 양조梁朝 법운法雲(467~529)의 견해, 네 번째는 양조梁朝 무제武帝(464~549)의 견해, 다섯 번째는 현장玄奘(602~664)을 위시한 법상法相 신유식新唯識 계열의 견해, 여섯 번째는 진제眞諦(499~569)를 위시한 섭론종攝論宗 계열의 견해로서 소개된다. 원효는 위진 시대로부터 남북조 시대를 거쳐 수당대에 이르는 사상사적 추이의 한 단면을 구체적 인명과 함께 일목요연하게 정리함으로써,『열반경』사상의 탐구를 위한 사상사적 지형을 총체적으로 그려 내고 있는 것이다.

『열반종요』의 구성과 내용

큰 제목만으로『열반종요』전체 차례를 나타내면 다음과 같다.

Ⅰ. [경] 전체의 뜻을 간략히 서술함(略述大意)

Ⅱ. [경의 뜻을] 넓게 펼쳐 놓고 [내용에 따라] 구분하여 설함(廣開分別)

　1.『열반경』[을 설하는] 인연을 설명하는 부문(說經因緣門)

　2. [『열반경』] 가르침의 핵심 내용을 밝힘(明敎宗)

　　1) 총괄적으로 설명함(總說)

　　2) [부문에 따라] 구분하여 설명함(分別)

　　　(1) 열반에 관한 부문(涅槃門)

　　　(2) 부처의 면모에 관한 부문(佛性門)

　3. 경전[의 가르침을 구성하는] 토대를 드러냄(出經體)

　4. 가르침의 위상을 분석함(辨敎迹)

차례에서 보듯이『열반종요』는 약술대의略述大意와 광개분별廣開分別의 두 단락으로 크게 나뉘고, 뒤의 광개분별廣開分別 단락이 다시 설경인연문說經因緣門·명교종明敎宗·출경체出經體·변교적辨敎迹의 네 단락으로 나뉘는 구성으로 되어 있다. '약술대의略述大意'가『열반종요』의 서론이고 '광개분별廣開分別'은 본론인데, '광개분별廣開分別' 중에서도 특히 '명교종明敎宗'에서의 '열반문涅槃門'과 '불성문佛性門' 단락이 분량이나 내용 면에서 실질적인 본론에 해당한다. 이어지는 '출경체出經體'와 '변교적辨敎迹' 부분은,『열반경』사상에 관한 실질적 논의가 끝난 이후에 앞서의 논의와는 별도의 형식으로 이 책을 마무리하는 대목이며『열반종요』의 결론에 해당한다고 볼 수 있다.

편의를 위해 결론 부분부터 그 내용을 개괄해 본다. 먼저 '출경체出經體' 단락에서는 아비달마 교학에서 교체敎體로 거론하는 명名·구句·

문文의 뜻에 관해 엄밀히 분석해 들어가면서도 중생교화의 구체적 선교방편善巧方便에 결부되는 어어語·행상行相·기청機請 등을 추가하여 대승의 교체敎體로서 제시한다. 언어 자체에 관한 교학적 관점들이 대·소승을 망라하여 서술되어 있으므로 원효가 가진 언어관의 윤곽을 가늠해 볼 수 있는 대목이지만, 『열반경』 사상과의 직접적 연관성을 찾을 수 없는 내용이기도 하다. 반면 '변교적辨敎迹'의 단락은 『열반경』을 둘러싼 원효 당대의 교상판석에 관한 논의가 체계적으로 소개되는 자리이므로 ─ 당대 교상판석에 대한 원효의 비판적 관점을 논외로 하는 한에서 ─ 다른 경전들과 구별되는 『열반경』 사상의 핵심이 어떤 명제들을 통해 요약될 수 있는지 살펴볼 수 있는 대목이다.

남토南土 5시교판五時敎判을 소개하는 문단은 『열반경』의 사상이 어떠한 불교사상사적 토대 위에서 형성되는지를 보여 준다. ① 5계五戒·10선十善의 인천교문人天敎門, ② 삼승차별교문三乘差別敎門, ③ 『반야波若』·『유마維摩』·『사익思益』 등의 공무상空無相, ④ 『법화法華』의 일승파삼귀일一乘破三歸一, ⑤ 『열반涅槃』의 일체중생개유불성一切衆生皆有佛性·법신상주法身常住의 과정이 그것이다.[5] 『열반경』 사상의 핵심은 〈모든 중생은 다 부처 면모를 지닌다〉(一切衆生皆有佛性)는 것과 〈진리 몸은 늘 머무른다〉(法身常住)라는 명제로 압축된다. 그리고 이 명제로 요약되는 『열반경』의 사상을 5시교판에서는 불교사상사의 정점으로 삼는다. 『열반경』의 사상을 불교사상사의 정점으로 정초하는

---

5 남토南土 5시교五時敎를 논의하는 문장을 인용하면 다음과 같다. "一佛初成道已, 爲提胃等, 說五戒十善人天敎門. 二佛成道已, 十二年中宣說三乘差別敎門, 未說空理. 三佛成道已, 三十年中說空無相, 『波若』『維摩』『思益』等經. 雖說三乘同觀於空, 未說一乘破三歸一. 四佛成道已四十年後, 於八年中說 『法花經』, 廣明一乘破三歸一, 未說衆生皆有佛性. 但彰如來壽過塵數, 未來所住復倍上數, 不明佛常, 是不了敎. 五佛臨涅槃, 說 『大涅槃』, 明諸衆生皆有佛性法身常住, 是了義經. 南土諸師多傳是義."(H1, p.546b15~c2.)

것은, 사상사의 매 단계마다 내재하는 차별의 논리를 대승적 통섭通攝의 논리로 전환하려는 태도를 반영한다. 이 대승적 통섭의 논리가 실현된 지평이 열반이라면, 일체중생개유불성一切衆生皆有佛性과 법신상주法身常住는 그 열반 지평의 실제 내용이 무엇인지를 알려 주는 핵심 명제라 하겠다.

교상판석이라는 사상사적 흐름에 관한 논의를 소개하고 검토하는 과정 속에서 『열반경』 사상의 핵심 내용을 정리하는 방식으로, 원효는 『열반종요』의 대단원을 마무리한다. 그런데 『열반종요』의 본론에서도 일체중생개유불성一切衆生皆有佛性과 법신상주法身常住의 명제가 그와 같은 사상사적 맥락에 따라 논의되는 곳이 있다.

〈[『열반경』에서] "[십지十地의] 열 가지 경지에 머무는 [보살]'은 비록 '[삼승三乘을] 하나처럼 통하게 하는 가르침'(一乘)을 이해하지만 '여래가 [본연에] 늘 머무는 것'임을 알지 못한다"(十住雖見一乘, 不知如來是常住法)라고 말한 것은, '원인[으로서의 부처면모]와 결과[로서의 부처면모]'(因果)에 의거하여 그 '[부처 면모]'(佛性)를 만나게 되는 것의] 어려움과 쉬움'(難易)을 드러낸 것이다. '[삼승三乘을] 하나처럼 통하게 하는 가르침'(一乘)이라고 말한 것은 '가장 중요한 원인으로서의 부처면모'(正因佛性)이고 '여래가 [본연에] 늘 머문다'(如來常)는 것은 '결과로서의 부처면모'(果佛性)이니, '[십지十地의] 열 가지 경지에 머무는 [보살]'(十住)은 원인(因)이 완성되기 때문에 '원인으로서의 [부처] 면모'(因性)를 보지만 아직 '완전한 결실'(圓果)을 얻지 못하여 '결과로서의 [부처] 면모'(果性)를 보지 못한다.〉[6]

『열반경』에서는, 〈10지보살十地菩薩은 일승一乘을 이해하지만 여래

---

6 『열반종요』 권1(H1, p.544b19~22). "言十住雖見一乘, 不知如來是常住法者, 是約因果, 顯其難易. 言一乘者正因佛性, 如來常者是果佛性, 十住因滿故, 見因性, 未得圓果, 不見果性."

상주如來常住를 알지 못한다)고 하여 『법화경』의 일승一乘을 10지보살이 성취하는 진리에 배당하고 『열반경』의 여래상주如來常住를 10지의 인행因行을 넘어선 여래의 경지에서 성취하는 진리라고 설명한다. 이에 관해 원효는, 〈일승一乘의 진리는 '원인으로서의 [부처] 면모'(因性)를, 여래상주如來常住의 진리는 '결과로서의 [부처] 면모'(果性)를 가리키는 것〉이라고 정리한다. 법화 일승의 진리는 삼승三乘을 하나로 통하게 하는 가르침이다. 성문승聲聞乘・연각승緣覺乘의 소승小乘뿐 아니라 대승의 보살승菩薩乘마저도 방편이며 궁극적으로 '하나처럼 통하게 하는 길'(一乘道)로 돌아가야 한다는 취지 아래, '성문・연각이 부처가 되는 것'(二乘作佛)도 포용하려는 대승적 평등의 논리이다. 그러나 『열반경』 사상의 지평에서는 깨뜨려야 할 삼승조차 이미 존재하지 않는다. 여래의 보편적 상주常住라는 진리의 빛 아래에서는, '성문・연각이 부처가 될 수 있는 것'(二乘作佛)을 넘어 '좋은 능력이 끊어진 자'(一闡提)를 위시한 모든 중생이 다 부처의 면모를 가지기 때문이다.

『열반경』의 통섭적 시선은 불변(常住)과 변화(無常)라는 상반된 개념을 열반涅槃이라는 하나의 지평으로 회통시키는 방식으로도 드러난다. 원효는 '불변에 집착하는 사람들'(執常家)과 '변화에 집착하는 사람들'(執無常家)의 주장을 통섭시키면서 그 대목을 펼쳐 낸다.

〈[주장들을 조건적 타당성에 따라] '막힘이나 걸림'(障礙)이 없이 말한다면, [상주常住와 무상無常, 이] 두 가지 뜻이 모두 타당하다는 것은 [진리성취의] 결실인 부처 몸의 이로운 능력'(報佛功德)이 '[변화하는] 양상'(相)에서 벗어났고 '[불변의] 본질'(性)에서도 벗어났다는 것이다. [보신報身은] '[변화하는] 양상'(相)에서 벗어난 것이기 때문에 '생멸하는 양상'(生滅相)에서 벗어나 궁극적으로 '[근본무지에 따르는 생사生死가] 그치고 고요하여'(寂靜) '[근본무지에 따르는] 조작도 없고 행위도 없으니'(無作無爲), 그러므로 '늘 머문다'(常住)라고 말한다. [또 보신報身은] '[불변의] 본질'(性)에서 벗어난 것이기 때문에 '[불변의] 본질로서 늘 머무는 것'(常住性)에서 벗어나 가

52

장 '활발하게 움직여'(喧動) [중생구제를 위해] '하지 않는 것이 없으니'(無所不爲), 그러므로 '늘 머물지 않는다'(無常)라고 말한다.)[7]

열반의 궁극적 지평은 상주와 무상이라는 상반된 개념을 차별 없이 모두 포괄한다. 그러므로 열반의 경지를 성취한 보불報佛이 지닌 능력은, '생멸변화로 인한 불안의 양상'(生滅相)에서 벗어난 것이면서도 동시에 '불변의 본질 양상'(常住相)에서 벗어나 중생구제를 위해 하지 않는 것이 없는 것이다. 열반 지평에 관한 온전한 이해는, '이상離相·구경적정究竟寂靜·무작무위無作無爲'가 연결되는 '상주常住의 개념계열'과 '이성離性·최극훤동最極喧動·무소불위無所不爲'가 연결되는 '무상無常의 개념계열'을 모두 포괄할 때라야 완성된다는 것이다.

『열반경』에 대한 탐구를 통해 원효는 '자리행과 이타행이 한 몸처럼 통섭通攝된 현재적 경험지평'이 열반이라고 본다. 근본무지에 따르는 불안과 해악을 치유하는 '자기 이로움의 구현'(自利行)을 한 축으로 삼고, 이로움의 개방적 공유를 위해 활발하게 움직이는 '타자 이로움의 구현'(利他行)을 다른 한 축으로 삼아, 이 두 축을 쌍으로 운용하면서 함께 '깨달음의 꽃이 만개한 열반의 세상'(佛國土)을 만들어 가는 길. 이 길을 다양한 측면에서 펼쳐 보이는 것이 『열반종요』의 세계이다.

『열반종요』에서 원효가 종횡무진 인용하고 있는 경론들을 통계로 정리하면 다음과 같다. 그의 사유가 얼마나 방대한 지식범주의 탐구와 정밀한 분석적 음미를 토대로 구축된 것인지를 확인시켜 준다.

---

7 『열반종요』 권1(H1, p.537b9~12). "無障礙說, 二義皆得者, 報佛功德離相離性. 以離相故, 離生滅相, 究竟寂靜, 無作無爲, 故說常住. 以離性故, 離常住性, 最極喧動, 無所不爲, 故說無常."

『열반종요』에서 인용된 경론과 인용 횟수

인용 경론	인용 횟수	비고
열반경涅槃經	120	
승만경勝鬘經	6	
입능가경入楞伽經	6	
마하반야바라밀경摩訶般若波羅蜜經	4	
법화경法華經	4	
금광명경金光明經	4	
대반니원경大般泥洹經	2	경전: 154
화엄경華嚴經	2	
유마경維摩經	1	
점찰선악업보경占察善惡業報經	1	
대살차니건자소설경大薩遮泥乾子所說經	1	
부증불감경不增不減經	1	
이야경二夜經	1	
청승복전경請僧福田經	1	
구경일승보성론究竟一乘寶性論	22	
불성론佛性論	12	
섭대승론석攝大乘論釋	8	
유가사지론瑜伽師地論	7	
아비담비바사론阿毘曇毘婆沙論	5	
대승기신론大乘起信論	5	
묘법연화경론우바제사妙法蓮華經論優波提舍	4	논서: 75
대승의장大乘義章	3	
아비달마구사석론阿毘達磨俱舍釋論	2	
성실론成實論	2	
대지도론大智度論	2	
아비담팔건도론阿毘曇八犍度論	1	
잡아비담심론雜阿毘曇心論	1	
십지경론十地經論	1	
총계	229	

원효의 저술

원효 저서의 목록은 80여 부 200여 권이 확인된다. 그 가운데 완본으로 현존하는 것은 『금강삼매경론』・『대승기신론별기』・『대승기신론소』・『이장의』・『열반경종요』・『보살계본지범요기』・『대혜도경종요』・『법화종요』・『미륵상생경종요』・『무량수경종요』・『아미타경소』・『발심수행장』・『대승육정참회』 등의 13부이며, 잔본殘本으로 현존하는 것은 『화엄경소』・『본업경소』・『범망경보살계본사기』・『판비량론』・『중변분별론소』・『십문화쟁론』 등 6부와, 『해심밀경소서』・『미타증성게』 등이 있다. 총 20종의 저서가 현존하는 것이다.

잔본의 경우, 『화엄경소』는 60권 『화엄경』에 대한 주석으로 원래 10권이었지만 지금은 서문과 권3만이 남아 있다. 원래 상・중・하 3권으로 되었던 『본업경소』는 현재 하권만 전하며, 『범망경보살계본사기』는 상・하 2권이었지만 지금은 상권만 남았다. 『판비량론』은 25지紙 분량의 1권이었는데, 지금은 후반부 약 19지 분량과 책 말미의 회향게廻向偈 7언4구와 지기識記가 전한다. 최근 일본에서 전하던 내용 일부가 더 확인되었다. 『중변분별론소』는 모두 4권이었지만 지금은 권3만 남았다. 원래 2권이었던 『십문화쟁론』은 지금 해인사에 목판 3매가 남았을 뿐이다. 『해심밀경소』는 현재 서문만 남았고, 『미타증성게』는 7언12구가 남아 있다.

일러두기

❶ 본서는『한국불교전서韓國佛敎全書』제1권(pp.524a1~547a23)에 실린
『열반종요涅槃宗要』를 저본으로 삼았다. 참고본은『대정신수대장경
大正新修大藏經』제38권(pp.239a10~255c9)에 실린『열반종요涅槃宗要』
와『교정국역 열반경종요』(가은 역주, 부산: 원효사상실천승가회, 2004,
pp.266~442)에 실린 일본 일광산日光山 윤왕사輪王寺 필사본이다. 아
울러『동문선東文選』제83권에 실린「열반경종요서涅槃經宗要序」역
시 해당하는 내용(H1, p.524a1~b18)에서 참고했다.

❷ 모든 원문 교감은 저본인『한국불교전서』의『열반종요』원문을 대
상으로 삼은 것이다. 교감은 해당 원문의 각주에서 교감의 내용 및
그 근거와 이유를 밝히는 것을 기본방식으로 하였다. 문맥에 따른
교감의 경우에는 해당 번역문의 각주에서 그 근거와 이유를 밝히기
도 했다. 또한 교감할 필요는 있어도 원효의 의도를 고려하거나 당
시 문헌의 판본을 보존하는 의미가 있다고 판단되는 경우라면, 문맥
에 저촉되지 않는 사례에 한하여 교감하지 않은 경우도 있다.

❸ 각 문단의 번역문 앞에 제시된 한문 부분은 모두 저본인『한국불교
전서』제1권의『열반종요』원문이다. 학인들의 연구를 돕기 위해 각
문단마다 해당 원문의 출처를 밝혔는데, 여기에는『한국불교전서』
외에『대정신수대장경』의 해당 출처도 밝혔다.

❹ 원전 개념어의 뜻을 풀어 번역하는 경우, 번역문은 작은따옴표(' ')
로 표시했고 해당하는 한문 개념어는 괄호 안에 제시했다. 또한 번
역문에서 '[ ]'로 표시된 보조문의 내용은 번역자의 문맥 이해가 표현
된 부분이다.

❺ 원전의 개념어나 문맥의 해석을 위해 역주가 필요한 경우에는 관련

된 경론經論의 문구를 제시함으로써 해석의 근거를 밝히는 것을 역
주 작성의 원칙으로 삼았다. 참고한 사전과 연구서들에 관해서도 출
처를 밝혔다.

❻ 경론들의 출전 표시를 위해 『한국불교전서韓國佛教全書』는 H, 『대정신
수대장경大正新修大藏經』은 T, 『만자속장경卍字續藏經』은 X로 약칭했다.

❼ 원효가 인용하고 있는 경론들의 내용과 현존하는 산스크리트본의
해당 내용을 대조할 때 사용한 참고문헌은 다음과 같다.

AKBh *Abhidharm-koshabhāṣya of Vasubandhu*, ed. Pradhan, p., Patna:
K. P. Jayaswal Research Institute, 1967.

LAS *The Laṅkāvatāra Sūtra*, ed. Nanjio, Bunyiu, Kyoto: Otani University
Press, 1923.

LAS[T] *Laṅkāvatāra-Ratna-Sūtram Sarva-Buddha-Pravacana-Hṛdayam*—A Sanskrit
Restoration—, ed. Tokiwa, Gishin, Osaka, 2003.

PvsP I-1 *Pañcaviṃśatisāhasrikā Prajñāpāramitā I-1*, ed. Kimura Takayasu,
Tokyo: Sankibo, 2007.

PvsP IV *Pañcaviṃśatisāhasrikā Prajñāpāramitā IV*, ed. Kimura Takayasu,
Tokyo: Sankibo, 1990.

PvsP VI-VIII *Pañcaviṃśatisāhasrikā Prajñāpāramitā VI-VIII*, ed. Kimura
Takayasu, Tokyo: Sankibo, 2006.

RGV *The Ratnagotra-vibhāga Mahāyānottaratantraśāstra*, ed. by Edward
H. Johnston, Patna: The Bihar Research Society, 1950.

SP *Saddharmapuṇḍarīka*, ed. by Kern, H. and Nanjio, Bunyiu, St.
Pétersbourg: L'Académie Impériale des Sciences, 1908-1912.

Vkn *Vimalakīrtinirdeśa: A Sanskrti Edition Based upon the Manuscript
Newly Found at the Potala Palace*, ed. Study Group on Buddhist
Sanskrit Literature. Tokyo: Taisho University Press, 2006.

『열반종요涅槃宗要』[1][2]

원효元曉

『열반경』의 가장 중요한 핵심(涅槃宗要)

> 涅槃宗要 元曉師撰
>
> 是經有其二門, 一者略述大意, 二者廣開分別.
>
> (H1, p.524a1~5: T38, p.239a13~17)

이 『열반경』에는 '두 가지 부문'(二門)이 있으니, 첫 번째는 '[경] 전체의 뜻'(大意)을 간략히 서술하는 것이고, 두 번째는 [경의 뜻을] '넓게 펼쳐

---

1 『교정국역 열반경종요』에서 가은은 '涅槃宗要'를 '涅槃經宗要'라고 교정하고, 그 주석에서 "大正38, p.239a13. 『涅槃宗要』는 같은 책 p.255c08.과 東文83, p.02a06.에 의거『涅槃經宗要』로 고친다"(p.25)라고 하는데, 말하자면 대정장의 p.255c08, 즉 『열반종요』의 마지막 줄에서 '涅槃經宗要'라는 서명이 제시되어 있고 동문선東文選에도 '涅槃經宗要'라는 서명이 나오므로 그에 따라 '涅槃宗要'를 '涅槃經宗要'라고 교정한다는 것이다. 『국역 열반경종요』에서 이영무 역시 "『대정신수대장경』 제38권에 없는 '經' 자를 『동문선』 제83권에 의거하여 보입補入한다"(p.17)라고 하여 원문을 교정한다. 하지만 '法華玄論', '華嚴遊意', '勝鬘寶窟' 등의 서명에서 보듯이 일반적으로 어떤 경전의 가장 중요한 핵심을 서술한 책의 제명에서 '經' 자가 빠지는 사례가 많고 번역에서 표현되므로 굳이 원문을 교정할 필요까지는 없을 듯하다.

2 한불전 주석에 "저본은 『신수대장경』 제38책이고, 참고본(甲本)은 『동문선東文選』 제83권에 실린 「涅槃經宗要序」이다"라고 한다. 본서에서는 일본 일광산日光山 윤왕사輪王寺 필사본도 참고본(乙本)으로 활용한다.

놓고'(廣開) [내용에 따라] 구분하여 [설하는 것이다.]

Ⅰ. [경] 전체의 뜻을 간략히 서술함(略述大意)

述大意者. 原夫涅槃之爲道也! 無道而無非³道, 無住而無非³住, 是知
其道至近至遠. 證斯道者, 彌寂彌暄,⁴ 彌暄⁵之故, 普震八聲,⁶ 通⁷虛空而
不息, 彌寂之故, 遠離十相, 同眞際而湛然. 由至遠故, 隨敎逝之, 綿⁸歷
千劫而不臻, 由至近故, 忘言尋之, 不過一念而自會也.

(H1, p.524a6~12: T38, p.239a17~22)

[먼저 『열반경』] '전체의 뜻'(大意)을 서술해 보겠다. 저 열반涅槃이 [올라
서야 할] 길(道)이 된다는 것이여! [그 길(道)은 올라설] 길(道)이 없으면서도
[올라설] 길(道)이 아닌 것도 없고, [그 길에] 머무름(住)이 없으면서도 머무
르지 않는 것도 없으니, 그러므로 그 [열반이라는] 길(道)은 지극히 가까
우면서도 지극히 멀다는 것을 알 수 있다. 이 [열반이라는] 길(道)을 증득
證得한 자는 갈수록 고요한가 하면, 갈수록 떠들썩하기도 하다. 갈수록

---

3 한불전 교감주에 "'非'는 동문선본에 '不'이라고 되어 있다"라고 한다. 번역은 교감
　주를 따르지 않는다.
4 '暄'에는 '따뜻하다'는 뜻이 있을 뿐 '시끄럽다, 떠들썩하다'는 뜻이 없으므로 '喧'이
　라고 교감한다.
5 위와 같다.
6 한불전 교감주에 "'聲'은 동문선본에 '音'이라고 되어 있다"라고 한다. 번역은 교감
　주를 따른다.
7 한불전 교감주에 "'通'은 동문선본에 '遍'이라고 되어 있다"라고 한다. 번역은 교감
　주를 따른다.
8 한불전 교감주에 "'綿'은 동문선본에 '緜'이라고 되어 있다"라고 한다. 번역은 교감
　주를 따르지 않는다.

떠들썩하기 때문에 '[부처님의] 여덟 가지 [수승한] 음성'(八音)⁹[과도 같은 말]을 널리 울려 허공에 두루 펼치면서 쉬지 않고, 갈수록 고요하기 때문에 '[보살 십지十地의] 열 가지 특징들'(十相)¹⁰에서 멀리 떠나 '참 지평'(眞際)과 같아져서 잔잔하다. [열반의 길은] 지극히 멀기 때문에 [말로 된] 가르침을 따라가면 천 겁劫[이라는 오랜 시간]이 이어져 지나가도 [그 길에] 도달하지 못하며, [열반의 길은] 지극히 가깝기 때문에 말[로 된 가르침]을 잊고 [열반의 길을] 찾으면 한 [찰나의] 생각을 지나지 않아도 [그 길을] 저절로 만난다.

今是經者, 斯乃佛法之大海, 方等之祕藏, 其爲敎也難可測量, 由良¹¹

---

9 팔음八音: 지의智顗의 『법계차제초문法界次第初門』 권하 「팔음초문제59八音初門第五十九」에 따르면 "一極好, 二柔軟, 三和適, 四尊慧, 五不女, 六不誤, 七深遠, 八不竭. 次相好而辯八音者, 若佛以相好端嚴, 發見者之善心, 音聲理當清妙, 起聞者之信敬. 故次相好而明八音也. 此八通云音者, 詮理之聲, 謂之爲音, 佛所出聲, 凡有詮辯, 言辭清雅, 聞者無厭, 聽之無足能爲一切作與樂拔苦因緣, 莫若聞聲之益, 即是以慈修口. 故有八音清淨之口業."(T46, p.697a16~24)이라고 하여 팔음八音을 ① 극호음極好音, ② 유연음柔軟音, ③ 화적음和適音, ④ 존혜음尊慧音, ⑤ 불녀음不女音, ⑥ 불오음不誤音, ⑦ 심원음深遠音, ⑧ 불갈음不竭音이라고 설명한다. 팔음八音 각각의 뜻에 대해서는 T46, p.697a25~b20 참조.

10 십상十相: 『화엄경華嚴經』 권27에 따르면 "菩薩十地亦如是, 同在佛智, 因一切智故, 有差別相. 佛子, 譬如大海, 以十相故名爲大海, 無有能壞. 何等爲十? 一漸次深, 二不受死屍, 三餘水失本名, 四一味, 五多寶, 六極深難入, 七廣大無量, 八多大身衆生, 九潮不失時, 十能受一切大雨無有盈溢. 菩薩地亦如是, 以十因緣故, 無有能壞."(T9, p.575a28~b6)라고 하여 보살의 십지十地 수행을 대해大海의 십상十相에 비유한다. 참고로 대해 십상大海十相과 보살 십지十地의 관계에 대한 설명은 다음과 같다. "歡喜地中, 漸生堅固願. 離垢地中, 不與破戒共宿. 明地中, 捨諸假名. 焰地中, 於佛得一心不壞淨信. 難勝地中, 生世間無量方便神通, 起世間事. 現前地中, 觀甚深因緣法. 遠行地中, 以大廣心善觀諸法. 不動地中, 能起大莊嚴現示. 善慧地中, 能得深解脫通達世間行, 如實不失. 法雲地中, 能受一切諸佛大法明雨."(T9, p.575b6~14.)

11 한불전 교감주에 "'由良'은 동문선본에 '良由'라고 되어 있다"라고 한다. 번역은 교감주를 따른다.

廣¹²蕩無崖,¹³ 甚深無底. 以無底故無所不窮, 以無崖¹⁴故無所不該, 統衆
典之部分, 歸萬流之一味, 開佛意之至公, 和百家之異諍. 遂使擾擾四
生, 僉歸無二之實性, 夢夢¹⁵長睡, 並到大覺之極果.

(H1, p.524a12~19: T38, p.239a22~28)

　　지금 이 『열반경』은 바로 부처님 가르침[을 모두 담고 있는] 큰 바다이
고 '보편적이고 평등한'(方等) [대승 경전의] 신비로운 창고여서 그 가르침
의 내용을 헤아리기 어려우니, 참으로 [『열반경』의 가르침은] 넓고도 넓어
서 끝이 없고 깊고도 깊어서 바닥이 없기 때문이다. 바닥이 없기 때문
에 [깊게] 미치지 못하는 것이 없고 끝이 없기 때문에 받아들이지 못하는
것이 없으니, [『열반경』의 가르침은] 뭇 경전들의 부분[적 내용들]을 '다 거두
어들여'(統) [갈라진] 모든 물줄기들의 [원천인] '한 맛'(一味)으로 돌아가게
하고 부처님 [가르침의] 뜻이 [지닌] 지극히 공정함을 펼쳐, 모든 주장들의
'다르다고 하는 말다툼'(異諍)을 화해시킨다. [그리하여] 마침내 어지럽게
[방황하는] '[태생胎生, 난생卵生, 습생濕生, 화생化生의] 4가지 중생'(四生)들을
모두 '둘로 나뉨이 없는 참된 본연'(無二之實性)으로 돌아가게 하고, 어
둡고 긴 잠[에 빠진 중생들을] 모두 '완전한 깨달음인 궁극적 과보'(大覺之
極果)에 이르게 한다.

極果之大覺也, 體實性而忘¹⁶心, 實性之無二,¹⁷ 混眞忘¹⁸而爲一. 既無

12　한불전 교감주에 "'廣'은 동문선본에 '曠'이라고 되어 있다"라고 한다. '曠蕩'의 용례
　　는 있으나 '廣蕩'의 용례는 없으므로 번역은 교감주를 따른다.
13　한불전 교감주에 "'崖'는 동문선본에 '涯'라고 되어 있고, 다음에도 동일하다"라고
　　한다. 번역은 교감주를 따른다.
14　위 교감주를 따라 '崖'를 '涯'로 교감한다.
15　동문선본에 따라 '夢夢'을 '瞢瞢'으로 고친다.
16　한불전 교감주에 "'忘'은 동문선본에 '亡'이라고 되어 있다"라고 한다. 번역은 교감

二也, 何得有一, 眞忘¹⁹混也, 熟爲其實? 斯卽²⁰理智都忘,²¹ 名義斯絶, 是謂涅槃之玄旨也. 但以諸佛證而不位,²² 無所不應, 無所不說, 是謂涅 槃之至敎也. 玄旨已²³而不²⁴嘗寂, 至敎說而未嘗言, 是謂理敎之一味 也. 爾乃聽滿字者咸蒙毛孔之益, 求半偈者不傾²⁵骨髓之摧, 造逆罪者信 是經而能滅, 燋²⁶善種²⁷者依茲敎而還生之矣.

(H1, p.524a19~b6: T38, p.239a28~b8)

'궁극적 과보인 완전한 깨달음'(極果之大覺)이라는 것은 [둘로 나뉨이 없 는] '참된 본연'(實性)을 체득(體得)하여²⁸ [둘로 나누는] 마음을 잊은 것이고,

---

주를 따르지 않는다.

17 한불전 교감주에 "'二' 뒤에는 동문선본에 '也'가 있다"라고 한다. 번역은 교감주를 따른다.

18 한불전 교감주에 "'忘'은 동문선본에 '妄'이라 되어 있고, 다음에도 동일하다"라고 한다. 번역은 교감주를 따른다. 그리고 다음에 나오는 '忘'도 교감주에 따라 '妄'으로 교감한다.

19 위 교감주에 따라 '忘'을 '妄'으로 교감한다.

20 동문선본에 따라 '卽'을 '則'으로 고친다.

21 동문선본에 따라 '忘'을 '亡'으로 교정한다.

22 한불전 교감주에 "'位'는 동문선본에 '住'라고 되어 있다"라고 한다. 번역은 교감주를 따른다.

23 한불전 교감주에 "'已'는 동문선본에 '亡'이라고 되어 있다"라고 한다. 번역은 교감주를 따른다.

24 한불전 교감주에 "'不'은 동문선본에 '未'라고 되어 있다"라고 한다. 번역은 교감주를 따른다.

25 한불전 교감주에 "'傾'은 동문선본에 '顧'라고 되어 있다"라고 한다. 번역은 교감주를 따른다.

26 한불전 교감주에 "'燋'는 동문선본에 '斷'이라고 되어 있다"라고 한다. 번역은 교감주를 따른다.

27 한불전 교감주에 "'種'은 동문선본에 '根'이라고 되어 있다"라고 한다. 번역은 교감주를 따른다.

28 體實性而忘心에서 '而'의 번역: '而'를 순접으로 번역한 것은 장순용과 강찬국이고,

'참된 본연인 둘로 나뉨이 없음'(實性之無二)이라는 것은 참(眞)과 거짓(妄)이 섞여 [둘로 나뉘지 않는] 하나가 된 것이다. [그러나] 이미 둘로 나뉨이 없는데 어찌 하나[됨]이 있을 수 있겠으며, 참과 거짓이 섞였는데 무엇을 '참된 [본연]'(實)이라고 하겠는가? 이렇게 이치(理)와 [이치를 이해하는] 지혜(智)가 모두 설 자리를 잃게 되고 명칭(名)과 [명칭의] 뜻(義)이 [자취가] 끊어지니, 이것을 '열반[경]의 현묘한 뜻'(涅槃之玄旨)이라고 일컫는다. 그러나 모든 부처는 [이 뜻을] 증득證得하고도 머무르지 않기 때문에 응하지 않는 것도 없고 말하지 않는 것도 없으니, 이것을 '열반[경]의 지극한 가르침'(涅槃之至教)이라고 일컫는다. [열반경의] '현묘한 뜻'(玄旨)은 [이치와 지혜가 모두] 설 자리를 잃은 것이지만 일찍이 고요한 적이 없고, [열반경은] '지극한 가르침'(至教)을 말하지만 일찍이 말한 적이 없으니, 이것을 '이치와 [이치를 설하는] 가르침이 한 맛[처럼 통함]'(理教之一味)이라고 일컫는다. 그러므로 [『열반경』의] '완성된 언어'(滿字)[29]를 듣는 자는 모두 모공毛孔 [개수]만큼의 [무수한] 이익을 얻게 되니, [부처님이 전생에 그랬던 것처럼] [열반경] 게송偈頌 반쪽을 구하려는 자는 골수가 꺾이는 것도 개의치 않으며,[30] [부처님 진리를] 거역하게 되는 [5가지 무거운] 죄(逆罪)[31]를

역접으로 번역한 것은 가은과 이영무이다. 역접으로 번역한 것은 뒤의 '心'을 '참된 본연을 체득한(體實性) 마음'으로 보고 이 마음을 다시 없앴다는 뜻으로 이 문장을 이해했기 때문이고, 순접으로 번역한 것은 뒤의 '心'을 '둘로 나누는 마음'이라고 보고 '참된 본연을 체득한(體實性) 마음'의 부정은 다음에 이어지는 반어의문문의 문장에서 이루어진다고 이해했기 때문이다.

29 반자교半字教는 만자교滿字教 이전에 배우고 닦는 교리이며, 만자교는 반자교를 바탕으로 배우고 닦는 교리를 말한다. 아버지가 어리석은 자제에게 먼저 만자滿字를 가르치지 않고, 반자半字부터 가르친다는 『열반경』의 비유에서 유래한다. 뒤에는 반자교半字教를 소승교小乘教에, 만자교滿字教를 대승교大乘教에 비교하였다. 천태종에서는 통교通教·별교別教·원교圓教를 만자라 한다.

30 '구반게자求半偈者'에 얽힌 『열반경』의 일화:『열반경』 권14 「성행품제칠지사聖行品第七之四」에는 『열반경』의 완성된 가르침을 표현한 "諸行無常, 是生滅法."(T12, p.450a16)과 "生滅滅已, 寂滅爲樂."(T12, p.451a1)의 두 게송이 제시되는데, 위 문

지은 자는 이 『열반경』을 믿어 [그 죄들을] 없앨 수 있고, [깨달음의 길에 이로운] '좋은 자질'(善根)을 끊어 버린 자는 이 [『열반경』의] 가르침에 의거하여 다시 그 ['좋은 자질'(善根)]을 생겨나게 한다.

所言"大般涅槃"經³²者, 若也³³具存西域之音, 應謂摩訶般涅槃那, 此土譯之言³⁴大滅度. 欲明如來所證³⁵道, 體周無外, 用³⁶遍有情廣苞³⁷遠濟, 莫是爲先. 依莫先義故, 名爲大. 體³⁸大用無二無別, 旣無彼崖³⁹可

장은 이 게송에 얽힌 일화(T12, p.449b8~451b5 참조)와 관련되는 것으로 보인다. 주요 내용은 부처가 과거세過去世에 설산雪山에서 고행을 닦고 있을 때 그를 시험하기 위해 천인天人인 석제환인釋提桓因이 사람의 살과 피를 먹는 나찰귀羅刹鬼("羅刹答言, 我所食者唯人暖肉, 其所飲者唯人熱血." T12, p.450c7~8)로 변하여 첫 번째 게송을 읊어 주었고, 이에 부처는 환희하여 나머지 두 번째 게송을 듣고자 사신공양捨身供養을 약속했다는 것이다. 이 두 게송을 사신게捨身偈 또는 사신문게捨身聞偈라고도 한다.

31 오역중죄五逆重罪: 결과가 특히 해로운 5가지 행위. 소승에서는 '부친 살해'(殺父), '모친 살해'(殺母), '성자 살해'(殺阿羅漢), '수행공동체의 화합을 파괴'(破和合僧), '부처님 몸에 피를 내게 함'(出佛身血)을 거론하고, 대승에서는 여기에 '탑이나 절의 파괴'(塔寺破壞), '삼보 비방'(誹謗三寶), '승려를 욕보임'(辱使僧侶), '인과법을 믿지 않고 열 가지 해로운 행위를 함'(不信因果犯十惡業) 등을 추가한다.

32 한불전 교감주에 "'經'은 동문선본에 없다"라고 한다. 번역은 교감주를 따른다.

33 한불전 교감주에 "'也'는 동문선본에 '其'라고 되어 있다"라고 한다. 번역은 교감주를 따른다.

34 한불전 교감주에 "'言'은 동문선본에 '云'이라고 되어 있다"라고 한다. 번역은 교감주를 따른다.

35 한불전 교감주에 "'證' 뒤에 동문선본에는 '之'가 있다"라고 한다. 번역은 교감주를 따른다. 가은, 이영무도 교감주와 동일.

36 한불전 교감주에 "'用'은 동문선본에 '周'라고 되어 있다"라고 한다. 번역은 교감주를 따르지 않는다. 가은과 이영무도 교감주를 따르지 않는다.

37 한불전 교감주에 "'苞'는 동문선본에 '包'라고 되어 있다"라고 한다. 번역은 교감주를 따른다. 가은, 이영무도 교감주와 동일.

38 한불전 교감주에 "'體' 앞에 동문선본에는 '大'가 있다"라고 한다. 번역은 교감주를 따른다. 가은, 이영무도 교감주와 동일.

到, 何有此崖⁴⁰可離? 無所離故無所不離, 乃爲大滅, 無所到故無所不到, 方是大度. 以是義故, 名大滅度. 所言經者, 大聖格言貫十⁴¹方而一揆, 歷千代而莫二法, 而且常故, 名爲經. 正說之前先序⁴²時事, 以之故, 言 "序品第一". 故導"大般涅槃經, 序品第一".

(H1, p.524b7~18: T38, p.239b8~18)

　　[『대반열반경大般涅槃經』이라는 서명書名에서] "대반열반大般涅槃"이라고 말한 것은, 서역西域[범어梵語]의 발음에 따라 [음사音寫]하면 마하반열반나摩訶般涅槃那(mahāparinirvāṇa)라 말해야 하고, 이 땅의 [한어漢語로] 번역하면 '크나큰 없앰과 건너감'(大滅度)이라고 말한다. 여래가 증득證得한 [열반이라는] 길(道)을 밝혀 보자면, [열반이라는 길의] 본연(體)은 두루 펼쳐져 '외적 한계'(外)가 없으며 [그] 작용(用)은 중생에게 모두 미치어 [중생을] 널리 포용하고 끝까지 구제하니, 이 [열반이라는 길]보다 앞서는 것은 없다. [열반이라는 길보다] 앞서는 것이 없다는 뜻에 의거하기 때문에 '크나큰'(大)이라고 부른다. [열반이라는 길의] '크나큰 본연'(大體)과 '크나큰 작용'(大用)은 [본연이 바깥 한계가 없기에] '[그것과] 다른 것이 없고'(無二) [작용이 모든 중생에게 미치기에] '[그 길에 안기지 않는] 별개의 것이 없으니'(無別), 이미 도달할 수 있는 [또 다른] '저 언덕'(彼岸)이 없는데 어찌 떠날 수 있는 '이 언덕'(此岸)이 있겠는가? 떠날 곳이 없기 때문에 떠나지 못할 곳도 없는 것이 바로 '크나큰 없앰'(大滅)이고, 도달할 곳이 없기 때문에

---

39 한불전 교감주에 "'崖'는 동문선본에 '岸'이라고 되어 있다. 다음에 나오는 '崖'도 동일하다"라고 한다. 번역은 교감주를 따른다.

40 위 교감주에 따라 '岸'으로 번역한다.

41 한불전 교감주에 "'十'은 동문선본에 '千'이라고 되어 있다"라고 한다. 번역은 교감주를 따르지 않는다.

42 한불전 교감주에 "'序'는 동문선본에 '敍'라고 되어 있다"라고 한다. 번역은 교감주를 따른다.

도달하지 못할 곳도 없는 것이 바로 '크나큰 건너감'(大度)이다. 이러한 뜻이기 때문에 [대반열반大般涅槃을] '크나큰 없앰과 건너감'(大滅度)이라고 부른다.

　[『대반열반경大般涅槃經』이라는 서명書名에서] "경經"이라고 말한 것은, 크나큰 성인聖人의 '표준되는 말'(格言)은 모든 곳을 관통하지만 '같은 도리'(一揆)이고 아무리 많은 시간을 지나더라도 '다른 가르침이 아니며'(莫二法) 또 '늘 그대로'(常)이기 때문에 "경經"이라고 부른다.

　[『열반경』의 내용을] 본격적으로 설명하기 전에 우선 [『열반경』을 설하는] 시절 인연'(時事)을 서술했으니, 그런 까닭에 "첫 번째 [단락인] 「서품序品」"(序品第一)이라고 말했다.[43] 그러므로 "『대반열반경』, 첫 번째 [단락인] 「서품序品」"(大般涅槃經, 序品第一)이라고 하게 되었다.

II. [경의 뜻을] 넓게 펼쳐 놓고 [내용에 따라] 구분하여 설함(廣開分別)

　二者廣開之內, 有其四門, 初說因緣, 次明教宗, 三出經體, 四辨教迹.
第一說經因緣門者. 問. 佛臨涅槃而說是經, 爲有因緣爲無因緣? 若無

43　40권으로 된 북본北本『열반경』과 36권으로 된 남본南本『열반경』 중에서 첫 번째 품명品名이 '서품第一'인 것은 담무참曇無懺(385~433) 번역의 북본이 아니라 (40권본의 첫 번째 품명은 「수명품壽命品」임), 남조南朝 송대宋代 혜엄慧嚴(363~443) 등 번역의 남본이므로 원효가 언급하는『열반경』은 남본인 듯하다. 이 남본『열반경』의 '序品第一'(T12, p.605a6)에 대한 주석에 "品目在經題經下【宋】【元】." 이라고 하여 다른 판본에는 '序品第一'이라는 품명品名이 '大般涅槃經'이라는 경제經題의 '經' 자 아래에 붙어 있다고 한다. 말하자면 원효가 본 판본에는 경제經題의 자리에 '大般涅槃經序品第一'이라고 되어 있어서 지금 원효는 경제經題와 품명品名을 구분하여 설명할 필요가 있었던 것으로 보인다. 현재 대정장본에는 "大般涅槃經. 宋代沙門慧嚴等依泥洹經加之. 序品第一."(T12, p.605a3~6)이라고 되어 있다. 『니원경泥洹經』(T12)은 6권으로 되어 있는데, 거기에도 제일품第一品은 「서품序品」이다.

因緣亦應無說, 若有因緣有爲幾種?

(H1, p.524b19~23: T38, p.239b18~22)

두 번째로 '[경의 뜻을] 넓게 펼쳐 놓고 [내용에 따라 구분하여 설하는 것]'(廣開) 안에는 네 부문(門)이 있으니, 처음에 [『열반경』을 설하는] 인연(因緣)을 설명하고, 다음에 '[『열반경』] 가르침의 핵심 내용'(敎宗)을 밝히며, 세 번째로 '경전[의 가르침을 구성하는] 토대'(經體)를 드러내고, 네 번째로 '가르침의 위상'(敎迹)을 분석한다.[44]

1. 『열반경』을 [설하는] 인연을 설명하는 부문(說經因緣門)

첫 번째로 『열반경』을 [설하는] 인연을 설명하는 부문이다.

묻는다. 부처님이 열반에 들 무렵에 이 『경』을 설한 것은, [그 어떤] 인연이 있어서 그렇게 된 것인가, 인연이 없이 그렇게 된 것인가? 만약 인연이 없었다면 [『열반경』] 설법도 없었을 것이니, 인연이 있었다면 [그] 있었던 [인연은] 몇 가지인가?

---

44 두 번째인 '교종敎宗', 세 번째인 '경체經體', 네 번째인 '교적敎迹'은 모두 '교敎'의 개념과 관련된 용어들로 보인다. '교敎'는 여래가 깨달은 진리를 언어화한 것으로서 손가락과 달의 비유에 따르자면 손가락에 해당하고, 『열반경』이라는 언어 체계 전체가 교敎인 손가락이라면 도달해야 할 열반은 진리(理)인 달이 될 듯하다. 『열반종요』에서 논의되는 내용을 개괄해 볼 때, 교종敎宗은 언어적 가르침의 핵심 내용들을 말하고, 교적敎迹은 언어적 가르침의 발자취, 즉 돈·점, 오시五時 교판 등과 같은 이론적 동향을 가리킨다고 하겠다. '경체經體'는 본격적으로 논의되는 대목(H1, p.545c16 이하)에서 '교체敎體'라고 달리 표현되기도 하는데, 교체敎體의 내용으로 명신名身·구신句身·자신字身 등이 거론되는 것을 볼 때 '교체敎體'의 '체'는 언어적 가르침을 구성하는 기초적 또는 하부구조적 요소를 의미하는 것으로 보인다.

答. 佛說是經, 無因無緣. 所以然者. 所說之旨絶於名言, 不開因緣故, 能說之人離諸分別, 不思因緣故, 無因强說是經. 如此下文言, "如拉[45]羅婆夷名爲食油, 實不食油, 强爲立名, 字[46]爲食油, 是大涅槃亦復如是, 無有因緣, 强立名字," 又『攝論』云, "若佛果是無分別智所顯, 離分別衆生, 云何得作衆生利益事? 如理無倒, 爲顯無功用作事故, 重說偈言, '譬摩尼天鼓, 無思成自事, 如是不分別, 種種佛事成'."解云. 若依是義, 無因緣而有所說. 又復得言無因緣故亦無所說. 如是經下文言, "若知如來常不說法, 是名菩薩具足多聞,"『二夜經』云, "從初得道夜乃至涅槃夜, 是二夜中間, 不說一言字."以是證知無因無說.

(H1, pp.524b23~525a1: T38, p.239b22~c6)

답한다.

*[47] 설한 인연은 없지만 설함은 있음(無因緣而有所說)

부처님은 이 『열반경』을 설했지만 [『열반경』을 설한] 원인(因)도 없고 조건(緣)도 없다[는 주장이 있다]. 그 이유는 [다음과 같다.] 『열반경』에서 '설해진 뜻'(所說之旨)은 '문자와 언어'(名言)[의 자취]를 끊기에 '원인이나 조건'(因緣)을 [언어로] 펼쳐 놓지 않기 때문이고, [『열반경』을] 설하는 사람[인 부처님]은 모든 분별을 떠났기에 '원인이나 조건'(因緣)을 분별사량하지

---

45 『열반경』원문에 따라 '拉'을 '扺'라고 고친다.

46 가은은 『열반경』원문에 의거하여 '字'를 '名'이라고 고치며 이하에서도 '强立名字'를 '强爲立名'이라고 고치는 등 차이 나는 글자들을 모두 고치는데, 의미상 차이가 없는 경우는 혹시 있을 원효의 의도나 당시 문헌의 판본을 보존하고자 하는 뜻에서 그대로 둔다.

47 '*' 이하의 제목은 원효의 과문에 근거하지 않은 것으로서 필요에 따라 임의로 붙인 제목이다. 임의적 제목에는 '*'를 붙이고자 한다.

않기 때문이니, [이처럼] [『열반경』을 설하는] 인연은 없지만 억지로 이 『열반경』을 설한 것이다. 이 [『열반경』의] 아래 글에서 "마치 지라바이坻羅婆夷[48]를 '기름 먹는 [새]'(食油)라고 부르는데 실제로는 기름을 먹지 않지만 억지로 명칭을 세워 '기름 먹는 [새]'(食油)라고 부르는 것과 같이, 이 '크나큰 열반'(大涅槃)[이라는 가르침]도 이와 같은 것이니, 인연이 없지만 억지로 이름을 세웠다"[49]라고 했고, 또 『섭대승론석』에서 "만약 '부처님 경지'(佛果)는 '분별이 없는 지혜'(無分別智)가 드러난 것이어서 중생[의 고통]을 분별하는 일에서 떠난 것이라면, 어떻게 중생을 이롭게 하는 일을 할 수 있는가? 이치(理)대로일 뿐 모순됨이 없으니, [분별의] 작용 없이 [중생을 이롭게 하는] 일을 짓는 것을 드러내기 위해 거듭 게송偈頌을 설하여 말한다. 〈비유하자면 '[저절로 비추어 내는] 보배구슬'(摩尼)이나 '[저절로 울리는] 천상의 북'(天鼓)이 꾀하지 않고도 제 일을 이루는 것과 같으니, 이와 같이 [중생의 고통을] 분별하지 않고도 온갖 [중생을 이롭게 하는] 부처님의 일을 이룬다〉"[50]라고 말한 것과 같다.

해설한다. 만약 이러한 뜻에 따른다면, [『열반경』을 설하는] 인연은 없어도 설해진 것은 있다.

* 설한 인연도 없고 설함도 없음(無因無說)

또한 [『열반경』을 설하는] 인연이 없기 때문에 설해진 것도 없다고 말할

---

48 정법사頂法師, 『대반열반경소大般涅槃經疏』 권21에서 "坻羅婆夷是燕雀, 亦一音二 名."(T38, p.163c2~3)이라고 한 것에 따르면 지라바이坻羅婆夷는 제비나 참새 같 은 새의 이름인 것으로 보인다.

49 『열반경』 권21(T12, p.747b16~19). "如坻羅婆夷, 名爲食油, 實不食油, 強爲立名, 名爲食油, 是名無因強立名字. 善男子, 是大涅槃, 亦復如是, 無有因緣, 強爲立名."

50 세친世親, 『섭대승론석攝大乘論釋』 권12(T31, p.243a2~7). "若佛果是無分別智所 顯, 離分別衆生, 云何得作衆生利益事? 如理不倒, 爲顯無功用作事故, 重說偈論曰, 譬 摩尼天鼓, 無思成自事, 如此不分別, 種種佛事成."

수 있다. 이 『열반경』의 아래 글에서 "만약 '여래는 항상 가르침을 설하지 않는다'고 안다면, 이것을 보살이 [부처님 설법을] '많이 들음'(多聞)을 완전히 갖추었다고 한다"[51]라 말하고, 『이야경二夜經』에서 "[부처님이] 처음 진리(道)를 얻은 밤으로부터 열반에 든 밤에 이르기까지 이 두 밤 사이에 한 마디 말과 문자도 설하지 않았다"[52]라고 말한 것과 같다. 이 [경문들을] 통해 [『열반경』을 설하는] 인연도 없고 [『열반경』을] 설한 것도 없음을 경전 근거를 통해 알 수 있다.

> 或有說者, 有大因緣佛說是經. 所以然者. 如愚癡人都無因緣有無[53]
> 所作, 智者不爾, 有深所以乃有所作. 如『智度論』云, "譬如須彌山王, 不
> 以無因緣及小因緣而自動作, 諸佛亦爾, 不無因緣而有所說." 依是文意,
> 有因有說.
>
> (H1, p.525a1~6: T38, p.239c6~11)

* 설한 인연도 있고 설함도 있음(有因有說)

어떤 사람은 〈크나큰 인연이 있어서 부처님은 이 『열반경』을 설했다〉고 말한다. 그 이유는 [다음과 같다.] 만약 어리석은 사람일 경우라면 [『열반경』을 설할] 인연이 전혀 없어서 [『열반경』을] 지을 것도 없지만, 지혜로운 자[인 부처님]은 그렇지 않아서 심오한 이유가 있기에 [『열반경』을] 짓

---

51 『열반경』 권24(T12, p.764c3~4). "若知如來常不說法, 亦名菩薩具足多聞. 何以故? 法無性故."

52 출전을 찾을 수 없으나, 비슷한 내용으로는 다음과 같다. 『능가아발다라보경楞伽阿跋多羅寶經』 권3(T16, p.499a2~5), "佛告大慧, 我及過去一切諸佛法界常住, 亦復如是. 是故說言, 我從某夜得最正覺, 乃至某夜入般涅槃, 於其中間, 不說一字, 亦不已說, 當說."

53 문맥에 따라 '有無'를 '無有'로 고친다.

는 것이다. 마치 『대지도론』에서 "비유하자면 수미산須彌山[처럼 가장 높은] 왕은 인연이 없거나 소소한 인연으로는 스스로 움직이지 않는 것과 같이, 모든 부처님들도 그러하여 인연 없이 [『마하반야바라밀경』을] 설하는 일은 있지 않다"[54]라고 말한 것과 같다. 이 문장의 뜻에 따르면 [『열반경』을 설한] 인연도 있고 [『열반경』을] 설한 것도 있다.

若依是意, 說此經因有總有別. 別而論之, 因緣無量. 所以然者, 大人發言必不徒說, 一偈一句各有因緣, 一言之內亦有衆緣. 此經梵本有二萬五千偈, 則有二萬五千因緣, 隨其一偈皆有四句, 則十萬句, 有爾許因緣. 又一一句各有諸緣, 由是言之, 有無量緣. 別緣如是, 不可具陳.

(H1, p.525a6~13: T38, p.239c11~17)

　만약 이러한 뜻에 따른다면, 이 『열반경』을 설하는 인연에는 '총괄적인 것'(總)도 있고 '개별적인 것'(別)도 있게 된다. [『열반경』을 설하는 인연을] 개별적으로 거론하자면 [그] 인연은 헤아릴 수 없이 많다. 그 이유는 [다음과 같다.] 위대한 사람[인 부처님]의 발언은 결코 부질없이 설해지는 것이 아니어서, 한 게송 한 구절마다 [모두] 인연이 있고, 한 마디 말에도 많은 인연이 있다. 이 『열반경』의 범본梵本에는 이만 오천 개의 게송이 있어서 곧 이만 오천 개의 인연이 있고, 하나의 게송마다 모두 네 구절이 있어서 곧 [모두 합하여] 십만 구절이니, 이렇게 많은 인연이 있다. 또 낱낱의 구절마다 각기 여러 인연이 있으니, 이런 까닭에 '헤아릴 수 없이 많은 인연이 있다'고 말한 것이다. '개별적인 인연'(別緣)은 이와 같아서, 이루 다 늘어놓을 수가 없다.

54　『대지도론大智度論』 권1(T25, p.57c23~25). "問曰, 佛以何因緣故, 說摩訶般若波羅蜜經? 諸佛法不以無事及小因緣而自發言, 譬如須彌山王, 不以無事及小因緣而動."

總因緣者, 如來宜以大因緣而說是經, 所謂欲顯諸佛出世之大意故.
如『法花經』言, "諸佛如來唯以一[55]事因緣故, 出現於世," 乃至廣說, 又
此經「菩薩品」云, "若有人能供養恭敬無量諸佛, 方乃得聞大涅槃經. 所
以者何? 大德之人乃能得聞如是大事. 何等爲大? 所謂諸佛甚深祕藏如
來之性, 以是義故, 名爲大事."

(H1, p.525a14~21: T38, p.239c17~24)

[『열반경』을 설하는] '총괄적인 인연'(總因緣)은 [다음과 같다.] 여래는 마땅
히 '크나큰 인연'(大因緣)으로써 이 『열반경』을 설한 것이니, 이른바 모
든 부처님들이 세상에 출현한 크나큰 뜻을 드러내고자 한 것이다. 『법
화경』에서 "모든 부처님과 여래는 오로지 '하나의 크나큰 일을 위한 인
연'(一大事因緣) 때문에 세상에 출현한다"[56]라면서 자세히 말하고, 또 이
『열반경』「보살품」에서 "만일 어떤 사람이 헤아릴 수 없이 많은 부처님
들을 공양하고 공경할 수 있다면 비로소 『대반열반경』[의 가르침]을 들을
수 있다. 그 까닭은 무엇인가? [부처님들을 공양하고 공경하는] 크나큰 덕이
있는 사람이라야 이와 같이 '크나큰 일'(大事)[인 『열반경』의 가르침]을 들을
수 있는 것이다. 무엇이 '크나큰 [일]'(大[事])인가? 이른바 모든 부처님들
이 깊고 깊이 신비롭게 갖춘 '여래의 본연'(如來之性)이 [그것이니], 이러한

---

55 『법화경』 원문에 따라 '一' 뒤에 '大'를 첨가한다.
56 『법화경法華經』 권1(T9, p.7a21~28). "諸佛世尊唯以一大事因緣故, 出現於世. 舍利
弗, 云何名諸佛世尊唯以一大事因緣故, 出現於世? 諸佛世尊, 欲令衆生開佛知見, 使得清
淨故, 出現於世, 欲示衆生佛之知見故, 出現於世, 欲令衆生悟佛知見故, 出現於世, 欲令
衆生入佛知見道故, 出現於世. 舍利弗, 是爲諸佛以一大事因緣故, 出現於世." 〈산스크리
트본의 해당 내용. SP 39.13-40.01: ekakṛtyena śāriputraikakaraṇīyena tathāgato
'rhan samyaksaṃbuddho loka utpadyate mahākṛtyena mahākaraṇīyena | 샤리
뿌뜨라여! 아라한이자 완전하고 바르게 깨달으신 분(正等覺者)께서는 하나의 목
표(혹은 임무 kṛtya)이자 하나의 목적(혹은 의무 karaṇīya), 즉 위대한 목표이자
위대한 목적을 가지고 세상에 태어나신다.〉

뜻이기 때문에 '크나큰 일'(大事)이라고 부른다"[57]라고 말한 것과 같다.

解云. 今說是經之時, 正臨一化之終日, 究竟[58]顯示諸佛大意, 所謂總括成道以來隨機所說一切言敎, 悉爲示一味之道, 普今[59]歸趣無二之性. 十方世[60]一切諸佛悉同是意, 無二無別, 是謂諸佛出世大意, 是名如來甚深祕藏. 由有如是一大因緣, 是故如來說是大經. 如是總門一大因緣卽攝別門無量因緣, 以其衆緣不出一意.

(H1, p.525a21~b6: T38, pp.239c24~240a2)

해설해 보자면 [다음과 같다.] 지금 이『열반경』을 설한 시기는 [부처님이] '일생의 교화'(一化)를 마치는 날에 임박한 때이어서 [『열반경』에서는] 모든 부처님들의 크나큰 뜻을 궁극적으로 드러내 보여 주니, [부처님이] 진리를 성취한 이래로 [중생의] 능력에 따라 설한 모든 '언어적 가르침' (言敎)들을 총괄하여 [그 언어적 가르침들이] 다 '한 맛[처럼 통하는] 길'(一味之道)임을 보여 주려는 것이며 [그리하여 중생을] 모두 '둘로 나뉘지 않는 본연'(無二之性)으로 돌아가게 하려는 것이다. '모든 곳과 모든 시간'(十方三世)에 있는 모든 부처님들[의 가르침]도 이 [『열반경』의] 뜻과 모두 똑같아서 '다른 것으로 나뉘지도 않고 차이도 없으니'(無二無別), 이 [일미지도一味之道와 무이지성無二之性]을 '모든 부처님이 세상에 출현한 크나큰 뜻' (諸佛出世大意)이라 말하며 [또한] '여래가 깊고 깊이 신비롭게 갖추고 있는 것'(如來甚深祕藏)이라고 부른다. 이와 같은 '하나의 크나큰 인연'(一

---

57 『열반경』 권9(T12, p.658c17~22). "若有人能供養恭敬無量諸佛, 方乃得聞大涅槃經, 薄福之人則不得聞. 所以者何? 大德之人乃能得聞如是大事, 凡夫下劣則不得聞. 何等爲大? 所謂諸佛甚深祕藏如來性是. 以是義故, 名爲大事."

58 윤왕사 필사본에 따라 '意'를 '竟'으로 고친다.

59 '숙'을 '슥'으로 고친다.

60 '世' 앞에 '三'을 삽입한다.

大因緣)이 있기 때문에 여래가 이 [『열반경』이라는] '위대한 경전'(大經)을 설한 것이다. 이와 같이 '총괄적인 유형'(總門)인 '하나의 크나큰 인연'(一大因緣)이 곧 '개별적인 유형'(別門)인 '헤아릴 수 없이 많은 인연'(無量因緣)을 포섭하니, [『열반경』을 설한] 그 수많은 인연들이 '하나의 [크나큰] 뜻'(一意)을 벗어나지 않기 때문이다.

問. 彼初師義無因無說, 此後師意有因有說, 如是二說, 何得何失? 或有說者, 二說悉得, 皆依經典, 不相妨故. 雖非不然故說有無無,[61] 而非定然故不相違. 說經因緣應如是知.

(H1, p.525b6~10: T38, p.240a3~6)

묻는다. 저 앞 논사의 뜻은 〈[『열반경』을 설한] 인연도 없고 [『열반경』을] 설한 것도 없다〉는 것이고 이 뒤 논사의 뜻은 〈[『열반경』을 설한] 인연도 있고 [『열반경』을] 설한 것도 있다〉는 것이니, 이와 같은 두 가지 설명에서 어떤 것이 타당하고 어떤 것이 부당한가?

어떤 사람[62]은 〈두 가지 설명에 다 타당성이 있으니, 모두 경전에 의거한 것이어서 서로 방해하지 않기 때문이다〉라고 말한다. ['설하는 인연'과 '설해진 것'이 있거나 없는 것이] 비록 '그러하지 않은 것은 아니기'(非不然) 때문에 있다거나 없다고 말하지만, ['설하는 인연'과 '설해진 것'이 있거나 없는 것이] '[무조건적으로] 반드시 그러한 것은 아니기'(非定然) 때문에 [있다고 주장하는 것과 없다고 주장하는 것이] 서로 모순되지는 않는다. 『열반경』을 설한 인연[의 있음과 없음]은 이와 같이 알아야 한다.

第二辨敎宗者. 此經宗旨說者不同. 有師說言, 經文始終所詮衆義以

61　'無無'에서 뒤의 '無'는 삭제한다.
62　원효 자신을 지칭하는 것으로 보인다.

爲經宗. 對問而言, 即有六六三十六義, 所謂第一長壽因果乃至最後諸
陰法門. 或有說者, 四種大義爲此經宗. 何等爲四? 一者大涅槃圓極妙果
具足三事及與四德, 二者一切衆生悉有佛性, 煩惱覆故不能見, 三者三寶
佛性同體無二, 四者闡提謗法執性二乘悉當作佛, 如是四義以爲其宗.

(H1, p.525b11~20: T38, p.240a6~15)

2. [『열반경』] 가르침의 핵심 내용을 분석함(辨敎宗)

두 번째인 '[『열반경』] 가르침의 핵심 내용'(敎宗)을 분석하는 것[은 다음
과 같다.]

1) 총괄적으로 설명함(總說)[63]

이 『열반경』의 핵심 내용은 말하는 사람마다 동일하지 않다.

* 첫 번째 설명

어떤 논사의 설명은 [다음과 같다.][64] 『열반경』의 문장에서 처음부터 끝

---

[63] 다음 단락이 시작되는 첫머리에 "總說雖然, 於中分別"(H1, p.526a4)이라는 언급에
근거하여 이 단락은 '1) 총괄적으로 설명함(總說)', 다음 단락은 '2) [내용에 따라] 구
분하여 설명함'(分別)'이라고 명명한다.

[64] '或有說者'는 두 가지로 번역할 수 있다. 하나는 '어떤 사람은 이렇게 말한다'인데,
이 경우는 다른 사람의 설명을 소개하는 것이 된다. 또 다른 번역은 '혹은 이렇게
말할 수 있다'인데, 이 경우는 원효가 이 문제에 관해 취할 수 있는 자신의 다양한
해석학적 관점을 여러 사람들의 말인 양 열거하는 것이 된다. 이어지는 내용을 감
안할 때, 지금 열반경의 핵심에 관해 원효가 소개하는 여러 설명들은 타인들의 견
해를 종합한 후 원효가 그에 대한 총평으로써 자신의 견해를 밝히는 것일 수도 있
고, 원효가 생각하는 다양한 해석학적 가능성을 열거한 후 다시 종합하는 형태로

까지 펼쳐지는 많은 뜻들이 『열반경』의 핵심 내용이 된다. [『열반경』 「장수품長壽品」에서 가섭迦葉이 부처님께] 질문한 것으로 말하자면 곧 여섯에 여섯을 [곱한] 36가지의 뜻이 있는 것이니, 첫 번째인 '장수長壽를 누리는 원인과 결과'(長壽因果)[에 대한 뜻]에서부터 [서른여섯 번째로서] 마지막인 '자아를 이루고 있는 요소들의 [다섯 가지] 모든 더미'(諸陰)[의 뜻]에 대한 설법까지를 말한다.[65]

───────

써 자신의 견해를 정리하는 것일 수도 있다. 두 가지 가능성 모두 열어 놓고 살펴보아야 할 필요가 있다. 무엇보다도 원효가 열거하는 다양한 관점들이 열반경 주석문헌들에서 실제로 선재하고 있는지를 확인해 보아야 한다. 그에 따라 두 가지 가능성 가운데 어느 하나의 타당성을 선택할 수 있다.

65 『열반경』 권3의 「장수품長壽品」에는 가섭보살이 부처님께 36가지로 질문하는 게송이 나오는데, 다음과 같다. "即於佛前以偈問曰, 云何得長壽, 金剛不壞身? 復以何因緣, 得大堅固力? 云何於此經, 究竟到彼岸? 願佛開微密, 廣爲衆生說. 云何得廣大, 爲衆作依止, 實非阿羅漢, 量與羅漢等? 云何知天魔, 爲衆作留難? 如來波旬說, 云何分別知? 云何諸調御, 心喜說眞諦, 正善具成就, 演說四顛倒? 云何作善業? 大仙今當說. 云何諸菩薩, 能見難見性? 云何解滿字, 及與半字義? 云何共聖行, 如娑羅娑鳥, 迦隣提日月, 太白與歲星? 云何未發心, 而名爲菩薩? 云何於大衆, 而得無所畏, 猶如閻浮金, 無能說其過? 云何處濁世, 不污如蓮華? 云何處煩惱, 煩惱不能染, 如醫療衆病, 不爲病所污? 生死大海中, 云何作船師? 云何捨生死, 如蛇脫故皮? 云何觀三寶, 猶如天意樹? 三乘若無性, 云何而得說? 猶如樂未生, 云何名受樂? 云何諸菩薩 而得不壞衆? 云何爲生盲, 而作眼目導? 云何示多頭? 唯願大仙說. 云何說法者, 增長如月初? 云何復示現, 究竟於涅槃? 云何勇進者, 示人天魔道? 云何知法性, 而受於法樂? 云何諸菩薩, 遠離一切病? 云何爲衆生, 演說於秘密? 云何說畢竟, 及與不畢竟? 如其斷疑網, 云何不定說? 云何而得近, 最勝無上道? 我今請如來, 爲諸菩薩故, 願爲說甚深, 微妙諸行等. 一切諸法中, 悉有安樂性, 唯願大仙尊, 爲我分別說. 衆生大依止, 兩足尊妙藥, 今欲問諸陰, 而我無智慧. 精進諸菩薩, 亦復不能知, 如是等甚深, 諸佛之境界."(T12, pp.619b21~620a9. 밑줄은 첫 번째 질문과 마지막 질문임.) 원효가 제시하는 첫 번째 논사는 이 게송의 36가지 질문에 대한 대답인 36가지 핵심 내용이 『열반경』의 각 단락들에 진술되어 있는 것으로 보는 듯하다. 실제로 첫 번째 질문인 '云何得長壽, 金剛不壞身?'의 대답에 해당되는 내용이 품명에서 보듯이 「장수품長壽品」과 다음 단락인 「금강신품金剛身品」에서 전개되며, 마지막 질문인 '今欲問諸陰.'의 답에 해당되는 내용은 『열반경』의 마지막 단락인 「교진여품憍陳如品」에서 진술되는 것으로 확인되는데, 「교진여품」 초두의 몇 문장을 인용하면 다음과 같다. "爾時世尊告憍陳如. 色是無常, 因滅是

* 두 번째 설명

[또] 어떤 사람은 〈'네 가지 크나큰 뜻'(四種大義)이 이『열반경』의 핵심 내용〉이라고 말한다. 어떤 것들이 네 가지인가? 첫 번째는 〈'크나큰 열반이라는 완전하고 궁극적인 오묘한 과보'(大涅槃圓極妙果)는 '[법신法身, 반야般若, 해탈解脫이라는] 세 가지 항목'(三事)[66]과 '[상락아정常樂我淨이라는] 네 가지 [본연의] 능력'(四德)을 갖춘다〉는 것이고, 두 번째는 〈'모든 중생은 다 부처 면모를 가지지만'(一切衆生悉有佛性) 번뇌에 덮여 있기 때문에 [부처 면모를] 보지 못한다〉는 것이며, 세 번째는 〈'[불佛·법法·승僧의] 세 가지 보배'(三寶)와 '부처 면모'(佛性)는 '같은 본연이어서 [별개의] 둘로 나뉘지 않는다'(同體無二)〉는 것이고, 네 번째는 〈'좋은 능력이 끊어진 자'(一闡提)[67]와 '진리를 비방하는 자'(謗法)와 '[불변의 독자적] 본질[이 있다는 견해]에 집착하는 자'(執性)와 '[성문聲聞·연각緣覺] 두 부류의 수행자'(二乘) 모두가 부처님이 되리라〉는 것이니, 이와 같은 네 가지 뜻이

色獲得解脫常住之色. 受想行識亦是無常, 因滅是識獲得解脫常住之識."(T12, p.838b16~18.) 그리고『열반경소涅槃經疏』권14에 따르면 가섭의 질문이 36가지인지에 대해 다소 논란이 있었던 것으로 보이는데, 다음과 같다. "問數不同者, 梁武三十二問, 河西三十四問, 靈味亮, 冶城素, 莊嚴旻, 並用之, 中寺安三十五問, 開善三十六問, 光宅三十七問."(T38, p.76c5~8.)

66 '변교종변辨教宗'에서 '분별分別' 단락의 다섯 번째인 '명삼사문明三事門'에서는 '삼사三事'를 법신法身, 반야般若, 해탈解脫이라고 밝힌다. 해당하는 문장에서 밑줄 친 곳과 같다. "第五明三事門者, 四句分別. 初出體相, 次明建立, 三明總別, 四往復, 出體相者. 法身體者, 佛地所有一切功德, 其體無二唯一法界. 法界舉體, 以成萬德. 萬德之相還同法界. 法界之性不異萬德, 隨舉一德, 無所不遍. 如是一切白法圓滿, 自體積集故, 名法身, 其義具顯「金剛身品」. 般若體者, 卽此法身性自明達, 無所不照故, 名般若. 解脫體者, 卽此法身離諸繫縛, 無所障礙故, 名解脫. 三德實殊, 不可說一, 可相一味, 不說異, 以之故名如來祕藏. 是謂三法之體相也."(H1, p.531b23~c10)

67 『열반경』권5에서는 일천제一闡提를 "斷滅一切諸善根本"이라고 규정한다. "一闡提也. 何等名爲一闡提耶? 一闡提者, 斷滅一切諸善根本, 心不攀緣一切善法, 乃至不生一念之善."(T12, p.633c3~5.)

이 [『열반경의』] 핵심 내용이 된다.

或有說者, 出世因果以其⁶⁸爲宗, 果即菩提涅槃, 因即佛性聖行. 如能⁶⁹陀章開菩提果, [宀+罪-幸+衣]⁷⁰歎章中開涅槃果, 如來性品顯佛性因, 聖行品中說行德因, 其餘諸品重顯因果. 故知無上因果爲宗. 或有說者, 當常現常二果爲宗, 所謂一切衆生悉有佛性是顯當常, 如來所證大般涅槃是明現常. 聖行等因即助顯於果, 非爲正宗. 若據佛意, 欲使衆生各證當果, 但當果未非, 恐難取信, 是故自說所證, 將成物信. 以是義故, 二果爲宗. 但從現立題故, 名涅槃也.

(H1, p.525b20~c7: T38, p.240a15~25)

* 세 번째 설명

　[또] 어떤 사람은 〈'세간을 넘어서는 원인과 결과'(出世因果)가 이 [『열반경』의] 핵심 내용〉이라고 말하니, 결과(果)는 바로 깨달음(菩提)과 열반涅槃이고 원인(因)은 바로 '부처 면모'(佛性)와 '고귀한 수행'(聖行)이다. [『열반경』의 두 번째 단락인] 「순타품純陀品」에서 깨달음(菩提)이라는 결과를 펼치고, [세 번째 단락인] 「애탄품哀歎品」에서 열반涅槃이라는 결과를 펼치며, [열두 번째 단락인] 「여래성품如來性品」에서 '부처 면모'(佛性)라는 원인을 드러내고, [열아홉 번째 단락인] 「성행품聖行品」에서 '[고귀한] 수행의 능력'(行德)이라는 원인을 말하며, 여타의 모든 단락에서 '[세간을 넘어서는] 원인과 결과'(因果)를 거듭 드러낸 것과 같다. 그러므로 '[세간을 넘어서는] 가장 높은 [차원의] 원인과 결과'(無上因果)가 [『열반경』의] 핵심 내

68　'其爲'를 '爲其'로 교정한다.
69　윤왕사 필사본에 따라 '能'을 '純'으로 교정한다.
70　윤왕사 필사본에 따라 '[宀+罪-幸+衣]'를 '哀'로 교정한다.

용이라는 것을 알 수 있다.

* 네 번째 설명

[또] 어떤 사람은 〈'미래에 언제나 [늘 본연에 머무는 과보]'(當常)와 '현재에 언제나 [늘 본연에 머무는 과보]'(現常), 이 두 가지 과보가 [『열반경』의] 핵심 내용〉이라고 말하니, 모든 중생이 다 '부처 면모'(佛性)를 가진다는 것은 '미래에 언제나 [본연에 머무는 과보]'(當常)를 드러내었고, 여래如來가 증득證得한 '크나큰 열반'(大般涅槃)이라는 것은 '현재에 언제나 [본연에 머무는 과보]'(現常)를 밝혔다는 것이다. '고귀한 수행'(聖行)[과 '부처 면모'(佛性)] 등의 원인은 바로 [열반涅槃과 깨달음(菩提) 등의] 결과[71]를 드러내도록 돕는 것이어서 [『열반경』의] '가장 중요한 핵심'(正宗)이 되지는 않는다. 부처님의 뜻에 의거하자면, [부처님은] 중생들 각자가 '미래의 결과[인 깨달음]'(當果)을 증득證得하게 하려는 것이지만, 단지 '미래의 결과[인 깨달음]'(當果)은 아직 [현재의 것이] 아니어서 [중생들이] 믿음을 얻기 어려울 것을 염려하였기 때문에 [부처님이] 증득한 [현재의 결과인 깨달음과 열반을] 스스로 말하여 중생들의 믿음을 이루고자 하는 것이다. 이러한 뜻이기 때문에 ['미래에 언제나 본연에 머무는 과보'(當常)와 '현재에 언제나 본연에 머무는 과보'(現常), 이] 두 가지 과보가 [『열반경』의] 핵심 내용이다. 단지 '현재[에

71 '고귀한 수행'(聖行)이라는 원인이 도와서 열반涅槃이라는 결과가 드러나고 '부처님 면모'(佛性)라는 원인이 도와서 깨달음(菩提)이라는 결과가 드러난다고 이해하여 위와 같이 보조문을 달았다. '세 번째 설명'에 따라 깨달음과 열반이라는 두 개념이 결과이고 불성과 고귀한 수행이라는 두 개념이 원인이라고 전제한다면, 현재의 결과인 현상現常은 본문에 따라 (여래가 증득한) 열반이므로 미래의 결과인 당상當常은 깨달음이 되고, 아울러 이 당상當常인 깨달음은 다시 본문에 따라 중생이 가지고 있는 불성에 대한 미래적 깨달음일 것이므로 불성은 깨달음에 대해 원인이 되며, 이리하여 고귀한 수행의 개념은 (여래가 증득한) 열반의 개념과 짝이 되어 열반의 원인이 된다고 할 수 있다.

언제나 본연에 머무는 과보인 열반]'(現)에 따라 제목을 세웠기 때문에 [이 경전의 명칭을] '열반涅槃'이라고 부른 것이다.

> 或有說者, 圓極一果爲是經宗, 所謂諸佛大般涅槃. 所以從宗而立題名, 『瓔珞經』六種瓔珞爲宗, 『大般若經』三種般若爲宗, 當知是『涅槃經』一大涅槃爲宗.
>
> (H1, p.525c7~11: T38, p.240a25~28)

* 다섯 번째 설명

[또] 어떤 사람은 〈'완전하고 궁극적인 하나의 결과'(圓極一果)가 이 『열반경』의 핵심 내용〉이라고 말하니, 모든 부처님의 '크나큰 열반'(大般涅槃)이 그것이라는 것이다. 그러므로 '핵심 내용'(宗)에 따라 [경전의] 제목을 세운 것이니, [예를 들자면] 『영락경瓔珞經』은 '[동銅 · 은銀 · 금金 · 유리琉璃 · 마니摩尼 · 수정水精의] 여섯 가지 보배 구슬로 된 장신구'(六種瓔珞)[72][의 비유에 담긴 의미]를 핵심 내용으로 삼고, 『대반야경』은 '[실상반야實相般若 · 관조반야觀照般若 · 문자반야文字般若의] 세 가지 반야'(三種般若)[73]를 핵심 내

---

[72] 『보살영락본업경菩薩瓔珞本業經』 권1에서는 부처가 될 종자의 여섯 가지 면모이자 수행 계위이기도 한 육종종성六種種性의 가치를 여섯 가지 보배 구슬로 된 장신구인 육종영락六種瓔珞에 비유하는데, 다음과 같다. "所謂銅寶瓔珞菩薩字者, 所謂習性種中有十人. … 銀寶瓔珞菩薩字者, 性種性中有十人. … 金寶瓔珞菩薩字者, 道種性中有十人. … 琉璃寶瓔珞菩薩字者, 聖種性中有十人. … 摩尼寶瓔珞菩薩字者, 等覺性中一人. … 水精寶瓔珞內外明徹, 妙覺常性湛然明淨, 名一切智地."(T24, pp.1012c7~1013a11.) 말하자면 습종성習種性 보살은 동보영락銅寶瓔珞에, 성종성性種性 보살은 은보영락銀寶瓔珞에, 도종성道種性 보살은 금보영락金寶瓔珞에, 성종성聖種性 보살은 유리보영락琉璃寶瓔珞에, 등각성等覺性 보살은 마니보영락摩尼寶瓔珞에, 묘각성妙覺性 보살은 수정보영락水精寶瓔珞에 각각 비유된다.

용으로 삼는 것이니, [그러므로] 이 『열반경』도 '하나의 크나큰 열반'(一大涅槃)[이라는 결과]를 '핵심 내용'(宗)으로 삼는다는 것을 알아야 한다.

> 或有說者, 諸佛祕藏無二實性以爲經宗, 如是實性離相離性故, 於諸門無障無礙. 離相故, 不垢不淨, 非因非果, 不一不異, 非有非無. 以離性故, 亦染亦淨, 爲因爲果, 亦一亦異, 爲有爲無. 爲染淨故, 或名衆生, 或名生死, 亦名如來, 亦名法身. 爲因果故, 或名佛性, 名如來藏, 或名菩提, 名大涅槃. 乃至爲有無故, 名爲二諦, 非有無故, 名爲中道. 由非一故, 能當諸門, 由非異故, 諸門一味. 如是無二祕藏, 以爲是經宗旨. 但其題目之中, 不能並偏[74]存諸名, 且隨時事, 立涅槃名.
>
> (H1, p.525c11~23: T38, p.240a28~b10)

* 여섯 번째 설명

[또] 어떤 사람[75]은 모든 부처님이 신비롭게 갖추고 있는 '[서로 다른 본질로서의] 둘로 나뉨이 없는 참된 본연'(無二實性)을 『열반경』의 핵심 내

---

73 『반야경般若經』의 핵심 내용에 대해 실상·관조·문자의 3종 반야 개념으로 갖추어서 설명하는 방식이 『반야경』류의 경전군 자체에서는 검색되지 않지만, 혜원慧遠의 『대승의장大乘義章』, 길장吉藏의 『삼론현의三論玄義』, 법장法藏의 『반야바라밀다심경약소般若波羅蜜多心經略疏』 등에서 쉽게 검색되므로 이러한 설명 방식은 원효 전후 시대의 일반적 경향이었던 것으로 보인다. 원효 역시 『대혜도경종요大慧度經宗要』에서 "顯經宗者, 此經正以波若爲宗. 通而言之, 波若有三. 一文字波若, 二實相波若, 三觀照波若."(H1, p.480b20~22)라고 하여 3종 반야의 개념을 소개하고 이후 자세한 논의를 이어간다.

74 문맥에 따라 '偏'을 '遍'으로 고친다.

75 원효 자신의 입장으로 보인다. 이어지는 문답에서 이 여섯 번째 설명을 가장 탁월한 것으로 평가하고 있다는 점을 근거로 하는 추정이다. 그리고 내용 또한 원효가 다른 글에서 펼치는 것과 유사하다.

용으로 삼으니, 이와 같은 '[둘로 나뉨이 없는] 참된 본연'(實性)은 [확정된] 특징(相)도 여읜[76] 것이고 [불변의] 본질(性)도 여읜 것이기 때문에 모든 측면(門)에서 '막히지도 않고'(無障) '걸리지도 않는다'(無礙). '[참된 본연]'(實性)은 [확정된] 특징(相)을 여읜 것이므로 오염된 것도 아니고 청정한 것도 아니며, 원인도 아니고 결과도 아니며, 같은 것도 아니고 다른 것도 아니며, 있는 것도 아니고 없는 것도 아니다. [또] [불변의] 본질(性)을 여읜 것이므로 오염된 것이기도 하고 청정한 것이기도 하며, 원인이기도 하고 결과이기도 하며, 같은 것이기도 하고 다른 것이기도 하며, 있는 것이기도 하고 없는 것이기도 하다. '[참된 본연]'(實性)은 오염되기도 하고 청정하기도 하기 때문에, '중생'이라거나 '생사生死'라 부르기도 하고, '여래如來'라거나 '진리 몸'(法身)이라고 부르기도 한다. [또] 원인이기도 하고 결과이기도 하기 때문에, [원인인] '부처 [본연의] 면모'(佛性)라거나 [원인인] 여래장如來藏이라 부르기도 하고, [결과인] 깨달음(菩提)이라거나 [결과인] '크나큰 열반'(大涅槃)이라고 부르기도 한다.[77] 또한 있는 것이기도 하고 없는 것이기도 하기 때문에 '[세속적 관점'(俗諦)과 '진리적 관점'(眞諦)의 두 가지 관점'(二諦)이라 부르기도 하고, 있는 것도 아니고 없는 것도 아니기 때문에 '[비속비진非俗非眞의] 중도中道'라고도 부른다. [또] 같은 것이 아니기 때문에 [서로 다른] 모든 측면(門)에 해당할 수 있고, 다

---

76 '離'는 본 본역에서 '떠나다' 혹은 '여의다'로 번역하고 있다. '離'라는 개념의 불교 철학적 맥락에 적합한 번역어는 '여의다'라고 할 수 있다. 이때 '여의다'는 말은 〈'어떤 것'에 갇히지도 않고 버리지도 않으면서 '어떤 것'의 속성에서 벗어난다〉는 의미를 지시한다. 그러나 '여의다'는 말이 현대 일상어 속에서는 낯설고 그 의미가 잘 전달되지 않는다는 것을 고려하여, 필요에 따라 '여의다'와 '떠난다' 가운데 하나를 선택한다.

77 앞서 『열반경』 가르침의 핵심 내용(教宗)에 대한 총설總說의 세 번째 설명에서 "결과는 바로 깨달음(菩提)과 열반涅槃이고 원인은 바로 '부처님 면모'(佛性)와 '고귀한 수행'(聖行)이다"(果卽菩提涅槃, 因卽佛性聖行. H1, p.525b21)라는 설명에 따라 보조문을 작성했다.

른 것이 아니기 때문에 [서로 다른] 모든 측면(門)이 '한 맛'(一味)[처럼 통하는 것]이다. 이와 같은 '[서로 다른 본질로서의] 둘로 나뉨이 없는'(無二) '[모든 부처님이] 신비롭게 갖추고 있는 ['참된 본연'(實性)]'(祕藏)을 이 『열반경』의 핵심 내용으로 삼는다. 다만 그 제목에서는 [무이비장無二祕藏 등의] 모든 명칭을 아울러 고루 둘 수는 없기에 또한 '[『열반경』을 설하는] 시절 인연'(時事)에 따라 '열반涅槃'이라는 명칭을 세운 것이다.

> 問. 六師所說, 何者爲實? 答. 或有說者, 諸說悉實, 佛意無方無不當故. 或有說者, 後說爲實, 能得如來無方意故, 並容前說諸師義故. 當知是二說亦不相違也.
>
> (H1, pp.525c23~526a3: T38, p.240b10~13)

묻는다. 여섯 명의 논사가 설명한 것에서 어느 것이 진실한가?

답한다. 어떤 사람은 [여섯 논사의] 모든 설명이 다 진실이라고 말하니, [『열반경』을 설하는] '부처님의 뜻은 [치우친] 방향이 없어서'(佛意無方) [어떤 설명에도] 합당하지 않은 것이 없기 때문이다. 어떤 사람은 마지막 [여섯 번째의] 설명이 진실이라고 말하니, [여섯 번째 설명이] '여래[의 뜻]은 [치우친] 방향이 없다'(如來無方)는 뜻을 얻을 수 있기 때문이고 아울러 앞에서 설명한 여러 [다섯] 논사의 뜻을 담아내기 때문이다. [그리고] 이 두 설명 또한 서로 모순되지 않음을 알아야 한다.[78]

> 總說雖然, 於中分別, 且依二門, 以示其相, 謂涅槃門及佛性門. 涅槃

---

[78] '불의무방佛意無方'의 관점에서는 여섯 논사의 설명이 모두 진실일 수 있고, 이 '불의무방佛意無方'의 관점을 무방無方의 논리로 담아낸 설명이 여섯 번째 설명이므로, 여섯 번째 설명은 앞 다섯 논사의 설명이 모두 진실이라는 주장의 근거일 수 있는 것이다.

之義, 六門分別. 一名義門, 二體相門, 三通局門, 四二滅門, 五三事門, 六四德門. 名義門內, 翻名, 釋義. 初翻名者, 諸說不同, 或說無翻, 或說有翻.

(H1, p.526a4~9: T38, p.240b13~18)

2) [부문에 따라] 구분하여 설명함(分別)

[『열반경』 가르침의 핵심 내용을] '총괄적으로 설명한 것'(總說)은 비록 이러하지만, 이 내용을 구분하여 다시 '두 가지 부문'(二門)에 따라 그 [『열반경』 핵심 내용의] 특징을 드러내니, [두 가지 부문이란] '열반 부문'(涅槃門)과 '부처 [본연의] 면모 부문'(佛性門)을 말한다.

(1) 열반 부문(涅槃門)

[먼저] 열반의 뜻을 '여섯 가지 부문'(六門)으로 구분한다. 첫 번째는 '[열반의] 명칭과 뜻에 관한 부문'(名義門)이고, 두 번째는 '[열반] 본연의 특징에 관한 부문'(體相門)이며, 세 번째는 '[열반이라는 명칭과 뜻의] 통용과 국한 범위에 관한 부문'(通局門)이고, 네 번째는 '[성정열반性淨涅槃과 방편괴열반方便壞涅槃' 및 '유여열반有餘涅槃과 무여열반無餘涅槃'이라는] 두 가지[로 분류하는] 열반 [개념]에 관한 부문'(二滅門)이며, 다섯 번째는 '[열반을 설명하는] 세 가지 항목[인 법신法身·반야般若·해탈解脫]에 관한 부문'(三事門)이고, 여섯 번째는 '[상常·락樂·아我·정淨이라는] [열반 본연의] 네 가지 능력에 관한 부문'(四德門)이다.

① [열반의] 명칭과 뜻에 관한 부문(名義門)

[여섯 가지 부문의 첫 번째인] '[열반의] 명칭과 뜻에 관한 부문'(名義門) 안

에는 '명칭을 번역하는 것'(翻名)과 '뜻을 해석하는 것'(釋義)[이 있다].

가. 명칭의 번역(翻名)

먼저인 [열반의] 명칭을 번역하는 것'(翻名)은 여러 주장이 [서로] 같지 않으니, 어떤 사람은 번역할 수 없다고 주장하고 [또] 어떤 사람은 번역할 수 있다고 주장한다.

> 有翻之說, 雖有諸宗, 今出一義, 翻爲滅度. 其文證者, 如『法花經』長行言, "如來於今日中夜, 入當[79]無餘涅槃", 下偈頌曰, "佛此夜滅度, 如薪盡火滅", 又此『大經』第一卷云, "隨其類音, 普告衆生, 今日如來將欲涅槃", 六卷『泥洹』此處文言, "悟恢[80]寂滅大牟尼尊告諸衆生, 今當滅度." 以是等文, 當知滅度正翻涅槃也.
>
> (H1, p.526a9~17: T38, p.240b18~25)

* 번역할 수 있다는 주장(有翻之說)

'번역할 수 있다는 주장'(有翻之說)에는 비록 여러 내용들이 있지만, 지금 [그들 가운데] 하나의 뜻을 골라 '사라져 건너감'(滅度)이라고 번역한다. 그 경전적 증거로는 『법화경』의 '산문으로 쓴 부분'(長行)에서 "여래가 오늘 밤에 '완전한 열반'(無餘涅槃)에 들 것이다"[81]라고 말하고, 아래

---

79 '入當'은 『법화경』 원문에 따라 '當入'으로 교정한다.
80 '悟恢'은 『니원경』 원문에 따라 '恬淡'으로 교정한다.
81 『묘법연화경妙法蓮華經』권1(T9, p.4a28~b2). "日月燈明佛於六十小劫說是經已, 即於梵魔沙門婆羅門及天人阿修羅衆中, 而宣此言. 如來於今日中夜, 當入無餘涅槃." 〈산스크리트본의 해당 내용. SP 21.08-10: adya bhikṣavo 'syām eva rātryāṃ madhyame yāme tathāgato 'nupadhiśeṣe nirvāṇadhātau parinirvāsyatīti | "비

의 게송에서 "부처님이 오늘 밤 [중야中夜에] 마치 땔나무가 다 [타서] 없어져 불이 사라지는 것과 같이 '사라져 건너가셨다'(滅度)"[82]라고 말하며, 또 이 『대반열반경』제1권에서 "그 [각 중생]들대로의 음성에 따라 중생들에게 널리 알리기를 〈오늘 여래가 열반涅槃에 들고자 할 것이다〉"[83]라고 말했고, 6권으로 된 『대반니원경』의 이 [『대반열반경』과 같은] 대목의 문장에서 "'편안하고 고요히 사라지는'(恬淡寂滅) '위대한 석가모니 세존'(大牟尼尊)께서 모든 중생에게 알리기를 〈이제 '사라져 건너갈'(滅度) 것이다〉"[84]라고 말한 것과 같다. 이러한 문장들을 통해 '사라져 건너감'(滅度)이 열반涅槃을 올바로 번역한 것임을 알 수 있다.

> 無翻之說, 亦有諸宗, 且出一義, 彼師說言, 外國語容含多名訓, 此土語偏, 不能相當, 是故不可一名而翻.
>
> (H1, p.526a17~19: T38, p.240b25~27)

* 번역할 수 없다는 주장(無翻之說)

'번역할 수 없다는 주장'(無翻之說)에도 여러 내용들이 있지만, 다시

구들이여! 오늘 바로 이 밤의 중야(中夜 madhyame yāme)에 여래께서는 완전한 (직역하자면, 존재의 기체(upadhi=蘊)가 남지 않는) 열반계로 반열반하실 것이다" 라고.〉

82 『묘법연화경』권1(T9, p.5a21). "佛此夜滅度, 如薪盡火滅." 〈산스크리트본의 해당 내용. SP 26.07: tām eva rātriṃ tada yāmi madhyame parinirvṛto hetukśaye va dīpaḥ | 바로 그날 밤 중야(中夜 madhyame yāmi)에, 마치 [태울 수 있는] 원인이 다한 등燈처럼 반열반하셨다.〉

83 『대반열반경大般涅槃經』권1(T12, p.605a11~14) "隨其類音, 普告衆生, 今日如來應供正遍知, 憐愍衆生覆護衆生, 等視衆生, 如羅睺羅爲作歸依, 爲世間舍, 大覺世尊將欲涅槃."

84 『대반니원경大般泥洹經』권1(T12, p.853a12~13). "恬淡寂滅大牟尼尊, 告諸衆生, 今當滅度."

[그들 가운데] 하나의 뜻을 골라내면, 어떤 논사는 〈외국의 말은 '명칭에 해당하는 뜻'(名訓)을 많이 담고 있는데, 이 땅의 말은 [그 많은 뜻 가운데] 치우친 [뜻만을 담게 되어] [외국의 말과] 서로 맞을 수가 없으니, 따라서 [열반涅槃을] 하나의 명칭으로 번역해서는 안 된다〉라고 주장한다.

> 其文證者, 如「德王品」第七功德文言, "涅者不, 槃者識,[85] 不識[86]之義名爲涅槃, 槃言覆, 不覆之義乃名涅槃, 槃言去來, 不去不來乃名涅槃, 槃者言取, 不取之義乃名涅槃, 槃者不定, 無不定義乃名涅槃, 槃言新故, 無新故義乃名涅槃, 槃言障礙, 無障礙義乃名涅槃." 又下文言, "善男子, 槃者言有, 無有之義乃名涅槃, 槃者名爲和合, 無和合義乃名涅槃, 槃者言苦, 無苦之義乃名涅槃." 此處略出是十種訓, 上下諸文乃衆多, 故知不可一語而翻.
>
> (H1, p.526a19~b7: T38, p.240b27~c8)

[열반涅槃을 번역할 수 없다는 주장의] 그 경전적 증거가 되는 것은 『열반경』 「덕왕품德王品」의 [『열반경』의 가르침에 따른 수행에 의해 성취되는] 일곱 번째 능력(功德)에 대한 글[87]에서 [다음과 같이] 말한 것이다. "'열涅'은 '아니다 (不)'이고 '반槃'은 '사라지다(滅)'이므로 [깨달음(菩提)이] '사라지지 않는다'(不滅)는 뜻을 열반涅槃이라 부르고,[88] [또] '반槃'은 '덮는 것(覆)'을 말

---

85 '識'은 『열반경』 원문에 따라 '滅'로 교정한다.

86 '不識'도 『열반경』 원문에 따라 '不滅'로 교정한다.

87 『열반경』 권19 「광명변조고귀덕왕보살품光明遍照高貴德王菩薩品」에서는 "爾時世尊, 告光明遍照高貴德王菩薩摩訶薩言, 善男子, 若有菩薩摩訶薩修行如是大涅槃經, 得十事功德."(T12, p.730a7~9)이라고 하여 『열반경』의 가르침에 따른 수행으로 10가지 공덕(十事功德)을 얻는다고 하는데, 여기서 인용되는 글은 10가지 중 일곱 번째 공덕을 설명하는 대목에 해당한다.

88 『열반경』 대정본에서는 "槃者言滅, 不滅之義名爲涅槃."의 '滅'에 대한 교감주에서 다른 판본에 '織'이라 되어 있다고 한다. 만약 '織'을 채택한다면 번역은 "'반槃'은

하므로 [번뇌에] '덮이지 않는다'(不覆)는 뜻을 바로 열반涅槃이라 부르며, [또] '반槃'은 '가거나 오는 것(去來)'을 말하므로 '가지도 않고 오지도 않음'(不去不來)을 바로 열반涅槃이라 부르고, [또] '반槃'은 '집착하는 것(取)'을 말하므로 '집착하지 않는다'(不取)는 뜻을 바로 열반涅槃이라 부르며, [또] '반槃'은 '안정되지 않는다(不定)'는 것이므로 '안정되지 않음이 없다'(無不定)는 뜻을 바로 열반涅槃이라 부르고, [또] '반槃'은 '새롭거나 오래된 것(新故)'을 말하므로 '새로운 것도 없고 오래된 것도 없다'(無新故)는 뜻을 바로 열반涅槃이라 부르며, [또] '반槃'은 '가로막혀 걸리는 것'(障礙)을 말하므로 '가로막혀 걸리는 것이 없다'(無障礙)는 뜻을 바로 열반涅槃이라 부른다."[89] 또 「덕왕품」의 아래 글에서는 [다음과 같이] 말하고 있다. "훌륭한 이여, '반槃'은 [근본무지에 얽혀 윤회하는] 삶의 양태'(有)를 말하므로 [근본무지에 얽혀 윤회하는] 삶의 양태가 없다'(無有)는 뜻을 바로 열반涅槃이라 부르고, [또] '반槃'은 [무지의 인연이] 결합한 것(和合)'이라 부르므로 [무지의 인연이] 결합한 것이 없다'(無和合)는 뜻을 바로 열반涅槃이라 부르며, [또] '반槃'은 '괴로움(苦)'을 말하므로 '괴로움이 없다'(無苦)는 뜻을 바로 열반涅槃이라 부른다."[90] 여기서는 [열반涅槃에 대

'짜다(織)'이므로 [생사의 인연을] '짜지 않음'(不織)의 뜻을 열반涅槃이라 부르고" 정도가 될 것이다. 『아비달마대비바사론阿比達磨大毘婆沙論』 권28에서도 열반을 '부직不織'으로 설명하는 사례가 보이는데, 자세한 내용은 다음과 같다. "槃名爲織, 涅名爲不. 以不織故, 名爲涅槃. 如有縷者, 便有所織, 無則不然. 如是若有業煩惱者, 便織生死, 無學無有業煩惱, 不織生死. 故名涅槃."(T27, p.147b11~14.) 그러나 '滅'을 채택하는 까닭은 번역할 수 있음과 번역할 수 없음의 논란을 최종적으로 마무리하는 나중의 대목인 '說言'(H1, p.526b15) 이하의 내용에 따른 것인데, 간단히 말하자면 '織'을 채택해서는 '說言' 이하에서 전개되는 내용의 뜻이 통하지 않기 때문이다.

89 『열반경』 권23(T12, p.758c18~23). "涅者言不, 槃者言滅. 不滅之義名爲涅槃. 又槃言覆, 不覆之義乃名涅槃, 槃言去來, 不去不來乃名涅槃, 槃者言取, 不取之義乃名涅槃, 槃言不定, 定無不定乃名涅槃, 槃言新故, 無新故義乃名涅槃, 槃言障礙, 無障礙義乃名涅槃."

해] 이 열 가지 뜻을 간략히 제시했지만, 『『열반경』 인용문의] 위아래 여러 글에도 [열반涅槃의 뜻이] 많으니,[91] 따라서 하나의 용어로 번역해서는 안 된다는 것을 알 수 있다.[92]

問. 若立後師義, 是難云何通? 謂有難曰, 經說有翻, 耶[93]得無翻? 如言"隨其類音, 普告衆生, 今日如來將欲涅槃," 豈隨蜂蟻六道之音, 得翻涅槃之名, 而獨不得此國語翻? 又當此處經文, 旣翻云之滅度, 豈可得云不能翻耶? 彼師通曰. 涅槃之名多訓之內, 且取一義翻爲滅度, 卽依此訓, 普告衆生, 非謂其名只翻滅度. 以是義故, 彼難善通.

(H1, p.526b7~15: T38, p.240c8~15)

묻는다. 만약 [번역할 수 없다고 주장하는] 뒤 논사의 뜻을 세운다면 [다음의] 이 비판을 어떻게 [번역할 수 없다는 주장과 서로] 통하게 하겠는가? [어떤 사람은] 비판하여 [다음과 같이] 말한다; 〈『열반경』의 설명에서는 번역한 것이 있는데, 어찌 번역할 수 없다고 하겠는가? 만일 [『열반경』의 말처럼] "그 [각 중생]들대로의 음성에 따라 중생들에게 널리 알리기를 〈오늘 여래가 열반涅槃에 들고자 할 것이다〉"[94]라고 말한다면, 어찌 벌이나 개미

---

90 『열반경』 권23(T12, p.758c25~27). "善男子, 槃者言有, 無有之義乃名涅槃, 槃名和合, 無和合義乃名涅槃, 槃者言苦, 無苦之義乃名涅槃."

91 예를 들어 인용문의 바로 아래 글은 다음과 같다. "斷煩惱者不名涅槃, 不生煩惱乃名涅槃."(T12, p.758c28~29.)

92 어원적으로 범어 nirvāṇa는 일반적으로 부정접두어인 nir와 어근 vā(불다, to blow)가 결합된 과거분사형으로서 '불어서 꺼진' 상태를 의미하는 것으로 본다. Monier Williams Sanskrit-English Dictionary에서는 nirvāṇa를 'blown or put out'이라고 기술하는데, nir를 out이라는 부정어로, vāṇa를 blown이나 put이라는 과거분사형으로 설명하는 셈이다. 명사형으로는 'blowing out', 'extinction of the flame of life' 등으로 설명하고 있다. p.557 참조.

93 문맥에 따라 '耶'는 '何'로 교정한다. 가은은 '耶得無翻'을 '得無翻耶'로 교정한다.

[와 같은] '여섯 가지 미혹 세계의 [중생들의] 음성'(六道之音)에 따라 열반涅槃이라는 명칭을 번역할 수 있으면서 유독 이 나라의 말로는 번역할 수 없다는 것인가? 또 이 [『대반열반경』과 같은] 대목에 해당하는 『대반니원경』의 글에서[95] 이미 [열반涅槃을] '사라져 건너감'(滅度)이라고 번역했는데, 어찌 번역할 수 없다고 말할 수 있겠는가?〉

[번역할 수 없다고 주장하는] 저 논사라면 [이 비판을 자기주장과] 통하게 하고자 [다음과 같이] 말할 수 있다; 〈열반涅槃이라는 명칭의 많은 뜻에서 우선 하나의 뜻을 선택하여 '사라져 건너감'(滅度)이라 번역하고, 바로 이 [하나의] 뜻에 의거하여 중생들에게 [각 중생의 말에 따라] 널리 알린다는 것이지, 그 [열반涅槃이라는] 명칭이 단지 '사라져 건너감'(滅度)으로만 번역된다고 말한 것은 아니다. 이러한 뜻 때문에 저 비판은 [번역할 수 없다는 주장과] 잘 통하게 된다.〉

問. 若立初師義, 是文云何通? 如「德王品」菩薩難言, "若使滅度非涅槃者, 何故如來自期三月當般涅槃?"「師子孔品」云, "諸結火滅故, 名滅度, 離覺觀故, 故名涅槃," 以是文證, 明知滅度非正翻於涅槃名也. 彼師通曰. 此等經文, 是翻譯家故漢互擧, 綺飾其文. 若使令存外國語者, 既言若使涅槃非涅槃者, 又諸結火滅故, 名涅槃, 離覺觀故, 故名涅槃. 如其令存此土語者, 既云若使滅度非滅度者, 下文例爾. 由是義故, 不相違也.

(H1, p.526b15~c2: T38, p.240c15~25)

---

94 『대반열반경』권1(T12, p.605a11~14) "隨其類音, 普告衆生, 今日如來應供正遍知, 憐愍衆生覆護衆生, 等視衆生, 如羅睺羅, 爲作歸依爲世間舍, 大覺世尊將欲涅槃."

95 앞에서 인용했던 『대반니원경』권1의 다음 문장을 말한다. "恬淡寂滅大牟尼尊, 告諸衆生, 今當滅度."(T12, p.853a12~13.)

묻는다. 만약 [번역할 수 있다고 주장하는] 처음 논사의 뜻을 세운다면 [다음의] 이 글을 어떻게 [번역할 수 있다는 주장과 서로] 통하게 하겠는가?; 〈[『열반경』] 「덕왕품」에서 [덕왕]보살이 "만약 [죽어서] '사라져 건너가는 것'(滅度)[96]이 열반涅槃이 아니라고 한다면, 왜 여래는 석 달 뒤에 '완전한 열반'(般涅槃)에 들 것이라고 스스로 기약했는가?"[97]라고 꼬집어 말하고, 「사자후품」에서 "모든 '번뇌의 불길'(結火)이 사라졌기 때문에 '사라져 건너감'(滅度)이라 부르고, [분별하는] 생각의 착수와 심화'(覺觀, 尋伺)를 떠났기 때문에 열반涅槃이라 부른다"[98]라고 말한 것과 같으니, 이런 경전적 증거를 통해 '사라져 건너감'(滅度)은 열반涅槃이라는 명칭을 올바로 번역한 것이 아님을 분명히 알 수 있다.〉

[번역할 수 있다고 주장하는] 저 논사라면 [이런 비판을 자기주장과] 통하게 하고자 [다음과 같이] 말할 수 있다; 〈이 경전의 글들은 번역자가 일부러 [멸도滅度라는] 한자漢字를 [열반涅槃이라는 범어와] 함께 사용하여 그 글을 아름답게 꾸민 것이다. 만약 [열반涅槃이라는] 외국어만 있게 하고자 했다면 "만약 열반涅槃을 열반이 아니라고 한다면"이라고 말했을 것이고, 또 [다음의 글도] "모든 '번뇌의 불길'(結火)이 사라졌기 때문에 열반涅槃이라 부르고, [분별하는] 생각의 착수와 심화'(覺觀, 尋伺)를 떠났기 때문에 열반涅槃이라 부른다"라고 말했을 것이다. [또] 만약 이 땅의 말만 있게 하고자 했다면 "'사라져 건너가는 것'(滅度)을 '사라져 건너가는 것'(滅

---

96 아래의 '說言'(H1, p.526b15) 이하에서 "若使滅度者, 擧顯了語死滅度也."라고 하여 현료어顯了語의 측면에서 열반의 번역어인 멸도滅度는 '死滅度'라고 설명하는 대목에 따라 보조문을 만들었다.

97 『열반경』 권23(T12, p.757c6~7). "若使滅度非涅槃者, 何故如來自期三月當般涅槃?" 질문의 끝에서 덕왕보살은 "如來誠實, 云何發是虛妄之言?"(T12, p.757c12)이라고 하여 열반涅槃과 멸도滅度를 혼용하는 여래를 허망한 말을 하는 자라고 극언할 정도로 비판하는데, 이에 대해 부처님은 열반의 정상定相을 논의하면서 번역할 수 있고 없음의 문제를 회통한다.

98 『열반경』 권29(T12, p.794b27~28). "諸結火滅故, 名滅度, 離覺觀故, 故名涅槃."

度)이 아니라고 한다면"이라고 말했을 것이고, 다음 글의 사례도 마찬가지였을 것이다. [그렇다면 문장의 뜻이 통하지 않게 된다.] 이러한 뜻이기 때문에 [열반涅槃이라는 말을 번역할 수 있다는 주장과 번역할 수 없다는 주장은] 서로 모순되지 않게 된다.[99]

> 問. 二師所說, 何是何非? 答. 或有說者, 二說俱是, 悉依經文而成立故. 是義云何? 涅槃之名卽含二義, 所謂密語及顯了語. 依顯了語, 正翻滅度, 如初師說, 若依密語, 卽含多訓, 如後師訓, 由是道理, 二說悉得. 若依是意通彼難者, 就顯了義[100]有正翻故, 隨其類音, 普告衆生, 就其密語含多義訓, 是故後文亦得善通.
>
> (H1, p.526c2~10: T38, pp.240c25~241a3)

묻는다. 두 논사가 주장한 것은 어느 것이 옳고 어느 것이 그른가?

---

99 번역할 수 없다는 반론의 요지는 열반에는 번뇌를 끊었다는 소극적 의미뿐 아니라 그 외의 뜻이 깃들어 있으므로 멸도滅度와 같은 특정의 용어로 번역할 수 없다는 것이었다. 이러한 뜻이 잘 드러나는 곳은 앞서 인용한 『열반경』「덕왕품」에서 덕왕보살의 질문에 대해 부처님이 대답하는 대목인데, 다음과 같다. "善男子, 而是魔王真實不知涅槃定相. 何以故? 波旬意謂不化衆生默然, 而住便是涅槃. 善男子, 譬如世人見人不言無所造作, 便謂是人如死無異. 魔王波旬亦復如是, 意謂如來不化衆生默無所說, 便謂如來入般涅槃."(T12, p.757c17~22.) 이 논의에 따르면 열반의 정상정상定相, 즉 완정한 전체적 모습을 알지 못하여 어떤 사람이 말이 없고 조작함이 없으면 죽은 것이라고 생각하는 것처럼, 마왕 파순은 열반의 소극적 성격인 자기 번뇌의 단절이라는 의미에만 국한하여 열반을 중생교화가 없는 침묵이라고 이해하기 때문에 마왕 파순이 사용하는 멸도의 용어는 열반의 잘못된 번역이 될 것이다. 이러한 맥락에서 추론하자면 '열반'이라는 말을 번역할 수 없다는 주장에 동의할 것으로 보이지만, 뒤집어 생각하여 열반의 번역어가 열반의 특정 성격에 국한된 것임을 전제로 하여 다양한 표현(번역)도 가능하다. 말하자면 열반의 전체적 뜻이 규정적 언어에 의해 국한될 수 없다는 대전제에 동의하기만 한다면 번역될 수 없다는 주장뿐 아니라 번역될 수 있다는 주장도 가능할 것으로 보인다.

100 '義'는 '語'의 오기로 보인다.

답한다. 어떤 사람[101]은 〈두 가지 주장이 모두 옳으니, 다 경전의 문
장에 의거하여 성립하기 때문이다〉라고 말한다. 이 뜻은 무엇을 말하
는가? 열반涅槃이라는 명칭에는 두 가지 뜻이 포함되어 있으니, '[뜻을]
드러내지 않는 말'(密語)과 '[뜻을] 드러내는 말'(顯了語)이 그것이다. '[뜻
을] 드러내는 말'(顯了語)에 의거한다면 [열반涅槃은] '사라져 건너감'(滅度)
이라고 올바로 번역되는 것이어서 [번역할 수 있다는] 앞 논사의 주장과
같고, '[뜻을] 드러내지 않는 말'(密語)에 의거한다면 [열반涅槃이라는 명칭
은] 많은 뜻을 포함하고 있어서 [번역할 수 없다는] 뒤 논사의 뜻과 같으니,
이러한 도리 때문에 두 가지 주장이 다 타당하다. 만약 이러한 뜻에 의
거하여 저 비판들을 [서로] 통하게 한다면 [다음과 같이 된다.] '[뜻을] 드러내
는 말'(顯了語)에 따른다면 [열반涅槃에 대한] 올바른 번역들이 있기 때문
에 그 [각 중생]들대로의 음성에 따라 [다양한 번역어들을 통해] 중생들에게
[열반涅槃의 뜻을] 널리 알리게 되고 [그리하여 '열반이라는 명칭은 번역할 수 있
다는 주장'을 비판하는 앞의 문장과 통하게 되며],[102] '[뜻을] 드러내지 않는 말'(密
語)에 따른다면 [열반涅槃은] 많은 뜻을 포함하기 때문에 ['열반이라는 명칭
은 번역할 수 없다는 주장'을 비판하는] 뒤 문장과도 잘 통하게 된다.

說言"若使滅度"者, 擧顯了語死滅度也, "非涅槃"者, 取密語內不識[103]
義也. 難意正言〈若使死滅之滅度義, 非不滅之涅槃義者, 何故以是不

---

101 원효 자신을 지칭하는 것으로 보인다.
102 앞서 인용한 적이 있던(『열반종요』, H1, p.526a13~14) 『열반경』의 문장을 원용
하여 원효 자신의 논리를 종합하고 있는 것으로 보인다. 다음에 나오는 후문後文
까지의 출전은 다음과 같다. 『열반경』 권1(T12, p.605a11~14) "隨其類音, 普告衆
生. 今日如來應供正遍知, 憐愍衆生覆護衆生, 等視衆生, 如羅睺羅爲作歸依, 爲世間舍,
大覺世尊將欲涅槃."
103 앞서 인용했던 『열반경』 권23의 원문인 "涅者言不, 槃者言滅, 不滅之義名爲涅槃."
(T12, p.758c18~19)에 따라 '不識'은 '不滅'로 교정한다. 가은은 "「識」은 문맥의 소
통을 위해 「滅」로 고친다"라고 한다.

[앞에서 인용한 『열반경』의 문장인 "若使滅度非涅槃"[110]에서] "만약 '사라져 건
너감'(滅度)을"(若使滅度)이라고 말한 것은 [뜻을] 드러내는 말(顯了語)인
'죽어서 사라져 건너감'(死滅度)[이라는 뜻]을 세운 것이고, "열반涅槃이 아
니라면"(非涅槃)[에서 열반涅槃]이라는 것은 [뜻을] 드러내지 않는 말(密語)
중에서 '사라지지 않음'(不滅)의 뜻을 채택한 것이다. [『열반경』「덕왕품」에
서 덕왕보살이] 비판하는 뜻은 바로 〈'죽어서 사라진다는 [의미의] 사라져
건너감'(滅度)의 뜻이 만약 [깨달음이] 사라지지 않는다'(不滅)[는 의미의]
열반涅槃의 뜻이 아니라고 한다면, 무슨 이유로 '사라지지 않음'(不滅)이
라는 말을 사용하여 석 달 뒤에 '완전한 열반'(般涅槃)에 들 것이라고 스
스로 기약하겠는가?〉라고 말한 것이다. [이에 대해 대답하자면,] 이전에 보
리수 아래에서 깨달음을 이루었을 때 이미 '사라지지 않는'(不滅) 열반
涅槃을 얻었기 때문이다.[111]

---

104 위 주석에 따라 '不識'은 '不滅'로 교정한다.
105 위 주석에 따라 '不識'은 '不滅'로 교정한다.
106 위 주석에 따라 '識'은 '滅'로 교정한다.
107 앞서 인용했던 『열반경』 권29의 원문인 "諸結火滅故, 名滅度, 離覺觀故, 故名涅
槃."(T12, p.794b27~28)에 따라 '覺' 뒤에 '觀'을 첨가한다.
108 위 주석에 따라 '覺覺'은 '覺觀'으로 교정한다.
109 문맥에 따라 '善說'을 '說善'으로 교정한다.
110 『열반경』 권23(T12, p.757c6~7). "若使滅度非涅槃者, 何故如來自期三月當般涅槃."
111 이 『열반경』「덕왕품」 문장의 인용 의도는 앞서 번역할 수 있다고 주장하는 첫
번째 논사를 비판하기 위한 것이었다. 비판의 요지는 멸도는 열반의 번역어이지

[또한 앞에서 인용한 『열반경』「사자후품」의 뜻으로 보자면] 번뇌가 있어야만 '[번뇌에 얽힌] 생사生死를 사라지게 하는'(滅生死) 것이기 때문에, 「사자후품」[112]에서 "모든 '번뇌의 불길'(結火)이 사라졌기 때문에 '사라져 건너 감'(滅度)이라 부르고"(諸結火滅故, 名滅度)라고 말한 것[에서 '사라져 건너 감'(滅度)]은 또한 '[뜻을] 드러내는 말'(顯了語)인 [번뇌의 불길이 사라졌다는 의 미의] '사라져 건너감'(滅度)이다. [또] [「사자후품」의 이어지는 문장인] "'[분별하 는] 생각의 착수와 심화'(覺觀, 尋伺)를 떠났기 때문에 열반涅槃이라 부른 다"(離覺觀故, 名涅槃)는 것[에서 열반涅槃은] '[뜻을] 드러내지 않는 말'(密語) [인 열반涅槃의 다양한 뜻] 중에서 '[분별의] 괴로움이 없다'(無苦)는 뜻을 채 택한 것이니, '완전한 [열반의 경지]'(無餘[涅槃])에 들어갈 때는 '괴로움의 과보'(苦報)가 다 사라지고 나서야 비로소 '생각의 착수와 심화로 분별 하는 마음'(覺觀分別心)을 떠나기 때문이다.[113] 이러한 도리이기 때문에 모든 주장이 [서로] 잘 통한다.

次釋義者, 且依顯了之語, 以釋有翻之義. 此土釋之, 言大滅度. 所言 大者, 古人釋云'莫先'爲義, 謂釋勝之時, 莫是爲先, 非約時前後, 言無先

만 인용문의 "若使滅度非涅槃者"에서 보듯이 멸도와 열반은 다른 것이라고 경전에 서 말하고 있으므로 열반은 멸도라고 번역될 수 없다는 것이다. 여기의 논의는 번 역될 수 없다는 이 비판에 대한 재비판(難意正言)의 성격을 띠는데, 그 요지는 멸 도滅度의 의미를 사멸死滅로, 열반涅槃의 의미를 불멸不滅로 약속하여 현료어와 밀어의 맥락에 맞게 사용한다면 열반의 뜻을 멸도라든가 열반이라는 다양한 언어 로 번역 또는 표현할 수 있다는 것이다. 보리수 아래에서 얻은 깨달음의 상태가 열반이라는 명칭으로 표현될 수 있는 까닭도 열반涅槃의 명칭을 깨달음이 사라지 지 않는다는 불멸不滅의 의미로 약속하는 데 있다는 의미로 보인다.

112 『열반경』 권29(T12, p.794b27~28). "諸結火滅故, 名滅度, 離覺觀故, 故名涅槃."
113 여기서도 앞 문단의 내용과 마찬가지로 멸도滅度의 의미를 제결화멸諸結火滅로, 열반涅槃의 의미를 이각관離覺觀으로 약속하여 현료어와 밀어의 맥락에 맞게 사 용한다면 열반의 뜻을 번역할 수 있다는 의미로 보인다.

也. 依下經文, 大有六義. 一者, 廣之莫先故名爲大, 如經言, "大者其性廣博." 猶如虛空無所不至, 涅槃如是故, 名爲大. 二者, 長之莫先故, 名爲大, 如經言, "所言大者名之爲長, "譬[114]如有人壽命無量, 名大歲[115]夫."

（H1, pp.526c20~527a4: T38, p.241a12~17）

나. [열반의] 뜻을 해석함(釋義)

[열반의 '명칭을 번역하는 것'(翻名)을 마치고] 다음인 [열반의] 뜻을 해석하는 것'(釋義)은, [뜻을] 드러내는 말'(顯了之語)에 의거하여 '번역할 수 있는 뜻'(有翻之義)으로 해석한다. [열반涅槃을] 이 땅[의 한어漢語]로 해석하여 [번역하면] '크나큰 사라짐과 건너감'(大滅度)이라고 말한다.

가) 크나큼의 뜻(大義)

["크나큰 사라짐과 건너감(大滅度)"이라는 것에서] "크나큼(大)"이라고 말하는 것은 [다음과 같은 뜻이다.] 옛사람들은[116] [이보다] 앞서는 것이 없다'(莫先)는 뜻이라고 해석하여 말했으니, 수승한 것을 해석할 때 '이보다 앞서는 것이 없다'[라고 말하]는 것은 시간의 선후에 의거하여 '앞서는 것이 없다'고 말하는 것이 아니다. 아래 경전의 문장들에 의거하면 크게 여섯 가지 뜻이 있다.

첫 번째, 너비가 [이보다] 앞서는 것이 없기 때문에 크나큼(大)이라고

---

114 『열반경』 원문에 따라 '譬'는 '猶'로 교정한다.

115 『열반경』 원문에 따라 '歲'는 '丈'으로 교정한다.

116 길장吉藏, 『대품유의大品遊意』 권1의 "摩訶者, 翻云大, 大者廣博爲義, 苞容爲義, 莫先爲義."(T33, p.68b10~11)라든가 "道生敍曰, 有不在今, 則是莫先爲大, 旣云大矣. 所以爲常, 常必滅果."(T37, p.381b12~13)라고 하여 도생이 『열반경』 해석의 맥락에서 '大'를 '莫先'이라고 설명하는 등의 사례들이 보인다.

부르니, 『열반경』에서 "크나큼(大)이라는 것은 그 특징이 넓고 넓은 것이다"[117]라고 말한 것과 같다. 마치 허공이 [넓고 넓어서] 걸치지 않는 곳이 없는 것처럼, 열반도 이와 같기 때문에 '크나큼'(大)이라고 부른다.

두 번째, 길이가 [이보다] 앞서는 것이 없기 때문에 크나큼(大)이라고 부르니, 『열반경』에서 "크나큼(大)이라고 말하는 것은 길다(長)는 것을 일컫는 것으로, 마치 어떤 사람의 수명이 헤아릴 수 없이 [길 때] 대장부 大丈夫[118]라고 부르는 것과 같다"[119]고 말한 것과 같다.

> 三者, 深之莫先故名爲大, 如經言, "大者名爲不可思議", 一切世間聲聞緣覺不能測量涅槃之義故, 名爲大. 四者, 高之莫先故爲大, 如經言, "譬如大山一切世人不能得上故, 名爲大." 涅槃如是, 凡夫二乘及諸菩薩不能窮到故, 名爲大. 五者, 多之莫先故名爲大, 如經言, "譬如大藏多諸珍寶.[120]" 涅槃如是, 多有種種妙法珍寶故, 名大. 六者, 勝之莫先故名爲大, 如經言, "如世間中勝上主人名爲大人." 涅槃如是, 諸法中勝故, 名爲大. 大義如是.
>
> (H1, p.527a4~15: T38, p.241a19~29)

세 번째, 깊이가 [이보다] 앞서는 것이 없기 때문에 크나큼(大)이라고 부르니, 『열반경』에서 "크나큼(大)이라는 것은 '생각으로 가능할 수 없이 [깊다]'(不可思議)고 부른다"[121]라고 말한 것과 같으며, 세상의 모든 '가

---

117 『열반경』권5(T12, p.631c14). "大者其性廣博."
118 대장부의 사전적 의미는 "건장하고 씩씩한 사나이"로서 '길이 장丈' 자字의 뜻에 따라 키가 커서 우뚝한 남자의 겉모습에 근거하여 정착된 단어로 보이는데, 『열반경』에서는 이 '길이 장丈' 자字를 수명이 긴 사람의 뜻으로 사용하고 있다.
119 『열반경』권5(T12, p.631c14~15). "大者其性廣博, 猶如有人壽命無量名大丈夫."
120 대정본에 따라 '實'은 '寶'로 교정한다.
121 『열반경』권21(T12, p.746b22~24). "善男子, 大名不可思議. 若不可思議一切衆生所

르침을 들어서 깨달으려는 수행자'(聲聞)와 '혼자 힘으로 연기를 이해하여 깨달으려는 수행자'(緣覺)[인 소승小乘의 수행자]는 열반의 [깊은] 뜻을 헤아릴 수 없기 때문에 [대승이 설하는 열반涅槃을] 크나큼(大)이라고 부른다.

네 번째, 높이가 [이보다] 앞서는 것이 없기 때문에 크나큼(大)이라고 부르니, 『열반경』에서 "비유하자면 '크나큰 산'(大山)은 모든 세상 사람들이 오를 수 없기 때문에 크나큼(大)이라고 부르는 것과 같다"[122]라고 말한 것과 같다. 열반도 이와 같아서, 범부와 '[성문聲聞 · 연각緣覺] 두 부류 수행자'(二乘)와 모든 보살이 [열반의] 궁극에까지는 도달할 수 없기 때문에 크나큼(大)이라고 부른다.

다섯 번째, 수량으로 [이보다] 앞서는 것이 없기 때문에 크나큼(大)이라고 부르니, 『열반경』에서 "비유하자면 크나큰 창고에는 갖가지 진귀한 보물이 많은 것과 같다"[123]라고 말한 것과 같다. 열반도 이와 같아서, 갖가지 '오묘한 진리와 보배로운 진실'(妙法珍寶)이 많이 있기 때문에 크나큼(大)이라고 부른다.

여섯 번째, 수승하기가 [이보다] 앞서는 것이 없기 때문에 크나큼(大)이라고 부르니, 『열반경』에서 "세상에서 [가장] 수승하고 높은 주인을 '크나큰 사람'(大人)이라고 부르는 것과 같다"[124]라고 말하는 것과 같다.

不能信, 是則名爲大般涅槃." 관련된 논의로는 같은 권21의 다음과 같은 내용도 있다. "善男子, 譬如有法不可稱量不可思議. 故名爲大. 涅槃亦爾, 不可稱量不可思議. 故得名爲大般涅槃."(T12, p.747b21~23.)

122 『열반경』 권21(T12, p.746b5~9). "善男子, 若摩訶那伽及鉢揵陀大力士等, 經歷多時所不能上乃名大山. 聲聞緣覺及諸菩薩摩訶那伽大力士等所不能見, 如是乃名大涅槃也."

123 『열반경』 권21(T12, p.747a6~9). "復次善男子, 譬如寶藏多諸珍異百種具足故, 名大藏. 諸佛如來甚深奧藏亦復如是, 多諸奇異具足無缺, 名大涅槃."

124 『열반경』 권5(T12, p.631c15~17). "是人若能安住正法, 名人中勝, 如我所說八大人覺. 爲一人有爲多人有? 若一人具八, 則爲最勝." 그런데 아래 주석에 따라 크나큼(大)의 여섯 가지 뜻에 대한 내용이 혜원慧遠, 『대승의장』의 논의를 참조하여 구성한 것이라고 본다면, 아래 주석 인용문의 밑줄 친 곳에서 보듯이 이 문장은 『열

열반도 이와 같아서, 모든 것에서 [가장] 수승한 것이기 때문에 크나큼(大)이라고 부른다. 크나큼(大)의 뜻은 이와 같다.[125]

所言滅者略有四義, 事滅·理滅·德滅·擇滅. 言事滅者, 還無爲義, 義當應化身, 正智亦亡故, 名爲滅. 如經言, "佛此夜滅度, 如薪盡火滅." 如是事滅, 當體立名. 言理滅者, 寂漠爲義, 謂從本來無動無起故, 名爲滅. 如經言, "一切諸法不生不滅, 本來寂靜自性涅槃." 如是理滅, 寄全音. 言德滅者, 永離爲義, 謂諸功德離相離性, 不守自性, 互相一味故, 名爲滅. 如下文言, "受安樂者卽[126]解脫, 眞解脫者卽是如來, 如來卽涅槃," 乃至廣說. 如是德滅, 從義受名. 言擇滅者, 斷除爲義, 佛智能斷一切煩惱故, 名爲滅.

(H1, p.527a15~b4: T38, p.241a29~b11)

나) 사라짐의 뜻(滅義)

[열반을] '사라짐'(滅)이라고 말한 것에는 대략 네 가지 뜻이 있으니,

반경』에서 인용된 것이 아닐 수도 있다.

125 이상 크나큼(大)의 여섯 가지 뜻에 대한 논의는 혜원慧遠, 『대승의장』 권18(T44, pp.813c18~814a3)의 다음과 같은 내용과 유사하다. "爲摩訶般涅槃那, 摩訶名大, 大義有六. 一者常義. 故涅槃云, 所言大者名之爲常, 譬如有人壽命無量名大丈夫. 二者廣義. 故涅槃云, 所言大者其性廣博, 猶如虛空無所不至, 涅槃如是. 故名爲廣. 三者多義, 能別非一. 故涅槃云, 譬如大藏多諸珍異, 涅槃如是, 多有種種妙法珍寶. 故名爲大. 四者深義, 淵奧難測. 故涅槃云, 大者名爲不可思議, 一切世間聲聞緣覺不能測量涅槃之義. 故名爲大. 五者高義, 位分高出餘人不至. 故涅槃云, 譬如大山一切世人不能得上. 故名爲大, 涅槃如是, 凡夫二乘及諸菩薩不能窮到. 故名爲大. 六者勝義, 如世間中勝上之人名爲大人, 涅槃如是, 諸法中勝. 故名爲大. 大義如是."크나큼의 여섯 가지 뜻을 상상常·광광廣·다다多·심심深·고고高·승승勝으로 제시했던 것이나(『열반종요』에서는 상常이 장長으로 대체된 것 이외에는 동일하다) 몇몇 문장이 동일한 것 등의 유사점이 발견된다.

126 『열반경』 원문에 따라 '卽' 뒤에 '眞'을 첨가한다.

'현상에 따른 사라짐'(事滅)과 '[본래부터의] 도리에 따른 사라짐'(理滅)과 '능력에 따른 사라짐'(德滅)과 '가려냄에 따른 사라짐'(擇滅)이다.

'현상에 따른 사라짐'(事滅)이라고 말한 것은 '[있던 것이] 없음으로 되돌아간다'(還無)는 것을 뜻으로 하니, [없음(無)으로 되돌아간다는] 뜻은 '[중생에] 응하여 [갖가지 모습으로] 나타나는 부처 몸'(應化身)[127]에 의거하여 [그 몸에 의지하던] '바른 지혜[의 작용]'(正智)도 없어지기 때문에 [열반을] 사라짐(滅)이라고 부른다. 『법화경』에서 "부처님이 오늘 밤 [중야中夜에] 마치 땔나무가 다 [타서] 없어져 불이 사라지는 것과 같이 '사라져 건너가셨다'(滅度)"[128]라고 말한 것과 같다. 이와 같이 '현상에 따른 사라짐'(事滅)은 몸(體)에 의거하여 명칭을 세운 것이다.

'[본래부터의] 도리에 따른 사라짐'(理滅)이라고 말한 것은 [본래부터] 고요하다(寂漠)는 것을 뜻으로 하니, [열반은] 본래부터 [근본무지에 따른] '움직임도 없고 일어남도 없는 것'(無動無起)을 일컫는 것이므로 [열반을] 사라짐(滅)이라고 부른다. 『대반야경』에서 "모든 것은 생겨나지도 않고 사라지지도 않아서 '본래부터 [분별로 인한 왜곡과 동요가 없이] 고요한 본연으로서의 열반'(本來寂靜自性涅槃)인 것이다"[129]라고 말한 것과 같다. 이

---

127 '응화신應化身' 개념의 이해를 위해 참고할 만한 것으로 보이는 『대승기신론大乘起信論』에서의 설명은 다음과 같다. "此用有二種, 云何爲二? 一者依分別事識, 凡夫二乘心所見者, 名爲應身. 以不知轉識現故, 見從外來, 取色分齊, 不能盡知故. 二者依於業識, 謂諸菩薩從初發意乃至菩薩究竟地心所見者, 名爲報身."(T32, p.579b20~25.) 여기에 따르면 보신報身은 보살의 마음에서 보이는 부처 몸으로서 8식 차원인 '[근본무지에 따라 처음] 움직이는 식'(業識)에 의거한 것인 데 비해, 보신報身보다 낮은 단계를 가리키는 응신應身의 개념은 범부와 이승의 마음에서 보이는 부처 몸으로서 6식 차원인 '[허깨비처럼 나타난] 현상을 분별하는 식'(分別事識)에 의거한 것이다.

128 『법화경』 권1(T9, p.5a21). "佛此夜滅度, 如薪盡火滅." 〈산스크리트어본의 해당 내용. SP 26.07: tām eva rātriṃ tada yāmi madhyame parinirvṛto hetukśaye va dīpaḥ | 바로 그 날 밤 중야(中夜 madhyame yāmi)에, 마치 [태울 수 있는] 원인이 다한 등燈처럼 반열반하셨다.〉

129 『대반야바라밀다경大般若波羅蜜多經』 권394(T6, p.1038b11~12). "無生故無滅, 是故

와 같이 '[본래부터의] 도리에 따른 사라짐'(理滅)은 [본래 열반임을 알리는] '온전한 음성'(全音)[130]에 의거하여 [명칭을 세운 것이다].

'능력에 따른 사라짐'(德滅)이라고 말한 것은 '[능력으로써] 완전히 떠난다'(永離)는 것을 뜻으로 하는데, [열반은] 모든 능력(功德)으로 '실체 관념'(相)에서도 벗어나고 '본질 관념'(性)에서도 벗어나는 것을 일컫는 것이니, '불변의 독자적 본질'(自性)[이 있다는 생각을] 고수하지 않아 서로가 '한 맛'[처럼 통하기] 때문에 [열반을] 사라짐(滅)이라고 부른다. [『열반경』의] 다음 글에서 "[불佛·법法·승僧 삼보三寶에 귀의하여 얻는][131] 안락함의 [능력(功德)]을 누리는 것이 바로 참된 해탈解脫이고, 참된 해탈解脫이 바로 여래如來이며, 여래如來가 곧 열반涅槃이다"[132] 등이라고 자세히 말한 것과 같다. 이와 같이 '능력에 따른 사라짐'(德滅)은 [열반의 능력이 지니는] 뜻에 따라 명칭을 얻은 것이다.

'가려냄에 따른 사라짐'(擇滅)이라고 말한 것은 '[부처님 지혜로 번뇌를] 끊어 없앤다'(斷除)는 것을 뜻으로 하니, '부처님의 지혜'(佛智)는 모든

諸法本來寂靜自性涅槃, 若佛出世若不出世法相常爾." 이외에 유사한 경문은 다음과 같다. 『입능가경入楞伽經』 권5(T16, p.544a1~3). "復次. 大慧! 一切諸法不生不滅. 自性本來入於涅槃, 三乘一乘五法心諸法體等同.〈산스크리트어의 해당 내용. LAS[T] 213.07-10: [punar aparaṃ mahāmate] aniruddhā anutpannāḥ prakṛtiparinirvṛtās [triyānam ekayānaṃ* ca cittaṃ svabhāvādiṣu** yathārutārthābhiniveśaṃ pratītyābhiniveśataḥ samāropāpavādadṛṣṭipatito bhavati]] 마하마띠여! 게다가 "모든 다르마는 소멸하지 않고 생기지 않고 본질적으로 반열반이다[라는 언어표현]과 '삼승, 일승, 마음, 자성' 등[의 단어]에 대하여 글자 그대로의(yathāruta) 의미에 집착함을 기반으로 하여 집착하기 때문에, 그는 증익견과 손감견에 빠지게 된다.〉 *triyāna-m-ekayānaṃ **svabhāva ādiṣu로 교정해야 하지만, 본문에는 편집자의 편집을 그대로 실음.

130 '전음소음'은 앞서 나왔던 "隨其類音, 普告衆生"에서 '그 [각 중생]들대로의 음성'(類音)에 대칭되는 용어로 보인다.

131 『열반경』 원문 내용에 따라 보조문을 만들었다.

132 『열반경』 권5(T12, p.636a11~15). "怖畏四魔惡獵師故受三歸依, 三歸依故則得安樂. 受安樂者即真解脫, 真解脫者即是如來, 如來者即是涅槃, 涅槃者即是無盡, 無盡者即是佛性, 佛性者即是決定, 決定者即是阿耨多羅三藐三菩提."

번뇌를 끊을 수 있기 때문에 [열반을] 사라짐(滅)이라고 부른다.

若依是義, 涅槃非滅, 而受名者, 略有三義. 一者, 從處得名. 謂佛窮
到無住之原, 是處能斷一切煩惱, 斷煩惱處故, 名爲滅. 如經言, "涅槃亦
爾, 無有住處, 宜[133]是諸佛斷煩惱處故, 名涅槃." 二者, 從因受名. 謂智
滅或,[134] 能顯於理, 理顯是果, 智滅爲因, 從因立名, 名理[135]爲滅. 如此
經言, "煩惱爲薪, 智惠[136]爲火, 以是因緣成涅槃食, 令我[137]諸弟子皆悉
甘嗜." 三者, 從果受名. 謂智依理, 能滅煩惱, 理爲滅因, 智是滅果, 從
果立名, 名理[138]爲滅. 如『佛性論』云, "道依涅槃, 能使煩惱未來不生, 現
在不[139]滅, 因中說果故, 名涅槃爲無生滅." 滅義如是.

(H1, p.527b4~17: T38, p.241b11~22)

[사라짐(滅)의 네 가지 뜻인] 이 [사멸事滅·이멸理滅·덕멸德滅·택멸擇滅의]
뜻에 따르면 열반涅槃은 [모든 것이 없어지는] 사라짐(滅)이 아니지만, [열반
涅槃의 번역어로 사라짐(滅)이라는] 명칭을 얻은 것에는 대략 세 가지 뜻이
있다.

첫 번째는 [부처님이 도달한] 경지(處)에 따라 [사라짐(滅)의] 명칭을 얻은
것이다. 부처님은 '머물러 집착하지 않는 근원'(無住之原)에 끝까지 도
달하였고, 이 경지는 모든 번뇌를 끊을 수 있으니, 번뇌를 끊은 경지이

---

133 『열반경』 원문에 따라 '宜'는 '直'으로 교정한다.

134 문맥에 따라 '或'은 '惑'으로 교정한다.

135 문맥에 따라 '名理'는 '故名'으로 교정한다. 지금 '종처득명從處得名' 이하의 문단에
   서뿐 아니라 앞 문단인 사멸事滅·이멸理滅·덕멸德滅·택멸擇滅 이하의 문단에
   서도 '고명위멸故名爲滅'의 형식이 반복되어 왔기 때문이다.

136 『열반경』 원문에 따라 '惠'를 '慧'로 교정한다.

137 『열반경』 원문에 따라 '我'를 삭제한다.

138 여기서도 '名理'는 '故名'으로 교정한다.

139 『불성론』 원문에 따라 '不'을 '者'로 교정한다.

기 때문에 [열반涅槃을] 사라짐(滅)이라고 부르는 것이다. 『열반경』에서 "열반도 그러하여 '머물러 [집착하는] 곳'(住處)이 있지 않으니, 바로 모든 부처님이 번뇌를 끊은 경지(處)이기 때문에 열반涅槃이라고 부른다"[140]라고 말한 것과 같다.

두 번째는 [번뇌(惑)를 사라지게 하는 지혜(智)라는] 원인(因)에 따라 [사라짐(滅)이라는] 명칭을 얻은 것이다. 지혜(智)가 번뇌(惑)를 사라지게 하면 ''참 그대로'(眞如)의] 진리'(理)를 드러나게 할 수 있어, ''참 그대로'(眞如)의] 진리가 드러난 것'(理顯)은 결과(果)이고 '지혜가 [번뇌를] 사라지게 한 것'(智滅)은 원인(因)이 되니, [번뇌를 사라지게 하는 지혜(智)'라는] 원인(因)에 따라 ['사라짐(滅)'이라는] 명칭을 세우기 때문에 [열반涅槃을] 사라짐(滅)이라고 부르는 것이다. 이 『열반경』에서 "번뇌는 땔감이고 지혜는 불(火)이니, 이러한 '원인과 조건'(因緣)을 가지고 '열반이라는 밥'(涅槃食)을 지어서 [부처님의] 모든 제자들이 다함께 맛있게 즐기도록 한다"[141]라고 말한 것과 같다.

세 번째는 [번뇌를 사라지게 하는 지혜(智)라는] 결과(果)에 따라 [사라짐(滅)이라는] 명칭을 얻은 것이다. 지혜(智)는 ''참 그대로'(眞如)의] 진리'(理)에 의거하여 번뇌를 사라지게 할 수 있어, ''참 그대로'(眞如)의] 진리'(理)는 [번뇌를] 사라지게 하는 원인'(滅因)이 되고 지혜(智)는 [진리(理)에 의해] '[번뇌가] 사라진 결과'(滅果)이니, 결과(果)에 따라 명칭을 세우기 때문에 [열반涅槃을] 사라짐(滅)이라고 부르는 것이다. 『불성론佛性論』에서 "진리(道)는 열반에 의거하여 번뇌가 미래에 생겨나지 않게 하고 지금 있는 [번뇌를] 사라지게 할 수 있으니, [열반이라는] 원인(因) 안에서 [진리(道)라는] 결과

---

140 『열반경』 권23(T12, p.757b13~14). "善男子, 涅槃之體亦復如是, 無有住處, 直是諸佛斷煩惱處故, 名涅槃."

141 『열반경』 권4(T12, p.625c9~11). "所謂無常無我無樂, 煩惱爲薪, 智慧爲火. 以是因緣成涅槃食, 謂常樂我, 令諸弟子悉皆甘嗜."

(果)를 말한 것이기 때문에 열반을 '생겨남도 없고 사라짐도 없음'(無生滅)이라고 부른다"[142]라고 말한 것과 같다. 사라짐(滅)의 뜻은 이와 같다.

> 所言度者, 略有二義, 謂究竟義及到岸義. 到岸義者, 顯顯[143]斷義. 煩惱滅者, 明非常義, 煩惱離滅, 衆生得度, 非常非斷故, 名滅度. 究竟義者, 滅德究竟故, 名滅度. 度義如是.
>
> (H1, p.527b17~22: T38, p.241b22~26)

다) 건너감의 뜻(度義)

[열반을] '건너감'(度)이라고 말한 것에는 대략 두 가지 뜻이 있으니, '궁극적이라는 뜻'(究竟義)과 [저쪽] 언덕에 도달한다는 뜻'(到岸義)을 일컫는다.

'[저쪽] 언덕에 도달한다는 뜻'(到岸義)은 [번뇌를] 끊는다는 뜻'(斷義)을 드러낸 것이다. 번뇌가 '사라진다'(滅)는 것은 [번뇌가] '불변의 것이 아니다'(非常)라는 뜻을 드러내지만, '번뇌에서 떠났다'(煩惱離)는 [생각도] 사라져야 중생을 [열반으로] 건너가게 할 수 있으니, [이처럼 열반의 경지에서는 번뇌가] '불변의 것도 아니고 [아예] 없는 것도 아니기'(非常非斷) 때문에 '[번뇌의] 사라짐과 [열반의 언덕으로] 건너감'(滅度)이라고 부른다.

'궁극적이라는 뜻'(究竟義)은, [열반이] '[번뇌를] 사라지게 하는 능력의 궁극'(滅德究竟)이기 때문에[144] '[번뇌의] 사라짐과 [열반의 언덕으로] 건너

---

142 『불성론佛性論』 권3(T31, p.805a26~29). "外曰, 若不取無生爲涅槃者, 云何佛說無生滅盡爲涅槃耶? 答曰, 道依涅槃, 能使煩惱未來不生, 現在者滅, 因中說果故, 名涅槃爲無生滅盡."

143 '顯顯'은 중복되므로 한 글자를 삭제한다.

144 앞 '도안到岸' 단락의 문맥에 따라 이해해 보자면 번뇌를 사라지게 하는 능력의 궁극은 번뇌의 불상不常뿐 아니라 부단不斷까지 터득한 상태이고, 이것이 건너감

감'(滅度)이라고 부른다. 건너감(度)의 뜻은 이와 같다.

問. 若斷煩惱非涅槃者, 何故「德王菩薩品」云, "不見佛性而斷煩惱, 是名涅槃.[145] 大涅槃, 以見佛性故, 得名爲常樂我淨. 故斷煩惱亦得稱爲大般涅槃." 若斷煩惱稱涅槃者, 何故彼品下文說言, "斷煩惱者不名涅槃, 不[146]煩惱乃名涅槃. 善男子, 諸佛如來煩惱不起, 是名涅槃."

(H1, p.527b22~c4: T38, p.241b26~c3)

묻는다. 만약 번뇌를 끊어 [완전히 없애는 것이] 열반이 아니라면 왜 『열반경』「덕왕보살품」에서 [다음과 같이] 말하는가? "'부처 [본연의] 면모'(佛性)를 보지 못하면서 번뇌를 끊는 것은 열반涅槃이라 부르지만 [완전한 열반](大涅槃)은 아니다.][147] …[148] '완전한 열반'(大涅槃)이라는 것은 [번뇌를 끊을 뿐 아니라] '부처 [본연의] 면모'(佛性)를 보기 때문에 '늘 [본연에] 머무름'(常) · 안락함(樂) · '참된 자기'(我) · 온전함(淨)[149][이라는 '네 가지 능력'(四德)을 제대로 갖추었다][150]고 부를 수 있다. 그러므로 [이럴 때는] 번뇌를 끊은

(度)의 궁극적 의미라고 말하는 것으로 보인다. 멸滅이 비유非有의 지평이라면 도度는 비무非無의 지평이라고도 말할 수 있을 것이다.

145 원문은 "不見佛性而斷煩惱, 是名涅槃非大涅槃."이다. '非大涅槃'이 빠져 있다.

146 『열반경』 원문에 따라 '不' 뒤에 '生'을 삽입한다. 가운도 동일.

147 원문에 있지만 빠져 있는 '非大涅槃'을 번역해 추가한 것이다.

148 원문의 "以不見佛性故, 無常無我唯有樂淨. 以是義故, 雖斷煩惱, 不得名爲大般涅槃也. 若見佛性能斷煩惱, 是則名爲大般涅槃."이 생략되어 있다.

149 상락아정常樂我淨: 『열반경』은 '무상無常 · 고苦 · 무아無我 · 부정不淨'에 대비되는 '상常 · 낙樂 · 아我 · 정淨'이라는 개념을 부각시켜 열반 지평의 긍정적 내용을 긍정용어로 기술하고 있다. 이것을 '열반이 지니는 네 가지 능력'(涅槃四德)이라 부른다.

150 『열반경』 인용문에서 중략된 내용("以不見佛性故, 無常無我唯有樂淨. 以是義故, 雖斷煩惱, 不得名爲大般涅槃也.")에 따르면 번뇌를 끊기만 한 것은 열반의 사덕四德 중에 낙樂과 정淨만을 갖춘 것일 뿐 불성을 보지 못하기 때문에 여전히 무상無常

것 또한 '완전한 열반'(大般涅槃)이라고 부를 수 있다."¹⁵¹

[또] 만약 번뇌를 끊은 것을 열반이라고 부른다면 왜 저「덕왕보살품」의 아래 글에서 [다음과 같이] 말하는가? "번뇌를 끊은 것만으로는 열반이라고 부르지 못하고, 번뇌를 일으키지 않아야 열반이라고 부른다. 훌륭한 이여, 모든 부처님과 여래는 번뇌를 일으키지 않으니, 이것을 열반이라고 부른다."¹⁵²

解云. 前所引文爲簡涅槃大涅槃異. 故擧二斷以顯斷處, 非約能斷名爲涅槃. 後所引文爲簡諸佛與菩薩異. 菩薩斷處猶有餘惑故, 不得受涅槃之名, 諸佛斷處畢竟不生, 所以得立涅槃之稱. 是答德王菩薩難意, 彼前難言, "若言煩惱滅之¹⁵³處是涅槃者, 諸菩薩等於無量劫已斷煩惱, 何故不得稱爲涅槃? 俱是斷處, 何緣獨稱諸佛有之, 菩薩無耶?"爲答是難故, 依斷與不生簡別. 通¹⁵⁴而言之, 菩薩亦不生, 諸佛亦是斷. 別門而言, 斷除之稱遣於已生, 之¹⁵⁵辭遮於未起. 遣已生者望前之義, 義在不足. 故說菩薩. 遮未起者望後之義, 義在究竟. 故說諸佛. 依是道理, 精別而言, 斷煩

과 무아無我의 상태이어서 열반涅槃이라 부를 수 있을 뿐 대반열반大般涅槃이라 부를 수는 없다고 한다.

151 『열반경』권23(T12, p.758c11~18). "善男子, 有名涅槃非大涅槃. 云何涅槃非大涅槃? 不見佛性而斷煩惱, 是名涅槃非大涅槃. 以不見佛性故, 無常無我唯有樂淨. 以是義故, 雖斷煩惱, 不得名爲大般涅槃也. 若見佛性能斷煩惱, 是則名爲大般涅槃, 以見佛性故, 得名爲常樂我淨, 以是義故, 斷除煩惱亦得稱爲大般涅槃."

152 『열반경』권23(T12, pp.758c27~759a1). "善男子, 斷煩惱者不名涅槃, 不生煩惱乃名涅槃. 善男子, 諸佛如來煩惱不起, 是名涅槃."

153 『열반경』원문에 따라 '滅之'는 '斷'으로 교정한다. 가은도 동일.

154 '通'은 '通門'이라 해야 뒷 문장(別門而言)과 부합된다. '門'이 빠진 것으로 보인다.

155 문맥에 따라 '之' 앞에 '不生'을 삽입해야 할 듯하다. 앞 문장의 "依斷與不生簡別"에 직결되는 대목이므로 '斷除之稱'에 대응하는 주어로는 '不生之辭'가 되는 것이 자연스러울 것으로 보인다. 가은도 동일.

惱者不名涅槃, 不生煩惱乃名涅槃. 以是義故, 不相違也. 名義門竟.

(H1, p.527c4~21: T38, p.241c3~c18)

[의문에 대해] 해설하겠다. 앞의 인용문은 열반涅槃과 '완전한 열반'(大涅槃)의 차이를 구별하려 한 것이다. 그러므로 '[〈'안락함이 없음'(無樂)과 '온전함이 없음'(無淨)의 번뇌〉와 〈'늘 머무름'(無常)과 '참된 자기가 없음'(無我)의 번뇌〉, 이] 두 가지 [번뇌를] 끊는 것'(二斷)156에 의거하여 [열반과 대열반의] '끊는 경지'(斷處)[의 차이]를 드러내어, '[번뇌를] 끊는 주체'(能斷)[인 부처님]에 의거하여157 열반涅槃이라고 부르는 것이 아니라는 것[을 밝혔]다.

뒤의 인용문은 모든 부처님과 보살의 차이를 구별하려 한 것이다. 보살이 [번뇌를] '끊은 경지'(斷處)에서는 여전히 남은 번뇌(惑)가 있기 때문에 열반涅槃이라는 명칭을 얻을 수 없지만, 모든 부처님이 [번뇌를] 끊은 경지에는 끝까지 [번뇌를] 일으키지 않으므로 열반涅槃이라는 명칭을 세울 수 있다.

이 [뒤의 인용문은] 덕왕보살의 의문에 답한 것인데, 그는 앞에서 [다음과 같이] 의문을 제기하고 있다. "만약 번뇌를 끊은 경지가 열반이라고 말한다면 모든 보살들은 '헤아릴 수 없이 많은 시간'(無量劫) 동안 이미 번뇌를 끊었는데, 왜 열반이라는 명칭을 얻지 못합니까? [그리고 보살들도] 이러한 [번뇌를] 끊은 경지를 갖추었는데, 무슨 연유로 모든 부처님만

---

156 인용된 『열반경』 앞 경문의 전체 내용에 따르면, 열반 사덕涅槃四德의 반대 개념 중에 무락無樂과 무정無淨의 개념은 '번뇌를 끊는 것'(斷煩惱)의 구체적 내용이 되고, 무상無常과 무아無我의 개념은 '부처 본연의 면모를 보는 것'(見佛性)에 의해 벗어나는 번뇌의 구체적 내용이 된다.

157 번뇌를 끊는 주체인 부처님은 '단번뇌斷煩惱'와 '견불성見佛性'을 한꺼번에 이룬 자로서 이미 상락아정常樂我淨을 완성했으므로 무락無樂·무정無淨 및 무상無常·무아無我의 두 가지로 구분하는 방법을 적용할 수 없는 대상일 것으로 보인다. 다시 말해 이 구분법은 '번뇌를 끊는 경지'(斷處)의 관점에 의거할 때만 가능하다고 하겠다.

열반을 가질 뿐이지 보살은 가질 수 없다고 말합니까?"[158] [뒤의 인용문은] 이 의문에 대답하기 위해서 '[번뇌를] 끊은 것'(斷)과 '[번뇌를] 일으키지 않는 것'(不生)[의 차이]에 의거하여 구별한 것이다. ['열반'이라는 말이 보살과 부처 모두에게] '통하는 방식'(通門)으로 말하자면, 보살도 [번뇌를] '일으키지 않고' 모든 부처님도 [번뇌를] '끊는다'. [보살과 부처의 열반의 경지를] '구별하는 방식'(別門)으로 말하자면, [번뇌를] '끊어 없앤다'(斷除)는 말은 이미 생겨난 [번뇌를] 없애는 것이고, [번뇌를] '일으키지 않는다'(不生)는 말은 아직 일어나지 않은 [번뇌를] 막는 것이다. 이미 생겨난 [번뇌를] 없애는 것은 앞[에서 이미 생겨난 번뇌를 보는 뜻이라서 [뒤에 생겨날 번뇌를 포함하지 못하므로] 뜻이 부족하다. 그러므로 [이것은] 보살菩薩[의 경지]라고 말한다. 아직 일어나지 않은 [번뇌를] 막는 것은 뒤[에 일어나는 번뇌를 보는 뜻이라서 [생겨난 번뇌와 생겨나지 않은 번뇌를 모두 포괄하므로] 뜻이 '궁극적'(究竟)이다. 그러므로 [이것은] '모든 부처님'(諸佛)[의 경지]라고 말한다. 이러한 도리에 의거하여 정밀하게 구별하여 말하자면, '번뇌를 끊은 것'(斷煩惱)은 열반이라 부를 수 없고, '번뇌를 일으키지 않는 것'(不生煩惱)이라야 열반이라고 부른다. 이러한 뜻 때문에 [번뇌의 끊음과 열반의 관계에 대한 상이한 견해들은] 서로 모순되지 않는다. [열반의] '명칭과 뜻에 관한 부문'(名義門)[에 대한 설명]을 마친다.

第二出體. 於中有二, 先出體性, 後簡虛實. 出體性者, 諸說不同. 或有說者. 無垢眞如是涅槃體. 始起功德非是涅槃, 即能證智是菩提故. 如經云, "涅槃義者, 即是諸佛之法性也," 又下文言, "涅槃之體本自有之, 非適今也," 『大品經』云, "諸法性空即是涅槃," 『占密[159]經』云, "煩惱

---

158 『열반경』 권23(T12, p.757b26~29). "若言煩惱斷處是涅槃者, 諸菩薩等於無量劫已斷煩惱, 何故不得稱爲涅槃? 俱是斷處, 何緣獨稱諸佛有之, 菩薩無耶?"

159 '密'은 '察'로 교정한다.

生死畢竟無體, 求不可得, 本來不生實更不滅, 自性寂靜卽是涅槃." 如
是等文, 不可具陳. 故知眞如, 正知[160]其是涅槃. 斷滅煩惱所顯義門卽說
眞如, 名爲數滅, 數滅卽是無垢眞如.

(H1, pp.527c21~528a9: T38, p.241c18~27)

② [열반의] 본연을 드러냄(出體)

['열반 부문'(涅槃門)의] 두 번째는 '[열반의] 본연을 드러내는 것'(出體)이
다. 여기에는 두 가지가 있으니, 먼저 [열반의] '본연적 면모'(體性)를 드
러내고, 나중에 [열반의] '허망함과 진실함'(虛實)을 구별한다.

가. 열반의 본연적 면모를 드러냄(出體性)

[열반의] '본연적 면모'(體性)를 드러내는 것은 여러 주장이 [서로] 같지
않다.

어떤 사람은 [다음과 같이] 말한다; ⟨[번뇌의] 오염이 없는 참 그대로'(無
垢眞如)가 '열반의 본연'(涅槃體)이다. [열반 증득의 결과로] 비로소 생겨나
는 능력(功德)은 열반[의 본연]이 아니니, [비로소] 지혜(智)를 얻는 것은 [본
연의 것이 아니라 수행의 결과로서 생겨난] 깨달음(菩提)이기 때문이다.[161] 『열

---

160 가은 주에서는 '「知」는 「智」의 오류라 의심되므로 고친다'고 하면서 같은 책
p.241c19~21.의 "無垢眞如是涅槃體, 始起功德非是涅槃, 卽能證智是菩提."를 근거로
삼는다. 그러나 원문대로 '知'로 보는 것이 더 적절하다고 생각하여 그대로 둔다.

161 다음 문단에 나오는 또 다른 어떤 사람의 주장(或有說者)에 따르면 "果地萬德不問
本始總束, 爲一大涅槃體."라고 하여 과지果地인 만덕萬德이 열반체涅槃體라고 한
다. 이어지는 경론에 의한 증명 대목에서는 만덕의 내용 중 하나가 지혜인 보리菩
提임을 보이는 인용문들이 제시된다. 예를 들어 『법화론法華論』을 인용하여 "唯
佛如來證大菩提, 究竟滿足一切智慧名大涅槃."이라고 하는데, 불여래의 대보리大菩
提에 의해 완성되는 일체지혜一切智慧가 대열반임을 말하는 논서를 인용함으로써

반경』에서 "열반의 뜻은 바로 모든 부처님의 [본연의] '진리 면모'(法性)이
다"162라고 말하고, 또 [『열반경』의] 아래 문장에서 "'열반의 본연'(涅槃之
體)은 본래부터 스스로 있는 것이지, 지금 [비로소] 생겨난 것이 아니
다"163라고 말하며, 『대품경大品經』에서는 "'모든 것의 본연에는 [불변·독
자의] 실체가 없다'(諸法性空)는 것이 바로 열반이다"164라고 말하고, 『점
찰선악업보경占察善惡業報經』에서는 "'번뇌에 빠진 생사'(煩惱生死)에는
끝내 실체(體)가 없어서 [실체를] 추구해 보아도 얻을 수 없으니, [번뇌에
빠진 생사生死의 본연은] 본래부터 생겨나지도 않고 실제로 다시 사라지지
도 않아서 [본래] '본연이 [분별로 인한 왜곡과 동요가 없이] 고요한 것'(自性寂
靜)이 바로 열반이다"165라고 말한 것과 같다. 이와 같은 글들은 이루 다
늘어놓을 수가 없다. 그러므로 '[번뇌의 오염이 없는] 참 그대로'([無垢]眞如)
에 대해서는 그것이 열반[의 본연]이라고 바로 알아야 한다. '번뇌를 끊

만덕萬德 중 하나인 보리菩提가 열반체涅槃體임을 증명한다. 말하자면 만덕萬德
이 열반체涅槃體이고, 그 만덕의 내용 중 하나가 지혜인 보리라는 것이 다음 주장
의 요지인 데 반해, 지금 주장의 요지는 무구진여無垢眞如가 열반체이고, 만 가지
공덕功德 중 하나인 보리菩提는 열반체가 아니라는 것이다.

162 『열반경』 권3(T12, p.622a28~29). "涅槃義者, 即是諸佛之法性也."
163 『열반경』 권19(T12, p.735b13~17). "善男子, 如闇室中井種種七寶, 人亦知有闇故不
見, 有智之人善知方便, 然大明燈持往照了悉得見之, 是人於此終不生念水及七寶本無今
有. 涅槃亦爾, 本自有之, 非適今也."
164 『마하반야바라밀경摩訶般若波羅蜜經』 권26(T8, p.416a8~9). "有佛無佛, 諸法性常空, 性
空即是涅槃."〈산스크리트본의 해당 내용. PvsP VI-VIII, p. 179.06-09: sarvadharmāḥ
subhūte svabhāvena śūnyās te na śrāvakaiḥ kṛtā na pratyekabuddhaiḥ kṛtā na
bodhisattvair mahāsattvaiḥ kṛtā na tathāgataiḥ kṛtā, yā ca svabhāvaśūnyatā
tan nirvāṇam. │ 수부띠여! 모든 다르마는 자성이 공하다. 그 [자성이 공한 다르마는]
성문에 의해 만들어진 것도 아니고, 벽지불에 의해 만들어진 것도 아니고, 보살마
하살에 의해 만들어진 것도 아니고, 여래에 의해 만들어진 것도 아니다. 그리고
자성이 공한 것이 열반이다.〉
165 『점찰선악업보경占察善惡業報經』 권2(T17, p.909c17~18). "煩惱生死畢竟無體, 求
不可得, 本來不生實更無滅, 自性寂靜即是涅槃."

어 없애어 드러내는 뜻의 측면'(斷滅煩惱所顯義門)을 바로 '참 그대로[의 지평]'(眞如)[166]이라 말하고 [또한 그것을] '지혜로써 [번뇌를] 없앤 것'(數滅)[167]이라고 부르니, [이] '지혜로써 [번뇌를] 없앤 것'(數滅)이 바로 ['열반의 본연'(涅槃體)인] '[번뇌의] 오염이 없는 참 그대로'(無垢眞如)이다.〉

> 或有說者. 果地萬德不問本始總束, 爲一大涅槃體. 如此經中總說, "三事卽爲涅槃", 又下文說八自在已, 總結而言, "如是大我名大涅槃", 『法花論』云, "唯佛如來證大菩提, 究竟滿足一切智惠,[168] 名大涅槃." 『攝大乘論』云, "三身所顯無上菩提", 旣說三身皆是菩提. 當知皆爲大涅槃體.
>
> (H1, p.528a9~16: T38, pp.241c28~242a5)

[또 다른] 어떤 사람은 [다음과 같이] 말한다; 〈[열반의] 과보로서 갖추는 온갖 능력'(果地萬德)은 [그 능력들이] '본연의 것'(本)이거나 '비로소 생겨난 것'(始)이거나를 따지지 않고 모두 묶어 '하나의 완전한 열반의 본

---

166 '진여眞如'는 본 번역에서 '참 그대로'나 '사실 그대로'로 번역한다. 이때 '참'이나 '사실'이라는 용어로 지시하려는 것은 본체나 순수실재와 같은 존재론적 대상이 아니다. '차이들을 희론적으로 굴절시키지 않고 만나는 국면이나 지평', 혹은 '희론적으로 왜곡되지 않은 채 차이들이 그대로 드러나는 국면이나 지평'을 반영한 번역이다. 이 문제를 상론하려면 세밀한 철학적 논의가 필요한데, 충분한 논거들 위에서 선택한 번역이라는 점만 언급하는 선에서 그친다.

167 수멸數滅: 무위법無爲法 중 하나인 택멸擇滅(=열반)의 동의어. 먼저 수멸數滅에 대한 『아비담비바사론阿毘曇毘婆沙論』(권17)의 설명에서는 "問曰, 何等是數滅義? 答曰, 數者是慧, 滅是慧果. 故名數滅."(T28, p.122a27~28)이라고 하여 혜慧 심소心所에 의해 번뇌를 가려내어 소멸시킨 결과가 수멸數滅이라고 한다. 다음으로 택멸擇滅에 대한 『아비달마구사론阿毘達磨俱舍論』(권1)의 설명에서는 "擇謂簡擇卽慧差別, 各別簡擇四聖諦故, 擇力所得滅名爲擇滅."(T29, p.1c17~18)이라고 하여 혜차별慧差別에 의한 가려내어 선택하는 능력(揀擇力)으로 번뇌를 소멸시킨 것이 택멸擇滅이라고 한다. 수멸數滅이 택멸擇滅의 동의어임을 엿볼 수 있다. 앞에서도 "言擇滅者, 斷除爲義, 佛智能斷一切煩惱故, 名爲滅."이라고 설명한 적이 있다.

168 『법화론』 원문에 따라 '惠'는 '慧'로 교정한다.

연'(一大涅槃體)이 된다. 이 『열반경』에서 "'[불佛·법法·승僧 삼보三寶에 귀
의하는] 세 가지 일'(三事)이 바로 열반이다"[169]라면서 '[온갖 능력'(萬德)의 내
용을 삼사三事로] 총괄하여 말하고, 또 아래 글에서는 '[열반 증득의 결과로 얻
는] 여덟 가지 자유자재[의 능력]'(八自在)[170]을 말하고 나서 결론적으로 말
하기를 "[여덟 가지 자유자재의 능력을 갖춘] 이와 같은 '크나큰 자기'(大我)[171]
를 '크나큰 열반'(大涅槃)이라고 부른다"[172]라고 하며, 『법화론』에서는
"오로지 부처님이신 여래만이 '크나큰 깨달음'(大菩提)을 증득하여 '모
든 지혜'(一切智慧)를 궁극적으로 완성시킨 것을 '크나큰 열반'(大涅槃)이

---

169 『열반경』 권8(T12, p.410a22). "善男子, 我示三事即是涅槃." 여기서의 '삼사三事'는
불·법·승 삼보三寶에 대한 삼귀의三歸依를 말하는 것으로 보인다. 이 인용문의
앞 대목에서는 "爾時佛告迦葉菩薩. 善男子, 汝今不應如諸聲聞凡夫之人分別三寶, 於
此大乘無有三歸分別之相. 所以者何? 於佛性中即有法僧, 爲欲化度聲聞凡夫故, 分別說
三歸異相. 善男子, 若欲隨順世間法者, 則應分別有三歸依."(T12, pp.409c27~410a3)
라고 하여 삼보에 대한 삼귀의를 분별하는 세간의 맥락과 분별하지 않는 대승의
맥락을 구분하는 논의로부터 시작되기 때문이다.

170 팔자재八自在에 대해서는 『열반경』 권21에서 "云何名爲大自在耶? 有八自在則名爲
我. 何等爲八? 一者能示一身以爲多身, 身數大小猶如微塵, 充滿十方無量世界. …二者
示一塵身滿於三千大千世界. … 三者能以滿此三千大千世界之身, 輕擧飛空, 過於二十
恒河沙等諸佛世界, 而無障礙. … 四者以自在故而得自在. … 如來之身常住一土, 而令
他土一切悉見. … 五者根自在故. … 六者以自在故得一切法, 如來之心亦無得想. … 七
者說自在故. … 八者如來遍滿一切諸處, 猶如虛空. … 如是自在名爲大我, 如是大我名
大涅槃. 以是義故, 名大涅槃."(T12, p.746c1~ 747a6)이라고 하여 ① 여래의 한 몸
이 티끌 같이 많은 몸으로 나타남, ② 한 티끌의 몸이 삼천대천세계를 가득 채움,
③ 삼천대천세계에 가득한 몸이 깃털처럼 가벼워 장애가 없음, ④ 한 국토에 머물
면서도 다른 국토를 다 봄, ⑤ 감각기관의 자유로움, ⑥ 모든 것을 얻으면서도 얻
는다는 생각이 없음, ⑦ 연설의 자유로움, ⑧ 모든 곳에 편재함이라고 설명하며,
이 8자재를 갖춘 것을 대아大我라고 부르는 것으로 보인다.

171 『열반경』에서 말하는 '열반이 지니는 네 가지 능력'(涅槃四德)인 상락아정常樂我
淨 가운데의 '我'는 '자기'라고 번역한다. 무지의 산물인 '불변·독자의 실체적 자
아'와 구별되는 의미라는 점을 반영하였다.

172 『열반경』 권23(T12, p.747a5~6). "如是大我名大涅槃."

라고 부른다"¹⁷³라고 말하는 것과 같다. [또] 『섭대승론』에서는 "[법신法身·보신報身·응신應身의] 세 가지 부처 몸'(三身)에서 드러나는 '가장 높은 깨달음'(無上菩提)"¹⁷⁴이라고 하였으니, [『섭대승론』에서] 이미 말했던 '[법신法身·보신報身·응신應身의] 세 가지 부처 몸'(三身)은 모두 ['온갖 능력'(萬德) 중 하나인] 깨달음(菩提)이다. [불佛·법法·승僧 삼보三寶에 귀의하는 '세 가지 일'(三事)과 8가지 자유자재의 능력을 갖춘 '크나큰 자기'(大我)와 궁극적으로 완성시킨 '모든 지혜'(一切智慧)와 세 가지 부처 몸에서 드러나는 '가장 높은 깨달음'(無上菩提) 등의] 모든 [능력(功德)들]이 '크나큰 열반의 본연'(大涅槃體)이라는 것을 알아야 한다.〉

如是二說皆有道理. 所以然者, 涅槃菩提有通別. 別門而說, 菩提是果, 在能證德, 道諦所攝. 涅槃果之,¹⁷⁵ 是所證法, 滅諦所攝. 通門而言, 果地道諦亦是涅槃, 所證眞如亦是菩提. 例如生死, 有通有別. 別而言之, 內根始終, 名爲生死, 如經言, "生者新諸根起, 死者諸根滅盡." 通而論之, 諸雜染法皆是生死. 如經言, "空者一切生死," 廣說乃至, "無我一切生死." 對此生死以說涅槃故, 知涅槃亦有通別.

(H1-528a16~b2: T38-242a5~13)

이와 같이 [〈'번뇌의 오염이 없는 참 그대로'(無垢眞如)가 '열반의 본연'(涅槃體)〉이라는 것과 〈'과보로서 갖추는 온갖 능력'(果地萬德)이 '열반의 본연'(涅槃體)〉이라는 이] 두 가지 주장에는 모두 일리가 있다. 왜냐하면 [무구진여無垢眞

---

173 바수반두婆藪般豆, 『묘법연화경론우바제사妙法蓮華經論優波提舍』 권2(T26, p.7b27~28). "唯有如來證大菩提, 究竟滿足一切智慧, 名大涅槃."

174 세친世親, 『섭대승론석』 권9(T31, p.216b27~28). "無等者, 謂三身所顯無上菩提."

175 '涅槃果之'는 '涅槃之果'의 오기로 보인다. 아래 글에서는 '涅槃之果'로 나타난다; "涅槃之果, 眞如爲體, 爲虛爲實, 爲空不空?"(H1, p.528b: T38, p.242a)

如인] 열반涅槃과 [만덕萬德 중 하나인] 깨달음(菩提)에는 '[서로] 통하는 측면과 [각각] 구별되는 측면'(通別)이 있기 때문이다. '[각각] 구별되는 측면'(別門)에서 말하자면, 깨달음(菩提)은 과보[인 만덕萬德 중 하나]이지만 [열반을] 증득할 수 있는 능력이기도 하여 [열반을 증득하게 하는 원인으로서] '괴로움의 소멸로 나아가는 길에 관한 진리'(道諦)에 속한다. [이에 비해] 열반이라는 과보는 '증득의 대상'(所證法)으로서 [수행 결과로서의] '괴로움의 소멸에 관한 진리'(滅諦)에 속한다. '[서로] 통하는 측면'(通門)에서 말하자면, 〈[수행의] 결과인 '괴로움의 소멸로 나아가는 길에 관한 진리'(道諦)〉(果地道諦)[에 해당하는 깨달음(菩提)]이 ['번뇌의 오염이 없는 참 그대로'(無垢眞如)인] 열반이기도 하고, 〈증득한 '참 그대로'〉(所證眞如)[에 해당하는 열반]이 깨달음(菩提)이기도 하다.

예컨대 '태어나고 죽는 것'(生死)에 '[서로] 통하는 측면과 [각각] 구별되는 측면'(通別)이 있는 것과 같다. '[각각] 구별되는 측면'(別)에서 말하자면 '내부의 감각기관'(內根)이 시작되고 끝나는 것을 [각각] '태어남'(生)과 '죽음'(死)이라고 하니, 『승만경勝鬘經』에서 "태어나는 것은 새롭게 모든 감각기관이 생겨나는 것이고, 죽는 것은 모든 감각기관이 다 사라지는 것이다"[176]라고 말한 것과 같다. '[서로] 통하는 측면'(通)에서 논하자면

---

[176] 『승만사자후일승대방편방광경勝鬘師子吼一乘大方便方廣經』 권1(T12, p.222b9~10). "死者諸根壞, 生者新諸根起." 『승만경勝鬘經』 원문과 차이가 있으나 내용상 차이가 없으므로 『열반종요』 본문 교정은 하지 않아도 될 듯하다. 〈산스크리트본의 해당 내용. 이 경문은 『보성론寶性論』(T.31, p.833b20~21)에 인용되어 범본 확인 가능. RGV 45,20-46,4: loka-vyavahāra eṣa bhagavan mṛta iti vā jāta iti vā/ mṛta iti bhagavann indriyoparodha eṣaḥ/ jāta iti bhagavan navānām indriyāṇāṃ prādurbhāva eṣaḥ/ na punar bhagavaṃs tathāgata-garbho jāyate vā jīryati vā mriyate vā cyavate votpadyate vā/ tat kasmād dhetoḥ/ saṃskṛta-lakṣaṇa-viṣaya-vyativṛtto bhagavaṃs tathāgata-garbho nityo dhruvaḥ śivaḥ śāśvata iti/ | 세존이시여! 이 죽음과 탄생이란 세간의 언어용법입니다. 세존이시여! 죽음이란 감관의 파괴입니다. 세존이시여! 탄생이란 새로운 감관의 발생입니

모든 '[번뇌에 의해] 오염된 것'(雜染法)은 다 '태어나고 죽는 것'(生死)이니, 『열반경』에서 "'허망한 것'(空者)[177]은 모두가 '태어나고 죽는 것'(生死)이다" 등으로 자세히 말하고, 이어서 "'[참된] 자기가 없는 것'(無我)[178]은 모두가 '태어나고 죽는 것'(生死)이다"[179]라고 말한 것과 같다. 이렇게 [통별通別의 두 측면을 갖는] '태어나고 죽는 것'(生死)에 대비시켜 열반涅槃을 말하는 것이기 때문에 열반涅槃에도 [깨달음(菩提)과] '[서로] 통하는 측면과 [각각] 구별되는 측면'(通別)이 있다는 것을 알 수 있다.

問. 若始有功德亦是涅槃, 是[180]是卽涅槃亦有生因. 若爾何故「迦葉品」云, "三十七解脫門三十七品能爲涅槃, 作生因作生因,[181] 亦爲涅槃而作了因. 善男子, 遠離煩惱, 卽[182]得了了見於涅槃, 是故涅槃唯有了因, 無有生因."上下諸文之中, 皆說唯有了因, 未曾言亦有生因. 答. 始有功德雖是涅槃, 涅槃之義存於寂滅, 寂滅之德合於所了, 是故說言"唯有了

다. 세존이시여! 여래장은 결코 태어나지도 않고 늙지도 않으며 죽지도 않고 떠나지도 않으며 생겨나지도 않습니다. 그 이유는 무엇입니까? 세존이시여! 유위를 특징으로 가진 대상을 초월해 있는 여래장은 상주하며 항구적이며 적정하고 영원합니다.)

177 『열반경』 원문의 맥락에서 보면, 이때의 '空'은 '실체 없음'을 지시하는 것이 아니라 '진실한 것이 없어 허망함'을 의미한다.

178 『열반경』 원문의 맥락에서 보면, 이때의 '無我'는 '불변의 실체적 자아가 없음'을 지시하는 것이 아니라 '불변자아의 허구가 사라진 참된 자기가 없음'을 의미한다.

179 『열반경』 권25(T12, p.767c21~23). "空者一切生死, 不空者謂大涅槃, 乃至無我者卽是生死, 我者謂大涅槃."

180 '是'는 삭제한다. 한불전 교감주에서도 동일.

181 "三十七解脫門三十七品能爲涅槃作生因作生因."의 문장은 『열반경』 원문과 다르고, 내용상으로도 문맥이 통하지 않으므로 『열반경』 원문에 따라 "三解脫門三十七品能爲一切煩惱, 作不生生因."으로 교정한다. 자세히 말하자면 '三十七解脫門'은 '三解脫門'으로, '爲涅槃'은 '爲一切煩惱'로, 맨 마지막의 '作生因作生因'은 '作不生生因'으로 교정한다.

182 『열반경』 원문에 따라 '卽'은 '則'으로 교정한다.

因."如說菩提生因所生, 而亦有說了因所了. 即是義准, 當知涅槃了因
所顯, 而亦得言生因所起. 由是道理故, 不相違也. 體相如是.

(H1, p.528b2~14: T38, p.242a13~24)

묻는다. 만약 '[깨달음(菩提)처럼] 비로소 있게 되는 능력'(始有功德)도 열
반이라면, 열반에도 '[열반을] 생기게 하는 원인'(生因)이 있다는 것이 된
다. 만약 그렇다면 『열반경』 「가섭품迦葉品」에서는 왜 [다음과 같이] 말하
는가? "'[공해탈문空解脫門·무상해탈문無相解脫門·무원해탈문無願解脫門의] 세
가지 해탈의 길'(三解脫門)과 '[사념처四念處·사정근四正勤·사신족四神足·
오근五根·오력五力·칠각지七覺支·팔성도八聖道의] 서른일곱 가지 [해탈에 이
르는] 방법'(三十七品)[183]은, 모든 번뇌에 대해서는 '[번뇌를] 생겨나게 하는
원인'(生因)을 생겨나지 않게 하고, 또한 열반에 대해서는 '[열반을] 드러
내는 원인'(了因)[184]이 된다. 훌륭한 이여, 번뇌를 멀리 떠나면 열반을 깨

---

183 삼해탈문三解脫門과 삼십칠품三十七品의 내용에 대한 『대반야경大般若經』 권3에
서의 기술은 다음과 같다. "復次舍利子, 諸菩薩摩訶薩安住般若波羅蜜多, 以無所得而
爲方便, 應圓滿四念住四正斷四神足五根五力七等覺支八聖道支, 是三十七菩提分法不
可得故, 諸菩薩摩訶薩安住般若波羅蜜多. 以無所得而爲方便, 應圓滿空解脫門, 無相解
脫門, 無願解脫門, 三解脫門不可得故."(T5, pp.11c29~12a6.)

184 『열반경』 권26의 "善男子, 因有二種, 一者生因, 二者了因. 能生法者是名生因, 燈能了
物故名了因, 煩惱諸結是名生因, 衆生父母是名了因. 如穀子等是名生因, 地水糞等是名
了因."(T12, p.774c23~27)이라는 구절을 참고할 때, '了因'은 '어떤 현상의 발생을
완성시키는 데 필요한 원인'이라는 뜻을 담기 위한 용어로 보인다. 이러한 생인生
因과 요인了因이라는 개념이 열반과 관련해서는 '생인生因은 없고 요인了因만이
있다'는 관점이 되며, 또한 이른바 정인불성正因佛性·요인불성了因佛性·연인불
성緣因佛性의 삼종불성론三種佛性論으로도 발전해 가는 것으로 보인다. 지의智顗
의 『금강명경현의金光明經玄義』 권1에서는 "云何三佛性? 佛名爲覺, 性名不改, 不改
卽是非常非無常, 如土內金藏. 天魔外道所不能壞, 名正因佛性. 了因佛性者, 覺智非常
非無常, 智與理相應, 如人善知金藏. 此智不可破壞, 名了因佛性. 緣因佛性者, 一切非
常非無常功德善根資助覺智, 開顯正性, 如耘除草穢掘出金藏, 名緣因佛性. 當知三佛性
一一皆常樂我淨."(T39, p.4a2~10)이라고 하여 정인불성正因佛性은 각성覺性 그 자

달아 볼 수 있으니, 그러므로 열반에는 오로지 '[열반을] 드러내는 원인'(了因)만 있지 '[열반을] 생기게 하는 원인'(生因)은 있지 않다."[185] [『열반경』의 이 구절] 앞뒤의 모든 글에서 한결같이 〈오로지 '[열반을] 드러내는 원인'(了因)만 있다〉고 말하지 〈[열반을] 생기게 하는 원인'(生因)도 있다〉고 말한 적은 없다.

답한다. '[깨달음(菩提)처럼] 비로소 있게 되는 능력'(始有功德)이 비록 열반이라고 할지라도, 열반 [본래의] 뜻은 '[번뇌로 인한 왜곡과 동요가] 그친 것'(寂滅)에 있고 '[번뇌로 인한 왜곡과 동요를] 그치게 하는 능력'(寂滅之德)은 '드러내는 것'(所了)에 해당하는 것이니, 그러므로 〈오로지 '[열반을]

체이고, 요인불성了因佛性은 각지覺智로서 사람이 황금을 잘 알아보듯이 지혜가 불성의 이치에 상응하는 것이며, 연인불성緣因佛性은 지혜로 인한 공덕선근功德善根으로서 잡풀더미를 헤치고 황금을 캐듯이 정성正性인 불성을 드러내는 것이라고 한다.

185 『열반경』권33(T12, p.827b2~6) "善男子, 三解脫門三十七品能爲一切煩惱, 作不生生因, 亦爲涅槃而作了因. 善男子, 遠離煩惱, 則得了了見於涅槃, 是故涅槃唯有了因, 無有生因." 이 인용문에서는 삼해탈문 및 삼십칠보리분법과 같은 수행 방편은 번뇌를 일으키지 않는 원인일 뿐 열반을 일으키는 원인이라고는 할 수 없고, 이 수행 방편들과 열반의 관계는 단지 요인了因의 개념을 통해서 설명될 뿐이라고 말한다. 열반 증득의 과보인 깨달음(菩提)이 열반의 개념 범주에 포함된다는 주장을 비판하고자 이 문장을 인용하는 질문자의 의도는 대체로 다음과 같은 것으로 보인다. 열반을 일으키는 원인은 될 수 없는 삼해탈 및 삼십칠품과 같은 깨달음을 위한 수행 방편이 깨달음(菩提)을 일으키는 원인은 되기 때문에 깨달음이 열반에 포함된다면 그 수행 방편들이 열반의 생인生因이 된다고 말할 수 있겠지만, 그 수행 방편들은 요인了因일 뿐 생인生因일 수 없다는 『열반경』의 경증에 따라 깨달음은 열반의 범주에 포함되지 않음을 알 수 있다는 관점인 듯하다. 다음 단락의 대답에서는 "涅槃之義存於寂滅"이라고 하여 열반이 번뇌의 적멸寂滅이라는 점을 지적하고 이어지는 논의에서 열반도 "生因所起"라고 하여 생인生因인 수행 방편들과 열반의 관계를 정당화하고자 하는데, 지금의 인용문에서 적어도 깨달음을 위한 수행 방편들이 번뇌를 생기지 않게 하는 원인으로서의 생인(不生生因)이기는 하다고 말했으므로 대답에서는 무구진여인 열반의 개념을 삼해탈문三解脫門과 삼십칠품三十七品이라는 번뇌 적멸寂滅의 수행 과정과 직결시킴으로써 열반에 생인生因이 없다는 비판을 회통하고자 하는 것으로 보인다.

드러내는 원인'(了因)만 있다〉고 말한 것이다.

마치 〈깨달음(菩提)은 '[깨달음을] 생기게 하는 원인'(生因)에 의해 생겨 난 것〉이라고 말하지만 또한 〈'[깨달음을] 드러내는 원인'(了因)에 의해 완성된 것〉이라고도 말하는 것과 같다. 바로 이러한 뜻에 의거하여, 열 반은 '[열반을] 드러내는 원인'(了因)에 의해 드러난 것이지만 또한 〈'[열반 을] 생기게 하는 원인'(生因)에 의해 생겨난 것〉이라고도 말할 수 있다는 것을 알아야 한다. 이러한 이치 때문에 [〈열반에는 '생기게 하는 원인'(生因) 이 있다는 주장〉과 〈열반에는 '생기게 하는 원인'(生因)이 없다는 주장〉이] 서로 모 순되지 않는다. [열반] '본연의 특징'(體相)은 이와 같다.

> 次簡虛實. 問. 生死之法是虛妄, 虛妄故空, 是事可爾. 涅槃之果, 眞 如爲體, 爲虛爲實, 爲空不空?
>
> (H1, p.528b14~17: T38, p.242a24~26)

나. [열반의] 허망함과 진실함을 구별함(簡虛實)

다음으로 [열반의] '허망함과 진실함'(虛實)을 구별한다.

묻는다. '생사라는 현상'(生死之法)은 허망한 것이고, 허망한 것이기 때문에 '공한 것'(空)이니, 이러한 일은 그렇다고 하겠다. [그런데] '열반 이라는 과보'(涅槃之果)는 '참 그대로'(眞如)가 본연(體)인데, [이러한 열반 은] 허망한 것인가, 진실한 것인가? [또] '공한 것'(空)인가, '공하지 않은 것'(不空)[186]인가?

---

[186] 이후 전개되는 논의맥락과 관련하여 공空과 불공不空의 번역에 다소 곤란한 점이 있는데, 간단히 말해 첫 번째 주장에 따르면 생사는 공이지만 열반은 불공이라고 하여 공은 허망한 것, 불공은 진실한 것이라는 의미로 쓰이지만, 두 번째 주장에 따르면 생사와 열반이 모두 공이라고 하여 오히려 공이 진실한 것, 불공은 방편적 인 용어이므로 허망한 것이라는 의미로 쓰이는 것으로 보인다. 그래서 첫 번째 주

答. 或有說者. 涅槃之體性是眞決定不空. 如此經云, "眞解脫者卽是如來, 如來者卽是決定," 又下文言, "空者一切生死, 不空者謂大涅槃," 乃至廣說, 『勝鬘經』說, "三諦是有爲是虛妄, 一苦滅諦是實" 乃至廣說. 如是等文, 不可具陳, 故知涅槃是實不空. 而餘處說皆悉空者, 是遣妄心所取涅槃, 說眞智所證涅槃. 若使涅槃亦是空者, 是卽如來佛性皆空, 十一空內入於何空? 旣非空攝, 當知不空.

『열반종요』(H1, p.528b17~c3: T38, p.242a26~b6)

답한다. 어떤 사람은 [다음과 같이] 말한다. 《'열반의 본연적 면모'(涅槃之體性)는 '참된 본래 그러한 것'(眞決定)이어서 '헛되지 않은 것'(不空)이다. 이 『열반경』에서 "'참된 해탈'(眞解脫)이라는 것은 바로 여래如來이고, 여래如來라는 것은 바로 '본래 그러한 것'(決定)이다"[187]라 말하고, 또 아래 글에서 "'헛된 것'(空)[188]이란 [근본무지에 매인] 모든 생사生死를 일컫고, '헛되지 않은 것'(不空)이란 '완전한 열반'(大涅槃)이다"[189] 등이라고 자세히 말하며, 『승만경』에서 "'[고제苦諦·집제集諦·도제道諦의] 세 가지 진리'(三諦)는 [근본무지를 조건으로 삼는 현상들에 대한] 행위'(有爲)여서 허망한 것이고, '괴로움이 소멸된 것에 관한 하나의 진리'(一苦滅諦)가 진

장에 따른다면 공은 '헛된 것', 불공은 '헛되지 않은 것' 정도로 번역될 수 있을 듯하고, 두 번째 주장에 따른다면 공은 '불변·독자의 실체가 없는 것', 불공은 '불변·독자의 실체가 없지 않은 것' 정도로 번역될 수 있을 듯하다. 여기서는 중립적으로 '공한 것'과 '공하지 않은 것'이라고 번역했다.

187 『열반경』 권5(T12, p.636a12~15). "眞解脫者卽是如來, 如來者卽是涅槃, 涅槃者卽是無盡, 無盡者卽是佛性, 佛性者卽是決定, 決定者卽是阿耨多羅三藐三菩提."

188 '空'을 '헛된 것'이라고 번역하는 것은 문장의 의미맥락을 고려한 것이다. 따라서 '空'의 번역어로서는 '실체 없음'과 '헛됨'의 두 가지 의미 중 하나를 맥락에 따라 선택한다.

189 『열반경』 권25(T12, p.767c21~23). "空者一切生死, 不空者謂大涅槃, 乃至無我者卽是生死, 我者謂大涅槃."

실한 것이다"¹⁹⁰ 등이라고 자세히 말한 것과 같다. 이와 같은 글들은 이루 다 늘어놓을 수가 없으니, 그러므로 열반은 진실하여 '헛되지 않은 것'(不空)임을 알 수 있다.

그런데 다른 곳에서 [생사生死와 열반涅槃] 모두 다 '헛된 것'(空)이라고 말한 것은 ['근본무지에 의거하여] 망상으로 분별하는 마음이 붙잡고 있는 열반'(妄心所取涅槃)을 없애고서 '참된 지혜로 증득한 열반'(眞智所證涅槃)을 말하[려는 것이다. 만약 열반涅槃도 '헛된 것'(空)이라면 바로 여래如來와 '부처 [본연의] 면모'(佛性)가 모두 '헛된 것'(空)이니, [그렇다면 열반涅槃·여래如來·불성佛性 등은] '열한 가지 헛된 것'(十一空)¹⁹¹ 중에서 어느 것에 해당한다는 말인가? [열반涅槃·여래如來·불성佛性 등이] 이미 [열한 가지] '헛된 것'(空)에 포함되지 않는다면, [열반은] '헛되지 않은 것'(不空)임을 알아야 한다.》

或有說者. 生死涅槃皆是虛妄, 空無所得, 佛法之義無有一法而不空者. 如「德王品」云, "般若波羅蜜亦空, 乃至檀彼羅蜜亦空, 如來亦空, 大般涅槃亦空. 是故菩薩見一切法皆悉是空," 『花嚴經』言, "生死及涅槃是

---

190 원효의 인용문은 다음의 『승만경』 내용을 요약한 것으로 보이는데, 특히 밑줄 친 부분이 직접적으로 관련되는 듯하여 표시했다. 『승만경』 권1(T12, pp.221c24~222a3). "一諦章第十. 世尊, 此四聖諦, 三是無常, 一是常. 何以故? 三諦入有爲相, 入有爲相者是無常, 無常者是虛妄法, 虛妄法者非諦非常非依. 是故苦諦集諦道諦非第一義諦非常非依. 一依章第十一. 一苦滅諦離有爲相, 離有爲相者是常, 常者非虛妄法, 非虛妄法者是諦是常是依. 是故滅諦是第一義."

191 『열반경』 권15(T12, p.703c13~15)에서 "世尊, 云何名空? 善男子, 空者所謂內空外空內外空有爲空無爲空無始空性空無所有空第一義空空空大空."이라고 하는 것에 따르면, 십일공十一空이란 ① 내공內空, ② 외공外空, ③ 내외공內外空, ④ 유위공有爲空, ⑤ 무위공無爲空, ⑥ 무시공無始空, ⑦ 성공性空, ⑧ 무소유공無所有空, ⑨ 제일의공第一義空, ⑩ 공공空空, ⑪ 대공大空을 말한다. 인용문 이하의 글(T12, p.703c13~704b1)에서는 십일공十一空 각각에 대한 자세한 설명이 이어진다.

二悉虛妄, 愚智亦如是, 二皆無眞實." 如是等文, 不可具陳, 當知悉空乃
名平等.

(H1, p.528c3~10: T38, p.242b6~13)

어떤 사람[192]은 [다음과 같이] 말한다. 《생사生死와 열반涅槃은 모두 허
망하여 '실체가 없어서 [불변·독자의 본질을] 얻을 것이 없으니'(空無所得),
'부처님이 설한 진리의 뜻'(佛法之義)에서는 어느 하나라도 [불변·독자
의] 실체가 있는 것'(不空)이 없다. [『열반경』] 「덕왕품德王品」에서 "'지혜
를 밝히는 수행'(般若波羅蜜)도 [불변·독자의] 실체가 없는 것'(空)이고,
… '널리 베푸는 수행'(檀彼羅蜜)까지도 [불변·독자의] 실체가 없는 것'
(空)이며, 여래如來도 [불변·독자의] 실체가 없는 것'(空)이고, '완전한 열
반'(大般涅槃)도 [불변·독자의] 실체가 없는 것'(空)이다. 그러므로 보살菩
薩은 '모든 것'(一切法)이 다 [불변·독자의] 실체가 없는 것'(空)이라고 본
다"[193]라고 말하고, [또] 『화엄경』에서는 "생사生死와 열반涅槃, 이 두 가
지는 모두 허망하고, 어리석음과 지혜 또한 이와 같아서 두 가지 모두
진실한 것이 없다"[194]라고 말하는 것과 같다. 이와 같은 글들은 이루 다
늘어놓을 수가 없으니, 모든 것이 [불변·독자의] 실체가 없는 것'(空)이
므로 '평등하다'고 말한 것임을 알아야 한다.

而餘處說生死虛妄, 涅槃不空等者, 爲護淺識新發意者生驚怖故, 作
方便說. 如『大品經』「化[195]品」言, "若法有生滅相者, 皆是變化, 若法無

---

192 원효의 관점으로 보인다.
193 『열반경』 권24(T12, p.765c16~21). "般若波羅蜜亦空, 禪波羅蜜亦空, 毘梨耶波羅蜜
    亦空, 羼提波羅蜜亦空, 尸波羅蜜亦空, 檀波羅蜜亦空, 色亦空, 眼亦空, 識亦空, 如來亦
    空, 大般涅槃亦空. 是故菩薩見一切法皆悉是空."
194 『화엄경』 권10(T9, p.464c23~24). "生死及涅槃, 此二悉虛妄, 愚智亦如是, 二俱無眞
    實."

122 II. [경의 뜻을] 넓게 펼쳐 놓고 [내용에 따라] 구분하여 설함(廣開分別)

生無滅, 是非變化. 所謂無誑相涅槃是法非變化. 須菩提言; 如佛自說, 諸法平等非聲聞作, 乃至非諸佛作, 有佛無佛, 諸法性常空, 性空卽是涅槃, 云何言涅槃一法不如化? 佛言; 如是如是. 諸法平等乃至性空卽是涅槃. 若新發意菩薩聞一切皆畢竟空, 乃至涅槃亦皆如化, 心卽驚怖. 爲是新發意菩薩故, 分別生滅者如化, 不生滅者不如化. 須菩提言; 世尊, 云何令新發意菩薩知是性空? 佛告須菩提, 諸法先有今無耶?" 依是文證, 當知餘處說不空者, 皆是方便語, 不盡道理也.

(H1, pp.528c10~529a3: T38, p.242b13~26)

그런데 다른 곳에서 '생사生死는 허망하지만 열반涅槃은 허망하지 않다'는 식으로 말한 것은 '얕은 식견으로 [열반 증득을 위한 수행에] 새롭게 뜻을 일으킨 자'(淺識新發意者)[196]가 [열반도 공空하다는 말에] 놀라고 두려워하는 [마음을] 일으키는 것을 보호해 주기 위해서 방편을 써서 말한 것이다. 『대품경』「여화품如化品」에서 [다음과 같이] 말한 것과 같다.

"[부처님이 수보리須菩提에게 말하기를,] 〈'생멸하는 양상'(生滅相)을 지닌 것(法)이라면 [그것은] 모두 변화하는 것이고, '생겨남도 없고 사라짐도 없는'(無生無滅) 것(法)이라면 [그것은] 변화하는 것이 아니다. 이른바 '거짓 없는 면모로서의 열반'(無誑相涅槃)이라는 것은 변화하는 것(法)이 아니다〉[라고 했다].

---

195 『마하반야바라밀경』 원문에 따라 '化' 앞에 '如'를 첨가한다.

196 천식신발의자淺識新發意者는 아래 원효의 인용문에서 보듯이 『마하반야바라밀경』이 출전인데, 『대승기신론』에 나오는 초발의보살初發意菩薩을 떠올리게 하는 용어이기도 하다. 참고로 초발의보살은 『대승기신론』의 시각차별始覺差別을 논의하는 대목에서 거론되는데, "如二乘觀智, 初發意菩薩等, 覺於念異, 念無異相. 以捨麤分別執着相故, 名相似覺."(T32, p.576b20~b22)이라고 하여 상사각相似覺의 주체이며, 소승의 수행자와 동격이지만 범부凡夫보다는 높고 초지初地 이상의 법신보살法身菩薩보다는 낮은, 십주十住에서 십회향十迴向 사이의 단계로서 삼현보살三賢菩薩 또는 지전보살地前菩薩이라고도 불린다.

수보리須菩提가 말하였다. 〈부처님께서 친히 말씀하신 것처럼, '모든 것이 평등하다는 것'(諸法平等)은 '가르침을 들어서 깨달으려는 사람들' (聲聞)이 지어낸 것도 아니고 내지 모든 부처님이 지어낸 것도 아니어서, 부처님이 있든 부처님이 없든 '모든 것의 본연'(諸法性)은 항상 '[불변·독자의] 실체가 없는 것'(空)이고 '[모든 것의] 본연에 [불변·독자의] 실체가 없음'(性空)이 바로 열반涅槃인데, 어찌하여 열반만은 [변화하는] '허깨비'(幻化) 같은 것이 아니라고 하십니까?〉

부처님이 말씀하셨다. 〈그렇다, 그렇다. 모든 것은 평등하고, 내지 '[모든 것의] 본연에 [불변·독자의] 실체가 없음'(性空)이 바로 열반涅槃이다. [그런데] 만약 '[열반 증득을 위한 수행에] 새롭게 뜻을 일으킨 보살'(新發意菩薩)이 모든 것은 다 '끝내 [불변·독자의] 실체가 없고'(畢竟空) 열반도 모두 '허깨비'(幻化) 같은 것이라[는 말을] 듣게 되면 마음이 곧바로 놀라고 두렵게 될 것이다. [그래서] 이 '[열반 증득을 위한 수행에] 새롭게 뜻을 일으킨 보살'(新發意菩薩)을 [보호하기] 위해 '생멸하는 것은 허깨비 같고, 생멸하지 않는 것은 허깨비 같지 않다'고 구별[하여 말]한 것이다.〉

수보리須菩提가 말하였다. 〈'세상에서 가장 존귀하신 이'(世尊)여, 어떻게 '[열반 증득을 위한 수행에] 새롭게 뜻을 일으킨 보살'(新發意菩薩)로 하여금 이 '[모든 것의] 본연에 [불변·독자의] 실체가 없음'(性空)을 알게 할 수 있습니까?〉 부처님이 수보리須菩提에게 이르기를, 〈모든 것이 '이전에는 [실체로] 있다가 지금은 없는 것'(本有今無)[197]이겠는가?〉라고 했다."[198]

----

197 '본유금무本有今無'에 대해 『대지도론』 권42에서는 "今行般若波羅蜜, 滅虛誑顚倒, 了知其無, 非本有今無. 本有今無, 則墮斷滅."(T25, p.364b26~28)이라고 하여 '본유금무本有今無'라고 하면 단멸론斷滅論에 떨어진다고 설명한다. 말하자면 모든 것이 불변·독자의 실체로서 본래 있다가 지금 없는 것이라고 하면 아무것도 없다는 단멸론에 떨어지게 되므로, 열반을 위시한 모든 것은 본래부터 불변·독자의 실체가 없다는 것이 부처님의 뜻이라는 설명이다.

198 『마하반야바라밀경』 권26(T8, p.416a2~16). "佛告須菩提, 若有法生滅相者, 皆是變

이러한 경전적 증거에 의거하여, 다른 곳에서 '[열반은] 허망하지 않

化. 須菩提言, 世尊, 何等法非變化? 佛言, 若法無生無滅, 是非變化. 須菩提言, 何等是
不生不滅非變化? 佛言, 不誑相涅槃是法非變化. 世尊, 如佛自說, 諸法平等非聲聞作,
非辟支佛作, 非諸菩薩摩訶薩作, 非諸佛作, 有佛無佛, 諸法性常空, 性空卽是涅槃, 云何
言涅槃一法非如化? 佛告須菩提, 如是如是. 諸法平等, 非聲聞所作, 乃至性空卽是涅槃.
若新發意菩薩聞是一切法畢竟性空, 乃至涅槃亦皆如化, 心則驚怖. 爲是新發意菩薩故,
分別生滅者如化, 不生不滅者不如化. 須菩提白佛言; 世尊, 云何敎新發意菩薩令知性
空? 佛告須菩提, 諸法先有今無耶?"〈산스크리트본의 해당 원문과 내용 대조. PvsP
VI-VIII, pp. 178.27-179.16: bhagavān āha: ye kecit subhūte dharmā utpāditā
vā nirodhitā vā sarva ete nirmitāḥ. subhūtir āha: katamo bhagavan dharmo yo
na nirmitakaḥ? bhagavān āha: yasya notpādo na nirodhaḥ sa dharmo na
nimitaḥ. subhūtir āha: sa punaḥ katamo bhagavan? bhagavān āha:
asaṃmoṣadharmo na nirmitaḥ. subhūtir āha: yat punar bhagavatoktaṃ
śūnyatāyāś ca na calati, na ca dvaye nopalabhyate, na ca kaścid dharmo yo
na śūnyas tasmād bhagavan saṃmoṣadharmo nirmitako bhavet. bhagavān
āha: evam etat subhūte evam etat, sarvadharmāḥ subhūte svabhāvena śūnyās
te na śrāvakaiḥ kṛtā na pratyekabuddhaiḥ kṛtā na bodhisattvair mahāsattvaiḥ
kṛtā na tathāgataiḥ kṛtā, yā ca svabhāvaśūnyatā tan nirvāṇam. evam ukte
āyuṣmān subhūtir bhagavantam etad avocat: ādikarmiko bhagavan pudgalaḥ
katham avavaditavyaḥ? katham anuśāsitavyo yat svabhāvaśūnyatāṃ
parijānīyāt? atha khalu bhagavān āyuṣmantaṃ subhūtim etad avocat: kiṃ
punaḥ subhūte pūrvaṃ bhāvo 'bhaviṣyat paścād abhāvo bhaviṣyati? nātra
subhūte bhāvo nābhāvo na svabhāvo na parabhāvaḥ, kuta eva
svabhāvaśūnyatā bhaviṣyati? | 세존: 수부띠여! 생기거나 소멸하는 다르마는
어떠한 것일지라도 그 모두는 마술로 만들어진 것이다. 수부띠: 세존이시여! 어떠
한 다르마가 마술로 만들어진 것이 아닙니까? 세존: 어떠한 다르마가 생기하지 않
고 소멸하지 않는다면 그 다르마는 마술로 만들어진 것이 아니다. 수부띠: 그렇다
면 무엇이 그러한 다르마입니까? 세존: 미혹이 없는 것을 속성으로 하는 것이 마
술로 만들어진 것이 아니다. 수부띠: 그런데 세존께서는 다음과 같이 말씀하셨습
니다. "그것은 공성으로부터 벗어나는 것도 아니고 둘이라는 형식으로 지각되는
것도 아니다. 공하지 않은 어떠한 다르마도 존재하지 않는다"라고. 세존이시여!
때문에 미혹이 없는 것을 속성으로 하는 것이 마술로 만들어진 것이 아닙니다. 세
존: 바로 그러하다, 수부띠여! 바로 그러하다. 수부띠여! 모든 다르마는 자성이 공
하다. 그 [자성이 공한 다르마는] 성문에 의해 만들어진 것도 아니고, 벽지불에 의해 만
들어진 것도 아니고, 보살마하살에 의해 만들어진 것도 아니고, 여래에 의해 만들

다'(不空)고 말한 것은 모두가 방편으로 한 말로서 도리를 끝까지 말한 것이 아님을 알아야 한다.

> 是涅槃空及佛性空, 十一空內何所攝者, 空空所攝. 故說是空唯佛所窮. 十八空中畢竟空故, 如前所引『槃[199]若經』說. 若使諸經所說涅槃皆空, 是遣妄心所取相者, 是卽諸經所說生死法空, 是遣遍計所執生死. 若此不爾, 彼亦不然. 又若涅槃是實有者, 卽不能離實有之言, 其能離實有言者, 卽謂實有, 宜是妄語. 是故當知彼說實有, 唯說自心妄耶[200]境界耳.
> (H1, p.529a3~12: T38, p.242b26~c5)

이 '열반에 [불변·독자의] 실체가 없는 것'(涅槃空)과 '부처 [본연의] 면모에 [불변·독자의] 실체가 없는 것'(佛性空)은 '열한 가지 [불변·독자의] 실체가 없는 것'(十一空)[201] 중에서 어느 것에 포함되는가 하면, '[불변·독자의] 실체가 없다는 이치에도 실체가 없는 것'(空空)에 포함된다. 그러므로 [불변·독자의 실체가 없다는 이치에도 실체가 없는 것'(空空)이라는] 〈이 '실체 없음'(空)은 '오로지 부처님만이 끝까지 나아간 것'(唯佛所窮)〉이라고 말한다.

어진 것도 아니다. 그리고 자성이 공한 것이 열반이다. 이와 같이 말해졌을 때, 장로 수부띠는 세존께 다음과 같이 물었다. "세존이시여! 초심자를 어떻게 교수하고 교계해야, 그가 자성이 공하다는 것을 완전히 알게 할 수 있습니까?"라고. 그때 세존께서는 장로 수부띠에게 다음과 같이 대답하셨다. "수부띠여! 어떻게 과거에는 존재하였다가 이후에는 비존재가 될 수 있겠는가? 수부띠여! 이 [가르침]에는 존재도, 비존재도, 자성도, 타성도 없다. [그런데] 어디로부터 자성이 공하다는 것이 있을 수 있겠는가?")

199 한불전 교감주에 "'槃'은 '般'인 듯하다"라고 한다. 번역도 이에 따른다.
200 한불전 교감주에 "'耶'는 '取'인 듯하다"라고 한다. 번역도 이에 따른다.
201 앞서 '十一空'을 '열한 가지 헛된 것'이라 번역했지만, 여기서는 맥락을 고려하여 '실체가 없는 것'으로 번역한다. '空'을 '헛된 것'이라고 번역한 것도 문장의 의미맥락을 고려한 것이다. '空'의 번역어로서는 '실체 없음'과 '헛됨'의 두 가지 의미 중 하나를 맥락에 따라 선택한다.

[열반공涅槃空과 불성공佛性空은] '열여덟 가지 [불변·독자의] 실체가 없는 것' (十八空)[202] 중에서는 '끝내 [불변·독자의] 실체가 없는 것'(畢竟空)[에 해당하 는 것]이니, 앞에서 인용한 『마하반야바라밀경』에서[203] 말한 것과 같다.

[앞에서 생사는 허망하지만 열반은 진실하다고 주장한 자의 말처럼] 만약 여러 경전들에서 〈열반涅槃은 다 '[불변·독자의] 실체가 없는 것'(空)〉이라고 말한 것이 [단지] '[근본무지에 의거하여] 망상분별하는 마음이 붙잡고 있는 [열반에 대한] 개념'(妄心所取相)을 없애는 것이라면,[204] 여러 경전에서 〈'살고 죽는 현상'(生死法)은 실체가 없다(空)〉라고 말한 것은 '두루 분 별하여 집착하는 생사'(遍計所執生死)를 없애는 것이 된다. 만약 이것이 옳지 않다면 전자(彼)도 옳지 않다.

또 만약 〈열반涅槃은 ['헛되지 않은 것'(不空)이어서] '실제로 있는 것'(實 有)〉이라[고 말한다]면 곧 [열반涅槃은] '실제로 있다'는 말과 떨어질 수 없 게 되는데, [그렇다면] '실제로 있다'는 말에서 떠날 수 있는 것[인 열반涅槃] 을 '실제로 있다'고 말하는 것이니, 맞지 않는 말이 되고 만다. 그러므로 저 사람이 '실제로 있는 것'(實有)이라고 말하는 [열반涅槃]은 오로지 '자 기 마음이 잘못 붙들고 있는 대상'(自心妄取境界)을 말하는 것일 뿐이라 는 것을 알아야 한다.》

---

202 『마하반야바라밀경』 권1(T8, p.219c8~12)에서 "菩薩摩訶薩欲住內空, 外空, 內外 空, 空空, 大空, 第一義空, 有爲空, 無爲空, 畢竟空, 無始空, 散空, 性空, 自相空, 諸法 空, 不可得空, 無法空, 有法空, 無法有法空, 當學般若波羅蜜."이라고 하는 것에 따르 면, 십팔공十八空이란 ① 내공內空 ② 외공外空 ③ 내외공內外空 ④ 공공空空 ⑤ 대공大空 ⑥ 제일의공第一義空 ⑦ 유위공有爲空 ⑧ 무위공無爲空 ⑨ 필경공 畢竟空 ⑩ 무시공無始空 ⑪ 산공散空 ⑫ 성공性空 ⑬ 자상공自相空 ⑭ 제법공諸 法空 ⑮ 불가득공不可得空 ⑯ 무법공無法空 ⑰ 유법공有法空 ⑱ 무법유법공無 法有法空을 말한다.

203 앞 문단 인용문에서 "若新發意菩薩聞一切皆畢竟空, …"(H1, p.528c19~20)이라고 한 것을 가리키는 것으로 보인다.

204 처음의 혹유설자或有說者에서 "餘處說皆悉空者, 是遺妄心所取涅槃."(H1, p.528b23~ 24)이라고 한 것을 가리키는 것으로 보인다.

問. 如是二說, 何得何失? 答. 故²⁰⁵若如言取, 二說皆失. 互相異諍,
失佛意.²⁰⁶ 若非定執, 二說俱得. 法門無礙不相妨故. 是義云何? 若就德
患相對之門, 卽生死是空, 涅槃不空. 以妄心所取無境當知, 故說爲空,
能取妄心不得自在, 故說無我. 眞智所證道理稱心, 故說不空, 能證眞智
無礙自在, 故名大我. 依如是門, 前師爲得, 彼所引文是了義說.

(H1, p.529a12~20: T38, p.242c5~13)

묻는다. 이와 같은 두 가지 설명에서 어떤 것이 타당하고 어떤 것이
부당한가?

답한다. 만약 말대로만 붙든다면 두 가지 설명이 모두 부당하다. 서
로 다르다고 다투어 부처님의 본뜻을 잃게 되기 때문이다. [그러나] 만약
반드시 [그렇다고] 집착하지 않는다면 두 가지 설명이 모두 타당성을 지
니게 된다. '진리로 들어가는 문'(法門)에는 제한이 없어서 서로 방해하
지 않기 때문이다. 이 [말의] 뜻은 무엇인가? 만약 '[열반 증득으로 인한] 능
력과 [생사의] 괴로움이 서로 맞서는 측면'(德患相對之門)에 의거해 본다
면, 생사生死는 '헛된 것'(空)이고 열반涅槃은 '헛되지 않은 것'(不空)이
다. '망상분별하는 마음이 붙잡고 있는 것'(妄心所取)[인 생사生死]에는 알
아야만 할 대상이 없기 때문에 '헛된 것'(空)이라 말하고, '[생사生死를] 붙
들고 있는 망상분별하는 마음'(能取妄心)은 '자유자재[의 능력]'(自在)²⁰⁷을
얻지 못하기 때문에 '[참된] 자기가 없는 것'(無我)²⁰⁸이라고 말한다. [이에

---

205 저본인 대정장에 따라 '故'를 삭제한다.
206 저본인 대정장에 따라 '意' 뒤에 '故'를 첨가한다.
207 만덕萬德이 열반체涅槃體임을 설명하는 앞 대목에서 "下文說八自在已, 總結而言,
　　如是大我名大涅槃."(H1, p.528a11~13)이라고 하여, 팔자재八自在를 얻은 것이 대
　　아大我이고 대열반大涅槃이라 설명했던 적이 있다.
208 『열반경』은 '무상無常·고苦·무아無我·부정不淨'에 대비되는 '상常·낙樂·아
　　我·정淨'이라는 개념을 부각시켜 열반 지평의 긍정적 내용을 긍정용어로 기술하

비해] '참된 지혜로 증득한 도리'(眞智所證道理)[인 열반]은 [깨달음(菩提)의] 마음(心)에 해당하기 때문에[209] '헛되지 않은 것'(不空)이라 말하고, '[열반을] 증득하게 하는 참된 지혜'(能證眞智)는 '걸림 없는 자유자재[의 능력]'(無礙自在)[을 지니기] 때문에 '크나큰 자기'(大我)라고 부른다. 이와 같은 [덕환상대德患相對의] 측면(門)에 의거하면 [생사生死는 '헛된 것'(空)이고 열반涅槃은 '헛되지 않은 것'(不空)이라고 하는] 앞 논사[의 주장]이 타당한 것이 되고, [『열반경』, 『능가경』 등에서] 그가 인용한 글들은 '완전한 뜻을 지닌 설명'(了義說)이 된다.

若就相待無自相門, 則生死涅槃等無自性. 以不空待空, 我待無我, 乃至無待待於有待故. 如『起信論』云, "復次一切染法淨法皆是相待, 無有自相可說." 依如是文, 後說爲得, 其所引文非了說. 又大涅槃離相離性, 非空不非[210]空, 非我非無我. 何故非空, 離無性故, 何非不空, 離有性故. 又離有相故, 說非我, 離無相故, 說非無我. 非無我故, 得說大我, 而非我故, 亦說無我. 又非空故, 得言實有, 非不空故, 得說虛妄. 如來祕藏其義如是, 何蜜[211]異諍於其間哉! 體門竟.

(H1, p.529a20~b8: T38, p.242c13~23)

고 있다. 여기서의 '무아無我'는 긍정기술로서의 '아我'가 없다는 의미이다. 따라서 무지에 매인 '불변·독자의 자아관념'을 부정하는 측면(門)에서 기술하는 '무아無我'를 '불변·독자의 자아가 없음'으로 번역하고 있는 점을 고려하여, 여기서의 '아我'는 '자기'로 번역한다. 『열반경』의 취지에 따라 본 번역에서는 '아我'를 두 가지로 번역한다. 치유와 극복의 맥락인 부정기술에서의 '아我'는 '자아'로, 구현된 긍정내용을 나타내는 긍정기술에서의 '아我'는 '자기' 혹은 '참된 자기'로 번역한다.

209 만덕萬德이 열반체涅槃體임을 설명하는 앞의 같은 대목에서 "唯佛如來證大菩提, 究竟滿足一切智慧, 名大涅槃."(H1, p.528a13~14)이라고 『법화론』을 인용하여, '크나큰 깨달음'(大菩提)의 마음이 열반체涅槃體라고 설명했던 적이 있다.

210 '空'과 '不空'이 대구를 이루는 문장이므로 '不非'를 '非不'로 교정한다.

211 문맥에 따라 '蜜'은 '必'로 교정한다. 가은은 '蜜'을 '須'로 교정함.

[그런데] 만약 '서로 기대어 있어서 [독자적 본질로서의] 자기모습이 없는 측면'(相待無自相門)에 의거해 본다면, 생사生死와 열반涅槃은 똑같이 '자기만의 변치 않는 본질'(自性)이 없다. '헛되지 않은 것'(不空)은 '헛된 것'(空)에 기대어 성립하고, '[참된] 자기'(我)는 '[참된] 자기가 없는 것'(無我)에 기대어 성립하며, '기대는 것이 없음'(無待)까지도 '기대는 것이 있음'(有待)에 기대어 성립하기 때문이다.²¹² [이것은] 『대승기신론』에서 "또 모든 '오염된 것'(染法)과 '온전한 것'(淨法)이 다 서로 기대어 있어서 '[독자적 본질로서의] 자기 모습'(自相)이라고 할 만한 것이 없다"²¹³라고 말한 것과 같다. 이와 같은 글에 의거하면 [열반涅槃과 생사生死가 모두 '불변·독자의 실체가 없는 것'(空)이라는] 뒤의 설명이 타당한 것이 되고, [『열반경』, 『화엄경』, 『대품경』 등] 그 인용된 글들은 '완전한 [뜻을 지닌] 설명'(了說)이 아닐 수 없는 것이 된다.

또 '크나큰 열반'(大涅槃)은 '[고정된] 모습'(相)도 떠나고 '[변치 않는] 본질'(性)도 떠나며, '헛된 것'(空)도 아니고 '헛되지 않은 것'(不空)도 아니며, '[불변의 독자적] 자아인 것'(我)도 아니고 '[참된] 자기가 없는 것'(無我)²¹⁴도 아니다. 왜 '헛된 것'(空)이 아니냐 하면 '본연이 없다는 것'(無性)에서 떠나기 때문이고, 왜 '헛되지 않은 것'(不空)이 아니냐 하면 '[변치 않는] 본질이 있는 것'(有性)에서 떠나기 때문이다. 또 '[고정된] 모습이 있는 것'

---

212 '불공不空'과 '아我'와 '무대無待'는 열반涅槃에 속하고, '공空'과 '무아無我'와 '유대有待'는 생사生死에 속하는 용어라고 이해하여 번역했다.

213 마명馬鳴, 『대승기신론』 권1(T32, p.580b8~11). "復次究竟離妄執者, 當知染法淨法皆悉相待, 無有自相可說. 是故一切法從本已來, 非色非心, 非智非識, 非有非無, 畢竟不可說相."

214 앞 문단에서와 달리 여기서는 '아我'가 생사에 속하고, '무아無我'가 열반에 속하는 용어라고 이해하여 번역했다. 이어지는 뒤 문장에서는 유상有相에서 떠나기 때문에 아我가 아니라고 하므로 여기서의 아我는 유상有相인 생사에 속하고, 무상無相에서 떠나기 때문에 무아無我가 아니라고 하므로 여기서의 무아無我는 무상無相인 열반에 속하는 것으로 보이기 때문이다.

(有相)에서 떠나기 때문에 '[불변의 독자적] 자아인 것'(我)이 아니고, '[아무런] 모습이 없는 것'(無相)에서 떠나기 때문에 '[참된] 자기가 없는 것'(無我)이 아니다. '[참된] 자기가 없는 것'(無我)이 아니기 때문에 '크나큰 자기'(大我)라고 말할 수 있지만, '[불변의 독자적] 자아인 것'(我)이 아니기 때문에 '자아가 없는 것'(無我)이라고도 말할 수 있다. 또 [열반은] '헛된 것'(空)이 아니기 때문에 '실제로 있는 것'(實有)이라 말할 수 있고, [생사는] '헛되지 않은 것'(不空)이 아니기 때문에 '허망한 것'(虛妄)이라고 말할 수 있다. '여래[의 면모]에 신비롭게 간직된 것'(如來祕藏)²¹⁵은 그 뜻이 이와 같으니, 어찌 그 [다른 말들] 사이에서 [서로] 다르다고만 다투어야 하겠는가! [열반의] '본연에 관한 부문'(體門)[에 대한 설명]을 마친다.

第三明通局門者, 於中有二. 先小, 後大. 小乘之內, 二部異說. 犢子部說通於凡聖. 彼說涅槃有其三稱, 謂學・無學・非學非無學. 凡夫等智斷結所得涅槃, 名非學非無學, 有學聖位所得無爲, 無學涅槃.

(H1, p.529b9~14: T38, p.242c23~28)

③ [열반이라는 명칭의] 통용되는 범위와 국한되는 범위에 관한 부문(通局門)

[열반 부문(涅槃門)의] 세 번째는 '[열반이라는 명칭의] 통용되는 범위와 국한되는 범위에 관한 부문'(通局門)을 밝히는 것이니, 여기에는 두 가지가 있다. 먼저 소승小乘[의 경우]이고, 나중은 대승大乘[의 경우]이다.

---

215 『금강삼매경론金剛三昧經論』권1에서 원효는 '일각一覺'에 대해 "一覺了義者, 一心本覺如來藏義."(H1, p.610a2)라고 하여 여래장如來藏의 뜻을 일각一覺으로 설명하고 있다. 따라서 '여래비장如來祕藏'은 곧 '하나처럼 통하게 하는 깨달음의 완전한 뜻'(一覺了義)이기도 하다.

가. 소승小乘

소승에는 두 부류의 다른 주장이 있다.

가) 독자부犢子部

독자부犢子部[216]에서는 [열반이라는 명칭이] 범부(凡)와 [배울 것이 없는 경지의] 성인(聖)까지 통용된다고 말한다. 그들은 열반에 세 가지 명칭이 있다고 말하니, '배우는 것'(學)과 '배울 것이 없는 것'(無學)과 '배우는 것도 아니고 배울 것이 없는 것도 아닌 것'(非學非無學)이 그것이다. 범

---

216 독자부犢子部:『이부종륜론異部宗輪論』권1에 따르면 "如是大衆部四破或五破. 本末別說合成九部, 一大衆部, 二一說部, 三說出世部, 四雞胤部, 五多聞部, 六說假部, 七制多山部, 八西山住部, 九北山住部. 其上座部經爾所時一味和合, 三百年初有少乖諍, 分爲兩部. 一說一切有部, 亦名說因部, 二即本上座部, 轉名雪山部. 後即於此第三百年, 從說一切有部流出一部, 名犢子部."(T49, p.15b5~12)라고 하여 불멸 이후 상좌부上座部와 대중부大衆部가 화합했다가 다시 설일체유부와 상좌부로 다시 나누어지는데, 삼백 년 후에 설일체유부로부터 분파한 것이 독자부라고 한다.『중론中論』권2에 따르면 독자부는 실아론實我論을 주장하는 학파의 사례로 나오는데, "若人說我相, 如犢子部衆說, 不得言色即是我, 不得言離色是我, 我在第五不可說藏中."(T30, p.15c27~29)라고 하여 색 등의 오온을 아我라 할 수도 없고 색 등의 오온을 떠나서 아我라 할 수도 없어 불가설장不可說藏을 실아實我라 한다고 하고, 비슷한 맥락으로『이부종륜론』권1에서는 "有犢子部本宗同義, 謂補特伽羅非即蘊離蘊, 依蘊處界假施設名, 諸行有暫住, 亦有刹那滅. 諸法若離補特伽羅, 無從前世轉至後世, 依補特伽羅, 可說有移轉."(T49, p.16c14~18)라고 하여 윤회의 주체로서 보특가라補特伽羅를 상정한다고 한다. 그리고 열반涅槃에 대한 독자부의 견해를 소개하는『아비달마대비바사론』권33에서는 "有學有無學有非學非無學, 如犢子部, 彼作是說. 涅槃自性有三種相, 一學二無學三非學非無學. 云何學? 謂學得諸結斷得獲觸證. 云何無學? 謂無學得諸結斷得獲觸證. 云何非學非無學? 謂有漏得諸結斷得獲觸證."(T27, p.169a09~14)라고 하여 열반의 세 가지 명칭으로서 학學·무학無學·비학비무학非學非無學을 제시하는데, 아래『열반종요』에서 전개하는 독자부에 대한 설명과 유사한 내용을 확인할 수 있다.

부들이 지혜로 번뇌를 끊어 얻은 열반을 '배우는 것도 아니고 배울 것이 없는 것도 아닌 것'(非學非無學)이라 부르고, '[아직] 배워야 할 것이 있는 수행자'(有學)가 성인의 경지[인 아라한향阿羅漢向]에서 얻은 '[근본무지를 조건으로 삼는] 행위가 없는 것'(無爲)[을 '배우는 것'(學)이라 부르며], '[더 이상] 배울 것이 없는 성인'(無學)[인 아라한阿羅漢이 얻는] 열반[을 '배울 것이 없는 것'(無學)이라 부른다].[217]

若依薩婆多部所說, 涅槃之名唯在無學. 無學人斷結所得無爲, 唯名滅, 等不名滅, 等不名涅槃. 如『智度[218]論』云, "離空處欲, 乃至非想地八種欲, 彼名斷, 名滅, 名無欲, 名諦, 不名斷智, 不名沙門果, 不名有餘涅槃, 不名無餘涅槃. 盡無生智非想九種結斷, 彼名斷, 名滅, 名無欲, 名

---

217 학學·무학無學·비학비무학非學非無學의 구체적 내용에 대해 『대지도론』 권18에서는 "是智慧有三種, 學無學非學非無學. 非學非無學智者, 如乾慧地, 不淨, 安那般那, 欲界繫四念處, 煖法, 頂法, 忍法, 世間第一法等. 學智者, 苦法智忍慧, 乃至向阿羅漢第九無礙道中金剛三昧慧. 無學智者, 阿羅漢第九解脫智. 從是已後, 一切無學智, 如盡智無生智等, 是爲無學智."(T25, p.191a15~22)라고 하여, 대체로 비학비무학非學非無學은 부정관不淨觀·자비관慈悲觀·연기관緣起觀·계차별관界差別觀·수식관數息觀(안나반나安那般那)의 오정심관五停心觀 수행, 신身·수受·심心·법法의 사상四相에 대한 별상념주別相念住와 총상념주總相念住의 사념처四念處 수행, 그리고 난법煖法·정법頂法·인법忍法·세간제일법世間第一法의 사선근四善根 수행에 이르는 범부凡夫의 수행과정을 말하고, 학學은 견도見道의 십육심十六心이라는 사성제四聖諦를 깨닫는 과정의 첫 단계인 고법지인혜苦法智忍慧(예류향豫流向, 수다원향須陀洹向)의 단계로부터 일래一來(사다함斯陀含)와 불환不還(아나함阿那含)을 거쳐 수도修道의 마지막 단계인 아라한향阿羅漢向의 금강삼매혜金剛三昧慧(금강유정金剛喩定)에 이르는 성자聖者의 수행 과정을 말하며, 무학無學은 진지盡智와 무생지無生智 등의 해탈지解脫智를 얻는 아라한과阿羅漢果를 말한다고 한다. 요약하면 비학비무학非學非無學은 견도 이전의 범부 수행이고, 학學은 예류향預流向에서 아라한향阿羅漢向에 이르는 성자의 수행이며, 무학無學은 아라한과阿羅漢果를 말하는 것이 된다.

218 원문에는 '지도론智度論'으로 되어 있으나 인용한 내용은 『아비담비바사론』의 것이다. 따라서 『아비담비바사론』으로 고친다.

諦, 名斷智, 名沙門果, 名有餘涅槃, 不名無餘涅槃. 阿羅漢陰界入不相
續, 彼斷,²¹⁹ 名滅, 名無欲, 名諦, 名斷智, 名沙門果, 名無餘涅槃, 不名
有餘涅槃."²²⁰

(H1, p.529b14~24: T38, pp.242c28~243a8)

나) 설일체유부설一切有部

설일체유부설一切有部(薩婆多部)²²¹의 주장에 의거하면, 열반涅槃의 명
칭은 오로지 '[더 이상] 배울 것이 없는 성인[인 아라한阿羅漢]'(無學)에만 있
다. '[더 이상] 배울 것이 없는 사람'(無學人)이 번뇌를 끊어 얻는 '[근본무지
를 조건으로 삼는] 행위가 없는 것'(無爲)만을 오로지 사라짐(滅)이라 부르
고, [학學·비학비무학非學非無學] 같은 것들[에서 얻는 것]은 사라짐(滅)이라
부르지 않으며, [학學·비학비무학非學非無學] 같은 것들[에서 얻는 것]은 열
반涅槃이라 부르지 않는다.

『아비담비바사론阿毘曇毘婆沙論』에서 [다음과 같이] 말한 것과 같다. "'[무
색계無色界의 '네 가지 경지'(四處) 중 첫 번째인] 무한하게 비어 있는 경지'(空
處, 空無邊處)에 대한 탐욕(欲)을 떠나고 내지 '[무색계無色界의 '네 가지 경
지'(四處) 중 네 번째인] 개념적 지각도 아니고 개념적 지각이 아닌 것도 아
닌 경지'(非想地, 非想非非想處)²²²에 대한 '여덟 가지 탐욕'(八種欲)²²³을

---

219 앞에서 계속 '彼名斷'이라고 문장을 구성해 왔으므로 '斷' 앞에 '名'을 첨가해야 할
   듯하다. 가은은 『아비담비바사론』에 의거하여 '彼斷'을 '是時彼斷'으로 교정한다.
220 『아비담비바사론』 원문과 구문 상의 차이를 보이지만, 내용상으로는 별다른 차
   이가 없어 교정하지 않고 그대로 둔다.
221 살바다부薩婆多部: 범어 Sarvāstivādin의 음역인 '살바아사저바지薩婆阿私底婆地'
   의 약칭. 약칭으로는 이외에도 살바제바薩婆帝婆, 살위薩衛 등이 있다. 일반적으
   로 설일체유부說一切有部라는 의역어가 통용된다.
222 '공처空處에서 비상지非想地까지'라는 것은 무색계無色界의 사정지四定地인 제1
   공무변처空無邊處, 제2 식무변처識無邊處, 제3 무소유처無所有處, 제4 비상비비상

떠난 것을, '[탐욕을] 끊은 것'(斷)이라 부르고 '[탐욕이] 사라진 것'(滅)이라

처非想非非想處를 가리키는데, 『구사론俱舍論』 권8에서는 다음과 같이 말한다. "無色界中都無有處, 以無色法無有方所, 過去未來無表無色不住方所, 理決然故. 但異熟生差別有四, 一空無邊處, 二識無邊處, 三無所有處, 四非想非非想處. 如是四種, 名無色界."(T29, p.41a25~29.) 권오민은 "일체의 색의 관념을 떠나 무한한 허공을 관觀함으로써 획득되는 선정을 공무변처정이라고 하며, 허공이라는 대상에서마저 벗어나 무한한 의식을 관함으로써 획득되는 선정을 식무변처정, 허공이든 의식이든 존재하는 것에 대한 모든 관념에서 벗어남으로써 획득되는 선정을 무소유처정이라고 하였다. 그리고 비상비비상처정은, 그 아래 7지地에서와 같은 관념은 존재하지 않지만, 그렇다고 무상정無想定처럼 어떠한 관념도 존재하지 않는 것은 아니기 때문에 그렇게 일컬은 것으로, 여기서는 다만 어둡고 저열한 관념(昧劣想)만이 존재할 따름이다"(『아비달마불교』, 민족사, 2003, p.306)라고 사무색정四無色定을 설명하는데, 비상비비상처非想非非想處에 대한 설명에서 제시된 매열상昧劣想이라는 것은 생각이 전혀 없는 것은 아니기 때문에 비비상非非想이라고 부를 때 그 비비상非非想의 구체적 내용에 해당하며, 아래 구품혹九品惑에 대한 주석 내용과 연관해서 이해하자면 가장 끊기 어려운 번뇌인 비상비비상처의 제9 하하품下下品의 번뇌를 가리키는 것으로 보인다. 관련된 출전은 보광普光, 『구사론기俱舍論記』 권28의 다음과 같은 내용이다. "立第四名至是立名正因者, 釋後無色. 立第四名, 由想昧劣, 謂無下七地明勝想故. 得非想名, 有昧劣想故, 不同二無心定, 名非非想."(T41, p.420b3~6.)

223 팔종욕八種欲은 구종욕九種欲(九種結, 九品惑)과 연관된 개념이다. 『구사론』 권23에 따르면 "如先已辯欲修斷惑九品差別, 如是上地乃至有頂例亦應爾. 如所斷障一一地中各有九品, 諸能治道無間解脫九品亦然. 失德如何各分九品? 謂根本品有下中上, 此三各分下中上別. 由此失德各分九品, 謂下下下中下上, 中下中中中上, 上下上中上上品."(T29, p.123a4~10)이라고 하여 삼계구지三界九地, 즉 욕계 일지一地(散地), 색계 사정려四靜慮(초선初禪·이선二禪·삼선三禪·사선四禪), 무색계 사처四處(공무변처空無邊處·식무변처識無邊處·무소유처無所有處·비상비비상처非想非非想處) 각각에 하하下下·하중下中·하상下上·중하中下·중중中中·중상中上·상하上下·상중上中·상상上上의 품계 차별이 있다고 하는데, 여기서 팔종욕八種欲을 떠났다는 것은 비상비비상처의 구품혹九品惑 중에서 제8품의 번뇌까지를 끊었다는 뜻이 될 것이다. 『구사론』 권24에서는 "論曰, 即不還者進斷色界及無色界修所斷惑, 從斷初定一品爲初, 至斷有頂八品爲後, 應知轉名阿羅漢向."(T29, p.126b22~24)이라고 하는데, 불환과不還果의 수행자가 색계 초정려初靜慮 제1품으로부터 무색계 비상비비상처非想非非想處(有頂處)의 제8품의 수도소단修道所斷의 번뇌까지를 끊고 나면 아라한향阿羅漢向이라 불리게 된다고 하므로, 인용문에서 비상비

부르며 '탐욕을 없앤 것'(無欲)이라 부르고 '[탐욕을 없애는] 진리'(諦)라 부르지만, '[모든 번뇌를 다] 끊은 지혜'(斷智)²²⁴라 부르지 않고 '아라한의 결

비상처의 팔종욕八種欲을 떠난 것을 '사문과沙門果'(阿羅漢果)라 부르지 않는다는 내용과 일치한다. 말하자면 비상비비상처의 구품혹九品惑 중에서 제8품의 번뇌까지를 끊은 단계는 아라한향阿羅漢向이 된다. 참고로 권오민이 정리한 바에 따르면, 예류향預流向(須陀洹向)은 사제四諦를 현관하여 견도 16찰나의 제1찰나인 고법지인苦法智忍으로부터 제15찰나인 도류지인道類智忍까지이고 예류과預流果(須陀洹果)는 제16찰나인 도류지道類智에 이르러 견도소단見道所斷의 번뇌를 모두 끊었지만 수도소단修道所斷의 번뇌는 아직 끊지 못한 성자이며, 일래향一來向(斯多含向)은 욕계 수도소단의 제1품의 번뇌를 끊고 수도의 도정에 있는 성자이고 일래과一來果(사다함과斯多含果)는 욕계 수도소단의 제6품까지의 번뇌를 끊은 성자이며, 불환향不還向(阿那含向)은 욕계 수도소단의 제7품과 제8품의 번뇌를 끊은 성자이고 불환과不還果(阿那含果)는 욕계 수도소단의 제9품의 번뇌가 끊어져 더 이상 욕계로 돌아오지 않는 성자이다.(『아비달마불교』, 민족사, 2003, pp.257~261 참조.)

224 인용문의 생략된 문장에서는 단지斷智에 대해 "斷智謂一切結盡斷智."라고 하므로 '[모든 번뇌를 다] 끊은 지혜'로 번역될 수 있는데, 다음 문단에 나오는 진지盡智와 동의어로 보아도 무방할 것으로 보인다. 다음 문단에 따르면 진지盡智는 비상비비상처非想非非想處의 제9품의 번뇌마저 끊었을 때 성립하는 지혜로서 아라한과阿羅漢果를 이룬 성자의 지혜라 하겠다. 이 대목의 『열반종요』 인용문인 "盡無生智非想九種結斷."과 『아비담비바사론』 원문인 "金剛喩定滅, 初盡智生, 是時九種結斷."의 구문을 비교해 보면 내용적으로 "金剛喩定滅."의 문장이 생략되었는데, 이에 따르면 진지盡智는 금강유정金剛喩定이 사라지고 나서 발생하는 지혜가 된다. 『구사론』 권24에서 "即此所說阿羅漢向中, 斷有頂惑第九無間道, 亦說名爲金剛喩定." (T29, p.126b24~26)이라 하고, 또 "此定既能斷有頂地第九品惑, 能引此惑盡得倶行盡智倶起, 金剛喩定是斷惑中最後無間道所生, 盡智是斷惑中最後解脫道. 由此解脫道與諸漏盡得最初倶生故名盡智. 如是盡智至已生時便成無學阿羅漢果, 已得無學應果法故."(T29, p.126c21~27)라 한 것에 따르면, 아라한과阿羅漢果를 얻기 위한 마지막 수행인 비상비비상처非想非非想處의 제구품혹第九品惑을 끊는 과정에서 작동하는 선정禪定이 금강유정金剛喩定이므로 금강유정金剛喩定은 아라한향阿羅漢向의 성자가 비상비비상처의 제구품인 무간도無間道에서 소유하는 선정이 되고, 진지盡智는 금강유정金剛喩定에 의해 비상비비상처의 제구품혹이 사라져서 무간도無間道가 해탈도解脫道로 전환되었을 때 발생하는 지혜이므로 아라한과阿羅漢果의 성자가 비상비비상처의 해탈도解脫道에서 소유하는 지혜가 되는 셈이다. 어쨌든

실'(沙門果)²²⁵이라 부르지 않으며 '[신체로 인한 속박이] 남은 열반'(有餘涅槃)²²⁶이라 부르지 않고 '[신체로 인한 속박이] 남지 않은 열반'(無餘涅槃)이라 부르지 않는다.

'[번뇌를] 다 끊은 지혜'(盡智)와 '[번뇌를] 생겨나지 않게 하는 지혜'(無生智)가 '[무색계無色界의 '네 가지 경지'(四處) 중 네 번째인] 개념적 지각도 아니고 개념적 지각이 아닌 것도 아닌 경지'(非想地, 非想非非想處)의 '아홉 가지 번뇌'(九種結)를 끊은 것을, '[번뇌를] 끊은 것'(斷)이라 부르고 '[번뇌가] 사라진 것'(滅)이라 부르며 '탐욕을 없앤 것'(無欲)이라 부르고 '[번뇌를 없애는] 진리'(諦)라 부르며 '[모든 번뇌를 다] 끊은 지혜'(斷智)라 부르고 '아라한의 결실'(沙門果)이라 부르며 '[신체로 인한 속박이] 남은 열반'(有餘涅槃)이라 부르지만, '[신체로 인한 속박이] 남지 않은 열반'(無餘涅槃)이라 부르지는 않는다.

아라한阿羅漢이 '[자아를 이루는 요소들의 다섯 가지] 더미'(陰, 五蘊)와 '[육근六根과 육경六境과 육식六識의 열여덟 가지로 분류한 모든] 경험세계'(界, 18界)와 '[육근六根과 육경六境의 열두 가지로 분류한 모든] 경험세계'(入, 12處)를 [번뇌에 매인 채] 서로 이어가지 않는 것을 '[번뇌를] 끊은 것'(斷)이라 부르고

단지斷智 또는 진지盡智는 제구품혹이 사라져 아라한과阿羅漢果의 성자에게 일어나는 지혜이므로 제팔품혹이 끊어진 아라한향阿羅漢向의 성자에 대해서는 단지斷智 또는 진지盡智를 소유했다고 부를 수는 없을 것이다.

225 인용문의 생략된 문장에서는 사문과沙門果에 대해 "沙門果謂阿羅漢果."라고 한다.
226 『아비달마대비바사론』 권32에 따르면 "云何有餘依涅槃界? 答. 若阿羅漢諸漏永盡, 壽命猶存, 大種造色相續未斷, 依五根身心相續轉. 有餘依故, 諸結永盡, 得獲觸證, 名有餘依涅槃界. 此中壽命者謂命根."(T27, p.167c13~17)이라고 하여, 아라한은 모든 유루의 번뇌가 사라졌지만 수명이 남아 있어 사대四大가 만드는 색色이 상속하므로 오근五根의 신심身心이 상속하기 때문에 유여열반有餘涅槃이라 한다고 설명한다. 신심身心으로 인한 속박이 남아 있지 않은 열반인 무여열반無餘涅槃에 대한 같은 책에서의 설명은 다음과 같다. "云何無餘依涅槃界? 答. 即阿羅漢諸漏永盡, 壽命已滅大種造色相續已斷, 依五根身心不復轉. 無餘依故, 諸結永盡, 名無餘依涅槃界." (T27, p.168a6~9.)

'[번뇌가] 사라진 것'(滅)이라 부르며 '탐욕을 없앤 것'(無欲)이라 부르고 '[번뇌를 없애는] 진리'(諦)라 부르며 '[모든 번뇌를 다] 끊은 지혜'(斷智)라 부르고 '아라한의 결실'(沙門果)이라 부르며 '[신체로 인한 속박이] 남지 않은 열반'(無餘涅槃)이라 부르지만, '[신체로 인한 속박이] 남은 열반'(有餘涅槃)이라 부르지는 않는다.[227][228]

若依大乘卽有四句. 一極通門, 凡夫二乘菩薩與佛音[229]有涅槃. 如此經言, "諸凡夫人依世俗道, 行斷結行, 名入涅槃," 又言, "得少飮[230]食, 亦名得涅槃," 乃至廣說, 聖人涅槃不待言論. 二簡凡聖門, 聖有凡無. 如『地持經』說, "三乘聖人定有涅槃, 名爲正定, 外凡定無, 名爲邪定, 內凡不定, 名不定聚." 三簡大小門, 大有小無. 『法花論』云, "無二乘者, 謂無

---

227 독자부犢子部에 대한 설명에서는 예류향預流向에서 아라한향阿羅漢向까지의 유학有學과 아라한과阿羅漢果인 무학無學의 구분에서 그쳤다면, 설일체유부說一切有部에 대한 설명에서는 아라한과阿羅漢果인 무학無學에서 음陰·계界·입入의 상속 여부에 따른 유여열반有餘涅槃과 무여열반無餘涅槃의 구분이 첨가되어 열반이라는 명칭의 통용과 국한 범위에 대한 이해를 더 세밀하게 다듬고 있다. 이런 맥락에서 원효가 통국문通局門을 기획한 의도는 각 주장의 논란과 논란의 회통 외에도 여러 부류의 열반 이해를 소개하여 열반의 개념범주에 대한 이해의 폭을 넓혀 가려는 것으로 보인다.

228 『아비담비바사론』권33(T28, p.242c28~243a14). "離空處欲, 乃至離非想非非想處, 斷八種結, 是時彼斷名斷, 名無欲, 名滅, 名諦, 不名斷智, 不名沙門果, 不名有餘涅槃, 無餘涅槃界. 金剛喩定滅, 初盡智生, 是時九種斷, 彼斷, 名斷, 名無欲, 名滅, 名諦, 名斷智, 謂一切結盡斷智, 名沙門果, 謂阿羅漢果, 名有餘涅槃界, 不名無餘涅槃界. 卽彼時三界見道所斷, 八地修道所斷, 非想非非想處修道所斷, 八種結同一味, 頓證解脫得, 是時彼斷, 名斷, 名無欲, 名滅, 名諦, 名斷智, 謂一切結盡斷智, 名沙門果, 謂阿羅漢果, 名有餘涅槃界, 不名無餘涅槃界. 若阿羅漢陰界入更不相續, 入無餘涅槃界, 是時彼斷, 名斷, 名無欲, 名滅, 名諦, 名斷智, 謂所得斷智, 名沙門果, 謂阿羅漢果, 不名有餘涅槃界, 名無餘涅槃界."

229 한불전 교감주에서 "'音'은 '眷'인 듯하다"라고 한다. 이에 따라 번역한다.

230 『열반경』원문에 따라 '飮'은 '飯'으로 교정한다.

二乘所謂²³¹涅槃." 今此經云, "菩薩摩訶薩住大涅槃," 諸佛亦爾故. 四者²³²簡因果門, 因無果有. 唯佛一人證得涅槃, 是義具如「德王」說. 通局門竟.

(H1, p.529b24~529c12: T38, p.243a8~18)

나. 대승大乘

만약 대승에 의거한다면 네 가지 구분이 있다.

가) 모두 통용되는 측면(極通門)

첫 번째는 '[범부에서 부처님까지] 모두 통용되는 측면'(極通門)이니, 범부凡夫와 '[성문聲聞·연각緣覺] 두 부류의 수행자'(二乘)와 보살菩薩과 부처님(佛) 모두에게 열반이 있는 것이다. [이것은] 이 『열반경』에서 "모든 범부들이 '세속의 수행방법'(世俗道)에 의거하여 '번뇌를 끊는 수행'(斷結行)을 실천하는 것을 '열반에 들어간다'(入涅槃)고 부른다"²³³고 말하고, 또 "[허기진 사람이] 조금의 밥을 얻은 것[처럼 조금의 안락을 얻은 것]도 열반을 얻은 것이라 부른다"²³⁴ 등으로 자세히 말한 것과 같으니, 성인聖人의 열반이야 논할 필요도 없다.

---

231 『묘법연화경우바제사』원문에 따라 '謂'는 '得'으로 교정한다.

232 '著'는 불필요하게 추가된 글자(剩字)로 보인다.

233 『열반경』권23(T12, p.756c25~26). "若有衆生依世俗道, 斷煩惱者, 如是涅槃則有八事, 解脫不實." 『열반경』원문과 구문 상 다른 점이 있는 것은 『열반종요』'극통문極通門'의 문맥에 맞도록 경문을 적절히 가공했기 때문인 듯하다.

234 『열반경』권21(T12, p.746a3~4). "云何涅槃? 善男子, 如人飢餓得少飯食名爲安樂, 如是安樂亦名涅槃."

나) 범부와 성인을 구별하는 측면(簡凡聖門)

두 번째는 '범부와 성인을 구별하는 측면'(簡凡聖門)이니, [성문聲聞·연각緣覺·보살菩薩의] 성인에게는 [열반이] 있지만 범부에게는 없는 것이다. [이것은] 『보살지지경菩薩地持經』에서 "'[성문聲聞·연각緣覺의 이승二乘과 보살菩薩이라는] 세 종류의 성인'(三乘聖人)에게는 반드시 열반이 있어서 '[열반으로 가는] 올바른 쪽으로 방향이 정해진 부류'(正定[聚])라 부르고, '[부처님 가르침] 밖의 범부'(外凡)에게는 [열반이] 있을 수가 없어서 '[타락하는] 잘못된 쪽으로 방향이 정해진 부류'(邪定[聚])라 부르며, '[부처님 가르침] 안의 범부'(內凡)는 [방향이] 정해지지 않아서 '[열반으로 나아갈지 뒤로 퇴행할지] 방향이 정해지지 않은 부류(不定聚)[235]라 부른다"[236]라고 말한 것과 같다.

---

235 본 원효전서 번역의 『기신론소起信論疏』 번역에서는 정정취正定聚와 부정취不定聚와 사정취邪定聚를 각각 '[깨달음의 세계로] 방향이 정해진 부류', '[깨달음의 세계로 갈지, 타락하여 해로운 세계로 갈지] 도달할 곳이 정해져 있지 않은 부류', '해로운 세계로의 타락이 정해진 부류'로 번역하였는데, 여기서는 열반을 주제로 삼는 맥락임을 고려하여 이렇게 번역하였다.

236 『보살지지경菩薩地持經』에서는 해당하는 출전이 찾아지지 않으나, 혜원慧遠의 『대승의장』 권18에 똑같이 『보살지지경』을 인용하는 유사한 내용의 문장이 다음과 같이 보인다. "如地經說, 三乘之中定有涅槃, 名爲正定, 外凡定無, 名爲邪定, 三乘內凡 形前名有, 望後稱無, 名爲不定."(T44, p.827a6~8.) 한편 인용문 내용과 관련해서는 같은 책 권17에서 "約外凡內凡及聖以別三種, 五停心觀總別念處處判爲外凡, 暖等四心 說爲內凡, 見道已上說以爲聖."(T44, p.789b16~19)이라고 하여, 부정관不淨觀·자비관慈悲觀·연기관緣起觀·계차별관界差別觀·수식관數息觀의 오정심관五停心觀 수행 및 신身·수受·심心·법法의 사상四相에 대한 별상념주別相念住와 총상념주總相念住의 사념처四念處 수행까지가 외범外凡이고, 난법煖法·정법頂法·인법忍法·세제일법世第一法의 사선근四善根 수행이 내범內凡이며, 견도見道 이상이 성인聖人이라고 설명한다. 이러한 구분 방식은 『열반종요』에서 언급되는 삼승성인三乘聖人이라는 용어에서 보듯이 소승과 대승을 구분하지 않고 견도見道를 기준으로 삼아 그 이상과 이하를 성인과 범부로만 구분하는 관점이라고 하겠다. 그런데 정정취正定聚·부정취不定聚·사정취邪定聚의 용어는 원효의 『기신론소』에서 "菩薩十解以上, 決定不退, 名正定聚, 未入十信, 不信因果, 名邪定聚, 此二中間, 趣道

다) 대승과 소승을 구별하는 측면(簡大小門)

세 번째는 '대승과 소승을 구별하는 측면'(簡大小門)이니, 대승에는 [열반이] 있지만 소승에는 없는 것이다. 『법화론法華論』에서는 "'[성문聲聞·연각緣覺] 두 부류의 수행자'(二乘)에게 없다는 것은 '[성문聲聞·연각緣覺] 두 부류의 수행자'(二乘)가 얻는 열반涅槃이 없다는 것이다"[237]라 말한다. 지금 이 『열반경』에서는 "'위대한 보살'(菩薩摩訶薩)은 '크나큰 열반'(大涅槃)에 머무른다"[238]고 말하는데, 모든 부처님도 그러한 것이다.

라) 원인과 결과를 구별하는 측면(簡因果門)

네 번째는 '원인과 과보를 구별하는 측면'(簡因果門)이니, 원인에는 [열반이] 없지만 과보에는 있는 것이다. 오로지 부처님 한 분만이 [수행의 과보로서] 열반을 증득하는 것이니, 이 뜻은 [『열반경』] 「덕왕품德王品」에서 자세히 말한 것[239]과 같다. '[열반이라는 명칭의] 통용되는 범위와 국한

之人, 發心欲求無上菩提, 而心未決, 或進或退, 是謂十信, 名不定聚."(H1, p.723c21~724a2)라 하여, 정정취는 십신十信의 수행이 완성되고 나서 더 이상 퇴보하지 않는 십주十住(=十解) 이상의 과정에 있는 자이고 부정취는 십신十信의 과정에 있는 자이며, 사정취는 십신十信의 과정에 아직 들지 못한 자로 설명하는 것에서 보듯이, 십신十信으로부터 십주十住·십행十行·십회향十迴向·십지十地로 이어지는 대승 보살의 수행계위와 연관된다. 이렇게 사정취·부정취·정정취의 개념을 매개로 소승과 대승의 수행 단계를 대조하여 연관지어 보면, 소승 수행인 오정심관과 사념처 수행은 대승의 십신 수행에 아직 들지 못한 것에 해당하여 사정취이고, 소승의 사선근 수행은 대승의 십신 수행에 해당하여 부정취이며, 소승의 견도 이상의 수행은 대승의 십주 이상의 수행에 해당하여 정정취인 것이 된다고 볼 수 있다.

237 바수반두婆藪槃豆, 『묘법연화경우바제사妙法蓮華經憂波提舍』 권2(T26, p.7b26~27). "無二乘者, 謂無二乘所得涅槃."

238 『열반경』 권4(T12, p.628b18~19). "是菩薩摩訶薩住大涅槃, 則能示現種種無量神通變化. 是故名曰大般涅槃."

되는 범위에 관한 부문'(通局門)을 마친다.

第四明二滅門者, 亦有二種, 先明性淨及方便壞, 後顯有餘無餘涅槃. 初明性淨方便壞者. 眞如法性本來無染故, 曰性淨, 亦名本來淸淨. 涅槃卽如如理, 凡聖一味, 是故亦名同相涅槃. 方便壞者. 智悲善巧壞二邊着, 由是轉依, 眞如顯現, 從因立名, 名方便壞. 由轉二着, 不住二邊故, 亦名無住處涅槃. 如『攝論』云, "諸煩惱²⁴⁰惑滅, 名無住處涅槃"故. 卽此涅槃不通凡住故, 亦名不同相涅槃. 如『地論』云, "定者成同相涅槃, 自性寂滅故. 滅者成不同相方便壞涅槃, 爾²⁴¹現智緣滅故." 是二涅槃同一眞如, 但依義門, 建立二種門耳.

(H1, p.529c13~530a4: T38, p.243a19~b1)

④ 두 가지 열반에 관한 부문(二滅門)

네 번째인 '두 가지 열반을 밝히는 부문'(明二滅門)에는 또한 두 종류가 있으니, 먼저 '본연이 온전한 [열반]'(性淨)과 '[지혜와 자비의] 수단과 방법으로 [집착을] 무너뜨린 [열반]'(方便壞)을 밝히고, 나중에는 '[신체로 인한 속박이] 남은 열반'(有餘涅槃)과 '[신체로 인한 속박이] 남지 않은 열반'(無餘涅槃)을 드러낸다.

---

239 예를 들어 『열반경』 권21 「광명변조고귀덕왕보살품지삼光明遍照高貴德王菩薩品
   之三」에서는 "善男子, 譬如有河第一香象不能得底則名爲大, 聲聞緣覺至十住菩薩不見
   佛性, 名爲涅槃非大涅槃, 若能了了見於佛性, 則得名爲大涅槃也. 是大涅槃唯大象王能
   盡其底, 大象王者謂諸佛也."(T12, p.746b1~5)라고 하여, 상락아정常樂我淨의 불성
   佛性을 보느냐를 기준으로 삼아 성문聲聞·연각緣覺·십주보살十住菩薩과 제불
   諸佛의 차이를 드러낸다.
240 『섭대승론』 원문에 따라 '煩惱'를 '菩薩'로 고친다.
241 『십지경론』 원문에 따라 '爾'를 '示'로 고친다.

가. 본연이 온전한 열반과 수단과 방법으로 [집착을] 무너뜨린 열반을 밝힘
(明性淨及方便壞)

첫 번째로 '본연이 온전한 [열반]'(性淨)과 '[지혜와 자비의] 수단과 방법으로 [집착을] 무너뜨린 [열반]'(方便壞)을 밝히는 것[242]은 [다음과 같다.] '참 그대로의 진리 면모'(眞如法性)는 본래 오염이 없기 때문에 '본연이 온전한 [열반]'(性淨)이라 말하고, '본래 온전한 [열반]'(本來淸淨)이라고도 부른다. 열반涅槃은 바로 '진리와 같아진 것'(如如理)이어서 범부(凡)와 성인(聖)이 [열반의 측면에서는] '한 맛'(一味)[처럼] 통하는 것이니, 그러므로 '동등한 열반'(同相涅槃)이라고도 부른다. '[지혜와 자비의] 수단과 방법으로 [집착을] 무너뜨린 [열반]'(方便壞)이라는 것은 [다음과 같다.] '지혜와 자비의 이롭고 정교한 방편'(智悲善巧)으로 '[실체로서 있음과 아무것도 없음의] 두 가지 극단에 대한 집착'(二邊着)을 무너뜨리고 이 [지혜와 자비로써] '의지처를 바꾸어 가는 [수행]'(轉依)[243]에 의거하여 '참 그대로의 지평'(眞如)이 드러나니, [지혜와 자비의 방편方便이라는] 원인(因)에 따라 명칭을 세워 '[지혜와 자비의] 수단과 방법으로 [집착을] 무너뜨린 [열반]'(方便壞)이라고 부른다. '[실체로서 있음과 아무것도 없음의] 두 가지 집착'(二着)[이라는 의지처]를 바꾸어 '[실체로서 있음과 아무것도 없음의] 두 가지 극단'(二邊)에 머물지 않기 때문에 '머무르는 곳이 없는 열반'(無住處涅槃)이라고도 부른다. 『섭대승론攝大乘論』에서 "모든 보살의 [이변착二邊着의] 번뇌가 사라진 것을 '머무

---

242 열반의 두 측면에 대해 성정열반性淨涅槃과 방편괴열반方便壞涅槃의 용어로 제시되는 문헌은 천친보살天親菩薩의 『십지경론十地經論』 권2뿐인 것으로 검색된다. 출전은 다음과 같다. "此偈云何? 彼智已顯方便壞涅槃, 復示性淨涅槃, 偈言定滅故. 定者成同相涅槃, 自性寂滅故. 滅者成不同相方便壞涅槃. 示現智緣滅故."(T26, p.133b15~18.) 본문 아래에서도 원효는 이 대목을 인용한다.

243 전의轉依: 집착과 번뇌를 의지처로 삼는 것을 무집착의 깨달음과 열반을 의지처로 삼는 것으로 바꾸는 것.

르는 곳이 없는 열반'(無住處涅槃)이라 부른다"²⁴⁴라고 말한 것과 같은 것이다. 바로 이 [머무르는 곳이 없는] 열반은 '범부 중생의 지위'(凡住)²⁴⁵와 는 통하지 않기 때문에 '동등하지 않은 열반'(不同相涅槃)이라고도 부른 다. 『십지경론十地經論』에서 "[부처님이 행하는] 선정禪定(定)²⁴⁶은 '동등한 열반'(同相涅槃)을 이루니 [불변의 동일한] 본질'(自性)[이라는 관념]이 사라 져 고요해지기 때문이고, 적멸(滅)은 [지혜와 자비의] 수단과 방법으로 [집 착을] 무너뜨린 동등하지 않은 열반'(不同相方便壞涅槃)을 이루니 지혜를 드러내어 [집착의] 조건들(緣)을 없애기 때문이다"²⁴⁷라고 말한 것과 같 다. 이 [성정열반性淨涅槃과 방편괴열반方便壞涅槃의] 두 가지 열반은 동일한 '참 그대로의 지평'(眞如)이지만, 단지 [본연(性)과 방편方便이라는 두 가지] '[서로 다른] 뜻의 측면'(義門)에 의거하여 [열반의] 두 가지 부문(門)을 세웠 을 뿐이다.

問. 性淨涅槃得涅槃名, 爲在凡住亦名涅槃, 爲聖所證乃名涅槃? 若如 後者, 方便所證, 即同方便壞涅槃義, 若如前者, 自然所得, 諸凡夫人已入 涅槃. 又若凡夫已入涅槃, 即應聖入²⁴⁸不入泥洹. 如是錯亂, 云何簡別?

(H1, p.530a4~9: T38, p.243b1~6)

---

244 無着無着,『섭대승론攝大乘論』권3(T31, p.129a27). "諸菩薩惑滅, 即是無住處涅槃."
245 현재 거론되는 것이 무주처열반無住處涅槃이라는 점을 감안한다면, '범주凡住'는 '범부 중생이 [이변착二邊着에] 머무르는 것'이라고 볼 수도 있다.
246 원효의 인용문은『십지경론』권2에서 "定滅佛所行, 言說不能及, 地行亦如是, 難說 復難聞."(T26, p.133b13~14)이라는 게송을 해설하는 대목이다. 게송에서는 정정 과 멸멸을 행하는 주체가 부처님이라고(佛所行) 되어 있다. 부처님이 행하는 정정 과 멸멸을 동상성정열반同相性淨涅槃과 부동상방편괴열반不同相方便壞涅槃으로 나누어 설명하는 문맥이라고 하겠다.
247 천친天親,『십지경론』권2(T26, p.133b16~18). "定者成同相涅槃, 自性寂滅故. 滅 者成不同相方便壞涅槃, 示現智緣滅故."
248 문맥에 따라 '入'을 '人'으로 고친다.

묻는다. '본연이 온전한 열반'(性淨涅槃)이 열반이라는 명칭을 얻는다면, '범부 중생의 지위'(凡住)에 있는 것도 열반이라 부르게 되는가 [아니면] 성인이 증득한 것이어야 열반이라 부르게 되는가? 만약 후자와 같다면 '수단과 방법'(方便)으로 증득한 것이어서 [성정열반性淨涅槃은] 바로 '[지혜와 자비의] 수단과 방법으로 [집착을] 무너뜨린 열반'(方便壞涅槃)의 뜻과 같아질 것이고, 만약 전자와 같다면 [열반은 방편 수행 없이] 저절로 얻어지는 것이어서 모든 범부는 이미 열반에 들어 있을 것이다. 또한 만약 범부가 이미 열반에 들었다면 [굳이] 성인이 [되어] 열반에 들어가지 않아도 될 것이다. 이와 같은 혼란을 어떻게 구별하겠는가?

答. 性淨涅槃得名有二. 別門而說, 如後問意, 在聖所證. 所證之[249]有其二義, 對分別性, 證本來淨, 望依他性, 證轉依淨. 由是道理, 同是所證, 二種別義不相雜亂. 通相而論, 如前問意, 亦在凡位. 若依是義, 得言凡夫己[250]入涅槃, 又得說言聖人不入. 依是義故, 『淨名經』言, "一切衆生同涅槃相, 不復更滅,"『起信論』言, "一切衆生從本已來, 入於涅槃菩提之法, 非可修相, 非可作相,"『楞伽經』言, "菩薩一闡提常不入涅槃, 以能善知一切諸法本來涅槃"故.

[H1, p.530a9~20: T38, p.243b6~16]

답한다. '본연이 온전한 열반'(性淨涅槃)이 [그] 명칭을 얻는 [측면]에는 두 가지가 있다. [열반을 증득하지 못한 범부와 증득한 성인으로] '구별하는 측면'(別門)에서 말하자면 [성인이 증득한 것이라야 열반이라 부르냐고 물었던] 뒤의 질문의 뜻과 같으니, [열반의 뜻은] 성인이 증득한 것에 있다. [성인이]

---

249 윤왕사輪王寺 필사본에 따라 '之' 뒤에 '內'를 넣는다.
250 대정장본에는 '己'가 '已'라고 되어 있다. 대정장본에 따른다.

증득한 [열반] 안에는 두 가지 뜻이 있으니, [첫 번째는] '[근본무지의 망상에 의해] 분별된 면모'(分別性; 遍計所執性)에 상대하여 '본연적인 온전함'(本來淨)을 증득한 것이고, [두 번째는] '다른 것에 의존하는 면모'(依他性; 依他起性)에 의거하여 '[참 그대로'(眞如)로] 의지처를 바꾼 온전함'(轉依淨)을 증득한 것이다. 이러한 이치 때문에 [두 가지로 증득한 열반 모두가] 똑같은 [열반의] 증득이니, [그러므로] [열반을 증득하지 못한 범부와 증득한 성인의] 두 가지로 구별하는 뜻이 서로 섞여 어지러워지지 않는다.

[열반에 이미 들어 있는 범부와 성인의] '공통적인 양상'(通相)[의 측면]에서 논하자면 [범부의 지위도 열반이냐고 물었던] 앞 질문의 뜻과 같으니, [열반의 뜻은] '범부의 지위'(凡位)에도 있다. 만약 이러한 뜻에 의거하면 범부도 이미 열반에 들어 있다고 말할 수 있고, 또한 성인은 [열반에] 들어가지 않아도 된다고 말할 수 있다. 이 [통상通相의] 뜻에 의거하기 때문에 『정명경淨名經』(『유마힐소설경維摩詰所說經』)에서는 "모든 중생이 똑같이 '열반한 모습'(涅槃相)이라서 다시 적멸(滅)하지 않는다"[251]라 말하고, 『대승기신론大乘起信論』에서는 "모든 중생이 본래부터 열반涅槃과 '깨달음의 진리'(菩提之法)에 들어 있으니, [이러한 경지는] '닦아 얻을 수 있는 것'(可修相)도 아니고 '지어낼 수 있는 것'(可作相)도 아니다"[252]라고 말하며,

---

251 『유마힐소설경維摩詰所說經』 권1(T14, p.542b18~19). "一切眾生畢竟寂滅, 即涅槃相, 不復更滅." 원효는 『유마힐소설경』의 "一切眾生畢竟寂滅, 即涅槃相"의 뜻을 요약하여 "一切眾生同涅槃相"으로 인용하고 있는 것으로 보인다. 〈산스크리트본의 해당 내용. 『유마힐소설경』 所以者何？諸佛知一切眾生畢竟寂滅, 即涅槃相, 不復更滅. Vkn 35(21a4): tat kasmād dhetoḥ | na hy aparinirvṛtānāṃ sarvasatvānāṃ tathāgatāḥ parinirvānti | parinirvṛtāni te satvāni paśyanti nirvāṇaprakṛtikāni | | 무엇 때문인가? 왜냐하면 모든 중생들이 반열반하지 않는 한, 여래들은 반열반하지 않기 때문이다. 그 [여래]들은 중생들이 열반을 본성으로 가지고 있[기 때문에 결국은] 반열반한다고 본다.〉

252 『대승기신론』 권1(T32, p.577a26~27). "一切眾生本來常住, 入於涅槃菩提之法, 非可修相, 非可作相." 원효는 『대승기신론』의 '本來常住' 부분을 '從本已來'의 용어로 인

『입능가경』에서는 "보살菩薩인 '좋은 능력이 모두 끊어진 자'(一闡提)가 언제나 열반에 들어가지 않으니, 모든 현상이 본래 열반임을 잘 알기 때문이다"[253]라고 말한 것이다.

當知諸佛法門非一, 隨其所說, 而無障礙, 而不錯亂. 所以然者, 菩薩不入勝於凡夫己,[254] 以其善知本來涅槃故, 凡夫已入不如聖人不入, 未能知自入涅槃故. 由是道理, 無雜亂也. 雖無雜亂, 而非簡別. 所以然者, 菩薩不入還同凡已,[255] 凡已入不異菩薩不入, 以明與無明, 愚者謂二, 智者了達其性無二故. 雖復凡聖其性無二, 而是凡聖不爲一性, 以愚者謂二, 智者了達[256]故. 當知凡聖生死涅槃, 不一不異, 非有非無, 非入非不入, 非出非不出. 諸佛之意唯在於此, 但隨淺識, 顯設彼說耳.

[H1, p.530a20~b8: T38, p.243b16~27]

용한다. 참고로『대승기신론별기大乘起信論別記』권1에서도 원효는『대승기신론』의 이 대목을 인용하면서 "如下文云, 一切眾生從本已來, 入於涅槃菩提之法."(T44, p.230b13~14)이라고 하여 '從本已來'의 용어를 사용한다.

253 『입능가경』권2(T16, p.527b13~15). "佛告大慧, 菩薩摩訶薩一闡提常不入涅槃. 何以故? 以能善知一切諸法本來涅槃." 〈산스크리트본의 해당 내용. LAS 66.10-13: [punar api mahāmatir āha -] katamo 'tra bhagavann atyantato na parinirvāti | [bhagavān āha -] bodhisattvecchantiko 'tra mahāmate ādiparinirvṛtān sarvadharmān viditvātyantato na parinirvāti | | [마하마띠가 다시 한번 물었다:] "세존이시여! 여기에서(=이 시스템, 즉 불교에서) 어떤 자가 결단코 반열반하지 않습니까?" [세존께서 답하셨다:] "마하마띠여! 보살인 일천제가 여기에서 '모든 다르마는 애초에 반열반한 것이다'라고 알고 나서 결단코 반열반하지 않는다."〉

254 대정장본에는 '己'가 '已'라고 되어 있다. 대정장본에 따른다. 그리고 문맥상 '已' 뒤에 '入'을 삽입한다.

255 한불전 교감주에 "'已' 아래 '入'이 탈락되어 있는 듯하다"라고 한다. 교감주에 따른다.

256 한불전 교감주에 "'達' 아래 '一'이 탈락되어 있는 듯하다"라고 한다. 그러나 내용상 '不一'이 첨가되어야 할 것으로 보인다.

'모든 부처님[이 설한] 진리로 들어가는 문'(諸佛法門)은 하나가 아니어서 그 말씀하신 내용들을 따라가면 [이치에] 막혀 방해받는 일도 없고 [이치가] 섞여 어지러워지지도 않는다는 것을 알아야 한다. 왜 그런가 하면, 보살이 [열반에] 들어가지 않는다는 것은 범부가 이미 [열반에] 들어가 있다는 것보다 수승하니 그 [열반에 들어가지 않는 보살]은 [모든 현상이] 본래 열반이라는 것을 잘 알기 때문이고, 범부가 이미 [열반에] 들어가 있다는 것은 성인이 [열반에] 들어가지 않는다는 것과는 같지 않으니 [범부는] 스스로 열반에 들어 있는 것을 아직 알지 못하기 때문이다. 이러한 도리로 인해, [범부가 이미 열반에 들어있다는 것과 성인이 열반에 들어가지 않는다는 것이] 섞여 어지러울 것이 없다.

비록 섞여 어지러울 것이 없지만 [이미 열반에 들어있다는 범부와 열반에 들어가지 않는다는 성인을] 갈라 차별하지도 않는다. 왜 그런가 하면, 보살이 [열반에] 들어가지 않는다는 것은 도리어 범부가 이미 [열반에] 들어가 있다는 것과 같은 것이고, 범부가 이미 [열반에] 들어가 있다는 것은 보살이 [열반에] 들어가지 않는다는 것과 다르지 않으니, 〈지혜(明)와 근본무지(無明)를 어리석은 자는 다르다고 말하지만 지혜로운 자는 그 본연(性)이 '다름이 없음'(無二)을 깨달아 통달하기 때문이다.〉257 [나아가] 비록 범부와 성인은 그 본연(性)이 '다름이 없더라도'(無二) 이 범부와 성인이 '같은 면모'(一性)인 것도 아니니, 어리석은 자는 [범부와 성인이] 다르다고만 말하지만 지혜로운 자는 [범부와 성인이 '다르지 않지만'(無二) 또한] '같지 않다'(不一)는 것을 깨달아 알기 때문이다. '범부와 성인'(凡聖) 및 '나고 죽는 [윤회輪廻]와 열반'(生死涅槃)은 '같은 것도 아니고 다른 것도 아니며'(不一不異) '있는 것도 아니고 없는 것도 아니며'(非有非無) '들어가는

---

257 열반의 통상通相 측면에 대한 논거로서 제시된 이 문장은 『열반경』 권8에 "明與無明, 智者了達其性無二."(T12, p.651c3)라고 하는 문장을 원용한 것으로 보이는데, 원효는 다음에 이어지는 문장에서 보듯이 불일不一의 측면에까지 논의를 확장한다.

것도 아니고 들어가지 않는 것도 아니며'(非入非不入) '벗어나는 것도 아니고 벗어나지 않는 것도 아니라는'(非出非不出) 것을 알아야 한다. 모든 부처님의 뜻은 오로지 이 [도리]에 있는 것이지만, 단지 식견이 얕은 자들에 따라 저 [같다거나 다르다는 등의] 설명을 드러내어 베풀었을 뿐이다.

次明有餘無餘滅者. 若依薩婆多宗義者, 涅槃體一, 約身說二. 如『智度論』[258]說, "云何有餘身界涅槃?[259] 答. 或有說者. 身有二種, 一者有煩惱身, 二者生身. 阿羅漢無煩惱身, 而有餘生身, 依此生身, 得涅槃故, 名有餘身界涅槃. 云何無餘身界涅槃?[260] 答. 阿羅漢已滅四大諸根盡, 而入涅槃." 此文未分明故, 下卽, "問曰. 此文不應作是說, 身諸根覺性滅, 名無餘身界涅槃, 應作是說, 阿羅漢斷一切結盡, 入於涅槃, 是名無餘身涅槃界, 此不說者有何意耶? 答. 彼尊者依世俗言, 信經故, 而作是說."『雜心論』中亦同是說.

[H1, p.530b9~21: T38, p.243b27~c9]

나. 신체로 인한 속박이 남은 열반과 신체로 인한 속박이 남지 않은 열반을 밝힘(明有餘無餘滅)

다음으로 '[신체로 인한 속박이] 남은 열반'(有餘滅)과 '[신체로 인한 속박이] 남지 않은 열반'(無餘滅)을 밝힌다.

---

258 '智度論'을 '婆沙論'으로 고친다. 이하의 문장은 『대지도론』이 아니라 『아비담비바사론』에서 검색되고, 문맥상으로도 살바다부薩婆多部의 종의宗義에 대한 전거는 『아비담비바사론』이어야 할 것으로 보이기 때문이다.
259 『아비담비바사론』 원문에 따라 '有餘身界涅槃'을 '有餘身涅槃界'로 고친다. 아래에서도 '有餘身涅槃界'로 통일한다.
260 『아비담비바사론』 원문에 따라 '無餘身界涅槃'을 '無餘身涅槃界'로 고친다. 아래에서도 '無餘身涅槃界'로 통일한다.

가) 설일체유부說一切有部의 설명

만약 설일체유부說一切有部(薩婆多)[261]의 주장(宗義)에 의거한다면, 열반의 본체(體)는 하나이지만 신체(身)에 의거하여 [유여열반有餘涅槃과 무여열반無餘涅槃의] 두 가지를 설한다. 『아비담비바사론阿毘曇毘婆沙論』에서 [다음과 같이] 말한 것과 같다. "무엇이 '[신체로 인한 속박이] 남은 열반의 세계'(有餘身涅槃界)인가? 답한다. 어떤 사람은 [다음과 같이] 말한다. 신체에는 두 가지가 있으니, 첫 번째는 '번뇌에 빠진 신체'(煩惱身)이고 두 번째는 '살아 있는 신체'(生身)이다. 아라한阿羅漢은 '번뇌에 빠진 신체'(煩惱身)가 없지만 '살아 있는 신체'(生身)가 남아 있으니, 이 '살아 있는 신체'(生身)에 의거하여 열반을 얻기 때문에 '[신체로 인한 속박이] 남은 열반의 세계'(有餘身涅槃界)라고 부른다. 무엇을 '[신체로 인한 속박이] 남지 않은 열반의 세계'(無餘身涅槃界)라고 말하는가? 답한다. 아라한阿羅漢이 '[지地·수水·화火·풍風의] 네 가지 물질적 속성'(四大)과 '모든 감관능력'(諸根)을 다 사라지게 하고서 열반에 들어간 것[이 무여신열반계無餘身涅槃界]이다."[262] [『아비담비바사론』에서 무여신열반계無餘身涅槃界를 설명하는] 이 글이 아

---

261 살바다薩婆多: 범어 Sarvāstivādin의 음역인 '살바아사저바지薩婆阿私底婆地'의 약칭. 일반적으로 설일체유부說一切有部라는 의역어가 통용된다.

262 『아비담비바사론』 권17(T28, p.126a22~b11). "云何有餘身涅槃界? 答曰. (阿羅漢住壽, 四大未滅, 乃至廣說. 四大者即四大是也. 諸根者造色是也. 相續心者是心心數法也. 若此四大造色心心數法未滅, 是有餘身涅槃界. 復有說者, 四大是四大身, 諸根即諸根, 相續心是覺性. 若身根覺性未滅, 是有餘身涅槃界. 如是等諸有餘故, 名有餘身涅槃界.) 身有二種, 一煩惱身, 二生身. 雖無煩惱身, 而有生身. (復有說者, 身有二種, 有染污, 不染污. 染污已盡, 唯有不染污. 是故說四大等有餘故, 言有餘. 四大爲生何法? 謂生造色, 依造色, 能生心心數法, 乃至廣說.) 彼斷一切結得作證, 是名有餘身涅槃界. 云何無餘身涅槃界? 若阿羅漢已入涅槃四大滅, (乃至廣說. 四大者即四大. 諸根者是造色. 相續心者是心心數法. 若此四大諸根心心數法滅,) 是名無餘身涅槃界. (復有說者, 四大身諸根即諸根. 相續心是覺性. 若身諸根覺性滅, 是名無餘身涅槃界.)" 괄호는 원문인 『아비담비바사론』에서 생략된 부분을 표시한다. 생략되지 않은 부분도 구문상

직 분명하지 않기 때문에 바로 아래에서 [다음과 같이 말한다]. "묻는다. 이 글에서 〈신체(身)와 '모든 감관능력의 인식하는 면모'(諸根覺性)[263]가 사라진 것을 '[신체로 인한 속박이] 남지 않은 열반의 세계'(無餘身涅槃界)라 부른다〉라고 설명해서는 안 되고, 〈아라한(阿羅漢)이 모든 번뇌를 다 끊고서 열반에 들어간 것을 '[신체로 인한 속박이] 남지 않은 열반'(無餘身涅槃界)이라 부른다〉라고 설명해야 하는 것인데, 이렇게 설명하지 않은 것에는 어떠한 뜻이 있는가? 답한다. 저 존귀한 분[인 부처님]은 세속의 말에 의거하여 가르침(經)을 믿게 하려 하기 때문에 [신체(身)와 '모든 감관능력의 인식하는 면모'(諸根覺性) 등을 거론하여] 이렇게 설명한 것이다."[264] 『잡아비담심론雜阿毘曇心論』에서의 설명도[265] 이러한 설명과 동일하다.

일치하지 않는 곳이 있는데, 내용적으로 볼 때 『아비담비바사론』의 생략된 대목의 내용을 감안하여 원효가 본문의 인용문 안에서 뜻만을 취하여 요약한 것으로 보인다. 해당하는 곳은 두 군데인데, 본문의 인용문에서 "依此生身, 得涅槃故, 名有餘身界涅槃"은 원문에서 "彼斷一切結得作證, 是名有餘身涅槃界."에 해당하고 본문의 인용문에서 "阿羅漢已滅四大諸根盡, 而入涅槃."은 원문에서 "若阿羅漢已入涅槃四大滅."에 해당하여 구문상 일치하지 않지만, 전자는 원문의 앞 내용을, 후자는 원문의 뒤 내용을 취의 요약하여 경증을 위한 인용문으로 제시한 것으로 보인다.

263 각성覺性: 『아비담비바사론』의 생략된 부분에서는 각성覺性에 대해 "相續心是覺性."(T28, p.126a26~27)이라 하고, 상속심相續心에 대해서는 "相續心者是心心數法也."(T28, p.126a24)라고 한다. 유여열반有餘涅槃에 대한 설명에서 번뇌신煩惱身은 없지만 생신生身은 있어서 이 생신生身의 범주에 속하는 사대四大와 사대소조四大所造의 제근諸根과 제근諸根에 의한 각성覺性이 아직 사라지지 않았다고 하므로, 이 각성覺性은 생신生身에 의거하여 상속相續하는 마음(心)과 마음현상(心所法)을 말하는 것으로 보인다.

264 『아비담비바사론』 권17(T28, p.126b11~15). "問曰. 此文不應作是說, 身諸根覺性滅, 名無餘身涅槃界, 應作是說, 阿羅漢斷一切結盡, 入於涅槃, 是名無餘身涅槃界, 而不說者有何意耶? 答曰. 彼尊者依世俗言, 說信經故, 而作是說."

265 『잡아비담심론雜阿毘曇心論』에서는 유여열반有餘涅槃과 무여열반無餘涅槃의 개념을 명시적으로 거론하는 대목이 찾아지지 않으나, 권7에서 "燒諸煩惱不應還生, 如火燒木爲灰, 至竟爲灰, 不復爲木. 如是阿羅漢以智火燒煩惱薪, 不應復爲煩惱, 彼不應如是. 何以故? 譬不合故. 云何如燒薪有灰, 若如是阿羅漢煩惱有餘如灰耶? 若有餘者

問. 身智滅處, 何故非涅槃? 答. 依此宗, 明數滅無爲體是善故, 名涅槃, 身智現亡, 是無常滅有爲故, 非涅槃, 現在斷因, 未來生後報法不起, 是非數滅無記故, 非涅槃. 以智從報, 亦同此說.

[H1, p.530b21~c2: T38, p.243c9~13]

묻는다. [인용한 『아비담비바사론』의 문답에서] '신체와 [모든 감관의] 인지능력이 사라진 경지'(身智滅處)는 왜 열반이 아니[라고 말하]는가? 답한다. 이 [설일체유부說一切有部의] 주장에 의거하면 '지혜로써 [번뇌를] 없애어 [근본무지를 조건으로 삼는 현상들에 대한] 행위가 없는'(數滅無爲)[266] 본체(體)를

非阿羅漢, 有煩惱故. 若無者不如上譬, 然非彼聖道如火燒薪, 但聖道起斷煩惱, 得解脫得作證."(T28, p.960c29~961a6)이라는 대목이 찾아지는데, 간략히 요약하면 불(火)로 나무(木)를 태워 재(灰)로 만드는 것이 아라한阿羅漢의 '지혜의 불'(智火)로 번뇌를 없애는 것을 비유한다는 의견에 대해, 아라한의 성도聖道는 번뇌를 완전히 끊는 것(斷)이어서 재(灰)와 같이 '남은 것'(有餘)이 있다는 것은 아라한阿羅漢의 성도聖道를 올바로 비유한 것이 아니라는 내용이다.

266 수멸무위數滅無爲(pratisaṃkhyā nirodha)와 비수멸무위非數滅無爲(apratisaṃkhyā nirodha): 수멸무위數滅無爲는 택멸무위擇滅無爲라고도 하고, 비수멸무위非數滅無爲는 비택멸무위非擇滅無爲라고도 한다. 『아비달마구사론』 권1에서는 "三無爲, 何等爲三? 虛空二滅, 二滅者何? 擇非擇滅."(T29, p.1c11~12)이라고 하여 무위법에는 허공虛空, 택멸擇滅, 비택멸非擇滅의 세 가지가 있다고 밝힌다. 같은 곳에서 먼저 택멸擇滅에 대해서는 "擇滅即以離繫爲性, 諸有漏法遠離繫縛, 證得解脫, 名爲擇滅. 擇謂簡擇, 即慧差別, 各別簡擇四聖諦故. 擇力所得滅, 名爲擇滅."(T29, 1c15~18)이라고 하여 혜차별慧差別에 의한 '가려내어 선택하는 능력'(揀擇力)으로 번뇌를 소멸시킨 것으로서, 번뇌를 벗어나(離繫) 해탈解脫을 증득한 것이 택멸擇滅이라고 한다. 다음으로 비택멸非擇滅에 대해서는 "永礙當生得非擇滅, 謂能永礙未來法生, 得滅異前, 名非擇滅. 得不因擇, 但由闕緣."(T29, p.1c25~27)이라고 하여 수행을 통한 간택력(擇)에 의해 얻어지는 택멸무위擇滅無爲와 달리 비택멸무위非擇滅無爲는 현재에 생겨날 인연을 결여한(闕緣) 자연적 결과로 얻어지는 것으로서, 미래의 현상이 생겨나는 것을 영원히 장애하는 것이라고 한다. 권오민은 비택멸무위非擇滅無爲에 대해 "유부 이론에 따르면 일체의 존재는 과거·현재·미래 삼세에 걸쳐 실재하는데, 미래법은 일정한 때, 일정한 조건 하에서 생기·현현하며(=현재), 그 같은 조건을 결여한 그것은 잠재태로서 영원히 미래에 머물게" 되고 "이것은

드러내는 것이 '이로운 것'(善)이기 때문에 열반이라고 부르지만, 신체 (身)와 '[모든 감관의] 인지능력'(智)이 현재 없어진 것은 [변하지 않는 본체 (體)인 무위無爲가 아니라] '변하여 소멸하는 현상'(無常滅有爲)이기 때문에 열반이 아니고, 현재에 원인을 끊어 '미래에 생겨나게 되는 뒤의 과보 현상'(未來生後報法)을 일으키지 않는 것은 '지혜로써 [번뇌를] 없앤 것이 아니라, 이롭지도 해롭지도 않아 과보를 일으키지 않는 것'(非數滅無記) 이기 때문에 열반이 아니다. '[모든 감관의] 인지능력'(智)이 과보를 따르 는 것도 이러한 [비수멸非數滅에 대한] 설명과 동일하다.

若依成實論宗, 假名實法二心無處, 是有餘涅槃, 心空及身未來不起, 是無餘泥洹, 身智現滅亦非涅槃. 故彼論云, "二空心處滅定及無餘泥 洹."問. 此論宗無餘泥洹, 爲是數滅, 爲非數滅? 答. 彼論宗說. 斷集因 故, 苦果不起亦是數滅. 智雖非報, 其無常邊行苦所攝故, 其報起[267]亦入 滅諦. 若依譬喩部說, 斷集因故, 苦報不起, 雖是涅槃, 而非數, 非非[268] 故, 是無記性. 如『婆婆[269]』云, "或有說者. 有餘身涅槃界是善, 是道果, 是諦攝, 無餘身涅槃界是無記, 非道果, 非諦攝."

[H1, p.530c2~14: T38, p.243c13~23]

생겨나지 않았기 때문에 소멸하지도 않"으므로 이 비택멸법非擇滅法도 "일종의 무위법으로 일컬어지는 것이다"(『유부아비달마와 경량부철학의 연구』, 서울: 경 서원, 1994, p.143)라고 설명한다. 아래 본문에서 원효는 비택멸非擇滅(非數滅)에 대해 "現在斷因, 未來生後報法不起"라 설명하고 있다. 그리고 보광普光의 『구사론 기』 권1에서는 택멸擇滅과 비택멸非擇滅에 대해 "前滅是善, 後滅無記. 故云異前, 名非擇滅."(T41, p.13b9~10)이라고 하여 앞의 택멸擇滅은 선善이고 뒤의 비택멸 非擇滅은 무기無記라고 한다.

267 윤왕사輪王寺 필사본에는 '起' 앞에 '不'이 있다. 필사본에 따른다.
268 윤왕사輪王寺 필사본에는 '非數, 非非'가 '非非, 數數'로 되어 있다. 문맥에 따라 '非 數, 非非'를 '非數, 非數'로 고친다. 가은은 '非數, 非非'를 '非數滅, 非數滅'로 고친다.
269 婆를 沙로 고친다.

나)『성실론』의 설명

만약『성실론成實論』[270]의 주장에 의거한다면 〈'임시방편으로 세운 명칭'(假名)과 '실제의 현상'(實法)을 [불변의 실체로 보는] 두 가지 마음[인 가명심假名心과 법심法心]이 없어진 경지〉가 '[신체로 인한 속박이] 남은 열반'(有餘涅槃)이고 〈[가명假名과 실법實法에] '불변의 실체가 없다고 하는 마음'(心空)[271]과 신체(身)마저 미래에 [다시] 생겨나지 않는 것〉이 '[신체로 인한 속박이] 남지 않은 열반'(無餘泥洹)이니,[272] [여기에서도] 신체(身)와 '[모

270『성실론成實論』: 하리발마訶梨跋摩(Harivarman, 250~350년경) 작作으로 구마라집鳩摩羅什에 의해 후진後秦 홍시弘始 13~14년(411~412)에 역출되었다. 발취聚發(서론)·고제취苦諦聚·집제취集諦聚·멸제취滅諦聚·도제취道諦聚의 5취聚 202품으로 구성되어 있는데, 실實을 완성(成)하는 논서라는 제목에서 보듯이『성실론』은 사제四諦의 참된 뜻을 밝히는 데 주안점을 둔다. 본서는 부파불교의 중요한 교리를 거의 망라하면서도 설일체유부의 해석을 배척하는 대승적 견해가 자주 발견된다는 점에서 소승에서 대승에 걸치는 과도기적 성격을 띠는 것으로 평가된다. 본서의 역출 이후 중국에서는 남조南朝 양대梁代의 3대 성실론사成實論師로서 개선사開善寺 지장智藏(458-522), 장엄사莊嚴寺 승민僧旻(467-527), 광택사光宅寺 법운法雲(467-529)이 거론되고 교상판석에서는 가명종假名宗이라고 불리게 될 정도로 유행하는데, 이후 삼론학이나 천태학에 의해 논파의 대상이 되면서 점차 쇠미해진다.『佛典解題事典』(東京: 春秋社, 1977), pp.119~121 참조.

271『성실론』의 세 가지 마음 가운데 하나인 '공성空性에 다시 집착하는 마음인 공심空心'을 가리키는 것으로 보인다. 필사 과정에서 '空心'이 '心空'으로 바뀌었을 가능성도 있다. 여기서는 '空心'으로 보고 번역한다.

272가명심假名心·법심法心·공심空心의 3심心:『성실론』권11에서는 열반인 멸제滅諦를 설명하면서 "滅三種心名爲滅諦, 謂假名心法心空心"(T32, p.327a8~9)이라고 하여 인연소생因緣所生의 가명假名에 집착하는 마음인 가명심假名心과 대상에 집착하는 마음인 법심法心과 이 가명심假名心과 법심法心의 공성空性에 다시 집착하는 마음인 공심空心의 3심心을 소멸시키는 것이 멸제滅諦라고 규정한다. 이어지는 문장에서는 "問曰, 云何滅此三心? 答曰, 假名心或以多聞因緣智滅. 或以思惟因緣智滅. 法心在煖等法中, 以空智滅. 空心入滅盡定滅. 若入無餘泥洹斷相續時滅."(T32, p.327a9~12)이라고 하여 가명심假名心은 인연지因緣智를 다문多聞하고 사유思惟하여 소멸시키고, 법심法心은 난煖·정頂·인忍·세제일법世第一法 등 4선근善根

든 감관의] 인지능력'(智)이 현재 [잠시] 사라진 것은 또한 열반이 아니다. 그러므로 저 논서(『성실론成實論』)에서는 "[가명假名과 실법實法] 두 가지에 불변의 실체가 없다고 하는 마음의 경지'(二空心處)는 '모든 마음현상이 소멸된 선정'(定;滅盡定)과 [신체로 인한 속박이] 남지 않은 열반'(無餘泥洹)을 소멸시킨다"273라고 말한다.

묻는다. 이 논서(『성실론成實論』)의 주장에서 [신체로 인한 속박이] 남지 않은 열반'(無餘泥洹)은 '지혜로써 [번뇌를] 없앤 것'(數滅)인가, [아니면] '지혜로써 [번뇌를] 없앤 것이 아닌 [발생원인이 없는] 소멸'(非數滅)인가? 답한다. 저 논서(『성실론成實論』)의 주장에서는 [다음과 같이] 말한다. '[4제諦 중 고제苦諦를 일으키는] 원인'(集因)274을 끊기 때문에 '[4제諦 중] 괴로움이라는

<hr>

중의 공지空智로써 소멸시키며, 공심空心은 멸진정滅盡定에 들어 소멸시키는데, 무여열반無餘涅槃에 들어 몸과 마음의 상속이 끊어질 때 공심空心이 완전히 소멸한다고 설명한다. 가명심假名心과 법심法心의 소멸 맥락에서는 인연지因緣智나 4선근善根 등의 용어가 등장하여 소승적 색채를 띤다면 공심空心의 소멸 맥락은 그 자체로 대승적 색채를 띠는데, 원효는 과도기적 교설인 이 『성실론』의 열반관을 3심心 소멸의 문맥, 즉 가명심假名心과 법심法心의 소멸은 유여열반有餘涅槃이고 공심空心의 소멸은 무여열반無餘涅槃이라는 문맥으로 정리하여 소개하는 것으로 보인다.

273 『성실론』권12(T32, p.333c21~23). "問曰, 此空心於何處滅? 答曰, 二處滅, 一入無心定中滅. 二入無餘泥洹斷相續時滅." 원효의 인용문은 출처로 제시된 이 문장의 뜻을 취하여 요약한 것으로 보인다.

274 집인集因: 여기서 집인集因은 사제四諦 중 고제苦諦의 원인인 집제集諦를 말하는데, 『아비달마구사론』권22에서는 "應知此中果性取蘊名爲苦諦, 因性取蘊名爲集諦, 是能集故. 由此苦集因果性分, 名雖有殊非物有異."(T29, p.114a22~24)라고 하여 고제苦諦는 과성취온果性取蘊이고 집제集諦는 인성취온因性取蘊이라고 설명한다. 말하자면 고제苦諦와 집제集諦는 과성果性과 인성因性이라는 점에서는 다르지만 괴로움과 집착의 대상(物)이 오온五蘊이라는 점에서는 다르지 않다는 것이다. 집제는 samudaya-satya인데, 집집에 해당하는 samudaya는 일반적으로 coming together, combination, collection, aggregation(합침, 결합, 모음, 쌓임)으로 영역되고, '온蘊'은 the aggregate of the constituent elements or factors of any being or existence(구성 요소의 집합 또는 존재의 요소) 등으로 영역된다. Monier

과보가 일어나지 않는 것'(苦果不起)[인 무여열반無餘涅槃] 또한 '지혜로써 [번뇌를] 없앤 것'(數滅)이다. '[원인을 끊어 괴로움의 과보가 일어나지 않게 하는] 지혜'(智)는 비록 [번뇌가 소멸된] 과보는 아니지만 그 [지혜(智)]는 '변한다 는 측면에서의 괴로움'(無常邊行苦)에 포함되는 것이므로 그 [지혜(智)로 인한] 과보가 일어나지 않는 것도 '[4제諦 중] 괴로움의 소멸에 관한 진리' (滅諦)에 들어간다. 만약 [『성실론』의 주장과 유사하지만 이 문제에 대해 다른 견해를 갖는] 비유부譬喩部[275]의 설명에 의거한다면, '[4제諦 중 고제苦諦를 일 으키는] 원인'(集因)을 끊기 때문에 '[4제諦 중] 괴로움이라는 과보가 일어 나지 않는 것'(苦果不起)은 [아래 『아비담비바사론阿毘曇毘婆沙論』 인용문에서

Williams Dictionary, p.1167 참조.

[275] 비유부譬喩部: 일반적으로 비유부譬喩部는 인도 소승 18부 중의 경량부經量部라 고 말해진다. 규기窺基의 『성유식론술기成唯識論述記』 권4에서도 "譬喩部師即經 部也."(T43, p.355c26~27)라고 하여 아비달마교학과 유식교학의 가교 역할을 했 던 학파로 알려지는 경량부經量部와 비유부譬喩部를 동일시한다. 권오민에 따르 면 『구사론』에서 경량부는 "유부에 의해 '비유자譬喩者'로 폄칭"되고, "궁극적으로 『바사婆沙』의 비유자譬喩者에서 기원한 것"이라고 한다.(「『구사론』에서의 경량 부1」, 『한국불교학』 53집, 2009, p.259 참조.) 권오민은 또한 경량부 학설의 불교 사상사적 위치에 대해 "『구사론』상에서 비바사사毘婆沙師의 중요한 대론자로 등 장하고 있으며, 나아가 유가행파의 유식체계를 확립시킨 세친世親이 유부에 출가 하여 경량부적 사유를 띰으로써 케시미르의 정통 유부 논사였던 중현衆賢에 의해 이단으로 배척받았다는 사실을 상기할 때, 결국 세친의 유식설도 일단은 경량부 적 전제 위에서 이루어졌다고도 볼 수 있다. 나아가 진나陳那 이후의 불교지식론 은 경량부철학의 영향 없이는 결코 성립할 수 없었"다고 한다.(『유부아비달마와 경량부철학의 연구』, 서울: 경서원, 1994, p.99.) 원효는 사상사적으로 『성실론』 과 비유부가 공통적으로 가지는 이러한 과도기적 성격에 주목하여 유사한 주장으 로서 제시하는 것으로 보인다. 그런데 경량부의 학설에 대해 "유부나 유가행파처 럼 분명한 실체로서 알려지지 않기 때문에(다시 말해 대표적인 사상가도 그들의 논서도 알려지지 않기 때문에)"(권오민, 위의 논문, pp.256~257) 그 "정체에 대한 의문이 제기"(권오민, 위의 논문, p.257)되지 않을 수 없다고 술회하듯이 경량부 經量部를 위시한 『성실론』과 비유부譬喩部의 동이 여부는 논란의 대상이 되는데, 원효는 본문에서 『성실론』과 비유부譬喩部의 미세한 차이까지 포착하여 소개하 고 있어 주목된다.

보듯이] 비록 [무여無餘]열반이지만 '지혜로써 [번뇌를] 없앤 것이 아닌 것'
(非數[滅])이며, '지혜로써 [번뇌를] 없앤 것이 아닌 것'(非數[滅])이므로 '이
롭지도 않고 해롭지도 않아 과보를 일으키지 않는 것'(無記性)이다. 『아
비담비바사론阿毘曇毘婆沙論』에서 "어떤 사람은 다음과 같이 말한다.
[신체로 인한 속박이] 남은 열반의 세계'(有餘身涅槃界)는 '이로운 것'(善)이
고 '[4제諦 중] 괴로움의 소멸로 나아가는 길의 과보'(道果)[인 멸제滅諦]이
어서 [네 가지] 진리(諦)에 포함되지만, '[신체로 인한 속박이] 남지 않은 열반
의 세계'(無餘身涅槃界)는 '이롭지도 않고 해롭지도 않아 과보를 일으키
지 않는 것'(無記)이고 '[4제諦 중] 괴로움의 소멸로 나아가는 길의 과보'
(道果)[인 멸제滅諦]가 아니어서 [네 가지] 진리(諦)에 포함되지 않는다"[276]라
고 말한 것과 같다.[277]

若就大乘, 卽有四門, 一就化現, 二約實義, 三對大小, 四依三身. 化

---

[276] 『아비담비바사론』 권17(T28, p.126a13~18). "復有說有餘身涅槃界有體, 無餘身涅
槃界無體. 復有說有餘身涅槃界是善, 無餘身涅槃界是無記. 復有說有餘身涅槃界是道
果, 無餘身涅槃界非道果. 復有說有餘身涅槃界是諦所攝, 無餘身涅槃界非諦所攝."

[277] 앞서 『성실론』에서는 3심心 중 가명심假名心과 법심法心이 없어진 자리가 유여열
반有餘涅槃이고 공심空心까지 없어진 자리가 무여열반無餘涅槃이라 하면서 질문
에 대한 대답에서는 무여열반無餘涅槃이 수멸數滅이라고 규정했다면, 이에 대한
비유부譬喩部 견해의 차이는 무여열반無餘涅槃이 비수멸非數滅이라고 보는 지점
에 있다고 하겠다. 추론하자면 비유부譬喩部에서 무여열반無餘涅槃을 비수멸非數
滅이라고 보는 의도는, 무여열반無餘涅槃을 수멸무위數滅無爲라고 규정함으로써
수멸무위數滅無爲인 열반의 실유實有를 주장하는 아비달마 교학의 실체관과 동일
해질 것을 경계하기 때문이라고 생각해 볼 수도 있겠다. 열반의 실유성實有性에
대한 이 논란은 『성실론』에서도 주요하게 다루어지는데, 권16에서는 "問曰, 泥洹
非實有耶? 答曰, 陰滅無餘故稱泥洹, 是中何所有耶?"(T32, p.368c13~14)라고 하여,
오온五蘊이 남김없이(無餘) 사라진 것을 열반이라고 하는데 여기서 무엇이 소유
所有이겠는가라고 열반의 실유實有를 부정한다. 원효는 『성실론』과 비유부를 내
세워 이 과도기적 학설 내의 미세한 차이를 소개하고 있는 것으로 보인다.

> 現門者. 同小乘二種涅槃, 其義同前二宗所說, 但彼謂實, 此似²⁷⁸現耳.
>
> [H1, p.530c14~17: T38, p.243c23~26]

다) 대승의 설명

만약 대승에 나아가 말한다면 [열반에는] 곧 네 가지 측면(門)이 있으니, 첫 번째는 '변화시켜 나타낸 것'(化現)에 의거하는 [측면]이고, 두 번째는 '실제의 뜻'(實義)에 의거하는 [측면]이며, 세 번째는 '대승과 소승'(大小)을 대비對比하는 [측면]이고, 네 번째는 '[응신應身·화신化身·법신法身의] 세 가지 몸'(三身)에 의거하는 [측면]이다.

(가) 변화시켜 나타내는 측면(化現門)

'변화시켜 나타내는 측면'(化現門)이라는 것은 [다음과 같다.] [대승의 두 가지 열반은] 소승의 '두 가지 열반'(二種涅槃)과 같고 그 [두 가지로 구분하는 열반의] 뜻은 앞의 [설일체유부說一切有部와 『성실론成實論』의] 두 가지 주장에서 말한 것과 같지만, 다만 저 [소승]에서는 [두 가지 열반을] '[불변의] 실체'(實)라 하고 이 [대승]에서는 [두 가지 열반을] '변화시켜 나타낸 것'(化現門)일 뿐이라고 한다.

> 第二約實義者. 就實言之, 是二涅槃, 同以轉依眞如爲體, 但斷因所顯義門, 名爲有餘, 果已所顯義門, 說名無餘. 如『攝論』云, "煩惱業滅故, 言卽無種子, 此顯有餘涅槃, 果報悉滅故, 言一切皆盡, 此顯無餘涅槃."
>
> [H1, p.530c17~22: T38, pp.243c26~244a2]

---

278 문맥에 따라 '似'를 '化'로 고친다.

(나) 실제의 뜻에 의거한 측면(實義門)

두 번째인 '실제의 뜻'(實義)에 의거하는 것은 [다음과 같다.] 실제[인 진여眞如]에 의거하여 말하면 이 [유여열반有餘涅槃과 무여열반無餘涅槃의] 두 가지 열반은 똑같이 '참 그대로의 지평으로 바뀌어 가는 것'(轉依眞如)을 본연(體)으로 삼지만, 단지 [번뇌업煩惱業과 종자라는] 원인을 끊어 [진여가] 드러난 측면'(斷因所顯義門)을 [신체로 인한 속박이] 남은 [열반]'(有餘[涅槃])이라 부르고, '[번뇌 종자의] 과보가 다하여 [진여가] 드러난 측면'(果已所顯義門)을 [신체로 인한 속박이] 남지 않은 [열반]'(無餘[涅槃])이라고 부른다. 『섭대승론석攝大乘論釋』에서 "'번뇌의 행위'(煩惱業)가 사라지기 때문에 바로 [번뇌업煩惱業의] 종자種子가 없어졌다'고 말하니 이 [번뇌업이 없어져 번뇌 종자가 없어진 것은 '신체로 인한 속박이] 남은 열반'(有餘涅槃)을 드러낸 것이고, [번뇌 종자의] 과보가 모두 사라졌기 때문에 '모든 것이 다 사라졌다'고 말하니 이것은 '[신체로 인한 속박이] 남지 않은 열반'(無餘涅槃)을 드러낸 것이다"[279]라고 말한 것과 같다.

又『瑜伽論』「決擇分」說. "問. 若阿羅漢六處生起, 即如是住相續不滅無有變異, 更有何等異轉依性, 而非六處相續而轉? 若更無有異轉依

---

[279] 『섭대승론석』 권3(T31, p.175a2~6). "(釋曰. 依止即如來法身, 次第漸增生道, 次第漸滅集諦, 是名一向捨. 初地至二地乃至得佛, 故名爲轉.) 煩惱業滅故, 言即無種子, 此顯有餘涅槃, 果報悉滅故, 言一切皆盡, 此顯無餘涅槃." 괄호는 생략된 부분을 표시한다. 유여열반에 대한 생략된 설명 부분에서는 여래법신如來法身에 의거하여 '수행을 일으키는 것'(生道)은 점차 증가하고 '고통의 원인들'(集諦)은 점차 줄어들어 초지初地에서 불佛에 이르기까지 바뀌어 가는 과정이 일향一向의 사捨와 전轉이어서 그것을 유여열반有餘涅槃이라 부르고, 그 과정의 끝에서 번뇌 종자로 인한 과보가 모두 사라진 것을 무여열반無餘涅槃이라고 한다. 이 앞 문맥에 따르면 유여열반有餘涅槃은 번뇌업煩惱業과 번뇌업煩惱業의 종자種子를 사라지게 하는 과정을 의미하고, 무여열반無餘涅槃은 그 과정의 종료를 의미하는 것으로 보인다.

者, 何因緣故, 前後二種依止相以,[280] 而今後時煩惱不轉, 聖道轉耶? 答.
諸阿羅漢實有轉依, 而此依[281]轉依淸淨眞如所顯, 而彼眞如與其六處異
不異性, 俱不可說." 問又下言. "無餘依中所得轉依, 當言是常, 當言無
常? 答. 當言是常, 淸淨眞如之所顯故, 非緣生, 無生滅故." 又"問. 於無
餘依, 般涅槃者, 於色等法, 當言得自在, 當言不得耶? 〈當言能現在前,
答當言不現在前, 當言〉[282] 得一分能現在前, 一分不現在前, 謂諸如來
於無餘, 般涅槃, 已能現在前, 所餘不能令現在前," 乃至廣說.

[H1, pp.530c22~531a15: T38, p.244a2~15]

또 『유가사지론瑜伽師地論』「섭결택분攝決擇分」에서 [다음과 같이] 말한
다. "묻는다. 만약 아라한阿羅漢에게 '[눈(眼)·귀(耳)·코(鼻)·혀(舌)·몸
(身)·생각(意)이라는] 여섯 가지 감관능력'(六處)이 작동하고, 바로 이와
같이 [감관능력이 작동하는 것이] 지속되고 [그들의 작용이] 서로 이어지며 사
라지지 않고 [감관능력이] 변하거나 달라짐이 없다면, 다시 어떠한 '의지
처를 다르게 바꾸어 가는 면모'(異轉依性)가 있어서 '[눈(眼)·귀(耳)·코
(鼻)·혀(舌)·몸(身)·생각(意)이라는] 여섯 가지 감관능력'(六處)이 서로 이
어지는 것이 아니면서 [의지처를] 바꾸어 가는가? [그리고] 만약 '의지처를
다르게 바꾸어 가는 것'(異轉依)이 달리 없는 것이라면, 어떠한 '원인과
조건'(因緣) 때문에 앞[의 6처處]와 뒤[의 6처處] 두 가지 의지처(依止)가 서

---

280 『섭대승론석』 원문에 따라 '以'를 '似'로 고친다.

281 『섭대승론석』 원문에 따라 '依'를 삭제한다.

282 〈當言能現在前, 答當言不現在前, 當言〉의 문장은 이대로는 문맥이 통하지 않는데,
『유가사지론瑜伽師地論』 원문에 의거하면 많은 착간이 있는 것이 발견된다. 이
『열반종요』의 문장에 해당하는 『유가사지론』의 원문 내용은 "答. 當言獲得自在.
問. 此所得自在, 當言能現在前, 當言不能現在前? 答"(T30, p.748c23~24)에 해당하
므로 이 『유가사지론』의 원문으로 『열반종요』의 〈當言能現在前, 答當言不現在前,
當言〉의 문장을 대체한다. 해당 문단 대조를 위해서는 원문 출처(『유가사지론』
권80, T30, p.748c21~27)를 밝힌 아래 주석 참조.

로 유사하면서도 이후로 번뇌煩惱로 바뀌어 가지 않고 '고귀한 수행길'(聖道)로 바뀌어 가는가? 답한다. 모든 아라한阿羅漢에게는 실제로 '의지처를 바꾸어 감'(轉依)이 있고 이 '의지처를 바꾸어 감'(轉依)은 '온전한 참 그대로'(淸淨眞如)가 드러나는 것이니, 저 '참 그대로'(眞如)와 [아라한阿羅漢의] '[눈(眼)·귀(耳)·코(鼻)·혀(舌)·몸(身)·생각(意)이라는] 여섯 가지 감관능력'(六處)의 다르거나 다르지 않은 면모는 말로 다 설명할 수가 없다."283

질문은 다시 [『유가사지론』의] 아래 [문장]에서 [다음과 같이] 말한다. "'[6처處라는] 의지처로 인한 [속박이] 남지 않은 [열반의 세계]'(無餘依[涅槃界])에서 얻은 '의지처를 바꾸어 감'(轉依)은 '늘 머무르는 것'(常)이라고 말해야 하는가, '늘 머무름이 없는 것'(無常)이라고 말해야 하는가?

답한다. '늘 머무르는 것'(常)이라고 말해야 하니, '온전한 참 그대로'(淸淨眞如)가 드러난 것이기 때문이고 '[근본무지(無明)라는] 조건에 따라 생겨난 것'(緣生)이 아니어서 '[근본무지(無明)에 따른] 생겨나고 사라짐'(生滅)이 없기 때문이다."284 또 [아래에서] "묻는다. '[6처處라는] 의지처로 인

---

283 『유가사지론』권80(T30, p.747c17~23). "問. 若阿羅漢如先所有六處生起, 即如是住相續不滅無有變異, 更有何等異轉依性, 而非六處相續而轉? 若更無有異轉依者, 何因緣故, 前後二種依止相似, 而今後時煩惱不轉, 聖道轉耶? 答. 諸阿羅漢實有轉依, 而此轉依與其六處異不異性, 俱不可說. 何以故? 由此轉依眞如淸淨所顯."

284 『유가사지론』권80(T30, p.748b4~21). "問. 若無餘依涅槃界中, 已般涅槃所有轉依, (永與六處不相應者, 彼既無有六處所依, 云何而住? 答. 非阿羅漢所得轉依六處爲因, 然彼唯用緣眞如爲境修道爲因. 是故六處若有若無, 尚無轉依成變異性, 何況殞沒? 又復此界非所遍知, 非所應斷. 故不可滅. 問. 於無餘依涅槃界中, 般涅槃已所得轉依, 當言是有, 當言非有? 答. 當言是有. 問. 當言何相? 答. 無戲論相, 又善淸淨法界爲相. 問. 何因緣故當言是有? 答. 於有餘依及無餘依涅槃界中, 此轉依性皆無動法. 無動法故, 先有後無不應道理. 又此法性非衆生緣, 無生無滅. 然譬如水澄淸之性, 譬如眞金調柔之性, 譬如虛空離雲霧性. 是故轉依當言是有. 問.) 當言是常, 當言無常? 答. 當言是常. (問. 何因緣故當言是常? 答.) 淸淨眞如之所顯故, 非緣生故, 無生滅故." 괄호는 생략된 부분을 표시한다.

한 [속박이] 남지 않은 [열반의 세계]'(無餘依[涅槃界])에서 '완전한 열반'(般涅槃)[을 이룬] 자는 '색깔이나 모양 있는 것'(色) 등의 [오온五蘊]에 대해 자유자재함을 얻는다고 말해야 하는가, [자유자재함을] 얻지 못한다고 말해야 하는가? 답한다. 자유자재함을 얻는다고 말해야 한다. 묻는다. 이렇게 얻은 [오온五蘊에서의] 자유자재함은 현재에 드러낼 수 있다고 말해야 하는가, 현재에 드러낼 수 없다고 말해야 하는가? 답한다. 어떤 사람들은 현재에 드러낼 수 있지만 어떤 사람들은 현재에 드러내지 못하니, 모든 여래如來는 '[신체로 인한 속박이] 남지 않은 [열반]'(無餘[涅槃])에서 '완전한 열반'(般涅槃)을 이루어 이미 [오온五蘊에서의 자유자재함을] 현재에 드러낼 수 있지만, [아직 무여열반無餘涅槃에서 반열반般涅槃을 이루지 못한 아라한阿羅漢 등의] 나머지는 현재에 드러나게 할 수 없다"[285]라고 하면서 상세하게 설명한다.

> 第三大小相對門者. 二乘涅槃名爲有餘, 如來所證名曰無餘. 如『勝鬘』說, "涅槃亦二種, 有餘及無餘." 有爲生死盡滅之處所得涅槃, 名曰有餘, 無爲生死盡滅之處所得涅槃, 名曰無餘故.
>
> [H1, p.531a15~19: T38, p.244a16~20]

(다) 대승과 소승을 서로 대비하는 측면(大小相對門)

세 번째인 '대승과 소승을 서로 대비하는 측면'(大小相對門)은 [다음과 같다.] '[성문聲聞·연각緣覺] 두 부류의 수행자'(二乘)의 열반은 '[신체로 인한

---

285 『유가사지론』 권80(T30, p.748c21~27). "問. 於無餘依涅槃界中, 般涅槃者, 於色等法, 當言獲得自在, 當言不得自在? 答. 當言獲得自在. 問. 此所得自在, 當言能現在前, 當言不能現在前? 答. 一分能現在前, 一分不能現在前, 謂諸如來於無餘依涅槃界中, 般涅槃, 已能現在前, 所餘不能令現在前."

속박이] 남은 [열반]'(有餘[涅槃])이라 부르고, 여래如來가 증득한 것은 '[신체로 인한 속박이] 남지 않은 [열반]'(無餘[涅槃])이라고 부른다. 『승만경勝鬘經』에서 "열반도 두 가지이니, '[신체로 인한 속박이] 남은 [열반]'(有餘[涅槃])과 '[신체로 인한 속박이] 남지 않은 [열반]'(無餘[涅槃])이다"²⁸⁶라고 말한 것과 같다. '[근본무지에 따르는] 행위가 있는 나고 죽음'(有爲生死)²⁸⁷이 다 사라진 경지에서 얻는 열반을 [이승二乘의] '[신체로 인한 속박이] 남은 [열반]'(有餘[涅槃])이라 부르고, '[근본무지에 따르는] 행위가 없는 나고 죽음'(無爲生死)마저 다 사라진 경지에서 얻는 열반을 [대승大乘의] '[신체로 인한 속박이] 남지 않은 [열반]'(無餘[涅槃])이라고 부르기 때문이다.

---

286 『승만경』권1(T12, p.221b25~26). "(有有爲生死無爲生死.) 涅槃亦如是, 有餘及無餘." 괄호는 생략된 부분을 표시한다. 『승만경』에서는 생사生死에 유위생사有爲生死와 무위생사無爲生死가 있는 것과 같이 열반에도 유여열반有餘涅槃과 무여열반無餘涅槃이 있다고 하여 유위생사有爲生死와 무위생사無爲生死의 개념을 유여열반有餘涅槃과 무여열반無餘涅槃의 개념에 연계하여 논의한다. 아래에서 원효는 이 유위생사有爲生死와 무위생사無爲生死가 멸진滅盡한 것이 각각 이승二乘의 유여열반有餘涅槃과 대승大乘의 무여열반無餘涅槃이라고 설명한다.

287 유위생사有爲生死와 무위생사無爲生死: 유위생사有爲生死는 삼계三界 내의 생사生死로서 육도六道에 윤회하는 중생의 과보가 각각 달라 모습과 수명에 각각 다른 분한이 있기 때문에 분단생사分段生死라고도 한다. 『佛光大辭典』 p.2446~2447 참조. 무위생사無爲生死는 삼승三乘의 성인이 무루업無漏業을 인因으로 삼고 무명주지無明住地를 연緣으로 삼아 삼계三界 밖의 수승하고 미묘한 과보신果報身을 얻은 생사生死로서 무루無漏의 비원력悲願力에 따라 원래의 분단신分段身을 바꾸어 모습과 수명에 제한이 없는 변역신變易身을 얻은 생사生死이기 때문에 변역생사變易生死라고도 한다. 『佛光大辭典』 p.6916 참조. 『보살영락본업경』권1에서는 변역생사變易生死와 관련하여 "唯有無明習在, 以大願力故變化生."(T24, p.1016c20~21)이라고 하여 8지地 보살 이상에서는 무명습無明習이 있지만 대원력大願力 때문에 변화생變化生(變易生死)을 받는다고 하고, 원효의 『본업경소本業經疏』에서는 이 대목에 대해 "以是法執無明力故, 發無漏業, 受變易報."(H1, p.503a22~23)라고 하여 법집무명력法執無明力 때문에 무루업無漏業을 일으켜 변역생사變易生死의 과보를 받는다고 설명한다.

第四依三身, 說二涅槃者. 應化二身, 身智猶在, 名曰有餘, 卽離生死
一切過患故, 名涅槃. 如此經言, "今我此身, 卽是涅槃"故. 於法身中, 身
智平等, 名爲無餘, 離一切相, 畢竟寂滅故, 名涅槃. 如『金鼓經』言, "依
此二身, 一切諸佛說有餘涅槃, 依法身者, 說無餘涅槃. 何以故? 一切餘
究竟盡故." 若依此義, 卽取三身, 爲涅槃體.

[H1, p.531a19~b3: T38, p.244a20~27]

(라) 응신應身・화신化身・법신法身의 세 가지 몸에 의거하는 측면(依三身門)

네 번째인 '[응신應身・화신化身・법신法身의] 세 가지 몸'(三身)에 의거하
여 [유여열반有餘涅槃과 무여열반無餘涅槃의] 두 가지 열반을 설명하는 내용
은 [다음과 같다.] [먼저 유여열반有餘涅槃이라는 것은] '[중생에] 응하여 [특정한 부
처님의 모습으로] 나타나는 몸'(應身)과 '[중생에] 응하여 [불특정한 모습으로]
나타나는 몸'(化身)의 '두 가지 몸'(二身)[288]에는 신체(身)와 '[모든 감관의]

---

288 응화이신應化二身: 응신應身과 화신化身이 본문에서처럼 응화이신應化二身으로
묶여 법신法身에 상대하는 뜻으로 쓰일 때는 양자 모두 여래如來가 중생에 응하여
세상에 나타나는 몸의 뜻이 된다. 양자가 범어에서 똑같이 nirmāṇa-kāya로 쓰이
는 것도 이러한 이유로 보인다. 그러나 응신應身과 화신化身의 용어 차이에 따라
양자를 구분한다면, 응신應身은 32상相 80종호種好를 갖추어 중생을 교화하는 석
가모니 부처님의 몸을 가리키고, 화신化身은 응신應身의 분신화불分身化佛로서
중생을 교화하기 위해 천룡天龍, 귀신鬼神 등 불형佛形이 아닌 모습으로 나타나는
몸을 가리킨다. 『佛光大辭典』 p.1324, 6432 참조. 『합부금광명경合部金光明經』
권1에서는 먼저 화신化身에 대해 "云何菩薩了別化身? 善男子, 如來昔在修行地中, 爲
一切衆生修種種法, 是諸修法至修行滿, 修行力故, 而得自在, 自在力故, 隨衆生心, 隨衆
生行, 隨衆生界, 多種了別不待時不過時, 處所相應, 時相應, 行相應, 說法相應, 現種種
身, 是名化身."(T16, p.362c22~27)이라고 하여 여래如來가 수행을 통해 얻은 자재
력自在力으로 중생의 때와 장소에 상응하여 갖가지 몸으로 나타나는 것이라고 설
명하고, 다음으로 응신應身에 대해 "善男子. 是諸佛如來爲諸菩薩, 得通達故, 說於眞
諦, 爲通達生死涅槃一味故, 身見衆生怖畏歡喜故, 爲無邊佛法而作本故, 如來相應如如
如如智願力故. 是身得現具足三十二相八十種好項背圓光, 是名應身."(T16, p.362c28~

인지능력'(智)이 [중생교화를 위해] 여전히 있으므로 '[신체와 인지능력이] 남은 것'(有餘)이라 말하고, [근본무지에 매여] 태어나고 죽는 [윤회의] 모든 '허물과 우환'(過患)에서 곧바로 벗어나기 때문에 열반涅槃이라고 부르는 것이다. 이 경전(『열반경』)에서 "지금 나 [석가모니 부처]의 이 몸이 바로 열반이다"[289]라고 말한 것과 같다. [다음으로 무여열반無餘涅槃이라는 것은] '진리의 몸'(法身)에는 신체(身)와 '[모든 감관의] 인지능력'(智)이 [참 그대로인 것으로서] 평등하므로 '[신체와 인지능력이 별개로] 남지 않은 것'(無餘)이라 부르고, 모든 실체관념(相)에서 벗어나 '[번뇌로 인한 왜곡과 동요가] 궁극적으로 그친 것'(畢竟寂滅)이기 때문에 열반涅槃이라고 부르는 것이다. 『금고경金鼓經』에서 "이 '[응신應身과 화신化身의] 두 가지 몸'(二身)에 의거하여 모든 부처님은 '[신체와 인지능력이] 남은 열반'(有餘涅槃)을 설하고, '진리의 몸'(法身)에 의거하여 '[신체와 인지능력이 별개로] 남지 않은 열반'(無餘涅槃)을 설한다. 어째서인가? [유여열반有餘涅槃에서든 무여열반無餘涅槃에서든] '남아 있는 모든 [속박]'(一切餘)이 궁극적으로 사라지기 때문이다"[290]라고 말한 것과 같다. 만약 이 [『금고경』의] 뜻에 의거한다면 바로

363a3)이라고 하여 여래如來가 32상相 80종호種好 및 항배원광項背圓光을 구족하여 나타난 몸이라고 설명한다. 한편 보신報身은 인위因位의 무량원행無量願行으로 받는 만덕원만萬德圓滿의 과보신果報身으로서 구체적으로는 아미타불阿彌陀佛, 약사여래藥師如來 등을 가리킨다. 『佛光大辭典』pp.4919~4920 참조. 여래如來의 응화신應化身과 보신報身을 중생의 관점에서 구분하는 『대승기신론』권1에서는 "此用有二種, 云何爲二? 一者依分別事識, 凡夫二乘心所見者, 名爲應身. 以不知轉識現故, 見從外來, 取色分齊, 不能盡知故. 二者依於業識, 謂諸菩薩從初發意乃至菩薩究竟地心所見者, 名爲報身."(T32, 579b20~25)이라고 하여, 보신報身은 보살菩薩의 마음에서 보이는 부처 몸으로서 8식 차원인 '[근본무지에 따라 처음] 움직이는 식'(業識)에 의거한 것인 데 비해, 보신報身보다 낮은 단계를 가리키는 응신應身의 개념은 범부凡夫와 이승二乘의 마음에서 보이는 부처 몸으로서 6식 차원인 '[허깨비처럼 나타난] 현상을 분별하는 식'(分別事識)에 의거한 것이라고 설명한다.

289 『열반경』권35(T12, p.591a28~29). "或時說言, 我今此身, 即是涅槃. 或言, 身滅乃是涅槃."

'[응신應身·화신化身·법신法身의] 세 가지 몸'(三身) [모두]를 취하여 '열반의 본연'(涅槃體)으로 삼는다.

又有一義. 無垢眞如正是涅槃, 但望二身, 說此眞如, 名爲有餘, 別[291]餘故, 若望法身, 說此眞如, 名曰無餘, 無別餘故. 如『攝論』云, "如緣覺不觀衆生利益事, 住無餘涅槃. 菩薩卽[292]不如是, 住波若波羅蜜, 不捨衆生利益事. 般涅槃亦有餘, 亦無餘, 於法身是無餘, 於應[293]身是有餘. 故言離住無餘涅槃, 以不應彼處故."

[H1, p.531b3~11: T38, p.244a27~b4]

[3신三身과 2종열반二種涅槃의 관계에 대해] 또 하나의 뜻이 있다. '[번뇌의] 때가 없는 참 그대로'(無垢眞如)가 바로 열반이지만 '[응신應身과 화신化身의] 두 가지 몸'(二身)의 관점에서는 이 '[번뇌의 때가 없는] 참 그대로'(眞如)를 '[신체로 인한 속박이] 남은 [열반]'(有餘[涅槃])이라 부른다고 말하니 [중생을 이롭게 하기 위해] 별도로 남은 일이 있기 때문이고, '진리의 몸'(法身)의 관점에서는 이 '[번뇌의 때가 없는] 참 그대로'(眞如)를 '[신체로 인한 속박이] 남지 않은 [열반]'(無餘[涅槃])이라 부른다고 말하니 [중생을 이롭게 하기 위해]

---

290 『합부금광명경』 권1(T16, p.363b7~9). "依此二身, 一切諸佛說有餘涅槃, 依法身者, 說無餘涅槃. 何以故? 一切餘究竟盡故." 곧바로 이어지는 『합부금광명경』 권1의 문장에서는 "依此三身, 一切諸佛說無住處涅槃. 何以故? 爲二身故, 不住涅槃, 離於法身, 無有別佛."(T16, p.363b9~11)이라고 하여 삼신三身에 의거하는 유여열반有餘涅槃과 무여열반無餘涅槃을 뭉뚱그려 무주처열반無住處涅槃으로 포괄하고, 응화신應化身에 의거하여 열반에도 머무르지 않는 유여열반有餘涅槃과 법신法身에 의거하는 무여열반無餘涅槃의 불리不離 관계를 언급하여 이종열반二種涅槃의 대승적 평등성을 밝힌다.
291 윤왕사輪王寺 필사본에는 '別' 앞에 '有'가 있다. 필사본에 따른다.
292 『섭대승론석』 원문에 따라 '卽'을 '則'으로 고친다.
293 『섭대승론석』 원문에 따라 '應' 뒤에 '化'를 삽입한다.

별도로 남은 일이 없기 때문이다. 『섭대승론석攝大乘論釋』에서 [다음과 같이] 말한 것과 같다. "'혼자 힘으로 연기를 이해하여 깨달으려는 수행자'(緣覺)의 경우는 '중생을 이롭게 하는 일'(衆生利益事)에 관심 두지 않고 [신체로 인한 속박이] 남지 않은 열반'(無餘涅槃)에 머무른다. 보살菩薩이라면 이와 같지 않으니, '지혜가 밝아지는 [대승 보살의] 수행'(波若波羅蜜)에 머물면서 '중생을 이롭게 하는 일'(衆生利益事)을 버리지 않는다. [보살의] '완전한 열반'(般涅槃)은 [신체로 인한 속박이] 남은 [열반](有餘[涅槃])이기도 하고 [신체로 인한 속박이] 남지 않은 [열반](無餘[涅槃])이기도 하니, '진리의 몸'(法身)으로서는 [신체로 인한 속박이] 남지 않은 [열반](無餘[涅槃])이고 [중생에] 응하여 [갖가지 모습으로] 나타나는 몸'(應化身)으로서는 '[신체로 인한 속박이] 남은 [열반])(有餘[涅槃])이다. 그러므로 [보살의 열반은] 〈[신체로 인한 속박이] 남지 않은 열반'(無餘涅槃)에 머무르는 것에서도 떠난다〉고 말하니, [중생을 이롭게 하는 일은] 저 [무여열반無餘涅槃의] 경지와 상응하지 않기 때문이다."[294]

> 又復卽此轉依眞如涅槃, 望於三身, 說無住處. 所以然者, 二身生滅不同眞如, 是故不住於彼涅般, 法身離相無異眞如故, 非能住於其涅槃. 故對三身說爲無住. 如經說言, "依此三身, 一切諸佛說無住處涅槃. 何以故? 爲二身故, 不住涅槃, 離於法身, 無有別佛. 何故二身不住涅槃? 二身假名不實, 念念滅, 不住故, 數數出現, 以不定故. 法身不爾. 是故二身不住涅槃. 法身[295]不二, 是故不住於般涅槃." 二滅門竟.
>
> [H1, p.531b11~22: T38, p.244b5~14]

---

294 『섭대승론석』 권12(T31, p.245b26~c1). "如獨覺不觀衆生利益事, 住無餘涅槃. 菩薩則不如是, 住般若波羅蜜, 不捨衆生利益事. 般涅槃亦有餘, 亦無餘, 於法身是無餘, 於應化身是有餘. 故言離住無餘涅槃處, 以不應彼處故."

295 『합부금광명경』 원문에 따라 '身' 뒤에 '者'를 삽입한다.

또한 바로 이 '참 그대로에 의거하여 드러난 열반'(轉依眞如涅槃)을 '[응신應身·화신化身·법신法身의] 세 가지 몸'(三身)의 관점에서 보면 '머무르는 곳이 없는 [열반]'(無住處[涅槃])이라고 말한다. 왜 그런가 하면, '[응신應身과 화신化身의] 두 가지 몸'(二身)은 '[중생을 위해] 생겨나거나 사라지기에 [모습이] 같지 않은 참 그대로'(生滅不同眞如)이기 때문에 저 열반에 머무르지 않고, '진리의 몸'(法身)은 '[생멸하는] 모습에서도 벗어나 [생겨나는 것과 사라지는 것이] 다름이 없는 참 그대로'(離相無異眞如)이기 때문에 그 열반에 머물 수 없는 것이다. 그러므로 '[응신應身·화신化身·법신法身의] 세 가지 몸'(三身)에 입각하여 [전의진여열반轉依眞如涅槃을] '머무름이 없는 것'(無住)이라고 말한다. 경전(『합부금광명경合部金光明經』)에서 [다음과 같이] 말한다. "이 '[응신應身·화신化身·법신法身의] 세 가지 몸'(三身)에 의거하여 모든 부처님은 '머무르는 곳이 없는 열반'(無住處涅槃)을 설한다. 어째서인가? [모든 부처님은] '[응신應身과 화신化身의] 두 가지 몸'(二身)이 되기 때문에 열반에 머무르지 않고, '진리의 몸'(法身)을 떠나서는 [응신應身·화신化身의] '개별적 부처님'(別佛)이 있을 수도 없는 것이다. 왜 '[응신應身과 화신化身의] 두 가지 몸'(二身)은 열반에 머무르지 않는가? '[응신應身과 화신化身의] 두 가지 몸'(二身)은 '임시방편으로 세운 명칭'(假名)이고 '[불변의] 실체'(實)가 아니어서 생각마다 사라져 머무르지 않기 때문이며, 수시로 출현하여 [모습이] 고정된 것이 아니기 때문이다. '진리의 몸'(法身)은 이렇게 [모습을 바꾸어 생각마다 사라지거나 수시로 출현하지는] 않는다. 그러므로 '[응신應身과 화신化身의] 두 가지 몸'(二身)은 열반에 머무르지 않는다. [그런데] '진리의 몸'(法身)이라는 것은 [열반涅槃에 머무르지 않는 응신應身과 화신化身의 두 가지 몸과] '다른 것도 아니니'(不二), 그러므로 [법신法身도] '완전한 열반'(般涅槃)에 머무르지 않는다."[296] '두 가지 열반에

---

296 『합부금광명경』권1(T16, p.363b9~14). "依此三身, 一切諸佛說無住處涅槃. 何以故? 爲二身故, 不住涅槃, 離於法身, 無有別佛. 何故二身不住涅槃? 二身假名不實, 念念

관한 부문'(二滅門)을 마친다.

第五明三事門者, 四句分別. 初出體相, 次明建立, 三明總別, 四往復.
出體相者. 法身體者, 佛地所有一切功德, 其體無二唯一法界. 法界擧
體, 以成萬德, 萬德之相還同法界. 法界之性不異萬德, 隨擧一德, 無所
不遍. 如是一切白法圓滿, 自體積集故, 名法身, 其義具顯「金剛身品」.
般若體者, 卽此法身性自明達, 無所不照故, 名般若. 解脫體者, 卽此法
身離諸繫縛, 無所障礙故, 名解脫. 三德實殊, 不可說一, 可相一味, 不
說異, 以之故名如來祕藏. 是謂三法之體相也.

[H1, p.531b23~c10: T38, p.244b14~24]

⑤ 열반을 설명하는 세 가지 항목에 관한 부문(三事門)

다섯 번째인 '[열반을 설명하는] 세 가지 항목[인 법신法身·반야般若·해탈
解脫]에 관한 부문'(三事門)에서는 네 가지 구절로 나누어 구별한다. 처
음에는 [법신法身·반야般若·해탈解脫이라는 열반의 세 가지] '본연과 특징'(體
相)을 나타내고, 다음에는 [세 가지 항목을] '세운 [이유]'(建立)²⁹⁷를 밝히며,
세 번째로는 [세 가지 항목의] '총괄적 양상과 개별적 양상'(總別)을 밝히
고, 네 번째로는 '[문답을] 주고받으면서 [의문을 해결하는 것]'(往復)²⁹⁸이다.

滅, 不住故, 數數出現, 以不定故. 法身不爾. 是故二身不住涅槃. 法身者不二, 是故不住
於般涅槃."

297 뒤에 '명건립名建立'의 단락이 시작되는 곳에서는 이 단락의 제목을 "明建立三事所
由."(H1, p.531c10~11)라고 자세하게 언명한다.

298 뒤에 '왕복往復'의 단락이 시작되는 곳에서는 이 단락의 제목을 "往復決擇門."(H1,
p.532b3)이라고 자세하게 언명한다.

가. 열반의 본연과 특징을 나타냄(出體相)

[열반의] '본연과 특징'(體相)을 나타내는 것은 [다음과 같다.] '진리 몸이라는 [열반의] 본연'(法身體)[을 설명해보자.] '부처 경지'(佛地)에 있는 모든 [다양한] 능력(功德)들은 그 [능력(功德)들의] 본연(體)이 [실체들로써] 나누어짐이 없이 오직 하나처럼 통하는 진리세계'(無二唯一法界)이다. [하나로 통하는] 진리세계(法界)를 본연(體)으로 삼아 '온갖 능력'(萬德)[이라는 특징들]을 이루기에 '온갖 능력의 특징'(萬德之相)들은 다시 [하나로 통하는] 진리세계(法界)[라는 본연]과 같은 것이다. [이처럼] [하나로 통하는] 진리세계라는 본연'(法界之性)이 '온갖 능력'(萬德)[들의 특징]과 다르지 않으므로 '하나의 능력'(一德)에 의거하여 따라가도 [법계法界에] 두루 통하지 않음이 없다.[299]

이와 같이 모든 '바른 진리'(白法)[300]의 [하나로 통하는] 원만함이 자기 몸

---

[299] 여기까지 원효는 법신체法身體를 본격적으로 설명하기 전에 열반 또는 열반에 있는 능력(功德)들의 본연(體性)이 무이유일법계無二唯一法界라는 원칙 및 이 열반의 본연(體)인 일법계一法界와 열반의 다양한 특징(功德相)들의 불이不異 관계를 밝힌다. 한편 아래에서 "三德實殊"라고 하여 법신法身·반야般若·해탈解脫을 능력(德)이라 언급하고 또 아래에 나오는 '명건립明建立' 단락 초두에서는 "一切萬德無非涅槃, 所以偏說此三法者."라고 언명하여, 법신法身·반야般若·해탈解脫의 3사事(法)는 열반의 본연(體)이 아니라 기본적으로 특징(相/功德相/一切萬德)들 중에 포함되는 것임을 알려준다. 그러므로 여기 '출체상出體相'의 단락에서 언급되는 '법신체法身體', '반야체般若體', '해탈체解脫體'의 용어는 '법신法身·반야般若·해탈解脫이라는 열반의 본연'이라고 일단 번역했지만, 그 내면적 의미는 법신法身·반야般若·해탈解脫이라는 열반의 특징(相)에 일법계一法界라는 열반의 본연(體) 개념이 결합된 것이라고 하겠다. 말하자면 원효는 열반의 본연(體)인 무이유일법계無二唯一法界의 개념을 가장 잘 드러낼 수 있는 특징(相) 범주의 용어로 만덕萬德 중에서 법신法身·반야般若·해탈解脫의 3사事를 채택한 것으로 보인다.

[300] 백법白法: 부처님이 설하는 청정淸淨한 정법正法을 가리키고, 사악잡염지법邪惡雜染之法을 가리키는 흑법黑法·사법邪法의 대칭이다. 『구경일승보성론究竟一乘寶性論』 권1에서는 "愚不信白法, 邪見及憍慢, 過去謗法障, 執著不了義, 著供養恭敬,

에 쌓여 있기 때문에 '진리의 몸'(法身)이라고 부르니, 그 뜻은 [『열반경』] 「금강신품金剛身品」301에 상세히 드러나 있다. '지혜라는 [열반의] 본연' (般若體)이라는 것은, 바로 이 '진리 몸의 본연'(法身性)이 스스로 훤히 통달하고 있어 이해하지 못함이 없기 때문에 지혜(般若)라고 부르는 것이다. '해탈이라는 [열반의] 본연'(解脫體)이라는 것은, 바로 이 '진리의 몸'(法身)이 모든 [번뇌에] 얽혀 묶임'(繫縛)에서 벗어나 장애가 없기 때문에 해탈解脫이라고 부른다. '[법신法身·반야般若·해탈解脫이라는 열반의] 세 가지 능력'(三德)은 실제 [내용에서] 차이가 나므로 동일하다고 말할 수 없고, [세 가지] 특징(相)들은 '한 맛[처럼 서로 통하는 것]'(一味)이기에 다르다고도 할 수 없으니, 그렇기 때문에 '여래가 신비롭게 갖추고 있는 것' (如來祕藏)이라고 부른다. 이것이 '[법신法身·반야般若·해탈解脫이라는] 세 가지 본연과 특징'(三法之體相)이다.

次明建立三事所由. 一體302萬德無非涅槃, 所以偏說此三法者, 以對生死三種患故. 何者? 生死萬累不出三種, 所謂苦果五陰身故, 建立法身, 以除煩惱迷惑法故, 建立般若, 離諸葉303障繫縛因故, 建立解脫.

[H1, p.531c10~16: T38, p.244b24~29]

唯見於邪法."(T31, p.820b22~24)이라고 하여 불설佛說인 백법白法과 외도소설外道所說인 사법邪法(黑法)을 대비한다. 『佛光大辭典』 p.2088 참조.

301 『열반경』 권3의 「금강신품제오金剛身品第五」(T12, p.622c13~624c18)를 말한다. 「금강신품」에서는 "善男子, 如來身者是常住身, 不可壞身金剛之身, 非雜食身即是法身."(T12, p.622c14~16)이라고 하여 여래신如來身이라는 것은 상주신常住身·불가괴신不可壞身·금강지신金剛之身이고 세간의 잡식신雜食身이 아니라 법신法身이라 밝히며, "如來法身皆悉成就如是無量微妙功德."(T12, p.623a23~24)이라고 하여 법신法身은 무량미묘공덕無量微妙功德을 성취한 것이라는 등의 언급이 보인다.

302 문맥에 따라 '體'를 '切'로 고친다.

303 윤왕사輪王寺 필사본에는 '葉'이 '業'이라고 되어 있다. 필사본에 따른다.

나. 세 가지 항목을 세운 이유를 밝힘(明建立三事所由)

다음으로 '[법신法身·반야般若·해탈解脫이라는] 세 가지 항목'(三事)을 세운 이유를 밝힌다. [부처 경지의] '모든 능력'(一切萬德)은 열반이 아님이 없지만 이 '[법신法身·반야般若·해탈解脫의] 세 가지 항목'(三法)만을 말한 까닭은 '[근본무지에 매여] 나고 죽게 하는 세 가지 우환'(生死三種患)[304]에 대응시키려 하기 때문이다. 무엇[이 세 가지]인가? '[근본무지에 매여] 나고 죽게 하는 온갖 것들'(生死萬累)은 세 가지를 벗어나지 않으니, 말하자면 '괴로운 과보'(苦果)인 [색·수·상·행·식의] 다섯 가지 더미로 이루어진 몸'(五陰身) 때문에 '진리의 몸'(法身)을 세우고, '번뇌와 미혹에 빠뜨리는 것들'(煩惱迷惑法)을 제거하기 때문에 지혜(般若)를 세우며, '모든 행위를 장애하는 것에 묶이게 하는 원인'(諸業障繫縛因)에서 벗어나기 때문에 해탈解脫을 세운다.

> 又復對彼小乘入涅般時, 灰身滅智故, 說法身常存, 大智不滅. 對彼小乘身智存時, 未免苦報習氣繫縛故, 就身智, 立眞解脫. 建立之由, 略說如是.
>
> [H1, p.531c16~19: T38, p.244b29~c3]

'[법신法身·반야般若·해탈解脫의 세 가지 항목'(三事)을 세운 이유로서] 또한 저 소승이 [무여無餘]열반에 들어갈 때 '육신은 [다 타 버린] 재로 만들고 [모든 감관의] 인지능력을 사라지게 하는 것'(灰身滅智)에 대응시키려 하기 때문에 [대승의] '진리 몸'(法身)은 항상 존재하고 '크나큰 지혜'(大智; 大般若)는 사라지지 않는다고 말한다. [그리고] 저 소승[의 유여열반有餘涅槃]에

---

304 생사삼종환生死三種患: 아래 논의에 따르면 고과오음신苦果五陰身과 번뇌미혹법煩惱迷惑法과 제업장계박인諸業障繫縛因의 세 가지이다.

서 신체(身)와 '[모든 감관의] 인지능력'이 존재할 때 아직 '괴로운 과보가 되는 누적된 경향성'(苦報習氣)에 묶임을 벗어나지 못하는 것에 대응시키려 하기 때문에 '[진리의] 몸'(身)과 '[크나큰] 지혜'(智)에 의거하여 [고보습기苦報習氣까지 벗어난] '참된 해탈'(眞解脫)을 세운다. [법신法身・반야般若・해탈解脫의 세 가지 항목을] 세운 이유에 대해 간략히 말하자면 이와 같다.

第三明總別者. 一性而言, 涅槃是總, 況於伊字, 三法是別, 喩對以三點. 總305別成總, 其義有四. 一者, 要具三法, 方成涅槃, 獨擧一一, 卽不得成. 如一一點, 不成伊字. 如經言, "解脫之法亦非涅槃, 摩訶般若亦非涅槃"故. 二者, 三法等圓, 乃成涅槃, 雖具三數, 若有勝劣, 不得成故. 如三點並, 必有右左. 如經說言, "三點若並, 卽306不成伊"故. 三者, 三法一時, 乃成涅槃, 雖無勝劣, 若有前後, 不得成故. 如三點縱, 必有南北. 如經言, "縱亦不成"故. 四者, 三法同體, 乃成涅槃, 如說虛空不動無礙. 雖非前後, 而各別體, 不成總故. 如彼三點雖非並縱, 各宜別處, 不成一字. 如經言, "三點若別, 亦不成伊"故. 如是三法具此四義, 乃成涅槃, 如世伊字故, 三是別, 涅槃是總.

[H1, pp.531c19~532a12: T38, p.244c3~17]

다. 총괄적인 것과 개별적인 것을 밝힘(明總別)

세 번째인 '총괄적인 것과 개별적인 것'(總別)을 밝히는 것은 다음과 같다. [열반涅槃과 '법신法身・반야般若・해탈解脫의 세 가지 항목'(三事)을] 하나(一性)[로 묶어서 보는 측면]에서 말하자면, 열반涅槃은 '총괄적인 것'(總)으

---

305 이영무 역(1984), 가은 역(2004), 은정희 등 공역(2017)에서는 '總'을 '成'으로 바꾸고, 울만 영역(1997)에서는 바꾸지 않는다. 여기서는 바꾸지 않는다.
306 『열반경』 원문에 따라 '卽'을 '則'으로 고친다.

로서 [실담悉曇문자인] 이伊(∴)[307]자에 비유되고, '[법신法身·반야般若·해탈解脫의] 세 가지 항목'(三法)은 '개별적인 것'(別)으로서 '[이伊(∴)자의] 점 세 개'(三點) [각각]에 비유된다.

가) 개별적인 것을 총괄하여 총괄적인 것을 이룸(總別成總)

'개별적인 것'(別)[인 법신法身·반야般若·해탈解脫의 세 가지 항목]을 총괄하여 '총괄적인 것'(總)[인 열반涅槃]을 이룬다는 그 뜻에는 네 가지가 있다.

(가) 세 가지 항목을 갖추어야 열반을 이룸(要具三法方成涅槃)

첫 번째로 '[법신法身·반야般若·해탈解脫의] 세 가지 항목'(三法)을 갖추어야 열반涅槃을 이루니, [세 항목을] 하나씩 따로 거론하면 [열반涅槃을] 이룰 수 없는 것이다. 마치 점 하나씩만으로는 이伊(∴)자를 이룰 수 없는

---

307 이자伊字와 삼점三點: 산스크리트어의 모음인 '이 इ (i, 伊)자'에서 기원한 개념이다. 4세기경부터 중앙아시아, 동아시아 등지에서 불교의 수용과 경론 번역이 이루어지게 되면서, 산스크리트어의 자모 형태와 거기에 담긴 의미에 대한 이해가 축적되기에 이른다. 특히 중국에서는 당시에 유통되던 범자梵字를 '완성(Siddham)'을 뜻하는 '실담悉曇' 문자로 명명하면서 다라니의 적극적 수용 및 실담문자를 활용한 교학적 의미 부여에도 주목하게 된다. 산스크리트어의 모음인 '이 इ (i, 伊)자'는 실담문자에서는 '∵' 또는 '∴'의 형태로 변모되었는데, 세 점이 서로 균형을 이루고 있는 형태에 착안하여 '세 가지가 서로 같지도 않고 다르지도 않음'(不一不異)의 이치를 설명하는 데 적극 활용된다. 특히 이자삼점伊字三點의 이해는 『열반경』에서 두드러지게 나타난다. 여기서 삼점三點에 해당하는 세 가지는 '법신法身'과 '반야般若'와 '해탈解脫'이다. 『열반경』의 관련 경문을 제시하면 다음과 같다. "我今當令一切衆生, 及以我子四部之衆, 悉皆安住祕密藏中, 我亦復當安住是中, 入於涅槃, 何等名爲祕密之藏? 猶如伊字三點, 若並則不成伊, 縱亦不成, 如摩醯首羅面上三目, 乃得成伊三點, 若別亦不得成. 我亦如是, <u>解脫之法亦非涅槃, 如來之身亦非涅槃, 摩訶般若亦非涅槃, 三法各異亦非涅槃, 我今安住如是三法, 爲衆生故, 名入涅槃, 如世伊字.</u>" (T12, 676a19~21.)

것과 같다. 경전(『열반경』)에서 "해탈解脫이라는 것도 열반涅槃이 아니고, '크나큰 지혜'(摩訶般若)도 열반涅槃이 아니다"[308]라고 말한 것과 같은 것이다.

(나) 세 가지 항목이 똑같이 완전한 것이어야 열반을 이룸(三法等圓乃成涅槃)

두 번째로 '[법신法身·반야般若·해탈解脫의] 세 가지 항목'(三法)이 '똑같이 완전한 것'(等圓)이어야 열반涅槃을 이루니, 비록 '[법신法身·반야般若·해탈解脫의] 세 가지 항목'(三數)을 갖추더라도 만약 [각각의 능력에] 수승하고 열등함이 있다면 [열반을] 이룰 수 없기 때문이다. 마치 '[이伊(∴)자의] 점 세 개'(三點)가 가로로 나열되면 반드시 좌우가 있는 것과 같다. 경전(『열반경』)에서 "'[이伊(∴)자의] 점 세 개'(三點)가 가로로 나열되면 이伊(∴)자를 이룰 수 없다"[309]라고 말한 것과 같은 것이다.

(다) 세 가지 항목이 동시이어야 열반을 이룸(三法一時乃成涅槃)

세 번째로 '[법신法身·반야般若·해탈解脫의] 세 가지 항목'(三法)이 동시에 [총괄되어야] 열반涅槃을 이루니, 비록 [세 가지 항목에] 수승하고 열등함이 없더라도 만약 [시간적으로] 전후가 있다면 [열반을] 이룰 수 없기 때문이다. 마치 '[이伊(∴)자의] 점 세 개'(三點)가 세로로 나열되면 반드시 [상하上下인] 남북이 있는 것과 같다. 경전(『열반경』)에서 "[점 세 개가] 세로로 나열되는 것 또한 [이伊(∴)자를] 이루지 못한다"[310]라고 말한 것과 같은 것이다.

---

308 『열반경』 권2(T12, p.616b14~15). "解脫之法亦非涅槃, 如來之身亦非涅槃, 摩訶般若亦非涅槃, 三法各異亦非涅槃."
309 『열반경』 권2(T12, p.616b11~12). "猶如伊字三點若並, 則不成伊."
310 『열반경』 권2(T12, p.616b12). "縱亦不成."

(라) 세 가지 항목이 동일한 본연이어야 열반을 이룸(三法同體乃成涅槃)

네 번째로 '[법신法身·반야般若·해탈解脫의] 세 가지 항목'(三法)이 '동일한 본연'(同體)이어야 열반을 이루니, 마치 허공은 [다른 것으로] 움직이지 않기에 [동일한 허공 안에서는] 걸림이 없다고 말하는 것과 같다. 비록 [세 가지 항목에 시간적으로] 전후가 있지 않더라도 각각 '다른 본연'(別體)이라면 [서로 걸림이 있어] '총괄적인 것'(總)[인 열반]을 이루지 못하기 때문이다. 마치 저 '[이伊(∴)자의] 점 세 개'(三點)가 '가로나 세로로 나열되지'(並縱) 않더라도 각각 '다른 곳'(別處)에 놓인다면 [이伊(∴)라는] '하나의 글자'(一字)를 이루지 못하는 것과 같다. 경전(『열반경』)에서 "'[이伊(∴)자의] 점 세 개'(三點)가 만약 따로 있으면 또한 이伊(∴)자를 이루지 못한다"311라고 말한 것과 같은 것이다.

이와 같이 '[법신法身·반야般若·해탈解脫의] 세 가지 항목'(三法)은 이 네 가지 뜻을 갖추어야 열반涅槃을 이루니, 세간의 이伊(∴)자와 같기 때문에 [법신法身·반야般若·해탈解脫의] 세 가지는 '개별적인 것'(別)이고 열반涅槃은 '총괄적인 것'(總)이다.

一性雖然, 再論未必然. 所以足³¹²者. 盡理而言, 四種功德皆總皆別. 皆別義者. 涅槃是寂寂³¹³義, 法身是積集義, 般若是照達義, 解脫是離縛義. 故知四種無非別也. 皆總義者, 如經³¹⁴言. "若無法身, 苦報不盡, 何成涅槃? 若無般若, 闇感³¹⁵不除, 豈得涅般? 若無解脫, 不免業繫故, 非

---

311 『열반경』 권2(T12, p.616b13). "三點若別, 亦不得成."
312 문맥에 따라 '足'을 '然'으로 고친다. 은정희 등 공역(2017)도 동일.
313 이영무 역(1984), 가은 역(2004)에서는 '寂'을 '靜'으로 바꾸고, 울만 영역(1997)에서는 바꾸지 않으며, 은정희 등 공역(2017)에서는 '寂'을 '滅'로 바꾼다. 여기서는 바꾸지 않는다.
314 출전에 따라 '經'을 '論'으로 고친다.

涅槃. 如是餘三, 其義同爾. 何者? 若無涅槃, 生死未滅, 何爲法身? 若
無般若, 煩惱所纏, 何名法身? 若無解脫, 諸業所縛故, 非法身." 法身般
若解脫具三, 乃涅槃成, 准前可解. 故知總.³¹⁶ 如說四種總別之義, 一切
功德皆亦如是, 一卽一切, 一切卽一. 是故總別無所障礙. 不同伊字是總
非別, 其中三點是別非總, 唯取小分, 以爲譬耳.

[H1, p.532a12~b3: T38, pp.244c17~245a2]

나) 네 가지 능력이 모두 총괄적인 것이기도 하고 개별적인 것이기도 함(皆總皆別)

[열반涅槃과 '법신法身·반야般若·해탈解脫의 세 가지 항목'(三事)을] 하나(一
性)[로 묶어서 보는 측면에서 말하자면] 비록 그러하지만, 달리 논하자면 반
드시 그런 것도 아니다. 그 이유는 [다음과 같다.] '궁극적인 이치'(盡理)로
말하자면 '[열반涅槃·법신法身·반야般若·해탈解脫이라는] 네 가지 능력'(四
種功德)은 모두 '총괄적인 것'(總)이기도 하고 모두 '개별적인 것'(別)이
기도 하다.

(가) 네 가지 능력이 모두 개별적인 것이라는 뜻(皆別義)

'[네 가지 능력이] 모두 개별적인 것이라는 뜻'(皆別義)은 [다음과 같다.] 열
반涅槃은 '[번뇌로 인한 왜곡과 동요가] 그치고 사라졌다는 뜻'(寂寂義; 寂滅
義)³¹⁷이고, '진리의 몸'(法身)은 '[바른 진리가] 쌓이고 모였다는 뜻'(積集義)

---

315 문맥에 따라 '感'을 '惑'으로 고친다.

316 이영무 역(1984), 가은 역(2004), 은정희 등 공역(2017)에서는 '總'을 삭제하고, 울
    만 영역(1997)에서는 삭제하지 않는다. 여기서는 삭제하지 않는다.

317 적적寂寂: 『열반종요』 '출체성出體性' 단락에서는 "涅槃之義存於寂滅, 寂滅之德合
    於所了."(H1, p.528b11~12)라고 하여 열반의 뜻(義) 및 그 능력(德)의 구체적 내
    용이 적멸寂滅이라는 용어로 표현되므로 여기에 나오는 '적적寂寂'은 '적멸寂滅'의

이며, 지혜(般若)는 '이해하여 통달한다는 뜻'(照達義)이고, 해탈解脫은 '[번뇌에] 묶임에서 벗어난다는 뜻'(離縛義)³¹⁸이다. 그러므로 [열반涅槃·법신法身·반야般若·해탈解脫이라는] 네 가지가 '개별적인 것'(別)이 아닐 수 없다는 것을 알 수 있다.

(나) 네 가지 능력이 모두 총괄적인 것이라는 뜻(皆總義)

'[네 가지 능력이] 모두 총괄적인 것이라는 뜻'(皆總義)은 논서(『대승의장大乘義章』)에서 [다음과 같이] 말한 것과 같다. "만약 '진리의 몸'(法身)이 없다면 '괴로운 과보'(苦報)[가 되는 누적된 경향성]이 사라지지 않는데, 어떻게 열반涅槃을 이루겠는가? 만약 지혜(般若)가 없다면 '어두운 미혹'(闇惑)을 없애지 못하는데, 어찌 열반涅槃을 얻겠는가? 만약 해탈解脫이 없다면 '[근본무지를 따르는] 행위에 얽히는 것'(業繫)을 모면하지 못하기 때문에 열반涅槃이 아니다. 이와 같이 [법신法身·반야般若·해탈解脫의 세 가지가 없으면 열반涅槃을 이루지 못하듯이] 나머지 [법신法身·반야般若·해탈解脫의] 세 가지도 그 뜻이 똑같이 이러하다. [일례로 법신法身의 경우 열반涅槃·반야般若·해탈解脫의 세 가지가 없으면 법신法身을 이루지 못한다]. 왜인가? 만약 열반涅槃이 없다면 '[근본무지에 매여] 태어나고 죽는 것'(生死)이 아직 사라지지 않았는데, 어떻게 '진리의 몸'(法身)이 되겠는가? 만약 지혜

다른 표현으로 보인다. 한편 '석의釋義' 단락에서는 "次釋義者, 且依顯了之語, 以釋有翻之義. 此土釋之, 言大滅度."(H1, p.526c20~21)라고 하여 열반의 번역어로서 '대멸도大滅度'가 제시된다.

318 적집의積集義·조달의照達義·이박의離縛義의 번역은 앞의 '⑤ 삼사문三事門'의 '가. 출체상出體相' 단락에서 "一切白法圓滿, 自體積集故, 名法身, 其義具顯「金剛身品」. 般若體者, 卽此法身性自明達, 無所不照故, 名般若. 解脫體者, 卽此法身離諸繫縛, 無所障礙故, 名解脫."(H1, p.531c4~8)이라고 법신法身·반야般若·해탈解脫을 설명했던 내용을 참고했다.

(般若)가 없다면 '번뇌에 묶인 [몸]'(煩惱所纏)을 어떻게 '진리의 몸'(法身)이라고 부르겠는가? 만약 해탈解脫이 없다면 '[근본무지를 따르는] 모든 행위에 묶인 [몸]'(諸業所縛)이기 때문에 '진리의 몸'(法身)이 아니다."[319] '진리의 몸'(法身)이든 지혜(般若)든 해탈解脫이든 [나머지] 세 가지를 갖추어야 [총체적인 것으로서] 열반涅槃을 이루니, 앞[의 인용한 글]에 의거하여 이해할 수 있다. 그러므로 [네 가지 능력이 모두] '총괄적인 것'(總)임을 알 수 있다.

[개총개별皆總皆別 단락에서] '[열반涅槃·법신法身·반야般若·해탈解脫의] 네 가지 [능력]이 총괄적인 것이기도 하고 개별적인 것이기도 하다는 뜻'(四種總別之義)을 말한 것과 같이 [열반의] 모든 능력(功德)도 다 이와 같으니, '하나[의 능력]이 곧 모든 [능력]이고 모든 [능력]이 곧 하나[의 능력]이다'(一卽一切, 一切卽一). 그러므로 '총괄적인 것'(總)과 '개별적인 것'(別)이 [서로] 장애하는 것이 없다. 이伊(∴)자는 '총괄적인 것'(總)이지 '개별적인 것'(別)이 아니고 그 [이伊(∴)자]에서 '점 세 개'(三點)는 '개별적인 것'(別)이지 '총괄적인 것'(總)이 아니라는 [비유]와는 같지 않으니, [그 비유는] 오직 [총별성총總別成總이라는] 일부[의 측면]을 취하여 비유했을 뿐이다.

---

319 혜원慧遠, 『대승의장』 권18(T44, p.822b2~8). "若無法身, 苦報不盡, 何成涅槃? 若無解脫, 業結不除, 何成涅槃? 若無般若, 闇惑不滅, 不成涅槃. 故具一切方成涅槃, 具攝一切以成法身. 是義云何? 若無涅槃, 生死不滅, 何名法身? 若無解脫, 結縛不盡, 不成法身. 若無般若, 闇惑不除, 不成法身." 문장의 순서가 바뀌거나 몇몇 문구에서 차이가 있으나 뜻에는 대차가 없는 것으로 보인다. 원효의 인용문에서는 생략되었지만 『대승의장』에서는 나머지 해탈解脫과 지혜(般若)의 '총괄적인 것'(總)으로서의 뜻을 앞의 열반涅槃 및 법신法身에 대한 논의와 유사하게 다음과 같이 설명한다. "具攝諸義共成解脫. 是義云何? 若無涅槃, 生死不滅, 不成解脫. 若無法身, 苦報不盡, 不成解脫. 若無般若, 闇惑不除, 不成解脫. 故具一切方成解脫. 又攝諸義共成般若. 是義云何? 若無涅槃, 諸過不滅, 何成般若? 若無法身, 垢障爲體, 何成般若? 若無解脫, 纏縛不離, 不成般若. 故具一切方成般若."(T44, p.822b9~15.)

第四往復決擇門. 問. 如是如來實德法身, 當言有色, 當言無色? 答.
或有說者. 法身無色, 但有隨機, 化現色相. 所以然者, 色是質礙麁形之
法, 顚倒分[320]之所變作, 諸佛如來永離分別, 歸於理原, 法界爲身. 由是
道理, 不須色. [321] 乃至凡夫至無色界, 離色分別故, 無色身, 豈說如來還
有色身?

[H1, p.532b3~10: T38, p.245a2~8]

라. 문답을 주고받으면서 의문을 해결하는 부문(往復決擇門)

네 번째인 '[문답을] 주고받으면서 [의문을] 해결하는 부문'(往復決擇門)
이다.

* 제1문답

묻는다. 이와 같은 '여래의 참된 능력인 진리 몸'(如來實德法身)은 '색
깔이나 모양'(色)이 있다고 말해야 하는가, '색깔이나 모양'(色)이 없다
고 말해야 하는가?

답한다. 어떤 사람의 설명은 [다음과 같다.] '진리의 몸'(法身)에는 '색깔
이나 모양'(色)이 없지만 단지 [중생의] 근기(機)에 따라 '색깔이나 모양
있는 양상'(色相)으로 나타난다. 그 이유는 [다음과 같다.] '색깔이나 모양
있는 것'(色)은 '부피와 형태를 가진 것'(質礙麁形之法)으로 [진실을] 왜곡
하는 분별'(顚倒分別)이 지어낸 것이고, 모든 부처님과 여래(如來)는 [진실
을 왜곡하는] 분별에서 완전히 벗어나 '[온갖] 이치의 근원'(理原)으로 돌아

---

320 문맥에 따라 '分' 뒤에 '別'을 넣는다.
321 이영무 역(1984), 가은 역주(2004), 울만 영역(1997), 은정희 등 공역(2017)에서
는 '色' 뒤에 '身'을 첨가한다. 여기서는 첨가하지 않는다.

가서 진리세계(法界)를 몸으로 삼는다. 이러한 도리 때문에 [법신法身은]
'색깔이나 모양 있는 것'(色)을 필요로 하지 않는다. 나아가 범부凡夫도
무형세계(無色界)에 이르면[322] '색깔이나 모양 있는 것에 대한 분별'(色分
別)에서 벗어나기 때문에 '색깔이나 모양 있는 몸'(色身)이 없는데, 어찌
여래如來에게 도리어 '색깔이나 모양 있는 몸'(色身)이 있겠는가?

如『金鼓經』言, "離法如如, 離無分別智, 一切諸佛無有別法. 何以故?
一切諸佛智惠[323]具足故, 一切煩惱畢竟滅盡, 得佛淨地.[324] 以是法如如
如如智, 攝一切佛法," 又言, "如是法如如如如智, 亦無分別, 以願自在
故, 衆生有感. 故應化二身, 如日月影, 和合出生."『起信論』云, "諸佛如
來, 唯是法身, 智相之身, 第一義諦無有世諦境界, 離於施作, 但隨施[325]
衆生, 見聞得益故, 說爲用. 此用有二種. 一凡夫二乘心所見者, 爲應身.
二菩薩所見者, 名爲報身,"乃至廣說.

[H1, p.532b10~21: T38, p.245a8~18]

---

322 범부가 무형세계(無色界)에 이름: 무심정無心定의 두 가지인 무상정無想定과 멸진
정滅盡定에서 무상정無想定은 외도外道의 수행자가 색계色界의 제4 무상천無想天
에서 얻는 선정이고, 멸진정滅盡定은 소승 아라한阿羅漢이 무색계無色界 제4 유정
천有頂天에서 얻는 선정이라고 한다. 『佛光大辭典』 p.5124, 5508 참조. 그러므로
본문에서 범부가 무형세계(無色界)에 이른다고 할 때 이 범부의 범위에는 소승의
수행자까지 포함하는 것으로 보인다.

323 원문에 따라 '惠'를 '慧'로 고친다.

324 은정희 등 공역(2017)에서는 "원문에 따라 '佛淨地'를 '淸淨佛地故'로 바꿈"이라고
한다. 여기서는 그대로 둔다. 대정장에서는 저본인 고려대장경본에 따라 '佛淨地'
의 부분이 '淸淨佛地故'라고 되어 있지만 이곳의 교감주에서 "得淸淨佛地故 = 得佛
淨地【宋】【宮】"라고 하여 송본宋本과 궁본宮本에는 '淸淨佛地故'가 '佛淨地'라 되어
있다고 한다. 말하자면 원효는 송본宋本과 궁본宮本에 가까운 판본을 보았던 것
으로 보인다.

325 『대승기신론』 원문에 따라 '施'를 삭제한다.

『금고경金鼓經』에서 "'현상이 진리 그대로인 것'(法如如)에서 떠나고 '분별이 없는 지혜'(無分別智)에서 떠나서는 모든 부처님에게 '별도의 진리'(別法)가 없다. 어째서인가? 모든 부처님은 지혜를 다 갖추고 있기 때문에 모든 번뇌를 궁극까지 다 사라지게 하여 '부처님의 온전한 경지'(佛淨地)를 얻는다. 이 '현상이 진리 그대로인 것'(法如如)과 '진리대로 보는 지혜'(如如智)326로 모든 '부처님의 진리'(佛法)를 포섭한다"327라 말하고, 또 "'현상이 진리 그대로인 것'(法如如)과 '진리대로 보는 지혜'(如如智)[에 대해서]도 [어느 하나를 택하는] 분별이 없어 [중생구제를 위한] 서원(願)이 자유자재하기 때문에 중생에게 감응함이 있다. 그러므로 '[중생

---

326 법여여法如如와 여여지如如智: 『불성론』 권2에서는 "言如者, 有二義, 一如智, 二如境. 並不倒故, 名如如."(T31, p.795c25~27)라고 하여 진여眞如의 두 가지 측면을 경境과 지智의 관계로 설명하는데, 여기 『합부금광명경』에서 짝개념으로 거론되는 법여여法如如와 여여지如如智의 용어도 기본적으로 『불성론』의 설명과 같은 맥락에서 쓰이는 것으로 보인다. 즉 법여여法如如는 진여법계眞如法界 그 자체로서 지智의 대상이고 여여지如如智는 진여법계眞如法界에 대한 지혜를 가리키며, 앞 단락에서 법신法身은 "법계를 몸으로 삼는다"(法界爲身)고 논의한 내용과도 부합한다. 『佛光大辭典』(p.224)에서는 이종여여二種如如로서 여여경如如境과 여여지如如智의 두 가지를 거론하는데, 여여경如如境은 진여묘경眞如妙境이고 여여지如如智는 진여묘지眞如妙智를 가리킨다고 설명하기도 한다. 한편 인용되는 『합부금광명경』의 아래 대목에서는 법여여法如如와 여여지如如智에 대해 "一切諸佛利益自他至於究竟, 自利益者是法如如, 利益他者是如如智."(T16, p.363a12~13)라고 하여 불내증佛內證의 자이익自利益의 지혜가 법여여法如如이고 중생을 이롭게 하는 이익타利益他의 지혜가 여여지如如智라고 하는 설명을 부가한다. 말하자면 법여여法如如와 여여지如如智는 모두 지智의 범주로 포섭되는데, 그중 법여여法如如는 진여법계眞如法界를 몸으로 삼는 법신法身의 지혜이고, 여여지如如智는 중생을 이롭게 하는 응화신應化身의 지혜를 가리키는 용어가 될 것으로 보인다. 은정희 등 공역(2017)에서는 "법여여는 정체지이며 자리自利임. 여여지는 후득지이며 이타利他임"(p.169)이라고 설명하기도 한다.

327 『합부금광명경』 권1(T16, p.363a8~11). "離法如如, 離無分別智, 一切諸佛無有別法. 何以故? 一切諸佛智慧具足故, 一切煩惱究竟滅盡, 得佛淨地故. 是故法如如如如智, 攝一切佛法故."

에] 응하여 [특정한 부처님의 모습으로] 나타나는 몸'(應身)과 '[중생에] 응하여 [불특정한 모습으로] 나타나는 몸'(化身)의 '두 가지 몸'(二身)은 마치 [법신法身에 해당하는] '해와 달' 및 [응화이신應化二身에 해당하는] [그] 그림자처럼, 화합하여 생겨난다"[328]라고 말한 것과 같다.

『대승기신론大乘起信論』에서는 "모든 부처와 여래는 오로지 '진리의 몸'(法身)이자 '지혜 능력의 몸'(智相之身)이니, '궁극적 진리'(第一義諦)[의 경지]에는 '세간적 진리의 대상'(世諦境界)이 없어서 [세간적으로] '베풀고 행함'(施作)을 떠난 것이지만, 단지 중생의 보고 듣는 것에 따라 이익을 얻게 하기 때문에 작용(用)이라고 말한다. 이 [진여眞如의] 작용에 두 가지가 있다. 첫 번째는 범부凡夫와 '[성문聲聞·연각緣覺] 두 종류의 수행자'(二乘)의 마음으로 본 [진여眞如의 작용]을 '[범부와 이승이 보는] 특정하게 응하는 부처 몸'(應身)이라고 한다. 두 번째는 보살이 본 [진여眞如의 작용]을 '[진리성취의] 결실인 부처 몸'(報身)이라고 부른다"[329]라고 하면서 상세히 말하고 있다.

依此等文, 當知實德永無色身, 唯有隨根所現色耳. 而此經說, "如來解脫是色"等者, 對惠[330]眼根說色, 非實色. 如智惠[331]非眼, 而說惠[332]眼,

---

328 『합부금광명경』 권1(T16, p.363a29~b2). "如是法如如如如智, 亦無分別, 以願自在故, 衆生有感. 故應化二身, 如日月影, 和合出生."

329 『대승기신론』 권1(T32, p.579b17~25). "諸佛如來, 唯是法身, 智相之身, 第一義諦無有世諦境界, 離於施作, 但隨衆生, 見聞得益故, 說爲用.〈此用有二種. 云何爲二? 一者, 依分別事識, 凡夫二乘心所見者, 名爲應身. 以不知轉識現故, 見從外來, 取色分齊, 不能盡知故. 二者, 依於業識, 謂諸菩薩從初發意, 乃至菩薩究竟地, 心所見者, 名爲報身.〉"
'〈 〉' 표시 부분은 본문에서 원효가 축약하여 인용한 부분인 "此用有二種. 一凡夫二乘心所見者, 爲應身. 二菩薩所見者, 名爲報身"의 원문에 해당한다. 원효는 복잡한 개념적 내용을 제외한 채 법신法身에는 색色이 없지만 중생에 감응하여 응보신應報身이 있다는 내용에 대한 경중 취지에 따라 원문을 축약하여 인용하는 것으로 보인다.

雖名爲眼, 實非色根. 如是法身非色, 而說妙色, 雖名爲色, 實非色塵.
由是道理, 當知無色. 餘處說色, 皆作是通.

[H1, p.532b21~c3: T38, p.245a18~23]

이러한 글들에 의거하여 [여래如來의] '참된 능력'(實德)[인 법신法身]에는
전혀 '색깔이나 모양 있는 몸'(色身)이 없지만 오직 [중생의] 근기(根)에
따라 나타나는 '색깔이나 모양'(色)이 있을 뿐임을 알아야 한다. 그런데
이 경전(『열반경』)에서 "'여래의 해탈'(如來解脫)은 '색깔이나 모양 있는
것'(色)이다"[333] 등이라고 말하는 것은, [여래의 해탈로 인해 생긴] '지혜 눈의
능력'(慧眼根)에 대하여 '색깔이나 모양 있는 것'(色)이라고 말한 것이지
'실제 [육신의] 색깔이나 모양 있는 것'(實色)[을 말하는 것]이 아니다. 마치

---

330 '惠'를 '慧'로 고친다.

331 '惠'를 '慧'로 고친다.

332 '惠'를 '慧'로 고친다.

333 『열반경』에서 여래해탈如來解脫을 색색이라고 설명하는 곳은 권5에서 "色者即是諸佛
如來解脫."(T12, p.632a16~17)이라거나 권26에서 "色者如來解脫."(T12, p.775a17)이
라고 하는 등으로 찾아진다. 첫 번째 문장의 전후 문맥을 인용하면 "迦葉復言, 所
言解脫爲是色耶, 爲非色乎? 佛言, 善男子, 或有是色, 或非是色. 言非色者, 即是聲聞緣
覺解脫. 言是色者, 即是諸佛如來解脫. 善男子, 是故解脫亦色非色, 如來爲諸聲聞弟子,
說爲非色."(T12, p.632a14~18)인데, 여래해탈如來解脫은 색색인가 색색이 아닌가
라는 가섭迦葉의 물음에 대해 이승二乘의 해탈은 색색이 아니고 여래如來의 해탈
은 색색이라고 부처님이 대답하는 내용이다. 이승二乘에서는 회신멸지灰身滅智의
무여열반無餘涅槃을 궁극적 해탈이라고 보므로 해탈은 색색이 아니라고 하지만,
대승大乘에서는 원효가 본문에서 설명하듯이 여래의 해탈로 인한 혜안근慧眼根의
존재에 의거하여 해탈은 색색이라고 말하는 내용으로 이해할 수 있겠다. 두 번째
문장의 전후 문맥을 인용하면 "如來之身復有二種, 一者是色, 二者非色. 色者如來解
脫, 非色者如來永斷諸色相故."(T12, p.775a16~18)인데, 여기서는 대·소승을 구분
하는 맥락이 아니라 여래의 해탈 자체를 색색이라고도 색색이 아니라고도 말할
수 있다는 내용이다. 어쨌든 여기서도 여래의 해탈이 색색이라는 진술을 원효가
제안하는 회통 방식에 따라 이해하면 될 것으로 보인다.

지혜는 눈(眼)이 아니지만 '지혜의 눈'(慧眼)이라고 말하는 것과 같이, 비록 [지혜의] 눈(眼)이라고 부르지만 [이 눈이] 실제 [육신의] 몸(色根)은 아니다. 이와 같이 '진리의 몸'(法身)은 '색깔이나 모양 있는 것'(色)이 아니지만 '오묘한 [지혜의] 모습'(妙色)이라고 말하니, 비록 [오묘한 지혜의] 모습(色)이라고 부르지만 실제로는 '색깔이나 모양 있는 대상'(色塵)이 아니다. 이러한 이치에 의거하여 [법신法身에는] '색깔이나 모양'(色)이 없음을 알아야 한다. [경전의] 다른 곳에서 [법신法身을] '색깔이나 모양 있는 것'(色)이라고 말한 것들은 모두 이렇게 회통된다.

或有說者. 法身實德有無障礙色. 雖無質礙之義說色, 而以方所示現說色. 雖離分別所作麁色, 而有萬行所感而得妙色. 如說雖無[334]分別識, 而得有於無分別識, 如是雖無障礙之色, 而亦得有無障礙色. 如此經言, "捨無常色, 獲得常色, 受想行識亦復如是." 然色陰之色通有十入, 對眼之色唯是一入. 故彼不能會通此文.

[H1, p.532c3~12: T38, p.245a23~b1]

[또 다른] 어떤 사람의 설명은 [다음과 같다.] [여래의] '진리 몸의 참된 능력'(法身實德)에는 '장애가 없는 색깔이나 모양'(無障礙色)이 있다. [무장애색無障礙色이라는 것은] 비록 부피(質礙)[가 있다]는 의미로 '색깔이나 모양 있는 것'(色)이라 말하는 것은 없지만, [존재하는] 방향과 장소를 보여 준다[는 의미]로써 '색깔이나 모양 있는 것'(色)이라고 말한다. [또] 비록 분별에 의해 만들어진 '뚜렷한 색깔이나 모양 있는 것'(麁色)에서는 벗어나지만 [중생구제를 위한] 온갖 행위'(萬行)에 감응되어 얻는 '한정되지 않는 모습'(妙色)[335]은 있다. 마치 [법신실덕法身實德이] 비록 '분별하는 식'(分

---

334 문맥에 따라 '無' 뒤에 '於'를 삽입한다.
335 이때의 '妙色'은 중생구제를 위한 행위에 따라 생겨나는 모습이므로 특정한 모습

別識)에는 없지만 '분별이 없는 식'(無分別識)에는 있다고 말하는 것처럼, 이와 같이 [법신실덕法身實德에는] [부피와 형태의] 장애가 있는 색깔이나 모양'(障礙之色)은 없지만 '[부피와 형태의] 장애가 없는 색깔이나 모양'(無障礙色)은 있을 수도 있다. 이 경전(『열반경』)에서 "'변하는 색깔이나 모양 있는 것'(無常色)을 버리고 '늘 [본연에] 머무는 색깔이나 모양 있는 것'(常色)을 획득하는 것이니, 느낌(受)·'특징/차이에 대한 지각'(想)·의도(行)·의식작용(識) 또한 이와 같다"[336]라고 말하는 것과 같다. 그런데 [오음五陰 중에서] 색깔이나 모양 있는 것들의 무더기로서의 색깔이나 모양 있는 것'(色陰之色)은 통틀어 '[안眼·이耳·비鼻·설舌·신身·색色·성聲·향香·미味·촉觸의] 열 가지 경험범주'(十入)에 있는 것이지만, 눈(眼)에 대응하는 '색깔이나 모양 있는 것'(色)은 오로지 [눈에만 대응하여 발생하는] '하나의 경험범주'(一入)에 [해당할] 뿐이다. 그러므로 [〈법신法身에는 색色이 없고, "여래의 해탈'(如來解脫)은 '색깔이나 모양 있는 것'(色)이다"라는 말은 실색實色이 아닌 혜안근慧眼根이다〉라고 주장하는][337] 저 [앞서의 주장]은 [〈여래의 해탈'(如來解脫)은 상색常色이 있다〉라는 『열반경』의] 이 문장을 회통할 수 없다.

에 한정되지 않는 모습이다. 따라서 '妙'는 '한정되지 않음'의 뜻을 담은 용어로 보인다.

336 『열반경』 권35(T12, p.838b16~18). "色是無常, 因滅是色, 獲得解脫常住之色. 受想行識亦是無常, 因滅是識, 獲得解脫常住之識." 원효는 "색색은 무상無常이고 이 색을 멸함으로 인하여 해탈상주解脫常住의 색색을 획득한다"(色是無常, 因滅是色, 獲得解脫常住之色.)라는 『열반경』의 문장을 "捨無常色, 獲得常色."으로 요약하고, 또한 그 아래 "受想行識亦是無常, 因滅是識, 獲得解脫常住之識."이라는 문장을 "受想行識亦復如是."라고 요약하여 인용하는 것으로 보인다.

337 앞 문단의 주장: 법신法身에는 색색이 없다고 주장하는 앞 문단에서는 여래如來의 해탈로 인해 생기는 혜안근慧眼根에 대해 "對慧眼根說色, 非實色."(H1, p.532b23~24)이라고 하여 혜안근慧眼根은 색근色根으로서의 실색實色이 아니라고 논의했다.

又『小泥洹』中, 龕[338]陀歎佛言, "妙色湛然體[339]常安隱, 不爲[340]時節劫
所還,"[341] 大聖廣劫行慈悲, 獲得金剛不壞身.『薩遮尼揵子經』言, "瞿曇
法身,[342] 妙色常湛然體,[343] 如是法性身, 衆生等無差別."『攝大乘』云,
"爲顯異人功德故, 立自性身, 依止自性身, 起福德智惠[344]二行. 二行所
得之果, 謂淨土及法樂, 能受用二果故, 名受用身."

[H1, p.532c12~19: T38, p.245b1~8]

또『소니원경小泥洹經』에서 순타純陀를 칭찬하며 부처님께서 말씀하
시기를,[345] "'한정되지 않는 모습'(妙色)은 가득 차 있는 듯하고 항상 평
안하며 … 시절時節과 '오랜 시간'(劫數)에 따라 변하는 것이 아니도다"[346]
라고 하니, 위대한 성인은 오랜 시간 동안 자비慈悲를 행하여 '금강석처
럼 파괴되지 않는 몸'(金剛不壞身)[인 묘색妙色]을 획득한 것이다.『살차니
건자경薩遮尼乾子經』에서는 "구담(瞿曇, Gautama)[347]의 '진리면모의 몸'
(法性身)에는 '한정되지 않는 모습'(妙色)이 항상 가득 차 있는 듯하니,

---

338 대정본에는 '龕'가 '純'이라고 되어 있다. 대정본에 따른다.

339 『대반니원경』 원문에 따라 '體'를 삭제한다.

340 『대반니원경』 원문에 따라 '爲'를 '隨'로 고친다.

341 『대반니원경』 원문에 따라 '所還'을 '數遷'으로 고친다.

342 『대살차니건자소설경』 원문에 따라 '身' 앞에 '性'을 첨가한다.

343 『대살차니건자소설경』 원문에 따라 '體'를 삭제한다.

344 '惠'를 '慧'로 고친다.

345 아래 인용문의 출전인 『대반니원경』 권1에서는 "爾時世尊即爲純陀, 而說偈言."
(T12, p.859a2)이라고 하여 인용문의 내용이 순타純陀를 위해 세존世尊이 게송으로
말한 것이라고 하고, 세존世尊의 이 게송이 끝나자 "爾時純陀白佛言, 善哉善哉, 世
尊."(T12, p.859b15)이라고 하여 순타純陀가 세존世尊을 찬탄한 것으로 되어 있다.

346 『대반니원경』 권1(T12, p.859b6~8). "妙色湛然常安隱,〈不爲衰老所滅磨, 無量疾苦
不逼迫, 壽命長存無終極, 無邊苦海悉已度,〉不隨時節劫數遷."'〈〉'표시는 원효의 인
용문에서 생략된 부분이다.

347 구담瞿曇: 붓다의 성姓인 고타마(Gotama)의 중국어 음사.

이와 같은 '진리면모의 몸'(法性身)은 중생[의 몸]과 똑같아서 차별이 없다"348라고 말한다. 『섭대승론석攝大乘論釋』에서는 "'비범한 사람'(異人)[인 부처님]의 '이로운 능력'(功德)을 드러내기 위해서 '본연의 몸'(自性身)을 세우고, '본연의 몸'(自性身)에 의지하여 '이로움을 주는 능력과 지혜의 두 가지 실천'(福德智慧二行)을 일으킨다. [자성신自性身에 의지하는 복덕福德과 지혜智慧의] 두 가지 실천'(二行)으로 얻는 결과를 [복덕福德으로 얻는] '청정한 세계'(淨土)와 [지혜智慧로 얻는] '진리의 즐거움'(法樂)이라고 말하는데, [정토淨土와 법락法樂의] 두 가지 결과'(二果)를 누리고 활용할 수 있기 때문에 [궁극적인 깨달음의 결과를] 누리는 몸'(受用身)349이라고 부른

---

348 『대살차니건자소설경大薩遮尼乾子所說經』 권9(T9, p.359b5~8). "瞿曇法性身, 妙色常湛然,〈清淨常寂滅, 其相如虛空.〉如是法性身, 衆生等無差,〈此境界甚深, 二乘不能知.〉" '〈〉' 표시는 원효의 인용문에서 생략된 부분이다.

349 『섭대승론攝大乘論』의 삼신三身인 자성신自性身·수용신受用身·변화신變化身: 『섭대승론』 권3에서는 "由三種佛身, 應知彼果智殊勝, 一由自性身, 二由受用身, 三由變化身."(T31, p.149a19~20)이라고 하여 3종 불신佛身으로 자성신自性身·수용신受用身·변화신變化身을 제시하고, 이어서 "自性身者, 謂諸如來法身, 一切法自在轉所依止故. 受用身者, 謂依法身, 種種諸佛衆會所顯清淨佛土, 大乘法樂爲所依故. 變化身者, 亦依法身, 從覩史多天宮現沒, 受生受欲踰城出家, 往外道所修諸苦行, 證大菩提轉大法輪, 入大涅槃故."(T31, p149a20~26)라고 하여 삼신三身 각각을 설명한다. 여기에 따르면 자성신自性身은 여래법신如來法身이자 일체법一切法이 자유롭게 전개되는 의지처로서 본문에서 인용한 『대살차니건자소설경』에서는 법성신法性身이라고 불렀다. 수용신受用身은 법신法身(自性身)에 의거하여 갖가지 부처님 무리에 의해 드러나는 청정불토清淨佛土와 대승법락大乘法樂을 수용하는 불신佛身이다. 본문에서 인용되는 『섭대승론석』의 문장에서는 복덕福德과 지혜智慧의 수행으로 얻어진 결과인 정토淨土와 법락法樂의 두 가지 과보를 수용하는 몸이라고 설명한다. 변화신變化身 역시 법신法身에 의거하여 도솔천兜率天(覩史多天宮)에서 현몰顯沒하여 수생受生하고 수욕受欲하다가 카필라성을 넘어 출가하여 외도外道의 고행을 거친 후에 마침내 대보리大菩提를 증득하고 대법륜大法輪을 굴려 대열반大涅槃에 든 석가모니 부처님의 몸이다. 대체로 『섭대승론』에서 제시하는 자성신自性身·수용신受用身·변화신變化身의 삼신三身은 법신法身·응신應身·화신化身의 삼신三身에 차례로 상응하는 것으로 보인다. 지금 본문에서 인용되어 있는 『섭대승론석』 권13의 문장 바로 앞 대목에서도 "如來身亦有二種得. 一自性得, 是

다"[350]라고 말한다.

依此等文, 當知二行所感實報, 有自受用身及自受用淨土. 而餘處說
法身無色者, 約自性身, 說爲無色, 是三身門之法身義. 今[351]三事門所說
法身, 總取始有萬德爲體, 是故說爲法身有色.

[H1, p.532c19~24: T38, p.245b8~12]

이러한 문장들에 의거하여, '[자성신自性身에 의지한 복덕福德과 지혜智慧
의] 두 가지 실천에 감응한 참된 과보'(二行所感實報)에는 '스스로 누리는
[법락法樂의] 몸'(自受用身)과 '스스로 누리는 청정한 세계'(自受用淨土)[352]

法身. 二人功得, 是應化兩身. 〈爲顯異人功所得故, 立自性身, …〉"(T31, p.249c11~13,
〈 〉 표시는 본문에 인용된 부분)이라고 하여, 여래신如來身에는 두 가지의 득得이
있다고 하면서 여래의 자성自性인 자성득自性得으로서의 자성신自性身은 법신이
고 중생들에게 이로운 것(人功)인 인공득人功得으로서의 수용신受用身과 변화신
變化身은 응신應身과 화신化身의 양신兩身이라고 지적한다. 응화양신應化兩身을
인공득人功得이라는 하나의 범주로 묶는 점도 주목할 만하다. 본문에서는 삼신三
身 중에서 자성신自性身(法身)과 수용신受用身(應)에 대한 설명 부분만 인용한
셈인데, 뒷 대목에 해당하는 변화신變化身 또는 화신化身에 대한 『섭대승론석』 권
13의 설명을 인용하면 다음과 같다. "〈… 能受用二果故, 名受用身.〉 於他修行地中,
由佛本願自在力故, 彼識似衆生變異現故, 名變化身."(T31, p249c15~17, 〈 〉 표시는 본
문에 인용된 부분.)

350 『섭대승론석』 권13(T31, p.249c13~16). "爲顯異人功所得故, 立自性身, 依止自性
身, 起福德智慧二行. 二行所得之果, 謂淨土淸淨及大法樂, 能受用二果故, 名受用身."

351 문맥에 따라 '令'을 '今'으로 고친다.

352 이행소감실보二行所感實報로서의 자수용신自受用身과 자수용정토自受用淨土: 본
문에서 두 번째 설자說者의 설명 중에 거론되는 자수용신自受用身과 자수용정토
自受用淨土는 앞 문단의 인용문들 중 특히 『섭대승론석』의 인용문에서 "依止自性
身, 起福德智慧二行. 二行所得之果, 謂淨土及法樂."이라고 하는 논의에 의거하여 제
시되는 것으로 보이는데, 말하자면 자성신自性身에 의지하여 복덕福德과 지혜智
慧의 '두 가지 수행에 감응한 참된 과보'(二行所感實報)인 수용신受用身의 내용을
『섭대승론석』에서는 지혜智慧로 인한 법락法樂과 복덕福德으로 인한 정토淨土라

가 있다는 것을 알아야 한다.[353] 그런데 다른 곳에서 〈'진리의 몸'(法身)에는 '색깔이나 모양'(色)이 없다〉고 말하는 것은 [수용신受用身의 뜻을 제외하고] '본연의 몸'(自性身)에만 의거하여 '색깔이나 모양'(色)이 없다고 말하는 것이니, 이것은 [불신佛身을 자성신自性身과 수용신受用身과 변화신變化身의] '세 가지 몸으로 구분하는 부문'(三身門)에서 [자성신自性身에만 의거하는] '진리 몸'(法身)의 뜻이다. 지금 [열반을 설명하는] 세 가지 항목[인 법신法身·반야般若·해탈解脫]에 관한 부문'(三事門)에서 말하는 '진리의 몸'(法身)[354]은 [열반의 성취로 인해] 비로소 존재하는 온갖 능력'(始有萬德)

고 규정했으므로, 두 번째 설자說者는 이 법락法樂과 정토淨土의 구분에 따라 수용신受用身의 두 측면으로서 자수용신自受用身과 자수용정토自受用淨土를 거론하는 것으로 보인다. 일반적으로 수용신受用身은 자수용신自受用身과 타수용신他受用身의 두 가지로 구분되는데, 예를 들어 『성유식론成唯識論』 권10에서는 "三身雖皆具足無邊功德, 而各有異, 謂自性身唯有真實常樂我淨, 離諸雜染, 衆善所依無爲功德, 無色心等差別相用. 自受用身具無量種妙色心等真實功德. 若他受用及變化身, 唯具無邊似色心等利樂他用化相功德."(T31, p.58b16~21)이라고 하여, 자성신自性身·수용신受用身·변화신變化身의 삼신三身에서 수용신受用身이 자수용신自受用身과 타수용신他受用身으로 나뉘어 사신四身으로 확장되는 정황을 볼 수 있다. 특히 타수용신他受用身은 형식적으로는 자수용신自受用身과 함께 크게 수용신受用身의 범주에 속하지만 내용적으로는 변화신變化身과 함께 묶여 색심色心의 있음을 통해 남을 이롭게 하고 중생을 교화하는 능력으로 설명되어 있으므로, 본문에서 용어상 타수용신他受用身의 자리를 대체하여 놓여 있는 자수용정토自受用淨土라는 뜻을 타수용신他受用身의 개념에서 설명되는 불신佛身의 이타적 면모의 맥락과 연결하여 이해해 볼 수도 있을 것이다. 한편 이 『성유식론』 권10의 인용문에는 삼신문三身門의 관점에서 자성신自性身의 색심色心 없음과 나머지 수용신受用身·변화신變化身의 색심色心 있음을 구분하는 맥락이 잘 드러나 있다.

353 자성신自性身에는 이 '스스로 누리는 [법락法樂의] 몸'(自受用身)과 '스스로 누리는 청정한 세계'(自受用淨土)인 수용신受用身이 반드시 동반되므로, 자성신自性身인 법신法身에는 색色이 있다고 말할 수 있다는 의미이다.

354 삼사문三事門에서 말하는 법신法身: 지금 '⑤ 삼사문三事門'의 '가. 출체상出體相' 단락에서는 법신法身에 대해 "法界之性不異萬德, 隨擧一德, 無所不遍. 如是一切白法圓滿, 自體積集故, 名法身."(H1, p.531c3~5)이라고 하여, 〈법신法身의 본연인 무이유일법계無二唯一法界는 만덕萬德과 다르지 않으므로 일덕一德에 의거하여 따라가도

을 총괄적으로 취하여 [법신法身의] 본연(體)으로 삼은 것이니, 그러므로 '진리의 몸'(法身)에는 '색깔이나 모양'(色)이 있다고 말한다.

> 問. 二師所報,[355] 何失何得? 答或有說者. 定取一邊, 二說皆失, 若非實報,[356] 二義俱得. 是義云何? 佛地萬德略有二門. 若就捨相歸一心門, 一切德相同法界故, 說唯是第一義身, 無有色相差別境界. 若依從性成萬德門, 色心功德無所不備故, 說無量相好莊嚴. 雖有二門, 而無異相. 是故諸說皆無障礙. 爲顯如是無礙法門,「金剛身品」廣說之言, "如來之身非身是身, 無識是識, 離心亦不離心, 無處亦處, 無宅亦宅, 非像非相諸相莊嚴," 乃至說廣.[357] 當知如來祕藏法門, 說有說無, 皆有道理. 三身[358]門竟.
>
> [H1, pp.532c24~533a12: T38, p.245b12~23]

* 제2문답

묻는다. [법신法身에 색색이 있느냐 없느냐에 대한] 두 논사의 설명은 어떤 것이 부당하고 어떤 것이 타당한가?

답한다. 어떤 사람은 [다음과 같이] 설명한다.[359] '하나의 측면에만 확정적으로 집착하면'(定取一邊) 두 가지 설명이 모두 부당하지만, 만약 '[하

법계法界에 두루 통하지 않음이 없으니 이와 같은 일체백법一切白法의 원만함이 몸에 적집積集된 것을 법신法身이라 부른다)고 말한 적이 있다. 본문에서는 법신法身의 본연인 법계法界 자체가 만덕萬德과 다르지 않음에 근거하여 만덕萬德과 다르지 않은 법신法身에 온갖 색색이 있을 수 있음을 설명하는 것으로 볼 수 있다.

355 문맥에 따라 '報'를 '說'로 고친다.
356 문맥에 따라 '報'를 '執'으로 고친다.
357 『열반종요』에서의 용례에 따라 '說廣'을 '廣說'로 고친다.
358 한불전 교감주에 "'身'은 '事'인 듯하다"라고 되어 있다. 교감주에 따른다.
359 원효의 관점으로 보인다.

나의 측면만] 맞는다는 집착이 아니라면'(非實執) 두 [논사의] 뜻이 모두 타당하다. 이 뜻은 무엇을 말하는가? '부처 경지의 온갖 능력'(佛地萬德)[을 지닌 법신法身]³⁶⁰에는 대략 두 가지 측면이 있다. 만약 [첫 번째인] '[차별적인] 양상을 버리고 하나처럼 통하는 마음으로 돌아가는 측면'(捨相歸一心門)에 의거한다면, '모든 능력의 [차별적인] 양상'(一切德相)이 '[하나로 통하는] 진리세계'(法界)와 같기 때문에 [법신法身은] 오직 '궁극진리의 몸'(第一義身)일 뿐 [그것에는] '색깔이나 모양으로 차별되는 세계'(色相差別境界)가 없다고 말한다. 만약 [두 번째인] '[하나로 통하는] 본연에 따라 온갖 능력을 이루는 측면'(從性成萬德門)에 의거한다면, [법신法身에는] '색깔이나 모양 있는 것과 마음의 이로운 능력'(色心功德)이 갖추어지지 않음이 없기 때문에 '헤아릴 수 없이 많은 좋은 특징들이 가득 찬다'(無量相好莊嚴)고 말한다. [그런데 법신法身에] 비록 [사상귀일심문捨相歸一心門과 종성성만덕문從性成萬德門의] '두 가지 측면'(二門)이 있지만 [두 가지 측면이] '본질적으로 다른 양상'(異相)은 아니다. 그러므로 모든 설명에 다 막히거나 걸림이 없다.

이와 같은 '걸림 없이 진리로 들어가는 문'(無礙法門)을 드러내기 위해 [『열반경』]「금강신품金剛身品」의 상세하게 설명한 말에서는 "'여래의 몸'(如來之身)[인 법신法身]은 '몸이 아니기도 하고 몸이기도 하며'(非身是身), '의식현상이 아니기도 하고 의식현상이기도 하며'(無識是識), '마음을 벗어난 것이기도 하고 마음을 벗어나지 않은 것이기도 하며'(離心亦不離心), '[어디에도] 자리 잡지 않기도 하고 [어디에나] 자리 잡기도 하며'(無處亦處), '[어디에도] 머무르지 않기도 하고 [어디에나] 머무르기도 하며'

---

360 불지만덕佛地萬德인 법신法身: '라. 왕복결택문往復決擇門' '* 제1문답'의 초두에서 "如來實德法身."(H1, p.532b3)이라고 하여 법신法身을 '여래의 참된 능력'(如來實德)이라고 표현하므로 여기서 말하는 '부처 경지의 온갖 능력'(佛地萬德) 역시 법신法身을 가리키는 용어로 보인다.

(無宅亦宅), '[추상적] 형상도 아니고 [구체적] 모습도 아니면서도 모든 모습으로 꾸며지기도 한다'(非像非相諸相莊嚴)"[361]라고 하면서 상세히 말한다. '여래가 신비롭게 갖추고 있는 진리의 문'(如來祕藏法門)에서는 [법신에는 모든 것이] 있다고 말하거나 [법신에는 모든 것이] 없다고 말하거나 모두 [타당한] 도리가 있음을 알아야 한다. '[열반을 설명하는] 세 가지 항목[인 법신法身 · 반야般若 · 해탈解脫]에 관한 부문'(三事門)을 마친다.

第六四德分別, 略有四門. 一顯相門, 二立意門, 三差別門, 四和諍門. 顯相門者. 問. 說法身卽備四德? 四德之義, 有通有別. 別而言之, 常是法身之義, 對彼完[362]身是無常故. 樂是涅槃之義, 對彼生死是苦海故. 我是佛義, 以對衆生不自[363]故. 淨是法義, 以對非法是染濁故. 如「哀歎品」云, "我者卽是佛義, 常者是法身義, 樂者是涅槃義, 淨者是法〈身義 樂者是涅槃義 淨者是法〉[364]義." 且約一邊, 如是配當.

[H1, p.533a13~23: T38, p.245b23~c3]

---

361 『열반경』 권3 「금강신품金剛身品」(T12, pp.622c21~623a9). "〈如來之身非身.〉 是身不生不滅不習不修, 無量無邊無有足跡, 無知無形畢竟淸淨, 無有動搖無受無行, 不住不作無味無雜, 非是有爲非業非果, 非行非滅非心非數, 不可思議常不可議. 〈無識離心亦不離心,〉 其心平等無有亦有, 無有去來而亦去來, 不破不壞不斷不絕, 不出不滅非主亦主, 非有非無非覺非觀, 非字非不字非定非不定, 不可見了了見, 〈無處亦處, 無宅亦宅,〉 無闇無明, 無有寂靜而亦寂靜. 是無所有, 不受不施, 淸淨無垢無諍斷諍, 住無住處, 不取不墮非法非非法, 非福田非非福田, 無盡不盡離一切盡. 是空離空, 雖不常住, 非念念滅無有垢濁, 無字離字非聲非說, 亦非修習, 非稱非量非一非異, 〈非像非相諸相莊嚴,〉 非勇非畏, 非寂不寂無熱不熱, 不可覩見無有相貌." 〈 〉 표시는 원효가 『열반경』에서 발췌하여 인용한 부분이다.

362 한불전 교감주에 "'完'은 다시 교감해야 한다"라고 되어 있다. 문맥에 따라 '完'을 '色'으로 고친다.

363 가은 역(2004), 은정희 등 공역(2017)에서는 '不自'를 '不自在'로 고친다. 여기서는 고치지 않는다. 이영무 역(1984)도 동일하다.

364 『열반경』 원문에 따라 〈 〉 부분은 삭제한다. 인용문 필사 과정에서의 연문衍文으로 보인다.

⑥ 열반의 네 가지 능력에 관한 부문(四德門)

[열반문涅槃門의] 여섯 번째인 '[열반의] 네 가지 능력'(四德)[인 상락아정常樂我淨]을 나누어 구별하면 대략 네 가지 부문이 있다. 첫 번째는 '[4덕德의] 특징을 드러내는 부문'(顯相門)이고, 두 번째는 '[4덕德을] 세운 뜻에 관한 부문'(立意門)이며, 세 번째는 '[4덕德 각각의] 구별에 관한 부문'(差別門)이고, 네 번째는 '배타적 말다툼을 통하게 하는 부문'(和諍門)이다.

가. 4덕德의 특징을 드러내는 부문(顯相門)

[먼저] '[4덕德의] 특징을 드러내는 부문'(顯相門)이다.

가) 총괄적으로 설명함(總說)[365]

묻는다. '진리의 몸'(法身)이라면 곧 '[상락아정常樂我淨의] 네 가지 능력'(四德)을 갖추었다고 말하는 것인가? [답한다.] '[상락아정常樂我淨이라는] 네 가지 능력'(四德)의 뜻에는 '[서로] 통하는 [측면]'(通)도 있고 '[각각] 구별되는 [측면]'(別)도 있다.

[각각] 구별되는 [측면]에서 말하면, '늘 [본연에] 머무름'(常)은 '진리 몸의 면모'(法身之義)이니, 〈저 '색깔이나 모양 있는 몸'(色身)은 '늘 변하는 [면모]'(無常)이다〉라는 것에 대응하기 때문이다. 안락함(樂)은 '열반의 면모'(涅槃之義)이니, 〈저 '[근본무지에 따라] 태어나고 죽는 것'(生死)은 '바다처럼 큰 괴로움'(苦海)이다〉라는 것에 대응하기 때문이다. '[참된] 자기'(我)는 '부처의 면모'(佛義)이니, 〈중생은 '[참된] 자기가 아니다'(不自)[366]〉

---

365 아래 "總說雖然, 於中分別者."(H1, p.533b3)에 의거하여 '가. 현상문顯相門'에는 '가) 총설總說'과 '나) 분별分別'의 두 문단이 있는 것으로 과문科文했다.

라는 것에 대응하기 때문이다. 청정함(淨)³⁶⁷은 '진리의 면모'(法義)이니,
〈'진리가 아닌 것'(非法)은 '오염되고 혼탁하다'(染濁)〉는 것에 대응하기
때문이다. 『열반경』「애탄품哀歎品」에서 "[참된] 자기'(我)는 바로 '부처
의 면모'(佛義)이고, '늘 [본연에] 머무름'(常)은 '진리 몸의 면모'(法身之義)
이며, 안락함(樂)은 '열반의 면모'(涅槃之義)이고, 청정함(淨)은 '진리의
면모'(法義)이다"³⁶⁸라고 말하는 것과 같다. 우선 [구별되는] '한 측면'(一
邊)에 의거하여 이와 같이 [4덕德의 특징을] 배당한 것이다.

就實通論, 無所不當, 如前三事總別門說. 是卽四德是法身義, 又此四
德是涅槃義, 望餘諸皆亦如是. 如「德王品」云, "以見佛性, 而得涅槃, 常
樂我淨, 名大涅槃."

[H1, p.533a23~b3: T38, p.245c3~7]

[그런데] 실제에 의거하여 [4덕德의 구별을 서로] 통하게 하여 말하자면
[상락아정常樂我淨의 4덕德 각각이 법신法身·열반涅槃·불佛·법法의 어디에나]
배당되지 않음이 없으니, 앞의 [법신法身, 반야般若, 해탈解脫이라는] 세 가
지 항목을 총괄적인 것과 개별적인 것으로 [밝히는] 부문'(三事總別門)에
서 말한 것³⁶⁹과 같다. 그러므로 [상락아정常樂我淨의] 네 가지 능력'(四德)

---

366 불자불자: 『보살영락경菩薩瓔珞經』 권10의 "衆生不自爲己."(T16, p.88b20~21)나
『대지도론』 권73의 "衆生不自爲己."(T25, p.572a28) 등에서 보듯이 중생은 참된
자기가 아닌 것(不自)을 자기(己)로 삼는다는 내용으로 "衆生不自."의 용례들이 보
인다.

367 '淨'은 본 번역본에서 문장의 의미맥락에 따라 '온전함'과 '청정함'의 두 가지로 번
역하고 있다. 열반의 사덕四德과 관련해서는 사덕四德의 전반적 의미를 거론할
때에는 '온전함'이 더 적절해 보이고 이 문장처럼 '탁함'과 대비시켜 사용할 때에는
'청정함'이 적합해 보인다.

368 『열반경』 권2 「애탄품哀歎品」(T12, p.617a22~24). "我者卽是佛義, 常者是法身義,
樂者是涅槃義, 淨者是法義. 汝等比丘, …"

은 [모두] '진리 몸의 면모'(法身義)이기도 하고 또 이 '네 가지 능력'(四德)
이 [모두] '열반의 면모'(涅槃義)이기도 하니, 나머지[인 불의佛義와 법의法義]
에 대해서도 모두 이와 같다. [『열반경』]「덕왕품德王品」에서 "'부처 [본연
의] 면모를 봄'(見佛性)으로써 열반涅槃을 얻으니, '늘 [본연에] 머무름'
(常)·안락함(樂)·[참된] 자기'(我)·온전함(淨)[의 4덕德]을 [모두] '완전한
열반'(大涅槃)이라고 부른다"370라고 말하는 것과 같다.

總說雖然, 於中分別者, 四德之相各有二義. 常德二義者. 如來通達無
二之性, 不捨有爲生死, 以不見生死異涅槃故, 不取無爲涅般, 以不見涅
槃異生死故. 依是二義, 離斷常乃法身常德義也. 『寶性論』云, "依二種
法, 如來法身有常波羅蜜, 應知. 何等爲二? 一者, 不滅一切諸有爲行,
以離斷見邊故, 二者, 不取無爲涅槃, 離常見邊故. 以是義故, 聖者勝鬘
經說言, '世尊, 見諸行無常, 是斷見, 非正見, 見涅槃常住, 是常見, 非正
見'"故.

[H1, p.533b3~13: T38, p.245c7~16]

369 삼사총별문三事總別門에서 말한 것: 앞서 '⑤ 삼사문三事門'의 '다. 명총별明總別'
의 '나) 개총개별皆總皆別' 단락에서는 열반涅槃이 총總이고 법신法身·반야般
若·해탈解脫의 삼사三事가 별別이라는 분별에서도 벗어나 열반涅槃·법신法
身·반야般若·해탈解脫의 4덕德이 모두 총總이기도 하고 별別이기도 하다고 설
명하는데, 특히 '(나) 개총의皆總義' 단락에서는 "如說四種總別之義, 一切功德皆亦
如是, 一卽一切, 一切卽一. 是故總別無所障礙."(H1, p.532a23~b1)라고 하여 일一과
일체一切 또는 총總과 별別이 서로 통하여 장애 없는 면모를 결론으로 제시한 적
이 있다.
370 『열반경』권23「광명변조고귀덕왕보살품光明遍照高貴德王菩薩品」(T12, p.758c15~
18). "若見佛性能斷煩惱, 是則名爲大般涅槃, 以見佛性故, 得名爲常樂我淨, 以是義故,
斷除煩惱亦得稱爲大般涅槃." 원효는 『열반경』원문의 "若見佛性能斷煩惱, 是則名爲
大般涅槃."을 "以見佛性, 而得涅槃."으로, "以見佛性故, 得名爲常樂我淨, 以是義故,
斷除煩惱亦得稱爲大般涅槃."을 "常樂我淨, 名大涅槃"으로 축약하여 인용하고 있다.

나) '네 가지 능력'(四德)의 특징을 구분함(分別)

['네 가지 능력'(四德)의 특징을] '총괄적으로 설명한 것'(總說)은 비록 이러
하지만, 이 내용을 구분하면 '[상락아정常樂我淨이라는] 네 가지 능력의 특
징'(四德之相)에는 각각 '두 가지 면모'(二義)가 있다. '늘 머무는 능력의
두 가지 면모'(常德二義)라는 것은 [다음과 같다.] [첫 번째로] 여래如來는 '[생
사生死와 열반涅槃이] 둘로 나뉘지 않는 본연'(無二之性)을 통달하여 '[근본
무지에 따르는] 행위가 있는 나고 죽음'(有爲生死)을 버리지 않으니 '나고
죽는 [윤회輪廻]'(生死)가 열반涅槃과 다르다고 보지 않기 때문이고, [두 번
째로, 무이지성無二之性을 통달한 여래如來는] '[근본무지에 따르는] 행위가 없는
열반'(無爲涅槃)을 취하지 않으니 열반涅槃이 '나고 죽는 [윤회輪廻]'(生死)
와 다르다고 보지 않기 때문이다. [생사生死도 버리지 않고 열반涅槃도 취하지
않는] 이 두 가지 면모에 의거하여 [생사生死를 버리는] '아무것도 없다[는 견
해]'(斷)와 [열반涅槃을 취하는] '항상 있다[는 견해]'(常)에서 벗어나는 것이
바로 '진리의 몸이 늘 머무는 능력의 면모'(法身常德義)이다.[371] 『보성론
寶性論』에서 [다음과 같이] 말한다. "'두 가지 이치'(二種法)에 의거하여 여
래如來의 '진리 몸'(法身)에는 '늘 제자리를 지키는 [능력(德)을 얻는] 보살
수행'(常波羅蜜)[372]이 있음을 알아야 한다. 어떤 것들이 두 가지인가? 첫

---

371 상덕이의常德二義와 법신상덕의法身常德義: 논의를 간단히 요약해보자면 상덕常
德의 첫 번째 면모가 생사生死를 버리는 단견斷見에서 벗어나는 것이라면 두 번째
면모는 열반涅槃을 취하는 상견常見에서 벗어나는 것이고, 단견斷見과 상견常見
에서 벗어나는 이 두 가지 능력의 주체가 무이지성無二之性을 깨달은 법신法身이
라고 설명하는 것으로 보인다.

372 상바라밀常波羅蜜: 『구경일승보성론』 권3에서는 "於色等無常事中, 生無常想苦想無
我想不淨想等, 是名四種不顚倒對治應知."(T31, p.829b22~23)라고 하여 무상상無常
想・고상苦想・무아상無我想・부정상不淨想의 4종 전도상顚倒想을 거론하고, 이어
서 "所謂常波羅蜜樂波羅蜜我波羅蜜淨波羅蜜應知, 偈言修行對治法故."(T31, p.829b27~
28)라고 하여 상바라밀常波羅蜜・낙바라밀樂波羅蜜・아바라밀我波羅蜜・정바라

번째는 모든 '[근본무지에 따름이] 있는 행위'(有爲行)를 없애지 않아 '아무 것도 없다는 견해의 측면'(斷見邊)에서 벗어나기 때문이고, 두 번째는 '[근본무지에 따르는] 행위가 없는 열반'(無爲涅槃)을 취하지 않아 '항상 있다는 견해의 측면'(常見邊)에서 벗어나기 때문이다. 이러한 뜻 때문에 고귀한 분인 승만勝鬘부인[373]이 경전(『승만경勝鬘經』)에서 〈세상에서 존귀하신 분이여, '모든 것은 변하여 허망하다'(諸行無常)라고 보는 것은 '아무것도 없다는 견해'(斷見)이지 '바른 견해'(正見)가 아니고, '열반은 영원히 머무르는 것이다'(涅槃常住)라고 보는 것은 '항상 있다는 견해'(常見)이지 '바른 견해'(正見)가 아닌 것입니다〉[374]라고 말했다."[375]

밀정바라밀淨波羅蜜의 4종 바라밀波羅密을 거론하여 수행대치법修行對治法이라고 설명한다. 무상상無常想·고상苦想·무아상無我想·부정상不淨想의 4종 전도상顚倒想을 상바라밀常波羅蜜·낙바라밀樂波羅蜜·아바라밀我波羅蜜·정바라밀淨波羅蜜의 4종 바라밀波羅密로 수행대치修行對治하여 상락아정常樂我淨의 4덕德을 얻는 구도이다.

373 승만勝鬘부인: 『승만경』 초두에서 "如是我聞. 一時佛住舍衛國祇樹給孤獨園, 時波斯匿王及末利夫人, 信法未久共相謂言, 勝鬘夫人是我之女, 聰慧利根通敏易悟."(T12, p.217a7~9)라고 하는 것에 따르면, 승만勝鬘부인은 부처님이 사위국사위국舍衛國 기수급고독원祇樹給孤獨園에 계실 때 파사닉波斯匿왕과 말리末利부인의 지혜롭고 명민한 딸로서, 『승만경』은 이 승만勝鬘부인이 설법하면 부처님이 인가하는 형식으로 되어 있다.

374 『승만사자후일승대방편방광경』 권1(T12, p.222a12~13). "見諸行無常, 是斷見, 非正見, 見涅槃常, 是常見, 非正見."

375 미륵彌勒, 『구경일승보성론』 권3(T31, p.830c24~29). "依此二法, 如來法身有常波羅蜜, 應知. 何等爲二? 一者, 不滅一切諸有爲行, 以離斷見邊故, 二者, 不取無爲涅槃, 以離常見邊故. 以是義故, 聖者勝鬘經中說言, 世尊, 見諸行無常, 是斷見, 非正見, 見涅槃常, 是常見, 非正見." 〈산스크리트본의 해당 내용. RGV 34,18-35,2: dvābhyāṃ kāraṇābhyāṃ nitya-pāramitā veditavyā/ anitya-saṃsārānapakarṣaṇataś cocchedāntāpatanān nitya-nirvāṇa-samāropaṇataś ca śāśvatāntāpatanāt/ yathoktam/ anityāḥ saṃskārā iti ced bhagavan paśyeta sāsya syād uccheda-dṛṣṭiḥ/ sāsya syān na samyag-dṛṣṭiḥ/ nityaṃ nirvāṇam iti ced bhagavan paśyeta sāsya syāc chāśvata-dṛṣṭiḥ/ sāsya syān na samyag-dṛṣṭir iti/ | 두 가지 이유로 [여래의 법신에 관한] 상바

> 樂德二義者, 謂離一切意生身苦, 及滅一切煩惱習氣. 離意生身苦, 顯
> 寂靜樂, 滅煩惱習氣, 顯覺智樂. 如論說云, "依二種法, 如來法身有樂波
> 羅蜜. 何等爲二? 一者遠離一切苦, 以滅一切意生身故, 二者遠離一切
> 煩惱習氣, 證一切法故."
>
> [H1, p.533b13~19: T38, p.245c16~21]

'안락할 수 있는 능력의 두 가지 면모'(樂德二義)라는 것은, 모든 '뜻으로 태어난 몸'(意生身)³⁷⁶의 괴로움(苦)까지 벗어나는 것과 모든 '번뇌의

라밀을 이해해야 한다. 무상한 윤회를 부정하지 않아 단멸론을 떠나기 때문이며, 영원한 열반을 증익하지 [않아] 상주론을 떠나기 때문이다. 다음과 같이 『승만경』에서 설해졌다. "세존이시여! 만일 제행은 무상하다고 본다면, 그것은 그에게 단견이 될 것이고, 정견이 되지 않을 것입니다. 세존이시여! 만일 열반은 상주한다고 본다면, 그것은 그에게 상견이 될 것이고, 정견이 되지 않을 것입니다.")

376 의생신意生身: 의성신意成身, 의성색신意成色身이라고도 하고, 부모가 낳은 몸이 아니라 깨달은 보살이 중생을 구제하기 위해 의意에 의거하여 화생化生한 몸이라고 일반적으로 설명된다.(『佛光大辭典』 p.5445 참조.) 『능가아발다라보경』 권2에서 "意生者, 譬如意去, 迅疾無礙, 故名意生. 譬如意去, 石壁無礙, 於彼異方無量由延, 因先所見, 憶念不忘, 自心流注不絕, 於身無障礙生. 大慧, 如是意生身, 得一時俱. 菩薩摩訶薩意生身, 如幻三昧力自在神通, 妙相莊嚴, 聖種類身, 一時俱生. 猶如意生, 無有障礙, 隨所憶念本願境界, 爲成熟衆生, 得自覺聖智善樂."(T16, p.489c19~26)이라고 하는 것에 따르면, 몸에서 일어나는 생각(意)이 빠르고 걸림이 없어서 석벽石壁에도 걸림 없이 무량한 거리를 움직이는 것처럼 보살의 의생신意生身은 일체법을 무상한 것으로 보는 여환삼매如幻三昧의 자재신통自在神通으로 묘상장엄妙相莊嚴된 성종류신聖種類身으로서 일시에 구생俱生하며, 본원경계本願境界에 대한 억념憶念에 따라 중생을 성숙시키기 위해 성지聖智의 선락善樂을 얻은 것이라고 설명한다. 『대보적경大寶積經』 권87에서는 "隨意生身, 於一切衆生平等示現."(T11, p.498c3~4)이라고 하여 모든 중생에게 평등하게 나타내 보여 주는 것이라고 설명하기도 한다. 『승만경』 권1에서는 "無明住地緣無漏業因, 生阿羅漢辟支佛大力菩薩三種意生身."(T12, p.220a16~18)이라고 하여 의생신意生身의 사례로 아라한阿羅漢·벽지불辟支佛·대력보살大力菩薩의 세 가지를 제시하고, 이 3종 의생신意生身은 무명주지無明住地가 무루업인無漏業因을 조건으로 삼아 태어난다고도 설명한다.

누적된 경향성'(煩惱習氣)까지 없애는 것을 말한다. [첫 번째 면모인] '뜻으로 태어난 몸의 괴로움까지 벗어나는 것'(離意生身苦)은 [열반의] 고요한 안락함'(寂靜樂)을 드러내고, [두 번째 면모인] '번뇌의 누적된 경향성까지 없애는 것'(滅煩惱習氣)은 '깨달은 지혜의 안락함'(覺智樂)을 드러낸다. 논서(『보성론寶性論』)에서 "'두 가지 이치'(二種法)에 의거하여 여래如來의 '진리 몸'(法身)에는 '안락함의 [능력을 얻는] 보살수행'(樂波羅蜜)이 있다. 어떤 것들이 두 가지인가? 첫 번째는 모든 괴로움(苦)에서 멀리 벗어나는 것이니 모든 '뜻으로 태어난 몸'(意生身)까지 없애기 때문이고, 두 번째는 모든 '번뇌의 누적된 경향성'(煩惱習氣)까지 벗어나는 것이니 모든 진리(法)를 증득하기 때문이다"[377]라고 말한 것과 같다.

> 我德二義是,[378] 謂離我見邊, 及無我見邊, 非我非無我, 乃得大我故. 如論說云, "依二種法, 身[379]有我波羅蜜. 何等爲二? 一者, 遠離諸外道邊, 離虛妄我戲論故, 二者, 遠離諸聲聞邊, 以離無我戲論故." 以是義故, 『楞伽經』云, "離諸外道邊,[380] 禁[381]燒無我見, 令我見熾燃,[382] 如劫盡

---

[377] 『구경일승보성론』 권3(T31, p.830c19~24). "依此二法, 如來法身有樂波羅蜜, 應知. 何等爲二? 一者遠離一切苦, 二者遠離一切煩惱習氣. 〈此以何義? 云何遠離一切苦? 以滅一切種苦故,〉以滅一切意生身故. 〈云何遠離煩惱習氣?〉以證一切法故." 원효는 〈〉 표시 부분은 생략하고 이해하기 쉽도록 문장의 순서를 편집하여 인용하고 있다. 〈산스크리트본의 해당 내용. RGV 34,15-18: dvābhyāṃ kāraṇābhyāṃ sukha-pāramitā veditavyā/ sarvākāra-duḥkha-samudaya-prahāṇataś ca vāsanānusaṃdhi-samudghātāt sarvākāra-duḥkha-nirodha-sākṣāt-karaṇataś ca mano-maya-skandha-nirodha-sākṣāt-karaṇāt/ ㅣ 두 가지 이유로 [여래의 법신에 관한] 낙바라밀을 이해해야 한다. 습기의 연속을 근절하여 모든 측면에서 고통의 발생을 끊었기 때문에, 또 마음에서 생겨난 [5]온의 소멸을 직접 경험하여 모든 측면에서 고통의 소멸을 직접 경험했기 때문이다.〉

[378] 윤왕사輪王寺 필사본에는 '룿'가 '者'로 되어 있다. 필사본에 따른다.

[379] 『구경일승보성론』 원문에 따라 '身' 앞에 '如來法'을 첨가한다.

[380] 『입능가경』 원문에 따라 '邊'을 '過'로 고친다.

火燃."[383]

[H1, p.533b19~c2: T38, p.245c22~27]

'[참된] 자기일 수 있는 능력의 두 가지 면모'(我德二義)라는 것은, '자아가 있다는 견해의 측면'(我見邊)과 '자아가 없다는 견해의 측면'(無我見邊)에서 [모두] 벗어나는 것을 말하니, '자아가 있다는 것도 아니고 자아가 없다는 것도 아닌 것'(非我非無我)이라야 '크나큰 자기'(大我)를 얻기 때문이다. 논서(『보성론寶性論』)에서 "'두 가지 이치'(二種法)에 의거하여 여래如來의 '진리 몸'(法身)에는 [참된] 자기[의 능력을 얻는] 보살수행'(我波羅蜜)이 있다. 어떤 것들이 두 가지인가? 첫 번째는 [불교와는] 다른 가르침'(外道)들의 온갖 극단[적 견해]에서 멀리 벗어나는 것이니 '허구의 자아에 대한 확산된 분별망상'(虛妄我戲論)에서 벗어나기 때문이고, 두 번째는 '가르침을 들어서 깨달으려는 수행자'(聲聞)들[인 소승小乘]의 온갖 극단[적 견해]에서 멀리 벗어나는 것이니 '자아가 없다는 것에 대한 확산된 분별망상'(無我戲論)에서 벗어나기 때문이다"[384]라고 말한 것과 같다. 이러한 뜻이기 때문에 『능가경楞伽經』에서는 "'[불교와는] 다른 가르침'(外道)의 허물[인 유아견有我見]에서도 벗어나고 [성문聲聞의 허물인] '자아가

---

381 『입능가경』 원문에 따라 '禁'을 '焚'으로 고친다.
382 『입능가경』 원문에 따라 '燃'을 '然'으로 고친다.
383 『입능가경』 원문에 따라 '燃'을 '炎'으로 고친다.
384 『구경일승보성론』 권3(T31, p.830c16~19). "有二種法, 依此二法, 如來法身有我波羅蜜, 應知. 何等爲二? 一者, 遠離諸外道邊, 以離虛妄我戲論故, 二者, 遠離諸聲聞邊, 以離無我戲論故."〈산스크리트본의 해당 내용. RGV 34,13-15: dvābhyāṃ karaṇābhyām ātma-pāramitā veditavyā/ tīrthikānta-vivarjanatayā cātma-prapañca-vigamāc chrāvakānta-vivarjanatayā ca nairātmya-prapañca-vigamāt/ │ 두 가지 이유로 [여래의 법신에 관한] 아바라밀을 이해해야 한다. 비불교도의 극단을 벗어나 자아에 관한 다양함을 떠났기 때문이며, 성문들의 극단을 벗어나 무아성에 대한 다양함을 떠났기 때문이다.〉

2. [『열반경』] 가르침의 핵심 내용을 분석함(辨敎宗) 201

없다는 견해'(無我見)도 불살라 태워 버리니, '자아에 관한 [잘못된] 견해'
(我見)들이 맹렬한 것을 마치 '오랜 시간이 지난 뒤 타오르는 [세상을 무너
뜨리는] 화재'(劫盡火)[385]가 [온 세상을] 태워 버리는 것과 같다고 보아야 하
네"[386]라고 말한다.

淨德二義者, 通達分別性, 除滅依他性故. 通達分別顯自性淨, 滅依他
性顯方便淨. 如論言, "依二種法, 如來法身有淨波羅蜜. 何等爲二? 一

---

385 겁진화劫盡火: 겁화劫火, 겁소劫燒라고도 한다. 괴겁壞劫 때 일어나는 화재火災를
말한다. 불교의 우주관에서는 하나의 세상이 성립하고 지속하며 파괴되는 과정을
성겁成劫・주겁住劫・괴겁壞劫・공겁空劫의 네 시기로 나누는데, 세상이 파괴되
는 시기인 괴겁壞劫에는 수재水災・풍재風災・화재火災의 삼재三災가 일어나며,
괴겁壞劫이 지나 공겁空劫에 들면 욕계欲界와 색계色界 중에서 색계色界의 제4선
천禪天만이 남고 나머지는 모두 장기간 사라진다. 성겁成劫・주겁住劫・괴겁壞
劫・공겁空劫의 이 네 시기는 각각 20중겁中劫에 해당하고, 네 시기를 합한 80중
겁中劫을 일대겁一大劫이라고 한다. 『佛光大辭典』 pp.1694~1695, p.2814 참조.
원효는 겁진화劫盡火에 대해 『이장의二障義』에서 "劫盡時, 七日竝現, 通然空界, 巨
海大地, 歇盡無遺, 乃至微塵, 永無餘殘."(H1, p.807b14~16)이라고 묘사한다.

386 『입능가경』 권10(T16, p.583b25~26). "離諸外道過, 焚燒無我見, 令我見熾然, 如劫
盡火炎."〈산스크리트본의 해당 내용. LAS 360.05-06: tīrthadoṣair vinirmuktaṃ
nairātmyavanadāhakaṃ ∣ jājvalaty ātmavādo 'yaṃ yugāntāgnir ivotthitaḥ
∣10-766∣ ∣불교∣ 이외의 사람들의 과실로부터 벗어난, 무아라는 숲을 불태우는 것
을, 아트만에 대한 이러한 사상은 완전히 불태우고 있다. 마치 세상의 종말에 일어
나는 불과 같이.〉→ 교정: tīrthadoṣair vinirmukto* nairātmyavanadāhakaḥ** ∣
jājvalaty ātmavādo 'yaṃ yugāntāgnir ivotthitaḥ ∣10-766∣ 한역과 티벳역에 의해
교정한 번역: "[불교] 이외의 사람들[이 주장하는 아트만(我)이라는] 과실과는 다르[지만(?)],
무아(無我)라는 숲을 불태울 수 있는, 아트만에 관한 이러한 사상은 강렬하게 불
타오르고 있다. 마치 세상의 종말에 일어나는 불과 같이." 산스크리트 편집본에는
"vinirmuktaṃ nairātmyavanadāhakaṃ"이다. 그렇지만 p.360, n.10과 n.11에서
보다시피 삼종의 한역과 티베트역이 "vinirmuktaḥ nairātmyavanadāhakaḥ"를 지
지하고, 'jājvalaty'(어근 jval의 강의형)은 직접목적어를 취하지 않는 동사이기 때
문에 문법적으로도 교정하는 것이 옳기에 교정의 번역도 함께 제시한다.

者, 本來自性淸淨, 以同³⁸⁷相故, 二者, 離垢淸淨, 以勝相故."

[H1, p.533c2~7: T38, pp.245c27~246a3]

'온전할 수 있는 능력의 두 가지 면모'(淨德二義)라는 것은, '[근본무지의 망상에 의해] 분별된 면모'(分別性; 遍計所執性)에 통달하는 것과 '다른 것에 의존하는 면모'(依他性)를 없애는 것이다. '[근본무지의 망상에 의해] 분별된 [면모]'(分別[性])에 통달하여 '[열반의] 본연적 온전함'(自性淨)을 드러내고, '다른 것에 의존하는 면모'(依他性)를 없애어 '[지혜와 자비의] 수단과 방법으로 인한 온전함'(方便淨)을 드러낸다.³⁸⁸ 논서(『보성론寶性論』)에

387 가은 역(2004)과 은정희 등 공역(2017)에서는 『구경일승보승론』 원문에 따라 '同' 을 '因'으로 바꾼다. 대정장에서는 저본인 고려대장경본에 따라 '同'이 '因'이라고 되어 있지만 이곳의 교감주에서 "因＝同【宋】【元】【明】【宮】"라고 하여 다른 판본에서는 '因'이 '同'이라 되어 있다고 한다. 여기서는 '同'이 문맥에 맞다고 보아 그대로 둔다. 그 이유에 대해서는 '자성정自性淨과 방편정方便淨'에 관한 아래의 주석 참조.

388 자성정自性淨과 방편정方便淨: 원효는 자성정自性淨과 방편정方便淨을, 앞서 '④ 이멸문二滅門'의 두 가지 열반인 성정열반性淨涅槃과 방편괴열반方便壞涅槃의 의미맥락에 각각 배당하여 제시하는 것으로 보인다. '이멸문二滅門'에서는 먼저 성정열반性淨涅槃에 대해 "眞如法性本來無染故, 曰性淨, 亦名本來淸淨. 涅槃卽如如理, 凡聖一味, 是故亦名同相涅槃."(H1, p.529c15~17)이라고 하여 진여법성眞如法性이 본래무염本來無染이어서 본래청정열반本來淸淨涅槃이라고도 하고, 그래서 범부凡夫와 성인聖人에게 일미一味이므로 동상열반同相涅槃이라고도 한다고 설명한다. 본문에서 아래에 인용된 『구경일승보성론』에서 정바라밀淨波羅蜜의 첫 번째 면모로 본래자성청정本來自性淸淨과 동상同相이 제시되는 맥락과 부합한다. 방편괴열반方便壞涅槃에 대해서는 "智悲善巧壞二邊着, 由是轉依, 眞如顯現, 從因立名, 名方便壞."(H1, p.529c18~19)라고 하여 원인인 지비선교智悲善巧의 방편方便으로 유무有無의 이변착二邊着을 무너뜨려 결과인 진여眞如를 드러내기 때문에 방편괴열반方便壞涅槃이라 하고, 또 "此涅槃不通凡住故, 亦名不同相涅槃."(H1, p.529c21~22)이라고 하여 방편괴열반方便壞涅槃은 범부凡夫의 지위에는 통하지 않고 성인聖人의 지위에만 통하기 때문에 부동상열반不同相涅槃이라고도 한다고 설명한다. 본문에서 아래에 인용된 『구경일승보성론』에서 정바라밀淨波羅蜜의 두 번째 면모로 이구청정離垢淸淨과 승상勝相이 제시되는 맥락과 부합한다.

서 "'두 가지 이치'(二種法)에 의거하여 여래如來의 '진리 몸'(法身)에는 '온전함[의 능력을 얻는] 보살수행'(淨波羅蜜)이 있다. 어떤 것들이 두 가지 인가? 첫 번째는 '본래부터 본연이 온전한 것'(本來自性淸淨)이니 [범부와 성인의] 동등한 측면'(同相) 때문이고, 두 번째는 '번뇌에서 벗어나 온전한 것'(離垢淸淨)이니 [성인의] 뛰어난 측면'(勝相) 때문이다"[389]라고 말한 것과 같다.

> 問. 何故常與我, 對二邊顯一, 而於樂淨德, 遺一邊說二? 答. 是顯略門, 及影論門, 其作論者, 以巧便術也.
>
> [H1, p.533c7~10: T38, p.246a3~5]

문는다. [『구경일승보성론究竟一乘寶性論』에서] 왜 '늘 [본연에] 머무는 [능력] 과 [참된] 자기일 수 있는 [능력]'(常與我)[을 설명하는 곳]에서는 '두 가지 극단'(二邊)을 상대하여 [다스리기만 하고] '하나[로 통하는 진리]'(一)를 [간접적으로] 드러내지만,[390] '안락할 수 있는 능력과 온전할 수 있는 능력'(樂淨德)

---

[389] 『구경일승보성론』 권3(T31, p.830c14~16). "依此二法, 如來法身有淨波羅蜜, 應知. 何等爲二? 一者, 本來自性淸淨, 以同相故, 二者, 離垢淸淨, 以勝相故." 〈산스크리트 본의 해당 내용. RGV 34,12-13: dvābhyāṃ kāraṇābhyāṃ tathāgata-dharma-kāye śubha-pāramitā veditavyā/ prakṛti-pariśuddhyā sāmānya-lakṣaṇena/ vaimalya-pariśuddhyā viśeṣa-lakṣaṇena/ | 두 가지 이유로 여래의 법신에 관한 정바라밀을 이해해야 한다. 보편상이라는 측면에서는 본성적인 청정(自性淸淨)으로, 개별상으로서는 더러움을 벗어난 청정(離垢淸淨)으로 [이해해야 한다.]〉

[390] 대이변현일對二邊顯一과 현략문顯略門: 먼저 상덕이의常德二義에 대한 『보성론』의 설명에서는 "一者, 不滅一切諸有爲行, 以離斷見邊故, 二者, 不取無爲涅槃, 離常見邊故."라고 하여 '이단견변離斷見邊'과 '이상견변離常見邊'의 '대이변對二邊'만을 밝히고, '일一'에 대해서는 원효의 설명에서 '여래통달무이지성如來通達無二之性'이라는 용어로 드러난다. 다음으로 아덕이의我德二義에 대한 『보성론』의 설명에서는 "依二種法, 身有我波羅蜜. 何等爲二? 一者, 遠離諸外道邊, 離虛妄我戲論故, 二者, 遠離諸聲聞邊, 以離無我戲論故."라고 하여 '이아론離我論'과 '이무아론離無我論'의

[을 설명하는 곳]에서는 '하나의 극단'(一邊)을 배제하고 '두 가지[의 진리]' (二)를 [직접적으로] 말하는가?[391] 답한다. [상덕常德과 아덕我德을 설명하는 방

'대이변對二邊'만을 밝히고, '일一'에 대해서는 원효의 설명에서 '대아大我'라는 용어로 드러난다. 이 '대이변현일對二邊顯一'의 서술방식을 뒤의 대답에서 현략문顯略門이라 하므로, 현략문顯略門이란 '이변二邊'에서 벗어남으로써 '일一'을 생략하는 서술방식이라고 하겠다. 논서에서 현략문顯略門의 서술방식을 쓸 때에는 '대이변二邊'에 해당하는 내용만이 서술되어 '일一'의 내용이 생략되지만 그 서술의 의도는 생략된 '일一'을 간접적으로 드러내는 것이기 때문에, 원효에게는 그 생략된 '일一'이 '무이지성無二之性'이나 '대아大我'에 해당한다고 따로 적시해야 할 필요가 생기는 것으로 보인다.

391 견일변설이遣一邊說二와 영론문影論門: 먼저 낙덕이의樂德二義에 대한 『보성론』의 설명에서는 "一者遠離一切苦, 以滅一切意生身故, 二者遠離一切煩惱習氣, 證一切法故."라고 하여 '멸일체의생신滅一切意生身'과 '증일체법證一切法'의 두 가지를 설명하여 낙덕樂德을 하나의 뜻으로 국한하지 않으며, 이 두 가지를 원효는 각각 '적정락寂靜樂'과 '각지락覺智樂'이라고 적극적으로 표현한다. 다음으로 정덕이의淨德二義에 대한 『보성론』의 설명에서는 "一者, 本來自性淸淨, 以同相故, 二者, 離垢淸淨, 以勝相故."라고 하여 '본래자성청정本來自性淸淨'과 '이구청정離垢淸淨'의 두 가지를 설명하여 정덕淨德 역시 하나의 뜻으로 국한되지 않으며, 이 두 가지를 원효는 각각 '자성정自性淨'과 '방편정方便淨'이라고 적극적으로 표현한다. 이 '견일변설이遣一邊說二'의 서술방식을 뒤의 대답에서 영론문影論門이라 하므로, 영론문影論門이란 하나의 극단적 견해를 배제하고 둘 이상의 진리를 모두 반영하여 논의하는 서술방식이라고 하겠다. 논서에서 영론문影論門의 서술방식을 쓸 때에는 반영된 둘 이상의 진리를 모두 긍정적인 것으로 논의하기 때문에 원효에게는 현략문顯略門의 경우처럼 하나의 진리를 따로 적시해야 할 필요가 없이 두 가지 진리를 수용하여 적절히 규정해 주기만 하면 되는 정황인 것으로 보인다. 현략문顯略門과 영론문影論門은 영략影略 또는 영략호현影略互顯이라는 문장구성법에서 원효가 발전시킨 개념으로 보이는데, 보광普光, 『구사론기』 권1에서는 "理實亦通光影, 光明爲一對, 明輕光重, 偏言明者, 擧輕以顯重. 影闇爲一對, 影輕闇重, 偏言闇者, 擧重以顯輕. 此即影略互顯."(T41, p.33a1~4)이라고 하여 '광명光明'을 '명明'이라고만 표현하고 '영암影闇'을 '암闇'이라고만 표현하기도 하듯이 표현으로 반영된 것과 생략된 것이 서로를 드러내는 문장구성법을 영략호현影略互顯이라 한다고 설명한다. 『佛光大辭典』(p.6004)에서는 영략호현影略互顯에 대해, 관련 있는 두 가지 일을 설명할 때 한쪽에서 생략된 일이 다른 쪽 때문에 드러나고 다른 쪽에서 생략된 일이 이쪽 때문에 설명되는 것으로서 서로 보충하여 완전한 설명방식을

식은 '[이변二邊에 상대하여] 생략된 [하나로 통하는 진리]를 드러내는 측면'(顯略門)이고, [낙덕樂德과 정덕淨德을 설명하는 방식은] '[일변一邊을 배제하여] 반영되는 [진리를 모두] 논의하는 측면'(影論門)이니, 논서(『구경일승보성론』)를 지은 자[인 미륵彌勒]이 '교묘한 방법과 기술'(巧便術)을 쓴 것이다.

> 第二明其立四意者. 萬德旣圓, 何獨立四? 立四之由, 略有四義. 除四障故, 翻四患故, 對四倒故, 離四於³⁹²故.
>
> [H1, p.533c10~12: T38, p.246a5~7]

나. 상락아정常樂我淨의 네 가지를 세운 뜻을 밝힘(明其立四意)

[4덕문四德門의] 두 번째인 [열반의 능력(德)으로서 상락아정常樂我淨의] 네 가지를 세운 그 뜻을 밝히는 것은 다음과 같다. [열반의] '온갖 능력'(萬德)은 이미 [모두가] 완전한 것인데 어찌하여 유독 [상락아정常樂我淨] 네 가지만을 세우는가? 네 가지를 세우는 이유로는 대략 네 가지 뜻이 있다. '네 가지 장애'(四障)를 없애기 때문이고, '네 가지 불만'(四患)을 뒤집어 [바로잡기] 때문이며, '네 가지 왜곡'(四倒)을 상대하기 때문이고, '네 가지 양상'(四相)에서 벗어나기 때문이다.

> 除四障者. 凡聖四人各有一障. 一者, 闡提謗法, 障於淨德, 貪生死爲淨法故. 二者, 外道着我, 障於我德, 不了眞我, 執虛妄故. 三者, 聲聞畏苦, 障於樂德, 不知彼苦卽是大樂故. 四者, 緣覺捨心, 障於常德, 捨於常利, 而取斷滅故. 爲除如是四種障故, 菩薩修習四種勝因. 所謂信心般若三昧大悲, 次第得證淨我樂常. 如『寶性論』偈云, "有四種障礙, 謗法

이루는 것이라고 한다.

392 문맥에 따라 '於'를 '相'으로 고친다.

及着我, 怖畏世間苦, 捨離諸衆生. 闡提及外道, 聲聞及緣覺. 信等四種
法, 淸淨因應知."

[H1, p.533c12~23: T38, p.246a7~17]

가) 네 가지 장애를 없앰(除四障)

'네 가지 장애'(四障)를 없애는 것은 [다음과 같다.] 범부凡夫[의 두 부류인
천제闡提 및 외도外道]와 성인聖人[의 두 부류인 성문聲聞과 연각緣覺]의 네 부류
사람에게는 각각 하나의 장애가 있다. 첫 번째로 '좋은 능력이 끊어진
자'(闡提)는 [부처님의] 진리(法)를 비방하여 '온전할 수 있는 능력'(淨德)을
가로막으니, '나고 죽는 것에 탐내는 것'(貪生死)을 '온전한 진리'(淨法)라
고 여기기 때문이다. 두 번째로 [부처님의 것과는] 다른 가르침을 따르는
자'(外道)는 [불변·독자의] 자아'(我)에 집착하여 [참된] 자기일 수 있는 능
력'(我德)을 가로막으니, '참된 자기'(眞我)를 깨닫지 못하여 허망한 [자아]
에 집착하기 때문이다. 세 번째로 '가르침을 들어서 깨달으려는 수행
자'(聲聞)는 괴로움(苦)을 두려워하여 '안락할 수 있는 능력'(樂德)을 가
로막으니, 저 괴로움(苦)이 바로 '크나큰 안락'(大樂)임을 알지 못하기
때문이다. 네 번째로 '혼자 힘으로 연기를 이해하여 깨달으려는 수행
자'(緣覺)는 [늘 머무는] 마음'(心)을 버려 '늘 머무는 능력'(常德)을 가로막
으니, '늘 머무는 이로움'(常利)393을 버리고 [모든 것은 변하여] 없어진다[는

---

393 상리常利: 상리常利는 상덕常德의 이로움이라 하겠는데, 앞서 '⑥ 사덕문四德門'의
'가. 현상문顯相門'에서 상덕常德의 특징에 대해 "常德二義者. 如來通達無二之性, 不
捨有爲生死, 以不見生死異涅槃故, 不取無爲涅槃, 以不見涅槃異生死故."(H1, p.533b4~
7)라고 하여 생사生死와 열반涅槃을 불이不異로 보아 열반涅槃을 취하지 않고 생
사生死를 버리지 않는 능력이라고 설명한다. 지금 본문의 아래에서도 상덕常德은
인행因行인 대비大悲를 닦아 얻는 능력으로 설명되므로 상리常利는 대비심大悲心
을 닦아 중생을 늘 이롭게 하는 마음과 연관된다.

견해'(斷滅)를 취하기 때문이다. 이와 같은 '네 가지 장애'(四障)를 없애
려 하기 때문에 [대승의] 보살菩薩은 '네 가지 뛰어난 원인[이 되는 수행]'(四
種勝因)을 닦아 익힌다. 이른바 [정법淨法을] '신뢰하는 마음'(信心)과 [진아
眞我에 대한] 지혜(般若)와 [대락大樂을 얻는] 선정禪定(三昧)과 [상리常利를 위
한] '크나큰 자비'(大悲)가 그것이니, [이 네 가지 수행으로써] 차례대로 온전
함(淨)과 '[참된] 자기'(我)와 안락함(樂)과 '늘 [본연에] 머무름'(常)[의 능력]
을 증득한다. 『보성론寶性論』에서 게송으로 "'네 가지의 장애'(四種障礙)
가 있으니, [부처님의] 진리를 비방하는 것'(謗法)과 '[불변의 독자적] 자아에
집착하는 것'(着我)과 '세간의 괴로움을 두려워하는 것'(畏怖世間苦)과
'모든 중생[의 이로움]을 버리는 것'(捨離諸衆生)이라네. '좋은 능력이 끊어
진 자'(闡提)와 '[부처님의 것과는] 다른 가르침을 따르는 자'(外道)와 '가르
침을 들어서 깨달으려는 수행자'(聲聞)와 '혼자 힘으로 연기를 이해하여
깨달으려는 수행자'(緣覺)[의 장애]이다. [정법淨法에 대한] 신뢰 등의 네 가
지'(信等四種法)[394]가 '온전하게 되는 원인'(淸淨因)임을 알아야 하리"[395]라
고 말한 것과 같다.

---

394 신등사종법信等四種法: 앞 문장에서 거론한 사종승인四種勝因으로서 신심信心과
반야般若와 삼매三昧와 대비大悲를 말한다. 신심信心 수행으로 정덕淨德을 얻고
반야般若 수행으로 아덕我德을 얻으며 삼매三昧 수행으로 낙덕樂德으로 얻고 대
비大悲 수행으로 상덕常德을 얻는다고 원효는 설명했다.

395 『구경일승보성론』권3(T31, p.828c2~6). "偈言, 有四種障礙, 謗法及着我, 怖畏世間
苦, 捨離諸衆生. 此偈明何義? 偈言, 闡提及外道, 聲聞及自覺. 信等四種法, 淸淨因應
知." 〈산스크리트본의 해당 내용. RGV 27,13-16: caturdhāvaraṇaṃ dharma-pratigho
'py ātma-darśanam/ saṃsāra-duḥkha-bhīrutvaṃ sattvārthaṃ nirapekṣatā //32//
icchantikānāṃ tīrthyānāṃ śrāvakāṇāṃ svayaṃbhuvām/ adhimukty-ādayo
dharmāś catvāraḥ śuddhi-hetavaḥ //33// | 4종의 장애는 가르침을 미워하는
것, 자아가 [존재한다는] 견해, 윤회의 고통을 두려워 함, 중생의 이익에 무관심한 것
이니 //32// [차례대로] 일천제, 비불교도, 성문, 연각의 [장애다.] 믿음 등의 요소들이
[이 장애를 치료하는] 네 가지 청정의 원인이다. //33//〉

> 翻四患者. 分段生死有四種患, 謂無常苦無我不淨. 爲翻如是四種患
> 法故, 於涅槃建立四德, 此義可見, 不勞引文. 然何故四門開空無我, 此
> 中廢空, 立不淨者? 四諦道理是正觀境, 以理爲勝. 所以開空. 今四患門
> 是念處境, 爲對四倒故, 立不淨也.
>
> [H1, pp.533c23~534a7: T38, p.246a17~23]

나) 네 가지 불만을 뒤집어 바로잡음(翻四患)

 '네 가지 불만'(四患)을 뒤집어 [바로잡는 것은 다음과 같다.] '일정한 수명
과 형상을 가지고 다양한 세계에 태어나고 죽는 윤회'(分段生死)[396]에는
'네 가지 불만'(四種患)이 있으니, '늘 머무름이 없음'(無常)과 괴로움(苦)
과 '[참된] 자기가 없음'(無我)과 '온전하지 않음'(不淨)이다. 이와 같은 '네
가지 불만'(四種患法)을 뒤집어 [바로잡기] 위해 열반涅槃에 '[상락아정常樂我
淨의] 네 가지 능력'(四德)을 세우니, 이 뜻은 [쉽게] 알 수 있으므로 애써
[경론의] 문장을 인용하지 않는다.

 그런데 [소승 견도見道의 정관正觀을 얻기 위한 4선근四善根 수행 중에서 고제
苦諦의 행상行相인] '[무상無常·고苦·공空·무아無我의] 네 가지 부문'(四門)[397]

---

396 분단생사分段生死: 변역생사變易生死(無爲生死)의 대칭. 유위생사有爲生死라고도
   한다. 삼계三界 내의 생사生死로서 육도六道에 윤회하는 중생의 과보가 달라 모습
   과 수명에 각각 다른 분한이 있는 생사生死이다.
397 4문門: 소승 수행의 과정에서 견도見道의 정관正觀을 얻기 위한 난법煖法·정법頂
   法·인법忍法·세간제일법世間第一法의 사선근四善根 수행 중에서 고제苦諦의 행
   상行相인 무상無常·고苦·공空·무아無我의 네 가지 부문을 말한다. 『구사론』권
   23에서는 "此煖善根分位長故, 能具觀察四聖諦境, 及能具修十六行相. 觀苦聖諦修四行
   相, 一非常二苦三空四非我, 觀集聖諦修四行相, 一因二集三生四緣, 觀滅聖諦修四行相,
   一滅二靜三妙四離, 觀道聖諦修四行相, 一道二如三行四出."(T29, p.119b14~19)이라
   고 하여 난법煖法·정법頂法·인법忍法·세간제일법世間第一法의 사선근四善根
   수행에서는 사제경四諦境을 관찰함에 있어서 고제苦諦의 4행상인 비상非常·고

에서는 [무상無常·고품와 함께] '실체 없음'(空)과 [참된] 자기가 없음'(無我)을 개진하는데, 왜 여기 [네 가지 불만의 항목]에서는 '실체 없음'(空)[의 항목]을 지우고 '온전하지 않음'(不淨)[의 항목]을 세우는가? [고집멸도품集滅道의] 네 가지 진리'(四諦道理)라는 이치는 [견도見道에 들어가는] '바른 이해의 대상'(正觀境)이어서 [부정不淨보다는 공空의] 이치(理)를 뛰어난 것으로 간주한다. 그러므로 [4선근四善根 수행 중 고제苦諦의 행상行相으로] '실체 없음'(空)을 개진한다. 지금 '[무상無常·고품·무아無我·부정不淨이라는] 네 가지 불만의 부문'(四患門)은 [4선근四善根 수행의 아래 단계인] '[무상無常·고품·무아無我·부정不淨의 측면을] 마음에 새기는 수행단계의 대상'(念處境)398으로서 [범부의] '네 가지 왜곡'(四倒)399에 상대하기 때문에 '온전하지

품·공空·비아非我와 집제集諦의 4행상인 인因·집集·생生·연緣과 멸제滅諦의 4행상인 멸滅·정靜·묘妙·이離와 도제道諦의 4행상인 도道·여如·행行·출出의 총 16행상을 갖추어 닦는다고 밝힌다. 소승에서 견도見道 이전에 닦는 수행의 과정은 크게 외범위外凡位와 내범위內凡位로 나뉘는데, 부정관不淨觀·자비관慈悲觀·연기관緣起觀·계차별관界差別觀·수식관數息觀의 오정심관五停心觀 수행으로부터 시작하여 신身·수受·심心·법法의 사상四相에 대한 별상념주別相念住와 총상념주總相念住의 사념처四念處 수행까지가 외범위外凡位이고, 난법煖法·정법頂法·인법忍法·세제일법世第一法의 사선근四善根 수행이 내범위內凡位이다. 본문의 물음에서는, 내범위內凡位의 사선근四善根 수행 중에서 고제苦諦의 4행상을 보면 비상非常·고품·공空·비아非我이어서 사환四患에서의 부정不淨이 공空으로 대체되어 있음을 지적한다. 이어지는 대답에서는, 사선근四善根 수행은 견도見道에 들어가기 직전의 수행이어서 부정不淨보다 더 수준 높은 고제苦諦의 행상行相인 공空을 채택했고, 본문에서 부정不淨을 채택하는 사환四患은 사선근四善根 수행의 대상이 아니라 사선근四善根보다 낮은 단계의 수행인 사념처四念處 수행의 대상이라고 설명하고 있다.

398 염처念處: 사념처四念處, 사념주四念住라고도 한다. 소승 견도見道에 들어가기 이전의 범부凡夫 수행으로 오정심관五停心觀 이후 단계이고 이 사념처四念處 단계를 지나 사선근四善根 단계로 이어진다. 『구사론』 권23에서는 "如何修習四念住耶? 謂以自共相觀身受心法."(T29, p.118c21~22)이라고 하여 사념주四念住는 신身·수受·심心·법法의 네 가지 대상을 관찰하는 것이라고 설명한다. 그러나 염처念處수행에 대한 이러한 평가와 이해는 교학전통 내의 한 해석학적 유형일 뿐,

않음'(不淨)을 세운다.

對四倒者. 謂聲聞四無[400]倒行, 雖對治凡夫有爲四倒, 而翻法身無爲
四德, 以不了五陰卽是法身故. 爲對治此無爲四倒, 是故建立法身四德.
如『寶性論』云, "如是四種顚倒對治, 若依如來法身, 復是顚倒應知, 偈

염처 수행 본래의 의미와는 구별할 필요가 있다.

399 4도四倒(유위사도有爲四倒와 무위사도無爲四倒):『구사론』권23에서는 "此四念住
如次治彼淨樂常我四種顚倒."(T29, p.119a22~23)라고 하여 사념주四念住는 정정淨·
낙樂·상常·아我의 4종전도四種顚倒를 다스린다고 설명한다. 우선 사념주四念住
에서는 정정淨·낙樂·상常·아我의 집착을 치료하여 부정不淨·고苦·무상無常·
무아無我를 정념正念하는 것이 되므로 사선근四善根에서 사종환四種患으로 공空
을 개진하는 것과 달리 부정不淨을 개진하고 있음을 알 수 있다. 여기서 다스림의
대상으로 거론되는 정정淨·낙樂·상常·아我의 4종전도四種顚倒에 대해『구사론』
권19에서는 "應知顚倒總有四種, 一於無常執常顚倒, 二於諸苦執樂顚倒, 三於不淨執淨
顚倒, 四於無我執我顚倒."(T29, p.100b22~24)라고 자세히 설명하는데, 범부凡夫들
이 무상無常한 것을 상常이라 집착하여 전도되고 고苦인 것을 낙樂인 것이라 집착
하여 전도되는 등을 말한다. 원효는 다음 '대사도對四倒' 단락에서 이 정정淨·낙
樂·상常·아我의 4종전도四種顚倒를 '범부유위사도凡夫有爲四倒'라고 부른다. 그
런데『佛光大辭典』(pp.1852~1853)에 따르면 4도四倒에는 범부가 집착하는 이 정
정淨·낙樂·상常·아我의 유위사도有爲四倒와 함께 다시 무위사도無爲四倒가 있
다. 무위사도無爲四倒란 성문聲聞·연각緣覺의 이승인二乘人이 갖는 네 가지 전
도顚倒로서, 이들은 범부凡夫의 유위사도有爲四倒에 대해 정견正見을 갖추었지만,
깨달음의 대상인 열반을 멸무滅無의 세계로 여겨 열반의 상락아정常樂我淨을 무
상無常·무락無樂(苦)·무아無我·부정不淨이라 집착하는 것이라고 설명한다. 원
효는 다음 '대사도對四倒' 단락에서 무상無常·무락無樂(苦)·무아無我·부정不淨
의 4도四倒를 '성문사무위도행聲聞四無爲倒行'이라고 부른다. 원효는 문답을 통
해, 지금 '번사환翻四患' 단락에서 4종환四種患으로 거론되는 무상無常·고苦·무
아無我·부정不淨의 면모가 대승大乘의 관점에서는 전도된 것이지만 이승二乘의
관점에서는 범부凡夫의 전도상顚倒相을 바로잡은 것이기도 하다는 점을 환기시키
고 있다.

400 문맥상 '無' 뒤에 '爲'를 삽입한다. 이영무 역(1984)도 동일하다. 가은 역(2004)과
은정희 등 공역(2017)은 '無' 뒤에 '爲顯'을 삽입하는데, 문맥 이해는 동일하다.

言,‘於法身中倒’故. 對治此例,[401] 說有四種法身功德,” 乃至廣說.

[H1, p.534a7~14: T38, p.246a23~29]

다) 네 가지 왜곡에 대응하여 다스림(對四倒)

‘네 가지 왜곡’(四倒)에 대응하는 것은 [다음과 같다.] ‘가르침을 들어서 깨달으려는 수행자의 [무상無常·고苦·무아無我·부정不淨, 이] 네 가지에 대한 [뒤바뀐 분별의] 행위가 없는 수행의 왜곡’(聲聞四無爲倒行)[402]은, 비록 ‘범부의 [무상無常·고苦·무아無我·부정不淨, 이] 네 가지에 대한 [뒤바뀐 분별의] 행위가 있는 왜곡’(凡夫有爲四倒)[403][인 상常·낙樂·아我·정淨]에 대응하여 다스리지만 ‘진리 몸의 [뒤바뀐 분별의] 행위가 없는 네 가지 능력’(法身無爲四德)[인 상常·낙樂·아我·정淨]을 [왜곡하여] 뒤집어 버리니, [색色·수受·상想·행行·식識의] 다섯 가지 더미’(五陰)가 바로 ‘진리의 몸’(法身) 임을 알지 못하기 때문이다. 이 [성문聲聞의] 네 가지 [뒤바뀐 분별의] 행위가 없는 왜곡’(無爲四倒)[인 무상無常·고苦·무아無我·부정不淨]에 대응하여 다스리고자 하기 때문에 ‘진리 몸의 네 가지 능력’(法身四德)[인 상常·낙樂·아我·정淨]을 세운다. 『보성론寶性論』에서 “이와 같이 [범부의] ‘네 가지 왜곡’(四種顚倒)[인 상常·낙樂·아我·정淨]에 대응하여 다스렸지만, 만약 ‘여래의 진리 몸’(如來法身)에 의거하면 [범부에 상대하여 다스린 성문의

---

401 『구경일승보성론』 원문에 따라 ‘例’를 ‘倒’로 고친다.

402 성문4무위도聲聞四無爲倒: 성문의 4념주四念住 수행에서 범부유위4도凡夫有爲四倒인 정淨·낙樂·상常·아我의 집착을 다스려 부정不淨·고苦·무상無常·무아無我를 정념正念하는 것을 말한다. 범부유위4도凡夫有爲四倒를 다스린다는 점에서는 무위無爲이지만 법신法身의 상락아정常樂我淨을 왜곡한다는 점에서는 전도顚倒이다.

403 범부유위4도凡夫有爲四倒: 범부凡夫가 무상無常한 것을 상常이라 집착하고 고苦인 것을 낙樂이라 집착하여 전도되는 등 정淨·낙樂·상常·아我의 4종전도四種顚倒를 말한다.

수행이] 다시 왜곡된 것임을 알아야 하니, 게송에서 〈'진리 몸'(法身)[의 네 가지 능력인 상常・낙樂・아我・정淨]에 대해서는 왜곡된 것이네〉[404]라고 말한 것이다. 이 [성문聲聞 무위無爲의 네 가지] 왜곡(倒)[인 무상無常・고苦・무아無我・부정不淨]에 대응하여 다스리고자 '[상常・낙樂・아我・정淨이라는] 진리 몸의 네 가지 능력'(四種法身功德)을 설하여 두었다"[405]라고 하면서 상세히 설명하는 것과 같다.

> 離四相者. 變易生死有四種相, 所謂緣相乃至壞相. 離此四相故, 建立四德. 何者? 以離相[406]無明染故, 立於淨德, 以離因相業所繫故, 立於我德, 離於生相微細苦故, 立其樂德, 離於壞相無常滅故, 立其常德.
>
> [H1, p.534a14~19: T38, p.246a29~b4]

라) 네 가지 양상에서 벗어남(離四相)

'네 가지 양상'(四相)에서 벗어나는 것은 [다음과 같다.] '변하여 달라지는 삶과 죽음'(變易生死)[407]에는 '네 가지 양상'(四種相)이 있으니, '[근본무

---

404 『구경일승보성론』 권3(T31, p.829b12~13). "略說四句義, 四種顚倒法, 於法身中倒, 修行對治法." 『구경일승보성론』 내에서 읊은 앞 게송 중 한 구절인 '於法身中倒'를, 장행長行에서 인용하면서 설명하는 문맥이다.

405 『구경일승보성론』 권3(T31, p.829b24~27). "如是四種顚倒對治, 依如來法身, 復是顚倒應知, 偈言, 於法身中倒故. 對治此倒, 說有四種如來法身功德波羅蜜果." 〈산스크리트본의 해당 내용. RGV 30,15-17: sa khalv eṣa nityādi-lakṣaṇaṃ tathāgata-dharma-kāyam adhikṛtyeha viparyāso 'bhipreto yasya pratipakṣeṇa catur-ākārā tathāgata-dharma-kāya-guṇa-pāramitā vyavasthāpitā/ ㅣ 바로 이 [무상, 고, 무아, 부정 등]이 상주 등을 특징으로 하는 여래의 법신을 주제로 하여 이 [35송에서는] 전도라는 의도를 갖고 설해졌다. 그것의 치료책으로서 네 가지 여래 법신의 공덕 바라밀이 확립되었다.〉

406 문맥상 '相' 앞에 '緣'을 삽입한다.

407 변역생사變易生死: 분단생사分段生死(有爲生死)의 대칭. 삼승三乘의 성인이 무루

지(無明)에 의해] 조건 지어지는 양상'(緣相)에서 '무너지는 양상'(壞相)까지를 말한다. [열반은] 이 '[연상緣相·인상因相·생상生相·괴상壞相의] 네 가지 양상'(四相)에서 벗어나기 때문에 '[상常·낙樂·아我·정淨의] 네 가지 능력'(四德)을 세운다. 왜인가? '[근본무지(無明)에 의해] 조건 지어지는 양상'(緣相)인 '근본무지의 오염'(無明染)에서 벗어나기 때문에 '온전할 수 있는 능력'(淨德)을 세우고, '원인이 되는 양상'(因相)인 '[근본무지에 따르는] 행위에 묶이는 것'(業所繫)에서 벗어나기 때문에 '[참된] 자기일 수 있는 능력'(我德)을 세우며, '생겨나는 양상'(生相)인 '미세한 괴로움'(微細苦)에서 벗어나기 때문에 '안락할 수 있는 능력'(樂德)을 세우고, '무너지는 양상'(壞相)⁴⁰⁸인 '덧없이 소멸하는 것'(無常滅)에서 벗어나기 때문에 '늘 [본연에] 머무는 능력'(常德)을 세운다.

> 如論說言. "住無漏界中, 聲聞辟支佛得大力自在菩薩, 爲證如來功德法身有四種障. 何等爲四? 一者緣相, 二者因相, 三者生相, 四者壞相. 緣相者, 謂無明住地與行作緣. 如無明緣行, 無明倒⁴⁰⁹地緣亦如是故. 因相者, 謂無明住地緣行, 此以爲因. 如行緣識, 無漏業緣亦如是故. 生相者, 謂無明住地緣無漏業因生, 三種意生身亦如是故. 壞相者, 謂三種意生身緣不可思議變易生⁴¹⁰死. 如依生緣故, 有老死, 此亦如是故"乃至廣說.
>
> [H1, p.534a19~b6: T38, p.246b4~14]

논서(『보성론寶性論』)에서 [다음과 같이] 말하는 것과 같다. "[상常·낙

無漏의 비원력悲願力에 따라 원래의 분단신分段身을 바꾸어 모습과 수명에 제한이 없는 변역신變易身을 얻은 생사生死이다.

408 생상生相은 미세고微細苦가 생겨나는 양상이고 괴상壞相은 미세고微細苦를 겪는 삶이 소멸하는 것으로 본다면, 생상과 괴상은 12연기에서의 생生과 노사老死에 해당한다고 볼 수 있다.

409 『구경일승보성론』 원문에 따라 '倒'를 '住'로 바꾼다.

410 『구경일승보성론』 원문에 따라 '生'을 삭제한다.

樂·아我·정淨 네 가지 능력을 증득하기 위해] '번뇌가 흘러 들어옴이 없는 세계'(無漏界)에 머무르는 데 있어서, '가르침을 들어서 깨달으려는 수행자'(聲聞)와 '혼자 힘으로 연기를 이해하여 깨달으려는 수행자'(辟支佛; 緣覺)와 '크나큰 힘을 얻어 자유로운 보살'(得大力自在菩薩)이라는 3종의생신三種意生身)[411]조차 '여래의 능력인 진리 몸'(如來功德法身)을 증득하는 데에는 '네 가지의 장애'(四種障)가 있다. 어떤 것들이 네 가지인가? 첫 번째는 '조건을 특징으로 하는 것'(緣相)이고, 두 번째는 '원인을 특징으로 하는 것'(因相)이며, 세 번째는 '발생을 특징으로 하는 것'(生相)이고, 네 번째는 '소멸을 특징으로 하는 것'(壞相)이다.

'조건을 특징으로 하는 것'(緣相)이라는 것은 '근본무지가 자리잡은 단계'(無明住地)가 '[무명주지無明住地에 따르는] 의도의 형성'(行)에게 [발생의] 조건(緣)이 되는 것을 말한다. 마치 [분단생사分段生死의 12연기十二緣起에서] 근본무지(無明)가 '[근본무지에 따르는] 의도의 형성'(行)에 대해 [발생

---

411 3종의생신三種意生身: 『승만경』 권1에서는 "無明住地緣無漏業因, 生阿羅漢辟支佛大力菩薩三種意生身."(T12, p.220a16~18)이라고 하여 무명주지無明住地가 무루업인無漏業因을 반연하여 아라한阿羅漢·벽지불辟支佛·대력보살大力菩薩의 3종의생신三種意生身을 생겨나게 한다고 설명한다. 여기 본문에서도 아래의 『보성론』 인용문에서 변역생사變易生死의 4상四相 중 생상生相을 설명하면서 "生相者, 謂無明住地緣無漏業因是, 三種意生身亦如是故."라고 하여 『승만경』에서와 똑같이 3종의생신三種意生身에 대해 무명주지無明住地가 무루업인無漏業因을 반연하여 생겨난다고 설명하므로, 아라한阿羅漢·벽지불辟支佛·대력보살大力菩薩의 3종의생신三種意生身은 변역생사變易生死하는 몸인 변역신變易身의 세 가지 사례를 말하는 것으로 보인다. 한편 『능가아발다라보경』 권3에서는 "有三種意生身, 云何爲三? 所謂三昧樂正受意生身, 覺法自性性意生身, 種類俱生無行作意生身."(T16, p.497c20~22)이라고 하여 삼매락정수의생신三昧樂正受意生身과 각법자성성의생신覺法自性性意生身과 종류구생무행작의생신種類俱生無行作意生身의 세 가지를 거론하는데, 이어지는 설명에서 무명주지無明住地와 무루업인無漏業因의 조건과 원인이라든가 아라한阿羅漢·벽지불辟支佛·대력보살大力菩薩에 대한 언급이 없어 지금의 논의와는 직접적인 연관이 없는 것으로 보인다. 『능가아발다라보경』의 3종의생신三種意生身에 대해서는 은정희 등 공역(2017) p.197 참조.

의] 조건이 되는 것과 같이, '근본무지가 자리잡은 단계'(無明住地)라는 조건(緣)[이 '의도의 형성'(行)에 대해 발생의 조건이 되는 것]도 마찬가지이다.

'원인을 특징으로 하는 것'(因相)이라는 것은, '근본무지가 자리잡은 단계'(無明住地)가 [근본무지에 따르는] 의도의 형성'(行)에 대해 조건(緣)이 되는 경우 이 ['근본무지가 자리잡은 단계'(無明住地)를 조건으로 하는 '의도의 형성'(行)을 [변역생사變易生死의] 원인(因)으로 삼는 것을 말한다. 마치 [분단생사分段生死의 12연기十二緣起에서] '[근본무지에 따르는] 의도의 형성'(行)이 의식현상(識)에 대해 [발생의] 조건(緣)[인 원인]이 되는 것과 같이, '번뇌가 흘러 들어옴이 없는 행위'(無漏業; 無漏行)라는 조건(緣)[이 변역생사變易生死에 대해 발생의 원인이 되는 것]도 마찬가지이다.

'발생을 특징으로 하는 것'(生相)이라는 것은 '근본무지가 자리 잡은 단계'(無明住地)를 조건(緣)으로 하고 '번뇌가 흘러 들어옴이 없는 행위'(無漏業; 無漏行)를 원인(因)으로 하여 [3종의생신三種意生身의 변역생사變易生死를] 생겨나게 하는 것을 말하니,[412] [변역생사變易生死에서] '[아라한阿羅漢·벽지불辟支佛·대력보살大力菩薩의] 세 가지 마음으로 성립된 몸'(三種意生身)[이 생겨나는 것]도 이와 같은 것이다.

'소멸을 특징으로 하는 것'(壞相)이라는 것은 '[아라한阿羅漢·벽지불辟支佛·대력보살大力菩薩의] 세 가지 마음으로 성립된 몸'(三種意生身)을 조건(緣)으로 하여 '생각으로 헤아리기 어렵게 변하여 달라지다가 죽는 것'(不可思議變易死)을 말한다. 마치 [분단생사分段生死의 12연기十二緣起에서] 태어남(生)에 의거하는 것을 조건(緣)으로 하여 '늙고 죽음'(老死)이 있

---

[412] 『구경일승보성론』 원문과 대조해보면 원효는 "三種意生身, 如四種取, 緣依有漏業因, 而生三界."(T31, p.830b8~9)의 문장을 생략한 채 인용한다. 생략된 내용은, 무명주지無明住地가 무루업無漏業을 원인으로 삼아 3종의생신三種意生身의 변역생사變易生死를 생겨나게 하는 것은 마치 분단생사分段生死의 12연기에서 제9지支인 네 가지 취取를 조건(緣)으로 하고 유루업有漏業을 원인으로 하여 제10지支인 유有(三界; 三有)를 생겨나게 하는 것과 같다는 것이다.

는 것과 같이, 이 [불가사의변역사不可思議變易死가 3종의생신三種意生身을 조건으로 소멸하는 것]도 마찬가지이다"[413]라고 하면서 상세히 말한다.

> 問. 諸聲聞起四顚倒, 爲在正觀時, 爲在出觀時? 答. 正入觀時, 正證人空, 遠離一切名言分別故, 於彼時不起四倒, 觀後起此四倒. 四倒之相

---

[413] 『구경일승보성론』 권3(T31, p.830a28~b12). "又此四種波羅蜜等住無漏界中, 聲聞辟支佛得大力自在菩薩, 爲證如來功德法身(第一彼岸)有四種障. 何等爲四? 一者緣相, 二者因相, 三者生相, 四者壞相. 緣相者, 謂無明住地, 卽此無明住地與行作緣. 如無明緣行, 無明住地緣亦如是故. 因相者, 謂無明住地緣行, 卽此無明住地緣行爲因. 如行緣識, 無漏業緣水如是故. 生相者, 謂無明住地緣依無漏業因生, 三種意生身, 如四種取, 緣依有漏業因, 而生三界. 三種意生身生亦如是故. 壞相者, 謂三種意生身緣不可思議變易死. 如依生緣故, 有老死. 三種意生身緣不可思議變易死亦如是故." 〈산스크리트본의 해당 내용. RGV 32,14-33,3: āsāṃ punaś catasṛṇāṃ tathāgata-dharma-kāya-guṇa-pāramitānām adhigamayānāsrava-dhātusthitānām apy arhatāṃ pratyekabuddhānāṃ vaśitā-prāptānāṃ ca bodhisattvānām ime catvaraḥ paripanthā bhavati/ tad-yathā pratyaya-lakṣaṇam hetu-lakṣaṇaṃ sambhava-lakṣaṇam vibhava-lakṣaṇam iti/ tatra prayaya-lakṣaṇam avidyā-vāsa-bhūmir avidyeva saṃskārāṇām/ hetu-lakṣaṇam avidyā-vāsa-bhūmi-pratyayam eva saṃskāravad anāsravaṃ karma/ sambhava-lakṣaṇam avidyā-vāsa-bhūmi-pratyayānāsrava-karma-hetukī ca tri-vidhā mano-mayātma-bhāva-nirvṛttiś catur-upādāna-pratyayā sāsrava- karma-hetukīva tri-bhavābhinirvṛttiḥ/ vibhava-lakṣaṇaṃ tri-vidha-mano-mayātma-bhāva-nirvṛtti-pratyayā jāti-pratyayam iva jarā-maraṇam acintyā pāriṇāmikī cyutir iti/ | 나아가 네 가지 여래법신의 공덕바라밀을 증득하기 위해 무루계에 머무는 아라한과 연각 및 자재력을 얻은 보살조차 다음 네 장애가 있다. 곧 조건을 특징으로 하는 것(緣相), 원인을 특징으로 하는 것(因相), 발생을 특징으로 하는 것(生相), 소멸을 특징으로 하는 것(滅相)이다. 그중에서 연상이란 무명주지無明住地(avidyāvāsa-bhūmi)다. 제행에 대해 무명이 [조건인 것]과 같다. 인상은 바로 무명주지를 조건으로 하는 무루의 업이다. 행[이 식의 원인인 것]과 같다. 생상은 무명주지를 조건으로 하고 무루업을 원인으로 하여 마음으로 구성된 신체(意成身, manomayātmabhāva)가 세 가지로 발생하는 것이다. 네 가지 집착을 조건으로 하고 유루의 업을 원인으로 하여 [욕계, 색계, 무색계라는] 세 가지 생존이 발생하는 것과 같다. 멸상은 세 가지 마음으로 구성된 신체가 발생한 것을 조건으로 하여, 불가사의한 변화의 방식의 죽음이다. 생을 조건으로 하여 노사가 있는 것과 같다.〉

有總有別. 別起相者, 彼計樹下成道之身, 實是惑業所感之報故, 謂無常苦無我等, 不了是化卽眞, 是卽倒於法身四德. 總起相者, 總觀五陰苦無常等, 不達五陰卽是法身, 是卽倒於法身四德. 建立門竟.

[H1, p.534b6~15: T38, p.246b14~21]

묻는다. 모든 '가르침을 들어서 깨달으려는 수행자'(聲聞)들이 '[무상無常·고苦·무아無我·부정不淨의] 네 가지 왜곡'(四顚倒)을 일으키는 것은 [견도見道의] '바른 이해'(正觀)에 있을 때인가, '[바른] 이해'(觀)에서 나왔을 때인가?

답한다. [견도見道의] '[바른] 이해'(觀)에 제대로 들어갔을 때에는 '자아에 변하지 않는 독자적 실체가 없음'(人空)을 제대로 증득하여 모든 '언어 환각적 분별'(名言分別)에서 멀리 벗어나기 때문에 그때에는 '[무상無常·고苦·무아無我·부정不淨의] 네 가지 왜곡'(四倒)을 일으키지 않지만, '[바른] 이해'(觀)에서 나온 뒤 [견도 정관 이전의 4념처四念處를 닦는 중에] 이 '[무상無常·고苦·무아無我·부정不淨의] 네 가지 왜곡'(四倒; 聲聞無爲四倒)을 일으킨다. '네 가지 왜곡의 양상'(四倒之相)에는 '총괄적인 것'(總; 總相念住)도 있고 '개별적인 것'(別; 別相念住)⁴¹⁴도 있다. '개별적으로 일으

---

414 총상념주總相念住와 별상념주別相念住: 사념주四念住 수행의 두 가지 방법이다. 『구사론』 권23에서는 "如何修習四念住耶? 謂以自共相觀身受心法."(T29, p.118c21~22)이라고 하여 사념주四念住는 신身·수受·심心·법法의 네 가지 대상을 관찰하는 것이라고 설명한다. 『佛光大辭典』(p.2797)에 따르면 별상념주別相念住는 신身·수受·심心·법法의 네 가지 대상에 대해 각각 신身의 부정不淨과 수受의 고苦와 심心의 무상無常과 법法의 무아無我를 관찰하는 것이다. 권오민(『아비달마불교』, 민족사, 2003, p.239 이하)에 따르면 법념주法念住는 부잡연不雜緣의 염주念住인 신身·수受·심념주心念住와 달리 이미 복수의 존재를 대상으로 한 것으로서 법 자체만을 관찰할 뿐 아니라 다른 대상을 함께 관찰하기도 하므로 잡연雜緣의 염주念住라고 하는데, 총상념주總相念住란 이 잡연雜緣의 염주念住인 법념주法念住에서 신身·수受·심心·법法의 네 가지 대상을 모두 관찰하는 것이다.

키는 [왜곡의] 양상'(別起相)은 [다음과 같다.] [성문聲聞인] 그는 보리수 아래에서 '진리를 성취한 몸'(成道之身)이 실제로는 '번뇌에 따르는 행위가 초래한 과보'(感業所感之報)라고 생각하기 때문에 [그 몸에 대해] 덧없고(無常) 괴로우며(苦) '자기가 없다'(無我)는 등으로 말하니, 이 '[부처님 몸으로] 나타남'(化)이 바로 '참된 것'(眞)임을 알지 못하는 것이며, 이것은 바로 '진리 몸의 네 가지 능력'(法身四德)[인 상락아정常樂我淨]을 왜곡한 것이다. '총괄적으로 일으키는 [왜곡의] 양상'(總起相)이라는 것은, '[색色·수受·상想·행行·식識의] 다섯 가지 더미'(五陰)를 총괄적으로 '괴로운 것'(苦)이고 '덧없는 것'(無常) 등으로 관찰하여 '[색色·수受·상想·행行·식識의] 다섯 가지 더미'(五陰)가 바로 [상락아정常樂我淨의 4덕四德을 갖춘] '진리의 몸'(法身)임을 통달하지 못하는 것이니, 이것은 바로 '진리 몸의 네 가지 능력'(法身四德)[인 상락아정常樂我淨]을 왜곡한 것이다. [4덕문四德門의 두 번째인] '[상락아정常樂我淨의 네 가지를] 세운 [뜻에 관한] 부문'(建立門)[415]을 마친다.

次第三明差別門者. 四德差別, 乃有衆多, 且依一, 略顯二四, 謂於常我各說二種, 樂淨之中, 各開四別.

[H1, p.534b15~17: T38, p.246b21~24]

다. 4덕四德 각각의 구별에 관한 부문(差別門)

다음은 [4덕문四德門의] 세 번째인 '[4덕四德 각각의] 구별에 관한 부문'(差別門)을 밝히는 것이다. '[상常·낙樂·아我·정淨의] 네 가지 능력'(四德)을

---

415 원효는 '⑥ 4덕문四德門'의 두 번째 문단의 제목에 대해 '二立意門'(H1, p.533a13~14), '第二明其立四意'(H1, p.533c10), 여기서는 '建立門' 등으로 다양하게 표현한다.

[각각] 구별하는 것에는 많은 [방식]이 있지만 하나[의 방식]에 의거하여 간략히 두 가지와 네 가지[의 구별]을 드러내니, '늘 [본연에] 머무는 것'(常)과 '[참된] 자기'(我)에 대해서는 각각 두 가지[의 구별]을 말하고 안락함(樂)과 온전함(淨)에서는 각각 네 가지의 구별을 펼치는 것을 말한다.[416]

二種常者, 法常佛常. 法常義者, 無生無滅, 是常身義. 佛常義者, 不老不死, 是常壽義. 如下文言, "如來長壽, 於諸壽中, 最上最勝, 所得常法, 於諸法[417]中, 最爲第一." 此言"常法", 卽是法[418]法, 言"長壽"者, 是報身壽. 又言, "以法常故, 諸佛亦常", "法"卽法身, "佛"是報佛. 又"諸佛"者亦是化佛, 依是義故, 『攝大乘』說, "法身爲二身本. 本覺[419]常住, 未來[420]依於本, 相續恒在. … 如恒受樂, 如恒施食, 二身常住, 應如是知."

[H1, p.534b17~c3: T38, p.246b24~c3]

가) 두 가지의 늘 머무름(二種常)

'두 가지의 늘 머무름'(二種常)이라는 것은 '진리 [몸]의 늘 머무름'(法常)과 '[진리성취의 결실인] 부처 [몸]의 늘 머무름'(佛常)이다. '진리 [몸]의 늘 머무름'(法常)이라는 뜻은 '[근본무지에 따라] 생겨남도 없고 사라짐도 없는 것'(無生無滅)이니 '늘 머무는 [진리의] 몸'(常身)이라는 뜻이다. '[진리성

---

416 아래에서 전개되는 논의에 의거하여 미리 4덕차별四德差別의 내용을 정리해 보면, 상덕常德의 두 가지는 법상法常과 불상佛常이고, 아덕我德의 두 가지는 법아法我와 인아人我이며, 낙덕樂德의 네 가지는 단수락斷受樂과 적정락寂靜樂과 각지락覺知樂과 불괴락不壞樂이고, 정덕淨德의 네 가지는 과정果淨과 업정業淨과 신정身淨과 심정心淨이다.

417 『열반경』 원문에 따라 '法'을 '常'으로 고친다.

418 문맥에 따라 '法' 뒤에 '身'을 첨가한다.

419 『섭대승론석』 원문에 따라 '覺'을 '旣'로 바꾼다.

420 『섭대승론석』 원문에 따라 '未來'를 '末'로 바꾼다.

취의 결실인] 부처 [몸]의 늘 머무름'(佛常)이라는 뜻은 '[보신報身의] 늙지도 않고 죽지도 않는 것'(不老不死)이니 '늘 머무는 생명력'(常壽)이라는 뜻이다. [『열반경』의] 아래 문장에서 "여래如來의 '오랜 생명력'(長壽)은 모든 생명력들 중에서도 가장 높고 가장 뛰어나며, [여래如來가] 얻는 '늘 머무는 진리'(常法)는 모든 '늘 머무름'(常) 중에서도 가장 으뜸이다"[421]라고 말한 것과 같다. 여기 『열반경』에서 "늘 머무는 진리"(常法)라고 말한 것은 바로 '진리 몸의 진리'(法身法)이고, "'오랜 생명력'(長壽)"이라고 말한 것은 [진리성취의] 결실인 부처 몸의 생명력'(報身壽)[422]이다.

또 [『열반경』에서] "진리(法)가 '늘 머물기'(常) 때문에 모든 부처님(佛) 또한 '늘 머문다'(常)"[423]라고 말하니, [여기 『열반경』에서 말하는] "진리"(法)는 바로 '진리의 몸'(法身)이고 "부처님"(佛)은 바로 [진리성취의] 결실인 부처'(報佛)이다. 그리고 "모든 부처님"(諸佛)이라는 것은 또한 '[중생에 응하여] 나타나는 부처'(化佛)[424]이니, 이러한 뜻에 의거하기 때문에 『섭대

---

421 『열반경』권3(T12, p.621b5~7). "如來長壽, 於諸壽中, 最上最勝, 所得常法, 於諸常中, 最爲第一."

422 보신수報身壽: 보신報身은 인위因位의 무량원행無量願行으로 받는 만덕원만萬德圓滿의 과보신果報身으로서 구체적으로는 아미타불阿彌陀佛, 약사여래藥師如來 등을 가리킨다. 『佛光大辭典』pp.4919~4920 참조. 여래如來의 응신應身과 보신報身을 중생의 관점에서 구분하는 『대승기신론』권1에서는 "此用有二種, 云何爲二? 一者依分別事識, 凡夫二乘心所見者, 名爲應身. 以不知轉識現故, 見從外來, 取色分齊, 不能盡知故. 二者依於業識, 謂諸菩薩從初發意乃至菩薩究竟地心所見者, 名爲報身."(T32, 579b20~25)이라고 하여 보신報身은 보살菩薩의 마음에서 보이는 부처 몸으로서 8식 차원인 업식業識에 의거한 것인 데 비해, 응신應身은 범부凡夫와 이승二乘의 마음에서 보이는 부처 몸으로서 6식 차원인 분별사식分別事識에 의거한 것이라고 설명한다. 말하자면 범부凡夫와 이승二乘의 분별사식分別事識에 의거하는 응신應身은 제한된 수명을 갖는 석가모니釋迦牟尼 부처님이고, 보살菩薩의 업식業識에 의거하는 보신報身은 무량수불無量壽佛인 아미타불阿彌陀佛이므로, 보신수報身壽라는 것은 곧 아미타불阿彌陀佛의 무량한 수명을 가리킨다고 볼 수 있다.

423 『열반경』권4(T12, p.627c16). "以法常故, 諸佛亦常."

승론석攝大乘論釋』에서 "'진리의 몸'(法身)은 '[응신應身과 화신化身이라는] 두 가지 몸의 근본'(二身本)이다. 근본(本)[인 법신法身]이 이미 '늘 머무르 므로'(常住) 지말(末)[인 응신應身과 화신化身]도 근본(本)[인 법신法身]에 따라 서로 이어지면서 늘 존재한다. … [세간에서] 늘 안락함을 누리는 것[이 근 본인 것]과 같고 늘 음식을 베푸는 것[이 지말인 것]과 같이, [근본인 법신法身 의 상주常住에 따라 지말인] '[응신應身과 화신化身의] 두 가지 몸이 늘 머문다' (二身常住)는 것을 이와 같이 알아야 한다"[425]라고 말한다.

『寶性論』中, 依七種因, 成常命義, 復以三譬, 顯常身義. 七種因者, "一因緣無邊故, 得常命, 謂無量劫來, 捨身命財, 攝取正法無窮無盡. 既

424 화불化佛: 화신불化身佛, 화신化身이라고도 한다. 응신應身과 화신化身이 응화이 신應化二身으로 묶여 법신法身에 상대하는 뜻으로 쓰일 때는 양자 모두 여래如來 가 중생에 응하여 세상에 나타나는 몸의 뜻이 된다. 양자가 범어에서 똑같이 nirmāṇa-kāya로 쓰이는 것도 이러한 이유로 보인다. 응신應身과 화신化身의 용어 차이에 따라 양자를 구분한다면 응신應身은 32상相 80종호種好를 갖추어 중생을 교화하는 석가모니 부처님의 몸을 가리키고, 화신化身은 응신應身의 분신화불分 身化佛로서 중생을 교화하기 위해 천룡天龍, 귀신鬼神 등 불형佛形이 아닌 모습으 로 나타나는 몸을 가리킨다.

425 『섭대승론석』권15(T31, p.269b14~c1). "論曰, 由應身及化身, 恒依止法身故. 釋曰, 法身爲二身本. 本旣常住, 末依於本, 相續恒在. 故末亦常住. 論曰, 由應身無捨離故. 釋 曰, 如來自圓德及利益諸菩薩, 此二事與如來恒不相離, 此二事即是應身. 故應常住. 論 曰, 由化身數起現故. 釋曰, 化身爲度衆生, 乃至窮生死際, 無一刹那時不相續, 示現得無 上菩提及般涅槃. 何以故? 所度衆生恒有, 如來大悲無休廢故. 是故化身亦是常住. 論曰, 如恒受樂, 如恒施食, 二身常住, 應如此知. 釋曰, 爲顯二身常住故, 引此二事爲譬, 如世 間說此人恒受樂, 此人恒施食, 非受樂施食二事無間, 名之爲恒. 由本及事二義不斷故, 名爲恒. 二身亦爾, 由本及事二義不斷故, 名常住." 밑줄은 본문의 인용 부분이다. 인 용된 부분 중에서 "如恒受樂, 如恒施食"에 대해 『섭대승론석』에서는 "由本及事二義 不斷故, 名爲恒"이라고 하여, 세간에서 안락함을 누리는 것(受樂)이 어떤 사람의 내면적인 근본(本)에 해당하고 음식을 베푸는 것(施食)이 드러난 현상(事)에 해당 하는 것과 같은 관계를, 법신法身과 응화이신應化二身의 본말 관계에 빗대어 설명 한다.

修無窮之因, 還得無盡之果." 偈云, "棄捨身命財, 攝取諸佛法"故.

[H1, p.534c3~8; T38, p.246c3~8]

『보성론』에서는 [『불성론』에서 제시하는] '일곱 가지 원인'(七種因)에 의거하여 '늘 머무르는 생명력이라는 뜻'(常命義; 常壽義)을 [게송으로] 성립시키고, 또한 [『불성론』에서 제시하는] '세 가지 비유'(三譬)로써 '늘 머무는 [진리의] 몸이라는 뜻'(常身義)을 [게송으로] 드러낸다.⁴²⁶

---

426 원효는 상덕常德의 두 가지 측면(二種常)인 불상佛常(常壽; 常命)과 법상法常(常身)의 뜻을 7종인七種因과 3비유三譬喩를 합한 10가지로 자세히 설명하기 위해 일차적으로『보성론』권4의 게송을 하나의 축으로 삼는다. 전체를 인용하면 다음과 같다. "① 棄捨身命財, 攝取諸佛法. ② 爲利益衆生, 究竟滿本願. ③ 得淸淨佛身, 起大慈悲心. ④ 修行四如意, 依彼力住世. ⑤ 以成就妙智, 離有涅槃心. ⑥ 常得心三昧. ⑦ 成就樂相應. ⑧ 常在於世間, 不爲世法染. ⑨ 得淨甘露處, 故離一切魔. ⑩ 諸佛本不生, 本來寂靜故."(T31, p843b26~c5.) 앞으로 전개될 논의의 형식은, 상명의常命義를 설명하는 7종인七種因과 상신의常身義를 설명하는 3비유三譬喩를 합한 10가지의 내용이 논의되는 와중에 지금 인용한『보성론』의 게송이 ①에서 ⑩까지 순서대로 이 10가지 논의의 말미에서마다 결론으로서 제시된다. 원효는『보성론』의 ①~⑩의 게송에서 ①~⑦의 게송은 상명의常命義를 설명하는 내용이고, ⑧~⑩의 게송은 상신의常身義를 설명하는 내용으로 제시하는 셈이 된다. 한편 원효가『보성론』의 ①~⑩의 게송을 해석하기 위해 의거하는 논서는『불성론』이다. 『불성론』권4에서는 "常住者, 依十種因緣. 十者, 一因緣無邊, 二衆生界無邊, 三大悲無邊, 四如意足無邊, 五無分別智無邊, 六恒在禪定無散, 七安樂淸涼, 八行於世間八法不染, 九甘露寂靜遠離死魔, 十本性法然無生無滅."(T31, p.811a11~16)이라고 하여 불신상주佛身常住의 10가지 인연을 제시하고, 그 이하의 논의에서 이 10가지의 구체적 내용을 각각 자세히 설명한다. 원효에 따르면,『보성론』의 경우와 같이 ① 인연무변因緣無邊~⑦ 안락청량安樂淸涼은 상명의常命義를 설명하는 내용이고, ⑧ 행어세간팔법불염行於世間八法不染~⑩ 본성법연무생무멸本性法然無生無滅이 상신의常身義를 설명하는 내용이 된다. 결론적으로 말해 원효는 이『불성론』권4에서 산문으로 자세하게 논의되는 불신상주佛身常住의 10가지 인연의 내용(T31, p.811a16~b16)과『보성론』권4의 10가지 게송의 내용(T31, p843b26~c5)을 교차편집하여 7가지의 상명의常命義와 3가지의 상신의常身義를 설명하는 형식을 채택한다. 원효가 인용하는『보성론』권4의 게송들은 원문과 정확히 일치하지만,『불

[상명의常命義를 성립시키는] '일곱 가지 원인'(七種因)은 [다음과 같다.] "첫 번째는 [정법正法을 얻는] 원인과 조건이 끝없기'(因緣無邊) 때문에 '늘 머무는 생명력'(常命)을 얻는 것이니, 헤아릴 수 없이 많은 시간 이래 몸과 목숨과 재물을 버리면서 '바른 진리'(正法)를 받아 지닌 것이 끝이 없고 다함이 없음을 일컫는다. [이처럼] 끝없는 원인을 닦았기에 다함이 없는 결과를 얻는다."⁴²⁷ [『보성론』의] 게송에서는 "몸과 목숨과 재물을 버려 모든 부처님의 [바른] 진리를 모으기 때문에"⁴²⁸라고 말한 것이다.

"二眾生無邊故, 得常住, 謂初發心時, 結四弘誓, 眾生若盡, 我願乃盡, 眾生無盡, 我願亦無盡. 爲究竟滿是本願故, 窮未來際, 常住不盡." 偈曰, "爲利益眾生, 究竟滿本願"故. "三大悲圓滿故, 常者. 若諸菩薩分有大悲, 尚能久住生死, 不入涅槃, 何況如來純得清淨大悲圓滿, 豈能繫捨入滅盡耶?" 偈言, "得清淨佛身, 起大悲心"故.

[H1, p.534c8~16: T38, p.246c8~15]

"두 번째는 '중생이 끝이 없기'(眾生無邊) 때문에 '늘 머무름'(常住)을

성론』에 대해서는 그대로 인용하는 것이 아니라 상덕常德의 2종상二種常을 설명하는 문맥에 맞도록 일정하게 문장을 재구성하고 있다.

427 『불성론』 권4(T31, p.811a16~19). "一因緣無邊故, 常者, 無量劫來, 捨身命財, 爲攝正法, 正法既無邊際無窮無盡. 還以無窮之因感無窮果, 果即三身故得是常." 『불성론』 원문을 『열반종요』 본문과 대조해 볼 때 사신명재捨身命財라는 인연무변因緣無邊이 상명常命의 원인이 된다는 기본내용은 동일하지만 문장 구성에서 미묘한 차이를 보이고, 마지막 부분에서 『불성론』의 "果即三身故得是常"의 문장이 통째로 빠져 있다.

428 『구경일승보성론』 권4(T31, p.843b26). "棄捨身命財, 攝取諸佛法." 〈산스크리트본의 해당 내용. RGV 89,4-15: kāya-jīvita-bhogānāṃ tyāgaiḥ saddharma-saṃgrahāt/ … //63// | 신체와 수명, 향수의 대상을 포기하여 정법을 모으기 때문에 … //63//〉.

얻는 것이니, [보살이] 처음 [깨달음을 구하려는] 마음을 일으켰을 때 '넓디넓은 네 가지 서원'(四弘誓)⁴²⁹을 새겨 '만약 중생[의 괴로움]이 다 없어진다면 나의 바람도 다 없어지지만 중생[의 괴로움]이 다함이 없으니 나의 바람도 다함이 없다'고 하는 것을 일컫는다. 이 '[4홍서四弘誓라는] 최초의 서원'(本願)을 끝까지 채우려 하기 때문에 미래의 시간이 다하도록 '늘 머무르며'(常住) 없어지지 않는다."⁴³⁰ [『보성론』의] 게송에서는 "중생을 이롭게 하기 위해 '최초의 서원'(本願)을 끝까지 채우네"⁴³¹라고 말한 것이다.

---

429 4홍서四弘誓:『보살영락본업경』권1에 따르면 "所謂四弘誓, 未度苦諦令度苦諦, 未解集諦令解集諦, 未安道諦令安道諦, 未得涅槃令得涅槃."(T24, p.1013a20~22)이라고 하여 4홍서四弘誓는 고・집・멸・도제를 알지 못하여 괴로움에 빠진 중생들을 구제하겠다는 내용의 서원으로 설명된다.〈중생무변서원도衆生無邊誓願度・번뇌무진서원단煩惱無盡誓願斷・법문무량서원학法門無量誓願學・불도무상서원성佛道無上誓願成〉이라고 현대에 일반적으로 회자되는 4홍서원四弘誓願 내용의 초기적인 형태로 보인다. 원효(617~686)와 비슷한 시대인 지의智顗(538~597)의『인왕호국반야경소仁王護國般若經疏』권4에서도 "四弘誓願者, 瓔珞經云, 願一切衆生度苦斷集證滅修道, 名四願也."(T33, p.270c4~6)라고 하는데,『영락경』에 의거하여 4홍서四弘誓를 설명하는 진술이 보인다. 고려 사문 제관諦觀의『천태사교의天台四敎儀』권1에서는 "從初發心, 緣四諦境, 發四弘誓, 修六度行. 一未度者令度, 即衆生無邊誓願度, 此緣苦諦境. 二未解者令解, 即煩惱無盡誓願斷, 此緣集諦境. 三未安者令安, 即法門無量誓願學, 此緣道諦境. 四未得涅槃者令得涅槃, 即佛道無上誓願成, 此緣滅諦境."(T46, p.777b2~7)이라고 하는데, 4제경四諦境을 반연하여 4홍서四弘誓를 일으킨다고 하여『영락경』에서 진술된 4홍서원四弘誓願이 현대에서 회자되는 4홍서원四弘誓願으로 발전해 가는 과정을 볼 수 있다.

430 『불성론』권4(T31, p.811a19~22). "二衆生無邊故, 常者, 初發心時, 結四弘誓, 起十無盡大願, 若衆生不可盡, 我願無盡. 衆生若盡, 我願乃盡, 衆生既其無盡. 是故化身常在世間, 教導衆生無有窮盡."『불성론』원문을『열반종요』본문과 대조해 볼 때 본문에서 "爲究竟滿是本願故, 窮未來際, 常住不盡"이라는 부분은『불성론』의 해당 대목에 나오지 않는 진술이므로, 원효는『불성론』을 직접 인용하는 것이 아니라『보성론』의 게송을 설명하기 위해『불성론』의 10종 인연에 대한 논의를 원용하는 것임을 알 수 있다.

431 『구경일승보성론』권4(T31, p.843b27). "爲利益衆生, 究竟滿本願."〈산스크리트본의 해당 원문. RGV 89,4-15: … / sarva-sattva-hitāyādi-pratijñottaraṇatvataḥ //63// ㅣ …

"세 번째는 '크나큰 연민의 완전함'(大悲圓滿) 때문에 '늘 [머무름]'(常 [住])[을 얻는] 것이다. 만약 보살들이 [여래如來의] '크나큰 연민의 마음'(大 悲)을 일부만 지녀도 오히려 [중생 구제를 위해] '나고 죽는 [윤회輪廻의 삶]' (生死)에 오래 머무르며 열반涅槃에 들어가지 않을 수 있거늘, 하물며 여래如來는 '온전하고 완전한 크나큰 연민의 마음'(淸淨大悲圓滿)을 흠 없이 얻었는데 어찌 '[생사윤회生死輪廻에] 연루됨을 버리고 [생사윤회生死輪 廻가] 다 사라진 열반에 들어갈 수 있겠는가?"⁴³² [『보성론』의] 게송에서는 "'온전한 부처 몸'(淸淨佛身)을 얻어 '크나큰 연민의 마음'(大悲心)을 일으 키네"⁴³³라고 말한 것이다.

> "四神足圓滿故, 常者. 世間有得神足力者, 尙能住壽四十小劫, 豈況 如來具四神足, 而不能住壽無量劫耶?" 偈言, "修四如意足, 依彼力住 世"故. "五妙智成就故, 常者. 遠離生死涅槃分別, 體證無二, 不動不出. 是故畢竟無有滅盡." 偈言, "以成就妙智, 離有涅槃心"故.
>
> [H1, p.534c16~23: T38, p.246c15~21]

"네 번째는 [선정禪定으로 인한] 자유자재한 능력의 완성'(神足圓滿) 때

모든 중생의 이익을 위해 최초의 서원을 [이루어 중생을] 구제하기 때문에 //63//⟩

432 『불성론』 권4(T31, p.811a22~26). "三大悲無邊故, 常者, 若諸菩薩分有大悲, 尙能恒 救衆生, 心無齊限, 久住生死, 不入涅槃, 何況如來衆德圓滿, 常在大悲, 救拔恒恩, 豈有 邊際? 是故言常." 『불성론』 원문을 『열반종요』 본문과 대조해 볼 때, 세 번째 원인 에 대한 표현에서 『불성론』의 '대비무변大悲無邊'이 '大悲圓滿'으로 바뀌었고, 문 장 구성에서도 『불성론』의 "恒救衆生, 心無限."이 완전히 빠지거나 "何況如來衆 德圓滿, 常在大悲, 救拔恒恩, 豈有邊際?"와 같은 의문문 형식이긴 하지만 매우 다른 구성의 문장으로 대체되는 등, 인용이라기보다는 원효의 개작에 가까운 양상을 보인다.

433 『구경일승보성론』 권4(T31, p.843b28). "得淸淨佛身, 起大慈悲心." ⟨산스크리트본 의 해당 내용. RGV 89,4-15: buddhatve suviśuddhāyāḥ karuṇāyāḥ pravṛttitaḥ/ … //64// | 붓다의 본성에서 극히 청정한 비심이 발생하기 때문에 … //64//⟩

문에 '늘 머무름'(常)[을 얻는] 것이다. 세간에서 [선정禪定으로] 자유자재한 능력'(神足力)⁴³⁴을 얻은 자도 오히려 40소겁小劫⁴³⁵을 머물러 살 수 있거늘, 하물며 여래如來는 [선정禪定으로 인한] 네 가지 자유자재한 능력'(四神足)을 갖추는데도 어찌 '헤아릴 수 없이 많은 시간'(無量劫)을 머물러 살 수 없겠는가?"⁴³⁶ [『보성론』의] 게송에서는 "[선정禪定으로 인한] 네 가지 자

---

434 4신족四神足: 4여의족四如意足이라고도 한다. 『아비달마구사론』 권25에서는 "經說覺分有三十七, 謂四念住, 四正斷, 四神足, 五根, 五力, 七等覺支, 八聖道支."(T29, p.132b2~4)라고 하여 깨달음을 얻는 과정인 37각분三十七覺分(三十七菩提分法) 중에서 4념주四念住와 4정단四正斷(四正勤)의 다음 순서로 4신족四神足을 거론한다. 이어서 "四神足定根定力定覺支正定, 以定爲體."(T29, p.132b15~16)라고 하여, 4신족四神足은 5근五根 중의 정근定根과 5력五力 중의 정력定力과 7각지七覺支 중의 정각지定覺支와 8정도八正道 중의 정정正定과 더불어 선정禪定을 본연으로 삼는다고 설명한다. 『아비달마집이문족론阿毘達磨集異門足論』 권6에서는 4신족四神足 각각에 대해 "四神足者, 一欲三摩地斷行成就神足, 二勤三摩地斷行成就神足, 三心三摩地斷行成就神足, 四觀三摩地斷行成就神足."(T26, p.391c26~28)이라 하여 ① 욕정欲定으로 번뇌를 끊는 수행을 성취한 신족神足과 ② 근정勤定으로 번뇌를 끊는 수행을 성취한 신족神足과 ③ 심정心定으로 번뇌를 끊는 수행을 성취한 신족神足과 ④ 관정觀定으로 번뇌를 끊는 수행을 성취한 신족神足이라고 설명하는데, 이에 대해 권오민은 "선정禪定은 신통 미묘한 공덕을 획득하는 근거가 되기 때문에 '신족(혹은 여의족)'이라 일컫은 것으로, 뛰어난 삼매를 획득하려고 욕구(欲)하고, 노력 정진(勤)하고, 그리하여 마음(心)을 능히 잘 다스리고, 지혜로써 사유 관찰하는 것(觀)을 말한다. 따라서 이것은 8정도 가운데 정정正定에 해당한다"(『아비달마불교』, 서울: 민족사, 2003, p.276)고 설명한다.

435 40소겁四十小劫: 『입세아비담론立世阿毘曇論』 권7에서는 "云何四十劫名爲一劫? 如梵衆天壽量四十小劫."(T32, p.206c7~8)이라고 하여 40소겁은 범중천梵衆天에서 누리는 수명이라고 한다. 『아비달마구사론』 권8에 따르면 "第一靜慮處有三者, 一梵衆天, 二梵輔天, 三大梵天."(T29, p.41a15~16)이라고 하여 범중천梵衆天은 색계色界 제1정려第一靜慮(初禪天)의 3천三天 중 첫 번째 하늘세계라고 설명한다.

436 『불성론』 권4(T31, p.811a26~29). "四四如意無邊故, 常者, 世間有得四神足者, 尚能住壽四十小劫, 何況如來爲大神足師, 而當不能住壽自在億百千劫, 廣化衆生? 是故名常." 『불성론』 원문을 『열반종요』 본문과 대조해 볼 때 대체로 유사한 문장 구성을 보이나, 세부적 표현에서 『불성론』의 '四如意無邊'이 '神足圓滿'으로, '億百千劫'이 '無量劫' 등으로 바뀌어 있는 대목들이 보인다.

유자재한 능력'(四如意足)을 닦아서 그 힘에 의거하여 세상에 [무량겁無量劫 동안] 머무르네"⁴³⁷라고 말한 것이다.

 "다섯 번째는 '오묘한 지혜의 성취'(妙智成就) 때문에 '늘 머무름'(常)[을 얻는] 것이다. '나고 죽는 [윤회輪廻의 삶]'(生死)과 열반涅槃을 [본질이 다른 것이라고] 분별하는 [망상]에서 멀리 떠나 [생사生死와 열반涅槃이] '다르지 않음'(不二)을 완전히 깨달아서 [생사生死와 열반涅槃에서] 동요하지도 않고 벗어나지도 않는다. 그러므로 [여래에게는 생사윤회生死輪廻의] 없어짐이 끝내 없는 것이다"⁴³⁸ 『보성론』의] 게송에서는 [불이不二에 대한] '오묘한 지혜'(妙智)를 성취하여 '[생사윤회生死輪廻하는] 존재'(有)와 열반涅槃[에 집착하는] 마음에서 벗어나네"⁴³⁹라고 말한 것이다.

"六三昧成就故, 常者. 世間有人, 淨得禪定者, 尙能不爲水火刀箭所傷, 何況如來常在深定, 而以外緣, 可得壞耶?" 偈言, "常得心三昧"故. "七成就安樂故, 常者. 旣歸理原, 得大安樂, 安樂相應故, 得常住." 偈言, "成就安樂相應"故. 依此七因故, 得常壽.

[H1, pp.534c23~535a5: T38, p.246c21~26]

---

437 『구경일승보성론』권4(T31, p.843b29). "修行四如意, 依彼力住世." 〈산스크리트본의 해당 내용. RGV 89,4-15: … ṛddhi-pāda-prakāśāc ca tair avasthā-śaktitaḥ //64// ㅣ … 그리고 [4]신족을 드러내어 그것으로 [세간에] 머물 수 있기 때문에 //64//〉

438 『불성론』권4(T31, p.811a29~b2). "五無分別慧無邊故, 常者, 遠離生死涅槃二執, 一向與第一義諦相應, 不動不出. 故知是常." 『불성론』원문을 『열반종요』본문과 대조해 볼 때 『불성론』의 '無分別慧無邊'이 '妙智成就'로 바뀌어 있고, "遠離生死涅槃二執, 一向與第一義諦相應"의 문장이 본문에서 "遠離生死涅槃分別, 體證無二"로 축약되어 있으며, 마지막에는 『불성론』에 없는 "是故畢竟無有滅盡"이 추가되어 있는 대목들을 확인할 수 있다.

439 『구경일승보성론』권4(T31, p.843c1). "以成就妙智, 離有涅槃心." 〈산스크리트본의 해당 내용. RGV 89,4-15: jñānena bhava-nirvāṇa-dvaya-graha-vimuktitaḥ/ … //65// ㅣ 지혜에 의해 윤회적 생존과 열반이라는 두 가지 집착에서 벗어나기 때문에 … //65//〉

"여섯 번째는 '삼매三昧의 성취'(三昧成就) 때문에 '늘 머무름'(常)[을 얻는] 것이다. 세간에 있는 사람이라도 선정禪定을 청정하게 얻은 자라면 오히려 물, 불, 칼과 화살 등에 다칠 수 없거늘, 하물며 여래如來는 항상 깊은 선정禪定에 있는데 어찌 외부의 조건 때문에 파괴될 수 있겠는가?"[440] [『보성론』의] 게송에서는 "[여래如來는] 항상 마음의 삼매三昧를 얻네"[441]라고 말한 것이다.

"일곱 번째는 '안락함을 성취하는 것'(成就安樂) 때문에 '늘 머무름'(常)[을 얻는] 것이다. [여래如來는] 이미 '진리의 근원'(理原)[인 법계法界]로 돌아가[442] '크나큰 안락'(大安樂)을 얻었으니, [이] 안락함에 서로 응하기 때문에 '늘 머무름'(常住)을 얻는 것이다."[443] [『보성론』의] 게송에서는 "[여

---

440 『불성론』 권4(T31, p.811b2~5). "六恒在禪定故, 常者, 世間有人, 得禪定者, 尚能不爲水火爐溺刀箭所傷, 何況如來常在禪定, 而應可壞? 是故名常." 『불성론』 원문을 『열반종요』 본문과 대조해 볼 때 『불성론』의 '恒在禪定'이 '三昧成就'로 바뀌어 있고 『불성론』에 없는 "而以外緣"의 문장이 본문에 삽입되어 있는 대목 외에는 대체로 동일하다.

441 『구경일승보성론』 권4(T31, p.843c2). "常得心三昧." 〈산스크리트본의 해당 내용. RGV 89,4-15: sadācintya-samādhāna-sukha-saṃpatti-yogataḥ //65// | 항상 불가사의한 삼매락의 완성과 결합하기 때문에 //65//〉 이 인용문은 한문으로는 다음 주445에 나오는 '成就樂相應.'과 함께 한 구절씩 제시되었지만, 산스크리트 구문에 대응시키려면 문장의 중간을 도려내야 한다. 여기서는 이러한 표현상의 문제점 때문에 이하의 인용 구절과 함께 묶어 산스크리트 구문과 대응시켰음을 밝혀 둔다.

442 앞서 '⑤ 삼사문三事門'의 '라. 왕복결택문往復決擇門'에서는 "諸佛如來永離分別, 歸於理原, 法界爲身."이라고 하여 제불여래諸佛如來는 이원理原으로 돌아가 이원理原인 진리세계(法界) 자체를 몸(身)으로 삼는 존재라고 설명한 적이 있다.

443 『불성론』 권4(T31, p.811b5~8). "七安樂淸涼故, 常者, 安樂即是金剛心, 能除無明住地最後念常苦. 以無苦故, 故名安樂, 佛果顯成故, 名淸涼, 是解脫道故, 名爲常." 『불성론』 원문을 『열반종요』 본문과 대조해 볼 때 '안락安樂'이 상명常命의 원인으로 제시되어 있는 점에서는 양자가 유사하지만, 원인에 대한 설명을 위한 문장 구성에서는 상당한 차이를 보인다. 『불성론』에서는 무명주지無明住地의 최후무상고最後念無常苦를 제거하여 안락安樂을 얻는다고 하는 데 비해 본문에서 원효는 이

래如來는] 안락함을 성취하여 [그것과] 서로 응하네"[444]라고 말한 것이다. 이 '일곱 가지 원인'(七因)에 의거하기 때문에 '늘 머무르는 생명력'(常壽)을 얻는다.

> 復以三喩, 顯常身者, "一世法不染故, 常住者. 如來法身常在世間, 四染不能染, 四相不能相." 偈言, "常在於世間, 不爲世法染"故. "二遠離死魔故, 常住者. 如世門[445]甘露, 令人久長生, 金剛三昧滅煩惱魔故, 證常果, 遠離死魔." 偈言, "得淨甘露處, 故離一切魔"故. "三本來不生故, 常住者. 法身之體, 本來湛然, 以非本無今有, 故非先有後無." 偈言, "諸佛本不生, 本來寂靜故."
>
> [H1, p.535a5~14: T38, pp.246c26~247a5]

다시 [『불성론』이] '세 가지 비유'(三譬)로써 '늘 머무는 [진리의] 몸이라는 뜻'(常身義; 法常義)을 [『불성론』의 게송으로] 드러내는 것[은 다음과 같다.] "첫 번째는 '세간의 현상에 오염되지 않기'(世法不染) 때문에 '늘 머무는 것'(常住)이다. 여래如來의 '진리 몸'(法身)은 늘 세간에 있으면서도 [세간의] '네 가지 오염'(四染)[446]이 더럽힐 수 없고 [생生·주住·이異·멸滅의] '네 가

　　원리原인 법계法界로 돌아가 안락安樂을 얻는다고 설명한다.

444 『구경일승보성론』 권4(T31, p.843c2). "成就樂相應."

445 문맥에 따라 '門'을 '間'으로 고친다.

446 4염四染: 『사리불아비담론舍利弗阿毘曇論』 권4에서는 "云何苦集聖諦四染? 欲染色染無色染見染, 是名苦集聖諦."(T28, p.553a17~18)라고 하여 고집멸도苦集滅道 4제 중에서 고제苦諦와 집제集諦에 속하는 네 가지 오염을 욕염欲染·색염色染·무색염無色染·견염見染이라고 제시한다. 욕계·색계·무색계의 3계라는 대상 세계의 오염과 이를 아우르는 내면적 오염까지를 포괄하는 분류법으로 보인다. 같은 책에서는 욕염欲染·색염色染·무색염無色染·견염見染의 4염四染에 대해 각각 욕欲·이膩·희喜·애愛·지支·탐耽·태態·갈渇·초燋·망網의 10가지로 다음과 같이 세분한다. "云何欲染? 若欲欲膩欲喜欲愛欲支欲耽欲態欲渇欲燋欲網, 是名

지 양상'(四相)[447]이 그 양상들에 매이게 할 수 없다."[448] 『보성론』의 게송에서는 "[법신法身은] 늘 세간에 있으면서도 세간의 현상에 물들지 않

欲染. 云何色染? 若色欲色膩色喜色愛色支色耽色態色渴色燋色網, 是名色染. 云何無色染? 若無色欲無色膩無色喜無色愛無色支無色耽無色態無色渴無色燋無色網, 是名無色染. 云何見染? 若見欲見膩見喜見愛見支見耽見態見渴見燋見網, 是名見染."(T28, p.553b7~15.)

447 4상四相: 생생生生・주주住住・이이異異・멸멸滅滅의 네 가지 유위상有爲相을 말한다. 『아비달마구사론』 권4에서는 "心不相應行, 何者是耶? 頌曰, 心不相應, 得非得同分, 無想二定命, 相名身等類."(T29, p22a4~7)라고 하여 득득得得, 비득비득非得非得, 동분동분同分同分, 무상정無想定・멸진정멸진정盡定(無想二定), 명근命根(命), 생생・주주・이이・멸멸(相), 명신名身・구신句身・문신文身(名身等)의 14가지 심불상응행법心不相應行法을 밝히는데, 생생・주주・이이・멸멸의 4상四相은 그중 하나이다. 같은 책 권5에서 "諸相者何? 頌曰, 相謂諸有爲, 生住異滅性. 論曰, 由此四種是有爲相法. 若有此應是有爲, 與此相違是無爲法. 此於諸法能起名生, 能安名住, 能衰名異, 能壞名滅."(T29, p.27a12~16)이라고 하는 것에 따르면 4상四相은 생생・주주・이이・멸멸인데, 이 4상四相을 지닌 것이 유위법有爲法이고 이것과 상위한 것이 무위법無爲法이라고 하여 유위법有爲法과 무위법無爲法을 가르는 기준으로 4상四相이 제시되며, 생생은 능기能起이고 주주는 능안能安이고 이이는 능쇠能衰이고 멸멸은 능괴能壞라고 각각 풀이한다. 한편 『佛光大辭典』(p.1734)에서는 생생・주주・이이・멸멸의 4상四相 개념 이외에도 『금강경金剛經』에 근거하여 중생이 심신心身에 집착하는 네 가지 양상으로서 아상我相・인상人相・중생상衆生相・수자상壽者相의 내용으로 설명하기도 한다. 여기에 따르면 아상我相은 5온五蘊에 대해 아我와 아소我所가 실유實有한다고 집착하는 것이고, 인상人相은 인도人道에 태어나 다른 5도五道(지옥・아귀・축생・아수라・천)와 다르다고 집착하는 것이며, 중생상衆生相은 아我가 5온五蘊의 화합으로 발생한다고 집착하는 것이고, 수자상壽者相은 태어나서 죽기까지 한 시기의 수명을 받아 그 길고 짧음이 사람에 따라 다르다고 집착하는 것이다.

448 『불성론』권4(T31, p.811b8~10). "八行於世間八法不染故, 常者, 佛身雖復在於道前生死相應, 而不爲彼煩惱所染無妄想緣. 故是常住."『불성론』의 '행어세간팔법불염行於世間八法不染'이 본문에서는 '세법불염世法不染'으로 축약되지만, 『불성론』의 '8법八法'이 본문에서는 '4염四染'과 '4상四相'으로 자세히 분석되어 있음을 볼 수 있다. 불신佛身은 도전道前인 생사生死에 있으면서 상응하지만 번뇌에 물들지 않고 망상연妄想緣이 없다는 내용으로 본문과 대체로 유사한 설명이지만, 문장 구성은 많은 차이를 보인다.

네"⁴⁴⁹라고 말한 것이다.

"두 번째는 '[이로운 수행을 방해하는] 죽음의 장애⁴⁵⁰에서 멀리 벗어나기'(遠離死魔) 때문에 '늘 머무는 것'(常住)이다. 마치 세간의 감로수(甘露)⁴⁵¹가 사람들을 오래 살게 해 주는 것처럼, '금강[석처럼 굳건한] 삼매'(金剛三昧; 金剛喩定)⁴⁵²가 '번뇌의 장애'(煩惱魔)를 사라지게 하기 때문에 '늘 머무는 과보'(常果)[인 불과佛果]를 증득하여 '[이로운 수행을 방해하는] 죽

---

449 『구경일승보성론』권4(T31, p.843c3). "常在於世間, 不爲世法染."〈산스크리트본의 해당 내용. RGV 89,4-15: loke vicarato loka-dharmair anupalepataḥ/ ···//66// ㅣ 세간에서 활동하지만 세간법에 물들지 않기 때문에 ··· //66//〉

450 사마死魔: 원측圓測의『인왕경소仁王經疏』권1에 따르면 "四魔怨者, 煩惱魔, 蘊魔, 死魔, 自在天魔."(T33, p.364b21~22)라고 하여 사마死魔는 4마四魔인 번뇌마煩惱魔·온마蘊魔·사마死魔·자재천마自在天魔 중의 하나이다. 규기窺基의『대반야바라밀다경반야리취분술찬大般若波羅蜜多經般若理趣分述讚』권1에서는 "四魔怨者, 謂煩惱蘊死自在天魔. 破諸有情所修善等, 名之爲魔."(T33, p.29c17~18)라고 하여 4마四魔의 마魔는 중생이 닦은 선업善業을 파괴하는 것이라고 정의한다.

451 감로甘露: 불사不死, 불사액不死液, 천주天酒라고도 한다. 불사不死의 신약神藥, 천상天上의 영주靈酒를 말한다. 인도 베다 경전에서는, 소마주蘇摩酒는 제신諸神들이 늘 마시는 술로서 마시면 불로불사不老不死하고 그 단맛이 꿀과 같기 때문에 감로甘露라 칭한다고 한다. 또한 감로甘露는 불법佛法의 법미法味와 묘미妙味가 중생의 신심身心을 길러 주는 것에 비유된다.『佛光大辭典』p.2052 참조.

452 금강삼매金剛三昧: 금강金剛, 금강유정金剛喩定, 금강심金剛心, 금강정金剛定이라고도 불린다.『아비달마구사론』권24에 따르면 "金剛喩定是斷惑中最後無間道所生, 盡智是斷惑中最後解脫道, 由此解脫道與諸漏盡得最初俱生故, 名盡智. 如是盡智至已生時, 便成無學阿羅漢果."(T29, 126c23~26)라고 하여, 이승二乘에서 금강유정金剛喩定은 번뇌를 끊는 수행 중 마지막 단계인 무간도無間道에서 발생하는 선정으로서, 금강유정金剛喩定으로 인해 발생하는 지혜가 '진지盡智'이며 이 진지로 인해 무학無學의 아라한과阿羅漢果가 이루어진다. 한편『성유식론』권10에 따르면 "由三大劫阿僧企耶修習無邊難行勝行, 金剛喩定現在前時永斷本來一切麁重, 頓證佛果, 圓滿轉依."(T31, 54c13~15)라고 하여, 대승大乘의 금강유정金剛喩定 역시 번뇌를 끊는 수행 중 최후의 선정으로서 3대겁아승기야의 수행으로 인해 금강유정金剛喩定이 앞에 나타났을 때 모든 번뇌의 종자가 완전히 끊어져 불과佛果를 얻는다. 요약하자면 이승에서는 아라한과阿羅漢果를, 대승에서는 불과佛果를 얻게 하는 선정이다.

음의 장애'(死魔)에서 멀리 벗어난다."[453] [『보성론』의] 게송에서는 "'온전하고 [마시면 죽지 않는] 감로수와 같은 경지'(淨甘露處)[인 금강삼매金剛三昧]를 얻기 때문에 [사마死魔와 같은] 모든 장애(魔)에서 벗어나네"[454]라고 말한 것이다.

"세 번째는 [법신法身은] '본래 생겨나는 것이 아니기'(本來不生) 때문에 '늘 머무는 것'(常住)이다. '진리 몸의 본연'(法身之體)은 본래 가득 차 있는 듯하여, 본래는 없었다가 지금 있는 것이 아니기 때문에, 먼저는 있었다가 나중에는 없어지는 것도 아니다."[455] [『보성론』의] 게송에서는 "모든 부처님[의 법신法身]은 본래부터 생겨나는 것이 아니니, 본래부터 [생사生死가] 그쳐 고요하기'(寂靜) 때문이네"[456]라고 말한 것이다.

---

453 『불성론』 권4(T31, p.811b10~13). "九甘露寂靜遠離死魔故, 常者, 甘露令人長仙不死, 金剛之心能除無明最後念惑故, 得佛果常樂, 常樂故寂靜, 寂靜故遠離死魔, 離死魔故是常住法." 『불성론』의 '감로적정원리사마甘露寂靜遠離死魔'가 본문에서는 '원리사마遠離死魔'로 축약되어 있다. 『불성론』에서는 "金剛之心能除無明最後念惑故, 得佛果常樂, 常樂故寂靜, 寂靜故遠離死魔."라고 하여 금강심金剛心이 무명최후념혹無明最後念惑을 제거하여 불과佛果인 상락常樂을 얻고, 불과佛果인 상락常樂 때문에 적정寂靜하고 적정寂靜 때문에 사마死魔를 멀리 벗어난다고 좀 더 자세히 설명한다. 무명최후념혹無明最後念惑이 『열반종요』 본문에서 번뇌마煩惱魔로 대체되어 있는 점도 눈에 띈다.

454 『구경일승보성론』 권4(T31, p.843c4). "得淨甘露處, 故離一切魔." 〈산스크리트본의 해당 내용. RGV 89,4-15: śamāmṛta-pada-prāpatu mṛtyu-mārapracārataḥ //66// ㅣ 적정과 불사의 상태를 획득할 때 죽음의 신[死魔]이 나타나지 않기 때문에 //66//〉

455 『불성론』 권4(T31, p.811b13~16). "十性無生滅故, 是常者, 法身非本無今有本有今無, 雖行三世, 非三世法. 何以故? 此是本有, 非始今有, 過三世法. 是故名常." 법신상주法身常住의 원인으로 제시된 『불성론』의 '성무생멸性無生滅'의 용어가 본문에서는 '본래불생本來不生'으로 조금 달리 표현된다. 본문에서는 "法身之體, 本來湛然"의 문장이 새롭게 추가되어 있고, 『불성론』의 삼세법三世法 관련 문장을 삭제한다.

456 『구경일승보성론』 권4(T31, p.843c5). "諸佛本不生, 本來寂靜故." 〈산스크리트본의 해당 내용. RGV 89,4-15: asaṃskṛta-svabhāvasya muner ādi-praśāntitaḥ/ (以

故彼論偈, 總結而言,"初七種譬喩, 如來色身常, 後三種譬喩, 善逝法
身常."若依別門, 常命是菩提德, 常身是涅槃德. 就通相門, 常身常命皆
是涅槃. 其義如前出體門說.

[H1, p.535a14~18: T38, p.247a5~9]

그러므로 저 논서(『보성론』)의 게송에서는 총괄적으로 결론지어 "처
음의 일곱 가지 비유는 여래如來의 '색깔이나 모양 있는 몸의 늘 머무
름'(色身常)[을 알려준 것]이고, 뒤의 세 가지 비유는 [열반으로] 훌륭하게 가
신 분'(善逝)의 '진리 몸의 늘 머무름'(法身常)[을 알려준 것]이네"457라고 말
한다. 만약 [각각] 구별되는 측면'(別門)에 의거한다면, [색신色身의] '늘 머
무는 생명력'(常命)은 '깨달음의 능력'(菩提德)이고 [법신法身의] '늘 머무는
몸'(常身)은 '열반의 능력'(涅槃德)이다. '[서로] 통하는 면모의 측면'(通相
門)에 의거한다면, [색신色身의] '늘 머무는 생명력'(常命)과 [법신法身의] '늘
머무는 몸'(常身)은 모두 열반涅槃이다. 그 [통별通別에 대한] 뜻은 앞서 '[열
반의] 본연을 드러내는 부문'(出體門)에서 말한 것458과 같다.

常可歸依 故言歸依我; nityam aśaraṇānāṃ ca śaraṇābhyupapattitaḥ, 『열반종요』
에 인용 누락) //67// ǀ 무위를 본질로 하는 성자는 본래 적정이기 때문에 (귀의처
가 없는 자들에게 귀의처를 나타내기 때문에 [붓다는] 상주한다.) //67//〉

457 『구경일승보성론』 권4(T31, p.843c7~8). "初七種譬喩, 如來色身常, 後三種譬喩, 善
逝法身常."〈산스크리트본의 해당 내용. RGV 89,4-15: saptabhiḥ kāraṇair ādyair
nityatā rūpa-kāyataḥ/ paścimaiś ca tribhiḥ śāstur nityatā dharma-kāyataḥ
//68// ǀ 첫 일곱 가지 이유로 색신이라는 측면의 상주성이 뒤 세 가지로 법신이
라는 측면에서 스승의 상주성이 [제시되었다.] //68//〉

458 출체문出體門에서 말한 것: '(1) 열반문涅槃門'의 '② 출체出體' '가. 출체성出體性'
단락에서는 열반涅槃과 보리菩提의 통별通別에 대해 "涅槃菩提有通別. 別門而說,
菩提是果, 在能證德, 道諦所攝. 涅槃果之, 是所證法, 滅諦所攝. 通門而言, 果地道諦亦
是涅槃, 所證眞如亦是菩提."(H1, p.528a17~21)라고 논의한다. 이에 따르면 보리菩
提는 능증덕能證德으로서 도제道諦에 속하고 열반涅槃은 소증법所證法으로서 멸
제滅諦에 속하여 양자는 구별될 수 있지만(別門), 과지도제果地道諦, 즉 수행길의

四種樂者, 一斷樂受,[459] 〈以離三種分別受二寂靜樂遠離故無苦無樂
乃爲大樂〉[460] 諸行流轉行苦, 得大寂靜故, 爲大樂. 三覺知樂, 以離無知
所受苦苦, 無所不知故, 爲大樂. 四壞不[461]樂, 遠離無常衰老壞苦, 得金
剛身故, 爲大樂. 別而論之, 前之二種是涅槃樂, 後二種者是菩提樂. 通
相而言, 卽無別異, 以菩提涅槃無二無別故. 如下文云, "有大樂故, 名大
涅槃. 大涅槃無樂, 以四樂故, 名大涅槃" 乃至廣說.

[H1, p.535a18~b4: T38, p.247a9~18]

나) 네 가지의 안락함(四種樂)

'네 가지의 안락함'(四種樂)이라는 것은 [다음과 같다.] 첫 번째는 '[세 가
지의] 느낌을 끊은 안락함'(斷受樂)이니, '[고苦·낙樂·불고불락不苦不樂의]
세 가지로 구별되는 느낌'(三種分別受)[462]에서 벗어나기 때문이다. '괴로
운 느낌도 없고 즐거운 느낌도 없어야'(無苦無樂) '크나큰 안락함'(大樂)
이 된다. 두 번째는 '그쳐서 고요한 안락함'(寂靜樂)이니, '근본무지에 매

결과 자리에 있는 보리菩提가 무구진여無垢眞如인 열반涅槃이기도 하고 소증진여
所證眞如인 열반涅槃이 능중지能證智인 보리菩提이기도 하다(通門)는 것이다.

459 문맥에 따라 '樂受'를 '受樂'으로 고친다.

460 〈以離三種分別受二寂靜樂遠離故無苦無樂乃爲大樂〉의 문장에는 착간이 있는 것으
로 보인다. 문맥에 따라 〈以離三種分別受故. 無苦無樂, 乃爲大樂. 二寂靜樂, 遠離〉
가 되어야 할 것이다. 본문의 착간은 〈故, 無苦無樂, 乃爲大樂〉의 문장이 제자리에
서 빠져 〈遠離〉 뒤에 삽입된 상황이다. 번역은 〈以離三種分別受故, 無苦無樂, 乃爲
大樂. 二寂靜樂, 遠離〉에 따른다.

461 문맥에 따라 '壞不'을 '不壞'로 고친다.

462 3종분별수三種分別受: 3수三受, 3통三痛이라고도 한다. 수受는 받아들인다(領納)
는 뜻으로 내6근內六根이 외6경外六境에 접촉하여 받아들이는 고苦·낙樂·불고
불락不苦不樂(捨受)의 세 가지 느낌을 말한다. 전5식前五識에 상응하는 느낌을 신
수身受, 제6의식第六意識에 상응하는 느낌을 심수心受라고도 구분한다. 『佛光大
辭典』 p.559 참조.

인 현상들에 표류하면서 생겨나는 괴로움'(諸行流轉行苦)⁴⁶³에서 멀리 벗어나 '그쳐서 고요함의 탁월한 경지'(大寂靜)을 얻기 때문에 '크나큰 안락함'(大樂)이 된다. 세 번째는 '깨달아 아는 안락함'(覺知樂)이니, '무지로 인해 받는 괴로움'(無知所受苦苦)에서 벗어나 알지 못하는 것이 없기 때문에 '크나큰 안락함'(大樂)이 된다. 네 번째는 '무너지지 않는 안락함'(不壞樂)이니, '변하므로 쇠약해지고 늙어 죽는 괴로움'(無常衰老壞苦)에서 멀리 벗어나 '금강석[처럼 무너지지 않는] 몸'(金剛身)을 얻기 때문에 '크나큰 안락함'(大樂)이 된다.

[각각] 구별하여 논한다면, 앞의 두 가지[인 단수락斷受樂과 적정락寂靜樂]은 '열반의 안락함'(涅槃樂)이고, 뒤의 두 가지[인 각지락覺知樂과 불괴락不壞樂]은 '깨달음의 안락함'(菩提樂)이다. '차이를 통하게 하여'(通相) 말한다면 차별(別)이나 다름(異)이 없으니, 깨달음(菩提)과 열반涅槃은 '분리되지도 않고'(無二) '차별되는 것도 없기'(無別) 때문이다. [4종락四種樂에 대한 지금까지의 설명은 『열반경』 아래 문장에서 "'크나큰 안락함'(大樂)이 있기 때문에 '크나큰 열반'(大涅槃)이라고 부른다. '크나큰 열반'(大涅槃)에는 [세간의] 즐거움은 없지만 '네 가지 안락함'(四樂) 때문에 '크나큰 열반'(大涅槃)이라고 부른다"⁴⁶⁴라고 하면서 자세히 말한 것⁴⁶⁵과 같다.

---

463 행고行苦: 고고苦苦·괴고壞苦·행고行苦의 3고三苦 중 하나이다. 고고苦苦는 의도하지 않은 고수苦受이고 괴고壞苦는 의도한 낙수樂受가 사라질 때 생기는 괴로움이며, 행고行苦는 의도하거나 의도하지 않은 낙수樂受와 고수苦受를 제외한 불고불락수不苦不樂受의 제행諸行이 3세三世에 생멸·변천하여 찰나라도 상주常住·안은安隱하지 못하는 괴로움이다. 『佛光大辭典』 p.590, 2558 참조. 『아비달마구사론』 권22에서는 "有三苦性, 一苦苦性, 二行苦性, 三壞苦性."(T29, p.114b7~8)이라고 하여 고고苦苦·괴고壞苦·행고行苦의 3고三苦를 밝히고, 각각에 대해 "此中可意有漏行法, 與壞苦合故, 名爲苦. 諸非可意有漏行法, 與苦苦合故, 名爲苦. 除此所餘有漏行法, 與行苦合故, 名爲苦."(T29, p.114b9~12)라고 하여 의도한 유루법有漏法은 괴고壞苦와 결합하고, 의도하지 않은 유루법有漏法은 고고苦苦와 결합하며, 그 외 유루법有漏法이 행고行苦와 결합한다고 설명한다.

二種我者, 法我人我. 言法我者, 是體實義. 如「哀歎品」云, "是眞, 是實, 是依, 是常, 不變易."

[H1, p.535b4~7: T38, p.247a18~20]

다) 두 가지의 참된 자기(二種我)

'두 가지의 [참된] 자기'(二種我)라는 것은 '[불변·독자의 실체가 없는] 현상으로서의 자기'(法我)와 '[불변·독자의 실체가 없는] 주체로서의 자기'(人我)이다.

(가) [불변·독자의 실체가 없는] 현상으로서 자기(法我)

'[불변·독자의 실체가 없는] 현상으로서 자기'(法我)라고 말하는 것은 '본연이 사실 그대로인 면모'(體實義)이다. 『열반경』「애탄품哀歎品」에서 "[참된 자기는] 참(眞)이고 '사실 그대로'(實)이며 의지처(依)이고 '늘 [본연에] 머무는 것'(常)이어서 [그 면모가] '변하여 바뀌지 않는다'(不變易)"466라고 말한 것과 같다.

---

464 『열반경』권21(T12, p.747a11~12). "有大樂故, 名大涅槃. 涅槃無樂, 以四樂故, 名大涅槃."

465 본문의 인용문 이후로 『열반경』권21에서는 열반에 있는 4락四樂에 대해 "何等爲四? 一者斷諸樂故. … 二者大寂靜故, 名爲大樂. … 三者一切知故, 名爲大樂. … 四者身不壞故, 名爲大樂. …"(T12, p.747a12~b1)이라고 하여 단제락斷諸樂·대적정大寂靜·일체지一切知·신불괴身不壞의 4락四樂을 자세히 설명한다. 원효는 4종락四種樂을 단수락斷受樂·적정락寂靜樂·각지락覺知樂·불괴락不壞樂으로 설명해 온 자신의 논의가 『열반경』의 이 대목에 기초해 있음을 밝히는 것으로 보인다.

466 『열반경』권2「애탄품제3哀歎品第三」(T12, p.618c8~9). "若法是實, 是眞, 是常, 是主, 是依, 性不變易. 是名爲我." 『열반경』원문과 비교해 볼 때 원효는 '實'과 '眞'의 순서를 바꾸어 문장을 고르고, '是主'와 '性'을 삭제하여 문장을 간결하게 한다.

者,[467] 是自在義. 如「德王品」初偈中說, "自在有八." 一多少自在, 如
經言, "能示一身, 以爲多身. 身數多少, 猶如微塵, 充滿十方無量世界,
如來之身實非微塵, 以自在故, 現微塵身." 二大小自在, 如經言, "示一
塵身滿三千界, 佛身無邊, 實不滿於大千世界, 以自在故, 滿大千界"故.

[H1, p.535b7~13: T38, p.247a20~26]

(나) [불변·독자의 실체가 없는] 주체로서의 자기(人我)

'[불변·독자의 실체가 없는] 주체로서의 자기'(人我)라고 말하는 것은 [참
된 자기가] '자유자재한 면모'(自在義)이다. [『열반경』]「덕왕품德王品」의 첫
번째 게송[468]에서는 "[참된 자기의] 자유자재함(自在)에 여덟 가지가 있
다"[469]고 말한다. 첫 번째는 [불신佛身의] '많고 적음이 자유자재한 것'(多
少自在)이니, 경전(『열반경』)에서 [다음과 같이 말한 것과 같다.] "[여래如來는]
하나의 몸으로 많은 몸을 보여 줄 수 있다. 몸의 개수의 많고 적음이 미
세한 먼지와 같아서 헤아릴 수 없이 많은 모든 세계를 가득 채우니, 여
래如來의 몸이 실제로 미세한 먼지[처럼 많지는] 않지만 자유자재하기 때
문에 [하나의 몸으로] '미세한 먼지와 같이 많은 몸'(微塵身)을 나타낸다."[470]
두 번째는 [불신佛身의] '크고 작음이 자유자재한 것'(大小自在)이니, 경
전(『열반경』)에서 [다음과 같이 말한 것과 같다.] "[여래如來는] '하나의 먼지[처

---

467 문맥에 따라 '者' 앞에 '言人我'를 넣는다.

468 첫 번째 게송(初偈): 『열반경』 권22의 「덕왕품」에서 대아大我의 8자재八自在를
논의하는 곳은 "云何名爲大自在耶? 有八自在則名爲我. 何等爲八? 一者能示一身以爲
多身. …"(T12, p.746c1~2) 이하인데, 앞뒤로 널리 찾아보아도 게송 형식의 문장
은 찾을 수 없다.

469 『열반경』 권21 「광명변조고귀덕왕보살품제22지3光明遍照高貴德王菩薩品第二十
二之三」(T12, p.746c1~2). "有八自在, 則名爲我, 何等爲八?"

470 『열반경』 권21(T12, p.746c2~5). "一者能示一身, 以爲多身. 身數大小, 猶如微塵, 充
滿十方無量世界, 如來之身實非微塵, 以自在故, 現微塵身. 如是自在, 則爲大我."

럼 작은] 몸'(一塵身)으로 '우주의 모든 세계'(三千界; 三千大千世界)[471]를 가
득 채워 '부처 몸의 무한함'(佛身無邊)을 보여 주니, [여래如來의 몸이] 실제
로 '우주의 모든 세계'(大千世界; 三千大千世界)를 가득 채우지는 않지만
자유자재하기 때문에 [하나의 몸으로] '우주의 모든 세계'(大千界; 三千大千
世界)를 가득 채운다."[472]

三輕重自在, 如經言, "以滿大千世界之身, 輕擧飛空, 過恒沙等諸佛
世界, 而無障礙, 如來之身實無輕重, 以自在故, 能爲輕重"故. 四一異自

---

471 3천계三千界: 고대 인도인의 우주관과 관련된 세계관으로서 삼천대천세계三千大
千世界, 삼천세계三千世界, 대천세계大千世界, 일대삼천대천세계一大三千大千世界
라고도 한다. 소세계小世界가 천 개 모인 것이 소천세계小千世界이고, 소천세계小
千世界가 천 개 모인 것이 중천세계中千世界이며, 중천세계中千世界가 천 개 모인
것이 대천세계大千世界인데, 대천세계大千世界에 대·중·소의 3종으로 천 개 모
인 것이 삼천대천세계三千大千世界이다. 가장 작은 단위인 소세계小世界는 수미
산須彌山을 중심으로 남섬부주南贍部洲·동승신주東勝身洲·서우화주西牛貨洲·
북구로주北拘盧洲의 4대주四大洲 및 9산九山 8해八海가 둘러싸 있고 위로는 색계
천色界天으로부터 아래로는 지하의 풍륜風輪까지 이르는데, 그 사이에 해, 달, 수
미산須彌山, 사천왕천四天王天·도리천忉利天·염마천焰摩天·도솔천兜率天·화
자재천化自在天·타화자재천他化自在天의 6욕천六欲天과 색계色界의 천범천千梵
天 등을 포함한다. 불전佛典에서는 삼천대천세계三千大千世界가 바로 하나의 부
처님이 교화하는 영역이어서 일불국一佛國, 일불찰一佛刹이라고도 한다. 『佛光大
辭典』 p.523 참조. 『장아함경』 권18에 유사한 전거가 나오는데, 다음과 같다. "如
一日月周行四天下, 光明所照, 如是千世界, 千世界中有千日月, 千須彌山王, 四千天下,
四千大天下, 四千海水, 四千大海, 四千龍, 四千大龍, 四千金翅鳥, 四千大金翅鳥, 四千
惡道, 四千大惡道, 四千王, 四千大王, 七千大樹, 八千大泥梨, 十千大山, 千閻羅王, 千
四天王, 千忉利天, 千焰摩天, 千兜率天, 千化自在天, 千他化自在天, 千梵天, 是爲小千
世界. 如一小千世界, 爾所小千世界, 是爲中千世界. 如一中千世界, 爾所中千世界,
是爲三千大千世界. 如是世界周匝成敗, 衆生所居, 名一佛刹."(T1, p.114b26~c8.)

472 『열반경』 권21(T12, p.746c5~8). "二者示一塵身滿於三千大千世界, 如來之身實不滿
於三千大千世界. 何以故? 以無礙故, 直以自在故, 滿三千大千世界. 如是自在, 名爲大
我."『열반경』 원문과 비교해 볼 때 원효는 인용하면서 "佛身無邊"을 첨가하여 의미
를 보충하고 "如來之身"이나 "何以故? 以無礙故"를 삭제하여 문장을 간결하게 한다.

在, 如經言, "如來一心安住不動, 所可示化無量形類, 各令有心. 如來有時成造一事, 而亦⁴⁷³衆生各各成辨,⁴⁷⁴ 如來之身常住一立,⁴⁷⁵ 而令他立⁴⁷⁶一切悉見"故.

[H1, p.535b13~21: T38, p.247a26~b3]

세 번째는 [불신佛身의] '가볍고 무거움이 자유자재한 것'(輕重自在)이니, 경전(『열반경』)에서 [다음과 같이 말한 것과 같다.] "[여래如來는] '우주의 모든 세계'(大千世界)를 가득 채우는 [무거운] 몸을 가볍게 들어 공중에 날아올라서 갠지스강의 모래알처럼 많은 부처 세계를 지나가도 장애가 없으니, 여래如來의 몸에 실제로는 가볍거나 무거움이 없지만 자유자재하기 때문에 가벼울 수도 있고 무거울 수도 있다."⁴⁷⁷

네 번째는 [불신佛身의] '같고 다름이 자유자재한 것'(一異自在)이니, 경전(『열반경』)에서 [다음과 같이 말한 것과 같다.] "여래如來는 '하나처럼 통하는 마음'(一心)⁴⁷⁸에 편안히 머물러 동요하지 않으면서도 [몸을] 보일 수

---

473 『열반경』 원문에 따라 '亦'을 '令'으로 고친다.
474 『열반경』 원문에 따라 '辨'을 '辦'으로 고친다.
475 『열반경』 원문에 따라 '立'을 '土'로 고친다.
476 『열반경』 원문에 따라 '立'을 '土'로 고친다.
477 『열반경』 권21(T12, p.746c8~12). "三者能以滿此三千大千世界之身, 輕擧飛空, 過於二十恒河沙等諸佛世界, 而無障礙, 如來之身實無輕重, 以自在故, 能爲輕重. 如是自在, 名爲大我."
478 '一心'은 원효사상의 근원적이고도 궁극적인 개념인데 '하나처럼 통하는 마음'이라고 번역해 보았다. '一心'에 대한 원효 자신의 설명, '一心'과 직결되어 있는 '一覺' '一味' 등에 관한 원효의 설명, 이 개념들이 등장하는 맥락 등을 종합적으로 고려한 번역이다. 원효가 채택하는 '一心'이라는 기호는 '모든 현상을 산출해 내는 실체나 본체' 혹은 '현상의 이면에 있는 불변의 어떤 기체基體'를 지시하는 것이 아니다. 그 어떤 '불변·독자의 실체관념'에도 막히거나 갇히지 않는 인지지평, 그리하여 '실체나 본질의 차이로 나누는 분별'에서 풀려난 채 차이들을 만날 수 있는 마음수준을 지시하는 기호로 보는 것이 적절하다고 생각한다. 이런 이해를 기본으로 삼아 '一心'을 '하나처럼 통하는 마음'이라 번역한 것이다. '하나처럼 통하는

있는 곳에서는 헤아릴 수 없이 많은 모습과 종류를 나타내어 [그 무수한 몸에] 각각 마음이 있게 한다. 여래如來는 '한 가지 일'(一事)을 지을 때에도 중생들 [모두가] 각자 일을 이루게 하고, 여래如來의 몸은 늘 '한 곳'(一土)에서 머물면서도 '다른 곳'(他土)[의 중생들이] 다 [여래如來의 몸을] 보게 한다."479

五者對境自在故, 如經言, "如來一根, 亦能見色, 聞聲, 乃至知,480 以自在481如來六根, 亦不見色, 不聞聲, 乃至不知法. 令482根自在." 六者得

마음'이라는 번역어의 타당성을 논증하기 위해서는 한 편의 독립적 논문이 필요하다. 풍성한 근거들과 필요한 논리들이 준비되어 있지만 역주에 반영하기는 어려워 생략한다. 참고로 『기신론소』(1-705a11~16)에 나오는 '一心'에 관한 원효의 정의定義적 해설은 다음과 같다. "'두 측면'(二門)이 [나뉘는 것이] 이와 같은데, 어째서 '하나처럼 통하는 마음'(一心)이라 하는가? 말하자면, 오염되었거나 청정하거나 그 모든 것의 '본연적 면모'(性)는 [본질로서] 다른 것이 아니기에'(無二) '참됨과 허구라는 두 측면'(眞妄二門)은 [본질적] 차이가 있을 수 없으니, 그러므로 '하나'(一)[처럼 통함]이라고 부른다. 이 [본질로서] 다르지 않은'(無二) 자리에서 모든 것을 실재대로이게 하는 것은 [이해하는 작용이 없는] 허공과는 같지 않아 '본연적 면모'(性)가 스스로 신묘하게 이해하니, 그러므로 '마음'(心)이라 부른다. 그런데 이미 '둘'(二)로 나뉘는 본질이 있지 않다면 어떻게 '하나'(一)[처럼 통함]이라는 것이 있을 수 있으며, '하나'(一)[처럼 통함]이 있지 않다면 무엇에 입각하여 '마음'(心)이라 하겠는가? 이와 같은 도리는 '언어적 규정을 벗어나고 분별하는 생각을 끊은 것'(離言絶慮)이어서 무엇으로써 지칭해야 할지 알 수가 없지만 억지로나마 '하나처럼 통하는 마음'(一心)이라 부른다."(二門如是, 何爲一心? 謂染淨諸法其性無二, 眞妄二門不得有異, 故名爲一. 此無二處, 諸法中實, 不同虛空, 性自神解, 故名爲心. 然旣無二, 何得有一, 一無所有, 就誰曰心? 如是道理, 離言絶慮, 不知何以目之, 强號爲一心也.)

479 『열반경』 권21(T12, p.746c12~16). "四者以自在故, 而得自在. 云何自在? 如來一心安住不動, 所可示化無量形類. 各令有心. 如來有時或造一事, 而令衆生各各成辦, 如來之身常住一土, 而令他土一切悉見. 如是自在, 名爲大我."

480 『열반경』 원문에 따라 '知' 뒤에 '法'을 넣는다.

481 『열반경』 원문에 따라 '以自在'를 삭제한다.

482 『열반경』 원문에 따라 '令' 앞에 '以自在故'를 넣는다.

法自在, 如經言, "以自在故, 得一切, 如來之心亦無得想. 何以故? 若是有者, 可知[483]爲得, 實無所有, 云何名得? 若使如來計有得想, 是卽諸佛不得涅槃, 以無得故, 名得涅槃. 以自在故, 得一切法, 得諸法故, 名爲大我." 是意正顯諸法非然而非不然, 而不然故, 永無所得, 非不然故, 無所不得. 如是無障礙故, 名大自在.

[H1, p.535b21~c8: T38, p.247b3~13]

다섯 번째는 '대상을 상대하는 [감관의 능력'(根)]이 자유자재한 것'(對境自在)이니, 경전(『열반경』)에서 [다음과 같이 말한 것과 같다.] "여래如來는 '하나의 감관능력'(一根)만으로도 '색깔이나 모양 있는 것'(色)을 보고 소리(聲)를 들으며 [냄새(香)·맛(味)·느낌(觸) 및] '개념적 대상'(法)까지 인식할 수 있고, 여래如來는 '여섯 가지의 감관능력'(六根)으로 '색깔이나 모양 있는 것'(色)을 보지 않고 소리(聲)를 듣지 않으며 [냄새(香)·맛(味)·느낌(觸) 및] '개념적 대상'(法)까지 인식하지 않을 수 있기도 하다. [불신佛身이] 자유자재하기 때문에 감관능력(根)을 자유자재하게 한다."[484]

여섯 번째는 '얻는 것에 자유자재한 것'(得法自在)이니, 경전(『열반경』)에서 [다음과 같이 말한 것과 같다.] "[여래如來는] 자유자재하기 때문에 모든 것을 얻지만, 여래如來의 마음에는 또한 '얻었다는 생각'(得想)이 없다. 어째서인가? 만약 [얻은 것이 실체로서] 있는 것이라면 '얻는다'(得)고 말할 수 있겠지만, 실제로는 [실체로서] 얻어서 지닌 것'(所有)이 없는데 어떻게 '얻는다'(得)고 말하겠는가? 만약 여래如來가 [실체를] 얻은 것이 있다는 생각'(有得想)을 한다면 이는 곧 모든 부처님이 열반涅槃을 얻지 못한

---

483 『열반경』 원문에 따라 '知'를 '名'으로 고친다.
484 『열반경』 권21(T12, p.746c16~20). "五者根自在故. 云何名爲根自在耶? 如來一根, 亦能見色聞聲嗅香別味覺觸知法, 如來六根亦不見色聞聲嗅香別味覺觸知法. 以自在故, 令根自在. 如是自在, 名爲大我."

것이니, '[실체를] 얻는 것이 없기'(無得) 때문에 '열반涅槃을 얻었다'(得涅槃)고 말하는 것이다. [여래如來는 '얻는다'는 생각에 걸림 없이] 자유자재하기 때문에 모든 것을 얻는 것이니, 모든 것을 얻기 때문에 '크나큰 자기'(大我)라고 부른다."485 이 뜻은 모든 것이 '그러하지 않으면서도 그러하지 않은 것도 아님'(非然而非不然)을 온전히 드러낸 것인데, '그러하지 않기'(不然) 때문에 끝내 '얻은 것이 없고'(無所得) '그러하지 않은 것도 아니기'(非不然) 때문에 '얻지 못한 것도 없다'(無所不得). 이와 같이 장애가 없기 때문에 '크나큰 자유자재'(大自在)라고 부른다.

> 七者演說自在, 如經言, "如來宣486說一偈之義, 過無量劫, 義亦不盡, 而不生念我說彼聽, 一切法亦無有說. 以自在故, 如來演說, 以名大我"故.
> [H1, p.535c8~12: T38, p.247b13~16]

일곱 번째는 '[진리를] 연설함에 자유자재한 것'(演說自在)이니, 경전(『열반경』)에서 [다음과 같이 말한 것과 같다.] "여래如來가 연설한 한 구절 게송의 뜻은 헤아릴 수 없이 많은 시간이 지나도 [그] 뜻이 사라지지 않지만 '[여래如來인] 내가 말하고 [중생인] 저들이 듣는다'는 생각을 일으키지 않으니, 모든 가르침(法) 또한 설한 것이 없다. ['내가 설하고 저들이 듣는다'는 생각에 걸림 없이] 자유자재하기 때문에 여래如來가 연설하는 것을 '크나큰 자기'(大我)라고 부른다."487

---

485 『열반경』 권21(T12, p.746c21~26). "六者以自在故, 得一切法, 如來之心, 亦無得想. 何以故? 無所得故. 若是有者, 可名爲得, 實無所有, 云何名得? 若使如來計有得想, 是則諸佛不得涅槃, 以無得故, 名得涅槃. 以自在故, 得一切法, 得諸法故, 名爲大我."

486 『열반경』 원문에 따라 '宣'을 '演'으로 고친다.

487 『열반경』 권21(T12, p.746c26~747a2). "七者說自在故. 如來演說一偈之義, 經無量劫, 義亦不盡. 所謂若戒若定若施若慧, 如來爾時, 都不生念我說彼聽, 亦復不生一偈之想. 世間之人四句爲偈, 隨世俗故, 說名爲偈, 一切法性亦無有說. 以自在故, 如來演說,

八者普現自在, 經言, "如來遍滿一切諸處, 猶如虛空, 虛空之性不可得見. 如來亦爾, 實不可見, 以自在故, 令一切見." 是明有所現者, 即當有所不現, 如來都無所不現也. 別門而言, 眞實我者是涅槃我, 自在我者是菩提我, 就實通論, 即無別異. 是故經中總結之言, "如是大我, 名大涅槃."

[H1, p.535c12~19: T38, p.247b16~22]

여덟 번째는 '모든 곳에 나타남이 자유자재한 것'(普現自在)이니, 경전(『열반경』)에서 [다음과 같이 말한 것과 같다.] "여래如來[의 나타남]이 모든 곳에 두루 가득한 것이 마치 허공[이 모든 곳에 두루 가득한 것]과 같지만 허공의 면모는 볼 수가 없다. 여래如來도 이와 같아서 실제로 [특정하여 한 가지로만] 볼 수는 없지만 [나타남이] 자유자재하기 때문에 모든 곳에서 볼 수 있게 한다."488 이것은 [특정하게] 나타나는 곳이 있다면 나타나지 않는 [다른] 곳이 있겠지만, 여래如來는 나타나지 않는 곳이 전혀 없음을 밝힌 것이다.

[법아法我와 인아人我라는 '두 가지의 자기'(二種我)를] '[각각] 구별하는 측면'(別門)으로 말한다면 '참된 사실 그대로인 자기'(眞實我; 法我)는 '열반으로서의 자기'(涅槃我)이고 [여덟 가지의] '자유자재한 자기'(自在我; 人我)는 '깨달음으로서의 자기'(菩提我)이지만,489 '실제에 의거하여 [서로] 통하게

以演說故, 名爲大我." 『열반경』 원문과 대조해보면 원효는 "所謂若戒若定若施若慧, 如來爾時都"와 "世間之人四句爲偈, 隨世俗故說名爲偈"와 "演說故"의 부분을 생략한다.

488 『열반경』 권21(T12, p.747a2~5). "八者如來遍滿一切諸處, 猶如虛空, 虛空之性不可得見. 如來亦爾, 實不可見, 以自在故, 令一切見. 如是自在, 名爲大我."

489 열반아涅槃我와 보리아菩提我: 앞서 2종상二種常의 별문別門을 논의하는 대목에서 "初七種譬喩, 如來色身常, 後三種譬喩, 善逝法身常. 若依別門, 常命是菩提德, 常身是涅槃德."(H1, p.535a15~17)이라고 하여 상신상常身常인 법신法身의 상주常住가 열반덕涅槃德이고 상명상常命인 색신色身의 상주常住가 보리덕菩提德이라고 구별한 적이 있다. 이에 따르자면 지금 2종아二種我의 별문別門에서 열반아涅槃我(眞實

논한다면'(就實通論) 차별(別)이나 다름(異)이 없다. 그러므로 경전(『열반경』)에서는 [진실아眞實我와 자재아自在我를] 총괄적으로 결론지어 "이와 같은 '크나큰 자기'(大我)를 '크나큰 열반'(大涅槃)이라 부른다"[490]라고 말한다.

四種淨者, 一名果淨, 亦是有淨, 以離二十五有果故. 二名業淨, 亦是因淨, 以離凡夫諸業因故. 三名身淨, 佛身常住故. 四名心淨, 佛心無漏故. 前二離德, 後二修德. 離修雖異, 齊是涅槃. 如經言, "以純淨故, 名大涅槃. 云何純淨? 淨有四種," 乃至廣說.

[H1, pp.535c19~536a1: T38, p.247b22~28]

라) 네 가지의 온전함(四種淨)

'네 가지의 온전함'(四種淨)이라는 것은 [다음과 같다.] 첫 번째는 '[생사윤회의] 과보가 온전해진 것'(果淨)이라 부르고 '[오염된 25가지] 존재세계가 온전해진 것'(有淨)이라고도 하니, '[오염된 25가지] 존재세계의 과보'(二十五有果)[491]에서 벗어났기 때문이다. 두 번째는 '[근본무지에 따르는] 행위가

我)는 법신法身의 참된 자기이고, 보리아菩提我(自在我)는 색신色身의 참된 자기라고 이해할 수 있겠다.

490 『열반경』권2(T12, p.747a5~6). "如是大我, 名大涅槃."

491 25유과二十五有果: 중생이 인과법에 따라 과보로 받아 생사윤회하는 25가지 세계를 말한다. 『열반경』권13에서는 "善男子, 菩薩摩訶薩住無畏地, 得二十五三昧, 壞二十五有."(T12, p.690b3~4)라고 하여, 보살은 무외지無畏地에서 25삼매二十五三昧를 얻어 25유二十五有를 무너뜨린다고 하면서 25유二十五有와 25삼매二十五三昧를 다음과 같이 자세히 설명한다. "善男子, 得無垢三昧能壞地獄有, 得無退三昧能壞畜生有, 得心樂三昧能壞餓鬼有, 得歡喜三昧能壞阿修羅有, 得日光三昧能斷弗婆提有, 得月光三昧能斷瞿耶尼有, 得熱炎三昧能斷欝單越有, 得如幻三昧能斷閻浮提有, 得一切法不動三昧能斷四天處有, 得難伏三昧能斷三十三天處有, 得悅意三昧能斷炎摩天有, 得

온전해진 것'(業淨)이라 부르고 '[행위(業)라는] 원인이 온전해진 것'(因淨)이라고도 하니, 범부의 모든 '[근본무지에 따르는] 행위라는 원인'(業因)에서 벗어났기 때문이다. 세 번째는 '몸이 온전해진 것'(身淨)이라고 부르니, '부처의 몸'(佛身)은 '늘 [본연에] 머물기'(常住) 때문이다. 네 번째는 '마음이 온전해진 것'(心淨)이라고 부르니, '부처의 마음'(佛心)은 '번뇌가 스며들지 않기'(無漏) 때문이다.

앞의 두 가지[인 과정과果淨과 업정業淨]은 '[오염의 결과인 세계와 오염의 원인

青色三昧能斷兜率天有, 得黃色三昧能斷化樂天有, 得赤色三昧能斷他化自在天有, 得白色三昧能斷初禪有, 得種種三昧能斷大梵王有, 得雙三昧能斷二禪有, 得雷音三昧能斷三禪有, 得澍雨三昧能斷四禪有, 得如虛空三昧能斷無想有, 得照鏡三昧能斷淨居阿那含有, 得無礙三昧能斷空處有, 得常三昧能斷識處有, 得樂三昧能斷不用處有, 得我三昧能斷非想非非想處有. 善男子, 是名菩薩得二十五三昧斷二十五有."(T12, p.690b4~23.) 이에 따라 25유二十五有와 25삼매二十五三昧를 연결시켜 나열하면 ① 지옥유地獄有-무구삼매無垢三昧, ② 축생유畜生有-무퇴삼매無退三昧, ③ 아귀유餓鬼有-심락삼매心樂三昧, ④ 아수라유阿修羅有-환희삼매歡喜三昧, ⑤ 불바제유弗婆提有(東勝身洲)-일광삼매日光三昧, ⑥ 구야니유瞿耶尼有(西牛貨洲)-월광삼매月光三昧, ⑦ 울단월유欝單越有(北拘盧洲)-열염삼매熱炎三昧, ⑧ 염부제유閻浮提有(南贍部洲)-여환삼매如幻三昧, ⑨ 4천처유四天處有(四天王天)-일체법부동삼매一切法不動三昧, ⑩ 33천처유三十三天處有(忉利天)-난복삼매難伏三昧, ⑪ 염마천유炎摩天有(夜摩天)-열의삼매悅意三昧, ⑫ 도솔천유兜率天有-청색삼매靑色三昧, ⑬ 화락천유化樂天有-황색삼매黃色三昧, ⑭ 타화자재천유他化自在天有-적색삼매赤色三昧, ⑮ 초선유初禪有-백색삼매白色三昧, ⑯ 대범왕유大梵王有-종종삼매種種三昧, ⑰ 2선유二禪有-쌍삼매雙三昧, ⑱ 3선유三禪有-뇌음삼매雷音三昧, ⑲ 4선유四禪有-주우삼매澍雨三昧, ⑳ 무상유無想有-여허공삼매如虛空三昧, ㉑ 정거아나함유淨居阿那含有(色究竟天)-조경삼매照鏡三昧, ㉒ 공처유空處有(空無邊處)-무애삼매無礙三昧, ㉓ 식처유識處有(識無邊處)-상삼매常三昧, ㉔ 불용처유不用處有(無所有處)-낙삼매樂三昧, ㉕ 비상비비상처유非想非非想處有-아삼매我三昧이다. ①~⑭가 욕계欲界이고 ⑮~㉑이 색계色界이며 ㉒~㉕가 무색계無色界이므로 25유二十五有는 3계三界를 세분하여 가리키는 용어라고 하겠다. 한편 『열반경』 권11에서는 "復次善男子, 苦者有三相, 苦苦相行苦相壞苦相. 集者二十五有, 滅者滅二十五有, 道者修戒定慧."(T12, p.676b11~14)라고 하여 집제集諦와 멸제滅諦를 구분하는 지표로 25유二十五有의 개념이 쓰이기도 한다.

인 행위에서] 벗어나 얻은 능력'(離德)이고, 뒤의 두 가지[인 신정身淨과 심정心淨]은 '[몸과 마음을] 닦아서 얻은 능력'(修德)이다. '벗어나 얻은 것과 닦아서 얻은 것'(離修)은 비록 다르지만 똑같이 열반涅槃이다. [4종정四種淨에 대한 지금까지의 설명은] 경전(『열반경』)에서 "'흠 없이 온전하기'(純淨) 때문에 '크나큰 열반'(大涅槃)이라고 부른다. 왜 '흠 없이 온전하다'(純淨)고 말하는가? 온전함(淨)에는 네 가지가 있다"[492]라고 하면서 자세히 말한 것[493]과 같다.

> 故總而言之, 如是四德不出三事, 三事卽入於二種我, 二種我者一大
> 涅槃, 一卽一切一切卽一. 是名如來祕密藏也.
>
> [H1, p.536a1~4: T38, p.247b28~c1]

그러므로 총괄하여 말한다면, 이와 같은 '[상常·낙樂·아我·정淨의] 네 가지 능력'(四德)은 '[법신法身·반야般若·해탈解脫의] 세 가지 항목'(三事)에서 벗어나지 않고, '[법신法身·반야般若·해탈解脫의] 세 가지 항목'(三事)은 '[법아法我와 인아人我라는] 두 가지의 [참된] 자기'(二種我)에 포함되며, '[법아法我와 인아人我라는] 두 가지의 [참된] 자기'(二種我)는 '하나의 크나큰 열반'(一大涅槃)이니, '하나가 곧 모든 것이고 모든 것이 곧 하나이다'(一卽一切, 一切卽一). 이것을 '여래가 신비롭게 갖추고 있는 것'(如來祕密藏)이라고 부른다.

---

492 『열반경』 권21(T12, p.747b23~24). "以純淨故, 名大涅槃. 云何純淨? 淨有四種."
493 본문의 인용문 이후로 『열반경』 권21에서는 4정四淨에 대해 "一者二十五有, 名爲不淨, 能永斷故, 得名爲淨. … 二者業淸淨故. … 三者身淸淨故. … 四者心淸淨故. …"(T12, p.747b25~c5)라고 하여 25유영단二十五有永斷·업청정업淸淨·신청정身淸淨·심청정心淸淨의 4정四淨을 자세히 설명한다. 원효는 4종정四種淨을 과정果淨·업정業淨·신정身淨·심정心淨으로 설명해 온 자신의 간결한 논의가 『열반경』의 이 대목에 기초해 있음을 밝히는 것으로 보인다.

次第四明和相諍論. 諍論之興乃有多端, 而於當偏起異諍. 法身常住,
化身起滅, 於此二身, 諸說不同. 唯於報身, 二執別起, 別起之諍不過二
途, 謂執常住, 及執無常.

[H1, p.536a4~8: T38, p.247c2~5]

라. 배타적 말다툼을 통하게 하는 부문(和諍門)[494]

다음으로 [4덕문四德門의] 네 번째인 '상호 배타적 말다툼을 통하게 함
을 밝히는 것'(明和相諍論)이다. '배타적 말다툼'(諍論)이 일어나는 데에
는 많은 실마리가 있는데, [어느 실마리에서든 관점이] 편향하게 되어 '다르
다는 배타적 말다툼'(異諍)을 일으킨다. '진리의 몸'(法身)은 '늘 머무는
것'(常)이고 [중생에] 응하여 [갖가지 모습으로] 나타나는 몸'(化身)은 '생겨
났다가 사라지는 것'(起滅)인데, 이 두 가지 몸에 대해서는 여러 학설들
이 [다양하게 제기되어] 동일하지 않다. 오직 [진리성취의] 결실인 부처 몸'
(報身)[495]에 대해서는 두 가지 집착이 제각기 일어나고, 제각기 일어난

---

494 지금 본문의 원효 과문은 "第四明和相諍論"이지만 '4덕문四德門' 초두의 과문에서
"第六四德分別, 略有四門. 一顯相門, 二立意門, 三差別門, 四和諍門."이라고 한 것에
따라 제목을 달았다.

495 보신報身: 보신報身은 인위因位의 무량원행無量願行으로 받는 만덕원만萬德圓滿
의 과보신果報身으로서 구체적으로는 아미타불阿彌陀佛, 약사여래藥師如來 등을
가리킨다. 여래如來의 보신報身과 응화신應化身을 중생의 관점에서 구분하는 『대
승기신론』 권1에 따르면 보신報身은 보살菩薩의 마음에서 보이는 부처 몸이자 8
식 차원인 업식業識에 의거한 것으로서 무량수불無量壽佛인 아미타불阿彌陀佛 같
은 것이라면, 응화신應化身은 범부凡夫와 이승二乘의 마음에서 보이는 부처 몸이
자 6식 차원인 분별사식分別事識에 의거한 것으로서 제한된 수명과 모습을 갖는
석가모니釋迦牟尼 부처님 같은 것이다. 한편 앞서 두 가지의 상덕常德(二種常)을
논의하는 대목에서 "二種常者, 法常佛常. 法常義者, 無生無滅, 是常身義. 佛常義者, 不
老不死, 是常壽義."(H1, p.534b17~19)라 하고 "法卽法身, 佛是報佛."(H1, p.534b23)
이라고 하여 무생무멸無生無滅인 법신法身의 상주常住와 불로불사不老不死인 보

[두 가지 집착의] '배타적 말다툼'(諍)은 두 가지 길을 벗어나지 않으니, '늘 머무름'(常住)에 집착하는 것과 '늘 변함'(無常)에 집착하는 것이다.

> 執常之內, 亦有二家. 一家說云, 報佛功德有生無滅. 生因所滅[496]故, 不得無生, 證理究竟故, 離相, 離相故, 常住不變. 第二家云, 報佛功德 雖生因得, 而離生相. 雖是本無始有, 而非本無今有, 旣非今有, 亦非後 無. 由是道理, 遠離三際, 離三際故, 凝然常住. 然道後始成故, 非本有 始, 離三際故, 非有生, 非有生故, 亦得無滅. 無生滅故, 定是無爲常住 不變. 若未能得如是正見, 不應定說有爲無爲.
>
> [H1, p.536a9~18: T38, p.247c5~14]

가) [보신報身이] 늘 머무른다고 집착함(執常)[497]

[보신報身이] '늘 머문다고 집착함'(執常)에도 두 가지 부류가 있다. 첫 번째 부류에서는 [다음과 같이] 말한다. 〈[진리성취의] 결실인 부처 몸의 능력'(報身功德)은 '생겨남은 있지만 사라짐은 없는 것'(有生無滅)이다. [보신報身은] '생겨나게 하는 원인'(生因)[인 6바라밀六波羅蜜][498]에 의해 생겨나

신報身의 상주常住를 구분한 적이 있는데, 화쟁문和諍門의 이하 내용은 법신法身과 구분되는 이 보신報身의 면모를 더욱 자세히 살펴보는 성격을 띤다.

496 '滅'은 내용상 '生'이어야 할 것으로 보인다. 여기서는 '生'으로 교감하여 번역한다.

497 원효의 과문은 없지만, 화쟁문和諍門의 내용은 집상執常과 집무상執無常 및 문답 問答의 세 단락으로 구분되어 있으므로 이에 따라 제목을 달았다.

498 생인生因: 『열반경』 권26에서는 "因有二種, 一者生因, 二者了因. 能生法者是名生因, 燈能了物故名了因, 煩惱諸結是名生因, 衆生父母是名了因. 如穀子等是名生因, 地水糞 等是名了因."(T12, p.774c23~27)이라고 하는데, 이에 따르면 일반적으로 생인生 因은 요인了因과 구분되어 생인生因이 어떤 현상을 생겨나게 하는 원인이라면 요 인了因은 어떤 현상을 완성시키는 데 필요한 원인으로 설명된다. 또 같은 책에서 열반의 덕德과 관련되는 것으로 보이는 생인生因과 요인了因에 대해 "復有生因謂六

는 것이기 때문에 생겨나지 않을 수 없지만, '진리의 궁극'(理究竟)을 증득하기 때문에 실체관념(相)에서 벗어나고 실체관념(相)에서 벗어나기 때문에 '늘 [본연에] 머물면서 변하지 않는다'(常住不變).〉

두 번째 부류에서는 [다음과 같이] 말한다. 〈'[진리성취의] 결실인 부처 몸의 능력'(報身功德)은 비록 [보신報身을] '생겨나게 하는 원인'(生因)[인 6바라밀六波羅密]로 얻지만 '생겨난다[는 변화의] 양상'(生相)에서 벗어나 있다. [보신報身은] 비록 '본래 없다가 비로소 있는 것'(本無始有)이지만 '본래 없다가 지금 있는'(本無今有) [변화]는 아니니, 이미 '[변화하여] 지금 있는 것'(今有)이 아니므로 또한 '[변화하여] 나중에 없어지는 것'(後無)도 아니다. 이러한 도리에 따라 '과거·현재·미래'(三際)[의 변화]에서 멀리 벗어나고, '과거·현재·미래'(三際)[의 변화]에서 벗어나기 때문에 굳건히 '늘 [본연에] 머문다'(常住). 그런데 [보신報身은] 수행(道) 후에 비로소 이루어지기 때문에 '본래부터 비로소 있는 것'(本有始)은 아니지만, '과거·현재·미래'(三際)[의 변화]에서 벗어나 있기 때문에 '[변화하여] 생겨나는 것이 아니고'(非有生), '[변화하여] 생겨나는 것'(有生)이 아니기 때문에 또한 '[변화하여] 사라지는 것도 없게 된다'(得無滅). '[변화하여] '생겨남과 사라짐이 없기'(無生滅) 때문에 [보신報身은] 반드시 '[근본무지에 따르는] 행위 없이 늘 [본연에] 머물러 변하지 않는 것'(無爲常住不變)⁴⁹⁹이다. 만약 이와 같은 '바른 이해'(正見)를 아직 얻을 수 없다면, [보신報身에 대해] '[근본무지에 따르는] 행위가 있는 것'(有爲)이기도 하고 '[근본무지에 따르는] 행위가

波羅蜜阿耨多羅三藐三菩提, 復有了因謂佛性阿耨多羅三藐三菩提."(T12, p.774c27~29)라고 하여 생인生因은 6바라밀보리六波羅密菩提이고 요인了因은 불성보리佛性菩提라고 지적해 준다.

499 무위상주불변無爲常住不變: 집상執常의 제2가第二家에서는 보신報身의 무생무멸無生無滅을 주장하고 이를 무위상주불변無爲常住不變이라 부르므로 집상執常의 제1가第一家에서 생인生因의 개념에 따라 주장되는 보신報身의 유생무멸有生無滅은 유위상주불변有爲常住不變이라 부를 수 있을 것으로 보인다.

없는 것'(無爲)이기도 하다고 말해서는 안 된다.〉

> 如「純陀章」云, "唯當嘖自,⁵⁰⁰ 我今愚癡, 未有惠⁵⁰¹眼, 如來正法不可
> 思議. 是故不應宣說, 如來定是有爲定是無爲. 若正見者, 應說如來定是
> 無爲,"「長壽品」云, "常當繫心, 修心是⁵⁰²二字, 佛⁵⁰³常住. 若有修習此
> 二定⁵⁰⁴者, 當知, 是人隨我所行, 至我至處."
>
> [H1, p.536a19~24: T38, p.247c14~19]

마치 [『열반경』]「순타품純陀品」에서 [다음과 같이] 말한 것과 같은 것이
다. "[보신報身에 대해서는] 오로지 내가 지금 어리석어서 아직 지혜의 눈을
갖지 못했다고 자책해야 하니, 여래如來의 '바른 진리'(正法)는 생각으로
헤아릴 수 없는 것이다. 그러므로 여래如來[의 보신報身]은 '[근본무지에 따르
는] 행위가 있는 것'(有爲)이기도 하고 '[근본무지에 따르는] 행위가 없는 것'
(無爲)이기도 하다고 말해서는 안 된다. 만약 '바른 이해'(正見)를 지닌
자라면 여래如來[의 보신報身]은 반드시 '[근본무지에 따르는] 행위가 없는
것'(無爲)이라고 말해야 한다."⁵⁰⁵ [또 『열반경』]「장수품長壽品」에서 "늘 마
음을 붙들어 이 [상주常住라는] 두 글자[의 뜻]을 수행해야 하니, 부처님은
'늘 [본연에] 머무는 것'(常住)[이기 때문]이다. 만약 이 두 글자[의 뜻]을 수행
하는 자가 있다면, 이 사람은 [부처인] 내가 수행한 것을 좇아서 내가 도

---

500 『열반경』 원문에 따라 '嘖自'를 '自責'으로 고친다.
501 『열반경』 원문에 따라 '惠'를 '慧'로 고친다.
502 『열반경』 원문에 따라 '心是'를 '此'로 고친다.
503 『열반경』 원문에 따라 '佛' 뒤에 '是'를 넣는다.
504 『열반경』 원문에 따라 '定'을 '字'로 고친다.
505 『열반경』 권2 「순타품제2純陀品第二」(T12, p.613c11~14). "唯當自責, 我今愚癡,
未有慧眼, 如來正法不可思議. 是故不應宣說, 如來定是有爲定是無爲. 若正見者, 應說
如來定是無爲."

달한 경지에 이를 것임을 알아야 한다"[506]라고 말한 것과 같다.[507]

而餘處說非常住者, 皆就佛[508]相, 非說報身. 如「德王品」云, "如來非
常. 何以故? 身有分故. 是故非常. 云何非常? 以有智[509]故. 常法無知,
猶如虛空. 如來有心.[510] 是故非常. 云何非常? 有言說, 乃至有姓此[511]
故, 有父母故, 有四儀[512]故, 有方所."[513] 依是七義, 說非常住, 當知皆此
就化相說.

[H1, p.536a24~b7: T38, p.247c19~25]

그런데 『열반경』의 다른 곳에서 [여래如來가] '늘 머물지를 않는다'(非常
住)고 말한 것은 모두 '부처의 [갖가지 모습으로] 나타나는 양상'(佛化相)에
의거한 것이지 '[진리성취의] 결실인 부처 몸'(報身)을 말한 것이 아니다.
『열반경』「덕왕품德王品」에서 [다음과 같이] 말한 것과 같다. "여래如來는
'늘 머물지를 않는다'(非常). 어째서인가? 몸이 제한되어(分) 있기 때문
이다. 그러므로 '늘 머물지를 않는다'(非常). 왜 '늘 머물지 않는가'(非
常)? '구분하는 앎'(知)이 있기 때문이다. '늘 머무는 것'(常法)은 '구분하

---

506 『열반경』 권3 「장수품제4長壽品第四」(T12, p.622a24~26). "常當繫心, 修此二字,
佛是常住. 迦葉, 若有善男子善女人修此二字, 當知, 是人隨我所行, 至我至處."
507 앞의 「순타품」으로는 무위無爲를 경증하고 뒤의 「장수품」으로는 상주常住를 경
증하여 앞서 제2가第二家에서 주장한 보신報身의 무위상주無爲常住를 정당화하는
것으로 보인다.
508 문맥에 따라 '佛' 뒤에 '化'를 넣는다. 이 문단 말미에서도 "當知皆此就化相說"이라
고 기술되어 있다.
509 『열반경』 원문에 따라 '智'를 '知'로 고친다.
510 『열반경』 원문에 따라 '心'을 '知'로 고친다.
511 『열반경』 원문에 따라 '此'를 '氏'로 고친다.
512 『열반경』 원문에 따라 '儀' 앞에 '威'를 넣는다.
513 문맥에 따라 '所' 뒤에 '故'를 넣는다.

는 앎'(知)이 없으니, 마치 허공과 같다. [그런데] 여래如來에게는 [중생 구제를 위해] '구분하는 앎'(知)이 있으므로 '늘 머물지를 않는다'(非常). [또] 왜 '늘 머물지 않는가'(非常)? [중생 구제를 위해] 말이 있고, 나아가 성씨가 있기 때문이며, 부모가 있기 때문이고, [행行·주住·좌坐·와臥의] 네 가지 몸가짐'(四威儀)이 있기 때문이며, 자리 잡는 곳이 있기 때문이다."514 [『열반경』의 다른 곳에서는] 이 일곱 가지 면모515에 의거하여 [여래如來는] '늘 머물지를 않는다'(非常住)라고 말하는데, 이것은 모두 [중생에 응하여 갖가지 모습으로] 나타나는 양상'(化相)에 의거하여 말한 것임을 알아야 한다.

若人不知如是之意, 亦說報佛同是無常, 卽是邪見, 必墮地獄. 如純陀言, "外道邪見可說如來同於有爲, 持惑516比丘不應如是, 於如來所生有爲想. 若言如來是有爲者, 卽是妄語, 當知是人死入地獄, 如人自處於己舍宅," 乃至廣說. 故不應說報佛無常. 執常之家作如是說也.

[H1, p.536b7~14: T38, pp.247c25~248a2]

만약 어떤 사람이 이와 같은 뜻을 알지 못하며, 또한 [진리성취의] 결실인 부처 몸'(報佛)도 똑같이 [중생처럼] '늘 머물지를 않는다'(無常)고 말

---

514 『열반경』 권20 「고귀덕왕보살품제22지2高貴德王菩薩品第二十二之二」(T12, p.738b26~c8). "如來非常. 何以故? 身有分故. 是故非常. 云何非常? 以有知故. 常法無知, 猶如虛空. 如來有知. 是故非常. 云何非常? 有言說故, 常法無言, 亦如虛空, 如來有言. 是故無常. 有姓氏故, 名曰無常, 無姓之法, 乃名爲常. 虛空常故, 無有姓氏, 如來有姓, 姓瞿曇氏. 是故無常. 有父母故, 名曰無常, 無父母者, 乃名曰常. 虛空常故, 無有父母, 佛有父母, 是故無常. 有四威儀, 名曰無常, 無四威儀, 乃名曰常. 虛空常故, 無四威儀, 佛有四威儀. 是故無常. 常住之法無有方所, 虛空常故, 無有方所." 원효는 밑줄 친 "有言說故" 이하의 내용에 대해서는 핵심만 간추려 인용한다.

515 7의七義: 여래如來 비상주非常住의 일곱 가지 면모를 나열하면 ① 유분有分, ② 유지有知, ③ 유언설有言說, ④ 유성씨有姓氏, ⑤ 유부모有父母, ⑥ 유4위의有四威儀, ⑦ 유방소有方所이다.

516 『열반경』 원문에 따라 '惑'을 '戒'로 고친다.

한다면, 이것은 바로 잘못된 견해이어서 반드시 지옥에 떨어진다. [『열반경』에서] 순타純陀가[517] "'[불교와는] 다른 가르침을 따르는 자'(外道)의 잘못된 견해로는 〈여래如來[의 보신報身의 행위]가 '[근본무지에 따르는] 행위가 있는 것'(有爲)과 같다〉라고 말할 수 있지만, '[부처님의] 계율을 지키는 출가수행자'(持戒比丘)라면 이 [외도]처럼 여래如來가 일으킨 [보신報身의 행위]에 대해 '[근본무지에 따르는] 행위가 있는 것이라는 생각'(有爲想)을 일으켜서는 안 된다. 만약 여래[의 보신報身의 행위]가 '[근본무지에 따르는] 행위가 있는 것'(有爲)이라고 말한다면 이것은 바로 거짓된 말이니, 이 사람이 죽어서 지옥에 들어가는 것은 마치 사람들이 스스로 자기 집에 머무르는 것과 같다는 것을 알아야 한다"[518]라고 하면서 자세히 말한 것과 같다. 그러므로 〈[진리성취의] 결실인 부처 몸'(報佛)은 '늘 머물지를 않는다'(無常)〉라고 말해서는 안 된다. [보신報身에 대해] '늘 머문다고 집착하는 사람들'(執常之家)은 이상과 같이 설명하고 있다.

執無常者說言, 報佛生因所生, 不得無滅. 生者必滅, 一向記故. 然依法身, 相續恒存, 窮未來際, 永無終盡, 不同生死念念磨滅. 由是道理, 說爲常住, 無老死故, 名不變易.

[H1, p.536b14~19: T38, pp.248a2~6]

나) [보신報身은] 늘 머무는 것이 아니라고 집착함(執無常)

[보신報身에 대해] '늘 머무는 것이 아니라고 집착하는 자'(執無常者)는

---

517 『열반경』 권2의 「순타품제2純陀品第二」는 재가자(優婆塞)인 순타純陀와 문수사리文殊師利 및 부처님의 대화로 이루어져 있는데, 인용문은 순타純陀가 문수사리文殊師利에게 하는 말이다.

518 『열반경』 권2(T12, p.614a2~5). "文殊師利, 外道邪見可說如來同於有爲, 持戒比丘不應如是, 於如來所生有爲想. 若言如來是有爲者, 即是妄語, 當知是人死入地獄, 如人自處於己舍宅."

[다음과 같이] 말한다;

'[진리성취의] 결실인 부처 몸'(報佛)은 '생겨나게 하는 원인'(生因)에 의해 생겨난 것이어서 사라질 수밖에 없다. '생겨난 것은 반드시 사라진다'(生者必滅)는 것은 [경전에서] '한결같이 말하고 있는 것'(一向記)[519]이기 때문이다.[520] 그러나 [보신報身은] '진리의 몸'(法身)에 의거하면서 서로 이어가며 늘 존재하여 미래의 시간이 다하도록 끝내 사라지지 않으니, '[일정한 수명과 형상을 가지고 다양한 세계에] 태어나고 죽는 윤회'([分段]生死)에서 순간순간 마모되어 사라지는 [중생의 몸]과는 같지 않다. 이러한 도리 때문에 [보신報身은] '늘 머무는 것'(常住)이라고 말하고, '늙음과 죽음이 없는 것'(無老死)이기 때문에 '변하여 달라지지 않는 것'(不變易)이라고 부른다.

---

519 일향기一向記: 『대집법문경大集法門經』 권1에서는 "復次四記是佛所說, 謂一向記, 分別記, 返問記, 默然記. 如是等法, 佛悲愍心, 廣爲衆生, 如理宣說, 而令衆生如說修習, 行諸梵行, 利益安樂天人世間."(T1, p.230a4~7)이라고 하는데, 여기에 따르면 일향기一向記는 부처님의 비민심悲愍心으로 중생을 교화하기 위한 설법의 네 가지 기술 방식(4기四記) 중 하나이며, 나머지 3기三記는 분별기分別記·반문기返問記·묵연기默然記이다. 『아비달마구사론』 권19에서는 "且問四者, 一應一向記, 二應分別記, 三應反詰記, 四應捨置記."(T29, p.103a27~28)라고 하여 4기四記를 일향기一向記·분별기分別記·반힐기反詰記·사치기捨置記라고 제시한다. 같은 책에서 "若作是問, 一切有情皆當死不, 應一向記一切有情皆定當死."(T29, p.103b1~2)라고 하는 것에 따르면, 일향기一向記는 '모든 중생은 죽는가?'라는 질문에 대해 '모든 중생은 반드시 죽는다'라고 대답하는 경우와 같이, 부처님이 이론의 여지가 없는 뜻을 언제 어디서나 한결같이 설법하는 기술방식을 말한다. 『佛光大辭典』(p.34)에 따르면 일정답一定答, 정답定答, 결료답決了答, 필정론必定論, 일향론一向論, 결정기론決定記論이라고도 한다.

520 예를 들어 『문수사리문경文殊師利問經』 권1에서는 "念念生滅者, 一切諸行念念生, 生者必滅, 此謂一切諸法念念生滅."(T14, p.498c19~21)이라고 하여 생자필멸生者必滅이 일체제법一切諸法의 염념생멸念念生滅의 근거로서 기술되어 있다.

如「四相品」云, "如來成就如是功德, 云何當言如來無常? 若言無常, 無有是處, 是金剛身云何無常? 是故如來不名命終". 「如來性品」云, "若言解脫猶如幻化, 凡夫當謂, 得解脫者即是磨滅, 有智之人應當分別, 人中師子雖有去來, 常住不變". 又「聖行品」云, "復次善男子, 心性異故, 名爲無常, 所謂聲聞心性異, 緣覺心性異, 諸佛心性異." 依此等文, 當知報佛心是有爲, 是生滅法, 而初分說定是無爲.

[H1, p.536b19~c5: T38, pp.248a6~15]

[『열반경』] 「사상품四相品」에서 "여래如來는 이와 같은 '이로운 능력'(功德)을 성취하였는데, 어떻게 〈여래如來는 '늘 머물지를 않는다'(無常)〉고 말할 수 있겠는가? 만약 [여래如來는] '늘 머물지를 않는다'(無常)고 말한다면 맞지 않으니, [여래如來의] '금강[석처럼 무너지지 않는] 몸'(金剛身)이 어찌하여 '늘 머물지 않는 것'(無常)이겠는가? 그러므로 여래如來를 '수명이 다하는 것'(命終)이라고 부르지 않는다"[521]라고 말하는 것과 같다. [또] 「여래성품如來性品」에서는 "만약 [여래如來의] 해탈이 '허깨비 같은 환상'(幻化)과 같은 것이라고 한다면, '평범한 사람'(凡夫)이라면 〈해탈을 얻은 자[인 여래如來]도 [환화幻化이므로] 바로 마모되어 사라진다〉고 말할 것이지만, '지혜를 지닌 사람'(有智之人)이라면 '사람들 중의 사자'(人中師子)[522][처럼 가장 높은 여래]는 비록 가고 옴이 있어도 '늘 머물러 변하지

---

521 『열반경』권5 「사상품제7지하四相品第七之下」(T12, p.632b25~27). "如來成就如是功德, 云何當言如來無常? 若言無常, 無有是處, 是金剛身云何無常? 是故如來不名命終."

522 사자師子: 또는 사자獅子이다. 백수의 왕인 사자는 여러 경론에서 매번 부처님의 무외無畏와 위대함에 비유된다. 부처님의 설법을 사자후師子吼라고 부르는 것도, 모든 희론戲論을 사라지게 하고 모든 외도外道의 사견邪見에 두려움이 없기 때문이다. 『佛光大辭典』pp.4090~4091 참조. 『중아함경中阿含經』권34에서는 "不放逸者, 於諸善法爲最第一. 猶諸獸中, 彼師子王爲最第一."(T1, p.647c10~12)이라고 하여 가장 좋은 것을 비유하는 용어로 백수의 왕인 사자가 쓰인다.

않는다'(常住不變)고 구별해야 할 것이다"523라고 말한다. 또 「성행품聖行品」에서는 "또한 훌륭한 이들이여, '마음 면모'(心性)가 [바뀌어] 달라지기 때문에 '늘 머물지 않는다'(無常)라고 하니, 이른바 '가르침을 들어서 깨달으려는 수행자의 마음 면모'(聲聞心性)가 [바뀌어] 달라지고 '혼자 힘으로 연기를 이해하여 깨달으려는 수행자의 마음 면모'(緣覺心性)도 [바뀌어] 달라지며 '모든 부처님의 마음 면모'(諸佛心性)도 [바뀌어] 달라진다"524라고 말한다. 이러한 문장들에 의거하여, [진리성취의] 결실인 부처 몸의 마음'(報佛心)은 [근본무지에 따르는] 행위가 있는 것'(有爲)이고 '[근본무지에 따라] 생겨나고 사라지는 것'(生滅法)이지만 첫 부분에서 말한 [법신法身]에 의거하는 보신報身은] 반드시 '[근본무지에 따르는] 행위가 없는 것'(無爲)이라고 알아야 한다.

又言, "修習常住二字, 隨我所行, 至我至處"等文者, 爲對聲聞無爲四倒故, 約眞如法身, 而說爲常住. 以彼聲聞不達法空, 不知如來法身遍一切處, 無爲常住, 隨於物機, 現此色身. 是故彼計如來色身惑業所感, 必歸磨滅, 五分法身雖非有漏, 而依色身, 亦是斷滅. 爲欲對治如是病故, 故說法身無爲常住.

[H1, p.536c5~12: T38, pp.248a15~22]

또 "'늘 머무는 것'(常住)이라는 두 글자[의 뜻]을 수행하여 익힌다면 [부처인] 내가 수행한 것을 좇아서 내가 도달한 경지에 이른다"525 등의 글

<hr />

523 『열반경』권8 「여래성품제12如來性品第十二」(T12, p.651b28~c1). "若言解脫譬如幻化, 凡夫當謂, 得解脫者即是磨滅, 有智之人應當分別, 人中師子雖有去來, 常住無變."
524 『열반경』권13 「성행품제19지3聖行品第十九之三」(T12, p.687c18~20). "復次善男子, 心性異故, 名爲無常, 所謂聲聞心性異, 緣覺心性異, 諸佛心性異."
525 『열반경』권3 (T12, p.622a24~26). "常當繫心, 修此二字, 佛是常住. 迦葉, 若有善男子善女人修此二字, 當知是人隨我所行, 至我所處." 이 문장은 「장수품제4長壽品第四」

은 '가르침을 들어서 깨달으려는 수행자가 지니는 [무상無常·고苦·무아無我·부정不淨의] 네 가지 왜곡'(聲聞無爲四倒)⁵²⁶에 상대하기 위해 '참 그대로인 진리의 몸'(眞如法身)에 의거하여 '늘 머무는 것'(常住)이라고 말한 것이다.⁵²⁷ 저 '가르침을 들어서 깨달으려는 수행자'(聲聞)는 '모든 존재에 불변·독자의 실체가 없음'(法空)을 통달하지 못했기에, '여래의 진리 몸'(如來法身)이 모든 곳에 두루 존재하여 [근본무지에 따르는] 행위가 없이 늘 머무는 것'(無爲常住)이면서도 '중생의 근기'(物機)에 따라 이 '[여래如來의] 색깔이나 모양 있는 몸'(色身)을 나타내는 줄 알지 못한다. 그러므로 저 [성문聲聞]은 '여래의 색깔이나 모양 있는 몸'(如來色身)이 '번뇌로 인한 행위'(惑業)에 감응된 것이어서 반드시 마멸[상태]로 돌아가고, '다섯 가지로 구분되는 진리의 몸'(五分法身)⁵²⁸도 비록 '번뇌가 스며

의 문장으로서 앞의 집상執常 단락에서 보신報身의 상주常住에 대한 경증("長壽品云, …." H1, p.536a22 이하)으로 제시된 적이 있다.

526 성문무위4도聲聞無爲四倒: 성문聲聞의 4념주四念住 수행에서 범부유위4도凡夫有爲四倒인 정淨·낙樂·상常·아我의 집착을 다스려 부정不淨·고苦·무상無常·무아無我를 정념正念하는 것을 말한다. 범부유위4도凡夫有爲四倒를 다스린다는 점에서는 무위無爲이지만 법신法身의 무위4덕無爲四德인 상락아정常樂我淨을 왜곡한다는 점에서는 전도顚倒이다.

527 생인生因을 갖는 보신報身이 그 자체로 상주常住한다는 것이 아니라는 의미이다.

528 5분법신五分法身: 계신戒身·정신定身·혜신慧身·해탈신解脫身·해탈지견신解脫知見身을 말한다. 『아비담비바사론』 권18에서는 "世尊說無學成就戒身, 乃至廣說."(T28, p.129c19)이라고 하면서 이하에서 자세히 설명하는데, 먼저 계신戒身에 대해서는 "云何無學戒身? 答曰, 無學身戒口戒及淨命."(T28, p.129c25~26)이라고 하여 무학無學의 신계身戒·구계口戒·정명淨命이라 하고, 정신定身에 대해서는 "云何無學定身? 答曰, 無學空三昧, 無相三昧, 無願三昧."(T28, p.130b5~6)라고 하여 무학無學의 공삼매空三昧·무상삼매無相三昧·무원삼매無願三昧라고 하며, 혜신慧身에 대해서는 "云何無學慧身? 答曰, 若智若見, 若明若覺, 若現觀, 乃至廣說."(T28, p.130c8~9)이라고 하여 무학無學의 지智·견見·명明·각覺·현관現觀이라고 하고, 해탈신解脫身에 대해서는 "云何無學解脫身? 答曰, 無學正觀相應解脫."(T28, p.130c12~13)이라고 하여 무학無學의 정관正觀이 해탈解脫에 상응하는 것이라고 하며, 해탈지견신解脫知見身에 대해서는 "云何無學解脫知見身? 答曰, 盡智無生智是

드는 것'(有漏)은 아니지만 '색깔이나 모양 있는 몸'(色身)에 의거하므로 또한 '완전히 없어지는 것'(斷滅)이라고 생각한다. 이와 같은 잘못[된 견해]를 다스리고자 하기 때문에 '진리의 몸은 [근본무지에 따르는] 행위가 없이 늘 머문다'(法身無爲常住)라고 말하는 것이다.

如『請僧福田經』中, "月德居士歎佛, 如來涅槃以復法滅不久, 如來告言, 汝等居士應修如來常住二字, 是常住法者, 是一切衆生二乘六道闡提五逆人之法性. 見法性者當得吾身如今無二." 如此經言, "修此二字, 隨我所行, 至我至處", 故知是文正顯法身. 而說慈心不殺等因之所得者, 是明了因之所顯證. 有人不知是意趣, 妄執報佛亦無生滅, 遂同虛空, 知無爲.

[H1, p.536c12~22: T38, pp.248a22~b1]

『청승복전경請僧福田經』[529]에서 "월덕月德이라는 재가신자(居士)가 부

助 也."(T28, p.130c15~16)라고 하여 진지盡智·무생지無生智라고 한다. 그런데 같은 책에서는 이 5분법신五分法身을 논의하는 까닭에 대해 "所以作論者, 先說有餘身涅槃界無餘身涅槃界, 涅槃當言學無學非學非無學, 如此皆說無爲阿羅漢. 今說有爲阿羅漢果故, 而作此論."(T28, p.129c22~25)이라고 하는데, 이에 따르면 앞에서 무위아라한과無爲阿羅漢果를 모두 말했으므로 지금부터는 유위아라한과有爲阿羅漢果를 말하는 것이라고 하여 5분법신五分法身의 논의는 유위有爲의 차원임을 분명히 한다. 무여열반無餘涅槃을 추구하는 이승二乘에서는 아무리 계戒·정定·혜慧·해탈解脫·해탈지견解脫知見의 5분법五分法을 성취했더라도 그것이 몸(身)을 갖고 있는 한 유위有爲라고 이해하는 것으로 보인다. 이 이승二乘의 견해가 잘못된 까닭에 대해 『열반종요』 본문에서는 법공法空을 깨달은 법신法身은 무위상주無爲常住하면서도 중생의 근기에 따라 색신色身을 나타낼 수 있음을 알지 못하는 점에 있다고 설명한다.

529 『청승복전경請僧福田經』: 『역대삼보기歷代三寶記』 권14에서는 "居士請僧福田經一卷."(T49, p.116b23)이라고 『거사청승복전경居士請僧福田經』이라는 이 경전의 명칭을 전하지만, 대장경에 경문이 수록되어 있지 않으므로 지금은 전하지 않는 것으로 보인다. 『대주간정중경목록大周刊定衆經目錄』 권5에서는 『제덕복전경諸

처님께 〈여래如來께서 열반에 드시면 머지않아 진리 또한 사라질 것입니다.〉라고 한탄하자, 여래如來는 〈너희 재가신자(居士)들은 '여래는 늘 [본연에] 머문다'(如來常住)[는 말에서의 상주常住라는] 두 글자[의 의미]를 익혀야 하니, 이 '늘 [본연에] 머문다는 도리'(常住法)는 모든 중생, '[성문聲聞 · 연각緣覺, 이] 두 부류의 수행자'(二乘), '[지옥地獄 · 아귀餓鬼 · 축생畜生 · 아수라阿修羅 · 인人 · 천天이라는] 여섯 가지 미혹세계[의 중생]'(六道), '좋은 능력이 끊어진 자'(闡提)와 '다섯 가지 나쁜 죄를 지은 사람'(五逆人)⁵³⁰의 본연(法性)이다. '본연을 보려는 자'(見法性者)는 나의 몸이 지금처럼 [언제나] '다름이 없음'(無二)을 알아야 한다〉라고 일러주었다"라고 한 것과 같다. [『청승복전경』의 이 문장은] 이 『열반경』에서 "['늘 머무는 것'(常住)이라는] 이 두 글자[의 뜻]을 수행한다면 [부처인] 내가 수행한 것을 좇아서 내가 도달한 경지에 이른다"⁵³¹라고 말한 것과 같으니, 그러므로 이 [『청승복전경』의] 문장은 [상주常住하는] '진리 몸'(法身)을 곧바로 드러낸 것임을 알 수 있다. 그리고 '자애의 마음으로 살아있는 생명을 죽이지 않음'(慈心不殺) 등의

德福田經』과 『복전경福田經』 및 『거사청승복전경』의 세 경전이 동본이역同本異譯이라고 한다("以前三經同本異譯." T55, p.400a25). 『제덕복전경』(T16)은 대장경에 수록되어 있지만 본문의 인용문은 검색되지 않는다.

530 5역五逆: 5역죄五逆罪라고도 한다. 『법원주림法苑珠林』 권7에서는 "有五逆罪爲最極惡, 何者爲五? 故心殺父母阿羅漢, 破壞聲聞和合僧事, 乃至惡心出佛身血, 諸如是等, 名爲五逆."(T53, p.328a4~6)이라고 하여 ① 마음으로 아버지를 죽이는 것, ② 마음으로 어머니를 죽이는 것, ③ 마음으로 아라한阿羅漢을 죽이는 것, ④ 성문화합승사聲聞和合僧事를 망치는 것, ⑤ 악심惡心으로 부처님의 몸에서 피를 흘리게 하는 것의 다섯 가지라고 설명한다. 『열반경』 권17에서는 "身心動者, 即五逆因, 五逆因故, 必墮地獄. 後見佛時, 身心俱動, 復欲生害, 身心動者, 即五逆因. 五逆因故, 當入地獄, 是人得遇如來大師, 即時得滅地獄因緣, 發阿耨多羅三藐三菩提心. 是故稱佛爲無上醫."(T12, p.721c16~20)라고 하여 5역인五逆因은 신심동身心動이고 이 5역인五逆因 때문에 지옥에 떨어지며 부처님을 만났을 때에도 신심身心이 동요하여 해치고자 하지만 무상無上醫인 부처님의 교화로 즉시 지옥인연地獄因緣이 사라져 보리심菩提心을 일으킨다고 설명한다.

531 『열반경』 권3 (T12, p.622a24~26). "修此二字, 當知是人隨我所行, 至我至處."

원인에 의해 얻는 것을 말한 것은 '드러내는 원인'(了因)[532]이 나타내어 증득한 것임을 밝히는 것이다.[533] [보신報身의 무위상주無爲常住에 집착하는] 어떤 사람은 이러한 뜻을 알지 못하여 '[진리성취의] 결실인 부처 몸'(報身)도 '생겨나거나 사라짐이 없다'(無生滅)고 잘못 집착하면서, 마침내 [보신報身을] 허공처럼 여겨 '행위가 없는 것'(無爲)이라고 안다.

> 又若德王品說如來非常住七種因緣, 皆就化身, 說非常住, 非說報佛亦常者. 是卽彼文亦以七因, 成非無常, 皆就法身, 說非無常, 不開[534]報佛亦非無常. 如彼文言, "有生之法, 名曰無常, 如來無生, 是故爲常. 有限[535]之法, 名曰無常, 如來無生無姓, 故常. 有常之法遍一切處, 無常之法或言是處有彼處無, 如來不爾, 是故爲常. 無常之法有時是有, 無[536]時爲無, 如來不爾,[537] 是故爲常. 常住之法無名無色, 虛空常故, 無名無色, 如來亦爾, 是故爲常. 常住之法無因無果, 虛空常故, 無因無果, 如來亦爾, 是故爲常. 當[538]住之法三世不攝, 如來亦爾, 是故爲常."
>
> [H1, pp.536c22~537a12: T38, pp.248b1~13]

또 [『열반경』] 「덕왕품德王品」에서 말한 '여래가 늘 머물지를 않는 일곱

---

532 요인了因: 『열반경』 권26의 "善男子, 因有二種, 一者生因, 二者了因, 能生法者是名生因, 燈能了物故名了因, 煩惱諸結是名生因, 衆生父母是名了因. 如穀子等, 是名生因, 地水糞等, 是名了因."(T12, 774c23~27)이라는 구절을 참고할 때, '了因'은 '어떤 현상의 발생을 완성시키는 데 필요한 원인'이라는 뜻을 담기 위한 용어이다.

533 여기에 인용하지 않은 『청승복전경』의 이어지는 내용에 의거한 말로 보인다.

534 이영무 역(1984), 가은 역주(2004), 은정희 등 공역(2017)에서는 모두 '開'를 '關'으로 고친다. 여기서는 고치지 않는다.

535 『열반경』 원문에 따라 '限'을 '姓'으로 고친다.

536 『열반경』 원문에는 '無'가 '有'이다. '有'로 교감하여 번역한다.

537 문맥을 분명히 하기 위해 『열반경』 원문에 따라 '如來不爾' 아래에 생략된 '有時是有, 有時是無'를 넣는다.

538 『열반경』 원문에 따라 '當'을 '常'으로 고친다.

가지 이유'(如來非常住七種因緣)539들은 모두 '[중생에 응하여 갖가지 모습으로] 나타나는 몸'(化身)에 의거하여 '늘 머물지를 않는다'(非常住)고 말한 것이지 '[진리성취의] 결실인 부처 몸'(報佛)도 '늘 머무는 것'(常)이라고 말한 것은 아니다. 그렇다면 저 [『열반경』「덕왕품」의 아래] 문장에서 또 [다른] '일곱 가지 원인'(七因)540으로써 '늘 머물지를 않음이 아닌 것'(非無常)을 성립시킨 것도 모두 '진리의 몸'(法身)에 의거하여 '늘 머물지를 않음이 아닌 것'(非無常)을 말한 것이지, '[진리성취의] 결실인 부처 몸'(報佛)도 '늘 머물지를 않음이 아닌 것'(非無常)[이라는 주장]을 펼치는 것이 아니다. [이는] 저 [『열반경』「덕왕품」의 아래] 문장에서 [다음과 같이] 말한 것과 같다.

"[첫 번째로] '생겨남이 있는'(有生) 것을 '늘 머물지를 않는 것'(無常)이라고 부르는데, 여래如來는 '생겨남이 없기'(無生) 때문에 '늘 머무는 것'(常)이 된다. [두 번째로] '성씨가 있는'(有姓) 것을 '늘 머물지를 않는 것'(無常)이라고 부르는데, 여래는 '생겨남도 없고 성씨도 없는 것'(無生無姓)이기 때문에 '늘 머무는 것'(常)이 된다. [세 번째로] '늘 머무는 것'(有

---

539 7종인연七種因緣: 앞에서 집상자執常者는 보신報身의 상주常住를 주장하기 위해 화신化身의 비상주非常住를 경증하는 『열반경』 권20 「고귀덕왕보살품제22지2高貴德王菩薩品第二十二之二」의 문장을 인용했는데, 그 인용문에서는 우선 "如來非常."(H1, p.536b2: T12, p.738b26)이라고 하여 여래如來의 비상주非常住를 천명하고 그 7가지 이유로서 "何以故? 身有分故. 是故非常. 云何非常? 以有知故. 常法無知, 猶如虛空. 如來有知. 是故非常. 云何非常? 有言說, 乃至有姓氏故, 有父母故, 有四威儀故, 有方所."(H1, p.536b2~6: T12, p.738b26~c8)라고 하여 ① 유분有分, ② 유지有知, ③ 유언설有言說, ④ 유성씨有姓氏, ⑤ 유부모有父母, ⑥ 유4위의有四威儀, ⑦ 유방소有方所를 제시한 적이 있다. 말하자면 집상자執常者는 이 『열반경』의 문장에서 제시되는 7종인연七種因緣으로 화신化身의 비상주非常住를 경증하여 보신報身의 상주常住를 정당화했는데, 지금 본문에서 집무상자執無常者는 이 집상자執常者의 논리에 오류가 있다고 비판하는 것으로 보인다.

540 7인七因: 아래『열반경』인용문에 따르면 법신法身 상주常住(非無常)의 7인七因은 ① 무생無生, ② 무성無姓, ③ 편일체처遍一切處, ④ 유시시유·유시시무有時是有·有時是無, ⑤ 무명무색無名無色, ⑥ 무인무과無因無果, ⑦ 삼세불섭三世不攝이다.

常之法)은 '모든 곳에 있다'(遍一切處)[라고 말하]고 '늘 머물지를 않는 것' (無常之法)은 '이곳에는 있다'거나 '저곳에는 없다'라고 말하는데, 여래如來는 그와 같지 않기 때문에 '늘 머무는 것'(常)이 된다. [네 번째로] '늘 머물지를 않는 것'(無常之法)은 어떤 때는 있고 어떤 때는 없는데, 여래如來는 그처럼 어떤 때는 있고 어떤 때는 없는 것이 아니기 때문에 '늘 머무는 것'(常)이 된다. [다섯 번째로] '늘 머무는 것'(常住之法)은 '명칭도 없고 색깔이나 모양도 없으며'(無名無色) 허공도 '늘 머무는 것'(常)이기 때문에 '명칭도 없고 색깔이나 모양도 없으니'(無名無色), 여래如來도 그와 같기 때문에 '늘 머무는 것'(常)이 된다. [여섯 번째로] '늘 머무는 것'(常住之法)은 '원인도 없고 결과도 없으며'(無因無果) 허공도 '늘 머무는 것' (常)이기 때문에 '원인도 없고 결과도 없으니'(無因無果), 여래如來도 그와 같기 때문에 '늘 머무는 것'(常)이 된다. [일곱 번째로] '늘 머무는 것'(常住之法)은 과거·현재·미래[의 어느 시간]에 속하지 않으니, 여래如來도 그와 같기 때문에 '늘 머무는 것'(常)이 된다."[541]

如是七因皆當法身. 所以然者, 彼說報佛生因所得, 卽有因果, 非如虛

---

[541] 『열반경』 권20 「고귀덕왕보살품제22지2高貴德王菩薩品第二十二之二」(T12, p.738c11~24). "有生之法, 名曰無常, (無生之法, 乃名爲常,) 如來無生, 是故爲常. (常法無姓,) 有姓之法, 名曰無常, 如來無生無姓, (無生無姓)故常. 有常之法遍一切處, (猶如虛空無處不有, 如來亦爾, 遍一切處, 是故爲常.) 無常之法或言(此有或言彼無. 〈如來不爾,〉 不可說言)是處有彼處無, 〈①〉是故爲常. 無常之法有時是有, 有時是無, 如來不爾, (有時是有, 有時是無,) 是故爲常. 常住之法無名無色, 虛空常故, 無名無色, 如來亦爾, (無名無色,) 是故爲常. 常住之法無因無果, 虛空常故, 無因無果, 如來亦爾, (無因無果,) 是故爲常. 常住之法三世不攝, 如來亦爾, (三世不攝,) 是故爲常." ( )로 표시한 문장들은 인용에서 생략된 부분이다. 중복되는 내용이라고 보아 생략한 것으로 보인다. 〈 〉로 표시된 "如來不爾"가 인용문에서는 〈①〉의 자리에 와 있다. 〈如來不爾〉를 포함하는 괄호 부분인 "此有或言彼無. 〈如來不爾,〉 不可說言"을 생략하고 〈①〉의 자리에 〈如來不爾〉를 배치함으로써 생략된 문장으로도 『열반경』 원문과 동일한 뜻이 표현되고 있다. 원효의 효율적인 생략법을 확인하게 된다.

空. 若彼救言, 隨順法身無生故常, 報佛亦同無生故常, 是故此因義通二
身者. 他亦爾可言, 化身有知故非常, 報佛有知, 亦非常住. 是故此因義
通二身. 此若不通, 彼何得通?

[H1, p.537a12~18: T38, pp.248b13~18]

이와 같은 [무생無生 등 여래如來 상주常住의] '일곱 가지 원인'(七因)들은
모두 '진리의 몸'(法身)에 해당한다. 왜냐하면, [보신報身의 상주常住에 집착
하는] 그가 말하는 [진리성취의] 결실인 부처 몸'(報佛)은 '생겨나게 하는 원
인에 의해 얻는 것'(生因所得)이니,542 그렇다면 [보신報身에는] '원인과 결
과'(因果)가 있는 것이어서 ['원인도 없고 결과도 없는'(無因無果)] 허공과 같은
것이 아니다. [따라서 '원인도 없고 결과도 없는'(無因無果) 허공 등 『열반경』「덕왕
품」에서 말하는 여래 상주常住의 7인七因은 법신法身에만 해당한다.] [보신報身의
상주常住에 집착하는] 그가 자구책으로 〈'진리 몸은 [실체로서] 생겨남이 없
다'(法身無生)[는 이치]를 따르기 때문에 '늘 머무는 것'(常)이라면, '[진리성
취의] 결실인 부처 몸'(報佛)도 [법신法身과] 똑같이 '[실체로서] 생겨남이 없
는 것'(無生)이기 때문에 '늘 머무는 것'(常)이니, 따라서 [『열반경』「덕왕품」
에서 말하는 여래 상주常住의] 이 [일곱 가지] 원인의 뜻은 [법신法身과 보신報身]
'두 가지 몸'(二身)에 통하는 것〉이라고 말한다고 하자. [그를 비판하는] 다
른 사람도 마찬가지 [논리로] 〈[중생에 응하여 갖가지 모습으로] 나타나는
몸'(化身)에는 '[구분하는] 앎'(知)이 있기 때문에 '늘 머물지 않는 것'(非常)
이라면 '[진리성취의] 결실인 부처 몸'(報佛)에도 '[구분하는] 앎'(知)이 있기
때문에 또한 '늘 머물지 않는 것'(非常住)이다. 따라서 [『열반경』「덕왕품」

---

542 앞의 '집상執常' 단락에서 제1가第一家는 "報佛功德有生無滅. 生因所生故, 不得無
生."(H1, p.536a9~10)이라고 하여 보신報身이 생인소득生因所得임을 밝히고, 제2
가에서도 "報佛功德雖生因得, 而離生相"(H1, p.536a12)이라고 하여 이생상離生相
의 차이는 있지만 역시 보신報身은 생인소득生因所得이라고 설명한 적이 있다.

에서 말하는 여래 비상주非常住의] 이 [일곱 가지] 원인543의 뜻은 [법신法身과 보신報身 '두 가지 몸'(二身)에 통한다)라고 말할 수 있을 것이다. [그런데] 이 [화신化身과 보신報身이 똑같이 비상주非常住라는] 주장이 통하지 않는다면, 저 [법신法身과 보신報身이 똑같이 상주常住라는] 주장이 어찌 통할 수 있겠는가?

> 又彼强言, 雖是本無始有, 而非本無今有者, 但有其言, 都無其實. 所以然者, 若如所言, 是卽雖非先有後無, 而是先有終無. 若許終無, 終無卽滅, 若不許, 言既非後無, 何爲終無, 既非今有, 何爲始有? 又若非後無故, 滅盡者, 卽應是本無故, 有生起也. 如是進退, 永不可救, 是故彼義, 智者不用. 執無常者作如是說.
>
> [H1, p.537a18~b2: T38, pp.248b18~25]

또 [보신報身의 상주常住에 집착하는] 그가 [만약] 〈[보신報身은] 비록 '본래 없다가 비로소 있는 것'(本無始有)이지만 '본래 없다가 지금 있는 것'(本無今有)은 아니다〉544라고 강변한다면, [이런 주장에는] 단지 그러한 말만

---

543 유지有知 등의 일곱 가지 원인: 앞의 '집상執常' 단락에서는 여래如來 비상주非常住의 일곱 가지 면모인 ① 유분有分, ② 유지有知, ③ 유언설有言說, ④ 유성씨有姓氏, ⑤ 유부모有父母, ⑥ 유4위의有四威儀, ⑦ 유방소有方所를 나열하는 『열반경』의 문장(H1, p.536b2~6: T12, p.738b26~c8)을 인용하고, 결론적으로 "依是七義, 說非常住, 當知皆此就化相說."(H1, p.536b6~7)이라고 하여 이 7의七義는 화신상化身相에 의거한 것이므로 『열반경』 인용문은 보신報身의 상주常住를 반증하는 것이라고 논의한 적이 있다. 지금 본문에서는 법신法身과 보신報身의 상통相通을 긍정한다면 화신化身과 보신報身의 상통相通도 집상자執常者는 긍정해야 할 것인데, 앞에서 이미 화신化身과 보신報身을 서로 반증하는 관계로 보아 양자의 불통不通을 주장했으므로 논리적 모순을 일으킨다고 비판하는 것으로 보인다.

544 '집상執常' 단락에서 제2가第二家가 주장한 "雖是本無始有, 而非本無今有."(H1, p.536a12~13)의 문장을 그대로 인용하여 비판하는 문맥이다. 이하의 대목에서는 몇 갈래의 논리가 중첩되어 있는 것으로 보이는데, 번역자의 이해를 미리 밝히면

있을 뿐 그 [말에 해당하는] 실제 [내용]이 전혀 없다. 왜냐하면, 만약 그 말 대로라면 [보신報身은 '본래 없다가 비로소 있는 것'(本無始有)이라는 말에 따라] 비록 '처음에는 있었다가 나중에 없어지는 것'(先有後無)이 아니라고 할 수 있지만, ['본래 없다가 지금 있는 것'(本無今有)은 아니라는 말에 따른다면] 이 [보신報身]은 [또한] '처음에는 있었다가 종국에는 없어지는 것'(先有終無)이 되기 때문이다. [그런데] 만약 '종국에는 없어진다'(終無)는 것을 인정한다면 '종국에는 없어진다'(終無)는 것은 곧 [보신報身이] 사라진다(滅)는 것이고, 만약 ['종국에는 없어진다'(終無)는 것을] 인정하지 않으면서 〈이미 '나중에 없어지는 것이 아닌데'(非後無) 어떻게 '종국에 없어지는 것'(終

다음과 같다. 집상자執常者가 주장하는 "비록 본무시유本無始有이지만 본무금유本無今有는 아니다"라는 문장의 의미는 보신報身이 6바라밀六波羅密이라는 생인生因을 가지기 때문에 생인生因을 갖지 않는 본유本有가 아니어서 본래 없다가 생인生因으로 인해 비로소 있는 것인 본무시유本無始有이긴 하지만 금유今有는 아니라는 것이다. 단순화하자면 시유始有이지만 금유今有는 아니라는 뜻이 된다. 여기서 보신報身의 불멸不滅을 주장하는 집상자執常者의 관점에서 시유始有는 나중에 없어지지 않는 것이고 금유今有는 나중에 없어지는 것이다. 다시 말해 시유始有는 본래 없다가 비로소 있는 것이면서 나중에 없어지지 않는 것이고 금유今有는 본래 없다가 지금 있는 것이지만 나중에 없어지는 것이다. 그러므로 보신報身은 시유始有이지만 금유今有는 아니라고 집상자執常者는 주장하게 되는 것이다. 자연스럽게 비판은 보신報身 상주常住의 근거인 '금유가 아니라는'(非今有) 주장에 집중되는데, 집무상執無常者는 본문의 아래 문장에서 "雖非先有後無, 而是先有終無"라는 명제를 제시한다. 먼저 '비선유후무非先有後無'라는 것은 집상자執常者가 주장하는 '비금유非今有'의 동어반복이다. 금유今有라는 것이 '본래 없다가 지금 있는 것이지만 나중에 없어지는 것'이므로 '비선유후무非先有後無'는 집상자執常者가 주장하는 '비금유非今有'의 정의로부터 연역되는 다른 표현이라는 것이다. 즉 비금유非今有는 곧 비후무非後無이다. 그런데 이 논리를 받아들여 '비금유非今有'인 보신報身, 즉 나중에 없어지는 금유今有가 아닌 보신報身은 '비후무非後無'라고 하더라도, 궁극에는 없어지는 '종무終無'일 가능성이 열려 있다는 것이 비판의 기본 전제인 '시선유종무是先有終無'이다. 요약하자면 집상자執常者의 논리에 따라 보신報身은 금유今有가 아니어서 후무後無는 아니라 하더라도 종무終無일 수 있는 여지는 남게 된다는 것이 비판의 전제로 보인다.

無)이겠는가?)라고 말한다면 [같은 논리로] 〈이미 '지금 있는 것'(今有)이 아닌데 어떻게 '비로소 있는 것'(始有)이겠는가?)[라고 비판할 수 있다.] 또 만약 〈[보신報身은] '나중에 [비로소] 없어지는 것이 아니기'(非後無) 때문에 '본래부터] 완전히 없는 것'(滅盡)이다〉[라고 주장]한다면, 곧 [보신報身은] 응당 '본래 없는 것'(本無)이기 때문에 '생겨남이 있는 것'(有生起)이다[라고 주장하는 셈이다]. 이와 같이 나아가든 물러나든 결코 구제할 수 없으니, 그러므로 저 [보신報身의 상주常住에 집착하는 자의] 뜻을 지혜로운 자는 채택하지 않는다. [보신報身에 대해] '늘 머물지 않는다고 집착하는 자'(執無常者)는 이상과 같이 설명하고 있다.

> 問. 二師所說, 何得何失? 答. 或有說者, 皆得皆失. 所以然者, 若決定執一邊, 皆有過失, 如其無障礙說, 俱有道理. 如『楞伽經』云, "如來應正遍知, 爲是常耶, 爲無常耶? 佛言, 非常非無常, 二邊有過故," 乃至廣說. 今此言雖不常性,[545] 非念念滅. 如是等文破其偏執, 定取一邊, 不當道理.
>
> [H1, p.537b2~9: T38, pp.248b25~c2]

다) 묻고 대답함(問答)

묻는다. [보신報身의 상주常住에 집착하는 자와 무상無常에 집착하는 자, 이] 두 논사가 말한 것에서 어떤 것이 타당하고 어떤 것이 부당한가?

답한다. 어떤 사람[546]은 [다음과 같이] 말한다. 모두 타당하기도 하고 모두 부당하기도 하다. 왜냐하면, 만약 '하나의 극단적 측면'(一邊)만을 꽉 움켜잡고 집착한다면 모두 허물이 있게 되고, 만약 그 [주장들을 조건적 타

---

545 윤왕사輪王寺 필사본에는 '性'이 '住'라고 되어 있다. 필사본에 따른다.
546 원효 자신을 일컫는 것으로 보인다.

당성에 따라] '막힘이나 걸림'(障礙)이 없이 말한다면 모두 [타당한] 도리가 있기 때문이다. 마치 『능가경』에서 "[대혜보살이 부처님께 여쭈었다.] 〈'여래如來'이고 '마땅히 대접받아야 할 분'(應; 應供)이며 '모든 것을 바르게 아는 분'(正遍知)547은 '늘 머무는 것'(常)입니까, '늘 머물지 않는 것'(無常)입니까?〉 부처님이 [대혜大慧보살에게] 말씀하셨다. 〈'늘 머무는 것도 아니고 늘 머물지 않는 것도 아니니'(非常非無常), [상주常住와 무상無常이라는] '두 가지 극단적 측면'(二邊)[의 어느 하나를 주장하는 것]에는 허물이 있기 때문이다.〉"548라고 하면서 자세히 말한 것과 같다. 지금 이 [『능가경』의] 말은 [여래如來는] 비록 '늘 머무는 것'(常住)이 아니지만 [그렇다고] 생각마다 소멸하는 [무상無常한] 것도 아니라는 것이다. 이와 같은 글들은 그 [상常과 무상無常에 대한] 치우친 집착을 깨뜨리는 것이니, 꼭 '하나의 극단

---

547 여래응정변지如來應正遍知: 여래응정변지如來應正遍知라는 용어는 부처님의 다양한 호칭인 10호十號를 약칭하는 용어인 것으로 보인다. 『번역명의집翻譯名義集』 권1에서는 "此十號義, 若總略釋, 無虛妄名如來, 良福田名應供, 知法界名正遍知, 具三明名明行足, 不還來名善逝, 知衆生國土名世間解, 無與等名無上士, 調他心名調御丈夫, 爲衆生眼名天人師, 知三聚名佛, 具茲十德名世間尊."(T54, p.1057b13~17)이라고 하여 ① 여래如來, ② 응공應供, ③ 정변지正遍知, ④ 명행족明行足, ⑤ 선서善逝, ⑥ 세간해世間解, ⑦ 무상사無上士, ⑧ 조어장부調御丈夫, ⑨ 천인사天人師, ⑩ 불佛, ⑪ 세간존世間尊이라는 10가지 또는 11가지 호칭의 뜻을 나열하고 약석略釋한다. 『열반경』 권1에는 "佛號虛空等如來應供正遍知明行足善逝世間解無上士調御丈夫天人師佛世尊."(T12, p.610a8~10)이라고 하여 10호十號가 빠짐없이 나열되기도 하지만, 예를 들어 "今日如來應供正遍知, 憐愍衆生覆護衆生, …"(T12, p.605a11~ 12)이라고 하는 것처럼 처음 세 가지인 여래如來·응공應供·정변지正遍知만으로 10호十號를 대신하는 사례들도 보인다. 인용되는 경전인 『입능가경』에서는 본문에서 인용된 문장뿐 아니라 권1에서 "如來正遍知, 依此百八見 …"(T16, p.524b9)이라거나 권3에서 "如來應·正遍知, 爲諸一切愚癡凡夫, …"(T16, p.529b29~c1)라고 하여 여래如來·응應·정변지正遍知의 용어로 10호十號를 대신하는 사례들이 자주 보인다.

548 『입능가경』 권7(T16, p.555c21~24). "聖者大慧菩薩摩訶薩白佛言, 世尊, 如來應正遍知, 爲是常耶, 爲無常耶? 佛告聖者大慧菩薩言, 大慧, 如來應正遍知非常非無常. 何以故? 二邊有過故."

적 측면'(一邊)만을 취한다면 도리에 맞지 않는다.

無障礙說, 二義皆得者, 報佛功德離相離性. 以離相故, 離生滅相, 究竟寂靜, 無作無爲, 故說常住. 以離性故, 離常住性, 最極喧⁵⁴⁹動, 無所不爲, 故說無常. 然離性無二無別, 離相不異於離性故, 常住不妨於生滅也. 離性不異於離相故, 生滅不礙於常住也. 由是道理, 二說皆得. 於中委悉亦有多門, 具如『楞伽經宗要』中說.

[H1, p.537b9~17: T38, pp.248c2~9]

[주장들을 조건적 타당성에 따라] '막힘이나 걸림'(障礙)이 없이 말한다면, [상주常住와 무상無常, 이] 두 가지 뜻이 모두 타당하다는 것은 [진리성취의] 결실인 부처 몸의 이로운 능력'(報佛功德)이 '[변화하는] 양상'(相)에서 벗어났고 '[불변의] 본질'(性)에서도 벗어났다는 것이다. [보신報身은] '[변화하는] 양상'(相)에서 벗어난 것이기 때문에 '생멸하는 양상'(生滅相)에서 벗어나 궁극적으로 '[근본무지에 따르는 생사生死가] 그치고 고요하여'(寂靜) '[근본무지에 따르는] 조작도 없고 행위도 없으니'(無作無爲), 그러므로 '늘 머문다'(常住)라고 말한다.

[또 보신報身은] '[불변의] 본질'(性)에서 벗어난 것이기 때문에 '[불변의] 본질로서 늘 머무는 것'(常住性)에서 벗어나 가장 '활발하게 움직여'(喧動) [중생구제를 위해] '하지 않는 것이 없으니'(無所不爲), 그러므로 '늘 머물지 않는다'(無常)라고 말한다. 그런데 '[불변의] 본질에서 벗어난 지평'(離性)에서는 [변화하는 양상들이] '다름도 없고 분리됨도 없어서'(無二無別) '[변화하는] 양상에서 벗어난 지평'(離相)은 '[불변의] 본질에서 벗어난 지평'(離性)과 다르지 않기 때문에, [변화 양상에서 벗어나] '늘 머무는 것'(常住)이

---

549 문맥에 따라 '喧'을 '喧'으로 고친다. '이상離相'을 설명하는 앞 문장에서의 '적정寂靜'과 지금 '이성離性'을 설명하는 '훤동喧動'은 서로 대구를 이루는 것으로 보인다.

[불변의 본질에서 벗어나] '생멸하는 것'(生滅)을 방해하지 않는다. [또한] '불변의] 본질에서 벗어난 지평'(離性)도 '[변화하는] 양상에서 벗어난 지평'(離相)과 다르지 않기 때문에, [불변의 본질에서 벗어나] '생멸하는 것'(生滅)이 [변화 양상에서 벗어나] '늘 머무는 것'(常住)을 방해하지 않는다. 이러한 도리 때문에 [상주常住나 무상無常을 주장하는] 두 가지 설명이 모두 타당해진다. 여기에 대한 자세한 내용에는 또 다양한 측면들이 있는데, [그 내용은] 『능가경종요楞伽經宗要』[550]의 설명에 갖추어져 있다.

> 然執無常家義有未盡意, 謂說法身定是常故. 若定常住, 卽非作法, 非作法故, 不作二身, 是故法身亦非無爲. 『楞伽經』言, "若如來法身非作法者,[551] 言有修行無量功德一切行者卽爲虛妄." 『攝大乘』說法身五,[552] 於中言第三"有爲無爲無二爲相," "非惑業雜[553]所生故, 由得自在, 能顯有爲相故. 釋曰, 一切有爲法皆從惑業生, 法身不從惑業生故, 非有爲. 法身由得自在, 能數數顯有爲相, 謂應化二身故, 非無爲." 是明法身雖非惑業所生有爲, 而非凝然無動作物也.
>
> [H1, p.537b17~c4: T38, pp.248c10~20]

그런데 '[보신報身이] 늘 머무는 것은 아니라고 집착하는 사람들의 뜻'

---

550 『능가경종요楞伽經宗要』: 현재 전하지 않는 원효의 『능가경楞伽經』 해석서이다. 여기 『열반종요』 외에 원효의 저작 중에서 이 책이 언급되는 곳은 『기신론소』 1곳인데, "總名爲阿梨耶識, 翻名釋義, 是如『楞伽宗要』中說"(H1, p.707c10~11: T44, p.208c14~15)이라고 하여 『기신론소』에서는 '능가종요楞伽宗要'라는 서명으로 표기되어 있다. 『중경목록衆經目錄』, 『신편제종교장총록新編諸宗教藏總錄』 등 대장경의 목록서들에서 『능가경종요』 또는 『능가종요楞伽宗要』의 서명은 검색되지 않는다.

551 『입능가경』 원문에 따라 '非作法者' 뒤에 '則是無身'을 첨가한다.

552 『섭대승론』 원문에 따라 '五' 뒤에 '相'을 첨가한다.

553 『섭대승론석』 원문에 따라 '雜'을 '集'으로 고친다.

(執無常家義)에는 미진한 내용이 있으니, [그들이] 〈'진리의 몸'(法身)은 반드시 '늘 머무는 것'(常)〉이라고 말하기 때문이다.554 만약 [법신法身이] 반드시 '늘 머무는 것'(常住)이라면 곧 [법신法身은] '만들어진 것'(作法)이 아니게 되고, '만들어진 것'(作法)이 아니기 때문에 [응신應身과 화신化身의] 두 가지 부처 몸'(二身)도 만들지 않으며, 따라서 '진리의 몸'(法身)도 [분별과 번뇌 없이 행위를 하는 대승의] [근본무지에 따르는] 행위가 없는 것'(無爲)이 아니게 된다. 『능가경』에서는 "만약 '여래의 진리 몸'(如來法身)이 만들어진 것이 아니라면 몸(身)이 없는 것이니, [그렇다면 부처가 되기 위해] '헤아릴 수 없이 많은 이로운 능력이 있는 온갖 실천'(無量功德一切行)을 수행하는 것이 있다고 말하는 것은 곧 허망해진다"555라고 말한다.

『섭대승론석』에서는 '진리 몸의 다섯 가지 면모'(法身五相)556를 말하

---

554 앞에서 '집무상執無常' 단락에서는 "執無常者說言, 報佛生因所生, 不得無滅. 生者必滅, 一向記故. 然依法身, 相續恒存, 窮未來際, 永無終盡, 不同生死念念磨滅."(H1, p.536b14~18)이라고 하여, 생인소생生因所生인 보신報身은 생자필멸生者必滅의 원칙에 따라 무상無常이지만 법신法身에 의거한다면 상속항존相續恒存이라고 하거나, "如是七因皆當法身."(H1, p.537a12)이라고 하여 『열반경』에서 무인무과無因無果 등의 원인으로 여래如來의 상주常住를 말하는 '일곱 가지 원인'(七因)들은 모두 법신法身에 해당한다고 설명하는 등으로, 집무상자執無常者는 보신報身의 무상無常에 대비되는 법신法身의 상주常住를 말해왔다. 그런데 집무상자執無常者가 법신法身의 무위상주無爲常住를 설명하는 와중에 "以彼聲聞不達法空, 不知如來法身遍一切處, 無爲常住, 隨於物機, 現此色身."(H1, p.536c7~9)이라고 하는 것에서 보듯이, 무위상주無爲常住의 법신法身이 색신色身을 나타내는 줄 알지 못하는 성문聲聞을 비판하여 이승二乘의 법신무위法身無爲와 대승大乘의 법신무위法身無爲를 구별하기도 한다. 지금 본문에서는 법신法身의 상주常住만을 확정하여(定) 고집하게 되면 〈작법作法하여 색신色身을 나타내는 법신法身의 측면〉이 간과되는 오류가 발생한다는 점을 지적하고 있다.

555 『입능가경』권6(T16, p.550a20~22). "若如來法身非作法者則是無身, 言有修行無量功德一切行者則是虛妄." 〈산스크리트본의 해당 내용. LAS 187.17-188.01: athākṛtakaḥ syād alabdhātmakatvāt samudāgatasaṃbhāravaiyarthyaṃ syāc | 만약 [여래가 만들어진 것이 아니라고 한다면, [여래는] 얻을 수 없음을 본질로 하기 때문에, [붓다가 되기 위해] 획득한 자량(資糧, 필수품)은 쓸모없는 것이 될 것이다.〉

면서 그중에 세 번째인 "'[근본무지에 따르는] 행위가 있는 것과 행위가 없는 것이 다르지 않음'(有爲無爲無二)을 [법신法身의] 면모(相)로 삼는다"⁵⁵⁷는 것에 대해 [다음과 같이] 말한다. "[법신法身은] '번뇌에 따르는 행위'(惑業)가 모여 생겨난 것이 아니기 때문이고, '자유자재[의 능력]'(自在)을 얻어 '[중생을 위한] 행위가 있는 면모'(有爲相)를 드러낼 수 있기 때문이다. [이 『섭대승론』의 말을] 해석하여 [다음과 같이] 말한다. 모든 '[근본무지에 따르는] 행위가 있는 현상'(有爲法)은 다 '번뇌에 따르는 행위'(惑業)에서 생겨나지만 '진리의 몸'(法身)은 '번뇌에 따르는 행위'(惑業)에서 생겨나지 않기 때문에 [법신法身은] '[근본무지에 따르는] 행위가 있는 것'(有爲)이 아니다. '진리의 몸'(法身)이 '자유자재[의 능력]'(自在)을 얻어 갖가지로 '[중생을 위한] 행위가 있는 면모'(有爲相)를 드러낼 수 있는 것을 '[중생에] 응하여 [갖가지 모습으로] 나타나는 두 가지 부처 몸'(應化二身)이라고 말하기 때문에 [법신法身은] '행위가 없는 것'(無爲)도 아니다."⁵⁵⁸ 이것은 '진리의 몸'(法身)이 비록 '번뇌에 따르는 행위에서 생겨난 것'(惑業所生有爲)이 아니지만 '얼어붙은 것처럼 움직임이 없는 것'(凝然無動作物)도 아님을 밝힌 것이다.

---

556 법신5상法身五相: 『섭대승론석』의 대상 논서인 『섭대승론』 권3에서는 "五相者, 一法身轉依爲相. … 二白淨法爲相. … 三無二爲相. … 四常住爲相. … 五不可思議爲相. …"(T31, p.129c15~130a9)이라고 하여 법신法身의 5상五相에 대해 ① 전의轉依, ② 백정白淨(淸淨), ③ 무이無二, ④ 상주常住, ⑤ 불가사의不可思議라고 제시한다.

557 『섭대승론석』 권13(T31, p.251b11). "有爲無爲無二爲相."

558 『섭대승론석』 권13(T31, p.251b19~24). "論曰, 非惑業集所生故. 釋曰, 一切有爲法皆從惑業生, 法身不從業惑生故, 非有爲. 論曰, 由得自在, 能顯有爲相故. 釋曰, 法身由得自在, 能數數顯有爲相, 謂應化二身故, 非無爲." 원효는 인용하면서 논왈論曰에 해당하는 내용은 앞부분에 모아 배치하고, 석왈釋曰에 해당하는 내용은 뒷부분에 모아 배치한다.

又報⁵⁵⁹常家雖樂常住, 而其常義亦有不足意, 謂始有功德不遍於前位故. 若此功德有所不遍, 卽於法界有所不證, 若於法界無所不證, 卽等法性, 無所不遍. 如『花嚴經』言, "如來⁵⁶⁰正覺成菩提時, 住佛方便, 得一切衆生等身, 得一切法等身, 得一切殺⁵⁶¹等身, 得一切三世等身, 得一切法界等身, 得虛空界等身, 乃至得寂靜⁵⁶²涅槃界等身. 佛子, 隨如來所得身, 當知音聲及無礙心復如是. 如來具足如是三種淸淨無量."

[H1, p.537c4~15: T38, pp.248c20~29]

또한 비록 '[보신報身이] 늘 머문다고 집착하는 사람들'(執常家)이 비록 '늘 머무는 것'(常住)을 좋아하지만 그들의 '늘 머문다는 뜻'(常義)에도 부족한 내용이 있으니, [여래如來의 성도成道 후에] '비로소 있는 [보신報身의] 이로운 능력'(始有功德)이 '[금강유정金剛喩定] 이전의 경지'(前位)⁵⁶³[인 범부凡夫로부터 등각지等覺地까지]에는 두루 펼쳐져 있지 않다고 [집상가執常家는] 말하기 때문이다.⁵⁶⁴ [집상가執常家의 말대로] 만약 이 [보신報身의] '이로운

---

559 문맥에 따라 '報'를 '執'으로 고친다. 은정희 등 공역(2017)도 동일하다.

560 『화엄경』 원문에 따라 '如來' 뒤에 '應供等'을 넣는다.

561 『화엄경』 원문에 따라 '殺'을 '刹'로 고친다.

562 『화엄경』 원문에 따라 '靜'을 '滅'로 고친다.

563 전위前位: 아래 원효의 설명에서 "豈不遍金剛以前?"(H1, p.537c17)이라고 하는 것에 따른다면 전위前位는 금강유정金剛喩定 이전 모든 경지의 중생들을 가리키는 것으로 보인다. 원효의 『금강삼매경론』에서는 이 금강유정金剛喩定(金剛智地)에 대해 "金剛智地者, 謂等覺位."(H1, p.632c20~21)라고 하여 계위상 불지佛地인 묘각지妙覺地 직전의 등각지等覺地를 말한다. 같은 곳에서는 이어서 "若對生得無明住地, 卽金剛心爲無間道, 妙覺初心爲解脫道, 無間道時與無明俱, 解脫道起方能正斷."(H1, pp.632c24~633a2)이라고 금강유정金剛喩定(금강심金剛心)에 대해 부연하는데, 가장 미세한 번뇌인 생득무명주지生得無明住地에 대해서는 금강유정金剛喩定이 해탈도解脫道 직전의 무간도無間道이어서 무명無明과 함께 있기 때문에 아직 생득무명주지生得無明住地를 끊어야 하는 수행의 과정에 해당하고, 해탈도解脫道인 묘각지妙覺地에 이르러서야 생득무명주지生得無明住地를 완전히 끊는다고 설명한다.

능력'(功德)이 [모든 중생세계에] 두루 펼쳐져 있지 않다면 곧 '[모든] 현상세계'(法界)에서 [보신報身의 공덕功德을] 증득하지 못하지만, [아래 『화엄경』의 말대로] 만약 '[모든] 현상세계'(法界)에서 [보신報身의 공덕功德을] 증득한다면 [보신報身이] 바로 '현상의 본연과 같은 것'(等法性)'이어서 [보신報身의 공덕功德이 모든 중생세계에] 두루 펼쳐지게 된다.

『화엄경』에서 [다음과 같이] 말한 것과 같다. "여래如來이고 '마땅히 대접받아야 할 분'(應供)이며 '완전한 깨달음과 같아진 분'(等正覺)이 깨달음(菩提)을 이루었을 때 '부처님의 수단과 방법'(佛方便)에 자리 잡아 '모든 중생과 같아지는 몸'(一切衆生等身)을 얻고 '모든 현상과 같아지는 몸'(一切法等身)을 얻으며 '모든 공간과 같아지는 몸'(一切刹等身)을 얻고 '과거·현재·미래의 모든 시간과 같아지는 몸'(一切三世等身)을 얻으며 '모든 진리세계와 같아지는 몸'(一切法界等身)을 얻고 '허공세계와 같아지는 몸'(虛空界等身)을 얻으며 나아가 [근본무지에 따르는 생사生死가] 그쳐 사라진 열반의 세계와 같아지는 몸'(寂滅涅槃界等身)을 얻는다. 부처의 제자여, 여래如來가 얻은 [이와 같은] 몸에 따라, [여래如來의 탁월한] 음성音聲[565]과 '걸림 없는 마음'(無礙心)도 이와 같이 [모든 것과 같아지는 것임을]

---

564 앞의 '집상執常' 단락에서 제2가第二家는 보신報身에 대해 "道後始成故, 非本有始."(H1, p.536a15~16)라고 하여 여래如來의 성도成道 후에 비로소 이루어지기 때문에 묘각지妙覺地의 여래如來만이 누리는 이로운 능력이라 하고, 동시에 법신法身의 상주常住와 같이 본래적인 것(本)이 아니라 법신法身의 증득 이후에 비로소 있는 것(始)이라고 설명한 적이 있다. 본문의 이하에서는 보신報身의 시유공덕始有功德이 묘각지妙覺地의 여래如來만이 누리는 것이 아니라 모든 중생에게 평등한 것이라고 설명하면서 이러한 도리를 제불비장諸佛祕藏이라고 부른다.

565 여래如來의 탁월한 음성音聲: 『열반종요』서두의 'Ⅰ. 약술대의略述大意' 단락에서는 "이 [열반이라는] 길(道)을 증득證得한 자는 갈수록 고요한가 하면, 갈수록 떠들썩하기도 하다. 갈수록 떠들썩하기 때문에 '[부처님의] 8가지 [수승한] 음성'(八音)[과]도 같은 말을 널리 울려 허공에 두루 펼치면서 쉬지 않고, 갈수록 고요하기 때문에 '[보살 십지+地의] 10가지 특징들'(十相)을 멀리 떠나 '참 지평'(眞際)과 같아져서 잔잔하다"(證斯道者, 彌寂彌暄, 彌暄之故, 普震八音, 遍虛空而不息, 彌寂之故, 遠離十相, 同

알아야 한다. 여래如來는 이와 같이 [색신色身·음성音聲·무애심無礙心이라는] 세 가지의 '온전하면서도 제한 없음'(淸淨無量)을 완전히 갖춘다."[566]

是明如來成道後所得色身音聲及無礙心, 無所不等, 無所不遍. 旣言等於一切三世, 豈不遍金剛以前? 然此道理諸佛祕藏, 非思量者之所不[567]能測, 但依佛言, 起作信耳. 涅槃之義略判如是.

[H1, p.537c15~20: T38, pp.248c29~249a4]

이것은 여래如來가 진리를 성취한 후에 [보신報身으로서] 얻는 '색깔이나 모양 있는 몸'(色身)과 [탁월한] 음성音聲과 '걸림 없는 마음'(無礙心)은 '[모든 것과] 같아지지 않음이 없고'(無所不等) '[모든 것에] 두루 펼쳐져 있지 않음이 없음'(無所不遍)을 밝힌 것이다. 이미 모든 '과거·현재·미래의 모든 것'(一切三世)과 같아진다고 말했는데, 어찌 '금강[석처럼 굳건한] 선정'(金剛喩定) 이전[의 모든 중생세계]에 [보신報身의 공덕功德이] 두루 펼쳐져 있지 않겠는가? 그러나 이러한 도리는 '모든 부처가 신비롭게 갖추고 있는 것'(諸佛祕藏)이어서 생각으로 헤아릴 수 있는 것이 아니니, 단지 부처님의 말씀에 따라 믿음을 일으킬 뿐이다. 열반涅槃의 뜻을 대략 분

眞際而湛然.: H1, p.524a7~9)라고 하면서 중생구제를 위한 여래如來의 '8음八音'을 언급한다. 8음八音은 지의智顗의 『법계차제초문』권하 「팔음초문제59八音初門第五十九」(T46, 697a16~24)에 따르면 ① 극호음極好音, ② 유연음柔軟音, ③ 화적음和適音, ④ 존혜음尊慧音, ⑤ 불녀음不女音, ⑥ 불오음不誤音, ⑦ 심원음深遠音, ⑧ 불갈음不竭音이다.

566 『화엄경』권35(T9, pp.626c21~627a1). "如來應供等正覺成菩提時, 住佛方便, 得一切衆生等身, 得一切法等身, 得一切刹等身, 得一切三世等身, 〈得一切如來等身, 得一切諸佛等身, 得一切語言等身,〉得一切法界等身, 得虛空界等身, 〈得無礙法界等身, 得出生無量界等身, 得一切行果等身,〉得寂滅涅槃界等身. 佛子, 隨如來所得身, 當知音聲及無礙心亦復如是. 如來具足如是等三種淸淨無量." 〈 〉는 생략된 부분을 표시한다.

567 韓佛典 교감주에 "'不'은 잉자剩字인 듯하다"라고 되어 있다. 교감주에 따른다.

석해 본 것은 이상과 같다.

第二明佛性義, 佛性之義六門分別. 一出體門, 二因果門, 三見性門,
四有無門, 五三世門, 六會通門. 出體門內亦有二重, 先序諸說, 後判是
非. 昔來說雖有百家, 義類相攝, 不出六種.

[H1, pp.537c21~538a2: T38, p.249a4~8]

(2) 부처 면모에 관한 부문(佛性門)

두 번째로 '부처 면모가 지니는 뜻'(佛性義)을 밝히니, '부처 면모가 지
니는 뜻'(佛性之義)은 여섯 부문으로 구별된다. 첫 번째는 '[불성佛性의] 바
탕을 나타내는 부문'(出體門)이고, 두 번째는 '[불성佛性의] 원인과 결과에
관한 부문'(因果門)이며, 세 번째는 '[불성佛性의] 본연을 보는 것에 관한
부문'(見性門)이고, 네 번째는 '[경지에 따라 불성佛性이] 있다거나 없다는
것에 관한 부문'(有無門)이며, 다섯 번째는 '[불성佛性과] 과거 · 현재 · 미
래의 모든 시간[의 관계]에 관한 부문'(三世門)이고, 여섯 번째는 '[여러 주
장들을] 모아 소통시키는 부문'(會通門)이다.

① [불성佛性의] 바탕을 나타내는 부문(出體門)

'[불성佛性의] 바탕을 나타내는 부문'(出體門)에도 두 가지가 있으니, 먼
저는 '여러 학설을 서술하는 것'(序諸說)이고, 나중은 '시비를 가리는
것'(判是非)이다.

가. 여러 학설을 서술함(序諸說)

옛날부터 전래된 학설이 비록 무수히 많지만, 뜻이 유사한 것들을 서

로 묶으면 여섯 가지를 벗어나지 않는다.

第一師云, 當有佛果爲佛性體. 如下「師子吼」中說言, "一闡提等無有善法, 佛亦言,[568] 以未來有故, 悉[569]有佛性," 又言, "以現在世煩惱因緣, 能斷善根, 未來佛性力因緣故, 遂[570]生善根." 故知當果卽是正因. 所以然者, 無明初念不有而已, 有心卽有當果之性. 故修萬行, 以剋現果, 現果卽成, 當果爲本. 故說當果而爲正因. 此是白馬寺愛法師述生公義也.

[H1, p.538a2~11: T38, p.249a8~16]

첫 번째 법사法師는 다음과 같이 주장한다. 〈'미래에 있을 부처라는 결실'(當有佛果)이 '부처 면모의 바탕'(佛性體)이 된다. 마치 다음의 [『열반경』]「사자후품師子吼品」에서 "'좋은 능력이 끊어진 자'(一闡提) 등[의 중생]은 [현재에는] '이로운 [능력]'(善法)이 없지만 [중생의 본연(體)인] '부처의 면모'(佛性)는 '이로운 [능력]'(善)이니, 미래에 ['부처라는 결실'(佛果)의 이로움이] 있을 것이기 때문에 '좋은 능력이 끊어진 자'(一闡提) 등[의 중생]은 모두 '부처의 면모'(佛性)가 있는 것이다"[571]라 말하고, 또 [「가섭보살품迦葉菩薩品」에서] "['좋은 능력이 끊어진 자'(一闡提)는] 현재 세상에서는 번뇌煩惱를 원인이나 조건으로 하여 '이로운 능력'(善根)을 끊지만, 미래에는 '부처 면모의 힘'(佛性力)을 원인이나 조건으로 하기 때문에 다시 '이로운 능력'(善根)을 생겨나게 한다"[572]라고 말한 것과 같다. 그러므로 '미래에 [있을

---

568 『열반경』원문에 따라 '佛亦言'을 '佛性亦善'으로 고친다.

569 『열반경』원문에 따라 '悉' 앞에 '一闡提等'을 넣는다.

570 『열반경』원문에 따라 '遂'를 '還'으로 고친다.

571 『열반경』권25 「사자후보살품제23師子吼菩薩品第二十三」(T12, p.769a15~17). "一闡提等無有善法, 佛性亦善, 以未來有故, 一闡提等悉有佛性. 何以故? 一闡提等定當得成阿耨多羅三藐三菩提故."

572 『열반경』권32 「가섭보살품제24迦葉菩薩品第二十四」(T12, p.818c18~19). "以現

부처라는] 결실'(當果)이 바로 '[성불成佛의] 가장 중요한 원인'(正因)[573]임을
알 수 있다. 왜냐하면 '근본무지가 일어나는 가장 처음 생각'(無明初念)
마저 있지 않게 되고 나서 '존재하는 마음'(有心)에 바로 '미래에 [있을 부
처] 결실의 면모'(當果之性)가 있기 때문이다. 그러므로 '온갖 수행'(萬行)
을 닦아 '현재의 결실'(現果)을 넘어서는 것이고, '현재의 결실'(現果)이
이루어지는 것도 '미래에 [있을 부처라는] 결실'(當果)이 [그] 근본[원인]이 되
는 것이다. 그러므로 '미래에 [있을 부처라는] 결실'(當果)이 '[성불成佛의] 가
장 중요한 원인'(正因)이라고 말한다.〉 이것은 백마사白馬寺의 애愛 법
사[574]가 축도생竺道生[575][이 펼치는 주장]의 뜻을 서술한 것이다.[576]

在世煩惱因緣, 能斷善根, 未來佛性力因緣故, 還生善根."

573 정인正因: 정인불성正因佛性·요인불성了因佛性·연인불성緣因佛性의 3불성三佛
性 가운데 하나이다. 『佛光大辭典』 '불성佛性' 조목에서는 성불의 원인인 불성에
대한 논의로서 『불성론』(세친世親)과 천태종天台宗의 3불성三佛性을 소개한다.
먼저 『불성론』의 3불성에서 첫 번째인 주자성불성住自性佛性은 중생이 선천적으
로 갖춘 불성이고, 두 번째인 인출불성引出佛性은 가르침에 따른 수행을 거치면서
발생하는 불성이며, 세 번째인 지득과불성至得果佛性은 불과佛果에 이르러 비로
소 원만하게 발현하는 불성이다. 다음으로 천태종의 3불성에서 첫 번째인 정인불
성正因佛性은 모든 중생이 본래 갖춘 진리이고, 두 번째인 요인불성了因佛性은 부
처의 진리를 깨달아 얻은 지혜이며, 연인불성緣因佛性은 지혜를 일으키는 조건이
되는 선행善行이다. (p.2633 참조.) 지의智顗의 『금강명경현의』 권1에서는 "云何
三佛性? 佛名爲覺, 性名不改, 不改即是非常非無常, 如土內金藏, 天魔外道所不能壞,
名正因佛性. 了因佛性者, 覺智非常非無常, 智與理相應, 如人善知金藏, 此智不可破壞,
名了因佛性. 緣因佛性者, 一切非常非無常功德善根, 資助覺智, 開顯正性, 如耘除草穢
掘出金藏, 名緣因佛性. 當知三佛性一一皆常樂我淨."(T39, 4a2~10)이라고 하는데,
이에 따르면 정인불성正因佛性이란 불佛은 각覺이고 성性은 불개不改이므로 파괴
되지 않는 깨달음 본연의 면모라는 것이고, 요인불성了因佛性은 각지覺智로서 사
람이 황금을 잘 알아보듯이 지혜가 불성의 이치에 상응하는 것이며, 연인불성緣因
佛性은 모든 공덕선근功德善根으로서 잡풀더미를 헤치고 황금을 캐듯이 공덕선근
功德善根이 각지覺智를 도와서 정성正性인 불성佛性을 드러내는 것이라고 한다.

574 백마사白馬寺 애愛 법사: 『佛光大辭典』(pp.2090~2092)에 따르면 동한東漢 영평永
平 18년(75) 하남河南 낙양洛陽에 세워져 중국 최고最古의 사찰로 유명한 백마사
白馬寺 이외에도 동진東晉 태흥太興 2년(319) 강소江蘇 남경南京에 세워진 백마사

白馬寺 등 동명의 사찰들이 거론된다. 히라이슌에이平井俊榮에 따르면『대반열반경』40권(北本)이 북량北涼의 현시玄始 10년(421)에 처음 번역되고 남조南朝 유송劉宋의 원가元嘉 13년(436)에 36권본(南本)이 역출된 이래 "이 경전은 강남江南의 건강建康(南京)을 중심으로 연구가 성행하며, 수많은 강경·주석자를 배출하여 하나의 커다란 학계學系를 형성하기에 이르렀다"(『中國般若思想史研究』, 春秋社, 1976, p.309)고 하므로 본문의 백마사白馬寺는 강소江蘇 남경南京의 사찰일 것으로 추정된다. 애법사愛法師에 대해 가은은 "담애曇愛(?~?)를 지칭하는 듯"(『교정국역 열반경종요』, 2004, p.237 참조)하다고 추정한다. 도생道生을 위시하여 역대 열반학자들의 주해를 모은『대반열반경집해大般涅槃經集解』에서 담애曇愛의 해설이 13회 가량 검색되므로 그 추정에 일리가 있다고 한다면, 애법사愛法師는 담애曇愛로서 열반학자들 중에 도생道生의 지론을 따른 자라고 하겠다. 승전僧傳에 담애曇愛의 인명은 검색되지 않는다.

575 축도생竺道生(355~434): 동진東晉 시대『열반경』학자로서 장안長安의 구마라집鳩摩羅什 문하에서 승예僧叡·승조僧肇·도융道融과 더불어 나집 4걸羅什四傑의 한 사람으로도 알려진다. 저술로는『이제론二諦論』,『불성당유론佛性當有論』,『법신무색론法身無色論』,『불무정토론佛無淨土論』,『응유연론應有緣論』,『변불성의辯佛性義』,『법화경의소法華經義疏』등이 있다.『佛光大辭典』p.5624 참조.『고승전』권7의 '축도생전竺道生傳'에서는 "六卷泥洹先至京都, 生剖析經理洞入幽微, 迺說一闡提人皆得成佛. 于時大本未傳, 孤明先發獨見忤衆, 於是舊學以爲邪說, 譏憤滋甚, 遂顯大衆擯而遣之."(T50, p.366c21~25)라고 하는데, 대본大本『열반경』이 전해지기 이전에 6권『니원경』의 탐구만으로 일천제 성불一闡提成佛을 주장하여 대중에게 배척받았던 사연을 통해『열반경』연구의 선구자로서의 면모를 살펴볼 수 있다.

576 가은 역(2004, p.153 이하)에서는 6사六師 각각에 대한『열반종요』의 논의에 대해 혜균慧均의『대승사론현의大乘四論玄義』의 내용과 비교하고, 은정희 등 공역(2017, p.253 이하)에서는 그에 덧붙여 길장吉藏의『대승현론大乘玄論』의 내용과도 비교한다. 원효는 불성佛性에 대한 본격적인 논의를 시작하기에 앞서 이전의 연구성과를 정리하기 위해 이 두 책의 논의 체재를 활용한 것으로 보이므로 유의미한 비교 작업이라고 하겠다. 각 논의의 말미에 두 책의 해당 내용을 다음과 같이 인용하도록 하겠다.『대승사론현의』권7(X46, p.601b1~6). "第一〈白馬愛法師, 執生公義云, 當果爲正因,〉 則簡異木石無當果義, 〈無明初念不有而已. 有心則有當果性. 故脩萬行趀果故當果爲正因體.〉 此師移故成論意, 釋生師意未必爾, 法師既非凡人, 五事證知故也. 非法師亦有同此說, 正言顯卽是果, 隱卽爲因, 只是一切轉側以爲同果也.";『대승현론』권3(T45, p.35c14~15). "第八師〈以當果爲正因佛性,〉 卽是當果之理也." 원효가 제시하는 6사六師에 비해『대승사론현의』와『대승현론』에서는 불

第二師云, 現有衆生爲佛性體. 何者? 衆生之用總御心法, 衆生之義
處處受生. 如是御心之主必當能成大覺故, 說衆生爲正因體. 如「師子吼」
中言, "衆生佛性亦二種因, 者[577]謂諸衆生也."[578] 莊嚴寺是[579]法師義也.
第三師云, 衆生之心異乎木石, 必有厭苦求樂之性. 由有此性故, 修萬
行, 終歸無上菩提樂果. 故說心性爲正因體. 如下文言, "一切衆生悉皆
有心, 凡有心者, 必當得成阿耨菩提,"『夫人經』言, "若無如來藏, 下[580]
得厭苦樂求涅槃"故. 此是光宅雲法師義也.

[H1, p.538a11~23: T38, p.249a16~26]

두 번째 법사는 다음과 같이 주장한다. 〈'현재에 있는 중생'(現有衆生)
이 '부처 면모의 바탕'(佛性體)이다. 왜인가? '중생의 작용'(衆生之用)은
'마음 현상'(心法)을 총괄하여 거느리는 것이고, '중생이라는 뜻'(衆生之
義)은 [마음을 거느린 과보에 따라] 곳곳에서 [근본무지에 매인] 삶을 산다는 것
이다. 이와 같이 '마음을 거느리는 주인'(御心之主)[인 중생]은 반드시 '크
나큰 깨달음'(大覺)을 이룰 수 있기 때문에 중생衆生이 [성불成佛의] 가장

성佛性에 대한 이석異釋으로 각각 10가十家와 11가十一家를 제시한다. 〈〉 표시는
『열반종요』와 겹치는 내용에 해당하는 부분인데, 대략 비교해 보면 원효는 이석
異釋의 주요 내용에 대해서는 두 책을 활용하지만 이석異釋에 맞게 경증經證하는
대목에서는 자신의 안목을 드러내는 것을 살펴볼 수 있다. 최연식에 따르면 『대
승사론현의』의 찬자인 백제승百濟僧 혜균과 『대승현론』의 찬자인 길장(549~623)
은 중국에서 "함께 법랑法朗(507~581)의 문하에서 수학하였고, 『사론현의』에 길
장의 견해가 중요하게 인용되고"(『교감 대승사론현의기大乘四論玄義記』, 불광출
판사, 2009, p.58) 있다고 설명하므로 이 두 책은 원효(617~686)가 활동하던 시대
보다 앞서는 것이라고 하겠다.

577 『열반경』 원문에 따라 '者' 앞에 '一者正因, 二者緣因. 正因'을 넣는다.
578 『열반경』 원문에 따라 '也'를 삭제하고, 여기에 '緣因者謂六波羅蜜'을 넣는다.
579 문맥에 따라 '是'를 '롯'으로 고친다.
580 한불전 교감주에 "'下'는 '不'인 듯하다"라고 되어 있다. 『승만경』 원문에 따라 '下'
를 '不'로 고친다.

중요한 원인의 바탕'(正因體)이라고 말한다. [『열반경』]「사자후품師子吼品」에서 "중생이 '부처 면모'(佛性)[의 바탕이 되는 것]에는 두 가지 원인이 있으니, 첫 번째는 '가장 중요한 원인'(正因)이고 두 번째는 '버금가는 원인'(緣因)이다. '가장 중요한 원인'(正因)은 모든 중생衆生을 말하고, '버금가는 원인'(緣因)은 '여섯 가지 보살수행'(六波羅蜜)을 말한다"[581]라고 말한 것과 같다.〉 [이것은] 장엄사莊嚴寺 승민僧旻 법사[582][가 펼치는 주장]의 뜻이다.[583]

세 번째 법사는 다음과 같이 주장한다. 〈'중생의 마음'(衆生之心)은 나무나 돌과는 달라서 반드시 '괴로움을 싫어하고 즐거움을 추구하는 면모'(厭苦求樂之性)를 갖는다. 이러한 면모가 있기 때문에 '온갖 수행'(萬

---

581 『열반경』 권25 「사자후보살품제23師子吼菩薩品第二十三」(T12, p.775b26~29). "世尊, 如佛所說有二種因正因緣因, 衆生佛性爲是何因? 善男子, 衆生佛性亦二種因, 一者正因, 二者緣因. 正因者謂諸衆生, 緣因者謂六波羅蜜."

582 장엄사莊嚴寺 승민僧旻 법사: 장엄사莊嚴寺는 유송劉宋 대명大明 8년(459) 강소江蘇 남경南京에 건립된 사찰로서 승밀僧密 · 담빈曇斌 · 담제曇濟 · 담종曇宗 · 혜량慧亮 · 승겸僧謙 · 승민僧旻 등 고승高僧들이 주석하여 송宋 · 제齊 · 양梁 · 진陳 남조南朝의 왕족들이 불법을 청강할 정도로 극성했다. 『佛光大辭典』 p.4777 참조. 승민僧旻(467~527)은 남조南朝 시대의 승려로서 승회僧回 · 담경曇景 등을 사사하여 모든 경전에 박학하였는데, 특히 『성실론』에 정통했다. 광택사光宅寺 법운法雲(467~529), 개선사開善寺 지장智藏(458~522)과 더불어 양대梁代의 3대법사三大法師 중 1인으로 불린다. 저술로는 『성실론의소成實論義疏』를 비롯해 『논소잡집論疏雜集』, 『사성지귀四聲指歸』, 『시보결의詩譜決疑』 등 백여 권이 있었다고 전해진다. 『佛光大辭典』 p.5735 참조. 『속고승전續高僧傳』 권5(T50, p.461c23~463c12)에 '석승민전釋僧旻傳'이 있다.

583 『대승사론현의』 권7(X46, p.601c10~15). "第七河西道朗法師, 〈末莊嚴旻法師,〉招提白琰公等云, 〈衆生爲正因體. 何者? 衆生之用總御心法, 衆生之義言其處處受生, 令說御心之主, 能成大覺.〉 大覺因中, 生生流轉, 心獲湛然. 〈故謂衆生爲正因.〉 是得佛之本故, 〈大經「師子吼品」云, 正因者謂諸衆生也,〉 亦執出二諦外也."; 『대승현론』 권3(T45, p.35b22~26). "第一家云, 〈以衆生爲正因佛性故, 經言正因者謂諸衆生, 緣因者謂六波羅蜜. 既言正因者謂諸衆生故, 知以衆生爲正因佛性.〉 又言一切衆生悉有佛性故, 知衆生是正因也." 〈〉 표시는 『열반종요』와 겹치는 내용에 해당하는 부분이다.

行)을 닦아 마침내 '가장 높은 깨달음이라는 궁극적 행복의 결실'(無上菩提樂果)로 돌아간다. 그러므로 '[괴로움을 싫어하고 즐거움을 추구하는] 마음의 면모'(心性)를 '[성불成佛의] 가장 중요한 원인의 바탕'(正因體)이라고 말한다. 마치 다음의 『열반경』 문장에서 "모든 중생은 다 '마음이 있는 것'(有心)이니, 무릇 '마음이 있는 자'(有心者)는 반드시 '최고의 깨달음'(阿耨菩提)을 이룰 수 있을 것이다"584라 말하고, 『부인경夫人經』(『승만경勝鬘經』)에서 "[세존이시여,] 만약 '여래의 면모가 간직된 창고'(如來藏)가 없다면 괴로움을 싫어하고 열반을 좋아하여 추구할 수가 없을 것입니다"585라고 말한 것과 같다.〉 이것은 광택사光宅寺 법운法雲 법사586[가 펼

---

584 『열반경』 권25(T12, p.769a20~21). "衆生亦爾, 悉皆有心, 凡有心者, 定當得成阿耨多羅三藐三菩提."

585 『승만사자후일승대방편방광경』 권1(T12, p.222b14~15). "若無如來藏者, 不得厭苦樂求涅槃."〈산스크리트본의 해당 내용. 『보성론』(T.31, 831a9-10; 839b5)에 인용되어 범본 확인 가능. RGV 36,1-2: tathā coktam/ "tathāgata-garbhaś ced bhagavan na syān na syād duḥkhe 'pi nirvin na nirvāṇa-icchā vā prārthanā vā praṇidhir ve"ti/ | 마찬가지로 [같은 경에서] 설했다. "세존이시여! 만약 여래장이 없다면, 고통을 혐오하는 것도 없고 열반을 바라고 희구하고 서원하는 것도 없을 것입니다.〉

586 광택사光宅寺 법운法雲 법사: 광택사光宅寺는 양梁 천감天監 원년(502) 강소江蘇 남경南京에 건립된 사찰로서 무제武帝가 칙명으로 법운法雲을 주지로 삼아 『법화경』 등을 강설하게 했다. 이후 천태天台 지의智顗가 진陳 지덕至德 원년(583)에 머물면서 『인왕경』, 『법화경』 등을 강설하여 강남江南의 명찰이 되었다. 『佛光大辭典』 pp.2171~2172 참조. 법운法雲(467~529)은 남조南朝 시대의 승려로서 어려서부터 불경을 연찬하다가 30세에 『법화경』과 『유마경』을 강설하면서 제齊의 주옹周顒, 왕융王融, 유회劉繪, 서효사徐孝嗣 등과 교분을 맺었다. 양梁 천감天監 2년(503) 무렵 칙명으로 광택사光宅寺의 주지가 되었고, 보통普通 6년(525)에 대승정大僧正이 되었다. 말년에는 동태사同泰寺에서 천승회千僧會를 열었는데, 황제가 총애하여 『열반경』을 청강하였다. 성실학파成實學派에 속하고, 『열반경』과 『법화경』에 정통했다. 장엄사莊嚴寺 승민僧旻, 개선사開善寺 지장智藏과 더불어 양대梁代의 3대법사三大法師 중 1인으로 불린다. 저술로는 『법화경의기法華經義記』 8권이 현존한다. 『佛光大辭典』 p.3410 참조. 『속고승전』 권5(T50, p.463c13~465a19)에 '석법운전釋法雲傳'이 있다.

치는 주장]의 뜻이다.[587]

第四師云, 心有神靈不失之性. 如是心神己[588]在身內, 卽異木石等非
情物. 由此, 能成大覺之果. 故說心神爲正因體.「如來性品」云, "我者卽
是如來藏義, 一切衆生悉有佛性, 卽是我義,"「師子吼」[589]中言, "非佛性
者謂瓦石等無情之物, 離如是等無情之物, 是名佛性"故. 此是梁武簫
焉[590]天子義也.

[H1, p.538a23~b6: T38, p.249a26~b4]

네 번째 법사는 다음과 같이 주장한다. 〈마음에는 '신령하고 없어지
지 않는 면모'(神靈不失之性)가 있다. 이와 같은 '마음의 신령[한 면모]'(心
神)가 이미 몸 안에 있으므로 곧 나무나 돌 등 '의식이 없는 존재'(非情
物)[591]와는 다르다. 이 [심신心神]으로 인해 '크나큰 깨달음이라는 결실'

---

587 『대승사론현의』 권7(X46, p.601c4~7). "第六〈光宅雲法師云, 心有避苦求樂性義, 爲
正因體.〉如解皆或之性向菩提性, 亦〈簡異木石〉等無性也. 故『夫人經』云, 衆生若不猒
苦, 則不求涅槃義. 釋云, 以此心有皆生死之性, 是衆生之善本. 故所以爲正因.";『대승
현론』 권3(T45, p.35c5). "第五師〈以避苦求樂爲正因佛性.〉一切衆生無不有避苦求
樂之性, 實有此避苦求樂之性, 卽以此用爲正因. 然此釋復異前以心爲正因之說, 今只以
避苦求樂之用爲正因耳. 故〈經云, 若無如來藏者, 不得厭苦樂求涅槃.〉故知避苦求樂之
用爲正因佛性也."〈〉 표시는 『열반종요』와 겹치는 내용에 해당하는 부분이다. 중
생심衆生心의 피고구락성避苦求樂性을 정인正因으로 삼는다는 핵심적 내용은 대
체로 동일한 것으로 보인다. 하지만 원효는 『열반경』과 『승만경』으로 겅중하고,
『대승사론현의』와 『대승현론』에서는 『승만경』으로만 겅중한다.

588 『열반종요』 대정본에 따라 '己'를 '已'로 고친다.

589 아래 『열반경』 인용문은 「사자후품師子吼品」이 아니라 「가섭보살품迦葉菩薩品」
에 나오므로 '師子吼'를 '迦葉品'으로 고친다.

590 양무제梁武帝의 이름에 따라 '簫焉'을 '蕭衍'으로 고친다.

591 비정물非情物: 『성유식론술기』 권1에서는 "梵云薩埵此言有情, 有情識故."(T43,
pp.233c29~234a1)라고 하여 범어 sattva의 음역인 살타薩埵를 유정有情이라고 의
역하는 것은 '정식情識'이 있기 때문이라고 설명한다. 『佛光大辭典』(p.2441)에서

(大覺之果)을 이룰 수 있다. 그러므로 '마음의 신령[한 면모]'(心神)가 '[성불成佛의] 가장 중요한 원인의 바탕'(正因體)이라고 말한다. [『열반경』] 「여래성품如來性品」에서는 "'[참된] 자기'(我)라는 것은 바로 '여래의 면모가 간직된 창고'(如來藏)[라는 말]의 뜻이니, '모든 중생에는 다 부처 면모가 있다'(一切衆生悉有佛性)는 것이 바로 '[참된] 자기'(我)[라는 말]의 뜻이다"[592]라 말하고, 「가섭품迦葉品」에서는 "'부처 면모[를 지니지] 않은 것'(非佛性者)이란 기와나 돌 등 '의식이 없는 존재'(無情之物)를 말하니, 이와 같은 '의식이 없는 존재들'(無情之物)을 제외한 것을 '부처 면모[를 지닌 것]'(佛性)이라 부른다"[593]라고 말한다.〉 이것은 [남조南朝] 양梁나라 무제武帝인 소연蕭衍 천자天子[594][가 펼치는 주장]의 뜻이다.[595]

<hr />

는 유정有情은 신역新譯으로서 구역舊譯인 중생衆生과 일반적으로 통용되는 용어이지만, 유정有情은 인·천·아귀·축생·아수라 등 '의식이 있는 것'(有情識之物)인 데 비해 중생衆生은 초목금석草木金石, 산하대지山下大地 등의 비정非情·무정無情인 것까지 포함한다는 일설一說도 소개한다. 본문의 제4사第四師는 심신心神을 갖는 유정물有情物과 심신을 갖지 않는 비정물非情物이 불성佛性의 관점에서 서로 다르다고 구분하고 있다.

592 『열반경』 권8 「여래성품제12如來性品第十二」(T12, p.648b7~8). "我者即是如來藏義, 一切衆生悉有佛性, 即是我義."

593 『열반경』 권33 「가섭보살품제24迦葉菩薩品第二十四」(T12, p.828b27~28). "非佛性者所謂一切牆壁瓦石無情之物, 離如是等無情之物, 是名佛性."

594 양梁나라 무제武帝인 소연蕭衍 천자天子(464~549; 재위 502~549): 송宋·제齊·양梁·진陳으로 이어지는 남조南朝에서 제3대第三代인 양梁의 고조古祖가 무제武帝이고 소연蕭衍은 그의 이름이다. 무제는 '황제보살皇帝菩薩'이라고 일컬어질 정도로 불교를 독신篤信하여 당시의 명승인 승가바라僧伽婆羅, 법총法寵, 승천僧遷, 승민僧旻, 법운法雲, 지장智藏, 혜초慧超, 명철明徹 등을 예경하고 수도인 건강建康(南京)에 7백여 개의 사찰을 세우며 각종 대회를 열었다. 스스로 『열반경』, 『반야경』, 『삼혜경三慧經』 등을 강설하고, 각종 경전의 의기義記 수백 권을 저술하기도 했다. 『佛光大辭典』 p.4623 참조. 『대반열반경소』(T38)에서 무제武帝의 견해가 '梁武云'(T38, p.99a5)의 형식으로 다수 소개되어 있는 것으로 보아 『열반경』에 조예가 깊었던 것을 알 수 있다.

595 『대승사론현의』 권7(X46, p.601b20~24). "第四〈梁武蕭天子義, 心有不失之性真神,

第五師言, 阿賴耶識法爾種子爲佛性體. 如此經言, "佛性者一切諸[596]
阿耨菩提中道種子,"『瑜伽論』云, "性種性者,[597] 六處殊勝. 有如是相,
從無始世展轉傳來, 法爾所得." 此意新師等義. 第六師云, 阿摩羅識眞
如解性爲佛性體. 如經言, "佛性者名第一義空, 第一義空名爲智愚."[598]
『寶性論』云, "及彼眞如性者, 如『六根聚經』說, 六根如是從無始來, 畢
竟究竟諸法體故." 諸說如是.

[H1, p.538b6~15: T38, p.249b4~12]

다섯 번째 법사는 다음과 같이 주장한다. 〈[제8]아뢰야식阿賴耶識에
있는 '진리다운 종자'(法爾種子)[599]가 '부처 면모의 바탕'(佛性體)이다. 마

爲正因體. 已在身內, 則異於木石等非心性物.〉 此意因中已有眞神性故, 能得眞佛果.
故〈大經「如來性品」初云, 我者即是如來藏義, 一切衆生有佛性, 即是我義.〉即於木石等
爲異."; 『대승현론』권3(T45, p.35b29~c3). "第三師〈以心爲正因佛性.〉故經云, 凡
有心者必定當得無上菩提,〈以心識異乎木石無情之物,〉研習必得成佛. 故知〈心是正因
佛性也.〉"〈 〉표시는 『열반종요』와 겹치는 내용이다. 『대승사론현의』에서는 경
증으로 「여래성품」의 문장을 거론하고 『대승현론』에서는 「사자후품」의 문장("凡
有心者必定當得無上菩提.")을 거론하는 데 비해, 원효는 『대승사론현의』와 동일한
「여래성품」의 문장과 함께 「가섭보살품」의 문장을 추가하여 거론한다.

596 『열반경』원문에 따라 '諸' 뒤에 '佛'을 넣는다.
597 『유가사지론』원문에 따라 '者' 뒤에 '謂諸菩薩'을 넣는다.
598 『열반경』원문에 따라 '愚'를 '慧'로 고친다.
599 법이종자法爾種子: 현장玄奘(602~664)의 제자인 법상종法相宗 규기窺基(632~682)
의 『묘법연화경현찬妙法蓮華經玄贊』권6에서는 "資長無漏法爾種子後漸入聖, 新生
無漏, 展轉乃至成佛之果."(T34, p.765b14~15)라고 하여 '법이종자法爾種子'의 용례
가 보이는데, 무루無漏의 법이종자法爾種子를 북돋아 성인聖人의 경지에 점입漸
入하고 무루법無漏法을 새롭게 생기게 하여 성불成佛의 과보를 얻는 데 이른다고
하여, 법이종자法爾種子를 무루법無漏法 및 성불成佛의 원인으로 설명한다. 한편
『성유식론』권2에서 "諸有情旣說本有五種性別故, 應定有法爾種子不由熏生."(T31,
p.8a29~b2)이라고 하는 것에 따르면, 모든 중생은 무성종성無性種性·성문종성
聲聞種性·연각종성緣覺種性·부정종성不定種性·보살종성菩薩種性의 5종성五種
性의 구별이 있기 때문에 각 종성種性을 구별 짓는 근거인 법이종자法爾種子는 후

치 이 『열반경』에서 "'부처의 면모'(佛性)라는 것은 '모든 부처님들의 최고의 깨달음 가운데 있는 진리종자'(一切諸佛阿耨菩提中道種子)이다"[600]라 말하고, 『유가사지론』에서 "'본연에 자리 잡은 종자의 면모'(性種性; 本性住種性)[601]라는 것은 모든 보살의 [안안·이이·비비·설설·신신·의의] 여섯 가지 감관능력'(六處)이 지닌 [진리 구현능력의] 탁월함이다. [그것은] 그와 같은 양상으로 시작이 없는 때로부터 연속적으로 흘러온 것이고 '본래 획득해 있는 것'(法爾所得)이다"[602]라고 말한 것과 같다.〉 이 의견은 '새로운 법사'(新師)[603]들의 뜻이다.[604]

천적인 훈습熏習에 의해 생겨나는 것이 아니라고 하므로 법이종자에는 천연天然 또는 자연自然의 뜻도 동반하는 것으로 보인다. 『佛光大辭典』(p.3419)에 따르면 법이法爾는 법연法然, 자연自然, 천연天然, 자이自爾라고도 하고, 어떠한 조작도 거치지 않은 상태를 말한다.

600 『열반경』 권25(T12, p.768a8~9). "善男子, 佛性者即是一切諸佛阿耨多羅三藐三菩提中道種子."

601 성종성性種性: 전칭全稱은 본성주종성本性住種性이고, 약칭으로 성종性種이라고도 한다. 무루법無漏法의 원인이 되는 종성種性으로 시작이 없는 때로부터 진리 그대로 자존하므로 천품지성天稟之性이라고 일컬어진다. 성종성性種性의 상대가 되는 습종성習種性(習所成種性)은 후천적으로 닦아서 얻는 종성種性으로서 훈습熏習과 수선修善에 의해 이루는 면모이다. 양자를 총괄하여 성습이성性習二性이라고 부른다. 『佛光大辭典』 p.3236~3237 참조. 본문의 인용처인 『유가사지론』 권35에서는 "云何種性? 謂略有二種, 一本性住種性, 二習所成種性."(T30, p.478c12~13)이라고 성습이성性習二性을 밝히고, 성종성性種性에 대한 본문의 인용 부분에 이어 습종성習種性에 대해서는 "習所成種性者, 謂先串習善根所得, 是名習所成種性."(T30, p.478c15~17)이라고 설명한다.

602 『유가사지론』 권35(T30, p.478c13~15). "本性住種性者, 謂諸菩薩六處殊勝. 有如是相, 從無始世展轉傳來, 法爾所得."〈산스크리트본의 해당 내용. BoBh 3,2-4: tatra prakṛtistham gotram yad bodhisattānām ṣaḍāyatanaviśeṣaḥ. sa tādṛśaḥ parampar'āgato 'nādikāliko dharmatāpratilabdhaḥ. | 그중에서(=두 가지 종성 중에서) 본래 상태의 종성은 보살이 가진 특별한 6처다. 그것은 그와 같은 양상으로 무한한 과거로부터 연속적으로 흘러온 것이고 본래 획득해 있는 것이다.〉

603 신사新師: 은정희 등 공역(2017)에 따르면 신사新師를 이기영은 현장玄奘 및 그의 제자 규기窺基 등으로 보고, 후세고가구(布施浩岳)는 현장玄奘으로 본다고 한다.

여섯 번째 법사는 다음과 같이 주장한다. 〈'[근본무지에 따른 분별에서 풀려난 마음인 제9] 아마라식'(阿摩羅識)[605]의 '참 그대로 이해하는 면모'(眞如

---

p.264 참조. 제8아뢰야식阿賴耶識이 언급되고 경증에서 현장玄奘 역인 『유가사지론』이 제시되어 있으므로 신사新師는 대체로 현장玄奘을 위시한 법상法相 신유식新唯識 계열의 법사들을 가리키는 것으로 보인다.

604 『대승사론현의』 권7(X46, p.601c23~24). "第九地論師云, 第八無沒識爲正因體."; 『대승현론』 권3(T45, p.35c13~14). "第七師, 以阿梨耶識自性淸淨心爲正因佛性也." '제8무몰식第八無沒識'(『대승사론현의』)과 '아리야식자성청정심阿梨耶識自性淸淨心'(『대승현론』)의 표현에 대해, 원효는 '아뢰야식법이종자阿賴耶識法爾種子'라는 표현을 사용하고 거기에 『열반경』과 『유가사지론』의 경증을 추가한다.

605 아마라식阿摩羅識: 아마라阿摩羅는 범어 'amala'의 음차로서 '먼지(mala)가 없다(a-)'에서 비롯하기 때문에 뜻으로 옮기면 무구無垢, 청정淸淨이 된다. 아말라식阿末羅識·암마라식菴摩羅識·암마라식唵摩羅識·암마라식庵摩羅識이라고도 하고, 의역으로는 무구식無垢識·청정식淸淨識·여래식如來識이라고 한다. 제9식으로서 진제眞諦(499~569) 계통의 섭론종攝論宗에서 건립한 개념으로 섭론종에서는 제8아뢰야식阿賴耶識의 미집迷執을 바꾸어 깨달음의 청정계위淸淨階位에 귀의하는 것이 제9아마라식阿摩羅識이라고 한다. 유식학唯識學에서는 6식六識 외에 제7말나식末那識과 제8아뢰야식阿賴耶識을 건립하고, 섭론종攝論宗에서는 8식 외에 제9식인 아마라식阿摩羅識을 건립하며, 지론종地論宗과 천태종天台宗에서도 이 제9식설을 채택한다. 그런데 현장玄奘 계통의 법상종法相宗에서는 제8식이 이미 청정淸淨의 일면까지 포괄하기 때문에 별도로 제9식을 건립하지 않는다고 한다. 『佛光大辭典』 pp.3671~3672 참조. 박태원은 섭론종攝論宗의 이론 근거인 진제眞諦의 아마라식阿摩羅識 사상에 대해 "잡염법과 청정법이 모두 아려야식阿黎耶識에 입각하여 성립한다고 하여 아려야식阿黎耶識의 진망화합眞妄和合적 성격을 분명히 하는" 법상 신유식法相新唯識의 사상에 일차적으로 근거하면서도 "진제삼장眞諦三藏은 의타기성依他起性 및 아려야식阿黎耶識의 잡염분雜染分을 소멸시키고 청정분淸淨分을 실현시킨 상태를 '아마라식阿摩羅識'이라는 표현으로써 적극적으로 부각시켰으며, 그리하여 아려야식阿黎耶識 이외에 별도로 진여정식眞如淨識의 상태인 아마라식阿摩羅識을 설정"하므로 결국 "신역新譯에서는 망妄이, 구역舊譯에서는 진眞이 특히 부각되고 있는 것이다"라고 하여, 제8식에 근거하는 법상 신유식法相新唯識과 제9식에 근거하는 섭론 구유식攝論舊唯識의 특징을 구분한다. 『대승기신론사상 연구(Ⅰ)』, 민족사, 1994, pp.185~186 참조. 진제眞諦 역 『결정장론決定藏論』 권1에서는 "阿羅耶識對治故, 證阿摩羅識. 阿羅耶識是無常, 是有漏法, 阿摩羅識是常, 是無漏法, 得眞如境道故, 證阿摩羅識. 阿羅耶識爲麤惡苦果之所追逐,

解性)가 '부처 면모의 바탕'(佛性體)이다. 마치 경전(『열반경』)에서 "'부처 면모'(佛性)를 '[불변·독자의] 실체가 없음에 대한 궁극적 진리'(第一義空)라 부르고, '[불변·독자의] 실체가 없음에 대한 궁극적 진리'(第一義空)를 지혜智慧라 부른다"[606]라고 말한 것과 같다. 『보성론寶性論』에서는 "또 그것은 '참 그대로의 면모'(眞如性)인 것이다. 마치 『육근취경六根聚經』[607]에서 '[안眼·이耳·비鼻·설舌·신身·의意] 여섯 가지 감관능력이 이와 같이 시작이 없는 때로부터 끝내는 궁극적으로 모든 진리의 바탕인 것입니다'(六根如是從無始來, 畢竟究竟諸法體故)라고 말한 것과 같다"[608]라고 말

阿摩羅識無有一切麤惡苦果. 阿羅耶識而是一切煩惱根本, 不爲聖道而作根本, 阿摩羅識亦復不爲煩惱根本, 但爲聖道得道得作根本."(T30, p.1020b11~18)이라고 하여 무상無常·고苦 등 번뇌의 근본인 제8아라야식阿羅耶識과 상常·진여眞如 등 성도聖道의 근본인 제9아마라식阿摩羅識을 대비하고, 진제眞諦 역 『삼무성론三無性論』 권1에서는 "唯阿摩羅識是無顚倒, 是無變異, 是眞如如也. 前唯識義中亦應作此識說, 先以唯一亂識遣於外境, 次阿摩羅識遣於亂識故, 究竟唯一淨識也."(T31, p.872a11~15)라고 하여 제8식인 난식亂識으로 외경外境을 제거하고, 다음에 제9아마라식阿摩羅識으로 이 난식亂識을 제거하여 무전도無顚倒·무변이無變異·진여여真如如인 유일정식唯一淨識이 된다고 설명하며, 진제眞諦 역 『십팔공론十八空論』에서는 단적으로 "阿摩羅識是自性清淨心."(T31, p.863b20)이라고 한다.

606 『열반경』 권25(T12, p.767c18~19). "佛性者名第一義空, 第一義空名爲智慧."

607 『육근취경六根聚經』: 『개원석교록開元釋敎錄』이나 『정원신정석교목록貞元新定釋敎目錄』 등 목록서들에서 예를 들어 "占察善惡業報經二卷.(亦出六根聚經, 名大乘實義經, 亦名地藏菩薩經, 亦直云占察經, 亦名地藏菩薩業報經.)"(T55, p.849b7~8)이라고 하여 『육근경』은 『점찰선악업보경』 2권의 출처로서 언급되고 있으나 현존하지 않는다. 그리고 인용된 문장은 『점찰선악업보경』에서도 검색되지 않는다.

608 『구경일승보성론』 권3(T31, p.835b29~c2). "及彼真如性者, 依此義故, 『六根聚經』言, 世尊, 六根如是從無始來, 畢竟究竟諸法體故."『열반종요』의 인용문은 '依此義故, 『六根聚經』言, 世尊'이 '如『六根聚經』說'로 바뀌어 있다. 〈산스크리트본의 해당 내용. RGV 55,15-17: tad-gotrasya prakṛter acintya-prakāra-samudāgamārthaḥ/ yam adhikṛtyoktam/ ṣaḍ-āyatana-viśeṣaḥ sa tādṛśaḥ paraṃparāgato 'anādikāliko dharmatāpratilabdha iti/ | 그 종성(tad-gotrasya) 곧 본성이 불가사의한 방식으로 완성되었다(samudāgamārtha)는 의미[가 여래(tathāgata)의 의미다. 이것을 의도하

한다.〉⁶⁰⁹ ['부처 면모의 바탕'(佛性體)에 관한] 여러 주장들은 이상과 같다.

여 [『유가론瑜伽論』에서 "본래 상태의 종성이란 보살이 가진] 뛰어난 6처다. 그것은 그와 같은 양상으로 무한한 과거로부터 연속적으로 흘러온 것이고 본래 획득해 있는 것이다"라고 설했다.〉 한역 보성론 문장에서 『육근취경』이란 경전은 현재 알려져 있지 않은 경전명이다. 또한 범본 보성론에는 없는 문장이며, 티베트어역에도 없다. 아마도 『보성론』 역자가 번역하면서 추가한 구절로 보인다.

609 『대승사론현의』 권7(X46, pp.601c24~602a1). "第十〈攝論師云, 第九無垢識爲正因體.〉";『대승현론』 권3(T45, p.35c17~19). "第十一師,〈以第一義空爲正因佛性. 故經云, 佛性者名第一義空.〉故知第一義空爲正因佛性也." 『대승사론현의』에서는 섭론사攝論師의 주장이라고 하여 '제9무구식第九無垢識'을 불성체佛性體로서 제시하는 데 비해 원효는 주장의 주체를 밝히지 않은 채 '아마라식진여해성阿摩羅識眞如解性'을 제시하고,『대승현론』에서는 원효가 똑같이 인용하는 『열반경』의 경문에 의거하여 '제일의공第一義空'을 불성체佛性體로서 제시한다. 한편 은정희 등 공역(2017)에 따르면 본문에서 제6사第六師의 구체적 주체에 대해 이기영은 "원효가 『기신론소』에서도 (본문에서 경증으로 제시되는) 『보성론』의 이 구절을 근거로 제9식으로 아마라식을 열거하기 때문에"(괄호의 내용은 역자보충) 원효 자신이라고 보고, 후세 고가구(布施浩岳)와 울만(Uhlmann)은 아래 『열반종요』의 '판시비판是非' 단락에서 "此者眞諦三藏之義, 第六師說眞如佛性, 得於染而不染門也."(H1, p.538c13~15)라고 하는 것에 근거하여 진제眞諦라고 보며, 은정희 등 공역(2017)에서는 『대승사론현의』에서 섭론사攝論師라고 하는 것까지에 의거하여 역시 진제眞諦라고 본다(p.265 참조). 제6사第六師가 누구인지 확정하긴 어렵지만, 적어도 원효가 진제眞諦사상의 특징에 적극적으로 동의한다는 점은 분명하다. 원효는 『금강삼매경론』 권2의 '정명무득正明無得' 단락에서도 "唵摩羅者, 此云無垢. 本覺本淨, 性無改轉, 似彼金錢性無改故."(H1, p.635c15~16)라고 하여 본각본정本覺本淨의 제9아마라식阿摩羅識(唵摩羅)을 무득無得의 근거로서 적극적으로 수용한다. 진제眞諦(Paramārtha, 499~569)는 서북 인도 우선니優禪尼(Ujjaini) 사람으로 남조 양무제梁武帝의 초청에 응하여 대동大同 원년(546) 건업建業(南京)에 들어와 진陳 태건太建 원년(569)에 죽었다. 구마라집鳩摩羅什, 현장玄奘, 의정義淨과 더불어 중국 4대 역경가로 불린다. 『섭대승론攝大乘論』,『섭대승론석攝大乘論釋』,『전식론轉識論』,『대승유식론大乘唯識論』 등 주요한 유식논서들을 위시하여 『금광명경金光明經』,『중변분별론中邊分別論』,『구사론석俱舍論釋』,『대승기신론大乘起信論』 등 중국에 들어온 이래 23년 동안 64부 278권을 번역했다. 그중 『섭대승론』과 『섭대승론석』의 영향이 막대하여 남조 섭론종攝論宗의 종조宗祖로서 추앙되었다. 『佛光大辭典』 p.4228 참조. 『속고승전』 권1에서는 "自諦來東夏, 雖廣出衆經, 偏宗『攝論』."(T50, p.430b11~12)이라고 하여 진제眞諦가 중국에 온 이래 여러 경전을 내었지만 특히 『섭론攝論』을 위

次判是非者. 此諸師說皆是非.[610] 所以然者, 佛性非然非不然故. 以非然故, 諸說悉非, 非不然故, 諸義悉是. 是義志云何? 六師所說不出二途, 初一指於當有之果, 後五同據今有之因. 此後五中亦爲二倒, 後一在於眞諦, 前四隨於俗諦. 俗諦四說不出人法, 前一擧人, 後三據法. 據法三義不過起伏. 後一種子, 前二上心, 上心之內, 隨義異說耳.

[H1, p.538b15~24: T38, p.249b12~19]

나. 시비를 가림(判是非)

다음으로 '시비를 가리는 것'(判是非)이다.

가) 총괄적으로 설명함(總說)[611]

이 여러 법사의 주장들은 모두 맞기도 하고 모두 틀리기도 하다. 왜냐하면 '부처 면모'(佛性)는 [여러 주장들의 내용과] '같지 않으면서도'(非然) [여러 주장들의 내용과] '같지 않은 것도 아니기'(非不然) 때문이다. [여러 주장들의 내용과] '같지 않기'(非然) 때문에 여러 주장들은 모두 틀렸고, [여러 주장들의 내용과] '같지 않은 것도 아니기'(非不然) 때문에 [여러 주장들의] 갖가지 뜻이 모두 맞다. 이 뜻은 무엇을 말하는가? 여섯 법사가 말한 것[612]은 두 가지 길에서 벗어나지 않으니, 처음의 한 [법사]는 ['부처 면모의

주로 했고, "初諦傳度『攝論』, 宗愷歸心."(T50, p.430b28~29)이라고 한 것에 따르면 진제眞諦가 처음 『섭론』을 전하자 승종僧宗과 지개智愷가 귀의했다고 하여 섭론종攝論宗이 태동하는 저간의 사정을 전해 준다.

610 '皆是非'는 '皆是皆非'의 오기誤記로 보인다. '皆是皆非'로 교감하여 번역한다.

611 아래 "總說雖然, 於中分別者."(H1, p.538c7)에 의거하여 과문한다.

612 여섯 법사의 설명: 6사六師가 불성체佛性體로서 제시한 내용들을 요약해 보면 차례대로 ① 미래에 있을 부처라는 결실(當有佛果), ② 마음을 거느리는 주인인 현

바탕'(佛性體)으로서] '미래에 있을 [부처라는] 결실'(當有之果)을 지목하고, 뒤의 다섯 [법사들]은 똑같이 '지금 있는 [성불成佛의] 원인'(今有之因)에 의거한다. 이 뒤의 다섯 [법사들의 주장] 중에서도 [그 내용은] 두 가지로 상반되니, [제9아마라식阿摩羅識을 제시한] 마지막의 한 [법사의 주장]은 '궁극적 관점'(眞諦)에 있고, [제2법사에서 제5법사까지인] 앞의 네 [법사들의 주장]은 '세속적 관점'(俗諦)에 따른다. [또] '세속적 관점'(俗諦)인 [제2법사에서 제5법사까지의] 네 가지 주장은 '[불변·독자의] 자아와 [마음의] 현상'(人法)[에 대한 집착]에서 벗어나지 못하니, [제2법사인] 앞의 한 [법사의 주장]은 [마음을 거느리는 주인인 중생衆生을 주장하여] '[불변·독자의] 자아'(人)[에 대한 집착]에 의거하고 있고, [제3법사에서 제5법사까지인] 뒤의 세 [법사들]은 [심성心性과 심신心神과 아뢰야식법이종자阿賴耶識法爾種子를 주장하여] [마음의] 현상(法)[에 대한 집착]에 의거하고 있다. [또] [마음의] 현상(法)[에 대한 집착]에 의거하는 [제3법사에서 제5법사까지의] 세 가지 [주장의] 뜻은, '[현재 작용하여] 일어난 [마음]'(起)[에 대한 집착]과 '잠복해 있는 [마음]'(伏)[에 대한 집착]에 불과하다. [제5법사인] 뒤의 한 [법사의 주장]은 [제8아뢰야식阿賴耶識에 잠복해 있는] 종자種子[에 집착하는 것]이고, [제3법사와 제4법사인] 앞의 두 [법사들의 주장]은 '[현재 작용하여] 일어난 마음'(上心)[에 집착하는 것]이니, [제3법사가 주장하는 심성心性과 제4법사가 주장하는 심신心神은] '[현재 작용하여] 일어난 마음'(上心) 안에서 [그 마음의] 면모에 따라 주장을 달리한 것일 뿐이다.

然佛性之體正是一心, 一心之性遠離諸邊. 遠離諸邊故, 都無所當, 無所當故, 無所不當. 所以就心論, 心非因非果, 非眞非俗, 非人非法, 非

재에 있는 중생(現有衆生), ③ 괴로움을 싫어하고 즐거움을 추구하는 중생의 마음의 면모(衆生之心性), ④ 의식이 없는 존재와는 다른 마음의 신령한 면모(心神), ⑤ 제8아뢰야식에 있는 진리 그대로인 종자(阿賴耶識法爾種子), ⑥ 번뇌에서 풀려난 제9아마라식의 참 그대로인 면모(阿摩羅識眞如解性)이다.

起非伏. 如其約緣論, 心爲起爲伏, 作法作人, 爲俗爲眞, 作因作果. 是
謂非然非不然義. 所以諸說皆非皆是.

[H1, p.538b24~c6: T38, p.249b19~25]

그러나 '부처 면모의 바탕'(佛性之體)은 바로 '하나처럼 통하는 마음'
(一心)이니, '하나처럼 통하는 마음의 면모'(一心之性)는 '모든 극단적 측
면에서 멀리 벗어나는 것'(遠離諸邊)이다. '모든 극단적 측면에서 멀리
벗어나기'(遠離諸邊) 때문에 [불성佛性의 바탕을 무엇이라고 주장해도] 모두
[부처 면모의 바탕'(佛性之體)에] '해당하는 것이 없고'(無所當), '해당하는 것
이 없기'(無所當) 때문에 [부처 면모의 바탕'(佛性之體)에] '해당하지 않는 것
도 없다'(無所不當). 그러므로 [하나로 통하는] 마음'(心)[이라는 맥락]에 의거
하여 거론하자면, 마음은 '원인도 아니고 결과도 아니며'(非因非果), [참
인] 진리도 아니고 [허위虛僞인] 세속도 아니며'(非眞非俗), [불변하는] 자아
도 아니고 [실체인] 현상도 아니며'(非人非法), '일어난 것도 아니고 잠복
해 있는 것도 아니다'(非起非伏). [그런데] 만약 [현상을 발생시키는] 조건'
(緣)[이라는 맥락]에 의거하여 거론하자면, 마음은 '일어난 것이기도 하고
잠복해 있는 것이기도 하며'(爲起爲伏), '현상을 짓기도 하고 자아를 짓
기도 하며'(作法作人), [허위虛僞인] 세속이 되기도 하고 [참인] 진리가 되기
도 하며'(爲俗爲眞), '원인을 짓기도 하고 결과를 짓기도 한다'(作因作果).
이것을 [부처 면모의 바탕'(佛性體)이 지닌] '그러하지 않으면서, 그러하지 않
은 것도 아닌 면모'(非然非不然義)라고 말한다. 그러므로 [여섯 법사의] 여
러 주장들은 모두 틀렸기도 하고 모두 맞기도 하다.

總說雖然, 於中分別者, 於一心法有二種義, 一者不染而染, 二者染而
不染. 染而不染, 一味寂靜, 不染而染, 流轉六道. 如下文言, "一味藥[613]
隨其流處, 有種種味,[614] 而其[615]眞味停留在山,"『夫人經』言, "自性淸淨
心難可了知, 彼心爲煩惱所染, 此亦難可了知."『起信論』中廣顯是義.

此者眞諦三藏之義, 第六師說眞如佛性得於染而不染門也.

[H1, p.538c6~15: T38, p.249b25~c3]

나) 여섯 법사의 주장을 구분함(分別)

[여섯 법사의 주장을] '총괄적으로 설명한 것'(總說)은 비록 이러하지만, 이 내용을 구분하면 [다음과 같다.] 〈'하나처럼 통하는 마음'에 관한 도리〉(一心法)에는 두 가지 측면(義)이 있으니, 첫 번째는 '[본연은] 오염되어 있지 않지만 [현실은] 오염되어 있음'(不染而染)이고 두 번째는 '[현실은] 오염되어 있지만 [본연은] 오염되어 있지 않음'(染而不染)이다. '[현실은] 오염되어 있지만 [본연은] 오염되어 있지 않음'(染而不染)은 '한 맛처럼 통하여 [분별이] 그친 고요함'(一味寂靜)[의 측면]이고, '[본연은] 오염되어 있지 않지만 [현실은] 오염되어 있음'(不染而染)은 '[지옥地獄·아귀餓鬼·축생畜生·아수라阿修羅·인간(人)·천상(天)이라는] 여섯 가지 미혹세계에서 흘러가면서 바뀌어 감'(流轉六道)[의 측면]이다.

(가) [현실은] 오염되어 있지만 [본연은] 오염되어 있지 않는 측면(染而不染門)[616]

['오염되어 있지만 오염되어 있지 않음'(染而不染)이라는 것은] 아래의 『열반경』 문장에서 "[본래는] '한 맛'(一味)[인 약藥]이 그 [한 맛이 잊혀진 채] 흘러 다니는 곳에 따라 [그 맛이] 갖가지로 달라지지만, 이 약藥의 참맛(眞味)은 [흘러 다니기 이전의] 산 속에 [그대로] 머물러 있다"[617]라 말하고, 『부인경夫人

---

613 『열반경』 원문에 따라 '藥'을 삭제한다.

614 『열반경』 원문에 따라 '味'를 '異'로 바꾼다.

615 『열반경』 원문에 따라 '而其'를 '是藥'으로 바꾼다.

616 아래 '분별分別' 단락에서 제6사를 염이불염染而不染으로, 제1~5사를 불염이염不染而染으로 구분하는 내용에 따라 과문했다.

經』(『승만경』)에서 "[왕비여,] '본연이 온전한 마음'(自性淸淨心)을 제대로
알기도 어렵지만, 저 [본래면모가 온전한] 마음이 번뇌에 오염되어 있다는
것도 제대로 알기 어렵습니다"618라고 말한 것과 같다. 『대승기신론大乘
起信論』에서도619 이러한 뜻을 자세히 드러낸다. 이 ['오염되어 있지만 오염

617 『열반경』 권8(T12, p.649b20~21). "一味隨其流處, 有種種異, 是藥真味停留在山."
일미약一味藥의 비유로 알려진 이 『열반경』 인용문의 앞부분 내용에서는 "復次善
男子, 譬如雪山有一味藥, 名曰樂味. 其味極甜, 在深叢下人無能見, 有人聞香, 即知其地
當有是藥. 過去世中有轉輪王, 於雪山爲此藥故, 在在處處造作木筒, 以接是藥, 是藥
熟時, 從地流出, 集木筒中, 其味真正. 王既沒已, 其後是藥或醋或醎或甜或苦或辛或
淡."(T12, p.649b14~20)이라고 하는데, 간단히 요약하면 설산雪山의 낙미樂味라
고 불리는 일미약一味藥이 깊은 숲속(深叢)에 있어서 아무도 알지 못하다가 전륜
왕轉輪王이 나타나 나무통으로 이 약을 받아 진정한 맛을 알게 되었고, 왕이 죽고
나서는 맛이 시거나 달거나 쓰거나 한 맛으로 달라졌다는 내용이다.

618 『승만사자후일승대방편방광경』 권1(T12, p.222c4~5). "自性淸淨心難可了知, 彼心
爲煩惱所染, 亦難可了知." 〈산스크리트본의 해당 내용. 『보성론』(T31, 827a18-19)
에 인용되어 범본 확인 가능. RGV 22,1-4: dvāv imau devi dharmau duṣprativedhyau/
prakṛti-pariśuddha-cittaṃ duṣprativedhyam/ tasyaiva cittasyopakliṣṭatā
duṣprativedhyā/ | 왕비여! 이 두 가르침은 통달하기 어렵습니다. 본질적으로 청
정한 심이란 통찰하기 어렵습니다. 바로 그 심이 염오되었다는 사실은 통찰하기
어렵습니다.〉

619 『대승기신론』에서 원효의 과문으로 '광본각廣本覺'의 '명수염본각明隨染本覺' 단
락에서는 "衆生自性淸淨心, 因無明風動, 心與無明俱無形相, 不相捨離, 而心非動性.
若無明滅相續則滅, 智性不壞故."(T32, p.576c13~16)라고 하는데, 자성청정심自性
淸淨心이 무명풍無明風의 오염에 따라 동요할 때는 자성청정심自性淸淨心과 무명無
明이 모두 독자적인 형상形相이 없어 서로 배제하거나 분리되지 않지만, 자성청정
심自性淸淨心은 본래 동성動性이 아니어서 무명無明이 사라지면 업식業識 등의 상
속이 사라지고 자성청정심自性淸淨心의 '지혜 면모'(智性)는 파괴되지 않는다고 하
여, 오염에 따르면서도 오염되어 있지 않은 수염본각隨染本覺의 면모를 설명한다.
'명수염본각明隨染本覺' 단락에 대한 『기신론소』의 원효의 주석 중에서도 본각本覺
의 '오염에 따르면서도 오염되어 있지 않은 면모'에 대해서는 "業識轉識等諸識相, 無
明所起, 皆是不覺. … 如是諸識不覺之相, 不離隨染本覺之性."(H1, p.711b7~10)이라
고 하여, 무명無明에 의해 일어나는 업식業識 · 전식轉識 등의 모든 오염된 식識들
의 불각상不覺相이, 수염본각隨染本覺의 본연인 자성청정심自性淸淨心과 분리되

되어 있지 않음'(染而不染)]은 진제眞諦 삼장三藏의 뜻이며, [아마라식진여해성阿摩羅識眞如解性을 주장한] 여섯 번째 법사는 〈'참 그대로인 부처면모'(眞如佛性)는 '오염되어 있지만 오염되어 있지 않은 측면'(染而不染門)에서 증득된다〉라고 말한다.

前之五義皆在染門. 何者? 隨染之心, 不守一性, 對緣望果, 必有可生. 可生之性, 不由熏成, 是故說名法爾種子. 第五師義得此門也. 又卽如是隨染之心乃至轉作生滅識位, 而恒不失神解之性, 由不失故, 終歸心原. 第四師義亦當此門也.

[H1, p.538c15~21: T38, p.249c3~9]

(나) [본연은] 오염되어 있지 않지만 [현실은] 오염되어 있는 측면(不染而染門)

앞의 다섯 [법사들이 주장한] 뜻은 모두 '본연은 오염되어 있지 않지만 현실은 오염되어 있는 측면'(染門)에 놓인다. 어째서인가? '오염에 따르는 마음'(隨染之心)은 '하나처럼 통하는 본연'(一性)을 지키지 못하므로 '조건에 대응하여 과보를 추구하여'(對緣望果) 반드시 [오염에 따르는 마음이] 생겨나게 된다. [그러나] '생겨나게 하는 것의 본연'(可生之性)은 '거듭 익힘'(熏)에 의해 이루어지는 것이 아니니, 그러므로 '진리 그대로인 종자'(法爾種子)라고 부른다. [아뢰야식법이종자阿賴耶識法爾種子를 주장하는] 다섯 번째 법사의 뜻은 이 측면에 해당한다.

또한 바로 이와 같은 '오염에 따르는 마음'(隨染之心)은 바뀌어 가면서 [근본무지에 따라] 생멸하는 의식단계'(生滅識位)[620]를 만들어 내지만

<hr/>

어 있지 않다고 설명한다.

620 생멸식위生滅識位: 『대승기신론』의 '석생멸인연釋生滅因緣'의 '석의전釋意轉'(원효 과문) 단락(T32, p.577b5~23)에서는 불각심不覺心의 총괄적 전개에 대해 "不覺而

'신묘하게 이해하는 면모'(神解之性)를 늘 잃지 않으며, ['신묘하게 이해하는 면모'(神解之性)를] 잃지 않기 때문에 끝내는 '마음의 본원'(心原)으로 돌아갈 수 있다. [신령불실지성神靈不失之性을 주장하는] 네 번째 법사의 뜻도 이 측면에 해당한다.

> 又若隨染生滅之心依內熏力, 起二種業, 所謂厭苦求樂之能因. 此爲本, 當至極果. 第三師義當此門也. 如是一心隨染轉時, 隨所至處, 總御諸法, 處處受生, 說名受⁶²¹生. 第二師義合於是門也. 如是衆生本覺所轉, 必當得至大覺之果, 而今來現, 說名當果. 第一師義合於是門也.
>
> [H1, pp.538c21~539a5: T38, p.249c9~15]

또 만약 '오염에 따라 생멸하는 마음'(隨染生滅之心)이 '[참 그대로인 면모가] 거듭 영향을 주는 내면의 힘'(內熏力)⁶²²에 의거한다면 두 가지 행위

起, 能見, 能現, 能取境界, 起念相續. 故說爲意."(T32, p.577b5~6)라고 하여 기기起, 능견能見, 능현能現, 능취경계能取境界, 기념상속起念相續의 다섯 가지 면모를 제시하고 이 생멸하는 의식현상을 총괄하여 의意라고 명명하며, 이어서 "此意復有五種名, 云何爲五?"(T32, p.577b6)라고 하면서 이 생멸하는 의식현상인 의意를 다섯 가지로 나누어 ① 업식業識, ② 전식轉識, ③ 현식現識, ④ 지식智識, ⑤ 상속식相續識이라고 밝힌다.

621 이영무(1984), 은정희 등 공역(2017)에서는 '受'를 '衆'으로 고친다. 이에 따른다.

622 내훈력內熏力: 『대승기신론』의 '명진여훈습明眞如熏習'의 '명자체훈습明自體熏習' 단락에서 "自體相熏習者, 從無始世來, 具無漏法備, 有不思議業, 作境界之性. 依此二義, 恒常熏習, 以有力故, 能令衆生厭生死苦求涅槃, 自信己身有眞如法, 發心修行."(T32, p.578b20~24)이라고 하는 것에 따르면, 중생에게는 무시이래로 무루법無漏法인 진여眞如가 구비되어 있어 '생각으로 가늠하기 어려운 행위'(不思議業)들과 '대상세계의 본연을 드러내는'(作境界之性) 두 가지 면모에 의거하여 늘 훈습熏習하는 힘(力)이 있기 때문에 그 힘이 중생으로 하여금 생사고生死苦를 싫어하고 열반涅槃을 낙구樂求하게 하며 중생 자신에게 진여법眞如法이 있음을 믿어 발심수행發心修行하게 한다고 설명한다. 본문과 연관하여 말하자면 진여법眞如法에 의한 내훈력內熏力이 염고厭苦와 낙구樂求라는 2종업二種業을 일으킨다고 이해할

를 일으키니, '[생사生死의] 괴로움을 싫어하고 [열반涅槃의] 행복을 추구하는 원인'(厭苦求樂之能因)[이 되는 행위]가 그것이다. 이 [행위들]을 근본으로 삼아 미래에 '궁극적 결실'(極果)[인 열반]에 이른다. [괴로움을 싫어하고 행복을 추구하는 '마음의 면모'(心性)를 주장하는] 세 번째 법사의 뜻은 이 측면에 해당한다.

이와 같이 [본연인] '하나처럼 통하는 마음'(一心)이 [분별의] 오염에 따르면서 바뀌어 갈 때, 이르는 곳에 따라 모든 [마음의] 현상(法)을 거느리면서 곳곳에서 [근본무지에 매인] 삶을 사는 것을 중생衆生이라고 부른다. [마음을 거느리는 주인인 '현재에 있는 중생'(現有衆生)을 주장하는] 두 번째 법사의 뜻은 이 측면에 부합한다.

이러한 중생衆生은 '깨달음의 본연이 바뀌어 간 것'(本覺所轉)[623]이어서 반드시 미래에 '크나큰 깨달음이라는 결과'(大覺之果)에 이르게 될 것이므로 '지금 나타나 있는 [중생]'(今來現)[624]을 '미래에 [있을 부처라는] 결

수 있겠다.

623 '본각本覺'을 '깨달음의 본연'이라 번역하였다. 한자의 어순으로 보면 '본연적 깨달음'이나 '본래적 깨달음'으로 번역하는 것이 자연스럽지만, 그렇게 번역할 경우 본각本覺을 '본래 존재하는 완전한 본체나 본질 혹은 실체'로 간주할 가능성이 높다. '본각本覺'이라는 개념을 채택하는 『대승기신론』이나 이 개념에 대한 원효의 이해를 일종의 '본체-현상'론으로 파악하는 것은 철학적 오독誤讀으로 보인다. 이 문제는 『대승기신론』이나 원효사상 나아가 본각·불성佛性·진심眞心·자성청정심自性淸淨心 등과 같은 긍정형 기호들을 즐겨 채택하는 동아시아 대승교학이나 선종의 사상이 붓다의 무아법설과 어떻게 결합되는가 하는 매우 근원적인 질문을 안고 있다. 정밀하고도 풍부한 철학적 밑그림을 그려 가면서 논의해야 할 문제이기에 여기서 더 이상 거론하지는 못하지만, 이 번역에서는 '본각'에 대한 '본체-현상'론, 혹은 소위 기체설基體說적 이해를 가급적 줄일 수 있는 번역어를 채택하려고 시도한다.

624 금래현今來現: 이영무(1984)와 가은(2004)과 은정희 등 공역(2017) 등에서는 '今來現'을 '今未現'으로 교감하여 "지금에는 아직 나타나지 아니한다"(이영무), "현재에는 아직 나타나지 않는 것이니"(가은), "지금은 아직 나타나지 않았으므로"(은정희 등 공역) 등으로 번역한다. 그러나 굳이 교감하지 않고도 뜻이 통하므로 원

실'(當果)이라고 부른다. ['미래에 있을 부처라는 결실'(當有佛果)을 주장한] 첫 번째 법사의 뜻은 이 측면에 부합한다.

由是義故, 六師所說雖皆未盡佛性實體, 隨門而說, 各得其義. 故下文 說, "如彼盲人各各說象, 雖不得實, 非不說象. 說佛性者亦復如是, 不卽 六法, 不離六法." 當知此中六說亦爾. 出體門竟.

[H1, p.539a5~10: T38, p.249c15~19]

이러한 뜻이기 때문에 여섯 법사의 설명은 비록 모두가 '부처면모의 실제 바탕'(佛性實體)을 [다 드러내기에는] 미진하지만, ['오염되어 있지만 오염되지 않거나' '오염되지 않았지만 오염되어 있는'] 측면(門)에 따라 말하여 각기 ['부처면모의 바탕'(佛性體)에 대한] 뜻을 얻었다. 그러므로 아래 [『열반경』의] 문장에서 "마치 저 눈먼 사람들이 각각 코끼리를 설명하는 것과 같으니, [그들은] 비록 실제를 얻지는 못하지만 코끼리를 설명하지 않은 것도 아니다. '부처의 면모'(佛性)를 설명하는 것도 이와 같으니, [불성佛性이] 바로 '[색色·수受·상想·행行·식識·아我의] 여섯 가지 현상'(六法)⁶²⁵인 것은 아니지만 '[색色·수受·상想·행行·식識·아我의] 여섯 가지 현상'(六法)에서 벗어나는 것도 아니다"⁶²⁶라고 말한다. 여기 여섯 [법사의] 설명도 이러함을 알아야 한다. '[불성佛性의] 바탕을 나타내는 부문'(出體門)을 마친다.

───

문 그대로 번역한다.

625 6법六法: 지금 인용된 『열반경』의 문장에 바로 이어지는 곳에서는 "善男子, 是故 我說衆生佛性非色不離色, 乃至非我不離我."(T12, p.802c2~4)라고 하여 불성佛性과 색色·수受·상想·행行·식識·아我의 관계를 부즉不卽과 불리不離의 면모로 설명하고 있으므로, 6법六法은 색色·수受·상想·행行·식識의 오온五蘊과 아我를 가리키는 것으로 보인다.

626 『열반경』 권30(T12, p.802b29~c2). "如彼盲人各各說象, 雖不得實, 非不說象. 說佛 性者亦復如是, 非卽六法, 不離六法."

第二明因果門. 佛性之體非因非果, 而亦不非因果性. 所以擧體, 作因作果. 果佛性者, 佛之體性, 故名佛性. 如「迦葉品」云, "如來十力四無畏等無量諸法是佛之[627]性." 又下文言, "如來已得阿耨菩提所有佛性一切佛法, 常無變易. 故無三世, 猶如虛空." 如是等文明果佛性. 因佛性者, 作佛之性, 故名佛性. 如「師子吼」中言, "是因非果, 名爲佛性. 非因生故, 是因非果." 又下文言, "衆生佛性亦二種因, 正因者謂諸衆生, 緣因者謂六波羅蜜." 如是等文說因佛性.

[H1, p.539a11~22: T38, p.249c19~29]

② [불성佛性의] 원인과 결과에 관한 부문(因果門)

두 번째인 '[불성佛性의] 원인과 결과에 관한 부문'(因果門)을 밝힌다.

가. 총괄적으로 설명함(總說)[628]

'부처면모의 바탕'(佛性之體)은 '원인도 아니고 결과도 아니지만'(非因非果), '원인과 결과의 면모'(因果性)가 아닌 것도 아니다. 그러므로 [불성佛性의] 바탕(體)에 의거하여 [불성佛性은] '[성불成佛의] 원인이 되기도 하고 결과가 되기도 한다'(作因作果).

'[성불成佛의] 결과로서의 부처면모'(果佛性)라는 것은 '부처 본연의 면모'(佛之體性)이니, 그러므로 '부처의 면모'(佛性)라고 부른다. 마치 [『열반경』]「가섭품迦葉品」에서 "여래如來의 '열 가지 [지혜의] 능력'(十力)[629]과

---

627 『열반경』 원문에 따라 '之'를 '佛'로 고친다.

628 아래 "總說雖然, 於中分別者."(H1, p.539a22~23)와 "別門雖然, 就實通論者."(H1, p.539b15~16)에 의거하여 총설總說과 분별分別과 취실통론就實通論의 세 단락으로 과문한다.

629 10력十力: 『대지도론』 권2에서는 일체지인一切智人인 부처님이 얻은 10가지 지

'네 가지 두려움 없는 [지혜]'(四無畏)630 등 헤아릴 수 없이 많은 현상들이 '[결과로서의] 부처들의 면모'(佛佛性)이다"631라고 말하는 것과 같다. 또 아래 [『열반경』의] 문장에서는 "여래가 이미 '최고의 깨달음'(阿耨菩提)을 얻어서 가지게 된 '부처의 면모'(佛性)와 모든 '부처의 진리'(佛法)는 늘 '변하여 달라지는 것이 없다'(無變易). 그러므로 '과거·현재·미래[의 모든 시간]'(三世)에 [구애됨이] 없으니, 마치 허공과 같다"632라고 말한다. 이

혜의 힘을 다음과 같이 나열한다. "實有一切智人, 何以故? 得十力故. ① 知處非處故, ② 知因緣業報故, ③ 知諸禪定解脫故, ④ 知衆生根善惡故, ⑤ 知種種欲故, ⑥ 知種種世間無量性故, ⑦ 知一切至處道故, ⑧ 先世行處憶念知故, ⑨ 天眼分明得故, ⑩ 知一切漏盡故. … 如是種種因緣故, 佛爲一切智人."(T25, p.75a20~29.) 번호는 10력十力의 순서를 표시한다. 같은 책 권19에서는 "佛雖有無量力, 但說十力, 於度衆生事足."(T25, p.198b7~8)이라고 하여 부처님이 가진 무량력無量力에서 10력十力만을 말해도 중생을 구제하는 일에 충분하다고 설명한다.

630 4무외四無畏: 『대지도론』 권25에서는 부처님이 두루 완전히 알아(盡遍知) 네 가지 일에 두려움이 없는 것을 다음과 같이 나열한다. "略說是四無所畏體. ① 一者正知一切法, ② 二者盡一切漏及習, ③ 三者說一切障道法, ④ 四者說盡苦道. 是四法中, 若有如實言不能盡遍知, 佛不畏是事, 何以故? 正遍知了故. 初二無畏爲自功德具足故, 後二無畏爲具足利益衆生故."(T25, p.242a22~27.) 번호는 4무외四無畏의 순서를 표시한다. 같은 곳에서는 부처님이 얻는 지혜인 10력十力과 4무외四無畏의 차이에 대해 "問曰, 十力皆名智, 四無所畏亦是智, 有何等異? 答曰, 廣說佛諸功德是力, 略說是無畏. 復次能有所作是力, 無所疑難是無畏. 智慧集故名力, 散諸無明故名無畏. 集諸善法故名力, 滅諸不善法故名無畏. 自有智慧故名力, 無能壞者故名無畏. 智慧猛利是力, 堪受問難是無畏. 集諸智慧是名力, 智慧外用是無畏."(T25, p.242a29~b8)라고 하여, 10력十力의 자세함과 4무외四無畏의 간략함 이외에, 대체로 지혜智慧의 자체 내용을 밝힌 것이 10력十力이고 무명無明과의 관계를 밝힌 것이 4무외四無畏라고 설명한다.

631 『열반경』 권32 「가섭보살품제24迦葉菩薩品第二十四」(T12, p818a18~23). "如來十力四無所畏, (大慈大悲三念處, 首楞嚴等八萬億諸三昧門, 三十二相八十種好, 五智印等三萬五千諸三昧門, 金剛定等四千二百諸三昧門, 方便三昧無量無邊, 如是等法)是佛佛性." 원효는 괄호의 내용을 '等無量諸法'이라고 축약한다.

632 『열반경』 권33(T12, p.828b11~13). "如來已得阿耨多羅三藐三菩提所有佛性一切佛法, 常無變易. 以是義故, 無有三世, 猶如虛空."

와 같은 글들은 '[성불成佛의] 결과로서의 부처 면모'(果佛性)를 밝힌다.

'[성불成佛의] 원인으로서의 부처면모'(因佛性)라는 것은 '부처를 이루는 면모'(作佛之性)이니, 그러므로 '부처의 면모'(佛性)라고 부른다. 마치 [『열반경』]「사자후품師子吼品」에서 "'[열반涅槃을 드러내는] 원인이지 결과가 아닌 것'(是因非果)을 '부처의 면모'(佛性)라고 부른다. [불성佛性은] '생겨나게 하는] 원인으로서 [열반涅槃을] 생겨나게 하는 것이 아니기'(非因生) 때문에 '[열반涅槃을 드러내는] 원인이지 결과가 아닌 것'(是因非果)이다"[633]라고 말하는 것과 같다. 또 아래 [『열반경』의] 문장에서는 "'중생의 부처면모'(衆生佛性)도 두 가지의 원인이 되니, [열반涅槃을 드러내는] '가장 중요한 원인'(正因)[으로서의 불성佛性]이라는 것은 모든 중생衆生을 가리키고, '보조적인 원인'(緣因)[으로서의 불성佛性]이라는 것은 [보시布施·지계持戒·인욕忍辱·정진精進·선정禪定·지혜智慧의] 여섯 가지 보살수행'(六波羅蜜)을 가리킨다"[634]라고 말한다. 이와 같은 글들은 '[성불成佛의] 원인으로서의

---

[633] 『열반경』 권26 「사자후보살품제23師子吼菩薩品第二十三」(T12, p.774c21~22). "是因非果, 名爲佛性. 非因生故, 是因非果." 인용문의 맥락을 분명히 하기 위해 전후 문장을 함께 인용하면 다음과 같다. "善男子, 涅槃之體畢竟無因, 猶如無我及無我所. 善男子, 世法涅槃終不相對, 是故六事不得爲喩. 善男子, 一切諸法悉無有我, 而此涅槃真實有我. 以是義故, 涅槃無因而體是果. (是因非果, 名爲佛性. 非因生故, 是因非果.) 非沙門果故, 名非果. 何故名因? 以了因故. 善男子, 因有二種, 一者生因, 二者了因."(T12, p.774c16~24.) 괄호는 본문에서 인용된 부분을 표시한다. 인용문의 앞부분은 대체로 열반涅槃은 원인을 갖는 세법世法과 상대相對가 되지 않아 원인을 갖지 않는다는 내용이다. 그러므로 불성佛性이 열반涅槃의 원인이 된다고 말할 때, 이 원인으로서의 불성佛性은 열반涅槃을 생겨나게 하는 원인인 생인生因이 아니라 열반을 드러내는 원인인 요인了因이라는 것이 본문에서 인용한 문장의 내용이 된다. 인용문의 뒷부분에서는 원인을 생인生因과 요인了因의 두 가지 개념으로 나누고 있다. 생인生因이 어떤 현상을 발생시키는 원인이라면 요인了因은 어떤 현상의 발생을 완성시키는 데 필요한 원인으로서, 이러한 생인生因과 요인了因이라는 개념이 열반과 관련해서는 '생인生因은 없고 요인了因만이 있다'는 관점이 된다.

[634] 『열반경』 권26(T12, p.775b27~29). "衆生佛性亦二種因, (一者正因, 二者緣因.) 正

부처면모'(因佛性)를 설명한다.

總說雖然, 於中分別者, 果有二種, 所生所了. 所了果謂涅槃果, 即是
法身. 所生果者, 謂菩提果, 即是報佛. 對此二果, 說二佛性. 法佛性者,
在性淨門, 報佛性者, 在隨染門. 如「師子吼」中言, "善男子, 我所宣說涅
槃因者, 所謂, 635 佛性之性不生涅槃. 是故636無因. 能破煩惱故, 名大果,
不從道生故, 名無果. 是故涅槃無因無果." 是文正顯法佛之性, 唯約隱
顯, 說爲因果也.

[H1, p.539a22~b7: T38, pp.249c29~250a8]

나. [불성佛性의 인과因果를] 구분함(分別)

　[불성佛性의 인과因果를] '총괄적으로 설명한 것'(總說)은 비록 이러하지
만, 이 내용을 구분하면 [다음과 같다.] '[성불成佛의] 결과'(果)[로서의 불성佛
性]에는 두 가지가 있으니, '생겨난 [결과]'(所生)[로서의 불성佛性]과 '드러난
[결과]'(所了)[로서의 불성佛性]이다. [불성佛性이 원인이 되어] '드러난 결과'(所
了果)는 '열반이라는 결과'(涅槃果)를 가리키니, 바로 '진리의 몸'(法身)이
다. [불성佛性이 원인이 되어] '생겨난 결과'(所生果)라는 것은 '깨달음이라
는 결과'(菩提果)를 가리키니, 바로 '[진리성취의] 결실인 부처 몸'(報佛)이
다. 이 [열반과涅槃果와 보리과菩提果라는] '두 가지 결과'(二果)에 대응하여
[법신法身과 보신불報身佛이라는] '두 가지 부처면모'(二佛性)를 말한다. '진
리로서의 부처면모'(法佛性)라는 것은 '본연이 온전한 측면'(性淨門)에
속하고, '결실을 맺을 부처면모'(報佛性)라는 것은 '오염에 따르는 측면'

　因者謂諸衆生, 緣因者謂六波羅蜜." 괄호는 생략된 내용을 표시한다.
635 『열반경』 원문에 따라 '謂' 뒤에 '佛性'을 넣는다.
636 『열반경』 원문에 따라 '故' 뒤에 '我言涅槃'을 넣는다.

(隨染門)에 속한다.

['진리로서의 부처면모'(法佛性)는] 『열반경』「사자후품師子吼品」에서 "훌륭한 이여, 내가 널리 말한 '열반의 원인'(涅槃因)이라는 것은 이른바 [열반을 드러내는 원인으로서의] '부처 면모'(佛性)이지만, '부처면모의 본연'(佛性之性)이 열반涅槃을 생겨나게 하지는 못한다. 그러므로 나는 열반涅槃에는 [생겨나게 하는] 원인이 없다고 말한다. ['오염에 따르는 측면'(隨染門)에서는] 번뇌를 없애[어 열반을 얻을 수 있]기 때문에 [열반을] '크나큰 결과'(大果)라고 부르지만, ['본연이 온전한 측면'(性淨門)에서는] 수행(道)에 따라 [열반을] 생겨나게 하는 것이 아니기 때문에 [열반에는] '결과가 없다'(無果)고 부른다. 그러므로 열반涅槃에는 '원인도 없고 결과도 없다'(無因無果)"[637]라고 말한 것과 같다. 이 글은 '진리인 부처의 면모'(法佛之性)를 곧바로 드러내었으니, 오직 '[열반이] 드러나지 않은 것과 드러난 것'(隱顯)에 의거하여 [불성佛性의] 원인과 결과가 된다고 말한 것이다.

> 「迦葉品」云, "夫佛性者, 不名一法, 不名萬法, 未得阿耨菩提之時, 一切善不善無記法, 盡名佛性," "非佛性者, 所謂一切牆壁瓦石無情之物, 離如是等無情之物, 是名佛性." 是文正明報佛之性, 以隨染動心雖通三性, 而亦不朱神解之性故, 說此爲報佛性. 但爲簡別怯[638]佛性門遍一切有情無情, 是故於報佛性不取無情物也.
>
> [H1, p.539b7~15: T38, p.250a8~15]

[다음으로 '결실을 맺을 부처면모'(報佛性)에 대해서는] 『열반경』「가섭품迦葉

---

637 『열반경』 권27 「사자후보살품제23師子吼菩薩品第二十三」(T12, p.784a13~16). "我所宣說涅槃因者, 所謂佛性, 佛性之性不生涅槃. 是故我言涅槃無因. 能破煩惱故, 名大果, 不從道生故, 名無果. 是故涅槃無因無果."

638 한불전 교감주에 "'怯'은 '法'인 듯하다"라고 되어 있다. 교감주에 따른다.

品」에서 "무릇 '부처의 면모'(佛性)라는 것은 '한 가지'(一法)라고 부르지도 못하고 '만 가지'(萬法)라고 부르지도 못하니, 아직 '최고의 깨달음'(阿耨菩提)을 얻지 못했을 때에는 '이롭거나'(善) '이롭지 않거나'(不善) '이롭지도 않고 해롭지도 않은'(無記) 모든 것을 다 '부처의 면모'(佛性)라고 부른다"⁶³⁹라 말하고, [또] "'부처의 면모'(佛性)가 아닌 것은 모든 담·벽·기와·돌 등의 '의식이 없는 존재'(無情之物)를 말하니, 이와 같은 '의식이 없는 존재'(無情之物)를 제외한 것을 '부처의 면모'(佛性)라 부른다"⁶⁴⁰라고 말한다. 이 글은 '결실을 맺을 부처면모'(報佛之性)를 곧바로 밝힌 것이니, '오염에 따라 동요하는 마음'(隨染動心)은 비록 [선善·불선不善·무기無記라는] 세 가지 면모'(三性)에 통하지만 또한 '신묘하게 이해하는 [마음의] 면모'(神解之性)를 잃지 않기 때문에 이것을 '결실을 맺을 부처면모'(報佛性)라고 말한다. 다만 '진리로서의 부처면모라는 측면'(法佛性門)이 모든 '의식이 있는 존재'(有情)와 '의식이 없는 존재'(無情)에 모두 통한다는 것과 구별하고자 하기 때문에 '결실을 맺을 부처면모'(報佛性)[라는 측면]에서는 '의식이 없는 존재'(無情物)를 취하지 않았다.

別門雖然, 就實通論者, 性淨本覺亦爲二身之性, 隨染解性亦作法身之因. 何以知其然者? 如『實⁶⁴¹性論』言, "依二種佛性, 得出三種身." 『佛性論』中顯是意言, "佛性有二種, 一者住自性性, 二者引出佛性. 爲顯住自性性故, 說地中寶藏爲譬, 爲顯引出佛性故, 說掩⁶⁴²羅樹芽爲譬. 約此

---

639 『열반경』 권33 「가섭보살품제24迦葉菩薩品第二十四」(T12, p.828a20~23). "夫佛性者, 不名一法, (不名十法, 不名百法, 不名千法,) 不名萬法, 未得阿耨多羅三藐三菩提時, 一切善不善無記, 盡名佛性." 괄호는 생략된 부분을 표시한다.

640 『열반경』 권33 「가섭보살품제24迦葉菩薩品第二十四」(T12, p.828b27~28). "非佛性者, 所謂一切牆壁瓦石無情之物, 離如是等無情之物, 是名佛性."

641 한불전 교감주에 "'實'은 '寶'인 듯하다"라고 되어 있다. 교감주에 따른다.

642 『불성론』 원문에 따라 '掩'을 '蓭'으로 고친다.

> 雨⁶⁴³因故, 佛說三身果. 一者因住自性佛性, 故說法身, 法身有四種功
> 德, 是故說毀敗布⁶⁴⁴裏眞金譬. 二者因引⁶⁴⁵佛性, 故說應身, 是故說貧女
> 如壞⁶⁴⁶輪王譬. 三者因引出佛性, 故復出化身, 故說羅漢⁶⁴⁷中佛像爲譬,"
> 乃至廣說.
>
> [H1, p.539b15~c4: T38, p.250a15~26]

다. 실제에 의거하여 [불성佛性의 인과因果에 대한] 논의를 소통시킴(就實通論)

[불성佛性의 인과因果를] '구분하는 측면'(別門)은 비록 이러하지만, '실제
에 의거하여 논의를 소통시킨다면'(就實通論) [다음과 같다.] '본래면모가
온전한 깨달음의 본연'(性淨本覺)도 [보신報身이나 응화신應化身이라는] 두
가지 부처 몸의 본연'(二身之性)이 되고, '오염에 따르면서도 [신묘하게]
이해하는 면모'(隨染解性) 역시 '진리 몸의 원인'(法身之因)이 된다. 어떻
게 그런지 아는가?
　　마치 『보성론寶性論』에서 "[주자성성住自性性과 인출불성引出佛性의] 두 가
지 부처면모'(二種佛性)에 의거하여 '[법신法身·응신應身·화신化身의] 세
가지 부처 몸'(三種身)을 나타낼 수 있다"⁶⁴⁸라고 말하는 것과 같다. 『불

---

643 한불전 교감주에 "'雨'는 '兩'인 듯하다"라고 되어 있다. 『불성론』 원문에 따라 '兩'
　　으로 고친다.
644 『불성론』 원문에 따라 '毀敗布'를 '敗帛'으로 고친다.
645 『불성론』 원문에 따라 '引' 뒤에 '出'을 넣는다.
646 문맥에 따라 '壞'를 '懷'로 고친다. 인용문에 대한 『불성론』 원문의 해당 대목에서
　　는 '如懷'가 나오지 않으나, 제8 빈녀貧女의 비유를 서술하는 앞 문단의 『불성론』
　　문장에 "立貧女懷王子譬, 譬如轉輪王子在貧女腹中, 胎不能汚."(T31, p.808a4~5)라
　　고 하여 "貧女懷王子譬"라는 표현이 미리 나와 있으므로 원효는 내용 축약과정에
　　서 '如懷'의 표현을 사용한 것으로 보인다.
647 『불성론』 원문에 따라 '羅漢'을 '楔'로 고친다.
648 『구경일승보성론』 권4(T31, p.839a4). "依二種佛性, 得出三種身." 〈산스크리트본

성론佛性論』에서는 이 [『보성론』의] 뜻을 드러내어 [다음과 같이] 말한다. "'부처의 면모'(佛性)에는 두 가지가 있으니, 첫 번째는 '[참 그대로의] 본연에 머무르는 면모'(住自性性)649이고 두 번째는 '[응화신應化身을] 이끌어 내는 부처면모'(引出佛性)650이다. '[참 그대로의] 본연에 머무르는 면모'(住自性性)를 드러내고자 하기 때문에 '땅속에 묻힌 보배'(地中寶藏)를 말하여 비유로 삼았고, '[응화신應化身을] 이끌어 내는 부처면모'(引出佛性)를 드러

의 해당 내용. RGV 72,1: <u>buddha-kāya-trayāvāptir asmād gotra-dvayān matā/ prathamāt prathamaḥ kāyo dvitī(37b)yād dvau tu paścimau //150//</u> | <u>이 두 가지 종성으로부터 세 가지 불성의 획득이 있다고 간주된다.</u> 첫 번째 [종성]으로부터는 첫 번째 [불]신이, 두 번째 [종성]으로부터는 뒤 두 가지 [불신이 획득된다.] //150//〉

649 주자성성住自性性: 본문의 인용문에도 나오듯이『불성론』권5에서는 "因住自性佛性, 故說法身."(T31, p.808c9)이라고 하여, 주자성성住自性性(住自性佛性)은 법신法身이 의거하는 면모를 가리킨다. 본문에 인용된『불성론』의 생략된 내용에서는 주자성성住自性性의 6종덕六種德으로 ① 최난득最難得, ② 청정무구淸淨無垢, ③ 위신무궁威神無窮, ④ 능장엄일체세간공덕선근能莊嚴一切世間功德善根, ⑤ 최승最勝, ⑥ 세법중무유변이世法中無有變異(T31, p.808b18~29 참조)를 제시하는데, 예를 들어 ① 최난득最難得에 대해서는 "於無數時節, 起正勤心, 因福德智慧滿足莊嚴, 方始顯現故."(T31, p.808b19~20)라고 하여 무수한 시간 동안 정근심正勤心을 일으켜 복덕과 지혜로 완전히 장엄해야 비로소 현현하는 것이라 하고, ⑥ 세법중무유변이世法中無有變異에 대해서는 "雖燒打磨, 不能改, 其自性故, 取寶藏, 以譬住自性佛性."(T31, p0808b29~c1)이라고 하여 태우고 때리고 갈아 없애려고 해도 그 스스로의 본연을 바꿀 수 없기 때문에 보장寶藏으로 주자성불성住自性佛性(住自性性)을 비유한다고 한다.

650 인출불성引出佛性: 본문의 인용문에도 나오듯이『불성론』권5에서는 "因引出佛性, 故說應身."(T31, p.808c16)이라 하고 "因引出佛性, 復出化身."(T31, p.808c25)이라고 하여, 인출불성引出佛性은 응신應身과 화신化身이 의거하는 면모를 가리킨다. 본문에 인용된『불성론』의 생략된 내용에서는 "二者引出佛性, 從初發意至金剛心, 此中佛性, 名爲引出. 言引出者, 凡有五位, 一能出闡提位, 二能出外道位, 三出聲聞位, 四出獨覺位, 五出菩薩無明住地位."(T31, p.808c1~5)라고 하여, 인출불성引出佛性은 10주十住인 초발의보살初發意菩薩로부터 묘각지妙覺地 이전 등각지等覺地의 금강심金剛心(金剛喻定)까지의 보살 수행자에게 깃든 불성佛性이라고 하면서 ① 천제闡提, ② 외도外道, ③ 성문聲聞, ④ 독각獨覺, ⑤ 보살무명주지菩薩無明住地의 5위五位를 제시한다.

내고자 하기 때문에 '암라나무의 싹'(菴羅樹芽)651을 말하여 비유로 삼았다. 이 '[주자성성住自性性과 인출불성引出佛性의] 두 가지 원인'(兩因)에 의거하기 때문에 부처님은 '[법신法身·응신應身·화신化身이라는] 세 가지 몸이라는 결과'(三身果)를 말한다. 첫 번째로 '[참 그대로의] 본연에 머무르는 부처면모'(住自性佛性)를 원인으로 삼기 때문에 '진리의 몸'(法身)을 설하는데, '진리의 몸'(法身)에는 '네 가지 이로운 능력'(四種功德)652이 있으므로 '부패하는 비단 속 진짜 금덩어리의 비유'(敗帛裹眞金譬)를 말한다. 두 번째로 '[응화신應化身을] 이끌어 내는 부처면모'(引出佛性)를 원인으로 삼기 때문에 '[중생의 바람에] 응하여 [특정한 부처님의 모습으로] 나타나는 몸'(應身)을 설하니, 이런 까닭에 '가난한 여인이 전륜성왕轉輪聖王653을

---

651 암라수아菴羅樹芽: 암라수菴羅樹는 암몰라수菴沒羅樹, 암마라수菴摩羅樹, 암바라수菴婆羅樹라고도 하고, 일반적으로 망고나무를 가리킨다. 인도 각지에 분포하고, 꽃은 많지만 열매나 씨가 적은 것이 특징이다. 『佛光大辭典』 p.5257 참조. 본문에 인용된 『불성론』의 생략된 내용에서는 "如彼樹芽, 能破皮肉, 得出生爲大樹王故, 說引出佛性. 如菴羅樹芽能生大樹王故."(T31, p.808c6~8)라고 하여 씨앗의 껍질을 부수어 큰 나무가 되는 과정에 있는 암라수의 싹(菴羅樹芽)을 인출불성引出佛性에 비유한다.

652 법신法身의 4종공덕四種功德: 본문에 인용된 『불성론』의 생략된 내용에서는 "四功德者, 一自性有, 如金本有, 非所造作. 二淸淨, 如金本淨塵垢不能染污. 三爲一切功德所依處, 如金能成種種寶物故. 四平等所得, 謂一切衆生並同應得, 如金無的主衆人共有. 隨其功力, 修者即得故, 說法身猶如真金."(T31, p.808c11~16)이라고 하여 ① 자성유自性有, ② 청정淸淨, ③ 일체공덕소의처一切功德所依處, ④ 평등소득平等所得을 제시한다.

653 윤왕輪王(轉輪聖王): 전차에 해당하는 윤보輪寶를 굴리는 왕이라는 뜻이다. 부처님 시대에는 전륜성왕轉輪聖王이 나타나 윤보輪寶·상보象寶·마보馬寶·주보珠寶·여보女寶·거사보居士寶·주병신보主兵臣寶의 7보七寶로 세상을 통일하고 백성들을 화락和樂하게 한다는 설이 성행했는데, 전륜성왕轉輪聖王이 윤보輪寶를 굴리는(轉) 것에 빗대어 부처님이 설법하는 것을 전법륜轉法輪이라고 한다. 전륜성왕轉輪聖王은 태고 시대로부터 많이 출현하여 경론에 그 이름이 매우 많은데, 정생왕頂生王·대선견왕大善見王·민주선사왕民主善思王 등이 있다. 『佛光大辭典』 pp.6624~6625 참조.

잉태한 것과 같은 비유'(貧女如懷輪王譬)를 말한다. 세 번째로 '[응화신應化身을] 이끌어 내는 부처면모'(引出佛性)를 원인으로 삼기 때문에 또한 '[중생의 바람에 응하여 갖가지 모습으로] 나타나는 몸'(化身)을 드러내니, 그러므로 '거푸집 틀 속의 부처 형상들'(模中佛像)을 말하여 비유로 삼는다"[654]라고 하면서 자세히 말한다.

此論意者, 應得因中, 具三佛性, 彼應得因如理爲體故. 如性淨門中眞如佛性, 通爲三身而作正因. 旣說性淨本覺雖非生滅, 而得與二身作正因, 當知隨染解性雖非常住, 而與法身作正因性. 如『不增不減經』言, "卽此法身煩惱[655]纏, 無始世來, 隨順世間波浪漂流, 去來生死, 名爲衆生, 離一切垢, 住於彼岸, 於一切法得自在力, 名爲如來應正遍知." 乃至廣說.

[H1, p.539c4~13: T38, p.250a26~b5]

---

654 천친天親, 『불성론』 권4(T31, p.808b15~28). "佛性有二種, 一者住自性性, 二者引出性. … 爲顯住自性故, 說地中寶藏譬, … 引出佛性, … 說菴羅樹芽爲譬. … 約此兩因故, 佛說三身果. 一者因住自性佛性, 故說法身, 法身有四種功德, 是故第七說敗帛裹眞金譬. … 二者因引出佛性, 故說應身, 是故第八說如貧賤女人有轉輪王胎, … 是故應身以胎中轉輪王爲譬. 三者因引出佛性, 復出化身, … 第九說摸中佛像爲譬." 원효는 『불성론』 권4의 긴 내용을 인용하면서 많은 부분을 생략하기도 하고 문장을 고쳐 표현하기도 한다. 생략한 부분은 '…'으로 표시했다. 고친 표현으로는 본문의 인용문에서 "爲顯引出佛性"과 "貧女如懷輪王譬"인데, "爲顯引出佛性"에서는 원문에 없는 '爲顯'을 삽입하여 앞선 문장인 "爲顯住自性性"과 대구를 이루게 하고, "貧女如懷輪王譬"에서는 위의 교감주에서 밝혔듯이 『불성론』 앞 문단의 표현을 참조하여 문맥을 분명히 하기 위해 고친 것으로 보인다. 원문에서 나오는 '第七', '第八', '第九' 등의 표현 역시 『불성론』 앞 문단에 미리 나온 9종 번뇌에 대한 9종 비유("復次爲現此九種煩惱故, 立九譬者" T31, p.807c9 이하) 중에 마지막 세 가지를 가리키는 것으로서 인용문에서는 불필요한 용어이므로 삭제한 것으로 보인다.

655 『부증불감경』 원문에 따라 '惱' 뒤에 '所'를 넣는다.

이 논서(『불성론』)의 뜻은 [다음과 같다.] '[불성佛性을] 얻게 하는 원인'(應得因)656에는 '[주자성성住自性性 · 인출불성引出佛性 · 지득과불성至得果佛性의] 세 가지 부처면모'(三佛性)657가 있으니, 저 '[불성佛性을] 얻게 하는 원인'(應得因)은 '[참 그대로인] 진리와 같음'(如理)을 본연(體)으로 삼기 때문이다. 마치 '본연이 온전한 측면'(性淨門)에서의 '참 그대로의 부처면모'(眞如佛性)가 '[법신法身 · 응신應身 · 화신化身의] 세 가지 부처 몸'(三身) 모두를 이루면서 '가장 중요한 원인'(正因)이 되는 것과 같다. 이미 '본래면모가 온전한 깨달음의 본연'(性淨本覺)은 비록 [근본무지에 따라] 생겨나거나 사라지지 않지만 '[응신應身과 화신化身의] 두 가지 부처 몸'(二身)에 대해 '가장 중요한 원인'(正因)이 된다고 말했으니,658 '오염에 따르면서도 [신묘하

---

656 응득인應得因: 『불성론』 권2에서는 '부처의 면모'(佛性)을 얻는 세 가지 원인(三因)에 대해 "三因者, 一應得因, 二加行因, 三圓滿因."(T31, p.794a12~13)이라고 하여 ① 응득인應得因, ② 가행인加行因, ③ 원만인圓滿因을 제시하는데, 같은 곳에서는 세 가지 각각에 대해 "應得因者, 二空所現眞如."(T31, p.794a13), "加行因者, 謂菩提心."(T31, p.794a15), "圓滿因者, 即是加行."(T31, p.794a17~18)이라고 하여 불성佛性을 얻는 가장 근본적 원인인 응득인應得因은 인공人空 · 법공法空으로 나타나는 진여眞如이고, 수행하게 하는 원인인 가행인加行因은 보리심菩提心이며, 불성佛性을 얻는 과정을 완성시키는 원인인 원만인圓滿因은 수행(加行)이라고 한다. 이어지는 설명에서는 "此三因前一則以無爲如理爲體, 後二則以有爲願行爲體."(T31, p.794a19~21)라고 하여, 응득인應得因의 본연은 무위여리無爲如理이고 가행인加行因과 원만인圓滿因의 본연은 유위원행有爲願行이라고 한다.

657 3불성三佛性: 『불성론』 권2에서는 불성佛性의 3인三因을 논의하는 대목에 이어서 3불성三佛性에 대해 "三種佛性者, 應得因中具有三性, 一住自性性, 二引出性, 三至得性. 記曰, 住自性者, 謂道前凡夫位, 引出性者, 從發心以上, 窮有學聖位, 至得性者, 無學聖位."(T31, p.794a21~24)라고 하여 ① 주자성성住自性性, ② 인출성引出性, ③ 지득성至得性(至得果佛性)을 제시하면서, 주자성성住自性性은 범부위凡夫位이고 인출성引出性은 초발심初發心에서 유학성위有學聖位까지이며 지득성至得性은 무학성위無學聖位라고 한다. 말하자면 주자성성住自性性은 성정문性淨門이므로 범부위凡夫位까지 포괄하고, 인출성引出性은 수염문隨染門이므로 불도佛道 수행의 과정에 해당하며, 지득성至得性은 수염문隨染門인 불도佛道 수행의 결과에 해당한다.

게] 이해하는 면모'(隨染解性)도 비록 '늘 본연에 머무는 것'(常住)은 아니
지만 '진리의 몸'(法身)에 대해 '가장 중요한 원인의 면모'(正因性)가 된
다는 것을 알아야 한다.

마치 『부증불감경不增不減經』에서 "바로 이 '진리의 몸'(法身)이 번뇌
에 얽혀 시작이 없는 때로부터 세간의 파도에 따라 떠돌아 흘러 다니면
서 [근본무지에 매여] 태어나고 죽는 일을 반복하는 것을 중생衆生이라 부
르고, [이 중생衆生이] 모든 번뇌에서 벗어나 [열반의] 저 언덕에 머무르면
서 '모든 현상'(一切法)에 대해 '자유자재한 능력'(自在力)을 얻은 것을
'진리와 같게 오신 분'(如來)·'마땅히 대접받아야 할 분'(應; 應供)·'모
든 것을 바르게 아는 분'(正遍知)이라 부른다"659라고 하면서 자세히 말

---

658 지금의 '취실통론就實通論' 단락의 서두에서 "性淨本覺亦爲二身之性"(H1, p.539b16)
이라고 설명한 대목을 가리키는 것으로 보인다.

659 『부증불감경不增不減經』 권1(T16, p.467b6~16). "即此法身(過於恒沙無邊)煩惱所
纏, 從無始世來, 隨順世間波浪漂流, 往來生死, 名爲衆生, … 離一切煩惱垢, (得淸淨,)
住於彼岸(淸淨法中到一切衆生所願之地, 於一切境界中究竟通達更無勝者, 離一切障離
一切礙,) 於一切法中得自在力, 名爲如來應正遍知." 괄호는 생략된 내용을 표시한다.
법신法身과 '응화 2신'(應化二身)의 소통적 성격을 경중하면서 원효는 법신法身으
로부터 중생衆生으로, 그리고 다시 중생衆生으로부터 여래응정변지如來應正遍知
로의 연속성을 분명히 드러내기 위해 『부증불감경』의 핵심적 내용만을 인용하는
것으로 보인다. 〈산스크리트본의 해당 내용. 『보성론』(T.31, 827a18-19)에 인용
되어 범본 확인 가능. RGV 40,16-41,5: ayam eva śāriputra dharma-kāyo
'paryanta-kleśa-kośa-koṭi-gūḍhaḥ/ saṃsāra-srotasā uhyamāno 'navarāgra-
saṃsāra-gati-cyuty-upapattiṣu saṃcaran sattva-dhātur ity ucyate/ sa eva
śāriputra dharma-kāyaḥ saṃsāra-sroto-duḥkha-nirviṇṇo viraktaḥ sarva-kāma-
viṣayebhyo daśa-pāramitāntargataiś catur-aśītyā dharma-skandha-sahasrair
bodhāya caryāṃ caran bodhisattva ity ucyate/ sa eva punaḥ śāriputra
dharma-kāyaḥ sarva-kleśa-kośa-parimuktaḥ sarva-duḥkhātikrāntaḥ sarvopakleśa-
malāpagataḥ śuddho viśuddhaḥ parama-pariśuddha-dharmatāyāṃ sthitaḥ
sarva-sattvālokanīyāṃ bhūmim ārūḍhaḥ sarvasyāṃ jñeya-bhūmāv advitīyaṃ
pauruṣaṃ sthām prāpto 'nāvaraṇa-dharmāpratihata-sarva-dharmaiśvarya-
balatām adhigatas tathāgato 'rhan samyak-saṃbuddha ity ucyate/ | 샤리푸트라

한 것과 같다.

『起信論』中, 爲顯是意故, 引喩言, "如海水因風波動, 水相風相不相捨離, 如是衆生自性淸淨心因無明風動, 心與無明不相捨離," 乃至廣說. 是意欲明法身雖非動相, 而離靜性. 隨無明風, 擧體動轉, 動轉之心不失解性, 後復無明還至歸本, 歸本之時, 還成法身. 是故當知隨染動心正爲還靜法身之因. 若依是門, 得說法身亦是作法, 以修諸行, 始得成靜故. 如『楞伽經』言, "若如來法身非作法者,[660] 言有修行無量功德一切行者, 皆是虛妄"故. 因果門竟.

[H1, pp.539c13~540a2: T38, p.250b5~15]

『대승기신론』에서는 이 [『부증불감경』의] 뜻을 드러내기 위해 비유를 들어 "마치 바닷물이 바람에 의해 파도가 일렁일 때 '물의 면모'(水相)와 '바람의 면모'(風相)가 서로 배제하거나 분리되지 않는다. 이와 마찬가지로 중생의 '본연이 온전한 마음'(自性淸淨心)이 근본무지(無明)의 바람에 의해 움직일 때 [본래면모가 온전한] 마음(心)과 근본무지(無明)는 서로 배제하거나 분리되지 않는다"[661]라고 하면서 자세히 말하고 있다. 이 [『대

여! 바로 이 법신이 수천 수만 수억의 번뇌의 덮개에 덮여 윤회의 흐름에 표류하면서 윤회적 존재형태의 생사 속에서 윤회할 때 중생계라고 불린다. 샤리푸트라여! 바로 이 법신이 윤회의 흐름이라는 고통을 혐오하고 모든 감각적 욕망의 대상에서 벗어나 열 가지 바라밀에 포함되는 팔만사천의 법온으로 보리를 위해 행위할 때 보살이라고 불린다. 샤리푸트라여! 나아가 바로 이 법신이 모든 번뇌의 덮개에서 벗어나고, 모든 고통을 넘어서며, 모든 수번뇌의 더러움을 여의고, 깨끗하고 청정하며, 최고의 청정한 법성에 머물고, 모든 중생이 우러러보는 단계에 올라 있으며, 인식되어야 할 모든 단계에서 두 번째가 아닌 대장부의 상태를 획득하고, 덮개가 없는 법과 방해받지 않는 모든 법에 자유자재한 힘을 얻었을 때, 여래 아라한 정각자라고 불린다.)
660 『입능가경』 원문에 따라 '者' 뒤에 '則是無身'을 넣는다.

승기신론』의] 뜻은, '진리의 몸'(法身)이 비록 [근본무지에 매여] 움직이는 것'(動相)이 아니지만 '고요한 면모'(靜性)에서도 벗어나 있음을 밝히려는 것이다. [법신法身은] '근본무지의 바람'(無明風)에 따라 [법신法身이라는] 본연(體)에 의거해 있으면서도 동요하여 바뀌어 가지만, '동요하여 바뀌어 가는 마음'(動轉之心)은 [신묘하게] 이해하는 면모'(解性)를 잃지 않아, 후에는 다시 근본무지(無明)가 도리어 본연(本)[인 진여眞如]로 돌아가기에 이르니, 본연(本)[인 진여眞如]로 돌아갈 때 다시 '진리의 몸'(法身)을 이룬다. 그러므로 '오염에 따라 움직이는 마음'(隨染動心)이 바로 '고요함으로 되돌아간 진리 몸'(還靜法身)의 원인이 됨을 알아야 한다. 만약 이러한 측면(門)에 의거한다면 '진리의 몸'(法身)도 '현상을 지어내는 것'(作法)이라고 말할 수 있으니, 모든 수행을 해야 비로소 [법신 본연의] 고요함'(靜)을 이룰 수 있기 때문이다. 『능가경』에서 "만약 '여래의 진리 몸'(如來法身)이 '현상을 지어내는 것'(作法者)이 아니라면 곧 [지어낼 수 있는] 몸(身)이 없다는 것이니, [그렇다면] '헤아릴 수 없이 많은 이로운 능력을 지닌 모든 것'(無量功德一切行)을 수행함이 있다고 말하는 것은 모두 허망한 것이다"662라고 말하는 것과 같다. [불성佛性의] 원인과 결과에 관한 부문'(因果門)을 마친다.

次第三明見性門者. 謂至何位, 得見佛性? 有人證663言, 佛性法界雖無二體, 而義不同, 見位亦異. 是故初地證見眞如法界, 而未能見佛性之

---

661 『대승기신론』 권1(T32, p.576c11~15). "如大海水因風波動, 水相風相不相捨離, (而水非動性, 若風止滅動相則滅, 濕性不壞故.) 如是衆生自性清淨心因無明風動, 心與無明(俱無形相,) 不相捨離, (而心非動性.)" 괄호는 생략된 내용을 표시한다.

662 『입능가경』 권6(T16, p.550a20~22). "若如來法身非作法者, 則是無身, 言有修行無量功德一切行者, 則是虛妄."

663 대정본에 따라 '證'을 '說'로 고친다. 가은 역(2004)의 필사본에도 '說'이라고 되어 있다.

義, 乃至十地, 猶是聞見, 至妙覺位, 方得眼見. 是說不了, 違文義故. 何
者? 處處皆說, 初地菩薩證見法身, 法身佛性名異義一. 而言雖證法身,
不見佛性者, 不應道理, 違諸文.

[H1, p.540a3~10: T38, p.250b15~22]

③ 부처의 면모를 보는 것에 관한 부문(見性門)

다음으로 [불성문佛性門의] 세 번째인 '부처의 면모를 보는 것에 관한
부문'(見性門)을 밝힌다.

가. '부처의 면모'(佛性)를 보는 경지에 대해 간략히 논의함[664]

어느 경지에 이르러야 '부처의 면모'(佛性)를 볼 수 있는가? 어떤 사람
은 [다음과 같이] 말한다. 〈'부처 면모'(佛性)와 '진리 세계'(法界)는 비록 본
연(體)이 다르지 않지만 [그] 뜻(義)이 같지 않기에 [각각을] '보게 되는 경
지'(見位)도 다르다. 그러므로 [십지十地의] 첫 번째 경지'(初地)에서는 '참
그대로의 진리세계'(眞如法界)를 증득하여 보지만 아직 '부처 면모'(佛性
之義)를 볼 수 없고, [십지十地의] 열 번째 경지'(十地)에 이르러도 여전히
['부처 면모'(佛性)에 대해서는] '들어서 [간접적으로] 알며'(聞見), '오묘한 깨달
음의 경지'(妙覺位)에 이르러야 비로소 ['부처 면모'(佛性)를] '눈으로 [보듯 직
접] 보게 된다'(眼見).[665]〉

---

664 아래 "次當廣說如實義者."(H1, p.540a10~11)에 의거하여 과문한다.

665 문견聞見과 안견眼見: 『열반경』 권25에서는 "菩薩摩訶薩安住十法, 雖見佛性, 而不
明了."(T12, p.772b12~13)라고 하여, 보살菩薩도 불성佛性을 보지만 명료하지 못
하다고 하면서 부처와 보살의 견성차별見性差別을 드러내기 위해 안견眼見과 문
견聞見의 두 가지를 다음과 같이 제시한다. 즉 "見有二種, 一者眼見, 二者聞見. 諸
佛世尊眼見佛性, 如於掌中觀阿摩勒, 十住菩薩聞見佛性故, 不了了."(T12, p.772b23~

이 말은 완전하지 않아서 경문經文의 뜻에 어긋난다. 왜인가? [경문經文의] 곳곳에서 모두 '[십지十地의] 첫 번째 경지의 보살'(初地菩薩)이 '진리의 몸'(法身)을 증득하여 본다고 말하니,666 '진리의 몸'(法身)과 '부처 면모'(佛性)는 명칭은 달라도 뜻은 같기 때문이다. 그런데도 〈비록 '진리의 몸'(法身)을 증득하여도 '부처 면모'(佛性)를 보지는 못한다〉고 말하는 것은 도리에도 맞지 않고 여러 경문經文에도 어긋난다.

次當廣說如實義者. 若於初地得證法界, 即於此位已見佛性, 若第十地未見佛性, 亦於彼位未見法界. 欲顯是義, 三重分別, 一者究竟不究竟門, 二者遍不遍門, 三者證不證門. 若就究竟不究竟門, 唯於佛地得名眼見, 此時究竟歸一心原, 證見佛性之全分體故. 金剛以還未得眼見, 宜是仰信, 但名聞見, 以其未至一心之原, 不證佛性全分體故. 如說佛性, 法界亦爾, 餘一切境皆亦如是.

[H1, p.540a10~20: T38, p.250b22~c2]

나. 실제에 맞는 뜻을 자세히 말함(廣說如實義)

다음으로 '실제에 맞는 뜻'(如實義)을 자세히 말하자면 [다음과 같다.] 만약 '[십지十地의] 첫 번째 경지'(初地)에서 '진리 세계'(法界)를 증득한다면

---

25)라고 하여, 제불세존諸佛世尊은 손바닥에 있는 아마륵阿摩勒 나무 열매를 보듯이 불성佛性을 안견眼見하여 명료하게 알지만 보살菩薩은 불성佛性을 문견聞見하기 때문에 명료하지 않다고 설명한다.

666 원효는 『기신론소』에서 "法身菩薩等者, 初地以上十地菩薩."(H1, p.709c11~12)이라고 하여, 불각不覺·상사각相似覺·수분각隨分覺·구경각究竟覺의 시각차별始覺差別에서 세 번째 수분각隨分覺의 주체인 법신보살法身菩薩("如法身菩薩等, 覺於念住, 念無住相. 以離分別麤念相故, 名隨分覺."『대승기신론』 T32, p.576b22~23)에 대해 초지보살初地菩薩이라고 설명한다.

바로 이 경지에서 이미 '부처 면모'(佛性)를 본 것이고, 만약 '[십지十地의] 열 번째 경지'(第十地)에서도 아직 '부처 면모'(佛性)를 보지 못했다면 그 경지에서 아직 '진리 세계'(法界)도 보지 못한 것이다. 이러한 뜻을 드러내고자 '[부처 면모'(佛性)를 보는 것을] 세 가지 [측면(門)]으로 구분하면, 첫 번째는 '[부처 면모'(佛性)를 보는 것이] 완전한가 완전하지 못한가의 측면'(究竟不究竟門)이고, 두 번째는 '[부처 면모'(佛性)를 보는 것이] 보편적인가 보편적이지 않은가의 측면'(遍不遍門)이며, 세 번째는 '[부분적으로라도 '부처 면모'(佛性)를] 직접 체득했는가 직접 체득하지 못했는가의 측면'(證不證門)이다.

가) [부처 면모'(佛性)를 보는 것이] 완전한가 완전하지 못한가의 측면(究竟不究竟門)

만약 '[부처 면모'(佛性)를 보는 것이] 완전한가 완전하지 못한가의 측면'(究竟不究竟門)에 의거한다면 오직 '부처의 경지'(佛地)에 대해서만 '[부처 면모'(佛性)를] '눈으로 [보듯 직접] 본다'(眼見)고 부를 수 있으니, '[부처의 경지'(佛地)에 이른] 이때에 '하나처럼 통하는 마음의 근원'(一心原)으로 완전히 돌아가 '부처 면모'(佛性)의 전체(全分體)를 '직접 체득하여 보기'(證見) 때문이다. '금강[석처럼 굳건한] 선정'(金剛) 이전에서는 아직 '눈으로 [보듯 직접] 보지'(眼見) 못하여 '[부처 면모'(佛性)를] '우러러 믿는다'(仰信)고 해야 하므로 단지 '들어서 [간접적으로] 안다'(聞見)고 부르니, 그 [금강삼매 이전 경지]는 아직 '하나처럼 통하는 마음의 근원'(一心之原)에 이르지 못하여 '부처 면모'(佛性)의 전체(全分體)를 '직접 체득하[여 보]지'(證[見]) 못하기 때문이다. '부처 면모'(佛性)에 대해 말한 것과 같이 '진리 세계'(法界)도 이러하고 다른 '모든 경지'(一切境)도 다 이와 같다.

若就第二遍不遍門, 初地以上眼見佛性, 遍遣一切遍計所執, 遍見一切遍滿佛性故. 地前凡夫二乘聖人有信不信, 齊未能見, 以未能離一切

分別, 不能證得遍滿法界故. 若依第三證不證門, 二乘聖人得見佛性, 一
切凡夫未能得見. 所以然者, 二空眞如卽是佛性, 二乘聖人雖非遍見, 依
人空門, 證得眞如故, 亦得說眼見佛性.

[H1, p.540a20~b5: T38, p.250c2~9]

나) ['부처 면모'(佛性)를 보는 것이] 보편적인가 보편적이지 않은가의 측면(遍不遍門)

만약 두 번째인 '['부처 면모'(佛性)를 보는 것이] 보편적인가 보편적이지
않은가의 측면'(遍不遍門)에 의거한다면 '[십지+地의] 첫 번째 경지'(初地)
이상에서 '부처의 면모'(佛性)를 '눈으로 [보듯 직접] 보니'(眼見), '두루 분
별하는 집착'(遍計所執)을 모조리 없애어 '모든 곳에 두루 충만한 부처의
면모'(一切遍滿佛性)를 다 [눈으로 보듯 직접] 보기 때문이다. '[초지初地] 이
전'(地前)의 범부凡夫와 '[성문聲聞・연각緣覺] 두 부류의 성인'(二乘聖人)은
['부처 면모'(佛性)를] 믿기도 하고 믿지 않기도 하면서 모두 아직 [눈으로 보
듯 직접] 보지 못하니, 아직은 [근본무지에 따르는] 모든 분별에서 벗어날 수
없어서 '['부처 면모'(佛性)가] 두루 충만한 진리 세계'(遍滿法界)를 '직접 체
득'(證得)할 수 없기 때문이다.

다) [부분적으로라도 '부처 면모'(佛性)를] 직접 체득했는가 직접 체득하지
못했는가의 측면(證不證門)

만약 세 번째인 '[부분적으로라도 '부처 면모'(佛性)를] 직접 체득했는가 직
접 체득하지 못했는가의 측면'(證不證門)에 의거한다면 '[성문聲聞・연각緣
覺] 두 부류의 성인'(二乘聖人)은 '부처의 면모'(佛性)를 [눈으로 보듯 직접]
볼 수 있지만 모든 범부凡夫는 아직 볼 수 없다. 왜냐하면, '['자아에 불변・
독자의 실체가 없다'는 인공人空과 '현상에 불변・독자의 실체가 없다'는 법공法空의]
두 가지 실체 없음[에 대한 통찰]이 드러내는 참 그대로의 지평'(二空眞如)

이 바로 '부처 면모'(佛性)인데, '[성문聲聞·연각緣覺] 두 부류의 성인'(二乘聖人)은 비록 [이공진여二空眞如를] 다 보는 것은 아니지만 '자아에 불변·독자의 실체가 없는 측면'(人空門)[에 대한 통찰]에 의거하여 '참 그대로의 지평'(眞如)을 '직접 체득'(證得)하기 때문에 [이승二乘의 성인聖人] 또한 '부처의 면모'(佛性)를 '눈으로 [보듯 직접] 본다'(眼見)고 말할 수 있다.

如「長壽品」言, "若於三法修異相667者, 淸淨三歸卽無依處, 所有禁戒皆不具足, 尙668不能得聲聞緣覺菩提之果," 何況能得無上菩提? 是文欲明, 若二乘人入觀之時, 唯取三寶人法異相, 不證三寶同體人空, 卽不能具無漏聖戒, 亦不能得盡無生智. 是卽反顯, 彼能證見三寶一體故, 亦能得二乘菩提. 三寶一體卽是佛性, 准知亦說得見佛性. 唯彼人雖實得見佛性, 而未能知謂是佛性, 如說眼識見靑不知靑. 雖未能知謂是靑色, 而是眼識實見靑色, 二乘者見佛性, 當知亦爾. 證不證門文義如是.

[H1, p.540b5~17: T38, p.250c9~20]

라) '세 가지 측면'(三門) 각각에 대한 경증經證과 해설669

['부분적으로라도 부처 면모를 직접 체득했는가 직접 체득하지 못했는가의 측면'(證不證門)에 대해서는] [『열반경』] 「장수품長壽品」에서 "만약 '[부처(佛)·진리(法)·수행공동체(僧), 이] 세 가지'(三法)670[에 귀의하는 수행]에서 [세 가지가 각

---

667 『열반경』 원문에 따라 '相'을 '想'으로 고친다.
668 『열반경』 원문에 따라 '尙'을 '終'으로 고친다.
669 아래부터 '견성문見性門'이 끝나는 곳(H1, p.541a18)까지의 내용이 위에서 거론한 세 가지 측면에 대한 경증經證과 해설로 이루어져 있으므로 이에 의거하여 과문한다.
670 3법三法: 『열반경』 「장수품」 인용문의 직전 대목에서는 "復次善男子, 應當修習佛法及僧而作常想. 是三法者, 無有異想, 無無常想, 無變異想."(T12, p.622b17~19)이라

각] '다른 실체라는 생각'(異想)으로 닦는다면 '[부처(佛) · 진리(法) · 수행공
동체(僧)의] 세 가지에 온전하게 귀의함'(淸淨三歸)에 있어서 곧 귀의할
곳이 없게 되고 지녀야 할 계율(禁戒)도 모두 갖추어지지 않게 되어 끝
내는 [이승二乘인] '가르침을 들어서 깨달으려는 수행자'(聲聞)와 '혼자 힘
으로 연기를 이해하여 깨달으려는 수행자'(緣覺)가 얻는 '깨달음의 결
과'(菩提之果)마저 얻을 수 없게 된다"⁶⁷¹라고 말하는 것과 같으니, [부처
(佛) · 진리(法) · 수행공동체(僧)를 각기 다른 실체라고 본다면] 어찌 하물며 [대승
大乘의] '최고의 깨달음'(無上菩提)을 얻을 수 있겠는가?

[『열반경』의] 이 글은, 만약 '[성문聲聞 · 연각緣覺] 두 부류의 수행자'(二乘
人)가 '이해 수행'(觀)에 들어갈 때 오로지 '[부처(佛) · 진리(法) · 수행공동체
(僧), 이] 세 가지 보배'(三寶)의 사람(人)과 대상(法)이 '[서로] 다른 실체'
(異相)[라는 생각]만을 취하고 '[부처(佛) · 진리(法) · 수행공동체(僧), 이] 세 가
지 보배'(三寶)가 '같은 본연'(一體)으로서 '사람[인 부처(佛)]에 불변 · 독자
의 실체가 없다'(人空)는 것을 체득하지 못한다면 '번뇌가 스며들지 않
는 고귀한 계율'(無漏聖戒)을 갖출 수 없게 되고 '[번뇌를] 다 끊은 지혜'
(盡智)와 '[번뇌를] 생겨나지 않게 하는 지혜'(無生智)⁶⁷²도 얻을 수 없다는

고 하므로 3법三法은 불佛 · 법法 · 승僧의 3보三寶를 가리킨다.

671 『열반경』 권3 「장수품제4長壽品第四」(T12, p.622b19~21). "若於三法修異想者, (當
知是輩)淸淨三歸則無依處, 所有禁戒皆不具足, 終不能證聲聞緣覺菩提之果." 괄호는
생략된 부분을 표시한다.

672 진무생지盡無生智: 진지盡智와 무생지無生智를 말한다. 『열반종요』의 '(1) 열반문
涅槃門' '③ 통국문通局門'의 '나) 설일체유부說一切有部' 단락에서 『대지도론』의
인용문으로 "'[번뇌를] 다 끊은 지혜'(盡智)와 '[번뇌를] 생겨나지 않게 하는 지혜'(無生
智)가 '[무색계無色界의 사처四處 중 네 번째인] 개념적 지각도 아니고 개념적 지각이 아닌
것도 아닌 경지'(非想地, 非想非非想處)의 '아홉 가지 번뇌'(九種結)를 끊은 것을,
…'(盡無生智非想九種結斷: H1, p.529b19~20)이라고 언급된 적이 있다. 이승의 수
행 단계를 비학비무학非學非無學 · 학學 · 무학無學으로 구분하는 『대지도론』 권
18에서는 "一切無學智, 如盡智無生智等, 是爲無學智."(T25, 191a15~22)라고 하여,
진지盡智와 무생지無生智는 이승二乘 수행의 가장 높은 단계인 무학지無學智의

것을 밝히려는 것이다. 이것은 바로 저 [이승二乘의 수행자]가 ['사람에게 불변·독자의 실체가 없다'(人空)는 이해에 의거하여] '부처(佛)·진리(法)·수행공동체(僧), 이] 세 가지 보배'(三寶)는 [불변·독자의 실체가 없다는 점에서] '같은 본연'(一體)이라는 것을 체득하여 볼 수 있기 때문에 [성문聲聞·연각緣覺] 두 부류 수행자 [경지]의 깨달음'(二乘菩提)도 얻을 수 있음을 거꾸로 드러내는 것이다. '부처(佛)·진리(法)·수행공동체(僧), 이] 세 가지 보배'(三寶)가 '같은 본연'(一體)이라는 것이 바로 '부처의 면모'(佛性)이니, 이에 의거하여 또한 [이승二乘도] '부처의 면모'(佛性)를 볼 수 있다고 말한다는 것을 알 수 있다.

단지 저 [이승二乘의] 사람은 비록 실제로 '부처의 면모'(佛性)를 보긴 하지만 아직 〈이것이 '부처의 면모'(佛性)이다〉라면서 알 수는 없으니, 마치 '눈의 인식'(眼識)이 푸른색을 보지만 푸른색이라고 알지는 못한다고 말하는 것과 같다. 비록 아직 푸른색이라고 알지는 못하지만 이 '눈의 인식'(眼識)이 실제로는 푸른색을 본 것이니, [성문聲聞·연각緣覺] 두 부류의 수행자'(二乘者)가 '부처의 면모'(佛性)를 보는 것도 이러하다는 것을 알아야 한다. '부분적으로라도 '부처 면모'(佛性)를] 직접 체득했는가 직접 체득하지 못했는가의 측면'(證不證門)을 설명하는 [『열반경』「장수품長壽品」] 문장의 뜻은 이와 같다.

遍不遍門之文義者, 如「師子吼」中言, "復次[673]色者謂佛菩薩, 非色者一切衆生. 色者名爲眼見, 非色者名爲聞見." 『法花論』云, "八生乃至一生得阿耨菩提者, 證[674]初地得[675]菩提故. 以離三界分段生死, 隨分能見

구체적 명칭으로 제시된다.
673 『열반경』 원문에 따라 '復次'를 삭제한다.
674 『묘법연화경론우바제사』 원문에 따라 '證' 앞에 '謂'를 넣는다.
675 『묘법연화경론우바제사』 원문에 따라 '得'을 삭제한다.

眞如佛性, 名得菩提."

[H1, p.540b17~23: T38, p.250c21~25]

'[부처 면모'(佛性)를 보는 것이] 보편적인가 보편적이지 않은가의 측면'
(遍不遍門)에 대한 경문經文의 뜻은, [『열반경』] 「사자후품師子吼品」에서
"'색깔이나 모양 있는 것'(色)[에서도 '부처 면모'(佛性)를 직접 보는 것]은 '부처
님과 보살'(佛菩薩)이고, '색깔이나 모양이 아닌 것'(非色)[에서 '부처 면모'
(佛性)를 간접적으로 아는 것]은 모든 중생衆生이다. '색깔이나 모양 있는
것'(色)[에서도 '부처 면모'(佛性)를 보는 것]을 '눈으로 [보듯 직접] 보는 것'(眼
見)이라 부르고, '색깔이나 모양이 아닌 것'(非色)[에서 '부처 면모'(佛性)를
보는 것]을 '들어서 [간접적으로] 아는 것'(聞見)이라 부른다"676라고 말한 것
과 같다. 『법화론法華論』에서는 "[생사生死의 세계에서] '여덟 번의 생애'
(八生) 내지 '한 번의 생애'(一生) 동안에 '최고의 깨달음'(阿耨菩提)을 얻
었다)677는 것은 [십지十地의] 첫 번째 경지에서 얻는 깨달음'(初地菩提)을

---

676 『열반경』 권26 「사자후보살품제23師子吼菩薩品第二十三」(T12, p.775a21~23).
   "佛性者復有二種, 一者是色, 二者非色. 色者謂佛菩薩, 非色者一切衆生. 色者名爲眼
   見, 非色者名爲聞見."
677 『묘법연화경우바제사』에서 "八生乃至一生得阿耨菩提者"라고 하는 것은 『묘법연
   화경』 권5 「분별공덕품제17分別功德品第十七」 서두의 다음과 같은 내용을 가리
   킨다. "復有小千國土微塵數菩薩摩訶薩, 八生當得阿耨多羅三藐三菩提. 復有四四天下
   微塵數菩薩摩訶薩, 四生當得阿耨多羅三藐三菩提. 復有三四天下微塵數菩薩摩訶薩, 三
   生當得阿耨多羅三藐三菩提. 復有二四天下微塵數菩薩摩訶薩, 二生當得阿耨多羅三藐三
   菩提. 復有一四天下微塵數菩薩摩訶薩, 一生當得阿耨多羅三藐三菩提."(T9, p.44a16~
   24.) 간단히 말해 여러 세계의 보살들이 각각 8생八生·4생四生·3생三生·2생二
   生·1생一生만에 아뇩보리阿耨菩提를 얻었다는 내용이다. 이 경문에 대해 『묘법
   연화경우바제사』에서는 이 보살들이 얻는 아뇩보리阿耨菩提가 초지보리初地菩提
   임을 설명한다. 한편 『구사론』 권24에서는 "預流者, 進斷欲界一品修惑乃至五品, 應
   知轉名一來果向. 若斷第六成一來果."(T29, 124a8~10)라고 하여, 견도見道 16심心
   을 거쳐 예류과預流果를 얻은 수행자가 욕계欲界 1품에서 5품까지의 수혹修惑을
   끊는 과정이 일래향一來向이고 제6품을 끊으면 일래과一來果를 이룬다고 한다.

증득하는 것을 일컫는다. [이 '최고의 깨달음'(阿耨菩提)으로써] '[욕망의 세계와 유형의 세계, 무형의 세계, 이] 세 종류 세계'(三界)에서의 '일정한 수명과 형상을 가지고 다양한 세계에 태어나고 죽는 윤회'(分段生死)에서 벗어나 능력에 따라 '참 그대로의 부처면모'(眞如佛性)를 보는 것을 [초지初地 이상에서의] '깨달음을 얻음'(得菩提)이라 부른다"678라고 말한다.

『寶性論』「僧寶品」云, "有二種修行, 謂如實修行及遍修行. 如實修行者, 謂見衆生自性淸淨佛性境界故. 偈言, 無障淨智者, 如實見衆生自性

말하자면 일래과一來果는 욕계欲界 구품혹九品惑을 모두 끊기 위해 욕계欲界에 한 번 더 태어나야 하는 자이다. 같은 책에서는 "且應建立一來向果. 頌曰, 斷欲三四品, 三二生家家."(T29, p123c21~23)라고 하여 일래과一來果 중에서 욕계欲界의 3품과 4품을 끊는 삼생가가三生家家와 이생가가二生家家를 따로 설정하여 일래과一來果의 범위를 세분하는데, 권오민에 따르면 삼생가가三生家家란 욕계欲界의 3품혹品惑까지 끊어 3생生을 더 욕계欲界에서 다시 살아야 하는 자이고, 이생가가二生家家란 욕계欲界의 4품혹品惑까지 끊어 2생生을 더 욕계에서 다시 살아야 하는 자라고 한다.(『아비달마불교』, 민족사, 2003, pp.259~260 참조.) 또한 『구사론』 권23에서는 "諸住果者, 於一切地修所斷失都未斷時, 名爲預流, 生極七返. 七返言顯七往返生. 是人天中各七生義."(T29, p.123a24~26)라고 하여 수도소단修道所斷의 번뇌를 끊지 못한 예류預流는 최대한 7번의 삶을 욕계欲界의 인人·천天에서 반복한다고 설명한다. 본문의 '8생八生 내지 1생一生'이라는 용어가 초지보리初地菩提를 얻기 위한 지전地前 범부凡夫 수행의 기간을 가리키는 것이므로, 『구사론』에서 제시되는 1래一來·2생二生·3생三生·7생七生 등의 논의와도 연관될 것으로 보인다.

678 『묘법연화경론우바제사』 권1(T26, p.19a27~b4). "(此言無生法忍者, 謂初地證智應知,) 八生乃至一生得阿耨多羅三藐三菩提者, 謂證初地菩提故. (八生乃至一生者, 謂諸凡夫決定能證初地. 隨力隨分, 八生乃至一生證初地故. 言阿耨多羅三藐三菩提者,) 以離三界中分段生死, 隨分能見眞如佛性, 名得菩提. (非謂究竟滿足, 如來方便涅槃故.)" 괄호는 생략된 내용을 표시한다. 생략된 내용에 따르면 초지에서 증득하는 지혜(初地證智)의 내용이 무생법인無生法忍이고, 8생八生 내지 1생一生만에 아뇩보리阿耨菩提를 얻는다는 경문의 뜻은 지전地前의 범부凡夫가 8생八生 내지 1생一生 동안의 수행을 통해 초지보리初地菩提를 얻는다는 것으로서 이 초지보리初地菩提는 구경究竟의 깨달음이 아니라고 설명한다.

淸淨[679]佛法身境界故. 遍修行者, 謂遍十地一切境界故, 見一切衆生有
一切智故. 又遍一切境界者, 以遍一切境界, 依出世惠[680]眼,[681] 見一切衆
生乃至畜生有如來藏. 應知彼見一切衆生皆[682]有眞如佛性, 初地菩薩摩
訶薩以遍證一切眞如法界故. 偈言, 無礙淨智眼, 見諸衆生性, 遍無量境
界, 故我今敬禮故."

[H1, p.540b23~c10: T38, pp.250c26~251a6]

『보성론寶性論』「승보품僧寶品」에서는 [다음과 같이] 말한다. "두 가지
수행이 있으니, '진실 그대로의 수행'(如實修行)과 '두루 보는 수행'(遍修
行)이라는 것이다. '진실 그대로의 수행'(如實修行)이라는 것은 〈중생에
게 간직된 '본연이 온전한 부처면모의 세계'〉(衆生自性淸淨佛性境界)를
본다는 것이다. 게송에서는 〈'막힘없는 온전한 지혜'(無障淨智)라는 것
은 중생에게 간직된 '본연이 온전한'(自性淸淨性) '부처의 진리 몸의 세
계'(佛法身境界)를 진실 그대로 보는 것이네〉라고 말한다. '두루 보는 수
행'(遍修行)이라는 것은, '열 가지 [본격적인] 수행경지에서의 모든 경지'
(十地一切境界)에서 두루 ['부처 면모'(佛性)를] 보는 것이고, 모든 중생에게
['부처 면모'(佛性)의] '모든 지혜'(一切智)가 있음을 보는 것이다. 또 '모든
경지에서 두루 ['부처 면모'(佛性)를] 본다'(遍一切境界)는 것은, [십지十地의]
모든 경지에서 두루 ['부처 면모'(佛性)를] 봄으로써 '세간을 넘어서는 지
혜'(出世慧)에 의거하여 모든 중생衆生 및 짐승(畜生)에게까지 '여래의
면모가 간직된 세계'(如來藏)가 있음을 본다는 것이다. 그 [십지十地의 보
살들]은 모든 중생에게 '참 그대로의 부처면모'(眞如佛性)가 있음을 [두루]

679 『보성론』 원문에 따라 '淨' 뒤에 '性'을 넣는다.
680 『보성론』 원문에 따라 '惠'를 '慧'로 고친다.
681 『보성론』 원문에 따라 '眼'을 삭제한다.
682 『보성론』 원문에 따라 '皆'를 삭제한다.

본다는 것을 알아야 하니, '[십지十地의] 첫 번째 경지의 보살'(初地菩薩摩訶薩)은 '모든 참 그대로의 진리세계'(一切眞如法界)를 '두루 증득하기'(遍證) 때문이다. 게송에서는 〈'걸림 없는 온전한 지혜'(無礙淨智)로 모든 '중생의 본연'(衆生性[인 '부처 면모'(佛性)])가 '헤아릴 수 없이 많은 세계'(無量境界)에 두루 펼쳐져 있음을 '눈으로 [보듯 직접] 보니'(眼見), 그러므로 나는 지금 공경하여 예를 올리네〉라고 말한다."683

---

683 『구경일승보성론』 권2 「승보품제4僧寶品第四」(T31, p.825a2~11). "有二種修行, 謂如實修行及遍修行(, 難證知義). 如實修行者, 謂見衆生自性淸淨佛性境界故. 偈言, 無障淨智者, 如實見衆生自性淸淨性佛法身境界故. 遍修行者, 謂遍十地一切境界故, 見一切衆生有一切智故. 又遍一切境界者, 以遍一切境界, 依出世間慧, 見一切衆生乃至畜生有如來藏. 應知彼見一切衆生有眞如佛性, 初地菩薩摩訶薩以遍證一切眞如法界故. 偈言, 無閼淨智眼, 見諸衆生性, 遍無量境界故." 괄호는 생략된 부분을 표시한다. 〈산스크리트본의 해당 내용. RGV 14,1-16,2: ye samyak-prativedhya sarva-jagato nairātmya-koṭiṃ śivaṃ tac-citta-prakṛti-prabhāsvaratayā kleśāsvabhāvekṣaṇat/ sarvatrānugatām anāvṛta-dhiyaḥ paśyanti saṃbuddhatāṃ (한역이 인용한 첫 번째 게송) tebhyaḥ sattva-viśuddhy-ananta-viṣaya-jñānekṣaṇebhyo namaḥ //13//(한역이 인용한 두 번째 게송) … iti vistareṇa yathāvad-bhāvikatām ārabhya duṣprativedhārtha-nirdeśo yathā-sūtram anugantavyaḥ/ yāvad-bhāvikatā jñeya-paryanta-gatayā dhiyā/ sarva-sattveṣu sarvajña-dharmatāstitva-darśanāt //16// tatra yāvad-bhāvikatā sarva-jñeya-vastu-paryanta-gatayā lokottarayā prajñayā sarva-sattveṣv antaśas tiryag-yoni-gateṣv api tathāgata-garbhāstitva-darśanād veditavyā/ tac ca darśanaṃ bodhisattvasya prathamāyām eva bodhisattva-bhūmav utpadyate sarvatragārthena dharma-dhātu-prativedhāt/ ity evaṃ yo 'vabodhas tat pratyātma- jñāna-darśanam/ tac-chuddhir amale dhātav asaṅgāpratighātataḥ //17// 」그 [중생의] 마음이 본성상 맑게 빛나므로 번뇌의 무실체성을 관찰하여 모든 중생이 가진 무아성의 궁극이 적정함을 바르게 통찰한 후, 정각자는 모든 것에 존재한다는 것을 보는 덮개가 없는 지혜를 가진 자들, (한역이 인용한 첫 번째 게송) 중생의 청정함과 무한함을 대상으로 하는 지혜의 눈을 가진 그들(=승보)께 귀의합니다. //13// (한역이 인용한 두 번째 게송) … 이상으로 자세하게 진실성에 관하여 통찰하기 어려운 의미의 자세한 설명은 경전에 설해진 대로 이해해야 한다. 전체성은 인식대상의 궁극에 이르기까지 지혜로서 모든 중생에게 일체지의 법성이 있다고 보기 때문이다. //16// 여기서 전체성이란 모든 인식대상이 되는 사상의 궁극에 이르기까지 출세간의 지혜로 모든 중생에게, 하물며 축생에게도 여래장이 있다고 보기 때문이라

解言, 此中如實修行即正體智, 遍修行者是後得智. 是知初地菩薩二智皆能證見眞如佛性. 但正體智宜證眞如佛性實體, 名如實行, 其後得智見諸衆生悉有佛性故, 名遍行. 遍不遍門文義如是.

[H1, p.540c10~15: T38, p.251a6~11]

『보성론』의 글을] 해석하여 말하자면, 여기서의 '진실 그대로의 수행'(如實修行)은 바로 '본연에 대한 온전한 지혜'(正體智)[로 이루어지는 것]이고, '두루 보는 수행'(遍修行)은 '[깨달은] 후에 체득되는 지혜'(後得智)[684][로 이루어지는 것]이다. 그러므로 '[십지十地의] 첫 번째 경지의 보살'(初地菩薩)

고 알아야 한다. 그리고 그 견해는 바로 보살의 초지에서 발생한다. 편재성이라는 의미에서 법계를 통찰하기 때문이다. 이상과 같이 이해한 것이 개별적 지견이다. 그것은 집착이 없고 장애가 없기 때문에 무루의 영역에서 청정하다. //17//) (역자 주; 산스크리트본에서는 본송 13송이 있고 주석과정에서 그 내용을 다시 주석 게송 14송에서 18송까지 설명하면서 주석이 이루어진다. 일체성에 대한 설명을 요약한 후 전체성을 설명하면서, 한역은 주석 게송 16과 17 대신에 본송 13송의 c구와 d구를 각각 하나의 게송처럼 다시 인용하고 있어 완벽하게 일치하지 않는다. 한역에서 일체성(yathāvad-bhāvikatā)에 대한 설명은 산스크리트본의 긴 설명을 간략히 축약한 형태로 다시 제시하고 있는 문장으로서 산스크리트본에서는 발견되지 않는다.)

684 정체지正體智와 후득지後得智: 유식학唯識學에서 출세성자出世聖者의 지혜로 제시되는 두 가지의 지혜이다. 정체지正體智는 또한 근본지根本智, 근본무분별지根本無分別智, 무분별지無分別智, 정체무분별지正體無分別智, 여리지如理智, 이지理智, 승의지勝義智 등으로 불리는데, 인공人空과 법공法空에 의해 드러나는 진여眞如의 이치를 직증直證하여 번뇌를 끊은 지혜로서 무차별無差別의 이치를 비추는 지혜이다. 후득지後得智는 또한 후득차별지後得差別智, 여량지如量智, 양지量智, 분별지分別智, 속지俗智, 세속지世俗智 등으로 불리는데, 정체지正體智를 깨달은 후 세간의 통속사通俗事에 대해 차별差別의 이치를 비추는 지혜이다. 『佛光大辭典』 p.215, 5012 참조. 원효는 이 두 가지 지혜에 대해 『이장의』에서는 "若人若法, 非有非無. 非無故, 說人法皆有量智所照, 非有故, 說人法二空理智所證."(H1, p.814a22~24)이라고 하여, 인법人法은 비유비무非有非無인데 비무非無이기 때문에 인법人法의 유유有有가 양지량智로 이해되고 비유非有이기 때문에 인법人法의 공空이 이지리智로 증득된다고 설명한다.

의 '[정체지正體智와 후득지後得智의] 두 가지 지혜'(二智)는 모두 '참 그대로의 부처면모'(眞如佛性)를 체득하여 볼 수 있다는 것을 알 수 있다. 다만 '본연에 대한 온전한 지혜'(正體智)는 '참 그대로인 부처면모의 진실한 본연'(眞如佛性實體)을 증득해야 하므로 '진실 그대로의 수행'(如實修行)이라 부르고, 그 '[깨달은] 후에 체득되는 지혜'(後得智)는 모든 중생에게 다 '부처의 면모'(佛性)가 있다는 것을 보기 때문에 '두루 보는 수행'(遍行)이라고 부른다. '[부처의 면모를 보는 것이] 보편적인가 보편적이지 않은가의 측면'(遍不遍門)에 대한 글의 뜻은 이와 같다.

> 究竟不究竟門文證者,「師子吼」中言,"佛性亦二. 言[685]色者阿耨菩提, 非色者凡夫乃至十住菩薩, 見不了不[686]了故, 名非色. 色者名爲眼見, 非色者名爲聞見."
>
> [H1, p.540c15~19: T38, p.251a11~14]

'[부처 면모'(佛性)를 보는 것이] 완전한가 완전하지 못한가의 측면'(究竟不究竟門)에 대한 '문헌적 증명'(文證)은 [다음과 같다.] 『[열반경]』「사자후보살품師子吼菩薩品」에서는 "'부처의 면모'(佛性)는 또한 두 가지이다. [부처 면모'(佛性)를] '색깔이나 모양 있는 것'(色)[에서 직접 보는 것]은 [묘각지妙覺地 부처의] '최고의 깨달음'(阿耨菩提)이고, '색깔이나 모양이 아닌 것'(非色)[에서 간접적으로 아는 것]은 범부凡夫에서 [금강유정金剛喩定 이전의] '열 가지 [본격적인] 수행경지에 머무는 보살'(十住菩薩/十地菩薩)[687]까지이니, '['열 가

---

685 『열반경』원문에 따라 '言'을 삭제한다.

686 『열반경』원문에 따라 '不'을 삭제한다.

687 10주보살十住菩薩: 10주보살十住菩薩은 『열반경』에서 10지보살十地菩薩의 다른 이름으로 자주 쓰인다. 예를 들어 『열반경』권21에서는 "聲聞緣覺至十住菩薩不見佛性, 名爲涅槃非大涅槃. 若能了了見於佛性, 則得名爲大涅槃也."(T12, p.746b2~4)라고 하여 성문·연각의 이승二乘에 대비되는 대승 보살의 호칭으로 나온다. 앞

지 본격적인 수행경지에 머무는 보살'(十住菩薩/十地菩薩)은 '부처의 면모'(佛性)를]
보는 것이 명료하지 않기 때문에 ['부처의 면모'(佛性)를] '색깔이나 모양이
아닌 것'(非色)[에서 간접적으로 아는 것]이라고 부른다. '색깔이나 모양 있는
것'(色)[에서 '부처 면모'(佛性)를 보는 것]을 '눈으로 [보듯 직접] 보는 것'(眼見)이
라 부르고, '색깔이나 모양이 아닌 것'(非色)[에서 '부처 면모'(佛性)를 아는 것]
을 '들어서 [간접적으로] 아는 것'(聞見)이라 부른다"[688]라고 말한다.

『瑜伽論』云, "問. 一切安住到究竟地菩薩智等, 如來智等, 有何差別?
答. 如明眼人隔於輕縠,[689] 覩衆色像, 到究竟地菩薩妙智於一切境, 當知
亦爾. 如知畵[690]事業圓布衆彩,[691] 唯後妙色未淨修治, 已淨修治, 菩薩如
來二智亦爾. 如明眼人微[692]闇見色, 離闇見色, 二智亦爾. 如遠見色, 如
近見色. 猶如輕翳眼觀, 極淨眼觀, 二智差別, 當知亦爾."

[H1, pp.540c19~541a3: T38, p.251a14~21]

『유가사지론』에서는, "묻는다. '궁극적인 경지'(究竟地)에 확실하게 도
달하는 모든 '보살의 지혜'(菩薩智)들과 '여래의 지혜'(如來智)들에는 어

___

서 구경불구경문究竟不究竟門에서 원효는 불지佛地에서만 불성佛性을 안견眼見하
고 금강유정金剛喩定 이전의 10지보살十地菩薩들은 불성佛性을 문견聞見한다고
설명했으므로, 지금 『열반경』 경중에서 묘각지妙覺地 부처에 대비되는 부류인 10
주보살十住菩薩을 원효 역시 10지보살十地菩薩의 다른 이름으로 이해하고 있는
것으로 보인다.
688 『열반경』 권26 「사자후보살품제23師子吼菩薩品第二十三」(T12, p.775a18~23).
"佛性二種. (一者是色, 二者非色.) 色者阿耨多羅三藐三菩提, 非色者凡夫乃至十住菩
薩, (十住菩薩)見不了了故, 名非色. … 色者名爲眼見, 非色者名爲聞見." 괄호는 생략
된 내용을 표시한다.
689 『유가사지론』 원문에 따라 '繫'를 '縠'으로 고친다.
690 『유가사지론』 원문에 따라 '知盡'을 '畵'로 고친다.
691 『유가사지론』 원문에 따라 '采'를 '彩'로 고친다.
692 『유가사지론』 원문에 따라 '微' 앞에 '於'를 넣는다.

떤 차이가 있는가? 답한다. 마치 눈 밝은 사람이 얇은 명주를 사이에 두고 여러 색깔이나 모양 있는 형상을 보는 것과 같이 '궁극적인 경지에 도달하는 보살의 오묘한 지혜'(到究竟地菩薩妙智)도 모든 대상에 대해 역시 그렇게 [명료하게 보지는 못한다고] 알아야 한다. [또] 마치 그림 그리는 일에서 여러 채색들을 두루 칠하고서 오직 마지막으로 남은 오묘한 색깔을 아직 깨끗하게 처리하지 못한 경우와 이미 깨끗하게 처리한 경우[의 차이]와 같이, 보살菩薩과 여래如來의 두 지혜도 그러하다. [또] 눈 밝은 사람이 옅은 어둠 속에서 색깔을 보는 경우와 어둠에서 벗어나 색깔을 보는 경우[의 차이]와 같이, [보살菩薩과 여래如來의] 두 지혜도 그러하다. [또] 마치 멀리서 색깔을 보는 경우와 가까이서 색깔을 보는 경우[의 차이]와 같다. [또] 마치 조금 침침한 눈으로 보는 경우와 매우 깨끗한 눈으로 보는 경우[의 차이]와 같이, [보살菩薩과 여래如來의] 두 지혜의 차이도 그러하다고 알아야 한다"[693]라고 말한다.

依此文證, 當知佛性境界菩薩未究竟, 於一切境皆未究盡. 未究盡故,

---

[693] 『유가사지론』 권50(T30, p.574b19~c5). "問. 一切安住到究竟地菩薩智等, 如來智等, ①〈云何應知此二差別?〉答. 如明眼人隔於輕縠, 覩衆色像, (一切安住)到究竟地菩薩妙智於一切境, 當知亦爾. (如明眼人無所障隔覩衆色像, 如來妙智於一切境當知亦爾.) ②〈如畫事業圓布衆彩, 唯後妙色未淨修治, 到究竟地菩薩妙智當知亦爾. 如畫事業圓布衆彩, 最後妙色已淨修治, 如來妙智當知亦爾.〉③〈如明眼人於微闇中覩見衆色, 到究竟地菩薩妙智當知亦爾. 如明眼人離一切闇覩見衆色, 如來妙智當知亦爾.〉④〈如明眼人遠覩衆色, 到究竟地菩薩妙智當知亦爾. 如明眼人近覩衆色, 如來妙智當知亦爾.〉⑤〈如輕翳眼觀視衆色, 到究竟地菩薩妙智當知亦爾. 如極淨眼觀視衆色, 如來妙智當知亦爾.〉"괄호는 생략된 부분을 표시한다. 원효는 『유가사지론』의 긴 문장을 인용하면서 표현을 달리하기도 하고 축약하기도 하는데, 〈〉로 표시된 ①의 문장은 표현을 달리한 경우이고, ②, ③, ④, ⑤의 문장은 축약한 경우에 해당한다. 특히 ②, ③, ④, ⑤의 축약에서는 보살지菩薩智와 여래지如來智의 차이를 구분하는 비유에서 두 번씩 중복되는 문장들을 한 문장으로 처리하면서도 원문과 동일한 뜻을 이루게 함으로써 효율적인 인용의 묘미를 살리고 있다.

通名聞見, 得因滿故, 亦名眼見. 所以未窮知者, 略有五義.[694] 一者, 本
識相應最綱[695]妄想無明所識,[696] 金剛眼, 是故似隔輕繫[697]也. 二者, 萬行
已備, 三智已得, 而唯未得大圓鏡智, 如最妙色未淨修治 三者解脫二障
故, 得淨,[698] 未輕[699]極微無明住地, 是故不異微闇見色. 四者, 有惑障習,
而非親障法空觀智故, 如遠[700]色. 五者, 其知[701]障氣雖是微薄, 近曉[702]
惠[703]眼, 事同輕繫.[704] 依是五義, 未能窮照故, 說如是五種譬喩. 於中通
難, 會相違文, 具如『二障義』中廣說. 第三重內文義如是. 若知如是三重
別義, 諸文進退, 無所不通也.

[H1, p.541a3~18: T38, p.251a22~b5]

이러한 '문헌적 증명'(文證)에 의거하여 '부처면모의 경지'(佛性境界)를
보살菩薩은 아직 완전하게 [보지] 못하고 [십지+地의] 모든 경지에서도 모
두 아직 완전하게 [보지] 못한다는 것을 알아야 한다. 아직 완전하지 못

___

694 보살이 불성을 완전하게 알지 못하는(所以未窮知) 다섯 가지 까닭에 대한 이하의
문장은 『이장의』 '제5명치단第五明治斷'의 첫 번째 단락인 '간능치簡能治'의 말미
에서 논의된 문장과 거의 동일하므로 대조를 위해 인용해둔다. "此中五喩, 有何異
者? 本識相應最細妄想無明所識, 隔金剛眼, 是故似彼隔於輕縠. 萬行皆備, 三智已得,
而唯未大圓鏡智, 如來淨治最後妙色. 解脫二障, 故得淨眼, 未離極微無明住地, 是故不
異微闇見色. 有惑障習, 而非親障法空觀智, 故如遠見色. 其智障氣, 雖是微薄, 近蔽惠
眼, 事同輕縠. 五喩差別, 應如是知."(『이장의』, H1, p.805b23~c7)

695 『이장의』의 문장을 참조하여 '綱'을 '細'로 고친다.

696 『이장의』의 문장을 참조하여 '識' 뒤에 '隔'을 넣는다.

697 『이장의』의 문장을 참조하여 '繫'를 '縠'으로 고친다.

698 『이장의』의 문장을 참조하여 '淨' 뒤에 '眼'을 넣는다.

699 『이장의』의 문장을 참조하여 '輕'을 '離'로 고친다.

700 『이장의』의 문장을 참조하여 '遠' 뒤에 '見'을 넣는다.

701 『이장의』의 문장을 참조하여 '知'를 '智'로 고친다.

702 『이장의』의 문장을 참조하여 '曉'를 '蔽'로 고친다.

703 '惠'를 '慧'로 고친다.

704 『이장의』의 문장을 참조하여 '繫'를 '縠'로 고친다.

하기 때문에 [보살菩薩은 불성佛性을] 통틀어 '들어서 [간접적으로] 안다'(聞見)라고 하고, [묘각지妙覺地 부처는] 원인[되는 수행]이 완성되었기 때문에 또한 [불성佛性을] '눈으로 [보듯 직접] 본다'(眼見)라고 한다.

[보살菩薩이 '부처의 면모'(佛性)를] 아직 완전하게 알지 못하는 까닭에는 대략 다섯 가지 뜻이 있다. 첫 번째는 '근본적인 의식현상[인 아뢰야식阿賴耶識]'(本識)이 가장 미세한 망상인 근본무지(無明)와 상응하여 '알게 된 것'(所識)은 '금강[석처럼 굳건한 선정에서 나오는 지혜의] 눈'(金剛眼)을 가로막으니, 그렇기 때문에 [비유하자면] 그 [눈 밝은 사람이] 얇은 명주를 사이에 둔 것과 같다. 두 번째는 [보살菩薩은] 온갖 수행을 이미 갖추고 '[성소작지成所作智, 묘관찰지妙觀察智, 평등성지平等性智, 이] 세 가지 지혜'(三智)를 이미 얻었으나 오직 '완전한 지혜'(大圓鏡智)705를 아직 얻지 못하니, 마치 [그림 그리는 사람이 마지막에] 가장 오묘한 색깔을 아직 깨끗하게 처리하지 못하는 것과 같다. 세 번째는 [보살菩薩은 '번뇌로 인한 장애'(煩惱障)와 '올바른 이해를 가로막는 장애'(所知障), 이] '두 가지 장애'(二障)에서 벗어났기 때문에 '맑은 [지혜의] 눈'(淨眼)을 얻었지만 아직 매우 미세한 '근본무지가 자리 잡은 단계'(無明住地)에서 벗어나지 못하였으니, 그러므로 [비유하여] 옅은 어둠에서 색깔을 본다는 것과 다르지 않다. 네 번째는 [보살菩薩은] '미혹으로 인한 장애의 누적된 경향성'(惑障習)을 지니지만 [이것이] '모든 대상에 실체가 없다고 보는 지혜'(法空觀智)를 직접적으로 가

---

705 4지四智: 유식학에서 건립한 불과佛果의 4지四智로서, 4지심품四智心品이라고도 한다. 유루有漏의 제8식, 제7식, 제6식과 전전5식이 전변하여 네 가지의 무루지無漏智가 된 것이 대원경지大圓鏡智, 평등성지平等性智, 묘관찰지妙觀察智, 성소작지成所作智이다. 『佛光大辭典』 pp.1769~1770 참조. 『성유식론』 권10에서 "云何四智相應心品?"(T31, p.56a12)이라고 하는 것 이하에서는 대원경지大圓鏡智, 평등성지平等性智, 묘관찰지妙觀察智, 성소작지成所作智의 4지四智를 밝히면서 "此轉有漏八七六五識相應品, 如次而得. 智雖非識而依識轉識爲主故, 說轉識得."(T31, p.56b2~4)이라고 하여, 4지四智는 유루有漏의 여덟 가지 의식현상에 의거하면서도 그것들을 무루無漏의 지혜현상으로 바꾸어 얻는 것이라고 설명한다.

로막지는 않기 때문에 마치 [눈 밝은 사람이] 멀리서 색깔을 보는 것과 같다. 다섯 번째는 [보살菩薩의 경우] 그 '[대상에 대한] 올바른 지혜를 가로막는 장애의 [잠재적인] 기운'(智障氣)[706]이 비록 미약하고 옅지만 [그 기운이] '지혜의 눈'(慧眼)을 가까이에서 가리니, 그와 같은 현상은 [비유하여 색깔을 볼 때 눈이] 조금 침침한 것과 같다.

이 다섯 가지 뜻에 의거하여 [보살菩薩은 '부처의 면모'(佛性)를] 아직 완전하게 이해하지 못하기 때문에 [『유가사지론』에서] 이와 같은 다섯 가지 비유를 말했다. 이 [여래如來와 보살菩薩이 '부처 면모'(佛性)를 보는 측면에 관한 논의] 중에서 어려운 문제를 통하게 하고 서로 어긋나는 경문經文을 모아 [통하게 하는] 것은 『이장의二障義』에서 자세히 말한 대목[707]에 잘 갖추어져 있다. 세 번째 ['부처 면모'(佛性)를 보는 것이 완전한가 완전하지 못한가의 측면'(究竟不究竟門)]에 대한 글의 뜻은 이와 같다. 만약 이와 같이 [증부증문證不證門, 편불편문遍不遍門, 구경불구경문究竟不究竟門이라는] 세 가지로 구별되는 뜻을 안다면 [관련된] 온갖 문장에서 긍정(進)하거나 부정(退)하거나 [뜻이] 통하지 않음이 없을 것이다.

---

706 혹장惑障과 지장智藏: 『이장의』에서는 "二障者, 一煩惱障, 亦名惑障, 二所知障 亦名智障."(H1, p.789c7~8)이라고 하여, 혹장惑障과 지장智藏은 각각 차례대로 번뇌장煩惱藏과 소지장所知障의 다른 이름이라고 설명한다.

707 본문에서 보살이 불성을 완전하게 알지 못하는(所以未窮知) 다섯 가지 까닭을 논의하기 위해 원효가 『이장의』에서 차용한 문장은 『이장의』 '제5명치단第五明治斷'의 첫 번째 단락인 '간능치簡能治'에서 세 번째인 '구경도究竟道' 말미의 대목이다. 이 '구경도究竟道' 단락(H1, p.805a17~c8)의 서두에서는 "究竟道中解脫道者, 佛地所得大圓鏡智, 以爲其體."(p.805a17~19)라고 하여 불지佛地에서 증득하는 대원경지大圓鏡智가 구경도究竟道의 바탕이라 밝히고, 이어서 "此二道位, 有等不等, 何者?"(p.805a20~21)라고 하여 보살의 무애도無礙道(무간도無間道)와 여래如來의 해탈도解脫道의 차이에 대한 물음을 제기하며, 이 물음을 중심으로 『마하반야바라밀경』, 『보살영락본업경』, 『인왕반야바라밀경仁王般若波羅蜜經』, 『유가사지론』 등 다양한 문헌 근거들을 제시하여 논의하고, 일견 상위하는 것으로 보이는 경문들에 대해 맥락의 구별을 통해 회통하는 과정을 보여 준다.

> 第四明有無者. 有無差別, 略有二句. 一就聖位, 二約凡位. 聖位有無,
> 先作五階, 謂前五地爲第一位, 以十度行配十地門, 未得波若, 相同凡位
> 故. 六七八地爲第二位, 雖有出入無出入異, 齊於俗諦有功用故. 第九地
> 爲第三位, 以於眞俗俱無功用故. 第十地爲第四位, 具足十度因行, 窮滿
> 因故. 如來地者爲第五位. 就此五位, 說事有無.
>
> [H1, p.541a19~b3: T38, p.251b5~13]

④ [경지에 따라 불성佛性이] 있다거나 없다는 것에 관한 부문(有無門)

[불성문佛性門의] 네 번째인 '[경지에 따른 불성佛性의] 있음과 없음을 밝히
는 것'(明有無)[은 다음과 같다]. '[경지에 따른 불성佛性의] 있음과 없음'(有無)
을 구별하는 것에는 대략 두 가지 맥락(句)이 있다. 첫 번째는 '[초지初地
이상] 성인의 경지'(聖位)에 의거하는 것이고, 두 번째는 '[초지初地 이하]
범부의 경지'(凡位)에 의거하는 것이다.

가. [초지初地 이상] 성인의 경지에 의거함(就聖位)

'성인의 경지에서의 [불성佛性의] 있음과 없음[이라는 측면]'(聖位有無)을
[논의하기 위해] 먼저 [십지十地라는 성인의 경지를] '다섯 가지 단계'(五位)로
나누어 보면 [다음과 같다.] [십지十地에서] '앞의 다섯 경지'(前五地)[708]가 '[성
인의] 첫 번째 단계'(第一位)이니, '열 가지 보살수행'(十度行)[709]을 '열 가

---

708 전5지前五地: 각 명칭을 나열하면 순서대로 환희지歡喜地·이구지離垢地·발광지
發光地·염혜지焰慧地·난승지難勝地이다.

709 10도행十度行: 10바라밀十波羅蜜, 10반야바라밀十般若波羅蜜이라고도 한다. 『보살
영락본업경』 권2에서는 "三世諸佛所行之因, 所謂十般若波羅蜜."(T24, p.1019b12~
13)이라고 하여 10반야바라밀十般若波羅蜜은 모든 부처님들이 행하는 깨달음 성
취의 원인이라고 설명한다. 이어서 "佛子, 十般若波羅蜜者, …"(T24, p.1019b16)라

지 보살경지'(十地)에 배당하면 ['앞의 다섯 경지'(前五地)는] 아직 ['열 가지 보살수행'(十度)의 여섯 번째인] '지혜를 밝히는 수행'(波若)을 얻지 못했으므로 '범부의 경지'(凡位)와 서로 같기 때문이다. '[십지十地의] 여섯 번째·일곱 번째·여덟 번째 경지'(六七八地)710는 [성인의] 두 번째 단계'(第二位)이니, [이 여섯 번째·일곱 번째·여덟 번째 경지(六七八地)에서는] 비록 '[수행에] 나옴과 들어감이 있는 것과 나옴과 들어감이 없는 것의 차이'(出入無出入異)711는 있을지라도 모두가 '세속적 관점을 쓸 수 있는 작용'(俗諦功用)이 있기 때문이다.712 '[십지十地의] 아홉 번째 경지'(第九地)[인 선혜지善

고 하는 것 이하(T24, p.1019b16~27)에서는 10반야바라밀十般若波羅蜜에 대해 보시布施·지계持戒·인욕忍辱·정진精進·선정禪定·지혜智慧·원원願·방편方便·신통神通·무구혜無垢慧라고 밝힌다. 원효의 『본업경소』권하에서는 『보살영락본업경』의 이 대목을 주석하면서 "此中略立因果二門, 總攝六位行德, 四十二賢聖. 故所由爲因, 所起爲果, 由起相待, 通爲因果."(H1, p.512c5~7)라고 하여, 『본업경소』에서도 크게 보아 깨달음 성취의 원인인 10도행十度行을 10주十住·10행十行·10회향十廻向·10지十地·등각等覺·묘각妙覺의 42현성四十二賢聖이라는 결과에 대응시키고 있다. 본문에서는 10도행十度行을 10지十地에 국한하여 대응시키는 것으로 보인다.

710 6·7·8지六七八地: 각 명칭을 나열하면 현전지現前地·원행지遠行地·부동지不動地이다.

711 출입무출입이出入無出入異: 『십지경론』권1에서 "善修無相行功用, 究竟能過世間二乘出世間道故, 名遠行地. 報行純熟無相無間故, 名不動地."(T26, p.127a24~26)라고 한 것에 따르면, 제7원행지遠行地에 대해서는 무상행공용無相行功用을 닦아 궁극적으로 세간도世間道와 이승二乘의 출세간도出世間道를 넘어서기 때문에 원행지遠行地라 하고, 제8부동지不動地에 대해서는 7지까지의 수행이 성숙하여 무상無相의 관점이 '단절됨이 없이'(無間) 완수되기 때문에 부동지不動地라 한다고 설명한다. 제7지에서 제8지로의 전환은 일종의 무간도無間道와 해탈도解脫道의 관계로서 십지十地 수행 상에서 하나의 분기점을 이루는 것으로 보인다.

712 원효는 『이장의』에서 "言習氣者, 八地已上永無現行故, 言習氣, 此是種子習氣, 非謂餘殘習氣."(H1, p.810b21~23)라고 하여 제8부동지不動地 이상에서는 습기習氣가 영원히 현행하지 않는다고 하면서 이 습기習氣는 '씨앗에 해당하는 누적된 경향성'(種子習氣)이지 '[현행現行하는 번뇌에] 남아 있는 누적된 경향성'(餘殘習氣)이 아니라고 설명하는데, 말하자면 제8부동지不動地 이상에서는 종자습기種子習氣가 영

慧地는 '[성인의] 세 번째 단계'(第三位)이니, '진리와 세속'(眞俗)에 대해 모두 [분별하는] 작용(功用)이 없기 때문이다. '[십지十地의] 열 번째 경지'(第十地)[인 법운지法雲地]는 '[성인의] 네 번째 단계'(第四位)이니, '열 가지 보살수행'(十度)이라는 '[깨달음 성취의] 원인되는 수행'(因行)을 완전히 갖추어 '[깨달음 성취의] 원인'(因)을 궁극적으로 완성하기 때문이다. '여래의 경지'(如來地)는 '[성인의] 다섯 번째 단계'(第五位)이다. 이 '다섯 가지 단계'(五位)에 의거하여 '[부처 면모'(佛性)라는] 현상의 '있음과 없음'(有無)을 말하겠다.

如「迦葉品」說, "如來十力四無畏等無量諸法, 足[713]佛是[714]佛之[715]性, 卽[716]如是佛性, 卽[717]有七事, 一常二樂三我四淨五眞六實七善. 後身菩薩佛性有六, 一常二淨三眞四實五善六可[718]見. 九地菩薩佛性有六, 一常二善三眞四實五淨六可見. 八住菩薩下至六地佛性有五事, 一眞二實三淨四善五可見. 五住菩薩下至初地佛性有五事, 一眞二實三淨四可見五善不善."

[H1, p.541b3~12: T38, p.251b13~21]

원히 끊어지고 제8부동지不動地 이하에서는 여잔습기餘殘習氣가 영원히 끊어진다는 것이다. 이 설명에 따르자면 본문에서 제6·7·8지가 속제俗諦에서 유공용有功用이라는 것에 대한 하나의 근거로서 '여잔습기餘殘習氣는 끊었지만 아직 종자습기種子習氣가 남아 있다'는 것을 제시할 수 있을 것으로 보인다. 이어서 본문의 다음 문장에 제9선혜지善慧地가 진속眞俗 모두에서 무공용無功用이라는 것도 이에 따라 종자습기種子習氣마저 끊었다는 것을 하나의 근거로 제시할 수 있겠다.

713 『열반경』 원문에 따라 '足'을 '是'로 고친다.
714 『열반경』 원문에 따라 '是'를 삭제한다.
715 『열반경』 원문에 따라 '之'를 삭제한다.
716 『열반경』 원문에 따라 '卽'을 삭제한다.
717 『열반경』 원문에 따라 '卽'을 '則'으로 고친다.
718 『열반경』 원문에 따라 '可'를 '少'로 고친다.

마치 『열반경』「가섭품迦葉品」에서 [다음과 같이] 말한 것과 같다. "여래如來의 '열 가지 [지혜의] 능력'(十力)과 '네 가지 두려움 없는 [지혜]'(四無畏) 등 헤아릴 수 없이 많은 현상들이 '부처 [경지]의 부처면모'(佛佛性)이고, 이와 같은 '[부처 경지'(佛地)의] 부처면모'([佛]佛性)에는 [또한] '일곱 가지 현상'(七事)이 있으니, 첫 번째는 '늘 [본연에] 머무름'(常)이고 두 번째는 '[참된] 행복'(樂)이며 세 번째는 '[참된] 자기'(我)이고 네 번째는 온전함(淨)이며 다섯 번째는 참됨(眞)이고 여섯 번째는 실제(實)이며 일곱 번째는 이로움(善)이다. ['열 가지 경지'(十地)에서 제10지第十地인] '마지막 몸인 보살'(後身菩薩)의 '부처 면모'(佛性)는 여섯 가지가 있으니, 첫 번째는 '늘 [본연에] 머무름'(常)이고 두 번째는 온전함(淨)이며 세 번째는 참됨(眞)이고 네 번째는 실제(實)이며 다섯 번째는 '[흠 없는] 이로움'(善)이고 여섯 번째는 '[완전한 불성佛性을 현재에] 부분적으로 봄'(少見)[719]이다. '아홉

---

719 소견少見과 가견可見: 본문의 『열반경』 인용문의 생략된 부분에서는 "後身佛性現在未來少可見故, 得名現在, 未具見故, 名爲未來."(T12, p.818b1~2)라고 하여, 후신보살後身菩薩의 불성佛性은 소가견少可見(少見)이기 때문에 '현재의 불성佛性'이라 부르고, 아직 불성을 완전히 보지 못하기 때문에 '미래의 불성佛性'이라 부른다고 한다. 말하자면 불지佛地 직전의 후신보살後身菩薩은 불성佛性을 아직 완전히 보지 못하기 때문에 현재現在에는 불성을 부분적으로 본다는 설명이다. 원효는 아래 설명에서 제10지에만 있는 소견少見과 제9지~제1지에 모두 있는 가견可見을 구분하면서 "所以可見在下三位者, 十地因滿, 佛地果員, 因果雖殊, 同員滿故, 九地以下齊未圓, 俱足應滿故, 說可見."(H1, p.541c4~7)이라고 하여, 불지佛地에서는 수행의 결과(果)가 원만하고, 제10지에서는 '원인되는 수행'(因)이 원만하며, 제9지이하에서는 원인과 결과가 모두 원만하지 않기 때문에 가견可見이라 한다고 설명한다. 즉 제10지에서는 '원인되는 수행'이 최종적으로 원만해지는 과정이어서 현재에 불성佛性을 부분적으로 보지만(少見), 제9지 이하에서는 아직 원인되는 수행이 원만하지 않으므로 미래에 불성佛性을 볼 수 있는(可見) 가능성이 있다는 설명이다. 정법사頂法師의 『대반열반경소』 권29에서도 유사한 설명이 보이는데, "言少見者, 其位既高, 能得少見, 隨分見性故, 言少見. 九地至初地, 其位既下, 未能見性, 當應得見故, 言可見."(T38, p.204b13~15)이라고 하여, 제10지는 경지가 높아 부분적으로 불성을 보기 때문에 소견少見이라 하고, 제9지 이하에서는 미래에 불성을

번째 경지의 보살'(九地菩薩)의 '부처 면모'(佛性)는 여섯 가지가 있으니, 첫 번째는 '늘 [본연에] 머무름'(常)이고 두 번째는 '[흠 없는] 이로움'(善)이 며 세 번째는 참됨(眞)이고 네 번째는 실제(實)이며 다섯 번째는 온전함 (淨)이고 여섯 번째는 '[완전한 불성佛性을 미래에] 볼 수 있음'(可見)이다. '여덟 번째 경지에 머무는 보살'(八住菩薩)에서 '여섯 번째 경지[의 보살]' (六地)까지의 '부처 면모'(佛性)는 다섯 가지가 있으니, 첫 번째는 참됨 (眞)이고 두 번째는 실제(實)이며 세 번째는 온전함(淨)이고 네 번째는 '[흠 없는] 이로움'(善)이며 다섯 번째는 '[완전한 불성佛性을 미래에] 볼 수 있 음'(可見)이다. '다섯 번째 경지에 머무는 보살'(五住菩薩)에서 '첫 번째 경지[의 보살]'(初地)까지의 '부처 면모'(佛性)는 다섯 가지가 있으니, 첫 번째는 참됨(眞)이고 두 번째는 실제(實)이며 세 번째는 온전함(淨)이고 네 번째는 '[완전한 불성佛性을 미래에] 볼 수 있음'(可見)이며 다섯 번째는 '이롭거나 이롭지 않음[이 섞여 있음]'(善不善)이다."720

볼 것이기 때문에 가견可見이라 한다고 설명한다. 한편 여래如來의 전견全見과 10 지보살十地菩薩의 소견少見의 구분과 관련해서는 『열반경』 권25에서 "一切衆生雖 不能見, 十住菩薩見少分故, 如來全見. 十住菩薩所見佛性, 如夜見色, 如來所見, 如晝見 色."(T12, pp.769c27~770a1)이라고 하여, 여래如來의 전견全見은 낮에 색깔을 보 는 것과 같고 십지보살十地菩薩의 소견少見은 밤에 색깔을 보는 것과 같다고 하 고, 『열반경』 권32에서는 "何故名少見? 十住菩薩得首楞嚴等三昧三千法門, 是故了了 自知當得阿耨多羅三藐三菩提, 不見一切衆生定得阿耨多羅三藐三菩提. 是故我說十住 菩薩少分見佛性."(T12, p.820c23~26)이라고 하여 소견少見은 보살菩薩이 스스로 아뇩보리阿耨菩提를 얻을 것임은 알지만 모든 중생이 아뇩보리阿耨菩提를 얻을 것임을 보지는 못하는 것이라고 설명하기도 한다.

720 『열반경』 권32 「가섭보살품제24迦葉菩薩品第二十四」(T12, p.818a18~b13). "如來 十力四無所畏, (大慈大悲三念處, 首楞嚴等八萬億諸三昧門, 三十二相八十種好, 五智印 等三萬五千諸三昧門, 金剛定等四千二百諸三昧門, 方便三昧無量無邊, 如是等法)是佛 佛性, 如是佛性, 則有七事, 一常二我三樂四淨五眞六實七善. ⋯ 後身菩薩佛性有六, 一 常二淨三眞四實五善六少見. ⋯ 九住菩薩佛性六種, 一常二善三眞四實五淨六可見. ⋯ 八住菩薩下至六住佛性五事, 一眞二實三淨四善五可見. ⋯ 五住菩薩下至初住佛性五 事, 一眞二實三淨四可見五善不善." 원효는 괄호의 내용을 '等無量諸法'이라고 축약

> 解言,此五位中通有十事,一善不善二者可見三少見,幷佛地七.是十
> 法在報佛因果,非就法身眞如佛性,以彼處文相不得爾故.然此十事有
> 無總束,以爲五倒.⁷²¹ 一,⁷²² 眞實淨三貫通五位.二者,善之一事在上四
> 位.三者,可見一事在下三位.四者,常之一事在上三位.五者,我樂少
> 見善不善四隨其所應,局在一位.
>
> [H1, p.541b12~20: T38, p.251b21~28]

[『열반경』의 글을] 해석하여 말하자면 [다음과 같다.] 이 '다섯 가지 단계'(五位)에는 통틀어 '[부처 면모'(佛性)의] 열 가지 현상'(十事)이 있으니, 첫 번째가 '이롭거나 이롭지 않음[이 섞여 있음]'(善不善)이고, 두 번째가 '[완전한 불성佛性을 미래에] 볼 수 있음'(可見)이며, 세 번째가 '[완전한 불성佛性을 현재에] 부분적으로 봄'(少見)이고, 아울러 '부처 경지'(佛地)의 일곱 가지 [현상인 상常·낙樂·아我·정淨·진眞·실實·선善]이 있다. 이 '[부처 면모'(佛性)의] 열 가지 현상'(十法)은 '결실을 맺을 부처의 원인과 결과'(報佛因果)

한다. 불성佛性의 10사十事를 성위聖位의 5계위五階位에 의거하여 분류한 위의 내용을 도표로 나타내면 다음과 같다.

5계위 / 10사	제1위: 제1지~제5지	제2위: 제6지~제8지	제3위: 제9지	제4위: 제10지	제5위: 여래지
상常			상常	상常	상常
낙樂					낙樂
아我					아我
정淨	정淨	정淨	정淨	정淨	정淨
진眞	진眞	진眞	진眞	진眞	진眞
실實	실實	실實	실實	실實	실實
선善		선善	선善	선善	선善
소견少見				소견少見	
가견可見	가견可見	가견可見	가견可見		
선불선 善不善	선불선 善不善				

721 윤왕사輪王寺 필사본에 따라 '倒'를 '例'로 고친다.
722 문맥에 따라 '一' 뒤에 '者'를 넣는다.

에서 있는 것이지, '진리 몸의 참 그대로인 부처면모'(法身眞如佛性)에 의거한 것이 아니니, 저 『열반경』 인용처에서의 '글 내용'(文相)이 그럴 수가 없기 때문이다.[723]

그런데 이 '[다섯 가지 단계'(五位)에] 열 가지 현상의 있음과 없음'(十事有無)을 총괄적으로 묶어 보면 '다섯 가지 유형'(五例)이 된다. 첫 번째로, 참됨(眞)과 실제(實)와 온전함(淨) 세 가지는 '다섯 가지 단계'(五位)에 모두 통한다. 두 번째로, '[흠 없는] 이로움'(善)이라는 한 가지 현상은 [불지佛地/제10지第十地/제9지第九地/제8지第八地~제6지第六地를 묶은] 위의 네 단계에 있다. 세 번째로, '[완전한 불성佛性을 미래에] 볼 수 있음'(可見)이라는 한 가지 현상은 [제9지第九地/제8지第八地~제6지第六地/제5지第五地~초지初地를 묶은] 아래의 세 단계에 있다. 네 번째로, '늘 [본연에] 머무름'(常)이라는 한 가지 현상은 [불지佛地/제10지第十地/제9지第九地를 묶은] 위의 세 단계에 있다. 다섯 번째로, '[참된] 자기'(我)와 '[참된] 행복'(樂)과 '[완전한 불성佛性을 현재에] 부분적으로 봄'(少見)과 '이롭거나 이롭지 않음[이 섞여 있음]'(善不善)이라는 네 가지는 그 대응되는 것에 따라 [각각] 하나의 단계에만 국한되어 있다.

所以然者, 我者卽是佛義, 樂者是涅槃義, 佛與涅般究竟之名故, 說此二唯在果地. 言少見者, 爲前所說五對所顯故, 此一事唯在十地. 善不善者, 相同凡夫, 未得純善故, 此一事在一位. 一位四事立意如是. 所以常事在上三位者, 任運現前是其常義, 九地以上三位雖因果殊, 俱於眞俗得無功用, 故說常事在上三位.

[H1, p.541b20~c4: T38, p.251b28~c6]

---

723 아래에서 원효는 '취성위就聖位' 단락을 마무리하면서 "此十事有無之義, 但約一邊, 顯其階級, 未必一向定爲然也."(H1, p.541c13~15)라고 하여, 이 10사十事의 유무有無는 보불인과報佛因果라는 일변一邊에 의거하여 10사十事의 등급(階級)을 드러낸 것이라고 설명한다.

왜냐하면, [먼저 '다섯 가지 유형'(五例)의 다섯 번째 유형 중에서] '[참된] 자기'
(我)라는 것은 바로 '부처를 가리키는 뜻'(佛義)이고 '[참된] 행복'(樂)이라
는 것은 '열반을 가리키는 뜻'(涅槃義)인데, 부처(佛)와 열반涅槃은 '궁극
[적인 경지]'(究竟)에 대한 명칭이기 때문에 ['참된 자기'(我)와 '참된 행복'(樂)]
이 두 가지는 오직 '결과로서의 [부처] 경지'(果地)에만 있다고 말한다.
'[완전한 불성佛性을 현재에] 부분적으로 봄'(少見)이라고 말하는 것은, [그 본
것이] 앞에서 [제10지第十地인 후신보살後身菩薩의 불성佛性에 있다고] 말한 '[상
常·정淨·진眞·실實·선善] 다섯 가지 면모가 [부분적으로] 나타난 것'(五對
所顯)이기 때문에 이 하나의 현상은 오직 '[10지十地의] 열 번째 경지'(十
地)에만 있다. '이롭거나 이롭지 않음[이 섞여 있음]'(善不善)이라는 것은,
[그] 특징(相)이 범부凡夫와 같아서 아직 '흠 없는 이로움'(純善)을 성취하
지는 못했기 때문에 이 하나의 현상은 '첫 번째 단계'(一位)[인 초지初地에
서 제5지第五地까지]에만 있다. [각각] 하나의 단계에만 있는 [아我·낙樂·소
견少見·선불선善不善의] 네 가지 현상에서 성립하는 뜻은 이와 같다.

[다음으로 '다섯 가지 유형'(五例)의 네 번째 유형 중에서] '늘 [본연에] 머무름'
(常)의 현상이 [불지佛地/제10지第十地/제9지第九地를 묶은] 위의 세 단계에 있
는 까닭은, ['부처의 면모'(佛性)가] '자유자재로 나타나는 것'(任運現前)이 '늘
[본연에] 머무름'(常)의 면모이고 '[10지十地의] 아홉 번째 경지'(九地) 이상의
세 가지 경지에서는 비록 [세 가지 경지가 성립하는 각각의] 원인과 결과가
다르지만 모두 '진리와 세속'(眞俗)에 대해 [진리(眞)와 세속(俗)으로 분별하
는] 작용(功用)이 없으니,[724] 그러므로 '늘 [본연에] 머무름'(常)의 현상은 [불

---

724 앞서 '④ 유무문有無門' 서두의 성위5계位五階를 나누는 대목에서도 "第九地爲第
三位, 以於眞俗俱無功用故."(H1, p.541a24~b1)라고 하여 제9지에 대해 유사한 설
명을 제시했고, 주712)에서는 제9지 이상에서 무공용無功用이라는 문장에 대한
하나의 근거로서 『이장의』의 설명에 의거하여 제6·7·8지에서는 '[현행現行하는 번
뇌에] 남아 있는 누적된 경향성'(餘殘習氣)을 끊었지만 아직 '씨앗에 해당하는 누적
된 경향성'(種子習氣)을 끊지 못했기 때문에 유공용有功用이고 제9지 이상에서는

'씨앗에 해당하는 누적된 경향성'(種子習氣)마저 끊었기 때문에 무공용無功用이라는 설명을 제시한 적이 있다. 한편『유가사지론』권47에서는 "云何菩薩十二住等? 嗢拕南曰, 種性勝解行, 極喜增上戒, 增上心三慧, 無相有功用, 無相無功用, 及以無礙解, 最上菩薩住, 最極如來住."(T30, pp.552c28~553a4)라고 하여 ① 종성주種性住(種性), ② 승해행주勝解行住(勝解行), ③ 극환희주極歡喜住(極喜), ④ 증상계주增上戒住(增上戒), ⑤ 증상심주增上心住(增上心), ⑥ 각분상응증상혜주覺分相應增上慧住, ⑦ 제제상응증상혜주諸諦相應增上慧住, ⑧ 연기유전지식상응증상혜주緣起流轉止息相應增上慧住(三慧), ⑨ 유가행유공용무상주有加行有功用無相住(無相有功用), ⑩ 무가행무공용무상주無加行無功用無相住(無相無功用), ⑪ 무애해주無礙解住(無礙解), ⑫ 최상성만보살주最上成滿菩薩住(最上菩薩住)의 보살 십이주十二住와 마지막으로 ⑬ 여래주如來住(最極如來住)까지 거론하는데, ③~⑫까지의 십주十住가 각각 십지十地에 해당한다.『유가사지론』의 보살 13주十三住 체계에서 보살 10지十地에 해당하는 것들만 짝 지어 보면 다음과 같다.

13주十三住	極歡喜住	增上戒住	增上心住	覺分相應增上慧住	諸諦相應增上慧住	緣起流轉止息相應增上慧住	有加行有功用無相住	無加行無功用無相住	無礙解住	最上成滿菩薩住	如來住
십지十地	① 歡喜地	② 離垢地	③ 發光地	④ 焰慧地	⑤ 難勝地	⑥ 現前地	⑦ 遠行地	⑧ 不動地	⑨ 善慧地	⑩ 法雲地	如來地

표에서 보듯이 제7원행지遠行地와 제8부동지不動地가『유가사지론』의 13주十三住 체제에서 각각 유가행유공용무상주有加行有功用無相住와 무가행무공용무상주無加行無功用無相住라고 불리는 것에서 유추하자면, 제7지는 무상無相의 경지를 얻기 위해 유가행有加行과 유공용有功用의 수행을 거치는 과정이고, 제8지는 무상無相의 경지를 얻기 위해 무가행無加行과 무공용無功用의 수행을 거치는 과정으로 보인다. 이에 따르자면 본문에서 제9지 이상에서는 진속眞俗 모두에 대해 무공용無功用을 얻는다는 설명은, 제7지에서 속제俗諦 차원의 여잔습기餘殘習氣를 없애고 제8지에서 진제眞諦 차원의 종자습기種子習氣를 없애는 과정을 통해 무공용無功用의 수행이 완성된 상태가 제9지의 출발점이 된다는 것이라고 하겠다. 첨

지佛地/제10지第十地/제9지第九地를 묶은] 위의 세 단계에 있다고 말한다.

所以可見在下三位者, 十地因滿, 佛地果員,[725] 因果雖殊, 同員[726]滿故, 九地以下齊未圓俱足, 應滿故, 說可見. 所以善事在上四位者, 六地

언하자면 원효는 『본업경소』에서 제9선혜지善慧地(『보살영락본업경』에서의 용어로는 현상의 차별된 세계에 들어가는 지혜인 입법제지入法際智)에 대해 설명하면서 "心習已滅, 無明亦除者, 此地名爲心自在地, 着心重習已斷滅故, 作得住地無明之內, 迷心空者亦已除故."(H1, p.499a4~7)라고 하여, "[『보살영락본업경』에서] 〈근본무지와 분별로 생긴] 마음의 습관이 없어지고 근본무지도 없어지느니라(心習已滅, 無明亦除)〉는 것은, 이 경지(地)를 '마음이 자유로운 경지'(心自在地)라고 하니 '집착하는 마음의 두터운 버릇'(着心重習)이 이미 끊어져 사라졌기 때문[에 "마음의 습관이 없어지고"(心習已滅)라고 말한 것]이고, '만들어 내어 자리 잡은 무지'(作得住地)인 근본무지(無明) 안에서 '마음은 실체가 없음에 미혹한 것'(迷心空者)도 이미 사라졌기 때문[에 "근본무지도 없어진다"(無明亦除)라고 말한 것]이다"라고 설명한다. 이어 『십지경론』을 인용하면서 "第九菩薩地, 名爲得諸佛法藏, 能作大法師, 得衆義多羅尼, 衆法多羅尼, 乃至滿足十阿僧祇, 百千多羅尼門故."(H1, p.499a8~11)라고 하여, "'아홉 번째 보살경지'(第九菩薩地)[에 확고하게 자리 잡는 것]을 '모든 부처님의 진리세계를 얻어 가르침을 설하는 위대한 스승이 된다'라고 부르니, '많은 뜻을 가진 진리의 언어'(衆義多羅尼)와 '많은 가르침을 담은 진리의 언어'(衆法多羅尼)를 얻고 내지 10아승기 동안 '수백수천의 [무수한] 진리의 언어들'(百千多羅尼門)을 얻는다"라고 한다. 또 『십지경론』의 다른 대목을 인용하면서 "是菩薩於不可說不可說世界, 遍滿其中, 隨心隨根隨信說法, 得法明故, 求如來力, 滿足佛事, 與一切衆生, 而作依止."(H1, p.499a13~16)라고 하여, "이 보살이 이루 말할 수 없이 수많은 세계에서 그 가운데를 두루 다니며 [중생의] 마음과 이해능력(根)과 믿음에 따라 중생을 위하여 가르침을 설하니 '진리에 밝아짐'(法明)을 얻었기 때문이며, 여래의 힘을 구하여 '중생교화의 일'(佛事)을 완성하니 모든 중생에게 의지처가 되어 주기 때문이다"라고 설명한다. 간단히 말해 원효는 제8지 이하에서 착심중습着心重習인 심습心習과 작득주지作得住地 차원의 무명無明을 이미 끊은 상태가 제9선혜지善慧地의 시작이라는 설명과 함께, 제9지의 본격적 수행 내용으로는 백천다라니문百千多羅尼門을 얻어 중생을 위해 가르침을 설함으로써 중생에게 의지처가 되어 주는 것이라는 설명을 제시한다.

725 문맥에 따라 '員'을 '圓'으로 고친다. 은정희 등 공역(2017)도 동일하다.
726 문맥에 따라 '員'을 '圓'으로 고친다. 은정희 등 공역(2017)도 동일하다.

已上已得般若, 善巧利物故, 得善事. 所以淨與眞實通於五位者, 此中淨者是無漏義, 初地以上得眞無漏故, 說淨德通於五位. 離妄爲眞義, 在見分, 不虛爲實義, 當相分, 無漏見相非妄非虛故, 說此二亦通五位. 然此十事有無之義, 但約一邊, 顯其階級, 未必一向定爲然也.

[H1, p.541c4~15: T38, p.251c6~15]

[다음으로 '다섯 가지 유형'(五例)의 세 번째 유형에서] '완전한 불성佛性을 미래에 볼 수 있음'(可見)이 [제9지第九地/제8지第八地~제6지第六地/제5지第五地~초지初地를 묶은] 아래의 세 단계에 있는 까닭은 [다음과 같다.] '[10지十地의] 열 번째 경지'(十地)에서는 '원인[되는 수행]'(因)이 완전해지고 '부처 경지'(佛地)에서는 '[수행의] 결과'(果)가 완성되는 것이니 [제10지第十地와 불지佛地가] 비록 원인과 결과로 [각각] 구분되지만 [제10지第十地와 불지佛地는] 완전해짐(圓滿)[이라는 점]을 똑같이 지닌 것이고, '[10지十地의] 아홉 번째 경지'(九地) 이하에서는 모두 '[원인되는 수행'과 '수행의 결과'가] 아직 완전하게 갖추어지지 않아 [앞으로] 완성해야 하기 때문에 '[완전한 불성佛性을 미래에] 볼 수 있음'(可見)이라고 말한다.

[다음으로 '다섯 가지 유형'(五例)의 두 번째 유형에서] '[흠 없는] 이로움'(善)의 현상이 [불지佛地/제10지第十地/제9지第九地/제8지第八地~제6지第六地를 묶은] 위의 네 단계에 있는 까닭은, '[10지十地의] 여섯 번째 경지'(六地) 이상에서는 이미 '[열 가지 보살수행'(十度)의 여섯 번째인] '지혜를 밝히는 수행'(般若)을 얻어 절묘한 방법으로 중생을 이롭게 하기 때문에 '[흠 없는] 이로움'(善)의 현상을 얻는 것이다.

[마지막으로 '다섯 가지 유형'(五例)의 첫 번째 유형 중에서] 온전함(淨)과 참됨(眞)과 실제(實)가 '[성인 경지'(聖位)의] '다섯 가지 단계'(五位)에 [모두] 통하는 까닭은 [다음과 같다.] 이 중에서 온전함(淨)이라는 것은 '번뇌가 스며들지 않는 면모'(無漏義)이니, '[10지十地의] 첫 번째 경지'(初地) 이상에서는 '번뇌가 스며들지 않는 진정한 수준'(眞無漏)[727]을 얻기 때문에 '온전

함의 능력'(淨德)은 ['성인 경지'(聖位)의] '다섯 가지 단계'(五位)에 [모두] 통한다고 말한다. '거짓에서 벗어나 참이 되는 측면'(離妄爲眞義)은 주관(見分)에서 이루어지고 '헛되지 않아 실제가 되는 측면'(不虛爲實義)은 객관(相分)에서 이루어지니, ['진정한 수준에서] 번뇌가 스며들지 않는 주관과 객관'(無漏見相)은 거짓된 것도 아니고 헛된 것도 아니기 때문에 이 [참됨(眞)과 실제(實)의] 두 가지 [현상]도 ['성인 경지'(聖位)의] '다섯 가지 단계'(五位)에 [모두] 통한다고 말한다. 그런데 이 '[다섯 가지 단계'(五位)에] 열 가지 현상이 있거나 없는 뜻'(十事有無之義)은 단지 ['결실을 맺을 부처의 원인과 결과'(報佛因果)라는] 한 측면에 의거하여 그 ['열 가지 현상'(十事)의] 등급을 드러낸 것이니, 모든 경우에 반드시 그러하다고 해서는 안 된다.

> 次約凡夫位說有無者, 如「迦葉品」四句中說, "或有佛性, 一闡提有, 善根人無, 或有佛性, 善根人有, 一闡提無, 或有佛性, 二人俱有, 或有佛性, 二人俱無." 解云, 如是四句顯報佛, 非就法身眞如佛, 彼處文勢必應爾故.
>
> [H1, p.541c15~20: T38, p.251c15~20]

나. 범부의 경지에 의거함(約凡夫位)

다음으로 '범부의 경지'(凡位)에 의거하여 ['불성佛性의] 있음과 없음'(有

---

727 진무루眞無漏: 『佛光大辭典』(p.4222)에서는, 진무루지眞無漏智는 이승二乘의 무루지無漏智의 대칭으로 불보살佛菩薩의 무루지無漏智를 진무루지眞無漏智라 하고, 이승二乘에서는 법집法執과 소지장所知障을 끊지 못하기 때문에 진무루지眞無漏智라 하지 않는다고 설명한다. 원효는 『이장의』에서 "二乘人空無漏, 亦未能免法執分別."(H1, p.792b4~5)이라고 하여 이승二乘의 무루無漏는 아직 법집분별法執分別을 벗어나지 못한 인공무루人空無漏라 설명하고, 『대반야바라밀경大般若波羅蜜經』권47에서는 "以色受想行識皆本性空故. 所以者何? 以本性空法是眞無漏."(T5, p.266b20~21)라고 하여 인공人空의 근거인 5온법五蘊法도 실체가 없다고 이해하는 본성공本性空의 진리가 진무루眞無漏라고 설명한다.

無)을 말하는 것은 [다음과 같다.]

가) '부처 면모'(佛性)의 있음과 없음을 네 가지 구절로 밝힘[728]

　마치 [『열반경』]「가섭품迦葉品」의 '네 가지 구절'(四句)에서 "[첫 번째로]
어떤 경우에는 '부처의 면모'(佛性)가 '좋은 능력이 끊어진 자'(一闡提)에
게는 있지만 '좋은 능력을 가진 자'(善根人)에게는 없다고 할 수 있고,
[두 번째로] 어떤 경우에는 '부처의 면모'(佛性)가 '좋은 능력을 가진 자'(善
根人)에게는 있지만 '좋은 능력이 끊어진 자'(一闡提)에게는 없다고 할
수 있으며, [세 번째로] 어떤 경우에는 '부처의 면모'(佛性)가 두 사람 모두
에게 있다고 할 수 있고, [네 번째로] 어떤 경우에는 '부처의 면모'(佛性)가
두 사람 모두에게 없다고 할 수 있다"[729]고 말하는 것과 같다. 해석하여
말하자면, 이와 같은 '네 가지 구절'(四句)은 '결실을 맺을 부처'(報佛)[의
면모]를 밝힌 것이지 '진리 몸인 참 그대로의 부처'(法身眞如佛)[면모]에 의
거한 것이 아니니, 저 [『열반경』] 인용처에서의 ['부처 면모'(佛性)의 있음과 없
음을 구별하는] 글의 흐름으로 볼 때 그러해야 하기 때문이다.

　　四句差別略有四義, 顯二門故, 別因果故, 開四意故, 遮二邊故. 第一
義者, 爲顯二門故, 說四句. 何者? 前之二句約依持門, 說五種性, 其後
二句就緣起門, 顯因果性, 謂初句言闡提人有者, 不定性人斷善根時, 猶

---

728 '나. 약범부위約凡夫位' 단락은 지금 『열반경』「가섭품」의 인용을 통해 불성佛性
　　의 유무有無를 4구四句로 밝히는 첫 번째 문단과, 아래 "四句差別略有四義."(H1,
　　p.541c20)라는 것 이하에서 『열반경』의 4구四句에 내포된 4의四義를 설명하는
　　두 번째 문단으로 크게 나뉘므로 이에 따라 과문한다.

729 『열반경』 권32「가섭보살품제24迦葉菩薩品第二十四」(T12, p.821c8~10). "或有佛
　　性, 一闡提有, 善根人無, 或有佛性, 善根人有, 一闡提無, 或有佛性, 二人俱有, 或有佛
　　性, 二人俱無."

有作佛法爾種子故. 善根人無者, 決定二來[730]有善根時, 無如前說作佛
種子故. 第二句中善根人有者, 菩薩種性無斷善根, 本來具有作佛種子
故. 闡提人無者, 無性衆生斷善根時, 永無如前菩薩種性故. 故知此二句
顯五種性也.

[H1, pp.541c20~542a8: T38, pp.251c20~252a1]

나) '네 가지 구절'(四句)의 구별에 내포된 '네 가지 뜻'(四義)을 드러냄

'네 가지 구절'(四句)을 구별하는 것에는 대략 '네 가지 뜻'(四義)이 있
으니, [첫 번째는] '[의지문依持門과 연기문緣起門의] 두 가지 측면'(二門)을 드
러내는 것이고, [두 번째는] '[성불成佛의] 원인과 결과'(因果)를 구별하는 것
이며, [세 번째는] '네 가지 뜻'(四意)을 펼치는 것이고, [네 번째는] '두 가지
극단[적 견해]'(二邊)를 부정하는 것이다.

(가) [의지문依持門과 연기문緣起門의] 두 가지 측면을 드러냄(顯二門)

['네 가지 뜻'(四義) 가운데] 첫 번째 뜻은 '[의지문依持門과 연기문緣起門의] 두
가지 측면'(二門)을 드러내기 위해 '네 가지 구절'(四句)을 말한다는 것이
다. 어째서 그러한가? 앞의 두 구절에서는 '[타고난 특성에] 의거하는 측
면'(依持門)에 따라 '다섯 가지의 타고난 특성'(五種性)[731]을 말하고, 뒤의

---

730 문맥에 따라 '來'를 '乘'으로 고친다.
731 5종성五種性: 5종종성五種種性이라고도 한다. 종성種性은 범어 gotra의 한역漢譯
인데, gotra에는 소우리(cow-shed), 울타리 치는 것(enclosure), 장애물로 울타리
쳐진 가족(family enclosed by the hurdle), 가족의 이름(family name), 종족
(tribe) 등의 뜻이 있다. 범어 gotra가 종성種姓이라고도 한역되는 까닭을 살펴볼
수 있다. Monier Williams Sanskrit-English Dictionary, p.364 참조. 『대승입능가
경大乘入楞伽經』 권2에서는 "大慧, 有五種種性, 何等爲五? 謂聲聞乘種性, 緣覺乘種

두 구절에서는 '[원인이 되는] 조건에 따라 [결과가] 일어나는 측면'(緣起門)

性, 如來乘種性, 不定種性, 無種性."(T16, p.597a29~b2)이라고 하여 성문승종성聲 聞乘種性·연각승종성緣覺乘種性·여래승종성如來乘種性·부정종성不定種性· 무종성無種性의 5종성五種性을 밝히면서 각각에 대해 설명한다. 먼저 ① 성문승 종성聲聞乘種姓에 대해서는 "云何知是聲聞乘種性? 謂若聞說於蘊界處自相共相, 若知 若證, 擧身毛竪心樂修習, 於緣起相不樂觀察, 應知此是聲聞乘種性正. … 師子吼言, 我 生已盡, 梵行已立, 所作已辦, 不受後有. 修習人無我, 乃至生於得涅槃覺."(T16, p.597b2~9)이라고 하여 성문승종성聲聞乘種姓의 성향은 5온五蘊·12처十二處·18 계十八界의 양상들을 즐겨 수습修習하지만 연기상緣起相에 대해서는 즐겨 관찰하 지 않는데, 그럼에도 스스로 자만하여 인무아人無我만을 수습했으면서도 열반의 깨 달음을 얻었다는 생각을 낸다고 한다. ② 연각승종성緣覺乘種性에 대해서는 『대승 입능가경』 권2와 같은 곳의 『입능가경』 권2에서 "何者辟支佛乘性證法? 謂聞說緣覺 證法, 擧身毛竪悲泣流淚, 不樂憒閙故, 觀察諸因緣法故, 不著諸因緣法故."(T16, pp.526c28~527a1)라고 하여, 연각승종성緣覺乘種性(辟支佛乘性)의 성향은 연각 緣覺이 증법證法한다는 것을 듣기 좋아하여 어지럽고 시끄러운 곳에 있는 것(憒 閙)을 좋아하지 않고 인연법因緣法을 관찰하여 인연법因緣法에 집착하지 않는다 고 한다. 『佛光大辭典』에서는, 성문승종성聲聞乘種姓과 연각승종성緣覺乘種性에 대해 각각 아라한과阿羅漢果와 벽지불과辟支佛果를 증득할 수 있는 무루종자無漏 種子를 갖춘 자라 하고, 오로지 인공人空의 무루종자만 있기 때문에 생사生死를 싫어하고 자리自利의 적멸법寂滅法만을 즐거워하여 부처가 되지는 못한다고 한 다. p.1179 참조. ③ 여래승종성如來乘種性에 대해 『입능가경』 권2에서는 "何者如 來乘性證法? 大慧, 如來乘性證法有四種, 何等爲四? 一者證實法性, 二者離實法證性, 三者自身內證聖智性, 四者外諸國土勝妙莊嚴證法性."(T16, p.527a5~8)이라고 하여 여래승종성如來乘種性이 증득하는 네 가지 진리(法)를 증실법성證實法性·이실법 증성離實法證性·자신내증성지성自身內證聖智性·외제국토승묘장엄증법성外諸國 土勝妙莊嚴證法性이라 제시하고, 『대승입능가경』 권2에서는 "若有聞說, 此一一法及自心 所現身財建立阿賴耶識不思議境, 不驚不怖不畏, 當知此是如來乘性."(T16, p.597b21~ 23) 이라고 하여 여래승종성如來乘種性의 성향은 각각의 현상과 마음이 나타내는 몸 및 재물이 아뢰야식불사의경阿賴耶識不思議境을 건립한다고 말하는 것을 들어도 놀라거나 두려워하지 않는다고 한다. 『佛光大辭典』에서는, 인공人空과 법공法空 의 무루종자無漏種子를 갖추기 때문에 자리행自利行과 이타행利他行을 모두 닦아 묘과妙果를 얻는다고 한다. p.1179 참조. 한편 『대반야바라밀다경』 권2(T5, p.709b6 이하)에서는 종성種性을 성문종성聲聞種性·독각종성獨覺種性·보살종 성菩薩種性의 세 가지로 나누면서 보살종성菩薩種性에 대해 "菩薩種性補特伽羅, 亦 依如是甚深般若波羅蜜多, 精勤修學, 超諸聲聞及獨覺地, 證入菩薩正性離生, 復漸修行

에 의거하여 '[성불成佛의] 원인과 결과의 면모'(因果性)를 드러내[기 때문이니, [자세한 뜻은 다음과 같다.]

첫 번째 구절에서 '이로운 능력이 끊어진 자에게 [부처의 면모'(佛性)가] 있다'(闡提人有)고 말한 것은, '[수행 수준의 특성이] 정해지지 않은 사람'(不定性人)이 '이로운 능력'(善根)을 끊[어 '이로운 능력이 끊어진 자'(一闡提)가 되]었을 때에도 ['수행의 길이 정해지지 않은 사람'(不定性人)에게는] 여전히 '부처

證得無上正等菩提."(T5, p.709b10~13)라고 하여, 보살종성菩薩種性은 성문聲聞과 독각獨覺의 경지를 넘어서 보살도菩薩道인 정성리생正性離生에 증입證入하고 점차 수행하여 무상정등보리無上正等菩提를 증득한다고 하므로, 본문 아래에 나오는 보살종성菩薩種性은 5종성 중 여래승종성如來乘種性의 다른 명칭인 것으로 보인다. ④ 부정종성不定種性에 대해 『대승입능가경』권2에서는 "不定種性者, 謂聞說彼三種法時, 隨生信解而順修學."(T16, p.597b23~25)이라고 하여 성문승종성聲聞乘種性·연각승종성緣覺乘種性·여래승종성如來乘種性의 세 가지 종성에 대해 설하는 것을 들었을 때 신해信解를 내는 것에 따라 수학修學하는 종성種性이라고 하므로, 성문聲聞의 길과 연각緣覺의 길과 여래如來의 길 중에서 아직 어느 쪽으로도 정해지지 않은 종성種性을 말하는 것으로 보인다. 『佛光大辭典』에서도 성문聲聞·연각緣覺·보살菩薩이라는 삼승三乘의 종성種性에서 아직 그 종성種性이 결정되지 않은 부류라고 한다. p.1179 참조. ⑤ 무종성無種性에 대해 『대승입능가경』권2에서는 "大慧, 此中一闡提, 何故於解脫中不生欲樂? 大慧, 以捨一切善根故, 爲無始衆生起願故. 云何捨一切善根? 謂謗菩薩藏."(T16, p.597c9~12)이라고 하는데, 무종성無種性을 일천제一闡提라고 고쳐 부르면서 무종성無種性이 해탈에 대해 원하고 즐거워하지 않는 까닭은 모든 선근善根을 버렸기 때문이고 모든 선근善根을 버린다는 것은 보살장菩薩藏을 비방하는 것이라고 한다. 이어 "云何爲無始衆生起願? 謂諸菩薩以本願方便, 願一切衆生悉入涅槃, 若一衆生未涅槃者, 我終不入."(T16, p.597c13~16)이라고 하여, 모든 보살菩薩이 본원방편本願方便을 세워 모든 중생이 열반에 들기까지 자신도 열반에 들지 않겠다는 서원을 세우는 것도 이 때문이라고 한다. 『佛光大辭典』에서는 무종성無種性에 대해, 삼승三乘의 무루종자無漏種子가 없이 오로지 유루종자有漏種子만 있어서 생사生死에서 해탈할 수 없고 단지 세간의 선업善業만을 닦아 인천人天의 선과善果를 얻을 수 있을 뿐이라고 하며, 5종성五種性에서 성문승종성聲聞乘種性·연각승종성緣覺乘種性·무종성無種性은 불종자佛種子가 없어 성불成佛할 수 없기 때문에 3무三無라 부르고, 여래승종성如來乘種性·부정종성不定種性에서 불과佛果를 갖추는 자는 불종자佛種子가 있어서 성불成佛하기 때문에 2유二有라 부른다고 첨언한다. p.1180 참조.

가 되게 하는 진리다운 종자'(作佛法爾種子)732가 있기 때문이다. '이로운 능력을 가진 자에게 ['부처의 면모'(佛性)가] 없다'(善根人無)는 것은, '[성문聲聞·연각緣覺의 길이] 결정된 두 부류의 수행자'(決定二乘)[인 성문승종성聲聞乘種性과 연각승종성緣覺乘種性]이 [성문聲聞과 연각緣覺이 될 수 있는] '이로운 능력'(善根)이 있을 때에는 앞에서 말한 것과 같은 [의미의] '부처가 되게 하는 [진리다운] 종자'(作佛種子)는 없기 때문이다.

두 번째 구절에서 '이로운 능력을 가진 자에게 ['부처의 면모'(佛性)가] 있다'(善根人有)는 것은, '보살[의 길을 따르는] 특성을 타고난 사람'(菩薩種性)은 [부처가 되는] '이로운 능력'(善根)을 끊음도 없고 본래부터 '부처가 되게 하는 [진리다운] 종자'(作佛種子)도 갖추고 있기 때문이다. '이로운 능력이 끊어진 자에게는 ['부처의 면모'(佛性)가] 없다'(闡提人無)는 것은, '[이로운 능력의] 특성이 없는 중생'(無性衆生)이 [대승보살의 가르침을 비방하여] '이로운 능력'(善根)을 끊었을 때733에는 앞[에서 말한 것]과 같은 '보살[의 길을 따르는] 타고난 특성'(菩薩種性)을 완전히 없애기 때문이다. 그러므로 이 두 구절은 '다섯 가지의 타고난 특성'(五種性)을 밝힌 것임을 알 수 있다.734

─────

732 법이종자法爾種子: 무루법無漏法 및 성불成佛의 원인이 되는 종자이다. 『성유식론』권2(T5, p.709b6 이하)에서 종성種性을 "諸有情既說本有五種性別故, 應定有法爾種子不由熏生."(T31, p.8a29~b2)이라고 하는 것에 따르면, 모든 중생은 무성종성無性種性·성문종성聲聞種性·연각종성緣覺種性·부정종성不定種性·보살종성菩薩種性이라는 5종성五種性의 구별이 있지만 모든 중생에게는 또한 후천적인 훈습熏習에 의해 생겨나는 것이 아닌 법이종자法爾種子가 확고히 있다고 하므로, '법이法爾'라는 용어에서 보듯이 법이종자法爾種子는 천연天然 또는 자연自然의 뜻을 동반하는 것으로 보인다. 앞서 '(2) 불성문佛性門' '② 출체문出體門'의 '가. 서제설序諸說'에서는 다섯 번째 법사의 뜻으로 "阿賴耶識法爾種子爲佛性體."(H1, p.538b6~7)라고 하여 불성佛性의 바탕으로서 아뢰야식阿賴耶識의 법이종자法爾種子를 제시한 적이 있다.

733 앞 5종성五種性 주석에서 보듯이 『대승입능가경』권2에서는 무종성無種性이 모든 선근善根을 버린다는 것은 보살장菩薩藏을 비방하는 것이라고 한다.

734 원효는 『열반경』의 제1구와 제2구에 대해 5종성五種性에 의거하여 진술된 의지

第三句言二人俱有者, 前二句內兩重二人, 皆有緣起門中因性, 凡有
心者當得菩提故. 第四句言二人俱無者, 卽第三句所說二人, 齊無緣起
門中果性, 當時未得無上菩提故. 故知此二句顯二⁷³⁵果性. 如此經意寬,
無所不苞,⁷³⁶ 通取二門, 以說四句. 初義如是.

[H1, p.542a8~14: T38, p.252a1~7]

세 번째 구절에서 '[일천제一闡提와 선근인善根人] 두 사람 모두에게 ['부처
의 면모'(佛性)가] 있다'(二人俱有)고 말한 것은, 앞의 두 구절에서 [말한] '['부
처의 면모'(佛性)가 있다거나 없다고 지칭되는] 두 종류의 [일천제一闡提와 선근인
善根人이라는] 두 사람'(兩重二人)에게는 모두 '[원인이 되는] 조건에 따라 [결
과가] 일어나는 측면'(緣起門)에서의 '[부처가 되는] 원인의 면모'(因性)가 있
다는 것이니, 무릇 '[괴로움을 싫어하고 궁극적 행복을 추구하는] 마음을 가진
자'(有心者)⁷³⁷라면 모두 깨달음(菩提)을 얻을 수 있기 때문이다.

문依持門이라고 하면서, 불성유무佛性有無의 주체를 크게 일천제一闡提와 선근인
善根人의 두 가지로만 구분하고 있는 『열반경』의 진술에 대해 5종성五種性에 의
거하여 불성유무佛性有無의 구체적 주체를 밝히는 방식으로 설명하는데, 이를 도
표로 나타내면 다음과 같다.

	『열반경』	원효의 설명(의지문依持門)
제1구	일천제一闡提 (불성佛性)유유有有	부정성인不定性人 (작불종자作佛種子)유유有有
	선근인善根人 (불성佛性)무무無無	결정이승決定二乘 (작불종자作佛種子)무무無無
제2구	일천제一闡提 (불성佛性)무무無無	무성중생無性衆生 (작불종자作佛種子)무무無無
	선근인善根人 (불성佛性)유유有有	보살종성菩薩種性 (작불종자作佛種子)유유有有

735 문맥에 따라 '二'를 '因'으로 고친다.
736 문맥에 따라 '苞'를 '包'로 고친다.
737 『열반종요』'(2) 불성문佛性門' '① 출체문出體門'의 '가. 서제설序諸說'에서 원효는
"衆生之心異乎木石, 必有厭苦求樂之性. 由有此性故, 修萬行, 終歸無上菩提樂果. 故說
心性爲正因體."(H1, p.538a17~19)라고 하여 '성불成佛의 가장 중요한 원인의 바탕'
(正因體)이 중생衆生의 심성心性으로서, 이 마음은 염고구락厭苦求樂의 면모를 갖
기 때문에 만행萬行을 통해 마침내 무상보리락과無上菩提樂果로 돌아간다는 제3
사第三師의 견해를 소개한 적이 있다. 번역은 여기에 의거했다.

네 번째 구절에서 '[일천제一闡提와 선근인善根人] 두 사람 모두에게 '[부처의 면모'(佛性)가] 없다'(二人俱無)고 말한 것은, 바로 세 번째 구절에서 '[부처가 되는 원인의 면모'(因性)를 갖는다고] 말해진 두 사람에게는 모두 '[원인이 되는] 조건에 따라 [결과가] 일어나는 측면'(緣起門)에서의 '[부처라는] 결과의 면모'(果性)가 없다는 것이니, '[부처가 되는 원인의 면모'(因性)만을 가지는] 당시에는 아직 '최고의 깨달음'(無上菩提)을 얻지는 못하였기 때문이다. 그러므로 이 두 구절은 '[성불成佛의] 원인과 결과의 면모'(因果性)를 밝힌 것임을 알 수 있다.[738] 이와 같이 경전(『열반경』)의 뜻은 넓어서 포용하지 못하는 것이 없으니, '[의지문依持門과 연기문緣起門, 이] 두 가지 측면'(二門)을 모두 취하여 [『열반경』의] 네 구절을 설명해 보았다. '[네 가지 구절'(四句)이 지닌 '네 가지 뜻'(四義) 가운데] 첫 번째 뜻은 이와 같다.

　第二義者, 宜就緣起一門而說. 前立三句明因差別, 最後一句顯果無二. 何者? 初句中言'闡提人有, 善根人無'者, 是明一切斷善根人所有不善五陰, 亦作報佛之性. 第二句言'善根人有, 闡提人無'者, 是明一切有善根者所有善五陰, 亦爲報佛. 第三句[739]'二人俱有'者, 謂前二人所有四種無記五陰, 皆能得作報佛正因. 以彼一切三性五陰, 皆爲一心轉所作故, 爲顯三性皆爲佛性故, 作三句, 明因差別也. 第四句言'二人俱無'者, 謂前二人雖有三因, 而皆未得報佛果性. 爲顯極果純一善性故, 立一句, 顯無二也. 二義如是.

[H1, p.542a14~b4: T38, p.252a7~18]

---

738 연기문緣起門에서의 원효의 설명을 도표로 나타내면 다음과 같다.

	『열반경』	원효의 설명(연기문緣起門)
제3구	이인구유二人俱有	인성因性 유유有
제4구	이인구무二人俱無	과성果性 무無

739 문맥에 따라 '句' 뒤에 '言'을 넣는다.

(나) [성불成佛의] 원인과 결과를 구별함(別因果)

[『열반경』의 '네 가지 구절'(四句)이 지닌 '네 가지 뜻'(四義) 가운데] 두 번째 뜻 이라는 것은 '[원인이 되는] 조건에 따라 [결과가] 일어나는 측면'(緣起門) 하 나에만 의거하여 설명하는 것이다. [연기문緣起門에 의거해 볼 때] 앞에서 세운 세 구절에서는 '[부처가 되는] 원인의 차이'(因差別)를 밝혔고, 마지막 의 한 구절은 '[부처라는] 결과'(果)가 [일천제一闡提와 선근인善根因 두 사람 에게 없음을 밝힌 것이다. 어째서 그러한가?

첫 번째 구절에서 말한 〈이로운 능력이 끊어진 자에게는 '[부처의 면 모'(佛性)가] 있고, 이로운 능력을 가진 자에게는 '[부처의 면모'(佛性)가] 없 다〉(闡提人有, 善根人無)라는 것은, [일천제一闡提도 '부처의 면모'(佛性)가 있다 고 하므로] 모든 '이로운 능력을 끊은 사람'(斷善根人)이 소유하는 '해로운 [색色 · 수受 · 상想 · 행行 · 식識의] 다섯 가지 더미'(不善五陰)조차도 '결실을 맺을 부처의 [원인의] 면모'(報佛之性)가 됨을 밝힌 것이다.

두 번째 구절에서 말한 〈이로운 능력을 가진 자에게는 '[부처의 면모' (佛性)가] 있고, 이로운 능력이 끊어진 자에게는 '[부처의 면모'(佛性)가] 없 다〉(善根人有, 闡提人無)라는 것은, 모든 '이로운 능력을 가지는 사람'(有 善根者)이 소유하는 '이로운 [색色 · 수受 · 상想 · 행行 · 식識의] 다섯 가지 더 미'(善五陰)도 '결실을 맺을 부처'(報佛)[의 원인]이 됨을 밝힌 것이다.

세 번째 구절에서 말한 〈두 사람 모두에게 '[부처의 면모'(佛性)가] 있 다〉(二人俱有)라는 것은, 앞의 [일천제一闡提와 선근인善根人] 두 사람이 소 유하는 '네 종류의 이롭지도 않고 해롭지도 않은 [색色 · 수受 · 상想 · 행 行 · 식識의] 다섯 가지 더미'(四種無記五陰)[740]가 모두 '결실을 맺을 부처의

---

740 4종무기오음四種無記五陰: 무기無記는 모든 현상을 선善 · 불선不善 · 무기無記의 3성三性으로 나눈 것 중의 하나로, '이롭지도 않고 해롭지도 않은'(非善非不善) 모 든 현상을 말한다. 무기는 유부무기有覆無記(不淨無記)와 무부무기無覆無記(淨無

가장 중요한 원인'(報佛正因)이 될 수 있다는 것이다.

저 모든 '[선善·불선不善·무기無記의] 세 가지 면모 [가운데 어느 하나를] 지니는 [색色·수受·상想·행行·식識의] 다섯 가지 더미'(三性五陰)는 다 [본연인] '하나처럼 통하는 마음'(一心)이 바뀌어 지어낸 것이니, '[선善·불선不善·무기無記의] 세 가지 면모'(三性)가 모두 '부처의 면모'(佛性)임을 드러내기 위해 ['일천제一闡提의 불선오음不善五陰'과 '선근인善根人의 선오음善

記)로 나뉘는데, 양자 모두 선善이나 불선不善의 이숙과異熟果를 내지 못한다는 점에서 무기無記이지만, 유부무기有覆無記는 그 면모가 오염되어 있어 성도聖道를 덮고 심성心性을 가리는 데 반해 무부무기無覆無記는 면모가 청정하여 성도聖道를 덮거나 심성心性을 가리지 않는다. 4종무기오음四種無記五陰은 이 무부무기無覆無記의 네 가지 항목을 말한다. ① 이숙무기異熟無記(異熟生心, 報生心)는 전세前世의 업인業因에 의해 초래된 심신心身의 과보이고, ② 위의무기威儀無記(威儀路無記)는 행行·주住·좌坐·와臥의 자세와 동작이나 이 동작들을 반연하는 마음이며, ③ 공교무기工巧無記(工巧處無記)는 공작工作·회화繪畵·시가詩歌 등 몸과 말의 교묘함이나 이 교묘함을 반연하는 마음이고, ④ 통과무기通果無記(變化無記)는 선정禪定에 들어 신통자재神通自在의 변화變化를 일으키는 마음이다. 『佛光大辭典』 pp.2460, 5107~5108 참조. 바수반두婆藪盤豆의 『아비달마구사석론阿毘達磨俱舍釋論』 권5에서는 "欲界無覆無記心分爲四, 一果報生心, 二作威儀心, 三工巧處心, 四變化心."(T29, p.196b27~29)이라고 하여 욕계欲界의 네 가지 무부무기심無覆無記心을 제시한다. 혜원慧遠의 『대승의장』 권8에서는 "就三性分別五陰. 言三性者, 所謂善惡無記性也. 依如毘曇, 陰別有九, 相從爲三. 所言九者, 一生得善陰, 二方便善陰, 三無漏善陰, 四不善五陰, 五穢污五陰, 六報生五陰, 七威儀五陰, 八工巧五陰, 九變化五陰."(T44, p0623c6~11)이라고 하여 선善·불선不善·무기無記의 3성三性으로 오음五陰을 구별한 아홉 가지의 오음五陰을 나열하는데, 선오음善五陰으로 ① 생득선음生得善陰·② 방편선음方便善陰·③ 무루선음無漏善陰의 세 가지, 불선오음不善五陰으로 ④ 불선오음不善五陰 한 가지, 유부무기오음有覆無記五陰으로 ⑤ 예오오음穢污五陰 한 가지, 무부무기오음無覆無記五陰으로 ⑥ 보생오음報生五陰·⑦ 위의오음威儀五陰·⑧ 공교오음工巧五陰·⑨ 변화오음變化五陰의 네 가지를 제시한다. 한편 『아비달마구사론』 권4에서는 "欲界無記有覆心者, 謂與薩迦耶見及邊執見相應, 此中見不增."(T29, p.20c6~8)이라고 하여, 유부무기有覆無記는 살가야견薩迦耶見(身見)이나 변집견邊執見과 상응하지만 그 견해들을 증폭시키지는 못한다고 설명한다.

五陰'과 '두 사람 모두의 4종무기오음四種無記五陰'을 말하는] 세 가지 구절을 지어 [부처가 되는] 원인의 차이'(因差別)를 밝힌 것이다.

네 번째 구절에서 말한 〈두 사람 모두에게 [부처의 면모'(佛性)가] 없다〉(二人俱無)라는 것은, 앞의 [일천제一闡提와 선근인善根人] 두 사람에게 비록 '불선오음不善五陰·선오음善五陰·4종무기오음四種無記五陰의] 세 가지 [부처가 되는] 원인'(三因)이 있지만 모두 '진리성취의] 결실인 부처라는 결과의 면모'(報佛果性)를 아직 얻지는 못했다는 것이다. '궁극적인 결과'(極果)인 '흠 없이 하나로 통하는 이로움의 면모'(純一善性)를 드러내기 위해 [네 번째의] 한 구절을 세워 [일천제一闡提와 선근인善根因] 두 사람에게는 [부처라는 결과'(果)가] 없음을 밝힌 것이다.741 [네 가지 구절'(四句)이 지닌 '네 가지 뜻'(四義) 가운데] 두 번째 뜻은 이와 같다.

第三意者, 爲四種意故, 說四句. 第一句者, 抑引意說. 引斷善根者, 除絶望心故, 抑善根人持善夢惡故. 第二句者, 勸請意說. 既除夢惡, 勸修衆善, 擧手低頭, 皆成佛道故, 既除絶望心, 請742離諸惡, 惡爲禍本, 能障佛道故. 第三句者, 生普敬意. 無一有情不含當果, 含當果者必成大覺故. 第四句者, 起廣度意. 雖有當果, 而無觀覺, 無觀覺者長沒苦海故. 此四意內所詮義者, 第一句中約邪見說, 第二句中約信心說. 第四743同

---

741 연기1문緣起一門에서의 원효의 설명을 도표로 나타내면 다음과 같다.

	『열반경』	원효의 설명(연기1문緣起一門)	인과因果
제1구	천제인유闡提人有, 선근인무善根人無	천제인闡提人의 불선오음不善五陰이라는 인성因性의 유유	인차별인因差別
제2구	선근인유善根人有, 천제인무闡提人無	선근인善根人의 선오음善五陰이라는 인성因性의 유유	
제3구	이인구유二人俱有	두 사람 모두의 4종무기오음 四種無記五陰이라는 인성因性의 유유	
제4구	이인구무二人俱無	두 사람 모두의 보불과성果性의 무무	과무이果無二

742 문맥에 따라 '識'을 '請'으로 고친다.

望當果, 指當有義, 說爲俱有, 據現無義, 亦說俱無. 三義如是.

[H1, p.542b4~16: T38, p.252a18~29]

(다) 네 가지 의미를 펼침(開四意)

['네 가지 구절'(四句)이 지닌 '네 가지 뜻'(四義) 가운데] 세 번째 뜻이라는 것
은 '네 가지 의미'(四種意) 때문에 네 구절을 말한다는 것이다. [일천제유
一闡提有, 선근인무善根人無라는] 첫 번째 구절은 [선근인善根人을] 억누르고
[일천제一闡提를] 인도하는 의미를 가진 설명'(抑引意說)이다. [일천제一闡提
에게는 불성佛性이 있다고 말함으로써] '이로운 능력이 끊어진 자'(斷善根者)
를 인도하여 [성불成佛의] 희망이 끊어진 마음'(絶望心)을 없애기 때문이
고, [선근인善根人에게는 불성佛性이 없다고 말함으로써] '이로운 능력을 가진
자'(善根人)가 '이로운 자질을 지녔으면서도 해로운 행위를 꿈꾸는 것'
(持善夢惡)을 억누르기 때문이다.

[선근인유善根人有, 일천제무一闡提人無라는] 두 번째 구절은 [선근인善根人
에게는 이로운 자질을 더 닦기를] 권유하고 [일천제一闡提에게는 해로운 행위에서
벗어나기를] 요청하는 의미를 가진 설명'(勸請意說)이다. [선근인善根人에게
불성佛性이 있다고 말한 것은] 이미 [첫 번째 구절에서] '해로운 행위를 꿈꾸는
것'(夢惡)을 없앴으므로 [두 번째 구절에서는] '모든 이로운 자질'(衆善)을 닦
도록 권유하는 것이니 손을 들어 [남을 높이고] 머리를 숙여 [자기를 낮추는
것]이 모두 '부처를 이루는 길'(成佛道)이기 때문이고, [일천제一闡提에게 불
성佛性이 없다고 말한 것은] 이미 [첫 번째 구절에서] '[성불成佛의] 희망이 끊어
진 마음'(絶望心)을 없앴으므로 [두 번째 구절에서는] '모든 해로운 행위'(諸
惡)에서 벗어나기를 요청하는 것이니 '해로운 행위'(惡)는 '재앙의 근본'

---

743 문맥에 따라 '第四' 앞에 '第三'을 넣는다.

(禍本)이어서 '부처가 되는 길'(佛道)을 가로막기 때문이다.

[이인구유二人俱有라는] 세 번째 구절은 '[모든 중생을] 널리 공경하는 마음을 일으키게 하는 의미'(生普敬意)이다. 어느 한 중생(有情)이라도 '미래[에 있을 부처라는] 결실'(當果)을 품지 않음이 없으니, '미래[에 있을 부처라는] 결실을 품는 자'(含當果者)는 반드시 '크나큰 깨달음'(大覺)을 이룰 것이기 때문이다.

[이인구무二人俱無라는] 네 번째 구절은 '[중생을] 널리 구제하려는 마음을 일으키게 하는 의미'(起廣度意)이다. 비록 [모든 중생에게는] '미래[에 있을 부처라는] 결실'(當果)이 있더라도 '이해와 깨달음'(觀覺)이 없으니, '이해와 깨달음이 없는 자'(無觀覺者)는 '바다처럼 큰 괴로움'(苦海)에 오랫동안 빠지기 때문이다.

이 '네 가지 의미'(四意)에서 '드러나는 뜻'(所詮義)[744]은 [다음과 같다.] 첫 번째 구절에서는 ['성불成佛의 희망이 끊어진 마음'(絶望心)이게끔 하고 '이로운 자질을 지녔으면서도 해로운 행위를 꿈꾸게 하는'(持善夢惡)] '그릇된 견해'(邪見)에 의거하여 말한 것이고, 두 번째 구절에서는 ['이로운 행위'(善)를 닦고 '해로운 행위'(惡)에서 벗어나면 '부처가 되는 길'(佛道)에 오를 것을] '믿는 마음'(信心)에 의거하여 말한 것이다. 세 번째와 네 번째 [구절]은 똑같이 '미래[에 있을 부처라는] 결실'(當果)에 의거한 것이니, [세 번째 구절에서는] '미래에 [부처라는 결실이] 있다는 뜻'(當有義)을 일러 주어 [일천제一闡提와 선근인善根人] '모두에게 ['부처의 면모'(佛性)가] 있다'(俱有)라고 말하였고, [네 번째 구절에서는] '현재에 [부처라는 결실이] 없다는 뜻'(現無義)에 의거하여 또한 [일천

---

744 소전所詮: 능전能詮의 대칭이다. 소전所詮은 경문經文의 어구에 의거하여 내용을 해석하고 그 의의를 펼쳐 드러낸 것으로서, 경문經文이 능전能詮이라면 경문經文의 의리義理가 소전所詮이다. 『佛光大辭典』pp.3249~3250 참조. 『번역명의집』권4에서는 "文是能顯, 義是所詮, 能詮之文必召所詮之義, 所詮之義以應能詮之文."(T54, p.1113a3~4)이라고 하여, 능전能詮인 경문(能詮之文)과 소전所詮인 뜻(所詮之義)의 필수불가결한 관계를 설명한다.

제一闡提와 선근인善根人] '모두에게 [부처의 면모'(佛性)가] 없다'(俱無)라고 말하였다. ['네 가지 구절'(四句)이 지닌 '네 가지 뜻'(四義) 가운데] 세 번째 뜻은 이와 같다.[745]

第四義者, 爲離二邊故, 說四句, 謂前二句別顯離邊, 後之二句總顯離邊. 言別顯者, 謂初句言闡提人有, 遮定無邊, 非據定有. 第二句言闡提人無, 止定有邊, 不著定無. 如下文言, "若有說言, 斷善根者定有佛性, 定無佛性, 是名置答.[746] 善男子, 我亦不說置而不答, 乃說置答. 如是置答復有二種, 一者遮止, 二者莫著. 以是義故, 得名置答." 如就闡提, 遮止二邊, 對善根人, 當知亦爾.

[H1, p.542b16~c1: T38, p.252a29~b9]

(라) 두 가지 극단[적 견해]에서 벗어남(離二邊)

['네 가지 구절'(四句)이 지닌 '네 가지 뜻'(四義) 가운데] 네 번째 뜻이라는 것은 '두 가지 극단[적 견해]'(二邊)에서 벗어나게 하기 위해 네 가지 구절을 말한다는 것이니, 앞의 두 구절에서는 '극단[적 견해]에서 벗어남'(離邊)을 하나씩 드러내고 뒤의 두 구절에서는 '극단[적 견해]에서 벗어남'(離

---

745 '네 가지 의미를 펼침'(開四意)에서의 원효의 설명을 도표로 나타내면 다음과 같다.

	『열반경』	원효의 설명(4의四意)	소전의所詮義
제1구	천제인유闡提人有, 선근인무善根人無	억인의抑引意	약사견約邪見
제2구	선근인유善根人有, 천제인무闡提人無	권청의勸請意	약신심約信心
제3구	이인구유二人俱有	생보경의生普敬意	지당유指當有
제4구	이인구무二人俱無	기광도의起廣度意	거현무據現無

746 『열반경』 원문에 따라 '是名置答.'과 '善男子' 사이에 "迦葉菩薩言, 世尊, 我聞不答乃名置答. 如來今者何因緣答, 而名置答?"을 넣는다.

邊)을 총괄적으로 드러내는 것이다.

[앞의 두 구절에서] '하나씩 드러낸다'(別顯)고 말한 것은 [다음과 같다.] 첫 번째 구절에서 '이로운 능력이 끊어진 사람에게 ['부처의 면모'(佛性)가] 있다'(闡提人有)고 말한 것은, [일천제一闡提에게] 확정적으로 ['부처의 면모'(佛性)가] 없다는 극단[적 견해]'(定無邊)를 막은 것이기도 하고, '확정적으로 있다[는 극단적 견해]'(定有)에 의거하지 않는 것이기도 하다.[747] 두 번째 구절에서 '이로운 능력이 끊어진 사람에게 ['부처의 면모'(佛性)가] 없다'(闡提人無)고 말한 것은, [일천제一闡提에게] 확정적으로 ['부처의 면모'(佛性)가] 있다는 극단[적 견해]'(定有邊)를 그치게 한 것이기도 하고, '확정적으로 없다[는 극단적 견해]'(定無)에 집착하지 않게 하는 것이기도 하다.

[『열반경』의] 아래 문장에서 [다음과 같이] 말한 것과 같다. "[부처님이 다음과 같이 말한다.] 〈만약 '이로운 능력을 끊은 자'(斷善根者)에게는 '확정적으로 부처의 면모가 있다'(定有佛性)거나 '확정적으로 부처의 면모가 없다'(定無佛性)고 말한다면, 이것은 [답을 하지 않고] 내버려 두는 대답'(置答)[748][의 대상]이라 한다. 가섭보살迦葉菩薩이 말하였다. 〈'세상에서 가장

---

747 원효는 아래 『열반경』 인용문에서 논의되는 치답置答의 두 가지 내용(차지遮止와 막착莫著)에 따라 제1구의 "천제인유闡提人有"를 설명하는 것으로 보인다. 말하자면 『열반경』 제1구의 "천제인유闡提人有"라는 명제에는 두 가지 뜻이 있는데, 원효의 설명으로 "차정무변遮定無邊"이 치답置答의 첫 번째 뜻인 차지遮止에 해당하고 "비거정유非據定有"가 치답置答의 두 번째 뜻인 막착莫著에 해당한다. 다음에 나오는 『열반경』 제2구의 "천제인무闡提人無"도 마찬가지인데, 원효의 설명으로 "지정유변止定有邊"이 차지遮止에 해당하고, "불착정무不著定無"가 막착莫著에 해당한다.

748 치답置答: 치답置答은 '버려두고 대답하지 않는 것'(置棄而不答)을 말한다. 전통적으로 부처님이 14난문十四難問에 대해 무기無記로 응대한 것을 가리킨다. 『佛光大辭典』 p.5563 참조. 초기불교의 경전인 『백유경百喻經』 권3에서는 부처님의 네 가지 논의방식(論門) 중 하나로 치답置答이 제시되는데, "論門有四種. 有決定答論門, 譬如人一切有皆死, 此是決定答論門. 死者必有生是應分別答, 愛盡者無生, 有愛必有生, 是名分別答論門. 有問人爲最勝不, 應反問言, 汝問三惡道, 爲問諸天, 若問三惡

존귀한 분'(世尊)이여, 저는 '[질문에] 대답하지 않는 것'(不答)을 '[답을 하지 않고] 내버려 두는 대답'(置答)이라 한다고 들었습니다. 여래께서는 지금 어떤 이유로 대답하면서도 '[답을 하지 않고] 내버려 두는 대답'(置答)이라 고 하십니까?)[749] [부처님이 말씀하셨다.] 〈훌륭한 이여, 나도 [무기無記[750]처

道, 人實爲最勝, 若問於諸天, 人必爲不如, 如是等義, 名反問答論門. 若問十四難, 若問世界及衆生有邊無邊, 有終始無終始, 如是等義, 名置答論門."(T4, p.551c3~11)이라고 하여 결정답決定答·분별답分別答·반문답反問答과 함께, 14난문十四難問과 같은 극단적 견해를 파생시키는 질문에 대해서는 대답하지 않는 논의방식을 치답置答이라고 설명한다. 본문 인용문의 앞 대목에 해당하는 『열반경』 권32에서도 "佛言, 善男子, 如來世尊爲衆生故有四種答, 一者定答, 二者分別答, 三者隨問答, 四者置答."(T12, p.818a1~3)이라고 하여 정답定答(決定答)·분별답分別答·수문답隨問答(反問答)·치답置答의 4종답四種答을 제시한다. 그런데 본문의 『열반경』 인용문에서 전개되는 치답置答에 대한 논의에서 보듯이 가섭보살迦葉菩薩의 질문에서는 치답置答의 뜻에 대한 전통적 이해가 드러나지만, 부처님의 대답에서는 '제쳐두고 답하지 않는다'(置而不答)는 형식을 깨면서도 무기無記의 뜻을 발전적으로 이어 가는 전개가 나타나는데, 그 구체적 내용이 차지遮止와 막착莫著이라는 용어로 표현되어 있는 것으로 보인다. 말하자면 일례로 『열반경』에서 "일천제에게 불성이 있다"(一闡提有)고 말한 것은 "일천제에게 불성이 있는가?"라는 질문에 대해 형식적으로는 대답한 셈이 되므로 전통적 의미의 치답置答일 수는 없지만, 이 명제는 "일천제에게 확정적으로 불성이 없다"(一闡提定無)는 견해를 가로막아 '그치게 하는 것'(遮止)이고 동시에 "일천제에게 확정적으로 불성이 있다"(一闡提定有)는 견해에 집착하지 않는 것(莫著)이므로, 하나의 극단적 견해를 제시한 것이 아니라는 점에서는 무기無記의 정신을 잇는 측면이 있다. 『열반경』을 인용하기에 앞서 제1구의 '천제인유闡提人有'라는 명제에 대해 원효가 "遮定無邊, 非據定有"라고 설명한 것도, '정무定無의 차지遮止'와 '정유定有의 막착莫著'이라는 치답置答의 구체적 내용을 『열반경』 경문에 의거하여 간결하게 표현한 하나의 사례가 될 것이다.

749 생략되어 있는 『열반경』 원문("迦葉菩薩言, 世尊, 我聞不答乃名置答. 如來今者何因緣答, 而名置答?")을 번역한 것이다.

750 무기無記: 외도外道의 14문난十四問難에 대해 부처님이 옳다거나 그르다고 대답하지 않은 것을 말하는데, 이것을 14무기十四無記 또는 14불가기十四不可記라고 한다. 14문난十四問難은 ① 세계는 상常인가, ② 무상無常인가, ③ 역상역무상亦常亦無常인가, ④ 비상비무상非常非無常인가, ⑤ 유변有邊인가, ⑥ 무변無邊인가,

럼 '제쳐두고 [아예] 대답하지 않음'(置而不答)이 바로 [지금 언급하는] '[답을 하지 않고] 내버려 두는 대답'(置答)이라고 말하지 않는다. 이와 같은 '[답을 하지 않고] 내버려 두는 대답'(置答)에는 다시 두 가지가 있으니, 첫 번째는 '[극단적 견해를] 막아서 그치게 함'(遮止)이고, 두 번째는 '[극단적 견해에] 집착하지 않게 함'(莫著)이다. 이러한 뜻 때문에 '[답을 하지 않고] 내버려 두는 대답'(置答)이라 부른다.)"751 '이로운 능력이 끊어진 사람'(闡提)

---

⑦ 역유변역무변亦有邊亦無邊인가, ⑧ 비유변비무변非有邊非無邊인가, ⑨ 여래는 사후에 유有인가, ⑩ 무無인가, ⑪ 역유역무亦有亦無인가, ⑫ 비유비무非有非無인가, ⑬ 명命과 신身은 같은가, ⑭ 다른가 등이다. 『佛光大辭典』 p.5108 참조. 『잡아함경雜阿含經』 권34에는 이 14무기十四無記의 논의가 산견散見되는데, 일례로 "有外道出家名曰鬱低迦, 來詣佛所, 與世尊面相問訊慰勞已, 退坐一面, 白佛言, 瞿曇, 云何? 瞿曇, 世有邊耶? 佛告鬱低迦, 此是無記. 鬱低迦白佛, 云何? 瞿曇, 世無邊耶, 有邊無邊耶, 非有邊非無邊耶? 佛告鬱低迦, 此是無記."(T2, p.247c15~20)라고 하여, 외도출가자인 울저가鬱低迦가 세계의 유변有邊·무변無邊·역유변역무변亦有邊亦無邊·비유변비무변非有邊非無邊을 묻자 부처님은 이에 대해 무기無記라고 대답하는 과정이 제시되어 있다. 14무기十四無記에 속하지 않는 사례로 『잡아함경』 권12에서는 "有異婆羅門來詣佛所, 與世尊面相慶慰, 慶慰已, 退坐一面, 白佛言, 云何? 瞿曇, 爲自作自覺耶? 佛告婆羅門, 我說此是無記, 自作自覺, 此是無記. 云何? 瞿曇, 他作他覺耶? 佛告婆羅門, 他作他覺, 此是無記. 婆羅門白佛, 云何? 我問自作自覺, 說言無記, 他作他覺, 說言無記, 此義云何? 佛告婆羅門, 自作自覺則墮常見, 他作他覺則墮斷見. 義說法說, 離此二邊, 處於中道而說法, 所謂此有故彼有, 此起故彼起, 緣無明行, 乃至純大苦聚集, 無明滅則行滅, 乃至純大苦聚滅."(T2, p.85c4~15)라고 하는데, 우선 자작자각自作自覺인가 타작타각他作他覺인가라는 물음에 대해 역시 옳다거나 그르다고 대답하지 않는 무기無記의 방식으로 응대한 후, 다시 이 무기無記라는 응대 방식의 뜻에 관해 묻자 자작자각自作自覺은 상견常見에 떨어지는 것이고 타작타각他作他覺은 단견斷見에 떨어지는 것이므로 무기無記는 이 이변二邊에서 벗어나는 뜻이 있으며, 이변二邊에서 벗어나 중도中道에 처하여 설법(記說)한 것이 이른바 연기법緣起法에 해당하는 내용이라고 설명한다.

751 『열반경』 권32(T12, p.818b15~21). "若有說言, 斷善根者定有佛性, 定無佛性, 是名置答. 迦葉菩薩言, 世尊, 我聞不答乃名置答. 如來今者何因緣答, 而名置答? 善男子, 我亦不說置而不答, 乃說置答. (善男子,) 如是置答復有二種, 一者遮止, 二者莫著. 以是義故, 得名置答." 괄호는 생략된 내용을 표시한다.

에 의거하여 ['부처의 면모'(佛性)가 확정적으로 있다거나 없다고 하는] '두 가지 극단[적 견해]'(二邊)를 '막아 그치게 함'(遮止)과 마찬가지로, '이로운 능력을 가진 사람'(善根人)에 대해서도 그러함을 알아야 한다.

言後二句總顯離邊者, 第三句言二人俱有, 是明佛性不同菟角, 依非無義, 說名爲有. 第四句言二人俱無, 是顯佛性不同虛空, 約不有義, 說名爲無. 如下文言, "衆生佛性非有非無. 所以者何? 佛性雖有, 非如虛空. 虛空[752]不可見, 佛性可見故. 佛性雖無, 不同菟角. 菟角不可生, 佛性可生故.[753] 是故佛性非有非無, 亦有亦無. 云何名有? 一切悉有, 是諸衆生不斷滅, 猶如燈炎,[754] 乃至[755]菩提. 故名有. 云何無? 一切衆生現在未有一切佛法. 是故名無. 有無合故, 是名[756]中道. 是故佛性非有非無," 乃至廣說.

[H1, p.542c1~14: T38, p.252b9~19]

〈뒤의 두 구절에서는 '극단[적 견해]에서 벗어남'(離邊)을 '총괄적으로 드러낸다'(總顯)〉고 말한 것은 [다음과 같다.] 세 번째 구절에서 [일천제一闡提와 선근인善根人] 두 사람 모두에게 ['부처의 면모'(佛性)가] 있다'(二人俱有)고 말한 것은 '부처의 면모'(佛性)가 ['확정적으로 없는'(定無)] '토끼의 뿔'(菟角)과 같은 것이 아님을 밝힌 것이니, ['확정적으로] 없는 것은 아니라는 뜻'(非無義)에 의거하여 [두 사람 모두에게 '부처의 면모'(佛性)가] 있다(有)고 말한다. 네 번째 구절에서 [일천제一闡提와 선근인善根人] 두 사람 모

---

752 『열반경』 원문에 따라 '虛空' 앞에 '世間'을 넣는다.
753 『열반경』 원문에는 '故'가 없지만 문맥상 '故'가 있어야 하므로 한불전에 따라 그대로 둔다.
754 『열반경』 원문에 따라 '炎'을 '焰'으로 고친다.
755 『열반경』 원문에 따라 '至' 뒤에 '得'을 넣는다.
756 『열반경』 원문에 따라 '是名'을 '卽是'로 고친다.

두에게 [‘부처의 면모’(佛性)가] 없다’(二人俱無)고 말한 것은 ‘부처의 면모’
(佛性)가 [‘확정적으로 있는’(定有) 것은 아니지만 보려야 볼 수 없는] 허공虛空과
같은 것이 아님을 드러낸 것이니, ‘[확정적으로] 있는 것은 아니라는 뜻’
(非有義)에 의거하여 [두 사람 모두에게 ‘부처의 면모’(佛性)가] 없다(無)고 말
한다.

　[『열반경』의] 아래 문장에서 [다음과 같이] 말한 것과 같다. “중생의 ‘부처
면모’(佛性)는 ‘있는 것도 아니고 없는 것도 아니다’(非有非無). 그 까닭
은 무엇인가? ‘부처의 면모’(佛性)는 비록 있지만 허공虛空과 같은 것이
아니다. 세간의 허공虛空은 ‘볼 수 없는 것’(不可見)이지만, ‘부처의 면
모’(佛性)는 ‘볼 수 있는 것’(可見)이기 때문이다. [또] ‘부처의 면모’(佛性)
는 비록 없지만 [있을 수 없는] ‘토끼의 뿔’(菟角)과 같은 것은 아니다. ‘토
끼의 뿔’(菟角)은 ‘생겨날 수 없는 것’(不可生)이지만, [‘결실을 맺을 부처’(報
佛)로서의] ‘부처 면모’(佛性)는 [수행을 통해] 생겨날 수 있는 것’(可生)이기
때문이다. 그러므로 ‘부처의 면모’(佛性)는 ‘있는 것도 아니고 없는 것도
아니며’(非有非無), ‘있는 것이기도 하고 없는 것이기도 하다’(亦有亦無).
어찌하여 있다(有)고 말하는가? 모든 것에는 다 [‘부처의 면모’(佛性)가] 있
으니, 모든 중생에게 [‘부처의 면모’(佛性)가] [완전히] 없어지지는 않는 것’
(不斷滅)이 마치 ‘등잔의 불꽃’(燈焰)과 같아서 마침내 깨달음(菩提)을 얻
기에까지 이른다. 그러므로 있다(有)고 말한다. 어찌하여 없다(無)고 말
하는가? 모든 중생은 현재에는 아직 모든 ‘부처의 진리’(佛法)를 가지지
않는다. 그러므로 없다(無)고 말한다. [‘확정적으로 없지는 않음’(非無)에 의거
한] 있음(有)과 [‘확정적으로 있지는 않음’(非有)에 의거한] 없음(無)을 종합하기
때문에 바로 [‘있는 것도 아니고 없는 것도 아닌’(非有非無)] 중도’(中道)이니,
그러므로 ‘부처의 면모’(佛性)는 ‘있는 것도 아니고 없는 것도 아니다’(非
有非無)”757라고 하면서 자세히 말한다.

若依如是離邊之意, 四句皆望當果佛性. 若使四句, 齊望一果, 總別二

意有何異者? 前二人說二句者, 依遮詮義, 以遣二邊, 後總二人立句者, 依表詮門, 以示中道. 中道之義通於二人, 是故合說, 二邊之執隨人各起, 所以別說. 然佛說四句意趣衆多, 今且略爾四種義耳. 有無門竟.

[H1, p.542c14~21: T38, p.252b20~26]

만약 이상과 같은 '극단[적 견해]에서 벗어나는 의미'(離邊之意)에 의거한다면 『열반경』의 네 가지 구절은 모두 [중생의] '미래에 있을 결과로서의 부처 면모'(當果佛性)⁷⁵⁸에 의거한 것이다. 만약 『열반경』의 네 가지 구절을 모두 [중생의] '하나로 통하게 되는 결과[로서의 부처 경지]'(一果)에 의거하게 한다면, [뒤의 두 구절의] '총괄[적인 뜻]'(總)과 [앞의 두 구절의] '개별[적인 뜻]'(別), [이] 두 가지 뜻에는 어떤 차이가 있는가?

앞에서 [일천제一闡提와 선근인善根人] 두 사람에게 [각각] 말한 두 구절은 ['막아 그치게 함'(遮止)과 '집착하지 않게 함'(莫著)이라는] '부정하여 드러내는 측면'(遮詮義)⁷⁵⁹에 의거하여 ['확정적으로 있음'(定有)과 '확정적으로 없음'(定無)

---

757 『열반경』 권32(T12, p.819b14~25). "衆生佛性非有非無. 所以者何? 佛性雖有, 非如虛空. (何以故?) 世間虛空(雖以無量善巧方便)不可(得)見, 佛性可見(是)故. (雖以, 非如虛空.) 佛性雖無, 不同菟角. (何以故? 龜毛)菟角(雖以無量善巧方便)不可(得)生, 佛性可生. (是故雖無, 不同菟角,) 是故佛性非有非無, 亦有亦無. 云何名有? 一切悉有, 是諸衆生不斷(不)滅, 猶如燈焰, 乃至得(阿耨多羅三藐三)菩提. (是)故名有. 云何(名)無? 一切衆生現在未有一切佛法(常樂我淨). 是故名無. 有無合故, 即是中道. 是故(佛說衆生)佛性非有非無." 괄호는 생략된 내용을 표시한다. 원효는 "雖以無量善巧方便"과 같은 수사적 어구, "雖有, 非如虛空"과 같은 반복되는 문장, '龜毛'나 '阿耨多羅三藐三'이나 '常樂我淨'과 같은 문맥상 굳이 필요하지 않은 개념 및 '是', '不', '名', '得', "何以故", "佛說衆生" 등 삭제해도 의미가 달라지지 않는 용어 등을 생략함으로써 이변離邊 논리의 복잡적 구조를 최대한 간결하게 표현하려는 것으로 보인다.

758 '나. 약범부위約凡夫位'의 서두에서 원효는 『열반경』의 4구에 대해 "如是四句顯報佛, 非就法身眞如佛."(H1, p.541c19~29)이라고 하여 보불報佛의 면모를 드러낸 것이지 법신진여불法身眞如佛의 면모에 의거한 것이 아니라고 했으므로, 지금 당과불성當果佛性에 의거한다는 것은 보불報佛에 의거하는 것이고, 다음 문장에서 일과一果에 의거한다는 것은 법신진여불法身眞如佛에 의거하는 것으로 보인다.

이라는] '두 가지 극단[적 견해]'(二邊)를 [사람에 따라 개별적으로] 없앤 것이고, 뒤에서 두 사람을 함께 묶어서 세운 [두] 구절은 [있음(有)과 없음(無)을] '긍정하여 드러내는 측면'(表詮門)에 의거하여 '[있는 것도 아니고 없는 것도 아닌'(非有非無) '있음과 없음'(有無)의] 중도(中道)를 [두 사람 모두에게] 보여 준다. '[있는 것도 아니고 없는 것도 아닌'(非有非無) '있음과 없음'(有無)이라는] 중도의 뜻'(中道之義)은 [일천제一闡提와 선근인善根人] 두 사람에게 모두 해당하기에 [뒤의 두 구절에서는 두 사람을] '종합하여 설명하였고'(合說), '[확정적인 있음'(定有)과 '확정적인 없음'(定無)이라는] '두 가지의 극단에 대한 집착'(二邊之執)은 사람에 따라 각각 일어나기에 [앞의 두 구절에서는 두 사람을] '구별하여 설명하였다'(別說).[760] 그런데 부처님이 말씀하신 '네 가지 구절의

---

759 차전遮詮과 표전表詮: 『佛光大辭典』에 따르면 차전은 표현대상의 반대되는 면모나 갖고 있지 않은 속성을 부정법으로 표현하여 뜻을 전달하는 방식이고, 표전은 표현대상의 정확한 면모나 속성을 긍정법으로 표현하여 뜻을 전달하는 방식이다. p.6191 참조. 연수延壽의 『종경록宗鏡錄』 권34에서는 차전遮詮과 표전表詮의 차이에 대해 "遮詮表詮異者, 遮謂遣其所非, 表謂顯其所是. 又遮者揀却諸餘, 表者直示當體. 如諸經所說眞如妙性, 每云不生不滅, 不垢不淨, 無因無果, 無相無爲, 非凡非聖, 非性非相等, 皆是遮詮, 遣非蕩跡, 絶想祛情. 若云知見覺照, 靈鑒光明, 朗朗昭昭, 堂堂寂寂等, 皆是表詮."(T48, p.616b7~13)이라고 하는데, 차전遮詮은 그릇된 것을 없애고 다른 것을 가려내는 것이지만 표전表詮은 올바른 것을 드러내고 당체當體를 직접 보여 주는 것으로서, 예를 들어 진여묘성眞如妙性에 대해 '불생불멸不生不滅・불구부정不垢不淨' 등 부정적으로 표현하는 것이 차전遮詮이고 '지견각조知見覺照・영감광명靈鑒光明' 등 긍정적으로 표현하는 것이 표전表詮이라고 설명한다.

760 당과불성當果佛性과 일과불성一果佛性을 구분하는 원효의 설명: 먼저 중생의 당과불성當果佛性에 따르면, 진술의 형식에서는 4구가 별설別說인 앞의 2구와 총설總說인 뒤의 2구로 나뉘지만, 제1구와 제2구에서는 차지遮止와 막착莫著의 치답置答 방식으로 유有와 무無를 각각 부정하고 제3구와 제4구에서는 비무의非無義와 비유의非有義에 의거하여 유有와 무無를 각각 긍정하므로, 내용적으로는 4구가 모두 개별적인 설명이 된다. 이에 비해 중생의 일과불성一果佛性에 따르면, 4구 중에 뒤의 2구만이 일과불성一果佛性의 중도中道를 총괄적으로 표전表詮하는 총설總說이고, 앞의 2구는 여전히 당과불성當果佛性의 이변二邊을 개별적으로 차전遮詮하는 별설別說이 된다. '두 가지 극단적 견해에서 벗어남'(離二邊)에서의 원

의미'(四句意趣)는 매우 많지만, 지금은 이렇게 네 가지 뜻[761]으로 요약한다. '[경지에 따라 불성佛性이] 있다거나 없다는 것에 관한 부문'(有無門)을 마친다.

> 第五明三世非三世, 略有二義. 先就法身, 後約報佛. 若就別門, 法身佛性雖復因名應得, 果名至得, 其體平等無生無滅. 是故一向非三世攝. 是義灼然, 不勞引證也.
>
> [H1, pp.542c22~543a2: T38, p.252b26~29]

⑤ [불성佛性과] 과거 · 현재 · 미래의 시간[과의 관계]에 관한 부문(三世門)

[불성문佛性門에서] 다섯 번째로 ['부처의 면모'(佛性)가] '과거 · 현재 · 미래의 시간[의 제한에 포섭]되는지 되지 않는지'(三世非三世)를 밝히니, 대략 두 가지 뜻이 있다. 앞에서는 '진리의 몸'(法身)에 의거하고, 뒤에서는 '결실을 맺을 부처'(報佛)에 의거한다.

효의 설명을 도표로 나타내면 다음과 같다.

	『열반경』	이이변離二邊(망당과불성望當果佛性)	망일과望一果	총별總別
제1구	천제인유闡提人有	차지정무遮止定無, 막착정유莫著定有	차전의遮詮義	별설別說
	선근인무善根人無	차지정유遮止定有, 막착정무莫著定無		
제2구	선근인유善根人有	차지정무遮止定無, 막착정유莫著定有		
	천제인무闡提人無	차지정유遮止定有, 막착정무莫著定無		
제3구	이인구유二人俱有	비무의非無義	표전의表詮義	총설總說
제4구	이인구무二人俱無	비유의非有義		

761 4종의四種義: '[의지문依持門과 연기문緣起門의] 두 가지 측면을 드러냄'(顯二門) · '[성불成佛의] 원인과 결과를 구별함'(別因果) · '네 가지 의미를 펼침'(開四意) · '두 가지 극단[적 견해]에서 벗어남'(離二邊)을 가리킨다.

가. 진리의 몸에 의거함(就法身)

만약 ['진리의 몸'(法身)을 원인과 결과로] '구별하는 측면'(別門)에 의거한다면, '진리 몸의 부처 면모'(法身佛性)는 비록 원인(因)[의 측면]에서는 '[불성佛性을] 얻게 하는 것'(應得)이라 부르고 결과(果)[의 측면]에서는 '궁극적으로 얻은 것'(至得)762이라고 [구별하여] 부르지만, 그 본연(體)은 [원인과 결과로 구별되지 않고] 평등하여 [근본무지에 따르는] 생겨남도 없고 사라짐도 없다'(平等無生無滅). 그러므로 ['진리 몸의 부처면모'(法身佛性)는] 한결같이 '과거·현재·미래의 시간'(三世)에 포섭되지 않는다. 이 뜻은 분명하기에 애써 [경전을] 인용하여 증명하지는 않겠다.

次約報佛因果性者. 依下文說, 即有三句. 一者, 如來圓果菩薩滿因, 此二相對, 以顯不同. 如來圓智窮於理原, 等一法界, 遍三世際故, 非過去現在未來. 後身菩薩未至理原, 雖復已得滿因故, 已少見, 未至極果故, 未具見. 未具見邊, 名爲未來, 未成圓果故. 已少見邊, 名爲現在, 現得滿因故. 猶未謝故, 非過去. 如經言, "如來佛性非過去非現在未763來, 後身菩薩佛性現在未來. 少可見故, 得名現在, 未具見故, 名爲未來"故.

[H1, p.543a2~12: T38, p.252c1~10]

---

762 응득인應得因과 지득과至得果: 『불성론』 권2에 따르면 응득인應得因은 불성을 얻는 세 가지 원인(三因)인 ① 응득인應得因, ② 가행인加行因, ③ 원만인圓滿因 중 하나로서 인공人空·법공法空으로 나타나는 진여眞如(二空所現真如)인 무위여리無爲如理를 말한다. 지득과至得果는 3인三因에 의해 얻어지는 결과인 ① 주자성성住自性性, ② 인출성引出性, ③ 지득성至得性(至得佛性)의 3불성三佛性 중 하나로서, 주자성성住自性性은 성정문性淨門이므로 범부위凡夫位까지 포괄하고 인출성引出性은 수염문隨染門이므로 불도佛道 수행의 과정에 해당한다면, 지득성至得性은 수염문隨染門인 불도佛道 수행의 결과에 해당한다. 『열반종요』'(2) 불성문佛性門'의 '② 인과문因果門'에서 "應得因中, 具三佛性, 彼應得因如理爲體故."(H1, p.539c4~5)라고 하여 응득인應得因과 삼불성三佛性에 대해 논의한 적이 있다.
763 『열반경』 원문에 따라 '未' 앞에 '非'를 넣는다.

나. 결실을 맺을 부처에 의거함(約報佛)

다음으로 '결실을 맺을 부처의 원인과 결과의 면모'(報佛因果性)에 의
거하는 것이다. [『열반경』의] 아래 [세 가지] 문장들에 의거하여 말하자면
곧 '세 가지 맥락'(三句)이 있다.

첫 번째 [맥락]에서는 '여래의 완전한 결실'(如來圓果)과 '보살의 완전
해진 원인'(菩薩滿因)이라는 이 두 가지를 서로 대비함으로써 [삼세三世와
의 관계가] 같지 않음을 드러낸다. '여래의 완전한 지혜'(如來圓智)는 '진
리의 근원'(理原)에 끝까지 이르러 '하나처럼 통하는 진리세계'(一法界)
와 같아진 것이고 '과거·현재·미래의 세계'(三世際)에 두루 적용되기
때문에 과거·현재·미래[의 시간에 포섭되지] 않는다.

'마지막 몸인 보살'(後身菩薩)은 아직 '진리의 근원'(理原)에 이르지 못
했으니, 비록 이미 '완전해진 원인'(滿因)을 얻었기 때문에 이미 [불성佛
性을 현재에] 부분적으로 보지만'(少見)764 아직은 '궁극적인 결실'(極果)에
이르지 못했기 때문에 아직 [불성(佛性)을] 완전하게 보지는'(具見) 못한
다. [불성佛性을] 아직 완전하게 보지 못하는 측면'(未具見邊)에서는 [후신
보살後身菩薩을] '미래[에 포섭되는 것]'(未來)이라고 부르니, 아직 '완전한 결
실'(圓果)을 이루지 못했기 때문이다. [불성佛性을 현재에] 부분적으로 보
는 측면'(已少見邊)에서는 '현재[에 포섭되는 것]'(現在)이라고 부르니, 현재
에 '완전해진 원인'(滿因)을 얻었기 때문이다. [완전해진 원인'(滿因)이] 아직
[과거로] 물러나지는 않았기 때문에 '과거[에 포섭되는 것]'(過去)은 아니다.

마치 경전(『열반경』)에서 "'여래의 부처면모'(如來佛性)는 과거[에 포섭

---

764 소견少見: 앞서 '④ 유무문有無門'의 '가. 취성위就聖位' 단락에서는 보살 10지十地
와 여래지如來地에 분속하는 '부처면모의 열 가지 현상'(十事)에 대해 논의하면서
"言少見者, 爲前所說五對所顯故, 此一事唯在十地."(H1, p.541b22~24)라고 하여, 10
사十事 중 하나인 소견少見은 후신보살後身菩薩이 머무는 '[10지十地의] 열 번째 경
지'(十地)에만 있다고 설명한 적이 있다.

되는 것도 아니고 현재[에 포섭되는 것]도 아니고 미래[에 포섭되는 것]도 아니지만, '마지막 몸인 보살의 부처면모'(後身菩薩佛性)는 현재와 미래[에 포섭되는 것]이다. '[불성佛性을 현재에] 부분적으로는 볼 수 있기'(少可見) 때문에 '현재[에 포섭되는 것]'(現在)이라 부르고, 아직 '[불성(佛性)을] 완전하게 보지는'(具見) 못하기 때문에 '미래[에 포섭되는 것]'(未來)이라 부른다"765라고 말한 것과 같다.

問. 未具見義, 猶是現在有, 何得說是名爲未來? 又若菩薩現得少見故, 名現在者, 是卽如來現得其見, 應名現在. 答. 如來現得, 得遍三世, 畢竟不爲時節所遷. 故雖現得, 不在現世. 菩薩少見未免生死, 猶墮時節故, 爲現在. 是通後難答. 前問者, 未具見義, 雖是現有具見種子, 猶伏未起, 由現起故, 名未來. 如『瑜伽』說, "未與果當來種子相續, 名未來果."766 當知此中道理亦爾.

[H1, p.543a12~22: T38, p.252c10~18]

묻는다. '[마지막 몸인 보살'(後身菩薩)이] '[불성佛性을] 아직 완전하게 보지 못한다는 뜻'(未具見義)은 오히려 '[불성佛性을 완전하게 보는 종자'(具見種子)가] 현재에도 있다는 것인데, 어째서 [『열반경』에서는] 이 [불성佛性을 아직 완전하게 보지 못하는 것을] '미래[에 포섭되는 것]'(未來)이라 말하는가? 또 만약 보살菩薩이 현재에 '불성佛性을 부분적으로 봄'(少見)을 얻기 때문에 '현재[에 포섭되는 것]'(現在)이라고 부른다면, 여래如來도 현재에 그 [불성佛性을] 보고 있으므로 '현재[에 포섭되는 것]'(現在)이라고 불러야 할 것이다.

답한다. 여래如來가 현재에 [불성佛性을 봄을] 얻는 것은 '과거 · 현재 ·

---

765 『열반경』 권32(T12, p.818a29~b2). "如來佛性非過去非現在非未來, 後身佛性現在未來. 少可見故, 得名現在, 未具見故, 名爲未來."
766 『유가사지론』 원문에 따라 '果'를 '界'로 고친다.

미래'(三世)에 두루 적용되는 것이기에 [여래如來의 '부처 면모'(佛性)는] 결국 '시간의 구분'(時節)에 의해 변천되는 것이 아니다. 그러므로 비록 현재에 [불성佛性을 봄을] 얻더라도 '현재의 시간'(現世)에만 있는 것이 아니다. '보살이 [불성佛性을] 부분적으로 보는 것'(菩薩少見)은 아직 '[근본무지에 따라] 나고 죽는 [윤회輪廻의 삶]'(生死)을 면하지 못하여 여전히 '시간의 구분'(時節)[에 따른 변천]에 빠지기 때문에 '현재[에 포섭되는 것]'(現在)이 된다. 이것은 뒤의 비판을 통하게 하는 대답이다.

앞의 물음에서 '[불성佛性을] 아직 완전하게 보지 못한다는 뜻'(未具見義)은, 비록 [이 보살菩薩에게] '[불성佛性을] 완전하게 보는 종자'(具見種子)[767] 가 현재에 있는 것이라 하더라도 여전히 잠복해 있어서 [현재에는] 일어나지 않지만 [미래에는] 나타나 일어나기 때문에 '미래[에 포섭되는 것]'(未來)이라고 부른다. 마치 『유가사지론』에서 "'아직 결실이 주어지지 않은 미래의 종자'(未與果當來種子)[768]가 서로 이어지는 것을 '미래의 세계'

---

767 구견종자具見種子: 앞서 '(2) 불성문佛性門' '① 출체문出體門'의 '가. 서제설序諸說'에서는 다섯 번째 법사의 뜻으로 "阿賴耶識法爾種子爲佛性體."(H1, p.538b6~7)라고 하여 불성佛性의 바탕으로서 아뢰야식阿賴耶識의 법이종자法爾種子를 제시한 적이 있고, '④ 유무문有無門' '나. 약범부위約凡夫位'의 '(가) 현이문顯二門'에서는 "不定性人斷善根時, 猶有作佛法爾種子故."(H1, p.542a1~2)라고 하여 선근善根이 끊어진 부정성인不定性人에게도 존재하는 것으로서 작불법이종자作佛法爾種子를 제시한 적이 있다. 구견종자具見種子 역시 이 법이종자法爾種子의 범주에 속하는 개념인 것으로 보인다.

768 미여과당래종자未與果當來種子: 『유가사지론』 권14에서는 "復有三種種子, 當知能生一切諸行, 一已與果, 二未與果, 三果正現前. 又有三種諸行言說所依處所, 謂去來今."(T30, p.349a20~22)이라고 하여 모든 현상(一切諸行)을 일으키는 종자種子를 세 가지로 나누어 ① 이여과종자已與果種子, ② 미여과종자未與果種子, ③ 과정현전종자果正現前種子의 세 가지를 제시하고, 이 세 가지 종자種子가 일으키는 세 가지 현상(三種諸行)의 언어적 소의처所依處가 차례대로 과거, 미래, 현재라고 설명한다. 말하자면 지금 인용된 문장에서 보듯이 미여과당래종자未與果當來種子의 종자상속 상태가 바로 미래계未來界라는 것인데, 삼세三世를 종자상속種子相續으로 이해하는 유식학적 관점이 드러난다. 미래계未來界를 설명하는 인용문을 포함

(未來界)라 부른다"769라고 말한 것과 같다. [후신보살後身菩薩은 불성(佛性)을 완전하게 보지 못하기 때문에 '미래에 포섭되는 것'(未來)이라고 부르는] 이 [『열반경』에서의] 도리도 그러하다고 알아야 한다.

> 第二句者, 宜就如來因果相對, 以明差別. 立果望因, 因皆未極, 不離生滅故, 隨三世. 就果770談果, 卽有二義. 者,771 生因所生者必滅, 刹那不住, 故是三世. 二者, 已至理原, 體一法界, 無所不遍, 故非三世. 然其生滅德無不體理故, 一一念皆遍三世, 遍三世德莫不從因. 故其周遍不過刹那. 爾退刹那, 而遍三世, 不從周遍, 而爲一念. 爲一念故, 隨於三世, 遍三世故, 非過現未. 是謂佛德不可思議, 但應仰信, 非思量流.772 如經言, "如來未得阿耨菩提時, 佛性因故, 亦是過去現在未來, 果卽773不爾, 有是三世, 有非三世"故.
>
> [H1, p.543a22~b10: T38, p.252c18~29]

두 번째 맥락에서는 '여래의 원인[으로서의 '부처 면모'(佛性)]와 결과[로서의 '부처 면모'(佛性)](如來因果)를 서로 대비하는 것에 의거하여 [삼세三世와의 관계의] 차이를 밝힌다. 결과(果)[로서의 '부처 면모'(佛性)]에 입각하여 원인(因)[으로서의 '부처 면모'(佛性)]를 본다면, 원인(因)[으로서의 '부처 면모'(佛性)]는 모두 아직 궁극적이지 않아서 [근본무지에 따르는] 생겨남과 사라

─────

하여 『유가사지론』 권52에서 과거계過去界와 현재계現在界까지 설명하는 대목을 모두 제시하면 다음과 같다. "若已與果種子相續, 名過去界, 若未與果當來種子相續, 名未來界, 若未與果現在種子相續, 名現在界."(T30, p.585c3~5.)
769 『유가사지론』 권52(T30, p.585c3~4). "若未與果當來種子相續, 名未來界."
770 문맥에 따라 '果'를 '因'으로 고친다.
771 문맥에 따라 '者' 앞에 '一'을 넣는다.
772 윤왕사輪王寺 필사본(p.86b2)에 따라 '流'를 '境'으로 고친다.
773 『열반경』 원문에 따라 '卽'을 '則'으로 고친다.

짐'(生滅)에서 벗어나지 못하기 때문에 '과거・현재・미래'(三世)[의 시간의 변천]에 따른다.

원인(因)[으로서의 '부처 면모'(佛性)]에 의거하여 결과(果)[로서의 '부처 면모'(佛性)]를 말한다면 두 가지 측면이 있다. 첫 번째 [측면]은, '생겨나게 하는 원인'(生因)[774]에 의해 생겨난 [결과인 보불報佛]은 반드시 사라져 한 순간도 머무르지 않기 때문에 '과거・현재・미래[의 시간에 포섭되는 것]'(三世)이다. 두 번째 [측면]은, [원인에 의거하여 생겨난 결과인 보불報佛은] 이미 '진리의 근원'(理原)에 이르러 '하나처럼 통하는 진리세계'(一法界)를 체득하여 [그 진리다움이] ['과거・현재・미래'(三世)의 세계에] 두루 펼쳐져 있지 않음이 없기 때문에 '과거・현재・미래[의 시간에 포섭되는 것]'(三世)이 아니다. 그런데 그 [원인에서 생겨난 결과인 보불報佛의] '생멸하[면서 변화하]는 능력'(生滅德)은 [생멸生滅이 그친] 진리[의 근원]'(理)을 체득하지 않은 것이 없기 때문에,[775] [생멸生滅하는] 하나하나의 생각들'(一一念)이 모두

---

774 생인生因: 『열반경』 권26에서는 "因有二種, 一者生因, 二者了因. 能生法者是名生因, 燈能了物故名了因, 煩惱諸結是名生因, 衆生父母是名了因. 如穀子等是名生因, 地水糞等是名了因."(T12, p.774c23~27)이라고 하는데, 이에 따르면 일반적으로 생인生因은 요인了因과 구분되어 생인生因이 어떤 현상을 생겨나게 하는 원인이라면 요인了因은 어떤 현상을 완성시키는 데 필요한 원인으로 설명된다. 같은 책에서는 이 생인生因과 요인了因의 개념을 성불成佛을 위한 두 가지 원인으로서 논의하는데, "復有生因, 謂六波羅蜜阿耨多羅三藐三菩提. 復有了因, 謂佛性阿耨多羅三藐三菩提."(T12, p.774c27~29)라고 하여 생인生因은 수염문隨染門의 수행 과정이라 할 6바라밀보리六波羅密菩提이고 요인了因은 성정문性淨門이라 할 불성보리佛性菩提라고 지적해 준다. 한편 '(1) 열반문涅槃門' '⑥ 사덕문四德門'의 '라. 화쟁문和諍門'에서는 "報佛生因所生, 不得無滅. 生者必滅, 一向記故."(H1, p.536b15~16)라고 하여 생인소생生因所生인 보신報身은 생자필멸生者必滅의 원칙에 따라 다시 사라지지 않을 수 없다고 논의한 적이 있다. 약보불約報佛 단락에 속하는 본문에서도 부처라는 결과(果)의 첫 번째 측면에 대해 6바라밀六波羅密의 생인生因을 가지는 한에서 생멸生滅하여 삼세三世에 포섭된다고 설명하는 것으로 보인다.

775 보불공덕報佛功德의 상주常住와 무상無常을 회통하는 '(1) 열반문涅槃門' '⑥ 사덕문四德門'의 '라. 화쟁문和諍門'에서는 "報佛功德離相離性. 以離相故, 離生滅相, 究竟

'과거·현재·미래'(三世)에 [진리로서] 두루 펼쳐지며 '과거·현재·미래에 두루 펼쳐지는 능력'(遍三世德)이 [보불報佛의] 원인'(因)[이 되는 것]에 따르지 않음이 없다. 그러므로 그 [보불報佛의 능력이] '과거·현재·미래에] 두루 펼쳐짐'(周遍)이 [모두 똑같이] '한순간'(刹那)에 지나지 않는다. [보불 報佛의 능력은] 이렇게 '한순간'(刹那)으로 모아지면서도 '과거·현재·미래'(三世)에 두루 펼쳐지지만, '[과거·현재·미래에] 두루 펼쳐짐'(周遍)에도 따르지 않아 '한순간의 생각'(一念)이 된다. '한순간의 생각'(一念)이 되기 때문에 '과거·현재·미래'(三世)에 따르지만, '과거·현재·미래'(三世)에 두루 펼쳐지기 때문에 과거·현재·미래[의 어느 한 시간에 포섭 되는 것]이 아니다. 이것을 일컬어 '부처의 능력은 생각으로 헤아릴 수 없다'(佛德不可思議)라고 하는 것이니, 단지 우러러 믿어야 할 뿐 생각으로 헤아릴 수 있는 경지가 아니다.

마치 경전(『열반경』)에서 "여래如來가 아직 '최고의 깨달음'(阿耨菩提)을 얻지 못했을 때에는 '부처의 면모'(佛性)가 원인'(因)[의 범주에 있는 것]이기 때문에 과거·현재·미래[의 시간에 포섭되는 것]이기도 하지만, 결과(果)에서라면 그러하지 않아서 '과거·현재·미래'(三世)[의 시간에 포섭되는 것]이기도 하고 '과거·현재·미래[의 시간에 포섭되지] 않는 것'(非三世)이기도 하다"[776]라고 말한 것과 같다.

問者. 是經文有是有非, 卽應二別, 不就一德. "有是三世"者, 化身色

寂靜, 無作無爲, 故說常住. 以離性故, 離常住性, 最極喧動, 無所不爲, 故說無常."(H1, p.537b9~12)이라고 하여 '[변화하는] 양상'(相)에서 벗어나기 때문에 '[근본무지에 따르는 생사生死가] 그치고 고요하여'(寂靜) 상주常住이고, '[불변의 본질'(性)에서 벗어나기 때문에 가장 '활발하게 움직여'(喧動) [중생구제를 위해] '하지 않는 것이 없어서'(無所不爲) 무상無常이라고 설명한다.

[776] 『열반경』 권32(T12, p.818b2~5). "如來未得阿耨(多羅三藐三)菩提時, 佛性因故, 亦是過去現在未來, 果則不爾, 有是三世, 有非三世." 괄호는 생략된 부분을 표시한다.

形是, "有非三世"者, 報佛內德是, 亦如是二義灼然可見. 何勞宜就實德, 而作難解之說? 答. 如汝所見亦有道理, 爲新學者, 應作是說. 若非新學, 無定執者, 爲是等人, 應如前說. 爲顯是義故, 彼下文言, "迦葉菩薩白佛言, 世尊, 云何名, 因亦是過去現在未來, 果亦是過去現在未來, 非是過去現在未來? 佛言, 五陰二種, 一者因, 二者果. 是因五陰是過現未, 是果五陰亦是過去現在未來, 亦非過去現在未來." 依是文證, 當知, 宜就一果五陰, 亦是三世, 亦非三世.

[H1, p.543b10~23: T38, pp.252c29~253a12]

묻는다. 이 경전(『열반경』)의 문장에서 ['부처 면모'(佛性)가] '[과거·현재·미래의 시간에 포섭되는 것'(三世)]이기도 하고 ['과거·현재·미래의 시간에 포섭되지'(三世)] 않는 것이기도 하다'(有是有非)고 하였으니 곧 [원인에서 생겨난 결과인 보불報佛의 능력(德)을] 두 가지로 구별한 것이지 한 가지 능력에 의거한 것이 아니다. 『열반경』에서 "'과거·현재·미래[의 시간에 포섭되는 것]'이기도 하다"(有是三世)라는 것은 '[중생의 바람에 응하여 갖가지 모습으로] 나타나는 [부처] 몸의 모습'(化身色形)이 이러하다는 것이고, "'과거·현재·미래[의 시간에 포섭되지] 않는 것'(有非三世)이기도 하다"라는 것은 '[진리성취의] 결실인 부처의 내면적 능력'(報佛內德)[777]이 이러하다는 것이니, 이와 같이 두 가지[로 구별하는] 뜻은 분명히 알 수 있다. 어찌하여 수고롭게 [불가사의한] '진실한 능력'(實德)에 의거해야 한다고 하면서

777 삼세三世에 포섭되지 않는 보불내덕報佛內德: 앞서 '④ 유무문有無門'의 '가. 취성위就聖位' 단락에서 성위聖位를 '다섯 가지 단계'(五位)로 나누고 "此五位中通有十事."(H1, p.541b12~13)라고 하여 각 단계에 분속하는 '[부처 면모'(佛性)의] 열 가지 현상'(十事)으로서 　상상常·낙락樂·아아我·정정淨·진진眞·실실實·선善·소견少見·가견可見·선불선善不善 등을 제시한 내용에 의거한다면, 본문에서 삼세三世에 포섭되지 않는 보불내덕報佛內德은 '다섯 가지 단계'(五位) 중에서 제5위 여래지如來地의 7사七事인 상상常·낙락樂·아아我·정정淨·진진眞·실실實·선善에 해당할 것으로 보인다.

이해하기 어려운 말을 하는가?

답한다. 그대의 소견과 같은 것도 타당성이 있으니, 처음 배우는 자를 위해서는 이렇게 [구별하여] 말해야 한다. 만약 처음 배우는 자가 아니어서 확정적인 집착이 없는 자라면 이러한 사람들을 위해서는 앞에서처럼 말해야 한다. 이러한 뜻을 드러내기 위해 저 『열반경』의] 아래 문장에서 [다음과 같이] 말한다. "가섭보살이 부처님에게 아뢰었다. 〈세상에서 가장 존귀한 분이여, 무엇을 일컬어 '원인[으로서의 '부처 면모'(佛性)]'(因)는 과거에도 현재에도 미래에도 [포섭되는 것]이고, '결과[로서의 '부처 면모'(佛性)]'(果)는 과거에도 현재에도 미래에도 [포섭되는 것]이기도 하고 과거·현재·미래에 [포섭되는 것]이 아니기도 하다라고 합니까?〉 부처님이 말했다. 〈[색色·수受·상想·행行·식識의] 다섯 가지 더미'(五陰)[로 이루어진 부처 몸]은 두 가지이니, 첫 번째는 '원인[으로서의 '부처 면모'(佛性)]'(因)이고 두 번째는 '결과[로서의 '부처 면모'(佛性)]'(果)이다. '원인[으로서의 '부처 면모'(佛性)]인 다섯 가지 더미'(因五陰)는 과거·현재·미래[에 포섭되는 것]이고, '결과[로서의 '부처 면모'(佛性)]인 다섯 가지 더미'(果五陰)는 과거·현재·미래[에 포섭되는 것]이기도 하고 과거·현재·미래[에 포섭되는 것]이 아니기도 하다.〉"[778] 이러한 '문헌적 증명'(文證)에 의거한다면, '하나로 통하게 되는 결과[로서의 '부처 면모'(佛性)]인 다섯 가지 더미'(一果五陰)에 의거하여 '과거·현재·미래의 시간[에 포섭되는 것]'(三世)이기도 하고 '과거·현재·미래의 시간[에 포섭되지] 않는 것'(非三世)이기도 하다는 것을 알아야 한다.

---

[778] 『열반경』 권32(T12, p.818b22~27). "迦葉菩薩白佛言, 世尊, (如佛所說,) 云何名, 因亦是過去現在未來, 果亦過去現在未來, 非是過去現在未來? 佛言, (善男子,) 五陰二種, 一者因, 二者果. 是因五陰是過(去)現(在)未(來), 是果五陰亦是過去現在未來, 非過去現在未來." 괄호는 생략된 내용을 표시한다.

第三句者, 宜就菩薩因果相對, 以辨三世者. 菩薩佛性未免生死, 望後
爲因, 望前爲果, 種子爲因, 現行爲果. 如是因[779]皆隨三世, 未至理原,
無非三世. 如經云, "後身菩薩佛性因故, 亦是過去現在未來, 果亦如是.
九地[780]菩薩佛性因故, 亦是過去現在未來, 果亦如是. 九地[781]菩薩佛性
因故, 亦是過去現在未來, 果亦如是" 乃至廣說故.

[H1, p.543b24~c8: T38, p.253a12~19]

세 번째 맥락은 '보살의 원인[으로서의 '부처 면모'(佛性)]와 결과[로서의 '부
처 면모'(佛性)]'(菩薩因果)를 서로 대비하는 것에 의거하여 '과거·현재·
미래의 시간'(三世)[과의 관계]를 가려보는 것이다. '보살의 부처면모'(菩
薩佛性)는 아직 [근본무지에 따라] 나고 죽는 [윤회輪廻의 삶]'(生死)을 면하지
못하여 [보살 10지十地 각각의 경지의] 이후[의 경지]를 기준으로 삼으면 원인
(因)[으로서의 '부처 면모'(佛性)]가 되고 이전[의 경지]를 기준으로 삼으면 결
과(果)[로서의 '부처 면모'(佛性)]가 되며, '[진리다운] 종자'(種子)는 원인(因)[으
로서의 '부처 면모'(佛性)]가 되고 '[진리다운 종자種子가] 나타나 작용하는 것'
(現行)은 결과(果)[로서의 '부처 면모'(佛性)]가 된다. 이와 같이 '원인[으로서
의 '부처 면모'(佛性)]와 결과[로서의 '부처 면모'(佛性)]'(因果)가 모두 '과거·현
재·미래'(三世)[의 시간]에 따르면서 아직 '진리의 근원'(理原)에 이르지
못하여 '과거·현재·미래'(三世)[의 시간]에 [포섭되지] 않음이 없다. 마치

---

779 문맥에 따라 '因' 뒤에 '果'를 넣는다.

780 『열반경』 원문에 따라 '地'를 '住'로 고친다.

781 『열반경』 원문에 따라 '九地'를 '八住'로 고친다. 대정장의 교감주에서는 지금 이
'九地'로부터 경문이 끝나는 '果亦如是'까지의 문장에 대해 "'九地'에서 '是'까지의
20자는 삭제해야 할까?"(〔九地…是〕二十字－)라고 의문을 제기하는데, 『열반
경』 원문과 대조해 보면(아래 인용문 주석 참조) 제8지 보살에 관한 내용까지 인
용하고 이하 제7지로부터 초지初地까지의 내용을 생략하는 원효의 인용 의도에
따라 이 20자를 삭제해서는 안 될 것으로 보인다. 윤왕사輪王寺 필사본(p.70b3)
에는 이 20자가 빠져 있는데, 여기서는 필사본에 따르지 않는다.

경전(『열반경』)에서 [다음과 같이] 말한 것과 같다. "[제10지第十地의] '마지
막 몸인 보살의 부처면모'(後身菩薩佛性)는 [뒤의 경지인 여래지如來地에 대
해] 원인(因)[으로서의 '부처 면모'(佛性)]이기 때문에 또한 과거·현재·미래
[에 포섭되는 것]이고, [앞의 경지인 제9지第九地에 대한] 결과(果)[로서의 '부처 면
모'(佛性)]도 이와 같다. '아홉 번째 경지에 머무는 보살의 부처면모'(九住
菩薩佛性)는 [뒤의 경지인 제10지第十地에 대해] 원인(因)[으로서의 '부처 면모'(佛
性)]이기 때문에 또한 과거·현재·미래[에 포섭되는 것]이고, [앞의 경지인
제8지第八地에 대한] 결과(果)[로서의 '부처 면모'(佛性)]도 이와 같다. '여덟 번
째 경지에 머무는 보살의 부처면모'(八住菩薩佛性)는 [뒤의 경지인 제9지第
九地에 대해] 원인(因)[으로서의 '부처 면모'(佛性)]이기 때문에 또한 과거·현
재·미래[에 포섭되는 것]이고, [앞의 경지인 제7지第七地에 대한] 결과(果)[로서
의 '부처 면모'(佛性)]도 이와 같다"[782]라고 하면서 자세히 말한다.

問. 第二句中明如來因, 乃取未成佛時因性. 今第三句明菩薩果, 廣說
當成時果性, 何故此中不取當果? 解云, 不[783]例立果望因, 因是已修故,
得取, 因在望果, 果非已證, 所以不取. 是故宜就菩薩位內前後相望, 而

---

782 『열반경』권32(T12, p.818b5~13). "後身菩薩佛性因故, 亦是過去現在未來, 果亦如
是. (是名分別答.) 九住菩薩(佛性六種, 一常二善三真四實五淨六可見.) 佛性因故, 亦
是過去現在未來, 果亦如是. (是名分別答.) 八住菩薩(下至六住佛性五事, 一真二實三淨
四善五可見.) 佛性因故, 亦是過去現在未來, 果亦如是. (五住菩薩下至初住佛性五事,
一真二實三淨四可見五善不善.)" 괄호는 생략된 내용을 표시한다. 생략하는 이유는
그 내용을 살펴보면 분명하게 드러나는데, 인용문에는 앞의 '④ 유무문有無門'에
서 논의되었던 불성佛性의 '열 가지 현상'(十事)에 대한 내용과 지금 '⑤ 삼세문三
世門'에서 논의하고 있는 내용이 종합적으로 전개되고 있기 때문이다. 논의의 초
점을 '⑤ 삼세문三世門'의 맥락에 집중시키기 위해 원효는 이미 논의되었던 '④ 유
무문有無門' 관련 내용을 생략하는 것으로 보인다.
783 가은 역주(2004)와 은정희 등 공역(2017)에서는 '不'을 '如'로 고치고, 이영무 역
(1983)에서는 그대로 둔다. 여기서는 그대로 둔다. 윤왕사輪王寺 필사본(p.70b5)
에는 '不'이라고 되어 있다.

說因果三世. 三世門竟.

[H1, p.543c8~14: T38, p.253a19~24]

문는다. [여래如來의 '원인(因)으로서의 부처면모'와 '결과(果)로서의 부처면모'
를 대비시켜 논의하는] 두 번째 맥락에서는 '여래의 원인[으로서의 '부처 면모'
(佛性)]'(如來因)를 밝히면서 '아직 부처[라는 결과]를 이루지 못했을 때의
원인[으로서의 '부처 면모'(佛性)라는 측면'(未成佛時因性)을 취하였다. [그런
데] 지금 [보살菩薩의 '원인(因)으로서의 부처면모'와 '결과(果)로서의 부처면모'를
대비시켜 논의하는] 세 번째 맥락에서는 '[각 경지] 보살의 결과[로서의 '부처
면모'(佛性)]'(菩薩果)를 밝히면서 '[미래에] 이루어질 때의 결과[로서의 '부처
면모'(佛性)]의 측면'(當成時果性)을 자세히 말하니, 어찌하여 이 [세 번째 맥
락]에서는 '미래[에 있을 부처라는] 결실'(當果)을 취하여 [거론하지] 않는가?

해석하여 말하자면, [세 번째 맥락에서는] 〈[두 번째 맥락에서처럼] 결과(果)
[로서의 '부처 면모'(佛性)]에 입각하여 원인(因)[으로서의 '부처 면모'(佛性)]를
보면서 원인(因)[이 되는 수행]이 이미 모두 닦였기 때문에 ['미래에 있을 부
처라는 결실'(當果)을] 취하는 사례〉에 의거하지 않고, 원인(因)[으로서의 '부
처 면모'(佛性)]에 입각하여 결과(果)[로서의 '부처 면모'(佛性)]를 보면 '[수행의]
결과'(果)가 이미 증득된 것이 아니기 때문에 ['미래에 있을 부처라는 결실'
(當果)이라는 관점을] 취하지 않는다. 그러므로 [세 번째 맥락에서는] '보살의
경지'(菩薩位) 내에서 앞뒤[의 경지]를 서로 비교하는 것에 의거하여 원인
(因)[으로서의 '부처 면모'(佛性)]와 결과(果)[로서의 '부처 면모'(佛性)]가 [모두] '과
거·현재·미래[의 시간에 포섭되는 것]'(三世)이라고 말한다.[784] [불성佛性

---

784 '약보불約報佛' 단락의 세 가지 맥락을 도표로 나타내면 다음과 같다.

		인因		과果	
제1구	보살인菩薩因	현재(이소견변己少見邊)와 미래(미구견변未具見邊)에	여래과如來果	삼세三世에 포섭되지 않음	

과] 과거·현재·미래[의 시간과의 관계]에 관한 부문'(三世門)을 마친다.

第六會通. 於中有二, 初通文異, 後會義同. 通異文者. 問. 如因果門
所引文云, "未得阿耨菩提之約,[785] 一切善不善無記法, 盡名佛性." 若依
是文, 菩提之心六度等行, 皆是佛性, 何故「師子吼」中言, "正因者, 名爲
佛性, 緣因者, 發菩提心"? 如是相違, 云何會通? 通者解云, 以性攝行不
攝故, 說一切盡名佛性. 以行望性, 有性非行, 故分性行, 以說二因. 又
復性有二義, 一是因義, 二非作義. 就因義故, 盡名佛性, 約非作義, 行
卽非性. 由是道理故, 不相違也.

[H1, pp.543c15~544a2: T38, p.253a24~b5]

⑥ [여러 경문들을] 모아 소통시키는 부문(會通門)

[불성문佛性門의] 여섯 번째는 '[여러 경문들을] 모아 소통시키는 [부문]'(會
通)이다. 여기에는 두 가지가 있으니, 처음은 '문장이 다른 것을 소통시
키는 것'(通文異)이고 나중은 '뜻이 같은 것을 모으는 것'(會義同)이다.

		포섭되지만 과거에 포섭되지는 않음		
제2구	여래인 如來因	삼세三世에 포섭됨	여래과 如來果	생인生因에 의해 생겨나는 측면에서는 삼세三世에 포섭되는 것이기도 하고 일법계一法界를 체득한 측면에서는 삼세三世에 포섭되지 않는 것이기도 함
제3구	보살인 菩薩因	삼세三世에 포섭됨	보살과 菩薩果	삼세三世에 포섭됨

785 『열반경』 원문에 따라 '之約'을 '時'로 고친다.

가. 문장이 다른 것을 소통시킴(通文異)

[먼저] '문장을 달리하는 것을 소통시키는 것'(通異文)이다. 묻는다. [불성문佛性門의 두 번째인] '[불성佛性의] 원인과 결과에 관한 부문'(因果門)에서 인용한 『열반경』의 문장에서는 "아직 '최고의 깨달음'(阿耨菩提)을 얻지 못했을 때에는 '이롭거나'(善), '이롭지 않거나'(不善), '이롭지도 않고 해롭지도 않은'(無記) 모든 것을 다 '부처의 면모'(佛性)라 부른다"786라고 하였다. 만약 이 문장에 의거한다면 '깨달음[을 얻고자 하는] 마음'(菩提之心)이나 '[보시布施・지계持戒・인욕忍辱・정진精進・선정禪定・지혜智慧의] 여섯 가지 보살수행'(六度) 등의 수행(行)들이 모두 '부처의 면모'(佛性)인데, 어찌하여 「사자후보살품師子吼菩薩品」에서는 "[성불成佛의] '가장 중요한 원인'(正因)을 [중생의] '부처 면모'(佛性)라 부르고, '보조적인 원인'(緣因)은 '깨달음을 얻고자 하는 마음을 일으키는 것'(發菩提心)이다"787

---

786 『열반경』 권33 「가섭보살품제24迦葉菩薩品第二十四」(T12, p.828a21~23). "未得阿耨多羅三藐三菩提時, 一切善不善無記, 盡名佛性." 『열반종요』에서 인용한 곳은 '(2) 불성문佛性門'의 '② 인과문因果門'에서 H1, p.539b8~9에 해당한다. 문맥을 분명히 하기 위해 '② 인과문因果門'에서의 이 인용문에 대한 원효의 해설을 참고해 보면, "是文正明報佛之性, 以隨染動心雖通三性, 而亦不失神解之性故."(H1, p.539b11~13)라고 하여 "이 글은 '결실을 맺을 부처 면모'(報佛之性)를 곧바로 밝힌 것이니, '오염에 따라 동요하는 마음'(隨染動心)은 비록 '[선善・불선不善・무기無記라는] 세 가지 면모'(三性)에 통하지만 또한 '신묘하게 이해하는 [마음의] 면모'(神解之性)를 잃지 않기 때문이다"라고 한다. 아래 통자通者의 해석에서 나오는 '성섭性攝'의 의미와 결부하여 말하자면, 아직 '최고의 깨달음'(阿耨菩提)을 얻지 못해 수행의 과정에 있는 보불報佛의 불성佛性은 '[선善・불선不善・무기無記라는] 세 가지 면모'(三性)에 통하는 수행 과정(行)인 수염문隨染門과 '신묘하게 이해하는 [마음의] 면모'(神解之性)인 성정문性淨門을 모두 포섭한다는 것이다. 이에 따라 아래 통자通者의 해석에서 나오는 '행불섭行不攝'의 의미는, 수행의 과정에서는 성정문性淨門의 불성을 포섭하지 못한다는 내용이 될 것으로 보인다.

787 『열반경』 권26(T12, p.778a26~27). "正因者, 名爲佛性, 緣因者, 發菩提心." 문맥을 분명히 하기 위해 인용문의 전후 문장을 모두 제시하면 다음과 같다. "汝言衆生悉

라고 말하는가? 이와 같이 서로 어긋나는 것을 어떻게 '모아서 소통'(會通)시키겠는가?

소통시키는 자[788]는 [다음과 같이] 설명한다. '[부처의] 면모'(性)는 [수행(行)의 과정을] 포섭하지만 수행(行)[의 과정]은 [본연이 온전한 '부처 면모'(性)를 다] 포섭하지 못하기 때문에 [인과문因果門에서 인용한 문장에서는 수행(行)의 과정까지 포섭하여] 〈모든 것을 다 '부처의 면모'(佛性)라 부른다〉고 말했다. [한편] 수행(行)[의 과정]에서 '[본연이 온전한 부처의] 면모'(性)를 보면 [중생이] '[본연이 온전한 부처의] 면모'(性)를 가지는 것이 곧 수행(行)[의 과정에 있는 것]은 아니니, 그러므로 「사자후보살품師子吼菩薩品」에서는 '[본연이 온전한 부처의] 면모'(性)와 수행(行)을 나누어 [정인正因과 연인緣因이라는] '두 가지 원인'(二因)을 말했다. 또한 '[부처의] 면모'(性)에는 두 가지 측면(義)이

有佛性, 何故不見者, 是義不然. 何以故? 以諸因緣未和合故. 善男子, 以是義故, 我說二因正因緣因. (正因者, 名爲佛性, 緣因者, 發菩提心.) 以二因緣, 得阿耨多羅三藐三菩提, 如石出金."(T12, p.778a24~28.) 괄호는 본문에서 인용한 부분이다. 인용문의 앞부분에서는 중생이 모두 불성佛性을 가지는데 왜 불성佛性을 보지 못하는가라는 질문이 제기되고, 정인正因인 불성佛性과 연인緣因인 발보리심發菩提心을 구분하는 인용문은 이 질문에 대한 대답으로 제시된다. 말하자면 정인正因인 불성佛性만으로는 아뇩보리阿耨菩提를 얻지 못하고 연인緣因인 발보리심發菩提心까지 화합和合되어야 불성佛性을 온전히 볼 수 있다는 것이다. 질문자는 앞에서 발보리심發菩提心이나 육도六度 등의 수행과정까지 불성佛性이라고 한 진술과, 「사자후보살품師子吼菩薩品」에서 불성佛性을 정인正因이라 하고 발보리심發菩提心이나 육도六度 등의 수행과정을 연인緣因이라고 구분하는 진술의 상위에 대해 의문을 제기하는 것으로 보인다. 한편 『열반경』 권25 「사자후보살품」에서는 "善男子, 衆生佛性亦二種因, 一者正因, 二者緣因. 正因者, 謂諸衆生, 緣因者, 謂六波羅蜜."(T12, p.775b27~29)이라고 하여 정인正因과 연인緣因에 대해 각각 모든 '중생衆生의 불성佛性'과 '6바라밀六波羅蜜'이라고 밝히기도 하므로, 본문에서도 질문자가 "菩提之心六度等行"이라고 하여 보리지심菩提之心과 육도六度를 묶어 수행(行)이라고 표현했듯이, 『열반경』에서 불성佛性의 연인緣因으로 제시되는 발보리심發菩提心과 6바라밀六波羅蜜이 모두 수행(行)의 범주에 속하는 것을 확인할 수 있다.

788 원효 자신을 일컫는 것으로 보인다. 원효는 자신이 질문자로 나서서 질문을 구성하는 동시에 응답자로 등장하는 것으로 보인다.

있으니, 첫 번째는 '원인이라는 측면'(因義)이고 두 번째는 '지어낸 것이 아니라는 측면'(非作義)이다. '원인이라는 측면'(因義)에 의거하기 때문에 모두 '부처의 면모'(佛性)라 부르고, '지어낸 것이 아니라는 측면(非作義)에 의거하면 수행(行)[의 과정]이 곧 [본연이 온전한 부처] 면모'(性)인 것은 아니다. 이러한 도리이기 때문에 서로 어긋나지 않는다.

問. 如體相門所引文言, "非佛性者, 所謂一切牆壁瓦石無情之物." 又復「迦葉品」中說云, "或云佛性住五陰中, 果,[789] 或言佛性性[790]離陰而有, 猶如虛空. 是故如來說於中道, 衆生佛性, 非內六入非外六入, 內外合故, 名爲中道." 若依後文, 瓦石等物外六入所攝, 而爲佛性. 如是相違, 云何會通? 通者解云, 若依有情無情異門, 瓦石等物不名佛性, 若就唯識所變現門, 內外無二, 合爲佛性. 此是唯約報佛性說. 又復前說文說報佛性, 後所引文說法佛性. 若作是說, 亦不相違也.

[H1, p.544a2~13: T38, p.253b5~16]

묻는다. [불성문佛性門의 첫 번째인] '[불성佛性] 본연의 특징에 관한 부문'(體相門/出體門)에서 인용한 [『열반경』「가섭보살품迦葉菩薩品」의] 문장에서는 "'부처의 면모'(佛性)가 아닌 것은 모든 담·벽·기와·돌 등의 '의식이 없는 존재'(無情之物)를 말한다"[791]라고 한다. [그런데] 또한 「가섭보살품迦葉菩薩品」에서는 [다음과 같이] 말한다. "어떤 사람은 〈'부처의 면모'(佛性)가 [색色·수受·상想·행行·식識의] 다섯 가지 더미'(五陰)[로 이루어진 '의식이 있는 존재'(有情之物)]에 머무르는 것이 마치 그릇 속에 과일이

---

789 『열반경』 원문에 따라 '果' 앞에 '如器中有'를 넣는다.

790 『열반경』 원문에 따라 '佛性性'을 삭제한다.

791 『열반경』 권33 「가섭보살품제24迦葉菩薩品第二十四」(T12, p.828b27~28). "非佛性者, 所謂一切牆壁瓦石無情之物." 『열반종요』에서 인용한 곳은 '(2) 불성문佛性門'의 '① 출체문出體門'에서 H1, p.538b4에 해당한다.

[머물러] 있는 것과 같다〉고 말하고, [또 다른] 어떤 사람은 〈['부처의 면모'](佛性)가 '[색色·수受·상想·행行·식識의 다섯 가지] 더미'(陰)[로 이루어진 '의식이 있는 존재'(有情之物)]에서 벗어나서 존재하는 것이 마치 ['의식이 없는 존재'(無情之物)인] 허공과 같다〉고 말한다. 그러므로 여래如來는 중도中道에 대해 말하기를 〈중생의 '부처 면모'(佛性)는 '[안眼·이耳·비鼻·설舌·신身·의意라는] 내부의 여섯 감관능력도 아니고 [색色·성聲·향香·미味·촉觸·법法이라는] 외부의 여섯 감관대상도 아니고'(非內六入非外六入) '내부와 외부를 합한 것'(內外合)이기 때문에 중도中道라 부른다〉라고 한다."792 만약 [외육입外六入까지 포괄하는 중도中道가 불성佛性이라고 말한] 뒤의 문장에 의거한다면 기와나 돌 등의 [의식이 없는] 존재(物)는 '[색色·성聲·향香·미味·촉觸·법法이라는] 외부의 여섯 감관대상'(外六入)에 속하는 것이기에 '부처의 면모'(佛性)[를 지닌 것]이 된다. 이와 같이 서로 어긋나는 것을 어떻게 '모아서 소통'(會通)시키겠는가?

소통시키는 자793는 [다음과 같이] 설명한다. 만약 '의식이 있는 것과 의식이 없는 것을 다르다고 보는 측면'(有情無情異門)에 의거한다면 [앞의 문장에서처럼] 기와나 돌 등의 [의식이 없는] 존재(物)를 '부처의 면모'(佛性)[를 지닌 것]이라고 부르지 않지만, 만약 ['의식이 있는 것'(有情)과 '의식이 없는 것'(無情)의 다름을] '오로지 마음[의 구성]에 의해 변하여 나타난 것으로 보는 측면'(唯識所變現門)에 의거한다면 '내부[의 여섯 감관능력에 속하는 의식이 있는 것]과 외부[의 여섯 감관대상에 속하는 의식이 없는 것]에 다름이 없어서'(內外無二) [뒤의 인용문에서처럼] '[내부와 외부를] 합하여'(合) '부처의 면모'(佛性)라고 한다. 이 ['의식이 없는 존재'(無情物)가 '부처의 면모'(佛性)를 지니

---

792 『열반경』권32 「가섭보살품제24迦葉菩薩品第二十四」(T12, p.819a1~4). "或言佛性住五陰中, 如器中有果, 或言離陰而有, 猶如虛空. 是故如來說於中道, 衆生佛性, 非內六入非外六入, 內外合故, 名爲中道."

793 원효 자신을 일컫는 것으로 보인다. 여기서도 원효는 자신이 질문자로 나서서 질문을 구성하는 동시에 응답자로 등장하는 것으로 보인다.

느냐 지니지 않느냐에 대한 두 가지 설명]은 오로지 '결실을 맺을 부처면모'(報佛性)[를 기준으로 삼느냐 삼지 않느냐]에 의거한 설명이다.[794] 또한 앞에서 말한 문장에서는 '결실을 맺을 부처면모'(報佛性)를 말했고, 뒤에서 인용한 문장에서는 '진리로서의 부처면모'(法佛性)를 말했다. 만약 이렇게 설명한다면 또한 서로 어긋나지 않는다.

> 問. 見性門內所引論說, "初地菩薩無礙智, 眼[795]見諸衆生悉有佛性," 何故是經不能見? 如「德王品」第九功德中言, "住九地者見法有性, 不見佛性, 住十住者見法無性, 方見佛性." 又「師子吼」中言, "十住菩薩唯能自知當[796]得菩提, 而未能知一切衆生悉有佛性." 又言, "十住菩薩唯見其終, 不見其始, 諸佛世尊見始見終. 以是義故, 諸佛了了得[797]佛性." 又言, "十住菩薩唯[798]見一乘, 不知如來是常住法. 以是義故, 言十住菩薩

---

794 『열반종요』에서는 앞의 인용문이 '① 출체문出體門' 외에 '② 인과문因果門'에서도 인용되는데(H1, p.539b9~10), 거기에서 원효가 논의하는 유정有情·무정無情과 보불報佛·법불法佛의 관계는 다음과 같다. "'진리로서의 부처면모라는 측면'(法佛性門)이 모든 '의식이 있는 존재'(有情)와 '의식이 없는 존재'(無情)에 모두 통한다는 것과 구별하고자 하기 때문에 '결실을 맺을 부처면모'(報佛性)[라는 측면]에서는 '의식이 없는 존재'(無情物)를 취하지 않았다."(爲簡別法佛性門遍一切有情無情, 是故於報佛性不取無情物也. H1, p.539b14~15.) 법불성法佛性은 성정문性淨門의 보편적 부처면모이므로 유정有情과 무정無情에 모두 통하지만, 보불성報佛性은 수염문隨染門의 수행(行)으로 인한 결실로서의 부처면모이므로 유정有情만 지니는 면모라고 하겠다.

795 『열반경』 원문에 따라 '眠'을 '眼'으로 고친다.

796 『열반경』 원문에는 '當'이 '定'으로 되어 있으나 여기서는 그대로 둔다. 질문자(원효 자신이 질문자로 나서서 질문을 구성하는 것으로 보인다)는 논지를 분명히 하기 위해 경문을 부분적으로 가공하는 측면이 있다. 뒤의 해석하는 자리에서도 통자通者는 "自知當得菩提."(H1, p.544b15)라고 하여 질문자의 인용을 그대로 재인용한다.

797 『열반경』 원문에 따라 '得' 뒤에 '見'을 넣는다.

798 『열반경』 원문에 따라 '唯'를 '雖'로 고친다.

雖見佛性, 而不明了." 又言. "一切覺者, 名爲佛性, 菩薩[799]不得名一切覺. 是故雖見, 而不明了." 如是等文, 云何會通?

[H1, p.544a14~b3: T38, p.253b16~27]

묻는다. [불성문佛性門의 세 번째인] '부처의 면모를 보는 것에 관한 부문'(見性門)에서 인용한 논서(『구경일승보성론究竟一乘寶性論』)에서는 "[십지十地의] 첫 번째 경지의 보살'(初地菩薩摩訶薩)은 '걸림 없는 지혜'(無礙智)로 모든 중생이 다 '부처의 면모'(佛性)를 가진다는 것을 '눈으로 [보듯 직접] 본다'(眼見)"[800]고 말했는데, 어찌하여 이 경전(『열반경』)에서는 [초지보살初地菩薩은 '부처의 면모'(佛性)를] 보지 못[한다고 하]는가? 예컨대 「덕왕보살품德王菩薩品」의 '아홉 번째 이로운 능력'(第九功德)[801][에 관한 단락]에

---

799 『열반경』 원문에 따라 '菩薩' 앞에 '十住'를 넣는다.

800 『열반종요』 '(2) 불성문佛性門'의 '③ 견성문見性門'에서는 "『寶性論』 「僧寶品」云"(H1, p.540b23)이라고 하면서 "有二種修行, 謂如實修行及遍修行. 如實修行者, 謂見衆生自性清淨佛性境界故. 偈言, 無障淨智者, 如實見衆生自性清淨性佛法身境界故. 遍修行者, 謂遍十地一切境界故, 見一切衆生有一切智故. 又遍一切境界者, 以遍一切境界, 依出世慧, 見一切衆生乃至畜生有如來藏. (應知彼見一切衆生有眞如佛性, 初地菩薩摩訶薩以遍證一切眞如法界故. 偈言, 無礙淨智眼, 見諸衆生性, 遍無量境界, 故我今敬禮故.)"(T31, p.825a2~11)라는 긴 내용을 인용하는데, 본문에서 질문자(원효 자신이 질문자로 나서서 질문을 구성하는 것으로 보인다)는 괄호로 표시한 『보성론』 권2(T31, p.825a9~11)의 내용을 초지보살初地菩薩을 주어로 삼아 축약하여 표현한다. 참고로 괄호로 표시한 내용의 전체 번역은 다음과 같다. "그 [십지十地의 보살들]은 모든 중생에게 '참 그대로의 부처면모'(眞如佛性)가 있음을 [두루] 본다는 것을 알아야 하니, '[십지十地의] 첫 번째 경지의 보살'(初地菩薩摩訶薩)은 '모든 참 그대로의 진리세계'(一切眞如法界)를 '두루 증득하기'(遍證) 때문이다. 게송에서는 〈걸림 없는 온전한 지혜'(無礙淨智)로 모든 '중생의 본연'(衆生性)[인 '부처 면모'(佛性)]가 '헤아릴 수 없이 많은 세계'(無量境界)에 두루 펼쳐져 있음을 '눈으로 [보듯 직접] 보니'(眼見), 그러므로 나는 지금 공경하여 예를 올리네〉라고 말한다."

801 제9공덕第九功德: 『열반경』 권19 「광명변조고귀덕왕보살품光明遍照高貴德王菩薩品」 서두에서는 "善男子, 若有菩薩摩訶薩修行如是大涅槃經, 得十事功德."(T12, p.730a8~9)이라고 하여, 보살이 『대열반경大涅槃經』에 따라 수행하면 '열 가지 공덕'(十事

서는 "[10지十地의] 아홉 번째 경지'(九地)에 머무르는 자는 '대상에 불
변·독자의 본질이 있다'(法有性)고 보기에 '부처의 면모'(佛性)를 보지
못하지만, '[10지十地의] 열 번째 경지'(十住)에 머무르는 자는 '대상에 불
변·독자의 본질이 없다'(法無性)고 보기에 비로소 '부처의 면모'(佛性)
를 본다802"803라고 말한다. 또 「사자후보살품師子吼菩薩品」에서는 "[십지

功德)을 얻는다고 하면서 본격적으로는 『열반경』 권21로부터 권24에 걸쳐 '열 가
지 공덕'(十事功德)에 대해 논의한다. 제9공덕第九功德에 대해서는 권24에서 "復次
善男子, 云何菩薩摩訶薩修大涅槃微妙經典, 具足成就第九功德? 善男子, 菩薩摩訶薩修
大涅槃微妙經典, 初發五事悉得成就, 何等爲五? 一者信, 二者直心, 三者戒, 四者親近
善友, 五者多聞."(T12, p.761c25~29)이라고 하여, 신신信·직심直心·계戒·친근선
우親近善友·다문多聞이라는 5사五事를 먼저 일으켜 성취한다고 하면서 5사五事
각각에 대해 자세히 논의하다가, 결론 부분에서는 "諸佛菩薩修習如是空三昧故, 不
生愁惱, 是名菩薩修大涅槃微妙經典, 成就具足第九功德."(T12, pp.765c29~766a2)이
라고 하여 공삼매空三昧를 닦는 것이 제9공덕을 성취하는 주요 내용임을 밝힌다.
본문의 인용문은 이 공삼매空三昧를 논의하는 대목에서 발췌한 내용에 해당한다.

802 앞서 원효는 '(2) 불성문佛性門' '④ 유무문有無門'의 '가. 취성위就聖位'에서 견불성
見佛性의 문제와 관련하여 제10지에만 있는 소견少見과 제9지~제1지에 모두 있
는 가견可見을 구분하면서 "所以可見在下三位者, 十地因滿, 佛地果員, 因果雖殊, 同
員滿故, 九地以下齊未圓, 俱足應滿故, 說可見."(H1, p.541c4~7)이라고 하여, 제10
지에서는 '원인되는 수행'(因)이 최종적으로 원만해지는 과정이어서 현재에 불성
佛性을 부분적으로 보지만(少見), 제9지 이하에서는 원인과 결과가 모두 원만하지
않기 때문에 미래에 불성佛性을 볼 수 있다는 의미의 가견可見이라 한다고 설명한
적이 있다. 본문의 인용문에 따르면 제10지의 소견少見과 제9지 이하의 가견可見
이 나뉘는 근거는 법무성法無性과 법유성法有性에 대한 이해의 차이에 있다고 하
겠다.

803 『열반경』 권24 「광명변조고귀덕왕보살품제22光明遍照高貴德王菩薩品第二十二」(T12,
p.765c2~5). "① 住九地者見法有性, (以是見故,) 不見佛性, ② 若見佛性, 則不復見一
切法性, 以修如是空三昧故, 不見法性, 以不見故, 則見佛性." 본문에서 인용한 문장과
의 대조를 위해 ①의 문장과 ②의 문장으로 나누어 보았는데, ①의 문장은 괄호의
내용을 생략한 것 외에 본문의 인용문과 동일하다. ②의 문장에는 우선 본문의 인
용문에 있는 '주십주자住十住者'라는 주어가 없고, 대체적인 뜻은 동일하지만 문
장의 구성이 극도로 축약되어 있음을 살펴볼 수 있다. 질문자(원효 자신이 질문자
로 나서서 질문을 구성하는 것으로 보인다)는 공삼매空三昧를 닦아 법유성法有性

十地의] 열 가지 경지에 머무는 보살'(十住菩薩)은 오직 자신이 미래에 깨달음(菩提)을 얻을 것을 알고, '모든 중생이 다 부처의 면모를 가진다'(一切衆生悉有佛性)는 것은 아직 알지 못한다"804고 말한다. 또 "[십지十地의] 열 가지 경지에 머무는 보살들'(十住菩薩)은 오직 그 [근본무지(無明)에 따르는 중생의] 끝(終)[인 '여섯 가지 의식현상의 양상'(六識之相)]을 볼 뿐 그 ['하나처럼 통하는 마음'(一心)에 따르는 중생의] 처음(始)을 보지 못하지만, '세상에서 가장 존귀한 모든 부처님들'(諸佛世尊)은 ['하나처럼 통하는 마음'(一心)에 따르는 중생의] 처음(始)도 보고 [근본무지(無明)에 따르는 중생의] 끝(終)도 본다.805 이러한 뜻이기 때문에 모든 부처님은 '부처의 면모'(佛性)를 완전하게 볼 수 있다"806고 말한다. 또 "[십지十地의] 열 가지 경지에 머무는

이라고 보지 않음으로써 불성佛性을 보는 자를 주십주자住十住者라고 특정하고 ②의 문장을 짧게 요약함으로써 『보성론』과 『열반경』의 차이에 대한 질문의 의도를 분명히 하려는 것으로 보인다. 아울러 앞 주석에서 보듯이 제10지에서 현재에 불성佛性을 부분적으로 본다(少見)고 하므로 ②의 문장의 주어를 '주십주자住十住者'로 특정하는 것도 일리가 있다고 하겠다.

804 『열반경』 권25 「사자후보살품제23師子吼菩薩品第二十三」(T12, p.772b25~27) "十住菩薩唯能自知定得(阿耨多羅三藐三)菩提, 而不能知一切衆生悉有佛性." 괄호는 생략된 부분을 표시한다.

805 이 경문에 대한 아래 통자通者의 해석 부분을 모두 인용하면 "又說十住唯見終者, 衆生之末終乎六識, 有情之本始於一心, 菩薩通達六識之相, 而未證見一心之原. 故言見終而不見始."(H1, p.544b12~15)인데, 이 해석에 따르면 종終은 중생衆生의 육식지상六識之相이고 시始는 유정有情의 일심一心이다. 그리고 여기서 통자通者는 "菩薩通達六識之相"이라고 하여 '십주보살十住菩薩'을 '보살菩薩'이라는 통칭으로 대체하고 있는데, 이 문맥의 십주보살十住菩薩은 제10지第十地만을 특칭하는 것이 아니라 초지初地를 포함하는 10지十地 전체를 가리키는 용어임을 알리는 것으로 보인다. 말하자면 질문자는 10지十地 전체에서 중생의 처음(始)인 일심一心을 보지 못하는 측면에 착안하여 『보성론』과의 상위를 지적하고, 통자通者는 10지十地 전체에서 중생의 끝(終)인 육식지상六識之相을 보는 측면에 입각하여 초지보살初地菩薩이 불성佛性을 본다는 『보성론』의 설명을 회통하는 문맥이므로, 여기서의 십주보살十住菩薩은 초지보살初地菩薩을 포함하는 10지十地 전체의 보살이라고 하겠다.

보살들'(十住菩薩)은 비록 '[삼승三乘을] 하나처럼 통하게 하는 가르침'(一乘)[807]을 이해하지만 '여래가 [본연에] 늘 머무는 것'(如來是常住法)임을 알지 못한다.[808] 이러한 뜻이기 때문에 '[십지十地의] 열 가지 경지에 머무는 보살들'(十住菩薩)은 비록 '부처의 면모'(佛性)를 보지만 명료하지 못하다고 한다"[809]고 말한다. 또 "'모든 것을 깨달은 자'(一切覺)를 '부처 면모'(佛性)라고 부르는데, '[십지十地의] 열 가지 경지에 머무는 보살들'(十住菩薩)은 '모든 것을 깨달은 자'(一切覺)라고 불리지 못한다. 그러므로 비록 '[부처의 면모'(佛性)를] 보지만 명료하지 못하다"[810]고 말한다. 이와

---

806 『열반경』 권25 「사자후보살품제23師子吼菩薩品第二十三」(T12, p.768c3~5). "十住菩薩唯見其終, 不見其始, 諸佛世尊見始見終. 以是義故, 諸佛了得見佛性."

807 일승一乘: 일불승一佛乘, 일승교一乘教, 일승구경교一乘究竟教, 일승법一乘法, 일도一道라고도 한다. 삼승三乘(성문승聲聞乘 · 연각승緣覺乘 · 보살승菩薩乘)의 대칭이다. 『佛光大辭典』 p.59 참조. 김선근은 "『반야경』이 아직도 대승의 이상을 소승에 대립시켜 논하고 있는 반면에, 『법화경』은 이러한 대립적 견해를 초월하여 부처님의 여러 교설들은 결국 모두 중생의 교화를 위한 방편에 지나지 않고, 그 이외의 제2, 제3의 길은 없다는 일불승에 귀결한다는 포용적 사상을 전개하고 있다"(「『법화경』에 나타난 공사상」, 『한국불교학』 제54호, 2009, p.298)라고 하여 이른바 회삼귀일會三歸一의 일승교一乘教를 선양하는 법화사상法華思想의 전체적 취지를 설명한다. 『법화경』 권1 「방편품方便品」에서는 "我有方便力, 開示三乘法. 一切諸世尊皆說一乘道."(T9, p.8b27~28)라고 하여, 성문승聲聞乘 · 연각승緣覺乘의 소승小乘뿐 아니라 대승大乘의 보살승菩薩乘마저도 방편일 따름이고 궁극적으로 진실의 일승도一乘道에 귀의해야 한다는 취지를 제시하고, 지의智顗의 『묘법연화경현의妙法蓮華經玄義』 권10에서는 『반야경』과 『법화경』의 차이를 논하면서 "法華是祕密般若非祕密, 爲不明二乘作佛故."(T33, p.811c2~3)라고 하여 법화法華 일승一乘은 이승작불二乘作佛의 포용성에 있다고 논의한다.

808 이 경문에 대한 아래 통자通者의 해석 부분을 모두 인용하면 "又言十住雖見一乘, 不知如來是常住法者, 是約因果, 顯其難易. 言一乘者, 正因佛性, 如來常者, 是果佛性, 十住因滿故, 見因性, 未得圓果, 不見果性."(H1, p.544b19~22)이다. 이 해석에 따르면 일승一乘은 '원인되는 수행이 완성된'(因滿) 정인불성正因佛性이고, 여래상주如來常住는 '완전한 결과'(圓果)로서의 과불성果佛性이다.

809 『열반경』 권25 「사자후보살품제23師子吼菩薩品第二十三」(T12, p.769b20~22). "十住菩薩雖見一乘, 不知如來是常住法. 以是故, 言十住菩薩雖見佛性, 而不明了."

같은 글들을 어떻게 '모아서 소통'(會通)시키겠는가?

> 通者解云, 通相而言, 爲顯究竟不究竟異故, 說十地見不明了. 若依隨
> 分證見門者, 初地菩薩亦得眼見. 餘文進退, 隱顯門說, 何者? 爲顯十地
> 是因滿位故, 說得見, 九地以還因未圓滿故, 說不見. 又復『起信論』說六
> 種染中, 第五能見心不相應染是九地障, 未出此障故, 說九地見法有性,
> 入第十地, 已出彼障, 是故說言見法無性. 且時[811]一邊, 顯位階降. 又說
> "十住唯見終"者, 衆生之未[812]終乎六識, 有情之本始於一心, 菩薩通達六
> 識之相, 而未證見一心之原. 故言"見終而不見始."
>
> [H1, p.544b3~15: T38, p.253b27~c9]

소통시키는 자는 [다음과 같이] 설명한다. [보살수행의 '열 가지 경지'(十地)
에서는 모두 '부처의 면모'(佛性)를 명료하게 보지 못한다는] '공통적인 양상'(通
相)으로 말한다면, ['부처의 면모를 보는 것'(見性)에 대한 여래지如來地와 '열 가
지 경지'(十地)의] '완전함과 완전하지 못함'(究竟不究竟)의 차이를 드러내
기 위해 [『열반경』의 문장들에서 말한 것처럼] '[십지十地의] 열 가지 경지'(十地)
에서는 ['부처의 면모'(佛性)를] 보지만 명료하지 못하다고 말한다. 만약 '[경
지의] 구분에 따라 ['부처의 면모'(佛性)를] 증득하여 보는 측면'(隨分證見門)
에 의거한다면, [『구경일승보성론』에서 말한 것처럼] '[십지十地의] 첫 번째 경
지의 보살'(初地菩薩)도 ['부처의 면모'(佛性)를] '눈으로 [보듯 직접] 봄'(眼見)
수 있다.

[『열반경』의] 여타의 문장들에서 [불성佛性을 보는 것에 관해] '긍정하고 부

---

810 『열반경』 권25 「사자후보살품제23師子吼菩薩品第二十三」(T12, p.772b21~22). "一
切覺者, 名爲佛性, 十住菩薩不得名爲一切覺故, 是故雖見而不明了."

811 윤왕사輪王寺 필사본(p.73a3)에 따라 '時'를 '約'으로 고친다.

812 문맥에 따라 '未'를 '末'로 고친다.

정하는 차이'(進退)[가 있는 것]은 [문장의 뜻이] '숨어 있거나 드러나 있는 측면'(隱顯門)에서 [각각 달리] 말한 것이니, 어째서인가? 『열반경』에서 인용한 다섯 가지 문장 중 첫 번째 문장에서는 '[10지十地의] 열 번째 경지'(十地)는 '원인[으로서의 부처 면모]가 완성된 단계'(因滿位)임을 드러내기 위해 ['부처의 면모'(佛性)를] '볼 수 있다'라 말했고, '[10지十地의] 아홉 번째 경지'(九地) 이전은 '원인[으로서의 부처 면모]'(因)가 아직 완성되지 않았기 때문에 ['부처의 면모'(佛性)를] '보지 못한다'고 말했다. 또한 『대승기신론』에서 말한 '여섯 가지 오염'(六種染) 중에서 다섯 번째인 '주관이 된 마음에 [의식 차원에서는] 서로 응하지 않는 오염[된 마음]'(能見心不相應染)[813]은 '[10지十地

---

813 6종염六種染과 능견심불상응염能見心不相應染: 『대승기신론』 권1에서는 "染心者有六種. 云何爲六? 一者執相應染, 依二乘解脫及信相應地遠離故. 二者不斷相應染, 依信相應地修學方便漸漸能捨, 得淨心地究竟離故. 三者分別智相應染, 依具戒地漸離, 乃至無相方便地究竟離故. 四者現色不相應染, 依色自在地能離故. 五者能見心不相應染, 依心自在地能離故. 六者根本業不相應染, 依菩薩盡地得入如來地能離故."(T32, p.577c7~15)라고 하여, 여섯 가지 오염된 마음(六種染心)으로 ① 집상응염執相應染, ② 부단상응염不斷相應染, ③ 분별지상응염分別智相應染, ④ 현색불상응염現色不相應染, ⑤ 능견심불상응염能見心不相應染, ⑥ 근본업불상응염根本業不相應染을 제시한다. 『대승기신론』에서는 그중 ⑤ 능견심불상응염能見心不相應染을 심자재지心自在地에 의거하여 벗어날 수 있다고 설명하는데, 원효의 『기신론소』 권1에서는 "第五能見心不相應染者, 是五意內第二轉識, 依於動心成能見故. 心自在地是第九地. 此地已得四無礙智, 有礙能緣不得現起."(H1, p.717a21~24)라고 하여 업식業識・전식轉識・현식現識・지식智識・상속식相續識의 5의五意 중에서 두 번째인 '[주관으로] 바뀌어가는 식'(轉識)으로서 '움직여진 [깨닫지 못하는] 마음'(動心)에 의존하여 주관(能見)을 이룬 것이 능견심불상응염能見心不相應染이라고 설명하고, 이 능견심불상응염能見心不相應染은 본문에서와 같이 제9지(심자재지心自在地)에서의 장애(九地障)라고 지적하며, 이 제9지(심자재지心自在地)에서는 이미 '[교법에 걸림이 없는 지혜]'(法無礙智)와 '교법의 뜻에 걸림이 없는 지혜'(義無礙智)와 '말에 걸림이 없는 지혜'(辭無礙智)와 '법문을 잘 설하는 데 걸림이 없는 지혜'(樂說無礙智)의 '걸림이 없는 네 가지 지혜'(四無礙智)를 얻어 '걸림이 있는 주관적인 것들'(有礙能緣)인 능견심불상응염能見心不相應染(전식轉識)이 나타나 일어나지 못한다고 결론짓는다. 인용한 『대승기신론』과 원효의 『기신론소』(H1, p.716c17~717b8)의 설명에 따라 6종염심六種染心과 그 염심染心들을 벗어나는 경지에 관해 표로 나타내면 다음과 같다.

의] 아홉 번째 경지에서의 장애'(九地障)이니, 아직 이 장애에서 벗어나지 못했기 때문에 〈'[10지十地의] 아홉 번째 경지'(九地)에서는 '대상에 불변·독자의 본질이 있다'(法有性)고 본다〉라고 말했고, '[10지十地의] 열 번째 경지'(第十地)에 들어가면 이미 저 장애에서 벗어났기 때문에 〈'대상에 불변·독자의 본질이 없다'(法無性)고 본다〉라고 말했다. 이 또한 [〈'주관이 된 마음에 [의식 차원에서는] 서로 응하지 않는 오염[된 마음]'(能見心不相應染)에서 벗어남〉이라는] '하나의 측면'(一邊)에 의거하여 [제10지보다 제9지 이전의] 경지가 낮다는 것을 드러낸 것이다.

또 [『열반경』에서 인용한 다섯 가지 문장 중 세 번째 문장에서] "'[십지十地의] 열 가지 경지에 머무는 [보살들]'(十住)은 오직 [근본무지(無明)에 따르는 중생의] 끝(終)[인 '여섯 가지 의식현상의 양상'(六識之相)]을 본다"(十住唯見終)고 말한 것은 [다음과 같다.] 중생[이 오염되는 과정]의 말단(末)은 '여섯 가지 의식현상'(六識)에서 끝나고 중생의 근본(本)은 [본연인] '하나처럼 통하는 마음'(一心)에서 시작되니, 보살들은 '여섯 가지 의식현상의 양상'(六識之相)에는 통달하지만 아직 '하나처럼 통하는 마음의 근원'(一心之原)을 증득하여 보지는 못한다. 그러므로 "[근본무지(無明)에 따르는 중생의] 끝(終)[인 '여섯 가지 의식현상의 양상'(六識之相)]을 보지만 ['하나처럼 통하는 마음'(一心)에 따르는 중생의] 처음(始)을 보지 못한다"(見終而不見始)고 말했다.

6염六染	의거하여 벗어나는 경지
① 집상응염執想應染	소승 아라한위阿羅漢位/신상응지信相應地(10주十住)
② 부단상응염不斷相應染	신상응지信相應地(10주十住)~정심지淨心地(초지初地)
③ 분별지상응염分別智相應染	구계지具戒地(제2지)~무상방편지無相方便地(제7지)
④ 현색불상응염現色不相應染	색자재지色自在地(제8지)
⑤ 능견심불상응염能見心不相應染	심자재지心自在地(제9지)
⑥ 근본업불상응염根本業不相應染	보살진지菩薩盡地(제10지)~여래지如來地

又言"自知當得菩提, 未知衆生有佛性"者, 是約遠近, 以說難易, 謂自當果在第二念, 近故易知, 衆生當果即天⁸¹⁴後邊, 遠故難知. 是望當果佛性說也. 又言"十住雖見一乘, 不知如來是常住法"者, 是約因果, 顯其難易. 言一乘者正因佛性, 如來常者是果佛性, 十住因滿故, 見因性, 未得圓果, 不見果性. 卽依是義故, 後文說言, "菩薩⁸¹⁵未⁸¹⁶得名一切覺. 是故雖見, 而不明了"也. 餘文相違, 准此可通.

[H1, p.544b15~c1: T38, p.253c9~17]

또 [『열반경』에서 인용한 다섯 가지 문장 중 두 번째 문장에서] "['십지十地의 열 가지 경지에 머무는 보살들'(十住菩薩)은] 자신이 미래에 깨달음을 얻을 것을 알지만, 중생이 부처의 면모를 가진다는 것은 아직 알지 못한다"(自知當得菩提, 未知衆生有佛性)고 말한 것은 [다음과 같다.] 이것은 '['부처 면모'(佛性)를 만나는 깨달음과의] 멂과 가까움'(遠近)에 의거하여 '['부처 면모'(佛性)를 만나는 것의] 어려움과 쉬움'(難易)을 말한 것이니, ['십지十地의 열 가지 경지에 머무는 보살들'(十住菩薩)의 경우] '자신의 미래[에 있을 부처라는] 결실'(自當果)[을 아는 것]이 '두 번째의 [오염된] 마음'(第二念)[인 '주관이 된 마음에 [의식 차원에서는] 서로 응하지 않는 오염[된 마음]'(能見心不相應染)에서 벗어나는 것]에 달려 있어서 ['부처 면모'(佛性)를 만나는 깨달음과] 가까이 있기 때문에 알기 쉽지만, ['십지十地의 열 가지 경지에 머무는 보살들'(十住菩薩)이] '중생의 미래[에 있을 부처라는] 결실'(衆生當果)[을 아는 것]은 ['두 번째의 오염된 마음'(第二念)인 능견심불상응염能見心不相應染보다] 뒤편(後邊)⁸¹⁷[에 있는 '근본무지에 의한

814 한불전 교감주에 "天은 在인 듯하다"라고 되어 있다. 교감주에 따른다.
815 앞에서 『열반경』 원문에 의거하여 '菩薩' 앞에 '十住'를 넣은 것에 따른다.
816 『열반경』 원문에 따라 '未'를 '不'로 고친다.
817 후변後邊인 근본업불상응염根本業不相應染: 원효의 『기신론소』 권1에서는 "第六根本業不相應染者, 是五意內第一業識, 依無明力不覺心動故."(H1, p.717a24~b2)라고 하여 제6 근본업불상응염根本業不相應染은 업식業識 · 전식轉識 · 현식現識 ·

애초의 움직임에 [의식의 차원에서는] 서로 응하지 않는 오염[된 마음]'(根本業不相應染)에서 벗어나는 것에 달려 있어서 '[부처 면모'(佛性)를 만나게 되는 중생의 결실을 아는 것은] 멀리 있기 때문에 알기 어렵다는 것이다. 이것은 '미래에 있을 결실로서의 부처 면모'(當果佛性)에 의거하여 말한 것이다.

또, [『열반경』에서 인용한 다섯 가지 문장 중 네 번째 문장에서] "'[십지十地의] 열 가지 경지에 머무는 [보살]'은 비록 '[삼승三乘을] 하나처럼 통하게 하는 가르침'(一乘)을 이해하지만 '여래가 [본연에] 늘 머무는 것'임을 알지 못한다"(十住雖見一乘, 不知如來是常住法)고 말한 것은, '원인[으로서의 부처면모]와 결과[로서의 부처면모]'(因果)에 의거하여 그 '[부처 면모'(佛性)를 만나게 되는 것의] 어려움과 쉬움'(難易)을 드러낸 것이다. '[삼승三乘을] 하나처럼 통하게 하는 가르침'(一乘)이라고 말한 것은 '가장 중요한 원인으로서의 부처면모'(正因佛性)이고 '여래가 [본연에] 늘 머문다'(如來常)는 것은 '결과로서의 부처면모'(果佛性)이니, '[십지十地의] 열 가지 경지에 머무는 [보살]'(十住)은 원인(因)이 완성되기 때문에 '원인으로서의 [부처] 면모'(因性)를 보지만 아직 '완전한 결실'(圓果)을 얻지 못하여 '결과로서의 [부처] 면모'(果性)를 보지 못한다. 이러한 뜻에 의거하기 때문에 [『열반경』에서

지식智識・상속식相續識의 5의五意 중에서 제1 '[근본무지에 따라] 움직이는 식'(業識)으로서 무명력無明力에 의존하여 불각심不覺心이 움직인 것이라고 설명하고, 또 "若離業識則無見相, 當知業識未盡之時, 能見能現亦未盡也."(H1, p.717b7~8)라고 하여 '[근본무지에 따라] 움직이는 식'(業識)에서 벗어난다면 '[보는 자'(能見)인 제2 전식轉識과 '나타내는 자'(能現)인 제3 현식現識이라는 제8식의] '주관 양상'(見相)이 없지만, '[근본무지에 따라] 움직이는 식'(業識)이 아직 없어지지 않았을 때에는 '주관[으로 자리잡는 식]'(能見)인 전식轉識과 '[객관대상을 허깨비처럼] 나타내는 [식]'(能現)인 현식現識도 아직 없어지지 않는다고 설명한다. 본문의 논의와 연결하여 말하자면, 열 가지 경지의 보살들이 제9지의 장애인 능견심불상응염能見心不相應染(전식轉識)과 제8지의 장애인 현색불상응염現色不相應染(현식現識)이라는 주관 양상을 끊어 제10지에 들어간 것이 자당과自當果를 얻은 것이라면, 근본업불상응염根本業不相應染을 끊어 여래지如來地에 들어간 것은 중생당과衆生當果를 얻은 것이라고 하겠다.

인용한 다섯 가지 문장 중] 마지막 문장에서 "[십지+地의] 열 가지 경지에 머무는 보살'은 ['원인으로서의 부처면모'(因性)를 보지만 '결과로서의 부처면모'(果性)를 보지 못하기에 '모든 것을 깨달은 자'(一切覺)라고 불리지 못한다. 그러므로 비록 ['부처의 면모'(佛性)를] 보지만 명료하지 못하다"(十住菩薩不得名一切覺. 是故雖見, 而不明了)라고 말했다. 여타의 문장들이 서로 어긋나는 것도 이에 의거하여 소통시킬 수 있다.

> 次會義同者, 於同類義有異文句, 以義類而會諸文. 佛性之義有無量門, 以類相攝, 不出五種. 一性淨門, 常住佛性, 二隨染門, 無常佛性. 是二種門皆說因性. 三者現果, 諸佛所得, 四者當果, 衆生所含, 五者一心, 非因非果. 依是五門, 以攝諸文.
>
> [H1, p.544c1~7: T38, p.253c17~23]

나. 뜻이 같은 것을 모음(會義同)

다음으로 '뜻이 같은 것을 모은다'(會義同)는 것은, '같거나 유사한 뜻'(同類義)에 대해 문장과 구절을 달리하는 것이 있기에 '뜻이 유사한 것'(義類)으로 여러 문장들을 모으는 것이다. '부처면모가 지닌 뜻'(佛性之義)에는 '헤아릴 수 없이 많은 측면'(無量門)이 있지만, [뜻이] 유사한 것들끼리 서로 모으면 다섯 가지를 벗어나지 않는다. 첫 번째는 '본연이 온전한 측면'(性淨門)이니 [본연에] 늘 머무르는 부처면모'(常住佛性)[에 관한 문장들]이고, 두 번째는 '오염에 따르는 측면'(隨染門)이니 [본연에] 늘 머물지 않는 부처면모'(無常佛性)[에 관한 문장들]이다. 이 두 가지 측면은 모두 '원인으로서의 [부처] 면모'(因性)를 말하는 것이다. 세 번째는 '현재 나타난 결실[의 측면]'(現果)이니 '모든 부처가 얻는 것'(諸佛所得)[에 관한 문장들]이고, 네 번째는 '미래[에 있을 부처라는] 결실[의 측면]'(當果)이니 '중생이 갖추고 있는 것'(衆生所含)[에 관한 문장들]이며, 다섯 번째는 '하나처럼 통하는 마음[의 측면]'(一心)이니 '원인도 아니고 결실도 아닌 것'(非因非果)[에 관한 문장들]이다. 이 '다섯 가지 측면'(五門)에 의거하여 여러 문장들을 모으겠다.

第一常住佛性門者,「四相品」云, "唯斷取著, 不斷我見, 我見者名爲佛,[818] 佛性者卽眞解脫."「如來性品」云, "我者卽是如來藏,[819] 一切衆生悉有佛性, 卽是我義."「師子吼」中言, "佛性者名第一義空, 第一義空名爲智惠.[820] 智者見空及與不空, 愚者不見空與不空." 又言 "觀十二緣智, 凡有二[821]種. 下中智者不見佛性, 卽是二乘. 上智觀者不見[822]了了, 不了了見[823]故, 住十住地. 上上智者卽了了[824]見了了見[825]故, 得阿耨菩提. 以是義故, 十二因緣名爲佛性. 佛性者名[826]第一義空, 第一義空名爲中道. 中道者[827]名爲佛性,[828] 佛性[829]者名爲涅槃." 又言, "究竟究[830]竟者一切衆生所得一乘, 一乘者名爲佛性. 一切衆生皆[831]有一乘, 無明覆故, 不能得見."

[H1, p.544c7~22: T38, pp.253c23~254a7]

818 『열반경』 원문에 따라 '佛' 뒤에 '性'을 넣는다.
819 『열반경』 원문에 따라 '藏' 뒤에 '義'를 넣는다.
820 『열반경』 원문에 따라 '惠'를 '慧'로 고친다.
821 『열반경』 원문에 따라 '二'를 '四'로 고친다.
822 『열반경』 원문에 따라 '不見'을 '見不'로 고친다.
823 『열반경』 원문에 따라 '見'을 삭제한다.
824 『열반경』 원문에 따라 '卽了了'를 삭제한다.
825 『열반경』 원문에 따라 '見'을 삭제한다.
826 『열반경』 원문에 따라 '名'을 '卽'으로 고친다.
827 『열반경』 원문에 따라 '者' 뒤에 '卽'을 넣는다.
828 『열반경』 원문에 따라 '性'을 삭제한다.
829 『열반경』 원문에 따라 '性'을 삭제한다.
830 『열반경』 원문에 따라 '究'를 '畢'로 고친다.
831 『열반경』 원문에 따라 '皆'를 '悉'로 고친다.

가) 본연이 온전한 측면(性淨門)

첫 번째인 '[본연에] 늘 머무르는 부처면모의 측면'(常住佛性門)[에 관한 문장들은 다음과 같다.] 『열반경』 「사상품四相品」에서는 "오직 집착(取著)을 끊을 뿐이지 '[참된] 자기에 관한 [온전한] 이해'(我見)를 끊지는 않으니, '[참된] 자기에 관한 [온전한] 이해'(我見)를 '부처 면모'(佛性)라 부르고 '[참된] 자기에 관한 온전한 이해'(我見)로서의] '부처 면모'(佛性)가 곧 [집착(取著)으로부터의] '참된 해탈'(眞解脫)이다"832라고 말한다.

「여래성품如來性品」에서는 "'[참된] 자기'(我)라는 것은 곧 '여래의 면모가 간직된 세계의 면모'(如來藏義)이고, '모든 중생은 다 부처면모를 가진다'(一切衆生悉有佛性)는 것은 곧 '[참된] 자기의 면모'(我義)이다"833라고 말한다.

「사자후보살품師子吼菩薩品」에서는 "'부처의 면모'(佛性)라는 것을 '[불변·독자의] 실체가 없음에 대한 궁극적 진리'(第一義空)라 부르고, '[불변·독자의] 실체가 없음에 대한 궁극적 진리'(第一義空)를 지혜智慧라 부른다. 지혜로운 자는 '[불변·독자의] 실체가 없음'(空)과 '아무것도 없는 것이 아님'(不空)을 [모두] 보지만, 어리석은 자는 '[불변·독자의] 실체가 없음'(空)과 '아무것도 없는 것이 아님'(不空)을 [모두] 보지는 못한다"834라고 말한다.

---

832 『열반경』 권5 「사상품제7四相品第七」(T12, p.635c8~10). "唯斷取著, 不斷我見, 我見者名爲佛性, 佛性者即眞解脫."

833 『열반경』 권8 「여래성품제12如來性品第十二」(T12, p.648b7~9). "善男子, 我者即是如來藏義, 一切衆生悉有佛性, 即是我義. 如是我義從本已來, 常爲無量煩惱所覆. 是故衆生不能得見."

834 『열반경』 권25 「사자후보살품제23師子吼菩薩品第二十三」에서 제일의공第一義空이 불성佛性이라고 논의하는 대목을 모두 인용하면 다음과 같다. "善男子, 佛性者名第一義空, 第一義空名爲智慧. (所言空者不見空與不空.) 智者見空及與不空, 常與無常, 苦之與樂, 我與無我. 空者一切生死, 不空者謂大涅槃, 乃至無我者即是生死, 我者謂大涅槃. 見一切空不見不空, 不名中道, 乃至見一切無我不見我者, 不名中道. 中道者名

또 [「사자후보살품師子吼菩薩品」에서는] "'12가지 조건들의 인과관계를 이해하는 지혜'(觀十二緣智)에는 무릇 네 가지가 있다. '[12가지 조건들의 인과관계'(十二緣)에 관해] 낮은 단계와 중간 단계의 지혜를 가진 자'(下中智者)는 '부처의 면모'(佛性)를 보지 못하니, 바로 [성문聲聞·연각緣覺] 두 부류의 수행자'(二乘)이다. '[12가지 조건들의 인과관계'(十二緣)에 관해] 높은 단계의 지혜로 이해하는 자'(上智觀者)는 ['부처의 면모'(佛性)를] 보지만 명료하게 알지 못하니, 명료하게 알지 못하기 때문에 [십지十地의] 열 가지 경지'(十住地)에 머무른다. '[12가지 조건들의 인과관계'(十二緣)에 관해] 가장 높은 지혜를 가진 자'(上上智者)는 ['부처의 면모'(佛性)를] 보고 또한 명료하게 알기 때문에 '최고의 깨달음'(阿耨菩提)을 얻는다. 이러한 뜻이기 때문에 ['가장 높은 지혜를 가진 자'(上上智者)가 깨닫는] '12가지 조건들의 인과관계'(十二因緣)를 '부처의 면모'(佛性)라고 부른다. '[12가지 조건들의 인과관계'(十二因緣)에 의거하는] '부처의 면모'(佛性)가 바로 [불변·독자의] 실체가 없음에

爲佛性, 以是義故, 佛性常恒無有變易, 無明覆故, 令諸衆生不能得見, 聲聞緣覺見一切空不見不空, 乃至見一切無我不見於我. 以是義故, 不得第一義空, 不得第一義空故, 不行中道, 無中道故, 不見佛性."(T12, pp.767c18~768a1.) 본문의 인용문과 대조해 보면, 본문의 인용문에서는 "智者見空及與不空"까지 『열반경』 원문에 있는 대로 인용하고, 인용문의 "愚者不見空與不空"은 괄호로 표시한 『열반경』 원문의 "所言空者不見空與不空"에서 주어인 '所言空者'를 '愚者'로 대체한 뒤 문장의 순서를 바꿈으로써 지자智者와 우자愚者의 차이를 쉽게 대비할 수 있도록 안배한 것을 알 수 있다. 인용한 문장 이후로 진행되는 『열반경』의 논의를 살펴보면, 공空을 위시한 무상無常·고苦·무아無我의 계열은 일체생사一切生死의 면모에 대한 술어이고 불공不空을 위시한 상常·낙樂·아我의 계열은 대열반大涅槃의 면모에 대한 술어로서, 이 양자를 모두 보는 것이 제일의공第一義空이고 중도中道이며 불성佛性인데, 성문聲聞·연각緣覺과 같은 우자愚者는 공空을 보지만 불공不空까지는 보지 못한다는 것이 대체적인 내용이다. 원효가 '所言空者'(공空만을 말하는 자)를 '愚者'로 대체하여 인용하는 의도에는 『열반경』의 이 뒤 내용까지 포괄하려는 측면도 있는 것으로 보인다. 『열반경』에서는 '공만을 말하는 자'(所言空者)가 성문·연각으로 제시되어 있고 이들을 지자智者와 대비시켜 우자愚者라고 말하고 있는 것이다.

대한 궁극적 진리'(第一義空)이고, '[불변·독자의] 실체가 없음에 대한 궁극적 진리'(第一義空)를 '[불변·독자의 실체가 없음'(空)과 '아무것도 없는 것은 아님'(不空)을 모두 보는] 중도(中道)라 부른다. [그리고] 이 중도(中道)를 곧 깨달음(佛)이라 부르고, 깨달음(佛)을 열반涅槃이라 부른다"835고 말한다.

또 [「사자후보살품師子吼菩薩品」에서는] "'완전한 궁극[의 경지]'(究竟畢竟)라는 것은 모든 중생이 ['여섯 가지 보살수행'(六波羅蜜)으로] 얻는 '하나처럼 통하는 경지'(一乘)이니, '하나처럼 통하는 경지'(一乘)를 '부처의 면모'(佛性)라고 부른다. 모든 중생에는 '하나처럼 통하는 경지'(一乘)인 '부처의 면모'(佛性)가 있지만, 근본무지(無明)가 덮고 있기 때문에 ['부처의 면모'(佛性)를] 보지 못한다"836고 말한다.

---

835 『열반경』권25 「사자후보살품제23師子吼菩薩品第二十三」(T12, p.768c12~20). "觀十二緣智, 凡有四種. (一者下, 二者中, 三者上, 四者上上.) 下智觀者不見佛性, 以不見故得聲聞道, 中智觀者不見佛性, 以不見故得緣覺道. 上智觀者見不了了, 不了了故, 住十住地. 上上智者見了了故, 得阿耨(多羅三藐三)菩提道. 以是義故, 十二因緣名爲佛性. 佛性者即第一義空, 第一義空名中道. 中道者即名爲佛, 佛者名爲涅槃." 괄호는 생략된 내용을 표시한다. 본문의 인용문에서 "下中智者不見佛性, 即是二乘."의 문장은 『열반경』원문에 "下智觀者不見佛性, 以不見故得聲聞道, 中智觀者不見佛性, 以不見故得緣覺道."의 내용을 요약한 것인데, 하지下智인 성문도聲聞道와 중지中智인 연각도緣覺道가 모두 불성佛性을 보지 못한다는 『열반경』의 내용을 본문의 인용문에서는 압축하여 표현하고 있다.

836 『열반경』권25 「사자후보살품제23師子吼菩薩品第二十三」(T12, p.769a25~28). "究竟畢竟者一切衆生所得一乘, 一乘者名爲佛性. (以是義故, 我說一切衆生悉有佛性,) 一切衆生悉有一乘, 以無明覆故, 不能得見." 괄호는 생략된 내용을 표시한다. 생략된 내용을 참고할 때 "일체중생실유일승一切衆生悉有一乘"은 "일체중생실유불성一切衆生悉有佛性"의 다른 표현임을 알 수 있다. 앞에서 '일승一乘을 불성佛性이라 부른다'(一乘者名爲佛性)고 설명해 두었기 때문이다. 한편 인용문의 앞 문장에서는 "畢竟有二種, 一者莊嚴畢竟, 二者究竟畢竟, 一者世間畢竟, 二者出世畢竟. 莊嚴畢竟者六波羅蜜."(T12, p.769a23~25)이라고 하여, 필경畢竟에는 장엄필경莊嚴畢竟(세간필경世間畢竟)과 구경필경究竟畢竟(출세필경出世畢竟)의 두 가지가 있고, 장엄필경莊嚴畢竟은 6바라밀六波羅蜜이라고 설명한다. 즉 장엄필경莊嚴畢竟인 6바라밀六波羅蜜을 통해 구경필경究竟畢竟인 일승一乘을 얻는다는 것이다.

如是等文擧諸異名, 同顯性淨眞如佛性. 三乘同歸,[837] 名一乘, 十二之本故, 名因緣, 離一切[838]故, 名爲空性, 有本覺,[839] 名爲智惠,[840] 衆生中實故, 名爲義,[841] 自體自照故, 名我見. 諸名雖異, 所詮體一. 所以說是衆多名者, 爲顯諸經唯一味故, 謂名我見名如來藏者, 是會『勝鬘』『楞伽』等旨, 又名爲空名智惠[842]者, 是會諸部『般若』教意, 又名一乘者, 是會『法華經』等, 又名眞解脫者, 是會『維摩經』等. 爲顯是等諸經異文同旨故, 於一佛性, 立是諸名也.

[H1, pp.544c22~545a10: T38, p.254a7~17]

이와 같은 [『열반경』의] 문장들에서는 여러 다른 명칭들을 열거하지만, 똑같이 '본연이 온전한 참 그대로의 부처면모'(性淨眞如佛性)를 드러낸다. [이 '본연이 온전한 참 그대로의 부처면모'(性淨眞如佛性)는] '[성문聲聞 · 연각緣覺 · 보살菩薩의] 세 가지 가르침'(三乘)이 똑같이 [일승一乘으로] 돌아가기 때문에 '하나처럼 통하게 하는 가르침'(一乘)이라 부르고, 12가지 [현상의] 근본이기 때문에 '[12가지] 조건들의 인과관계'(因緣)라고 부르며, '모든 실체관념'(一切相)에서 벗어나기 때문에 '[불변 · 독자의] 실체가 없는 면모'(空性)라고 부르고, '깨달음의 본연'(本覺)이 있기에 지혜智慧라고 부르며,[843] 중생에서의 참됨(實)이기 때문에 '[참된] 자기'(我)라고 부르고,[844] '자기의 본연'(自體)을 스스로 이해하기 때문에 '[참된] 자기에 관한

---

837 『열반종요』 대정장본(T38, p.254a8)에는 '歸' 뒤에 '故'가 있다. 대정장본에 따른다. 윤왕사輪王寺 필사본(p.74b7)에도 동일하다.

838 윤왕사輪王寺 필사본(p.74b7)에 따라 '切' 뒤에 '相'을 넣는다.

839 '故'가 빠진 것으로 보인다. '本覺故'로 교감한다.

840 '惠'를 '慧'로 고친다.

841 윤왕사輪王寺 필사본(p.75a1)에 따라 '義'를 '我'로 고친다.

842 '惠'를 '慧'로 고친다.

843 '가) 성정문性淨門'의 세 번째 인용문에서는 "第一義空名爲智慧."라고 하여 지혜智慧는 제일의공第一義空에 관한 지혜라고 설명했다.

[온전한] 이해'(我見)라고 부른다. 여러 명칭들이 비록 다르지만 '드러내
는 바탕'(所詮體)은 같은 것이다.

[『열반경』에서] 이렇게 많은 명칭들을 말하는 까닭은 여러 경전들이 오
직 '한 맛[처럼 서로 통하는 것]'(一味)임을 드러내기 위해서이니, 말하자면
[본연이 온전한 참 그대로의 부처면모'(性淨眞如佛性)를] '[참된] 자기에 관한 [온
전한] 이해'(我見)라 부르고 [또한] '여래의 면모가 간직된 세계'(如來藏)라
부른 것은 『승만경勝鬘經』이나 『능가경楞伽經』 등의 뜻을 모은 것이고,
또 '[불변·독자의] 실체가 없음'(空)이라 부르고 '지혜智慧'라 부른 것은 여
러 부류의 『반야경般若經』[845]의 가르침을 모은 것이며, 또 '[삼승三乘을]
하나처럼 통하게 하는 가르침'(一乘)이라 부른 것은 『법화경法華經』 등
을, 또 '참된 해탈'(眞解脫)[846]이라 부른 것은 『유마경維摩經』 등[의 가르침]
을 모은 것이다. 여러 경전들의 이러한 다른 문장들이 같은 뜻임을 드

---

844 불성佛性을 아我라고 부르는 곳은 "我者卽是如來藏義."라고 설명하는 '가) 성정문
性淨門'의 두 번째 인용문이므로, 본문의 '중생중실衆生中實'은 여래장如來藏을 가
리키는 용어로 보인다.

845 제부반야諸部般若: 반야계 경전군의 다양함은 대정장 제5책으로부터 제8책까지
의 목록을 일별해 보면 쉽게 드러난다. 제5책으로부터 제7책에까지 걸쳐 수록되
어 있는 『대반야바라밀다경大般若波羅蜜多經』(600권)과 함께 제8책에는 『방광반
야경放光般若經』(20권), 『마하반야바라밀경摩訶般若波羅蜜經』(27권), 『소품반야바
라밀경小品般若波羅蜜經』(10권), 『금강반야바라밀경金剛般若波羅密經』(1권), 『인왕
반야바라밀경仁王般若波羅蜜經』(2권), 『반야바라밀다심경般若波羅蜜多心經』(1권) 등
에 이르기까지 총 42종의 반야계 경전들이 열거되어 있다.

846 진해탈眞解脫과 『유마힐소설경維摩詰所說經』: 『유마힐소설경』 권1 서두에는 경명
에 대해 "維摩詰所說經卷上.(一名不可思議解脫上卷.)"(T14, p.537a3)이라고 하여 『유
마경』은 일명 『불가사의해탈경不可思議解脫經』이라고도 부른다고 하는데, 『유마
경』의 주제가 불가사의해탈不可思議解脫 또는 진해탈眞解脫임을 알려준다. 『佛光
大辭典』(p.5892) 및 『佛典解題事典』(p.85)에 따르면, 재가자在家者인 유마힐거사
維摩詰居士가 사리불舍利弗을 위시한 성문승聲聞僧들에게 입불이법문入不二法門
을 설법하여 소승의 해탈解脫을 억양抑揚하고 대승의 해탈解脫을 천명하는 것이
이 경전의 주요 내용이다.

러내기 위해 [『열반경』에서는] '하나의 부처면모'(一佛性)에 대해 이러한 여러 명칭들을 세운 것이다.

第二隨染門中報佛性者,「師子吼」中言, "佛性者名大信心. 何以?[847] 信心故, 菩薩能具六波羅蜜" 又言, "佛性者名慈悲喜捨, 佛性者名四無 礙知,[848] 乃至佛性者名灌[849]頂三昧." 「迦葉品」云, "後身菩薩佛性有六, 乃至初地佛性有五, 皆是過去現在未來," 又言, "未得菩提之時, 善不善 等盡名佛性." 如是等文, 同顯隨染門內報佛性也.

[H1, p.545a10~18: T38, p.254a17~24]

나) 오염에 따르는 측면(隨染門)

두 번째인 '오염에 따르는 측면'(隨染門)에서의 '결실을 맺을 부처의 면모'(報佛性)[에 관한 문장들은 다음과 같다.] [『열반경』]「사자후보살품師子吼 菩薩品」에서는 "'부처의 면모'(佛性)를 '크게 믿는 마음'(大信心)이라 부른 다. 어째서인가? '믿는 마음'(信心) 때문에 보살은 [보시布施·지계持戒·인 욕忍辱·정진精進·선정禪定·지혜智慧, 이] 여섯 가지 보살수행'(六波羅蜜)을 갖출 수 있다"[850]고 말하고, 또 "'부처의 면모'(佛性)를 [제한 없는] '자애의 마음'(慈[心])·'연민의 마음'(悲[心])·'기뻐하는 마음'(喜[心])·'평온한 마 음'(捨[心])[851]이라 부르고, '부처의 면모'(佛性)를 '걸림이 없는 네 가지 지

---

847 『열반경』 원문에 따라 '以' 뒤에 '故'를 넣는다.

848 『열반경』 원문에 따라 '知'를 '智'로 고친다.

849 『열반경』 원문에 따라 '灌'을 삭제한다.

850 『열반경』 권30 「사자후보살품제23師子吼菩薩品第二十三」(T12, pp.802c28~803a01). "佛性者名大信心. 何以故? (以)信心故, 菩薩(摩訶薩則)能具(足)檀波羅蜜乃至般若波羅 蜜." 괄호는 생략된 내용을 표시한다. 『열반경』의 '檀波羅蜜乃至般若波羅蜜'은 본 문에서 '六波羅蜜'로 대체되어 있다.

혜'(四無礙智)⁸⁵²라 부르며, 나아가 '부처의 면모'(佛性)를 '가장 높은 경지

851 자慈·비悲·희喜·사捨의 4무량심四無量心: 『아비달마구사론』 권29에서는 "無量有四, 一慈二悲三喜四捨. 言無量者, 無量有情爲所緣故, 引無量福故, 感無量果故." (T29, p.150b20~22)라고 하여 자慈·비悲·희喜·사捨의 4무량심四無量心을 제시하고, 여기서 무량無量이라는 것은 무량유정無量有情을 대상으로 삼아 무량복無量福과 무량과無量果를 초래하기 때문이라고 설명한다. 『대지도론』 권20에서는 4무량심四無量心 각각에 대해 "四無量心者慈悲喜捨. 慈名愛念衆生, 常求安隱樂事, 以饒益之. 悲名愍念衆生受五道中種種身苦心苦. 喜名欲令衆生, 從樂得歡喜. 捨名捨三種心, 但念衆生不憎不愛."(T25, p.208c9~13)라고 하여, 자慈는 중생을 애념愛念하는 것으로서 늘 안은락사安隱樂事를 추구하여 중생을 이롭게 하는 마음이라하고, 비悲는 중생이 윤회의 과정에서 갖가지 몸과 마음의 괴로움을 받는 것을 연민하는 마음이며, 희喜는 낙사樂事로부터 환희歡喜를 얻게 하려는 마음이고, 사捨는 자慈·비悲·희喜의 세 가지 마음을 버려 중생을 미워하지도 애착하지도 않는 평등의 마음이라고 설명한다. 네 번째인 사심捨心에 대해 『아비달마구사론』 권29에서는 "修捨最初, 從處中起漸次, 乃至能於上親起平等心, 與處中等."(T29, p.151a19~20)이라고 하여, 사심捨心을 닦는 최초에는 처중處中하는 마음에서 점차 일어나마침내 가장 친한 사람인 상친上親에 대해서도 평등심平等心을 일으켜 처중處中하는 마음과 같게 되기에 이르는 것이라고 설명한다.

852 4무애지四無礙智: 4무애해四無礙解, 4무애四無礙, 4해四解, 4변四辯이라고도 한다. 네 종류의 걸림 없는 이해능력 및 언어적 표현능력을 말한다. 4무애지四無礙智라는 것은 지혜가 본질이기 때문이고, 4무애해四無礙解라는 것은 이해능력에 의거하기 때문이며, 4무애변四無礙辯이라는 것은 언어적 표현능력에 의거하기 때문이다. 『佛光大事典』 p.1778 참조. 『아비달마구사론』 권27에서는 "諸無礙解總說有四, 一法無礙解, 二義無礙解, 三詞無礙解, 四辯無礙解. 此四總說如其次第, 以緣名義言及說道, 不可退轉智爲自性, 謂無退智緣能詮法名句文身, 立爲第一, 緣所詮義, 立爲第二, 緣方言詞, 立爲第三, 緣應正理無滯礙說, 及緣自在定慧二道, 立爲第四."(T29, p.142a22~28)라고 하여 ① 법무애해法無礙解, ② 의무애해義無礙解, ③ 사무애해詞無礙解, ④ 변무애해辯無礙解의 네 가지를 제시하는데, 이 4무애四無礙는 아라한阿羅漢의 무퇴지無退智로서 ① 법무애해法無礙解는 능전能詮인 명신名身·구신句身·문신文身의 법法에 무애한 것이고, ② 의무애해義無礙解는 소전所詮인 의義에 무애한 것이며, ③ 사무애해詞無礙解는 올바른 언사言詞에 무애한 것이고, ④ 변무애해辯無礙解는 정리正理에 맞는 무체애설無滯礙說과 자유자재한 정정·혜慧에 무애한 것이라고 설명한다. 『열반경』 권15에서도 "法無礙, 義無礙, 辭無礙, 樂說無礙."(T12, p.705a27~28)라고 하여 ① 법무애法無礙, ② 의무애義無礙, ③ 사무애辭無礙, ④ 요설무애樂說無礙의 4무애지四無礙智를 제시하는데, 권15의 아래에

의 삼매'(頂三昧)[853]라 부른다"[854]고 말한다. 「가섭보살품迦葉菩薩品」에서

서는 이승二乘의 4무애지四無礙智와 비교하면서 "善男子, 聲聞緣覺若有得是四無礙者, 無有是處. ⋯ 菩薩摩訶薩爲度衆生故, 修如是四無礙智. 緣覺之人修寂滅法, 志樂獨處, 若化衆生但現神通, 終日默然無所宣說, 云何當有四無礙智?"(T12, p.706a12~ 19)라고 하여, 보살菩薩은 중생을 구제하기 위해 4무애지四無礙智를 닦지만 연각緣覺은 적멸법寂滅法을 닦고 홀로 있기를 즐겨 종일 침묵하고 가르침을 연설하지 않으므로 4무애지四無礙智를 가질 수 없다고 지적하기도 한다. 그런데 원효는 수염문隨染門의 보불성報佛性에 관한 문장을 모으기 위해 「사자후보살품」의 문장들을 인용하면서 불성佛性의 명칭으로 대신심大信心, 자慈·비悲·희喜·사捨의 4무량심四無量心, 4무애지四無礙智라는 세 가지 면모를 거론하는데, 보살 십지十地의 과정을 다루는 원효의 『본업경소』에 따르면 이 세 가지 면모는 차례대로 제3지, 제4지, 제5지에서 나타나는 불성佛性으로 제시된다. 먼저 원효는 『본업경소』권2에서 "光慧信忍者, 此第三地忍度增上. 信忍三中居上品故."(H1, p.506b16~17)라고 하여 제3 발광지發光地는 믿음이 확고해지는 경지인 신인信忍의 세 가지 경지 중 상품上品이라고 설명한다. 신인信忍은 복인伏忍·신인信忍·순인順忍·무생인無生忍·적멸인寂滅忍의 5인忍 가운데 하나로서 지전삼현地前三賢이 복인伏忍, 초지·2지·3지가 신인信忍, 4지·5지·6지가 순인順忍, 7지·8지·9지가 무생인無生忍, 10지·등각지等覺地·묘각지妙覺地가 적멸인寂滅忍이므로 신인信忍 중에서 상품上品은 제3 발광지發光地이다. 본문에서 원효가 불성佛性을 대신심大信心이라고 설명하는 『열반경』의 경문을 인용할 때 이 대신심大信心은 신인信忍의 상품上品인 제3 발광지發光地에서 나타나는 불성佛性이 된다. 다음으로 『본업경소』에서 원효는 "慈悲喜捨, 加三爲七, 七觀照耀, 故名焰地也."(H1, p.506b23~c1)라고 하여 이제관二諦觀·상홍불도上弘佛道·하화중생下化衆生의 세 가지에 자慈·비悲·희喜·사捨의 네 가지를 더한 7관七觀으로 조요照耀하는 것이 제4 염혜지焰慧地라고 설명하고, 제5 난승지難勝地에 대한 설명에서는 "是顯八辨於因於果各有四故, 以是八辨勝內外故."(H1, p.506c6~7)라고 하여 4무애지四無礙智(4변四辨)를 원인과 결과로 나누면 8변八辨이 되고 이 8변八辨으로 내도內道와 외도外道를 이긴다고 설명한다. 말하자면 십지十地 수행의 과정 중에는 다양한 부처의 면모들이 나타나는데, 원효는 이에 대해 언급하는 『열반경』의 경문들을 간추려 인용하는 것으로 보인다.

853 정삼매頂三昧: 금강유정金剛喩定, 금강삼매金剛三昧, 금강멸정金剛滅定, 금강심金剛心이라고도 한다. 삼승三乘 학인學人의 최후심最後心으로 수행을 완성하는 단계의 삼매三昧이다. 『佛光大辭典』pp.3560~3561 참조. 이승二乘에서 금강유정金剛喩定은 번뇌를 끊는 수행 중 마지막 단계인 무간도無間道에서 발생하는 선정으로서, 금강유정金剛喩定으로 인해 발생하는 지혜가 '진지盡智'이며 이 진지로 인해 무

는 "[십지十地의 제10지第十地인] '마지막인 몸을 지닌 보살'(後身菩薩)의 '부처 면모'(佛性)에는 ['늘 본연에 머무름'(常)·온전함(淨)·참됨(眞)·실제(實)·'흠 없는 이로움'(善)·'완전한 불성佛性을 현재에 부분적으로 봄'(少見)이라는] 여섯 가지가 있고, 나아가 '첫 번째 경지[의 보살]'(初地)의 '부처 면모'(佛性)에는 [참됨(眞)·실제(實)·온전함(淨)·'완전한 불성佛性을 미래에 볼 수 있음'(可見)·'이롭거나 이롭지 않음이 섞여 있음'(善不善)이라는] 다섯 가지가 있으니, 모두 과거·현재·미래의 시간[에 포섭되는 것]이다"[855]라고 말하고, 또

학無學의 아라한과阿羅漢果가 이루어진다. 대승大乘의 금강유정金剛喩定 역시 번뇌를 끊는 수행 중 최후의 선정으로서 3대겁아승기야의 수행으로 인해 금강유정金剛喩定이 앞에 나타났을 때 모든 번뇌의 종자가 완전히 끊어져 불과佛果를 얻는다. 원효는 『금강삼매경론』(H1, p.632c20 이하)에서 불지佛地인 묘각지妙覺地 직전의 등각지等覺地가 금강유정金剛喩定의 경지라고 하면서, 금강유정金剛喩定은 해탈도解脫道 직전의 무간도無間道이어서 아직 생득무명주지生得無明住地를 끊어야 하는 수행의 과정에 해당한다고 설명한다. 『열반경』에서는 제10지와 묘각지妙覺地(여래지如來地) 사이에 등각지等覺地를 별도로 설정하지 않으므로 여기서의 정삼매頂三昧는 여래如來地 직전의 제10지에서 진행되는 수행이라고 하겠다.

854 『열반경』 권30 「사자후보살품제23師子吼菩薩品第二十三」에서 불성佛性에 관한 다양한 명칭의 사례로 자慈·비悲·희喜·사捨의 4무량심四無量心, 법무애法無礙·의무애義無礙·사무애辭無礙·요설무애樂說無礙의 4무애지四無礙智 그리고 정삼매頂三昧를 언급하는 문장은 세 곳에 흩어져 있다. 각각 인용하면 다음과 같다. "大慈大悲者名爲佛性, (佛性者名爲如來,) 大喜大捨名爲佛性."(T12, p.802c23~24.) "佛性者名四無礙智."(T12, p.803a15.) "佛性者名頂三昧."(T12, p.803a18.) 괄호는 생략된 내용을 표시한다. 원효는 문맥에 맞게 이 세 가지 대목을 모아 한 문장으로 만들어서 인용한다.

855 『열반경』 권32 「가섭보살품제24迦葉菩薩品第二十四」(T12, p.818a24~b12). "後身菩薩佛性有六, … (後身菩薩佛性因故,) 亦是過去現在未來. … 初住佛性五(事)." 괄호는 생략된 내용을 표시한다. 인용처인 『열반경』 권32(T12, p.818a24~ b12)는 제10지인 후신보살後身菩薩로부터 제9지·제8지 등의 보살들을 거쳐 초지보살初地菩薩에 이르기까지 다양하게 나타나는 부처의 면모들을 기술하면서 동시에 여래지如來地라는 결과의 경지를 제외한 후신보살後身菩薩 이하의 모든 경지는 원인되는 수행의 과정이므로 모두 과거·현재·미래의 시간에 포섭됨을 설명하는 대목이다. 원효는 이 대목을 본문의 인용문에서와 같이 짧게 요약하여 인용한다. 내

"아직 [최고의] 깨달음(菩提)을 얻지 못했을 때에는 '이롭거나'(善) '이롭지 않은'(不善) 등[의 모든 것]을 다 '부처의 면모'(佛性)라 부른다"⁸⁵⁶고 말한다. 이와 같은 문장들은 다같이 '오염에 따르는 측면'(隨染門)에서의 '결실을 맺을 부처의 면모'(報佛性)를 드러낸다.

第三明現果佛性者,「師子吼」中言,"佛性者亦色非色, 非色非非色, 亦相非相, 非相非非相. 云何爲色? 金剛身故. 云何非色? 十八不共非色法故. 云何非色非非色? 無定相故. 云何爲相? 三十二⁸⁵⁷故. 云何非相? 一切衆生相不現故. 云何非相非非相? 不決定故."「迦葉品」云,"如來佛性卽⁸⁵⁸有二種, 一者有, 二者無. 有者, 所謂三十二相八十種好十力四無畏, 乃至無量三昧, 是名爲有. 無者, 如來過去諸善不善無記, 乃至五陰十二因緣, 是名爲無. 是名如來佛性有無."如是等文同明現果.

[H1, p.545a18~b6: T38, p.254a24~b5]

다) 현재에 나타난 [부처라는] 결실[의 측면](現果)

세 번째인 '현재에 나타난 결실로서의 부처면모'(現果佛性)[에 관한 문장들은 다음과 같다.] [『열반경』] 「사자후보살품師子吼菩薩品」에서는 "부처의

용적으로는 『열반종요』에서 '(2) 불성문佛性門'의 '④ 유무문有無門'과 '⑤ 삼세문三世門'을 종합적으로 논의하는 대목이라 하겠다.

856 『열반경』 권33 「가섭보살품제24迦葉菩薩品第二十四」(T12, p.828a21~23). "未得(阿耨多羅三藐三)菩提時, (一切)善不善(無記)盡名佛性." 괄호는 생략된 부분을 표시한다. '阿耨多羅三藐三'과 '一切'는 번역에 반영했고, '無記'는 본문에서 '等'으로 대체되어 있는 것에 따랐다.

857 『열반경』 원문에 따라 '二' 뒤에 '相'을 넣는다.

858 『열반경』 원문에 따라 '卽'을 '則'으로 고친다.

면모'(佛性)는 '모양을 지닌 것이기도 하고 모양을 지니지 않은 것이기도 하며'(亦色非色), '모양을 지니지 않은 것이기도 하고 모양을 지니지 않은 것이 아니기도 하며'(非色非非色), '[특정한] 양상을 지닌 것이기도 하고 [특정한] 양상을 지니지 않은 것이기도 하며'(亦相非相), '[특정한] 양상을 지니지 않은 것이기도 하고 [특정한] 양상을 지니지 않은 것이 아니기도 하다'(非相非非相). 어째서 [부처의 면모'(佛性)를] '모양을 지닌 것'(色)이라고 하는가? '금강석[처럼 무너지지 않는] 몸'(金剛身)[859][을 지닌 것이기 때문이다. 어째서 '모양을 지니지 않는 것'(非色)이라고 하는가? [부처에게만 있는] 18가지 이로운 능력'(十八不共)[860]은 '색깔이나 모양 있는 현

---

859 금강신金剛身: 금강불괴신金剛不壞身이라고도 한다. 금강석의 견고함을 여래법신如來法身의 무너지지 않음(不壞)에 비유한 것이다. 『佛光大辭典』 p.3542 참조. 『열반경』 권3의 「금강신품金剛身品」에서는 "善男子, 如來身者是常住身不可壞身金剛之身, 非雜食身即是法身."(T12, p.622c14~16)이라고 하여 여래신如來身이라는 것은 상주신常住身·불가괴신不可壞身·금강신金剛身이고 세간의 잡식신雜食身이 아니라 법신法身이라 밝히며, "如來法身皆悉成就如是無量微妙功德."(T12, p.623a23~24)이라고 하여 여래법신如來法身은 무량미묘공덕無量微妙功德을 성취한 몸이라고 설명한다.

860 18불공법十八不共法: 부처에게만 있는 18가지 이로운 능력을 말한다. 『보살영락본업경』 권2 「인과품因果品」에서는 부처의 과덕果德 중 하나의 항목인 18불공법十八不共法에 대해 "復次十八不共法, 所謂身無失, 念無失, 口無失, 無異想, 無不定心, 無不知已捨, 心念無減, 欲無減, 精進無減, 智慧無減, 解脫無減, 解脫知見無減, 身業隨智慧行, 口業隨智慧行, 意業隨智慧行, 智慧知過去未來現在無礙無障."(T24, p.1020a7~12)이라고 하여 ① '몸에 허물이 없음'(身無失), ② '[분별망상에 빠져들지 않는] 알아차림의 간직에 허물이 없음'(念無失), ③ '말에 허물이 없음'(口無失), ④ '차별하는 생각이 없음'(無異想), ⑤ '선정禪定에 들지 않은 마음이 없음'(無不定心), ⑥ '판단하지 않음으로써 [중생을] 버리는 마음이 없음'(無不知已捨), ⑦ '[분별망상에 빠져들지 않는] 알아차림을 마음으로 간직함이 줄어듦이 없음'(心念無減), ⑧ '[중생을 구제하려는] 의욕이 줄어듦이 없음'(欲無減), ⑨ '노력이 줄어듦이 없음'(精進無減), ⑩ '지혜가 줄어듦이 없음'(智慧無減), ⑪ '해탈이 줄어듦이 없음'(解脫無減), ⑫ '해탈한 앎과 견해가 줄어듦이 없음'(解脫知見無減), ⑬ '신체행위가 지혜에 따라 펼쳐짐'(身業隨智慧行), ⑭ '언어행위가 지혜에 따라 펼쳐짐'(口業隨智慧行), ⑮ '마음행위가 지혜에 따라 펼쳐짐'(意業隨智慧行), ⑯ '지혜로 과거를 아는 것에 장애가 없음'(智慧知過去無礙

상'(色法)이 아니기 때문이다. 어째서 '모양을 지니지 않은 것이기도 하고 모양을 지니지 않은 것이 아니기도 하다'(非色非非色)라고 하는가? [부처의 면모'(佛性)는 '정해진 모습'(定相)이 없기 때문이다. 어째서 [부처의 면모'(佛性)를] [특정한] 양상을 지닌 것'(相)이라고 하는가? '32가지 수승한 용모'(三十二相)[861][를 지닌 것]이기 때문이다. 어째서 [특정한] 양상을 지

無障), ⑰ '지혜로 미래를 아는 것에 장애가 없음'(智慧知未來無礙無障), ⑱ '지혜로 현재를 아는 것에 장애가 없음'(智慧知現在無礙無障)의 18가지를 제시한다. 마지막 세 가지 불공법不共法에 해당하는 '智慧知過去未來現在無礙無障'의 압축된 표현과 비교하자면, 18불공법十八不共法에 관해 같은 내용을 제시하는 『마하반야바라밀경』 권5에서는 "十六智慧知見過去世無閡無障, 十七智慧知未來世無閡無障, 十八智慧知見現在世無閡無障."(T8, p.256a2~5)이라고 하여 더 친절하게 표현한다.

861 32상三十二相과 80종호八十種好: 전륜성왕轉輪聖王이나 부처의 응화신應化身에 갖추어진 32가지 수승한 용모와 미묘한 형상을 말한다. 32대인상三十二大人相, 32대장부상三十二大丈夫相, 32대사상三十二大士相, 사팔상四八相 등이라고도 한다. 80종호八十種好와 합하여 상호相好라고 부른다. 32상三十二相은 두드러져서 쉽게 볼 수 있는 것이라면 80종호八十種好는 미세하고 은밀하여 보기 어려운 것이다. 80종호八十種好는 80수형호八十隨形好, 80수호八十隨好, 80미묘종호八十微妙種好, 80종소상八十種小相 등이라고도 한다. 『佛光大辭典』 pp.268, 506 참조. 『합부금광명경』 권1에서 "是身得現具足三十二相八十種好項背圓光, 是名應身."(T16, p.363a2~3)이라고 하여 여래如來가 32상三十二相 80종호八十種好 및 항배원광項背圓光을 구족하여 나타난 몸이 응신應身이라고 설명하는 것에서 보듯이 응화신應化身의 수승한 용모를 표현하는 용어로 자주 쓰인다. 『대지도론』 권4에서는 32상三十二相 각각에 대해 설명하는데, 32상三十二相의 명칭만을 간추려 인용하면 다음과 같다. "王言, 何等三十二相? 相師答言, 一者足下安平立相, … 二者足下二輪相, … 三者長指相, … 四者足跟廣平相, 五者手足指縵網相, … 六者手足柔軟相, … 七者足趺高滿相, … 八者伊泥延膞相, … 九者正立手摩膝相, … 十者陰藏相, … 十一者身廣長等相, … 十二者毛上向相, … 十三者一一孔一毛生相, … 十四者金色相, … 十五者丈光相, … 十六者細薄皮相, … 十七者七處隆滿相, … 十九者上身如師子相, 二十者大直身相, … 二十一者肩圓好相, … 二十二者四十齒相, … 二十三者齒齊相, … 二十四者牙白相, … 二十五者師子頰相, … 二十六者味中得上味相, … 二十七者大舌相, … 二十八者梵聲相, … 二十九者真青眼相, … 三十者牛眼睫相, … 三十一者頂髻相, … 三十二者白毛相. …"(T25, pp.90a27~91a18.) 80종호八十種好에 대해서는 『대반야바라밀다경』 권381의 "善現, 云何如來應正等覺八十隨好?"(T6, p.968a9)라고

니지 않은 것'(非相)이라고 하는가? [부처의 면모'(佛性)를 간직한] 모든 중생에게는 '[32가지 수승한] 용모'(相)가 나타나지 않기 때문이다. 어째서 '[특정한] 양상을 지니지 않은 것이기도 하고 [특정한] 양상을 지니지 않은 것이 아니기도 하다'(非相非非相)라고 하는가? [부처의 면모'(佛性)는 그 [양상이] 결정되어 있는 것이 아니기 때문이다"862라고 말한다.

「가섭보살품迦葉菩薩品」에서는 "'여래의 부처면모'(如來佛性)에는 두 가지가 있으니, 첫 번째는 '있는 것'(有)이고 두 번째는 '없는 것'(無)이다. '있는 것'(有)은 이른바 [여래如來의] '32가지 수승한 용모'(三十二相), '80가지 빼어난 특징'(八十種好), '열 가지 [지혜의] 능력'(十力), '네 가지 두려움 없는 [지혜]'(四無畏) 및 '헤아릴 수 없이 많은 삼매들'(無量三昧)863 이니, 이것들을 '있는 것'(有)이라고 부른다. '없는 것'(無)은 여래如來[가 아직 '최고의 깨달음'(阿耨菩提)을 얻지 못한] 과거864의 모든 '이롭거나 이롭지 않거나 이롭지도 않고 해롭지도 않은 [행위]들'(善不善無記) 및 '[색色·수

하는 것 이하(T6, pp.968a9~969a7)에서 자세히 설명되어 있다.

862 『열반경』 권25 「사자후보살품제23師子吼菩薩品第二十三」(T12, p.770b20~29). "佛性者亦色非色, 非色非非色, 亦相非相, 非相非非相, (亦一非一, 非一非非一, 非常非斷, 非非常非非斷, 亦有亦無, 非有非無, 亦盡非盡, 非盡非非盡, 亦因亦果, 非因非果, 亦義非義, 非義非非義, 亦字非字, 非字非非字.) 云何爲色? 金剛身故. 云何非色? 十八不共非色法故. 云何非色非非色? (色非色)無定相故. 云何爲相? 三十二相故. 云何非相? 一切衆生相不現故. 云何非相非非相? (相非相)不決定故." 괄호는 생략된 내용을 표시한다.

863 '헤아릴 수 없이 많은 삼매들'(無量三昧): 본문 인용문의 '無量三昧'는 『열반경』 원문에서 생략된 내용인 "首楞嚴等無量三昧, 金剛等無量三昧, 方便等無量三昧, 五智印等無量三昧."(T12, p.821b19~21)를 압축한 표현이므로, 수능엄삼매首楞嚴三昧, 금강삼매金剛三昧, 방편삼매方便三昧, 금강지인金剛智印·보지인寶智印·법륜지인法輪智印·갈마지인羯磨智印·일체여래법계지인一切如來法界智印의 오지인삼매五智印三昧 등과 같은 수많은 삼매들을 가리킨다고 하겠다.

864 본문에서 말하는 '여래如來의 과거'와 관련하여 문맥이 분명한 대목은 『열반경』 권32의 "如來未得阿耨多羅三藐三菩提時, 佛性因故, 亦是過去現在未來."(T12, p.818b2~4)와 같은 문장인데, 아직 아뇩보리阿耨菩提를 얻지 못한 때를 가리킨다.

受·상想·행行·식識의] 다섯 가지 더미'(五陰)[에 대한 집착]과 [근본무지(無明)에 매인] '12가지 조건들의 인과관계'(十二因緣)이니, 이것들을 '없는 것'(無)이라고 부른다. 이것을 '여래의 부처면모에 있는 것과 없는 것'(如來佛性有無)이라고 부른다"865라고 말한다. 이와 같은 문장들은 다같이 '현재에 나타난 [부처라는] 결실'(現果)[의 면모]를 밝힌 것이다.

第四說當果佛性者, 「師子吼」中言, "譬如有人我866有乳酪, 有人問言, 汝有蘇耶, 答我有. 酪實非蘇, 以巧方便決867定當得故, 言有蘇. 衆生亦爾, 悉皆有心, 凡有心者定當得成阿耨菩提. 以是義故, 我常宣說一切衆生悉有佛性." 「迦葉品」云, "如汝先問斷善根人有佛性者, 亦868有如來佛性, 亦有後身佛性. 是二佛性障未來故, 得名爲無, 畢竟得故, 得名爲有." 如是等文明當果佛性.

[H1, p.545b6~16: T38, p.254b6~14]

라) 미래[에 있을 부처라는] 결실[의 측면](當果)

네 번째인 '미래에 있을 결실로서의 부처면모'(當果佛性)를 말하는 [문

---

865 『열반경』 권32 「가섭보살품제24迦葉菩薩品第二十四」(T12, p.821b17~c1). "如來佛性則有二種, 一者有, 二者無. 有者, 所謂三十二相八十種好十力四無(所)畏, (三念處大慈大悲, 首楞嚴等無量三昧, 金剛等無量三昧, 方便等無量三昧, 五智印等)無量三昧, 是名爲有. 無者, 所謂如來過去諸善不善無記, (業因果報煩惱)五陰十二因緣, 是名爲無. (善男子, 如有無善不善, 有漏無漏, 世間非世間, 聖非聖, 有爲無爲, 實不實, 寂靜非寂靜, 諍非諍, 界非界, 煩惱非煩惱, 取非取, 受記非受記, 有非有, 三世非三世, 時非時, 常無常, 我無我, 樂無樂, 淨無淨, 色受想行識非色受想行識, 內入非內入, 外入非外入, 十二因緣非十二因緣) 是名如來佛性有無." 괄호는 생략된 내용을 표시한다.

866 『열반경』 원문에 따라 '我'를 '家'로 고친다.

867 『열반경』 원문에 따라 '決'을 삭제한다.

868 『열반경』 원문에 따라 '亦' 앞에 '是人'을 넣는다.

장들은 다음과 같다.] 『열반경』 「사자후보살품師子吼菩薩品」에서는 "비유하자면 어떤 사람의 집에 '우유로 만든 즙'(乳酪)[869]이 있는데, [또 다른] 어떤 사람이 〈당신은 '우유 기름'(蘇)을 가지고 있는가?〉라고 묻자 〈나는 가지고 있다〉라고 대답하는 것과 같다. '우유에서 나온 즙'(乳酪)은 실제로는 '우유 기름'(蘇)이 아니지만 '교묘한 수단과 방법'(巧方便)으로 [가공하여] 반드시 ['우유 기름'(蘇)을] 미래에 얻을 것이기 때문에 '우유 기름'(蘇)을 가지고 있다고 말한 것이다. 중생도 이러한 것이니, 모두 다 '[괴로움을 싫어하고 궁극적 행복을 추구하는] 마음'(心)[870]을 가지고 있고, 무릇 '[괴로움을 싫어하고 궁극적 행복을 추구하는] 마음을 가진 자'(有心者)는 반드시 '최고의 깨달음'(阿耨菩提)을 미래에 이룰 수 있다. 이러한 뜻이기 때문에 나는 항상 '모든 중생은 다 부처면모를 가진다'(一切衆生悉有佛性)고 널리 말한다"[871]라고 말한다. [또] 「가섭보살품迦葉菩薩品」에서는 "그

---

869 유락乳酪과 소蘇: 유락乳酪은 우유(乳)로부터 정제되는 가공식품 중에서 순서상 가장 첫 번째이다. 낙酪이라고도 한다. 소蘇는 정제 순서상 두 번째로서 우유를 졸여서 만든다. 수소酥, 수유소油라고도 한다. 소蘇는 생소生蘇(생수生酥)와 숙소熟蘇(숙수熟酥)로 다시 나뉘기도 하는데, 이로부터 최고의 순정품純精品인 제호醍醐가 만들어진다. 경전에서는 이 유乳·낙酪·생소生蘇·숙소熟蘇·제호醍醐의 5미五味가 정제되어가는 과정에 대한 다양한 비유의 용례가 보이고, 천태종天台宗에서는 5시교판五時敎判의 전거로 삼기도 한다. 『佛光大辭典』pp.5292, 6321 참조. 『열반경』 권5에서는 "解脫者拔諸因緣, 譬如因乳得酪, 因酪得蘇, 因蘇得醍醐." (T12, p.635a9~11)라고 하여 유乳에서 낙酪과 소蘇를 거쳐 제호醍醐를 얻는 과정을 해탈解脫에 비유하기도 한다.

870 『열반종요』'(2) 불성문佛性門' ① 출체문出體門'의 '가. 서제설序諸說'에서 원효는 "衆生之心異乎木石, 必有厭苦求樂之性. 由有此性故, 修萬行, 終歸無上菩提樂果. 故說心性爲正因體."(H1, p.538a17~19)라고 하여, '[성불成佛의] 가장 중요한 원인의 바탕'(正因體)이 중생衆生의 심성心性으로서 이 마음은 염고구락厭苦求樂의 면모를 갖기 때문에 만행萬行을 통해 마침내 무상보리락과無上菩提樂果로 돌아간다는 제3사第三師의 견해를 소개한 적이 있다. 번역은 여기에 의거했다.

871 『열반경』 권25 「사자후보살품제23師子吼菩薩品第二十三」(T12, p.769a18~22). "譬如有人家有乳酪, 有人問言, 汝有蘇耶, 答(言)我有. 酪實非蘇, 以巧方便定當得故,

대가 앞에서처럼 〈'이로운 능력을 끊은 사람'(斷善根人)도 '부처의 면모'(佛性)가 있습니까?〉라고 묻는다면, 이 사람은 '여래의 부처면모'(如來佛性)도 있고 '마지막 몸인 보살의 부처면모'(後身佛性)도 있다. [하지만 '이로운 능력을 끊은 사람'(斷善根人)에게는] 이 두 가지 '부처의 면모'(佛性)가 가려져 아직 드러나지 않았기 때문에 ['부처의 면모'(佛性)가] 없다고 말할 수 있고, 끝내는 [미래에] 얻을 것이기 때문에 ['부처의 면모'(佛性)가] 있다고 말할 수 있다"872라고 말한다. 이와 같은 문장들은 '미래에 있을 결실로서의 부처면모'(當果佛性)를 밝힌 것이다.

第五明非因非果非常非無常性者, 如「德王品」云, "善873有二種, 有漏無漏. 是874佛性非有漏非無漏. 是故不斷. 復有二種, 一者常, 二者無常. 佛性非常非無常. 是故不斷."「師子吼」中言, "佛性者有因, 有因因, 有果, 有果果. 有因者卽十二因緣, 因因者卽是智惠.875 有果者卽是阿耨菩提. 果果者卽是無上大般涅槃."

[H1, p.545b16~24: T38, p.254b14~20]

마) 하나처럼 통하는 마음[의 측면](一心)

다섯 번째인 '원인도 아니고 결실도 아니며 늘 머무는 것도 아니고

(故)言有蘇. 衆生亦爾, 悉皆有心, 凡有心者定當得成阿耨(多羅三藐三)菩提. 以是義故, 我常宣說一切衆生悉有佛性." 괄호는 생략된 내용을 표시한다.

872 『열반경』 권32 「가섭보살품제24迦葉菩薩品第二十四」(T12, p.818a26~29). "如汝先問斷善根人有佛性者, 是人亦有如來佛性, 亦有後身佛性. 是二佛性障未來故, 得名爲無, 畢竟得故, 得名爲有."

873 『열반경』 원문에 따라 '善' 뒤에 '根'을 넣는다.

874 『열반경』 원문에 따라 '是'를 삭제한다.

875 『열반경』 원문에 따라 '惠'를 '慧'로 고친다.

늘 머물지 않는 것도 아닌 면모'(非因非果非常非無常性)를 밝히는 [문장들은 다음과 같다.] 『열반경』「덕왕보살품德王菩薩品」에서는 "'이로운 능력'(善根)에는 두 가지가 있으니, '번뇌가 스며드는 것'(有漏)과 '번뇌가 스며들지 않는 것'(無漏)이다. '부처의 면모'(佛性)는 '번뇌가 스며드는 것도 아니고 번뇌가 스며들지 않는 것도 아니다'(非有漏非無漏). 그러므로 ['이로운 능력을 끊은 사람'(斷善根人)에게도 '부처의 면모'(佛性)는]876 끊어지지 않는다. 또한 [중생의 '이로운 능력'(善根)에는] 두 가지가 있으니, 첫 번째는 '[본연에] 늘 머무르는 것'(常)이고 두 번째는 '[본연에] 늘 머무르지 않는 것'(無常)이다. '부처의 면모'(佛性)는 [본연에] 늘 머무르는 것도 아니고 늘 머무르지 않는 것도 아니다'(非常非無常). 그러므로 끊어지지 않는다"877고 말한다. 「사자후보살품師子吼菩薩品」에서는 "'부처의 면모'(佛性)에는 '원인[으로서의 면모]'(因)도 있고 '원인[으로서의 면모]에 따르는 원인'(因因)도 있으며, '결실[로서의 면모]'(果)도 있고 '결실[로서의 면모]에 따르는 결실'(果果)도 있다. '원인[으로서의 면모]'(因)가 있다는 것은 곧 '12가지 조건들의 인과관계'(十二因緣)이고, '원인[으로서의 면모]에 따르는 원인'(因因)이라는 것은 곧 [12가지 조건들의 인과관계'(十二因緣)를 이해하는] 지혜智慧이다. '결실[로서의 면모]'(果)가 있다는 것은 곧 '최고의 깨달음'(阿耨菩提)이고, '결실[로서의 면모]에 따르는 결실'(果果)878이라는 것은 곧

---

876 본문 인용문의 직전 『열반경』 문장에서는 "云何一闡提斷善根者?"(T12, p.737a28) 라고 하여 선근善根이 끊어진 자인 일천제一闡提와 불성佛性의 관계를 묻는다. 본문의 인용문은 이 물음에 대한 대답으로서 일천제一闡提에게도 불성佛性이 있음을 설명하는 대목이다.

877 『열반경』권20「고귀덕왕보살품제22高貴德王菩薩品第二十二」(T12, p.737a28~b4). "善根有二種, (一者內, 二者外. 佛性非內非外, 以是義故, 佛性不斷. 復有二種, 一者)有漏, (二者)無漏. 佛性非有漏非無漏. 是故不斷. 復有二種, 一者常, 二者無常. 佛性非常非無常. 是故不斷." 괄호는 생략된 내용을 표시한다.

878 인因·인인因因·과果·과과果果: 인因·인인因因·과果·과과果果라는 네 가지 개념의 맥락을 분명히 하기 위해 본문 인용문의 『열반경』 앞 단락을 인용하면 다

'최고의 완전한 열반'(無上大般涅槃)이다"[879]라고 말한다.

是等文同顯一心非因果性. 所以然者, 性淨本覺是無漏善, 隨染衆善是有漏善, 一心之體不常[880]二門故, 非有漏非無漏. 又佛果是常善, 因是無常善, 一心之體非因果[881]非果故, 非常非無常. 若心是因, 不能作果, 如其是,[882] 不能作果.[883] 良由一心非因非果故, 得作因, 亦能爲果, 亦作因因, 及爲果果. 故言"佛性者有因, 有因因, 有果, 有果果." 是故當知前說四門, 染淨二因當現二果, 其性無二, 唯是一心, 一心之性唯佛所體

음과 같다. "善男子, 是觀十二因緣智慧, 即是阿耨多羅三藐三菩提種子. 以是義故, 十二因緣名爲佛性. 善男子, 譬如胡苽名爲熱病, 何以故? 能爲熱病作因緣故, 十二因緣亦復如是. 善男子, 佛性者有因有因因. …"(T12, p.768b9~14.) 여기에 따르면 십이인연十二因緣을 불성佛性이라고 부르는 까닭은 '십이인연을 이해하는 지혜'(觀十二因緣智慧)가 아뇩보리종자阿耨菩提種子이기 때문이다. 마치 호과胡苽가 열병熱病의 원인이듯이 '결실로서의 불성'(果性)인 아뇩보리阿耨菩提는 아뇩보리종자阿耨菩提種子인 관십이인연지혜觀十二因緣智慧와 다시 이 관십이인연지혜觀十二因緣智慧의 원인이라 할 12인연十二因緣 자체를 원인으로 가진다는 것이다. 그래서 아래 본문의 인용문에서는 12인연十二因緣을 인인(으로서의 불성佛性)이라 부르고, 관십이인연지혜觀十二因緣智慧를 원인인 12인연十二因緣에서 파생되는 또 하나의 원인인 인인因因이라고 부른다. 이어서 인인因因이자 아뇩보리阿耨菩提의 종자種子인 관십이인연지혜觀十二因緣智慧로부터 과果(로서의 불성佛性)인 아뇩보리阿耨菩提가 성립하고, 이 아뇩보리阿耨菩提인 과果로부터 최종적 결과인 과과果果(무상대반열반無上大般涅槃)에 이르는 구도가 제시된다. 다음 문단에서 원효는 "良由一心非因非果故, 得作因, 亦能爲果, 亦作因因, 及爲果果."(H1, p.545c5~7)라고 하여 이 인因·인인因因·과果·과과果果의 중층적인 구도는 비인비과非因非果인 일심一心의 지평에서라야 가능한 것으로 설명한다.

879 『열반경』 권25 「사자후보살품제23師子吼菩薩品第二十三」(T12, p.768b14~17). "佛性者有因, 有因因, 有果, 有果果. 有因者即十二因緣, 因因者即是智慧. 有果者即是阿耨(多羅三藐三)菩提, 果果者即是無上大般涅槃." 괄호는 생략된 내용을 표시한다.
880 문맥에 따라 '常'을 '當'으로 고친다.
881 문맥에 따라 '果'를 삭제한다.
882 문맥에 따라 '是' 뒤에 '果'를 넣는다.
883 문맥에 따라 '果'를 '因'으로 고친다.

故, 說是心名爲佛性. 但依諸門, 顯此一性, 非隨異門而有別性, 卽無有
異, 何得有一? 由非一故, 能當諸門, 由非異故, 諸門一味. 佛性之義略
判如是. 上來所說涅槃佛性, 全爲第二廣經宗竟.

[H1, p.545b24~c15: T38, p.254b21~c5]

이러한 문장들은 똑같이 〈하나처럼 통하는 마음의 '원인도 아니고
결실도 아닌 면모'〉(一心非因果性)를 드러낸다. 왜냐하면, '본래면모가
온전한 깨달음의 본연'(性淨本覺)은 '번뇌가 스며들지 않는 이로움'(無漏
善)이고 '오염에 따르는 모든 이로움'(隨染衆善)은 '번뇌가 스며드는 이
로움'(有漏善)이지만, '하나처럼 통하는 마음이라는 바탕'(一心之體)은
['본연이 온전한 측면'(性淨門)과 '오염에 따르는 측면'(隨染門), 이] '두 가지 측면'
(二門)에 해당하지 않기 때문에 '번뇌가 스며드는 것도 아니고 번뇌가
스며들지 않는 것도 아니다'(非有漏非無漏). 또 '부처라는 결실'(佛果)은
['본연에] 늘 머무르는 이로움'(常善)이고 '원인[으로서의 부처면모]'(因)는 ['본
연에] 늘 머무르지 않는 이로움'(無常善)이지만, '하나처럼 통하는 마음이
라는 바탕'(一心之體)은 '원인도 아니고 결실도 아니기'(非因非果) 때문에
['본연에] 늘 머무르는 것도 아니고 늘 머무르지 않는 것도 아니다'(非常非
無常). 만약 '[하나로 통하는] 마음'(一心)이 원인(因)이기만 하다면 결실
(果)이 될 수 없고, 만약 그 [마음이] 결실(果)이기만 하다면 원인(因)이
될 수 없다. 진실로 '하나처럼 통하는 마음'(一心)은 '원인도 아니고 결
실도 아니기'(非因非果) 때문에, 원인(因)도 될 수 있고 결실(果)도 될 수
있으며 '원인[으로서의 면모]에 따르는 원인'(因因)도 되고 '결실[로서의 면
모]에 따르는 결실'(果果)도 된다. 그러므로 [사자후보살품師子吼菩薩品」에서]
"'부처의 면모'(佛性)에는 '원인[으로서의 면모]'(因)도 있고 '원인[으로서의 면
모]에 따르는 원인'(因因)도 있으며, '결실[로서의 면모]'(果)도 있고 '결실[로
서의 면모]에 따르는 결실'(果果)도 있다"(佛性者有因, 有因因, 有果, 有果果)
고 말했다.

이리하여 앞에서 말한 ['본연이 온전한 측면'(性淨門), '오염에 따르는 측면'(隨染門), '현재에 나타난 부처라는 결실의 측면'(現果門), '미래에 있을 부처라는 결실의 측면'(當果門), 이] 네 가지 측면에서 '오염[에 따르는 측면] 및 [본연이] 온전한 [측면]이라는 두 가지 원인[으로서의 부처 면모]'(染淨二因)와 '미래[에 있을 측면] 및 현재에 나타난 [측면]이라는 두 가지 결실[로서의 부처 면모]'(當現二果)는 그 본연(性)이 '다르지 않고'(無二) 오직 '하나처럼 통하는 마음'(一心)임을 알아야 하니, '하나처럼 통하는 마음의 본연'(一心之性)은 오직 '부처가 체득하는 것'(佛所體)이기 때문에 〈이 [하나로 통하는] 마음'(心)을 '부처의 면모'(佛性)라 부른다〉고 말한다. 다만 ['부처의 면모'(佛性)는] '여러 [차이 나는] 측면'(諸門)에 의거하면서 이 '하나처럼 통하는 본연'(一性)을 드러내는 것이기에 '차이 나는 측면'(異門)에 따르면서도 '독자적 본질'(別性)이 있는 것은 아니니, ['여러 차이 나는 측면'(諸門)에] '[불변·독자의 실체로서의] 차이'(異)가 없는데 어찌 [독자적 본질을 지닌] 하나(一)가 있을 수 있겠는가? '[독자적 본질을 지닌] 하나'(一)가 아니기 때문에 '여러 [차이 나는] 측면'(諸門)에 해당할 수 있고, '[불변·독자의 실체로서의] 차이'(異)가 아니기 때문에 '여러 [차이 나는] 측면'(諸門)은 '한 맛[처럼 서로 통하는 것]'(一味)이다. '부처의 면모'(佛性)에 관한 뜻을 간략히 구별하면 이상과 같다. 이제까지 설명한 '열반[에 관한 부문]'(涅槃)과 '부처의 면모[에 관한 부문]'(佛性) 전체는 ['경의 뜻을 넓게 펼쳐 놓고 내용에 따라 구분하여 설함'(廣開分別)의] 두 번째인 '경의 핵심 내용을 자세히 설명함'(廣經宗)[884][의 단원]

---

884 앞에서는 "二者廣開之內, 有其四門, 初說因緣, 次明敎宗, 三出經體, 四辨敎迹."(H1, p.524b19~20)이라고 하여 'Ⅱ. 광개분별廣開分別'의 두 번째 단원에 대해 '[『열반경』] 가르침의 핵심 내용을 밝힘'(明敎宗)이라고 달리 표현했다. 한편 원효는 『열반종요』 서두에서 "是經有其二門, 一者略述大意, 二者廣開分別."(H1, p.524a4~5)이라고 하여 'Ⅰ. 약술대의略述大意'와 'Ⅱ. 광개분별廣開分別'의 두 부문으로 크게 나누었다. 이에 따라 큰 제목만으로 『열반종요』 전체 내용을 과문하면 다음과 같다.
Ⅰ. [경] 전체의 뜻을 간략히 서술함(略述大意)

을 이루니 [이 단원을] 마친다.

第三明教體者, 先敍異部, 後顯大乘. 『迦退[885]論』中, 以名句味以爲經
體. 故彼論說, "十二部經名何等法? 答曰, 名身[886]語身次第住"故.

[H1, p.545c15~19: T38, p.254c5~8]

3. [경전의] 가르침을 구성하는 토대를 밝힘(明敎體/出經體)

세 번째인 '[경전의] 가르침을 구성하는 토대를 밝히는 것'(明敎體)이
니, 먼저 '[대승大乘과] 다른 부류'(異部)[의 견해]를 서술하고, 나중에 대승
大乘[의 견해]를 밝힌다.

1) [대승大乘과는] 다른 부류[의 견해]를 서술함(敍異部)

『가연론迦延論』[887]에서는 단어(名)·문장(句)·음소(味)[888]를 '경전[의 가

Ⅱ. [경의 뜻을] 넓게 펼쳐 놓고 [내용에 따라] 구분하여 설함(廣開分別)
  1. 『열반경』[을 설하는] 인연을 설명하는 부문(說經因緣門)
  2. [『열반경』] 가르침의 핵심 내용을 밝힘(明敎宗/廣經宗)
    1) 총괄적으로 설명함(總說)
    2) [부문에 따라] 구분하여 설명함(分別)
      (1) 열반에 관한 부문(涅槃門)
      (2) 부처의 면모에 관한 부문(佛性門)
  3. 경전[의 가르침을 구성하는] 토대를 드러냄(出經體)
  4. 가르침의 위상을 분석함(辨敎迹)

885 윤왕사輪王寺 필사본(p.78a1)에 따라 '退'를 '延'으로 고친다.
886 『아비담팔건도론』 원문에 따라 '身' 뒤에 '句'를 넣는다.
887 『가연론迦延論』: 『가연론』은 『아비담팔건도론阿毗曇八犍度論』의 다른 명칭으로
    보인다. 『아비담팔건도론』 권1에서는 "阿毘曇八犍度論卷第一, 迦旃延子造."(T26,
    p.771b14~16)라고 하여 『아비담팔건도론』의 저자가 가전연자迦旃延子로 밝혀져

르침을 구성하는 토대'(經體)로 삼는다. 그러므로 저 논서(『가연론迦延論』)

있고, 본문의 다음 문장에서 인용하는 '피론彼論'이 『아비담팔건도론』이기 때문이다. 『금강반야경선연金剛般若經宣演』권1에서는 4종교판四宗敎判의 첫 번째인 입성종立性宗에 대해 "此方先德總攝諸敎, 以立四宗. 一立性宗, 安立五蘊界處有體, 如『婆沙』『雜心』『迦延論』等"(T85, p.13b5~8)이라고 하여 『비바사론毘婆沙論』, 『잡심론雜心論』 등과 함께 『가연론』이 소승 삼장교三藏敎에 속하는 논서로서 나열되는 용례가 보이므로, 『아비담팔건도론』을 저자의 이름에 의거하여 『가연론』이라고도 부르는 것으로 보인다. 원효는 『기신론소』권1에서도 "『迦旃延論』中, 名爲心及心所念法也."(T44, p.215b20)라고 하여 『가전연론迦旃延論』을 인용하는데, 같은 책으로 추정된다. 가전연迦旃延은 부처님의 10대 제자 중 한 사람으로 『번역명의집翻譯名義集』권1에서는 "舍利弗智慧, 目犍連神通, 大迦葉頭陀, 阿那律天眼, 須菩提解空, 富樓那說法, 迦旃延論義, 優波離持律, 羅睺羅密行, 阿難陀多聞."(T54, p.1063a17~19)이라고 하여 논의論義에 정통했던 제자로 알려지는데, 도안道安의 「아비담팔건도론서阿毗曇八犍度論序」에서는 "佛般涅槃後迦旃延(義第一), 以十部經浩博難究, 撰其大法, 爲一部八犍度四十四品也."(T26, p.771a11~12)라고 하여 부처님 열반 후 논의論議 제일第一이었던 가전연迦旃延이 『아비담팔건도론』을 찬술했다는 관점을 전하기도 한다.

888 명명·구句·미味: 명명·구句·문文 또는 명명·구句·어語라고도 한다. 『아비달마구사론』권5에서는 "名謂作想, 如說色聲香味等想. 句者謂章, 詮義究竟, 如說諸行無常等章, 或能辯了業用德時相應差別, 此章稱句. 文者謂字, 如說[褒-保+可]阿壹伊等字."(T29, p.29a11~15)라고 설명하는데, 먼저 명명은 생각을 떠올리게 하는 것(作想)으로서 색色·성聲·향香·미味 등 각각의 단어를 말하고, 구句는 뜻을 표현하는 최종적 단위인 문장(章)으로서 "제행諸行은 무상無常이다"와 같은 것이며, 문文은 아(阿, a), 이(伊, i) 등의 글자(음소, 字)를 말한다. 같은 책에서는 이어서 "此中名身者, 謂色聲香等, 句身者謂諸行無常一切法無我涅槃寂靜等, 文身者, 謂迦佉伽等."(T29, p.29a20~22)이라고 하여, 명신名身은 색色·성聲·향과 같은 명사의 집합이고 구신句身은 "제행諸行은 무상無常이고, 일체법一切法은 무아無我이며, 열반涅槃은 적정寂靜이다"와 같은 문장의 집합이며 문신文身은 가迦·가佉·가伽와 같은 음소의 집합이라고 설명한다. 『아비달마구사론』권4에서는 "心不相應行, 得非得同分, 無想二定命, 相名身等類."(T29, p.22a6~7)라고 하여 득得·비득非得·동분同分·무상과無想果·무상정無想定·멸진정滅盡定·명근命根·생상生相·주상住相·이상異相·멸상滅相의 11가지와 함께 명신名身·구신句身·문신文身을 심불상응행법心不相應行法에 소속시킨다. 심불상응행법心不相應行法은 현상세계를 구성하는 조건들 중에서 심법心法이나 심소법心所法과 같은 주관 영역에 소속시킬 수 없는 추상적·객관적 원리들을 일컫는데, 권오민은 예를 들어 동분

에서는 "'12가지 형식의 경전'(十二部經)[889]은 어떤 것들을 말하는 것인

同分에 대해 "제 유정이 각기 유정으로 알려지는 것은 그것을 유정이게끔 하는 무언가 보편적인 힘이 작용하고 있기 때문일 것인데, 유부에서는 그것을 보편성(同分)이라고 하는 하나의 개별적 실체로 간주하고 있는 것이다"(『유부아비달마와 경량부철학의 연구』, 서울: 경서원, 1994, p.113)라고 설명한다. 명名·구句·문文은 심불상응행법心不相應行法이 갖는 추상적·객관적 원리로서의 취지가 언어 영역에서 발휘된 개념이다. 『아비달마구사론』권5에서는 이 명名·구句·문文의 세 가지에 대해 "此三非以語爲自性, 語是音聲, 非唯音聲即令了義. 云何令了? 謂語發名, 名能顯義, 乃能令了."(T29, p.29a24~26)라고 하는데, 우선 이 세 가지는 음성音聲인 말소리(語)를 본질(自性)로 삼지 않는다. 왜냐하면 말소리(音聲)만으로는 뜻(義)을 알 수 없기 때문이다. 뜻을 안다는 것은 말소리(語)가 명名(또는 구句·문文)이라는 추상적·객관적 원리를 발동시켜 그 원리의 작용에 의해 뜻을 드러나게 할 수 있다고 설명한다. 권오민에 따르면 "유부에 따르는 한, 말 그 자체로서는 어떠한 의미체계도 전달할 수 없으며, 그것이 지시하고 있는 대상의 의미는 오로지 명名·구句·문文이라고 하는 힘에 의해서만 드러날 수 있다"(같은 책, p.137)는 것이다. 본문에서 '경전의 가르침을 구성하는 토대'(經體)가 심불상응행법心不相應行法으로서의 명名·구句·문文이라는 진술은 아비달마 교학의 '개념실재론'(같은 책, p.114), 다시 말해 주관인 마음과 상응하지 않는 객관 지평의 실체적 개념작용이 경전의 가르침을 구성하는 토대가 된다는 객관적 관념론의 맥락에 기초를 둔 것이라고 하겠다. 한편 본문의 다음 문장에서는 경체經體(교체敎體)가 음성音聲이어서 8만법음八萬法陰은 색음色陰에 속한다는 불타제바佛陀提婆의 견해와 경체經體가 명名·구句·문文이어서 심불상응행법心不相應行法에 속한다는 화수밀和須蜜의 견해 사이의 차이를 드러내고 있는데, 『아비달마구사론』권5에서도 "豈不此三語爲性故, 用聲爲體, 色自性攝?"(T29, p.29a22~23)이라고 하여 명名·구句·문文의 세 가지는 소리(聲境)가 바탕인 말(語)을 본질로 삼으므로 색법色法에 속하는 것이 아닌가라는 질문이 제기되는 정황으로 보아, 원효는 화수밀和須蜜 부류의 개념실재론이 아비달마 교학에서 주류를 이루고 불타제바佛陀提婆 부류의 소박한 실재론은 방류의 대론자로서 취급되는 흐름을 지적하는 것으로 보인다.

889 12부경十二部經: 부처님의 설법을 서술방식이나 내용에 따라 분류한 것으로서 12분교十二分敎, 12분경十二分經이라고도 한다. 본문 인용문의 생략된 내용에 따르면 ① 계경契經, ② 시詩, ③ 기記, ④ 게偈, ⑤ 인연因緣, ⑥ 탄歎, ⑦ 본말本末, ⑧ 비유譬喩, ⑨ 생生, ⑩ 방광方廣, ⑪ 미증유未曾有, ⑫ 법의法義의 12가지를 말한다. ① 계경契經(음역: 수다라修多羅)은 장행長行이라고도 하는데, 산문 형식의 기술이다. ② 시詩(음역: 기야祇夜)는 응송應頌이라고도 하는데, 계경契經에 해당하

가? 답한다. [모든 경전은] '단어의 집합'(名身)과 '문장의 집합'(句身) 및 '음소의 집합'(語身)이 차례로 머물러 있는 것이다"[890]라고 말한다.

若依『雜心』, 有二師說. 如「界品」, "八萬法陰皆色陰攝, 以佛[891]語之[892]性故, 有說, 名性者行陰攝." 若准『婆沙』第四十卷, 以音聲爲教體者, 是佛陀提婆義, 以名句味爲教體者, 是和須蜜義. 『俱舍論』中又出是二. 如「界品」云, "有諸師執, 佛正教言音爲性, 於彼[893]入色陰攝. 有[894]諸

는 내용을 반복한 시 형식의 기술이다. ③ 기기(음역: 화가라나和伽羅那)는 기별記別·수기授記라고도 하는데, 설법 후 제자에게 미래에 있을 일을 말해주는 형식의 기술이다. ④ 게송(음역: 가타伽陀)는 풍송諷頌·고기송孤起頌이라고도 하는데, 응송應頌에서 계경契經의 내용을 반복하는 것과 달리 새로운 설법 내용을 시 형식으로만 기술하는 것이다. ⑤ 인연因緣(음역: 니다나尼陀那)은 설법하게 된 인연에 대한 기술로서 경전의 서품序品과 같은 것이다. ⑥ 탄탄은 찬탄하는 형식의 기술로 보이는데, 자설自說이라는 형식을 12부十二部의 하나로 꼽는 것이 일반적이다. 자설自說(음역: 우다나優陀那)은 대론자의 질문 없이 부처님 스스로 진행하는 설법이다. ⑦ 본말本末(음역: 이제왈다가伊帝曰多伽)은 본사本事라고도 하는데, 본생담本生譚 이외에 부처님과 제자들의 전생에 관한 기술이다. ⑧ 비유譬喩(음역: 아바다나阿波陀那)는 비유로 설법하는 것이다. ⑨ 생生(음역: 사다가闍多伽)은 본생本生이라고도 하는데, 부처님 전생의 대비행大悲行에 관한 기술이다. ⑩ 방광方廣(음역: 비불략毗佛略)은 광대하고 심오한 교의를 널리 설법하는 것이다. ⑪ 미증유未曾有(음역: 아부타달마阿浮陀達磨)는 희법希法이라고도 하는데, 부처님과 제자들의 초세간적 사건들에 관한 기술이다. ⑫ 법의法義(음역: 우바제사優婆提舍)는 논의論議라고도 하는데, 諸法의 체성體性을 논의하여 그 뜻을 결택決擇하는 내용에 관한 기술이다. 『佛光大辭典』 p.344 참조.

890 가전연자迦旃延子, 『아비담팔건도론』 권17(T26, p.853b29~c3). "〈契經(一)詩(二)記(三)偈(四)因緣(五)歎(六)本末(七)譬喩(八)生(九)方廣(十)未曾有(十一)法義(十二部經)名何等法? 答曰, 名身句身語身次第住." '〈 〉'의 기호는 생략된 내용을 표시한다.

891 『잡아비담심론』 원문에 따라 '佛' 뒤에 '說'을 넣는다.

892 『잡아비담심론』 원문에 따라 '之'를 삭제한다.

893 『아비달마구사석론』 원문에 따라 '彼' 뒤에 '師'를 넣는다.

894 『아비달마구사석론』 원문에 따라 '有' 앞에 '復'을 넣는다.

師執文句爲性, 於彼師入行陰攝." 有人說言, 『俱舍論』中有三師說, 第三師義通取音聲名句爲體. 如「法⁸⁹⁵界品」下文說言, "諸師異⁸⁹⁶判如是. 衆生有八萬煩惱行相⁸⁹⁷, 謂欲瞋癡慢等差別故. 爲對治此行, 佛⁸⁹⁸世尊正說八萬法陰. 如八萬法陰相,⁸⁹⁹ 五陰中色⁹⁰⁰行二陰攝."

[H1, pp. 545c19~546a8: T38, p. 254c8~19]

만약 『잡아비담심론雜阿毗曇心論』에 의거한다면 두 논사論師의 설명이 있다. 「계품界品」에서는 [다음과 같다.] "[어떤 논사는] '[부처님의] 8만 가지 가르침들'(八萬法陰)⁹⁰¹은 모두 [색色·성聲·향香·미味·촉觸의 현상을 포괄하는] '물질적인 것의 더미'(色陰)에 포함되니 '부처님의 말씀'(佛說)은 '말소리의 속성'(語性)[을 지닌 것]이기 때문이다[라 말하고], [또 다른] 어떤 사람은 ['부처님의 8만 가지 가르침들'(八萬法陰)처럼] '단어의 속성'(名性)[을 지닌 것]은 '의지작용의 더미'(行陰)⁹⁰²에 포함된다[라고 말한다.]"⁹⁰³ 만약 『아비담

---

895 인용된 『아비달마구사석론』의 품명은 「분별계품分別界品」이므로 '法'을 삭제한다.

896 『아비달마구사석론』 원문에 따라 '異'를 '實'로 고친다.

897 『아비달마구사석론』 원문에 따라 '相'을 '類'로 고친다.

898 『아비달마구사석론』 원문에 따라 '佛'을 삭제한다.

899 『아비달마구사석론』 원문에 따라 '相'을 삭제한다.

900 『아비달마구사석론』 원문에 따라 '色' 앞에 '入'을 넣는다.

901 8만법음八萬法陰: 8만법문八萬法門, 8만법장八萬法藏, 8만법온八萬法蘊, 8만법취八萬法聚라고도 한다. 매우 많은 수량을 형용하는 숫자로 8만과 8만 4천이 통용되므로 8만4천법문八萬四千法門, 8만4천법장八萬四千法藏, 8만4천법온八萬四千法蘊, 8만4천법취八萬四千法聚라고도 한다. 『佛光大辭典』 p.300 참조. 본문의 아래 문장에서 인용되는 『아비달마구사석론』 권1의 내용에서 보듯이 중생의 8만 가지 수많은 번뇌를 다스리기 위해 부처님은 8만법음八萬法陰을 정설正說한다고 한다.

902 행음行陰: 『佛光大辭典』에 따르면 아비달마 교학에서는 46가지 심소법心所法 중에서 심대지법心大地法에 속하는 수受(수음受陰)와 상想(상음想陰)을 제외한 44가지 심상응법心相應法과 14가지 심불상응행법心不相應行法을 모두 행음行陰에 소속시킨다(p.2567)고 하므로, 본문의 행음行陰은 특히 명名·구句·문文이 속하는 심불상응행법心不相應行法을 가리킨다고 하겠다.

비바사론阿毘曇毘婆沙論』 제40권[904]에 의거한다면, 음성音聲을 '[경전의] 가르침을 구성하는 토대'(敎體)로 삼는 것은 불타제바佛陀提婆의 뜻이고, 단어(名)·문장(句)·음소(味)를 '[경전의] 가르침을 구성하는 토대'(敎體)로 삼는 것은 화수밀和須蜜[905]의 뜻이다.

---

903 『잡아비담심론』 권1 「계품제1界品第一」(T28, p.872a23~24). "八萬法陰皆色陰攝, 以佛說語性故, 有說, 名性者行陰攝."

904 바사제40권婆沙第四十卷: 대장경 비담부毘曇部에 속한 논서들 중에서 『바사론婆沙論』이라고 부를 수 있는 논서는 『아비달마대비바사론』과 『아비담비바사론』의 두 책으로 좁혀지는데, 『아비달마대비바사론』에서는 주로 불타제바佛陀提婆의 의역명인 각천覺天과 화수밀和須蜜의 의역명인 세우世友로 불리고 불타제바佛陀提婆와 화수밀和須蜜이라는 음역명을 채택하는 책은 『아비담비바사론』이므로 『바사론』은 『아비담비바사론』을 가리키는 것으로 추정된다. 『아비담비바사론』 제40권에서는 불타제바佛陀提婆와 화수밀和須蜜의 명칭이 각각 9번과 10번씩 검색되지만 교체敎體에 관한 직접적 논의는 보이지 않으므로, 원효는 『아비담비바사론』 제40권의 논의에서 파악되는 불타제바佛陀提婆와 화수밀和須蜜의 이론적 특징으로부터 교체敎體에 대한 양자의 견해차를 추론하는 듯하다. 『아비담비바사론』 제40권에 대한 면밀한 연구가 요청된다. 한편 같은 책 권9에서 "復有說者如聲論家, 欲令字是色法, 字體是聲, 聲是色陰所攝. 爲斷如是意故, 作如是說, 字是心不相應行, 行陰所攝."(T28, p.57a1~4)이라고 하여, 자자(文字)는 소리(聲)여서 색음色陰에 포함된다는 성론가聲論家의 의견을 끊고자 자자(文字)는 심불상응행법心不相應行法이어서 행음行陰에 포함된다는 설명이 제시되어 있다.

905 불타제바佛陀提婆와 화수밀和須蜜: 불타제바佛陀提婆(Buddhadeva, 의역명 각천覺天)와 화수밀和須蜜(Vasumitra, 의역명 세우世友)은 달마다라達磨多羅(Dharmatrāta, 의역명 법구法救) 및 구사瞿沙(Ghoṣa, 의역명 묘음妙音)와 더불어 설일체유부說一切有部의 4대 논사로 꼽히는 인물들이다. 『아비담비바사론』 권40에서는 "薩婆多中四大論師, 第一名達摩多羅, 第二名瞿沙, 第三名和須蜜, 第四名佛陀提婆."(T28, pp.295c29~296a2)라고 하면서 살바다부薩婆多部(설일체유부說一切有部의 음역명)의 4대 논사의 이름을 전한다. 권오민에 따르면, 설일체유부에서는 과거·현재·미래에 걸친 유위제법有爲諸法의 실유實有를 의미하는 삼세실유三世實有·법체항유法體恒有의 명제를 교설의 중심으로 삼는다면, 이 실유론實有論으로부터 현상의 차별된 모습을 어떻게 설명하느냐에 따라 4대 논사의 견해가 달라지는데, 각각 불타제바佛陀提婆의 대부동설待不同說, 화수밀和須蜜의 위부동설位不同說, 달마다라達磨多羅의 유부동설類不同說, 구사瞿沙의 상부동설相不同說로 대별되고 유부有部

『아비달마구사석론阿毘達磨俱舍釋論』[906]에서도 이 두 가지 [뜻]을 드러낸다. 「분별계품分別界品」에서 "어떤 여러 논사들은 고집하기를 〈'부처님의 바른 가르침'(佛正教)은 '말소리'(言音)를 속성(性)으로 삼는다〉고 하니, 저들에게는 ['부처님의 바른 가르침'(佛正教)이] '물질적인 것의 더미'(色陰)에 들어가 포함된다. 또 [다른] 여러 논사들은 고집하기를 〈음소(文)와 문장(句)을 속성(性)으로 삼는다〉고 하니, 저 논사들에게는 ['부처님의 바른 가르침'(佛正教)이] '의지작용의 더미'(行陰)에 들어가 포함된다"[907]고 말한 것과 같다.

어떤 사람은 말하길, 〈『아비달마구사석론阿毘達磨俱舍釋論』에 세 논사의 설명이 있는데, [앞의 두 가지 주장 이외에] 세 번째 논사의 뜻은 음성音聲과 단어(名)·문장(句)을 통틀어 취하여 [경전의 가르침을 구성하는] 토대(體)로 삼는다〉라고 한다. [이것은] 「분별계품分別界品」의 아래 문장에서 "[경전의 가르침을 구성하는 토대'(教體)에 관한] 여러 논사들의 참된 판단은 이와 같다. 중생에게는 '8만 가지 번뇌작용의 유형들'(八萬煩惱行類)

에서는 그중 화수밀和須蜜의 학설을 자설自說로 채택한다고 설명한다. 자세한 논의는 『유부아비달마와 경량부철학의 연구』(서울: 경서원, 1994), pp.184~190 참조.

906 『아비달마구사석론阿毘達磨俱舍釋論』: 현장玄奘이 당唐 영휘永徽 2년(651)에 번역한 『아비달마구사론』 30권의 이역본異譯本으로서 진제眞諦가 진陳 천가天嘉 4년(563)에 22권으로 번역했다. 일반적으로 진제眞諦의 역본을 구구사舊俱舍, 현장玄奘의 역본을 신구사新俱舍라 부른다. 『佛光大辭典』 p.3644 참조.

907 『아비달마구사석론』 권1 「분별계품제1分別界品第一」(T29, p.166b27~29). "有諸師執, 佛正教言音爲性, 於彼師入色陰攝. 復有諸師執文句爲性, 於彼師入行陰攝." 〈산스크리트본의 해당 내용. AKBh 17.08-09: yeṣāṃ vāksvabhāvaṃ buddhavacanaṃ teṣāṃ tāni rūpaskandhasaṃgrahītāni | yeṣāṃ nāmasvabhāvaṃ teṣāṃ saṃskāraskandhena | 붓다의 가르침(佛說)의 본질이 '말'(vāk)이라고 [주장하는] 사람들(=경량부)에게는 [세존께서 설하신] 그 [팔만 법온(=법문)들은 색온으로 여겨진다(혹은 열거된다, 혹은 색온에 속한다). [붓다의 가르침의] 본질이 '이름'(nāma)이라고 [주장하는] 사람들에게는 그 [팔만 법온들은] 행온으로 [여겨진다.〉 *AKVy p. 52: [yeṣāṃ vāksvabhāvaṃ buddhavacanam] iti. yeṣāṃ **sautrāntikānāṃ** vāg vijñaptisvabhāvam.

이 있으니, 탐욕(欲)·분노(瞋)·어리석음(癡)·교만(慢) 등의 차이 때문이다. 이 [8만 가지 번뇌의] 작용(行)들을 다스리기 위해 '세상에서 가장 존귀한 분'(世尊)은 '8만 가지 가르침들'(八萬法陰)을 바르게 설하였다. '8만 가지 가르침들'(八萬法陰)은 [색色·수受·상想·행行·식識의] 다섯 가지 더미'(五陰) 중에서 '물질적인 것과 의지작용, [이] 두 가지 더미'(色行二陰)에 들어가 포함된다"[908]고 말한 것과 같다.

以是文證, 得知評家取此第三也. 雖有是說, 而實不然. 所以然者, 彼不能顯論文分齊, 監取異文, 作是妄說. 彼論前文已出二師, 說攝陰竟. 次說八萬法陰之量, 一出三師義, 此言"諸師異[909]判如是"已下, 正成第三評家之說, 說法陰量已竟. 次欲更說五分法身十一切入等諸門攝義. 是故條前成後之言, "八萬法陰相,[910] 五陰中色[911]行二陰攝," 此言總條前二師義. 是故當知彼說謬異, 當知小乘諸部之內出敎體性, 唯有二說, 更無第三也.

[H1, p.546a8~19: T38, p.254c19~29]

---

908 『아비달마구사석론』권1 「분별계품제1分別界品第一」(T29, p.166c7~10). "諸師實判如此. 衆生有八萬煩惱行類, 謂欲瞋癡慢等差別故. 爲對治此行, 世尊正說八萬法陰. 如八萬法陰, (於)五陰中入色行二陰攝." 괄호는 생략된 내용을 표시한다. 〈산스크리트본의 해당 내용. AKBh 17.18-20: evaṃ tu varṇayanty aśītiś caritasahasraṇi sattvānām | rāgadveṣamohamānādicaritabhedena | teṣāṃ pratipakṣeṇa bhagavatā 'sītir dharmaskandhasahasrāṇy uktāni | yathaitāny aśītir dharmaskandhasahasrāṇy eṣv eva pañcaskandheṣu pratipāditāni | 그렇지만 [아비달마 논사들은] 다음과 같이 주장한다. 즉, 중생들은 탐욕(貪), 분노(瞋), 어리석음(癡), 자만(慢) 등의 구별에 의하여 팔만 가지 행위들이 있다. 세존께서는 이들을 대치하는 수단으로서 팔만 법온(=법문)을 설하였다. 이 팔만 법온(=법문)들을 다름 아닌 5온에 귀속시키듯이,〉 (역자 주; 한역 내용 가운데 끝부분인 "(於)五陰中入色行二陰攝"에서 밑줄 친 부분에 상응하는 산스크리트와 티벳역은 없다.)

909 앞 인용문에서처럼 『아비달마구사석론』 원문에 따라 '異'를 '實'로 고친다.

910 앞 인용문에서처럼 『아비달마구사석론』 원문에 따라 '相'을 삭제한다.

911 앞 인용문에서처럼 『아비달마구사석론』 원문에 따라 '色' 앞에 '入'을 넣는다.

이 글에 의한다면 ['경전의 가르침을 구성하는 토대'(教體)에 관한 세 가지 설명을] 논평하는 자는 이 세 번째 [논사의 뜻]을 취한다는 것을 알 수 있다. 비록 이러한 [세 번째] 설명이 있기는 하지만 실제로는 그렇지 않다. 왜냐하면 저 [논평하는 자는] 논서(『아비달마구사석론』)의 '문단 구분'(文分齊)을 [분명하게] 드러내지 못하기 때문이니, ['경전의 가르침을 구성하는 토대'(教體)에 관한 논의와는] 다른 문장을 보고 취하여 이러한 잘못된 설명을 지어낸 것이다. ['문단 구분'(文分齊)을 제대로 해 보면,] 저 논서의 앞 문장에서는 [교체教體로서 말소리(言音)와 음소(文)·문장(句)을 각각 주장하는] 두 논사를 나타내어 [각각 '물질적인 것'(色)과 '의지작용'(行)의] 더미(陰)에 포함된다는 것을 이미 설명하여 마친다. 다음 [두 번째 문단]⁹¹²에서는 '8만 가지 가르침들'

---

912 첫 번째 문단과 두 번째 문단에 해당하는 내용을 인용하면 다음과 같다. "(1) 有諸師執, 佛正教言音爲性, 於彼師入色陰攝. 復有諸師執, 文句爲性, 於彼師入行陰攝. (2) 此法陰數量云何? 偈曰, 說如法陰量. 釋曰, ① 有諸師說, 有一分阿毘達磨名法陰, 其量有六千偈, 八十千中一一法陰, 其量皆爾. ② 復有諸師說. 偈曰, 陰等一一教. 釋曰, 陰·入·界·緣生·諦·食·定·無量·無色·解脫·制入·遍入·覺助·通解·願智·無爭等正教, 隨一一皆名法陰. ③ 偈曰, 實判行對治, 隨釋法陰爾. 釋曰, 諸師實判如此. 衆生有八萬煩惱行類, 謂欲瞋癡慢等差別故. 爲對治此行, 世尊正說八萬法陰. 如八萬法陰, 於五陰中入色行二陰攝."(T29, p.166b27~c10.) (1)과 (2)는 첫 번째 문단과 두 번째 문단을 표시하고, ①·②·③은 두 번째 문단 내의 세 가지 뜻을 표시한다. 원효의 설명과 같이 교체教體에 대해 각각 언음言音과 문文·구句의 두 가지로 대답하는 논의가 (1)의 문단에서 이미 마친 정황은 (2)의 서두에서 "此法陰數量云何"라고 하여 법음의 수량에 대한 질문이 새롭게 시작되는 것으로 보아 분명하다. (2)의 문단에서 첫 번째 제사諸師는 일분아비달마一分阿毘達磨에 6천의 게송이 있어서 그 게송들의 법음法陰이 모두 8만법음八萬法陰이 된다고 설명한다. 동본이역인 현장玄奘 역 『아비달마구사론』 권1의 해당 내용에서는 "有諸師言, 八萬法蘊一一量等『法蘊足論』, 謂彼一一有六千頌, 如對法中『法蘊足』說"(T29, p.6b7~9)이라고 하여 6천 게송이 있는 일분아비달마一分阿毘達磨의 서명이 『아비달마법온족론阿毗達磨法蘊足論』(12권, T26)이라고 구체적으로 명시한다. 두 번째 제사諸師는 5음五陰·12입十二入·18계十八界 등 헤아릴 수 없이 많은 부처님의 정교正教의 수량을 제시하고, 세 번째 제사諸師는 본문의 인용문에서 본 대로 8만번뇌八萬煩惱가 있기 때문에 8만법음八萬法陰이 있게 된다고 설명한다. 이렇듯 (2)의

(八萬法陰)의 수량을 설명하면서 한 번 세 논사의 뜻을 나타낸 것이니, 이 [인용 문구에서] 말하는 "여러 논사들의 참된 판단은 이와 같다"(諸師實判如是)[라는 말] 이하는 ['8만 가지 가르침들'(八萬法陰)이라는 수량에 관해 논평하는 세 논사들 중에서] 세 번째 논평하는 자의 설명으로 이루어져 있기에 [여기에서] '[8만 가지] 가르침들'(法陰)의 수량을 설명하는 것은 다 끝난다. 다음 [세 번째 문단]⁹¹³에서는 다시 '다섯 가지로 구분되는 진리의 몸'(五分法身)⁹¹⁴과 '열 가지의 모든 경험세계에 관한 빈틈없는 이해력'(十一切入)⁹¹⁵ 등 [부처님의] 여러 가르침들이 [5음五陰 중에] 포함되는 뜻'(諸門攝

문단에서 진행되는 세 논사의 논의는 교체敎體에 대한 것이 아니라 8만법음八萬法陰의 수량을 산출하는 방식에 대한 것이라고 하겠다.

913 세 번째 문단에 해당하는 곳에서는 "釋曰, 若有餘陰入界等, 於餘經中說, 是彼如前所說, 陰入界中隨彼性類, 此論中所說, 應善簡擇攝入其中. 此中有別五陰, 謂戒陰定慧解脫解脫知見陰. 戒陰入色陰攝, 餘四入行陰攝. 復有十遍入, 前八遍入無貪爲自性故, 法入所攝. …"(T29, p.166c12~17)이라고 하여, '다른 음陰·입入·계界'(餘陰入界)로서 별오음別五陰인 계음戒陰·정음定陰·혜음慧陰·해탈음解脫陰·해탈지견음解脫知見陰의 5분법신五分法身과 10변입十遍入을 제시하고 이것들이 그 성류性類에 따라 5음五陰 중에서 어디에 포함되는지를 논의한다. 5분법신五分法身 중 계음戒陰은 색음色陰에 포함되고 나머지 4음四陰은 행음行陰에 포함되며 10변입十遍入 중 앞의 8변입八遍入은 자성自性이 무탐無貪이어서 법입法入에 포함된다는 등으로 설명한다.

914 5분법신五分法身: 계신戒身·정신定身·혜신慧身·해탈신解脫身·해탈지견신解脫知見身을 말한다.

915 십일체입十一切入: 십일체처十一切處, 십변입十遍入, 십변처十遍處라고도 한다. 『佛光大辭典』 p.481 참조. 『아비달마구사론』 권29에서는 "論曰, 遍處有十, 謂周遍觀地水火風靑黃赤白及空與識二無邊處. 於一切處周遍觀察, 無有間隙故, 名遍處. 十中前八如淨解脫, 謂八自性皆是無貪. 若幷助伴五蘊爲性, 依第四靜慮緣欲可見色. … 後二遍處如次空識, 二淨無色爲其自性, 各緣自地四蘊爲境."(T29, pp.151c24~152a2)이라고 하여, 지地·수水·화火·풍風·청靑·황黃·적赤·백白과 공무변처空無邊處·식무변처識無邊處의 모든 곳을 빈틈없이 두루 관찰하는 것이라고 설명한다. 또한 앞의 8가지는 색계色界 제4정려第四靜慮에 의거하여 욕계欲界에서 볼 수 있는 색色을 대상으로 삼는 관찰이라 하고, 뒤의 두 가지는 무색계無色界의 두 가지 처소를 가리키므로 청정한 무색無色을 자성自性으로 삼아 색온色蘊을 제외한 4온

義)을 말하고자 한다. 그러므로 [세 번째 논사의 설명은] 앞[의 '8만 가지 가르침들'(八萬法陰)의 수량에 관한 두 논사의 뜻]을 조목대로 열거하여 뒤[의 세 번째 뜻]을 이룬 말이니,[916] "'8만 가지 가르침들'(八萬法陰)은 [색色·수受·상想·행行·식識의] 다섯 가지 더미'(五陰) 중에서 '물질적인 것과 의지작용, [이] 두 가지 더미'(色行二陰)에 들어가 포함된다"(八萬法陰, 五陰中入色行二陰攝)라는 이 [세 번째 논사의] 말은 앞의 두 논사의 뜻을 총괄하여 조목대로 열거한 것이다. 그러므로 저 [두 번째 문단의 세 번째 뜻을 취하는] 자는 [문단 구분에 대한] '잘못된 이해에 의거한 차이'(謬異)를 말하는 것임을 알아야 하고, 소승小乘의 여러 부파 내에서 '경전의 가르침을 구성하는 토대의 속성'(敎體性)을 드러내는 것에는 오직 두 가지 설명이 있을 뿐 다시 세 번째는 없음을 알아야 한다.

若依『成實』, 相續假聲以爲敎體. 如彼論「不相應行品」云, "有人言, 名句字應[917]是心不相應行. 此事不然. □□□□,[918] 法入所攝." 解云, 此論師意, 假聲詮用更無□□.[919] □□[920]聲性色陰所攝, 詮表之用意識所

四蘊을 대상으로 삼는 관찰이라고 한다.

916 두 번째 문단에 대한 주석에서 보았듯이, 8만법음八萬法陰이라는 수량에 대해 이 문단의 첫 번째 제사諸師는 6천 게송에 쓰인 법음法陰으로 설명하므로 이 법음法陰은 음성音聲을 본질로 삼는 색음色陰에 속하는 것이 되고, 두 번째 제사諸師는 5음五陰·12입十二入·18계十八界 등 헤아릴 수 없이 많은 부처님의 정교正敎들로 설명하므로 이 법음法陰은 문文·구句를 본질로 삼는 행음行陰에 속하는 것이 된다. 그러므로 세 번째 제사諸師는 앞의 두 제사諸師의 서로 다른 설명에 의거하여 법음法陰이 5음五陰 중에서 각각 어디에 소속되는지를 총괄적으로 밝히고 있다는 뜻으로 보인다.

917 『성실론』 원문에 따라 '應'을 '衆'으로 고친다.

918 『성실론』 원문에 따라 탈자인 '□□□□'에 '是法名聲性'을 넣는다.

919 은정희 등 공역(2017)에서는 탈자인 '□□'에 '別體'를 넣는다. 이에 따른다. 교체敎體에 관한 논의에서 심불상응행법心不相應行法의 불필요성을 설명하는 문맥인데, 아래 '2) 현대승顯大乘' 단락에서도 "無別體不相應行."(H1, p.546b2)이라고 하

得,唯□□□□□⁹²¹所攝也.

[H1, p.546a19~24: T38, pp.254c29~255a5]

만약 『성실론成實論』⁹²²에 의거한다면, '서로 이어지는 것이기에 불
변·독자의 실체가 아닌 소리'(相續假聲)⁹²³를 '[경전의] 가르침을 구성하
는 토대'(教體)로 삼는다. 저 논서(『성실론成實論』)의 「불상응행품不相應
行品」에서 "어떤 사람이 〈단어(名)·문장(句)·음소(字)의 집합(衆/身)은
'마음과 상응하지 않는 현상'⁹²⁴(心不相應行)이다〉라고 말하지만, 이것은

<hr>

여 "별체別體인 심불상응행법心不相應行法이 없다"라는 표현이 나온다.

920 은정희 등 공역(2017)에서는 탈자인 '□□'에 '相續'을 넣는다. 여기서는 '相續假'를
넣는다. '相續聲'이라는 새로운 용어보다는 원효가 이미 사용한 '相續假聲'을 채택
하는 것이 나을 것으로 보인다.

921 은정희 등 공역(2017)에서는 탈자인 '□□□□□'에 '法入'을 넣는다. 『성실론』에
서 "法入所攝"이라고 했으므로 은정희 등 공역(2017)에 따른다. 덧붙이자면 제6의
식意識은 의근意根과 법경法境에 따르는 것이고 원효가 해석을 추가하는 문장이
므로 '意入法入'을 넣을 수도 있을 것으로 보인다. 윤왕사輪王寺 필사본(p.79b3)에
서 보면 탈락된 글자가 대략 4~5자로 추정된다.

922 『성실론成實論』: 사제四諦의 뜻을 밝히는 데 주안점을 둔 논서로서 소승에서 대
승에 걸치는 과도적 성격을 띠는 것으로 평가된다. 구마라집鳩摩羅什에 의해
후진後秦 홍시弘始 13~14년(411~412)에 역출된 이래 후대 교상판석에서 가명종
假名宗이라 불리게 될 정도로 유행했다.

923 상속가성相續假聲: 상속가相續假는 『성실론』 「가명상품假名相品」에서 성립된 3
가三假인 인성가因成假·상속가相續假·상대가相待假 중 하나이다. 모든 유위법
이 인연因緣에 의해 만들어지기 때문에 인성가因成假가 성립하고, 중생의 심식心
識은 생각마다 전념前念이 사라지고 후념後念이 생겨나는 방식으로 상속하여 실
체가 없기 때문에 상속가相續假가 성립하며, 모든 유위법은 장단長短·유무有
無·대소大小·강약强弱 등의 상대 관계에 놓이기 때문에 상대가相待假가 성립한
다. 『佛光大辭典』 p.604 참조. 아래 인용문과 원효의 설명에서 보듯이, 『성실론』
의 상속가성相續假聲은 그 자체로는 소리(聲)이기 때문에 색음色陰에 포함되면서
도 생멸生滅·상속相續하는 심식心識의 작용에 의거하여 의미를 드러내는 측면까
지 감안한다면 제6의식意識에 상응하는 법입法入에 포함된다.

924 행(行, saṅkhāra)은 번역어 선택의 범주가 큰 용어 가운데 하나이다. 12연기, 오

그렇지 않다. 이 [단어(名)·문장(句)·음소(字)의 집합(衆)이라는] 현상을 '소리의 면모'(聲性)라 부르지만 '[마음과 상응하지 않는 현상'(心不相應行)에 포함되는 것이 아니라 제6의식意識에 상응하는] '개념적 경험세계'(法)에 들어가 포함되는 것이다"[925]라고 말한 것과 같다. 해설해 보면 이 ['성실론成實論』 논사의 뜻은 [다음과 같다.] 〈'불변·독자의 실체가 없는 소리'(假聲)로 '[뜻을] 드러내는 작용'(詮用)에는 '별도의 불변·독자적 실체'(別體)가 없다. 서로 이어지는 것이기에 불변·독자의 실체가 아닌 소리의 면모'(相續假聲性)는 '물질적인 것의 더미'(色陰)에 포함되고, [그 소리로] '[뜻을] 드러내는 작용'(詮用)은 [제6]의식意識에 의해 얻어지는 것이어서 오직 '개념적 경험세계'(法)에 들어가 포함되는 것이다.〉

大乘之中音聲名句及所詮義, □□□□□.[926] 雖無別體不相應行, 而有假立不相應行□□[927]句, 行□[928]所攝. 由是道理, 異彼二宗, 是義具如 『瑜伽論』說. 又彼論「攝決擇[929]分」言, "云何爲體? 謂契經體略有二種,

---

온 등 붓다 교설의 핵심부에 등장하는 개념으로서 열반에 해당하는 무위(無爲, asaṅkhata, 行의 소멸)의 의미를 드러내기 위해 채택되기도 한다. 기본적으로는 '근본무지를 조건으로 하는 의도적 선택과 연관된 현상'을 지시하는 용어로 보인다. 본 원효전서 번역에서는 '의지작용', '현상', '의도적 형성' 등으로 번역하고 있다. 여기서는 '현상'이라고 번역한다. 그러나 이 현상은 단순한 물리적·심리적 현상이 아니라 인간의 의도적 선택과 연관된 현상이다.

925 『성실론』 권7 「불상응행품제94不相應行品第九十四」(T32, p.289c1~3). "有人言, 名句字衆是心不相應行. 此事不然. 是法名聲性, 法入所攝."

926 은정희 등 공역(2017)에서는 탈자인 '□□□□□'에 '皆別無自性'을 넣는다. 아래 원효의 설명 문장의 "教體無別自性"이라는 표현에서 보듯이 '無別'이라고 되어 있으므로 여기서는 '皆無別自性'을 넣는다.

927 가은 역주(2004)에서는 탈자인 '□□'에 '音聲名'을 넣는다. 이에 따른다.

928 문맥에 따라 탈자인 '□'에 '陰'을 넣는다.

929 『유가사지론』 인용문의 분명分名은 「섭석분攝釋分」이므로 '決擇'을 '釋'으로 고친다.

一文二義, 文是所依, 義是能依. 云何爲文? 謂有六種, 一者名身, 二者句身, 三者語身,[930] 四者字身,[931] 五者行相, □[932]者機請," 乃至廣說. 是論意者, 欲顯教體無別自□,[933] □□[934]緣合, 能生物解. 故說諸緣爲教體耳. 於中餘□□□□, □[935]如『楞伽經疏』中說.

[H1, p.546a24~b11: T38, p.255a5~15]

2) 대승[의 견해]를 밝힘(顯大乘)

대승[의 관점]에서는, 음성音聲 · 단어(名) · 문장(句)과 '드러나는 뜻'(所詮義)에는 '모두 별도의 불변 · 독자적 본질이 없다'(皆無別自性). 비록 '별도의 불변 · 독자적 실체'(別體)인 [마음과] 상응하지 않는 현상'(不相應行)은 없지만 '임시로 성립'(假立)하는 [마음과] 상응하지 않는 현상'(不相應行)인 음성音聲 · 단어(名) · 문장(句)은 있어서 '의지작용의 더미'(行陰)에 포함된다. 이러한 도리 때문에 저 [설일체유부說一切有部와 『성실론成實論』, 이] '두 가지 주장의 핵심'(二宗)과 다르니,[936] 이 뜻은 『유가사지론』

---

930 『유가사지론』 원문에 따라 '語身'을 '字身'으로 고친다.

931 『유가사지론』 원문에 따라 '字身'을 '語'로 고친다.

932 『유가사지론』 원문에 따라 탈자인 '□'에 '六'을 넣는다.

933 문맥에 따라 탈자인 '□'에 '性'을 넣는다.

934 다음 문장의 "諸緣爲教體"라는 표현에 의거하여 탈자인 '□□'에 '以諸'를 넣는다.

935 은정희 등 공역(2017)에서는 탈자인 '□□□□, □'에 '其義於教體'를 넣는다. 원효는 『열반종요』에서 자신의 다른 저서를 거론할 때 "具如『二障義』中廣說"(H1, p.541a15~16)과 같은 표현을 사용하므로 여기서는 '義於教體, 具'를 넣는다.

936 앞에서는 설일체유부說一切有部의 견해로서 교체教體가 소리(聲)이어서 색음色陰에 속한다는 것과 명名 · 구句 · 문文이어서 심불상응행법心不相應行法에 속한다는 것의 두 가지 견해가 제시되었고, 성실론사成實論師의 견해로서 상속가성相續假聲은 그 자체로 색음色陰이면서도 의미를 드러내는 측면에서는 제6의식意識에 수반하는 법입法入에 속한다고 하여 별체別體인 심불상응행법心不相應行法의 필요성을 배제하는 견해가 제시되었다. 이에 대해 대승에서는 별체別體인 심불상응

의 설명에 자세히 갖추어져 있다.⁹³⁷

또 저 논서(『유가사지론瑜伽師地論』)의 「섭석분攝釋分」에서는 [다음과 같이] 말한다. "무엇을 [경전의 가르침을 구성하는] 토대(體)라고 말하는가? 말하자면 '경전[의 가르침]을 구성하는 토대'(契經體)에는 대략 두 가지가 있는데 첫 번째는 언어(文)이고 두 번째는 [드러나는] 뜻(義)이니, 언어(文)는 '[뜻(義)이] 의거하는 것'(所依)이고 뜻(義)은 '[언어(文)를] 의지하는 주체'(能依)이다. 무엇을 언어(文)라고 말하는가? 말하자면 여섯 가지가 있으니, 첫 번째는 '단어의 집합'(名身)이고 두 번째는 '문장의 집합'(句身)이며 세 번째는 '음소의 집합'(字身)이고 네 번째는 [여러 뜻을 갖추어 나타내는] 말'(語)⁹³⁸이며 다섯 번째는 '[갖가지 현상의] 특징[에 상응하는 말]'

행법心不相應行法을 세우지 않는다는 점에서 설일체유부說一切有部의 견해와 다르고, 가립假立된 심불상응행법心不相應行法을 세운다는 점에서 성실론사成實論師와 다르다는 설명인 것으로 보인다.

937 『유가사지론』에서 교체教體에 대한 대승의 이해를 설명하는 곳은 아래에서 인용되는 「섭석분攝釋分」의 문장이지만, 그 외 심불상응행법心不相應行法의 법수法數를 직접 나열하는 곳은 권3의 "不相行有二十四種, 謂① 得, ② 無想定, ③ 滅盡定, ④ 無想異熟, ⑤ 命根, ⑥ 衆同分, ⑦ 異生性, ⑧ 生, ⑨ 老, ⑩ 住, ⑪ 無常, ⑫ 名身, ⑬ 句身, ⑭ 文身, ⑮ 流轉, ⑯ 定異, ⑰ 相應, ⑱ 勢速, ⑲ 次第, ⑳ 時, ㉑ 方, ㉒ 數, ㉓ 和合, ㉔ 不和合."(T30, p.293c7~11, 숫자는 역자 보충)이라고 하는 대목이다. 여기서는 명신名身・구신句身・문신文身을 비롯한 24가지 법수法數를 적극적으로 제시하고, 권72에서는 "問. 如是五事, 幾色, 幾心, 幾心所有, 幾不相應行, 幾無爲? 答. 相通五種, 名唯心."(T30, p.697c5~6)이라고 하여 가립假立된 현상인 색법色法・심소유법心所有法・심불상응행법心不相應行法・무위법無爲法의 5사五事들에 상통하는 원칙으로 유심唯心을 제시하기도 한다.

938 어語: 인용되는 『유가사지론』 권81의 아래 문장에서 자신字身에 관해서는 "字身者, 謂若究竟若不究竟名句所依四十九字."(T30, p.750b12~13)라고 하여 명名과 구句가 의거하는 49자라고 설명하고, 다시 어語에 관해서는 "語者, 當知略具八分, 謂先首美妙等, 由彼語文句等相應, 乃至常委分資糧故, 能說正法. 先首語者, 趣涅槃宮爲先故. 美妙語者, 其聲淸美如羯羅頻迦音故. 顯了語者, 謂詞句文皆善巧故. 易解語者, 巧辯說故. 樂聞語者, 引法義故. 無依語者, 不依希望他信己故. 不違逆語者, 知量說故. 無邊語者, 廣大善巧故."(T30, p.750c2~9)라고 하여 ① 선수어先首語, ② 미묘어美

(行相)⁹³⁹이고 여섯 번째는 '이해능력에 맞추어 대답하는 말'(機請)⁹⁴⁰이다"⁹⁴¹라고 하면서 자세히 말한다.

이 논서(『유가사지론』)의 뜻은, '[경전의] 가르침을 구성하는 토대'(敎體)에는 '별도의 불변·독자적 본질'(別自性)이 없고 여러 조건(緣)들이 모임으로써 '사물에 대한 이해'(物解)를 생겨나게 하는 것임을 드러내려고 하는 것이다. 그러므로 [명신名身·구신句身·자신字身·어語·행상行相·기청機請 등] 여러 조건(緣)들이 '[경전의] 가르침을 구성하는 토대'(敎體)가 된다고 말할 뿐이다. 이 중에서 '[경전의] 가르침을 구성하는 토대'(敎體)에 관한 여타의 뜻은 『능가경소楞伽經疏』⁹⁴²에서의 설명에 자세히 갖추

妙語, ③ 현료어顯了語, ④ 이해어易解語, ⑤ 낙문어樂聞語, ⑥ 무의어無依語, ⑦ 불위역어不違逆語, ⑧ 무변어無邊語의 8분八分을 제시한다. 대체적인 내용으로 보아 중생교화를 위한 선교방편善巧方便으로서의 언어적 기능들에 관한 설명이라고 하겠다.

939 행상行相:『유가사지론』권81에서는 "行相者, 謂諸蘊相應, 諸界相應, 諸處相應, 緣起相應, 處非處相應, 念住相應, 如是等相應語言."(T30, p750c19~21)이라고 하여 온蘊·계界·처處·연기緣起·처비처處非處·염주念住 등 각각의 특징에 상응하는 말이라고 설명한다.

940 기청機請:『유가사지론』권81에서는 "機請者, 謂因機請問而起言說, 此復根等差別當知有二十七種補特伽羅. 此中由根差別故, 成二種, 一者鈍根, 二者利根."(T30, p.750c22~24)이라고 하여 둔근鈍根이나 이근利根의 질문에 대해 언설을 일으키는 것이라고 설명한다.『유가사지론』에서는 이렇듯 설일체유부說一切有部에서 교체敎體로 거론하는 명名·구句·문文 외에 중생교화의 구체적 선교방편善巧方便에 결부되는 어語·행상行相·기청機請을 추가하여 대승의 교체敎體로서 제시하고 있다.

941 『유가사지론』권81「섭석분攝釋分」(T30, p.750a1~7). "云何爲體? 謂契經體略有二種, 一文二義, 文是所依, 義是能依. … 云何爲文? 謂有六種, 一者名身, 二者句身, 三者字身, 四者語, 五者行相, 六者機請."

942 『능가경소楞伽經疏』: 현재 전하지 않는 원효의『능가경』주석서이다. 이 책에 대해 『화엄종장소병인명록華嚴宗章疏并因明錄』권1(T55, p.1134a18)과『법상종장소法相宗章疏』권1(T55, p.1139a10) 등 목록서들에서는 "楞伽經疏七卷.(元曉述.)"이라 하여 원효 찬술『능가경소』(7권)의 존재를 알려주는데,『동역전등목록東域傳燈目錄』권1의『입능가경』(10권) 條條에서는 "同經疏七卷.(元曉撰疑八卷歟, 見第

어져 있다.

第四明教迹者, 昔來□□□□,[943] 南土諸師多依武都山隱士劉[利-禾
+(厶/虫)][944]義云, 如□□□□[945]說無出頓漸. 『花嚴』等經是其頓教, 餘
名漸□.[946] □□[947]內有其五時.

[H1, p.546b12~15: T38, p.255a15~18]

4. 가르침의 위상을 밝힘(明敎迹)

['경의 뜻을 넓게 펼쳐 놓고 내용에 따라 구분하여 설함'(廣開分別)의] 네 번째인
'가르침의 위상'(敎迹)을 밝히는 것은 [다음과 같다.]

1) 남방에서 통용되는 설명[948]

예로부터 '가르침의 위상에 관한 뜻'(敎迹義)에 대해 남방의 여러 논
사들[949]은 흔히 무도산武都山에 은거한 지사志士인 유규劉虬[950]의 뜻에

七卷經九十未了.)"(T55, p.1153a7)라고 하여 원효의 『능가경소』 권7에 보면 『입능
가경』 제9권과 제10권에 대한 해석이 아직 끝나지 않았다는 점에서 『능가경소』
는 총8권인 듯하다고 주석에서 설명한다.

943 은정희 등 공역(2017)에서는 탈자인 '□□□□'에 '敎相判釋'을 넣는다. 경론에서
는 교상판석敎相判釋의 용례가 거의 보이지 않고 지금 『열반종요』에서처럼 교상
판석敎相判釋과 같은 뜻에 해당하는 교적敎迹이 주로 쓰이므로 여기서는 '於敎迹
義'를 넣는다.

944 문맥에 따라 '劉[利-禾+(厶/虫)]'를 '劉虬'로 고친다.

945 『대승의장』을 참조하여 탈자인 '□□□□'에 '來一化所'를 넣는다.

946 문맥에 따라 탈자인 '□'에 '敎'를 넣는다.

947 문맥에 따라 탈자인 '□□'에 '漸敎'를 넣는다.

948 '명교적明敎迹' 단원은 내용적으로 볼 때 '남방에서 통용되는 설명'과 '북방에서 통
용되는 설명' 및 '문답을 통한 회통'으로 나뉘므로 이에 따라 과문한다.

의거하여 [다음과 같이] 말한다.⁹⁵¹ 〈'여래께서 평생동안 교화하신 말씀'

---

949 남방의 여러 논사들: 중국이 수隋(589~618)에 의해 통일되기 이전 남북조南北朝 시대에서 송宋·제齊·양梁·진陳으로 이어지는 남조南朝 시대(424~589)의 여러 논사들을 가리키는 것으로 보인다. 『한위양진남북조불교사2』(탕융동 저, 장순용 옮김, 서울: 학고방, 2014)에 따르면 후진後秦의 장안長安에 들어와 역경사업을 펼치던 구마라집鳩摩羅什이 임종한 후(413) 잦은 전란으로 인해 도생·혜관·혜예 등 그의 제자들이 대거 양자강을 건너가 남조南朝시대 불교 의학義學의 기틀을 마련했고 뒤이어 남방에서 『열반경』, 『성실론』의 기풍이 유행했다고 설명한다. (pp.667~668 참조.) 황제보살皇帝菩薩이라고 불릴 정도로 불교를 독신篤信했던 양조梁朝의 무제武帝(464~549) 때에는 승가바라僧伽婆羅, 법총法寵, 승천僧遷, 보량寶亮, 승민僧旻, 법운法雲, 지장智藏, 혜초慧超, 명철明徹 등이 존숭되었던 법사로 거론되는데, 그중 장엄사莊嚴寺 승민僧旻, 광택사光宅寺 법운法雲, 개선사開善寺 지장智藏은 양조梁朝의 3대법사三大法師로 불리고, 『열반경』과 『성실론』에 정통했다고 알려진다.(『佛光大辭典』 pp.3410, 4623 참조.) 『법화현론法華玄論』 권3 에서는 "宋道場寺惠觀法師, 著涅槃序明敎有二種. 一頓敎即華嚴之流, 二漸敎謂五時之說. 後人更加其一復有無方軌也. 三大法師並皆用之"(T34, p.382b23~26)라고 하여, 남조南朝 송대宋代 도량사道場寺 혜관慧觀(惠觀) 법사가 부처님의 가르침을 돈頓 (화엄華嚴)·점漸의 2교二敎로 나누고 점교漸敎를 다시 5시五時로 구별하는 2교5 시설二敎五時說을 세우고 양조梁朝의 3대법사三大法師가 모두 이 설을 사용했다고 전하는데, 『中國般若思想史硏究』(平井俊榮, 東京: 春秋社, 1976)에서는 이 혜관慧觀의 설이 "중국 불교에서의 교판론의 효시로서 널리 강남江南의 땅에 유포되었다"(p.495)고 설명한다. 『대품경유의大品經遊意』 권1에서는 혜관慧觀의 점교漸敎 5시五時에 관해 "慧觀法師云, 阿含爲初, 波若爲第二, 維摩思益等爲第三, 法華爲第四, 涅槃爲第五."(T33, 66b29~c2)라고 하여 ① 아함阿含, ② 반야波若, ③ 유마維摩·사익思益, ④ 법화法華, ⑤ 열반涅槃이라고 밝히는데, 본문 아래에서 나오는 유규劉虬(남조南朝 제대齊代의 재속 법화연구자, 平井俊榮, 같은 책, p.496 참조)의 점교漸敎 5시五時인 ① 인천교문人天敎門, ② 삼승차별교문三乘差別敎門, ③ 반야般若·유마維摩·사익思益의 공무상교空無相敎, ④ 법화法華의 불료교不了敎, ⑤ 열반涅槃의 요의교了義敎의 구성과 비교해 볼 때 인천교문人天敎門의 유무와 『반야경』교의의 안배에 관한 사항을 제외하고는 대동소이한 흐름이 확인된다.

950 유규劉虬(437~495): 남제南齊의 남양南陽 사람으로 자字는 영예靈預, 덕명德明이다. 성품이 고결하고 지혜가 뛰어나 남조南朝 송대宋代와 제대齊代에 수차례 관직의 부름을 받았으나 매번 사양하고 은거하여 불학佛學에 매진했다. 저서인 『주법화경注法華經』은 전해지지 않으나 지의智顗의 『법화경문구法華經文句』, 길장의 『법화현론』 등에 단편이 인용되어 있고, 또 『대승의장』 권1과 『삼론유의의三論

(如來一化所說)은 '한꺼번에 [깨닫는 가르침]과 점차 [깨닫는 가르침]'(頓漸)[의

遊意義』에 그의 교판론인 5시7계설五時七階說이 소개되어 있다. 제제齊 건무建武 2년에 세상을 떠났다. 『佛光大辭典』 p.5960 참조. 문헌에 따라 같은 뜻의 글자인 '규虬'라고도 표기된다. 『무량의경無量義經』 권1에 유규劉虬의 저술로 현존하는 ("「無量義經序」, 蕭齊荊州隱士劉虬作." T9, p.383b14~16)「무량의경서無量義經序」에서는 "根異教殊, 其階成七. 先爲波利等說五戒, 所謂人天善根一也. 次爲拘隣等轉四諦, 所謂授聲聞乘二也. 次爲中根演十二因緣, 所謂授緣覺乘三也. 次爲上根擧六波羅蜜, 所謂授以大乘四也. 衆教宣融, 群疑須導, 次說『無量義經』. 既得求道差品, 復云未顯眞實, 使發求實之冥機, 用開一極之由緒五也. 故『法華』接唱顯一除三, 順彼求實之心, 去此施權之名六也. 雖權開而實現, 猶掩常住之正義, 在雙樹而臨崖, 乃暢我淨之玄音七也."(T9, p.383b21~c2)라고 하여, 근기根機가 다르면 가르침도 달라져 점교漸教를 7계七階로 구별한다는 그의 교판론教判論이 온전한 모습으로 제시되어 있다. 본문에서 소개되는 5시설五時說의 용어를 빌려 「무량의경서無量義經序」의 내용을 정리하자면, 먼저 성도成道 후 부처님에게 처음 공양을 올린 재가인 파리波利 등에게 5계五戒를 설하여 ① 인천교문人天教門을 베푼다. 5시설五時說의 두 번째인 삼승차별교문三乘差別教門에서는 성도成道 후 부처님에게 처음 설법을 들은 5비구五比丘들 중 하나인 구린拘隣 등에게 4제四諦를 설하여 ② 성문승聲聞乘의 가르침을 베풀고, 중근기中根機에게는 12인연十二因緣을 설하여 ③ 연각승緣覺乘의 가르침을 베풀며, 상근기上根機에게는 6바라밀六波羅蜜의 가르침을 설하여 ④ 대승大乘의 가르침을 베푼다. 5시설五時說의 세 번째인 반야般若·유마維摩·사익思益 등의 공무상교空無相教에서는 삼승차별교문三乘差別教門에 대한 여러 의문들을 교도하고자 ⑤『무량의경』을 설하여 득도得道의 차이를 가늠하게 해준다고 하는데, 유규劉虬는 『무량의경』의 서문序文에서 해당 경전인 『무량의경』을 공무상교空無相教에 편입시키는 것으로 보인다. 이 공무상교空無相教는 아직 진실眞實을 드러내지 못하여, 진실을 추구하는 명기冥機를 발양하고 일극一極에 관한 단서를 펼칠 뿐인 방편교方便教(권교權教)이다. 따라서 5시설五時說의 네 번째인 법화法華의 불료교不了教에서는 현일제삼顯一除三의 ⑥ 법화法華 일승一乘을 제창하여 공무상교空無相教에 내려져 있는 방편의 명칭을 제거한다. 법화法華 일승一乘에서는 방편方便을 펼쳐 진실眞實을 드러내지만 여전히 상주常住의 정의正義를 가리므로, 부처님은 임종의 때에 사라쌍수娑羅雙樹 아래에서 5시설五時說의 다섯 번째인 열반涅槃의 요의교了義教로서 ⑦ 열반 상常·낙樂·아我·정淨의 현음玄音을 펼친다. 이에 따르면『대승의장』에 의거하여『열반종요』에서 소개되는 5시설五時說은, 7계설七階說의 ②·③·④에 해당하는 성문승聲聞乘·연각승緣覺乘·대승大乘의 세 가지가 5시설五時說의 두 번째인 삼승차별교문三乘差別教門으로 합해짐으로써 성립하는 용어임을 알 수 있다. 아울러 각각의 단계에서 어

두 가지l를 벗어나지 않는다. 『화엄경華嚴經』과 같은 경전은 그 [두 가지 가르침 중에서] '한꺼번에 깨닫는 가르침'(頓敎)이고, 여타l의 경전]은 '점차 깨닫는 가르침'(漸敎)이라고 불린다. '점차 깨닫는 가르침'(漸敎)에는 '다섯 가지 시기'(五時)[의 구분]이 있다.

一佛初成道已, 爲提胃等, 說五戒十善人天教門. 二佛成道已, 十二年中宣說三乘差別教門, 未說空理. 三佛成道已, 三十年中說空無相, 『波若』『維摩』『思益』等經. 雖說三乘同觀於空, 未說一乘破三歸一. 四佛成道已四十年後, 於八年中說『法花經』, 廣明一乘破三歸一, 未說衆生皆有佛性. 但彰如來壽過塵數, 未來所住復倍上數, 不明佛常, 是不了教. 五佛臨涅槃, 說『大涅槃』, 明諸衆生皆有佛性法身常住, 是了義經. 南土諸師多傳是義.

[H1, p.546b15~c2: T38, p.255a18~28]

떤 구체적 가르침이 베풀어지는지에 관해서도 보다 자세한 이해를 얻을 수 있는데, 예를 들어 7계설七階說의 ④ 대승大乘의 단계에서는 6바라밀六波羅蜜의 가르침이 베풀어져 삼승차별교문三乘差別教門에서의 상근기上根機에 해당하지만, 다음 단계인 반야般若·유마維摩·사익思益·무량의無量義 등의 공무상교空無相教와 비교하면 아직 공무상空無相의 가르침이 베풀어지지는 않은 단계이다.

951 아래에 남방에서 통용되는 설명은 정영사 혜원慧遠(523~592)의 『대승의장』권1의 내용에 의거하여 조술祖述하는 형식으로 제시되는 것으로 보인다. 참고로 인용하면 다음과 같다. "衆經教迹義三門分別.(一敘異說, 二辨是非, 三顯正義.) 言異說者, 異說非一. 晉武都山隱士劉虬說言, 如來一化所說, 無出頓漸. 『華嚴』等經, 是其頓教, 餘名爲漸. 漸中有其五時七階. 言五時者, 一佛初成道, 爲提謂等說五戒十善人天教門. 二佛成道已十二年中, 宣說三乘差別教門. 求聲聞者爲說四諦, 求緣覺者爲說因緣, 求大乘者爲說六度, 及制戒律未說空理. 三佛成道已三十年中, 宣說大品空宗『般若』『維摩』『思益』三乘同觀, 未說一乘破三歸一, 又未宣說衆生有佛性. 四佛成道已四十年後, 於八年中說『法華經』, 辨明一乘破三歸一, 未說衆生同有佛性. 但彰如來前過恒沙未來倍數, 不明佛常, 是不了教. 五佛臨滅度一日一夜, 說『大涅槃』, 明諸衆生悉有佛性法身常住, 是其了義." (T44, p.465a10~25.)

첫 번째는, 부처님이 깨달음을 완성하고 나서 처음으로 제위提胃[952] 등을 위해 '[불살不殺·부도不盜·불음不婬·불기不欺(불망어不妄語)·불음주不飮酒의] 다섯 가지 계율'(五戒)[953]과 '[불살不殺·부도不盜·불음不婬·불망어不妄語·불양설不兩舌·불악구不惡口·불기어不綺語·불간탐不慳貪·부질투不嫉妬·불사견不邪見의] 열 가지 이로운 행위'(十善)[954]라는 '[중생들 중에서] 인간과 천상의 존재를 위한 가르침'(人天敎門)을 설한 것이다. 두 번째는 부처님이 깨달음을 완성하고 나서 12년 동안 널리 '[성문聲聞·연각緣覺·보살菩薩에 대한] 차이 나는 세 가지 가르침'(三乘差別敎門)을 널리 설한 것인데, 아직 '[불변·독자의] 실체가 없다는 이치'(空理)를 말하지는 않았다. 세 번째는 부처님이 깨달음을 완성하고 나서 30년 동안 [모든 것은] '[불변·독자의] 실체가 없어 실체적 양상이 없음'(空無相)을 말한 것이니, 『반야경般若經』·『유마경維摩經』·『사익경思益經』[955] 등의 경전이다. [이 경

---

952 제위提胃: 범어 Trapuṣa의 음역어로서 부처님 성도成道 후 처음 공양을 올리고 귀의한 두 명의 형제 상인들 중 한 사람의 이름이다. 또 한 사람인 파리波利(범어 Bhalika)와 더불어 불문佛門 최초의 우바새優婆塞라고 하여 일반적으로 제위파리提胃波利의 형식으로 병칭된다. 제위提胃와 파리波利에게 욕계欲界의 인천人天이 지켜야 할 5계五戒·10선十善을 설법한 내용의 『제위파리경提謂波利經』(2권)이 있었다고 하는데, 지금은 전해지지 않지만 경론들에 자주 인용되어 그 내용을 규탐할 수 있다. 『佛光大辭典』pp.4962~4963 참조. 문헌에 따라 같은 발음인 '제위提謂'라고도 표기된다.

953 5계五戒: 인천人天의 5계五戒에 대한 전거들 중 하나를 제시하면 『장아함경』권2의 다음과 같은 내용이다. "唯願, 如來聽我於正法中爲優婆夷, 自今已後盡壽, 不殺, 不盜, 不婬, 不欺, 不飮酒. 時彼女從佛受五戒已, 捨本所習, 穢垢消除, 即從座起, 禮佛而去."(T1, p.14c6~10.)

954 10선十善: 인천人天의 10선十善에 대한 전거들 중 하나를 제시하면 『장아함경』권6에서 인도의 4성계급四姓階級(바라문종婆羅門種·찰리종刹利種·거사居士·수다라종首陀羅種)에게 설법한 다음과 같은 내용이다. "若刹利種中有不殺者, 有不盜, 不婬, 不妄語, 不兩舌, 不惡口, 不綺語, 不慳貪, 不嫉妬, 不邪見. 婆羅門種居士首陀羅種亦皆如是, 同修十善."(T1, p.37a17~20.)

955 『반야경般若經』·『유마경維摩經』·『사익경思益經』: 『대반야바라밀다경大般若波

전들에서는] 비록 '성문聲聞·연각緣覺·보살菩薩'(三乘)이 모두 [불변·독자의] 실체가 없음'(空)을 이해한다고 말하지만 아직 '하나처럼 통하게 하는 가르침'(一乘)이 [성문聲聞·연각緣覺·보살菩薩의] 세 가지 가르침을 깨뜨려 하나로 돌아가게 하는 것'(破三歸一)을 말하지는 않는다. 네 번째는 부처님이 깨달음을 완성하고 나서 40년 후에 8년 동안『법화경法華經』을 설한 것이니, '하나처럼 통하게 하는 가르침이 [성문聲聞·연각緣覺·보살菩薩의] 세 가지 가르침을 깨뜨려 하나로 돌아가게 하는 것'(一乘破三歸一)을 자세히 밝히지만 아직 '중생에게는 모두 부처면모가 있다'(衆生皆有佛性)는 것을 말하지는 않는다. 단지 '여래의 수명'(如來壽)이 '티끌들을 모두 합한 개수'(塵數)보다 많고 미래에 머무르는 [수명]은 다시 '가장 높은 숫자'(上數)의 두 배[956]임을 밝히지만 '부처님의 늘 [본연에]

羅蜜多經』(현장玄奘 역, 600권),『마하반야바라밀경摩訶般若波羅蜜經』(구마라집鳩摩羅什 역, 27권),『금강반야바라밀경金剛般若波羅密經』(구마라집鳩摩羅什 역, 1권) 등은 반야공관般若空觀을 밝히는 대표적인 경전들이다.『유마경』의 전칭은『유마힐소설경維摩詰所說經』(3권, 구마라집鳩摩羅什 역)으로서 일명『불가사의해탈경不可思議解脫經』이라고도 한다. 화엄의 5교五教 교판에서는 네 번째인 대승돈교大乘頓教에 별립될 정도로 중시된다(『佛光大辭典』 p.1147 참조).『사익경』의 전칭은『사익범천소문경思益梵天所問經』(구마라집鳩摩羅什 역, 4권)으로서 주요 내용은 부처님이 망명보살網明菩薩과 사익 범천思益梵天 등을 위해 공리空理를 설하는 것이다. 천친天親의『승사유범천소문경론勝思惟梵天所問經論』은 이 경전을 주석한 논서이다.『佛光大辭典』 p.3808 참조.

956 부배상수復倍上數: 이 표현은『법화경』권5「여래수량품如來壽量品」에 나오는 것으로서 "諸善男子, 我本行菩薩道所成壽命, 今猶未盡, 復倍上數."(T9, p.42c22~23)라고 하는데, 부처님이 보살도菩薩道를 수행하여 이룬 수명이 지금도 여전히 다하지 않아 미래에는 다시 가장 높은 숫자의 두 배가 된다는 내용이다.『대승의장』의 해당부분은 "倍數"(T44, p.465a23)인데, 원효는 이 지점을 조술하면서 미비한 내용을 경전적 근거에 따라 보충하는 것으로 보인다.『佛光大辭典』(pp.1957, 1965)에 따르면 천태학天台學에서는 소의경전所依經典인『법화경』의「여래수량품如來壽量品」에서 "我成佛已來, 甚大久遠, 壽命無量阿僧祇劫, 常住不滅."(T9, p.42c19~21)이라고 하는 것과 같은 문장에 근거하여 무량아승기겁無量阿僧祇劫의 수명을 갖는 무량수불無量壽佛(아미타불阿彌陀佛)을 구원久遠의 본불本佛로 삼고 이 외의 석가모

머무름'(佛常)을 밝히지는 않았으니, 이것은 '완전하지 않은 뜻'(不了義)
[을 설한 경전]이다. 다섯 번째는 부처님이 열반에 들 무렵에『대열반경大
涅槃經』을 설한 것인데, '모든 중생에게는 부처면모가 있다'(諸衆生皆有
佛性)는 것과 '진리의 몸은 늘 [본연에] 머문다'(法身常住)는 것을 밝혔으
니 이것은 '완전한 뜻을 설한 경전'(了義經)이다.〉 남방의 여러 논사들
은 대부분 이러한 뜻을 전하고 있다.

北方師說,『般若』等經皆了義, 但其所宗各不同耳. 如『般若經』等智
惠957爲宗,『維摩經』等解脫爲宗,『法花經』者一乘爲宗,『大涅槃經』妙
果爲宗, 皆是大解起行德究竟大乘了義之說, 即破前說五時教言.

[H1, p.546c2~7: T38, p.255a28~b3]

2) 북방에서 통용되는 설명

북방의 논사958는『반야경般若經』등의 경전들이 모두 '완전한 뜻[을

니불釋迦牟尼佛을 위시한 제불諸佛을 적불迹佛로 삼는 본적이문本迹二門의 사상
을 전개한다.

957 '惠'를 '慧'로 고친다.

958 북방사北方師: 중국이 수隋(589~618)에 의해 통일되기 이전 남북조南北朝 시대에
서 북위北魏·동위東魏·서위西魏·북제北齊·북주北周로 이어지는 북조北朝 시
대(439~589)의 논사를 가리키는 것으로 보인다.『한위양진남북조불교사4』(탕융
동 저, 장순용 옮김, 서울: 학고방, 2014)에 따르면, 북조 시대의 불교학을 서술하
면서 혜원慧遠·담연曇延 등의 열반학, 담란曇鸞의 정토학, 북방에서 성행했던
『비담毘曇』의 번역과 연구, 보리류지菩提流支에 의한『십지경론』의 전래와 지론
종地論宗의 성립 등이 거론된다.(19장, 20장 참조) 북방의 교판론과 관련하여 천
태학天台學의 남삼북칠설南三北七說에 따르면 "南三北七者, 南謂南朝即京江之南,
北謂北朝河北也."(『법화현의석첨法華玄義釋籤』권19, T33, p.951a17~18)라고 하
여 양자강(京江) 이남의 남조南朝에 혜관慧觀의 5시교五時教를 비롯한 세 가지 교
판이 있고 황하 이북(河北)의 북조北朝에 일곱 가지 교판이 있다는 것인데, 북조

지닌 가르침'(了義)이지만 단지 그 '핵심주제가 되는 것'(所宗)이 각각 같

교판의 일곱 번째에 대해 『묘법연화경현의』 권10에서는 "十者北地禪師, 非四宗五宗六宗二相半滿等教. 但一佛乘無二亦無三, 一音說法隨類異解, 諸佛常行一乘, 衆生見三. 但是一音教也, 出異解."(T33, p.801b25~29)라고 하여 북지선사北地禪師의 견해로서 4종판四宗判・5종판五宗判 등 모든 위계적 교판론을 그릇된 것으로 여기고 부처님의 일음설법一音說法과 중생의 이해異解를 교판의 주제로 삼는 일음교一音教를 소개한다. 법장法藏의 『화엄경탐현기華嚴經探玄記』 권1에서는 교판론에 대한 고설古說들을 소개하면서 그 첫 번째로 "一後魏菩提留支立一音教, 謂一切聖教唯是如來一圓音教. 但隨根異故, 分種種, 如經一雨所潤等. 又經云, 佛以一音演說法, 衆生隨類各得解等."(T35, p.110c20~23)이라고 하여, 유사한 내용의 일음교一音教가 북위北魏(후위後魏)의 보리류지菩提流支에 의해 주장된 것이라고 설명한다. 아래 본문에서는 모든 경전이 요의경了義經이라는 논의가 전개되는데, 이 보리류지菩提流支의 일음교一音教와 일맥상통하는 것으로 보인다. 한편 이 북방사北方師가 가리키는 논사는 보리류지菩提流支 외에 지금 원효가 의거하는 『대승의장』의 저자인 정영사淨影寺 혜원慧遠일 수도 있다. 『대승의장』 권1에 따르면 "衆經教迹義三門分別.(一敘異說, 二辨是非, 三顯正義.)"(T44, p.465a10)라고 하여 「중경교적의衆經教迹義」는 3문三門으로 나뉘는데, ① 서이설敘異說에서는 유규劉虬의 2교5시설二教五時說을 소개하고 ② 변시비辨是非에서는 이 2교5시설二教五時說을 경전적 근거를 들어 비판하며 ③ 현정의顯正義에서는 혜원慧遠 자신의 견해로서 모든 경전이 대승大乘의 요의了義임을 밝히는 것이 대체적인 내용이다. 『열반종요』 '4. 명교적明教迹'의 내용과 연관지어 보자면 ① 서이설敘異說은 앞에서 보았듯이 '1) 남방에서 통용되는 설명'에서 의거하는 내용이고, ② 변시비辨是非와 ③ 현정의顯正義는 '2) 북방에서 통용되는 설명'에서 의거하는 내용이므로, 원효는 교적의를 밝히는 자리에서 『대승의장』 권1에 의거하여 논의를 전개하면서도 『대승의장』에서 정의正義로 제시되는 견해를 북방에서 통용되는 설명에 포함시킴으로써 남방이나 북방의 어느 한쪽 견해에 국한되지 않는 면모를 나타내는 것으로 보인다. 『대승의장』의 저자인 혜원慧遠은 돈황敦煌 사람으로(『佛光大辭典』 p.6054) 북위北魏 보통普通 4년(523)에 태어나 수隋가 개국된 지 불과 4년째인 592년에 임종을 맞았다. 북주北周의 무제武帝 때에는 호법보살護法菩薩이라는 칭호를 얻을 정도로 폐불廢佛에 강력히 저항한 실천가이기도(자세한 사정은 『중국불교사 - 남북조의 불교(상) - 3』, 鎌田茂雄 저, 장휘옥 역, 서울: 장승, 1996, pp.448~452 참조) 했던 북조北朝 시대의 대표적인 논사이다. 남북조南北朝의 교판론을 나누어 소개하기 위해 『열반종요』에서 제시되는 '남토제사南土諸師'와 '북방사北方師'의 용어가 『대승의장』에서는 보이지 않는데, 추론하자면 혜원慧遠은 북조北朝 시대를 살면서 보리류지菩提流支의 일음교一音教에 의거하여 자신의 교

지 않을 뿐이라고 말한다.[959] 예컨대 『반야경般若經』 등은 지혜智慧가
'핵심 주제'(宗)가 되고 『유마경維摩經』 등은 해탈解脫이 '핵심 주제'(宗)

<hr />

판으로 삼았고, 원효는 이 혜원慧遠의 교판을 북방에서 통용되는 설명에 포함시
켜 소개하는 것으로 보인다.

[959] '남방에서 통용되는 설명'의 단락에서처럼 '북방에서 통용되는 설명'의 단락도 『대
승의장』권1의 내용에 의거하여 조술하는 형식을 가진다고 전제한다면, 『대승의
장』권1의 해당 내용은 다음과 같은 것을 참고로 할 수 있다. "如彼『發菩提心經』
等, 發心爲宗, 『溫室經』等, 以施爲宗, 『淸淨毘尼優婆塞戒』如是等經, 以戒爲宗, 『華嚴』
『法華』『無量義』等, 三昧爲宗, 『般若經』等, 以慧爲宗, 『維摩經』等, 解脫爲宗, 『金光
明』等, 法身爲宗, 『方等』如門如是經等, 陀羅尼爲宗, 『勝鬘經』等, 一乘爲宗, 『涅槃經』
等, 以佛圓寂妙果爲宗. 如是等經, 所明各異, 然其所證皆是大乘緣起行德究竟了義, 階
漸之言不應輒論. 敎迹之義, 略之云爾."(T44, pp.466c26~467a6.) 『대승의장』의 「중
경교적의衆經敎迹義」는 여기에서 마친다. 『열반종요』와 대조해보면 원효는 ①
인천교문人天敎門, ② 삼승차별교문三乘差別敎門, ③ 반야般若·유마維摩·사익
思益의 공무상교空無相敎, ④ 법화法華의 불료교不了敎, ⑤ 열반涅槃의 요의교了
義敎로 구분하는 남방 점교漸敎의 5시교五時敎 중 ③·④·⑤에서 제시되었던 대
승 경전들만을 '북방에서 통용되는 설명'의 논의소재로서 거론한다. 그리고 그중
차이점이라면 『대승의장』에서는 『법화경』이 삼매三昧를 종의宗義로 삼고 『승만
경』이 일승一乘을 종의宗義로 삼는다고 설명하는 반면, 원효는 '남방에서 통용되
는 설명'에서와 같이 일승一乘을 종의宗義로 삼는 경전으로 『법화경』을 꼽는다.
대승 경전을 중심으로 남방 5시교五時敎와의 견해 차이를 분명히 드러내기 위한
의도로 보인다. 그리고 말미의 "皆是大乘緣起行德究竟了義"를 원효는 "皆是大解起
行德究竟大乘了義之說"이라고 바꾸어 보다 명료한 뜻과 맥락을 가진 문장으로 표
현한다. 대승 경전의 기초가 되는 『반야경』의 종의宗義인 지혜智慧(大解)로부터
다른 대승 경전에서 표현되는 행덕行德들이 일어나는 유기적 관계를 한 문장 안
에서 표현하려는 의도로도 읽힌다. 반면에 '4. 명교적明敎迹'의 세 번째 단락인 아
래의 '3) 문답을 통한 회통'에서 원효는 이 북방에서 통용되는 교판론을 '북립4종
北立四宗'(H1, p.547a14)이라고 명명한다. 5시교판五時敎判과 같이 이 4종四宗이
라는 표현은, 회통의 문맥에서는 북방의 교판론에 대한 비판적 함의를 띠는 용어
이다. 북방사北方師는 기본적으로 모든 경전을 요의了義라고 보는 일음교一音敎
의 원칙을 가지지만, 이 4종교판四宗敎判의 한계는 본문의 아래 문장에서 보듯이
『반야경』·『유마경』·『법화경』·『열반경』의 4종四宗에 대해 각각 지혜智慧·
해탈解脫·일승一乘·묘과妙果로만 규정하여 협소한 관점으로 치우칠 경향성을
지니기도 한다는 인식을 원효가 지녔을 가능성이 있다.

가 되며『법화경法華經』은 [삼승三乘을] 하나처럼 통하게 하는 가르침'(一乘)이 '핵심 주제'(宗)가 되고『대열반경大涅槃經』은 '오묘한 결과'(妙果) [로서의 '부처 면모'(佛性)]가 '핵심 주제'(宗)가 되니, 모두가 '대승의 지혜'(大解)가 일으킨 결실(行德)이며 '대승의 완전한 뜻에 관한 궁극적 가르침'(究竟大乘了義之說)인데, [이 북방논사들의 설명은] 곧 앞에서 설명한 '다섯 가지 시기로 나뉘는 가르침'(五時敎)이라는 [남방논사들의] 말을 깨뜨린 것이다.

如『大品經』「往生品」中, "諸比丘聞說般若, 讚歎檀度, 邃脫三衣, 以用布施." 論中釋言, "佛制三衣, 不畜得罪, 何犯戒, 爲行施耶? 以此在於十二年前, 佛未制戒. 是故不犯." 是以[960]文證, 非局在於十二年後. 又彼論云, "須菩提聞說『法花』擧手低頭皆成佛道. 是故今問退不退義." 以是文證,『般若』之敎未必局在於『法花』已前, 破斷五時卽爲謬異.[961]

[H1, p.546c7~16: T38, p.255b3~10]

마치『대품반야경大品般若經』「왕생품往生品」에서 "모든 비구比丘들이 '지혜[를 밝히는 수행]'(般若)에 대한 말씀을 듣고 '널리 베푸는 수행'(檀度; 布施波羅蜜)을 찬탄하면서 마침내 [출가수행자가 입어야 하는] 세 종류의 옷'(三衣)을 벗어 보시하였다"[962]라는 것과 같다. [『대품반야경大品般若經』을

---

960 문맥에 따라 '是以'를 '以是'로 고친다. 다음에 나오는 문장에서도 '以是文證'이라고 되어 있다.

961 윤왕사輪王寺 필사본(p.81b3)에 따라 '異'를 '矣'로 고친다.

962 『마하반야바라밀경』(『대품경大品經』) 권2 「왕생품제4往生品第四」에서 본문의 인용문과 같은 문장은 찾아지지 않으나, 유사한 내용을 제시하면 다음과 같다. "說是般若波羅蜜品時, 三百比丘從座起, 以所著衣上佛, 發阿耨多羅三藐三菩提心."(T8, p.229b15~17.) 가은 역주(2004)와 은정희 등 공역(2017)에서도 이 문장을 지목한다. 이 문장일 가능성을 높이는 근거는 이 문장에 대한『대지도론』의 해설이 바로 본문의 아래에서 제시되는『대지도론』의 인용 내용과 일치하기 때문이다. 〈산스크리트

해설한] 논서(『대지도론大智度論』)에서는 해석하여 [다음과 같이] 말한다. "[묻는다.] 부처님은 '[출가수행자가 입어야 하는] 세 종류의 옷'(三衣)⁹⁶³[이라는 계율]을 제정했기에 [이 계율을 지키는 행위를] 쌓지 않으면 죄를 얻는 것인데, 어찌하여 [저『대품반야경大品般若經』의 비구比丘들은 '세 종류의 옷'(三衣)을 벗어 버림으로써] 계율(戒)을 어기고 보시(施)를 행하는가? [답한다.] 이 [비구比丘들이 '세 종류의 옷'(三衣)을 벗어 보시한 행위]는 [부처님이 깨달음을 성취한 지] 12년이 되기 전에 있었던 일이기에 부처님이 아직 [그] 계율(戒)을 제정하지 않았다. 그러므로 [계율을] 어긴 것이 아니다."⁹⁶⁴ 이러한 '문헌적

본의 해당 내용. PvsP I-1, p. 103.19-21: asmin khalu punaḥ prajñāpāramitānirdeśe nirdiśyamāne trīṇi bhikṣuṇīśatāni bhagavantaṃ yathāvṛtaiś cīvarair abhicchādayāmāsur anuttarāyāṃ samyaksaṃbodhau cittāny utpādayāmāsuḥ. | [세존께서] 그 반야바라밀에 대한 설명을 설하고 있을 때, 삼백 비구들이 걸치고 있던 옷으로 세존을 덮었다. [그리고 위가 없는 완전한 깨달음에 대하여 마음을 일으켰다.]

963 3의三衣: 출가 수행자에게 허락된 세 종류의 의복으로서 용도에 따라 ① 승가리僧伽梨, ② 울다라승鬱多羅僧, ③ 안타회安陀會로 나뉜다. ① 승가리僧伽梨는 대의大衣, 중의重衣, 잡쇄의雜碎衣, 고승의高勝衣로 의역되는데, 거리에 탁발하러 나갈 때나 부름을 받고 왕궁에 들어갈 때 입는다. 9조條에서 25조의 옷감으로 봉제되기 때문에 9조의九條衣라고도 부른다. ② 울다라승鬱多羅僧은 상의上衣, 중가의中價衣, 입중의入衆衣, 7조의七條衣로 의역되는데, 예배·청강·포살의 때에 입는다. ③ 안타회安陀會는 중의中衣, 중숙의中宿衣, 내의內衣, 5조의五條衣로 의역되는데, 일상적인 작업을 할 때나 잠자리에 들 때 입는다.『佛光大辭典』 p.551 참조.

964 『대지도론』에서 본문의 인용문과 같은 문장은 찾아지지 않으나,『마하반야바라밀경』(『대품경』) 권2「왕생품제4往生品第四」인용부분에 관해『대지도론』에서 해설하는 지점은『대지도론』 권40「석왕생품제4釋往生品第四」인데, 거기에는 다음과 같은 문답이 나온다. "問曰, 如佛結戒, 比丘三衣不應少, 是諸比丘, 何以故? 破尸羅波羅蜜, 作檀波羅蜜? 答曰, 有人言, 佛過十二歲, 然後結戒, 是比丘施衣時未結戒." (T25, p.353c6~9.) 부처님이 계율을 정하신 바에 따르면 비구는 옷을 3의三衣보다 적게 지니고 있어서도 안 되는데『마하반야바라밀경』에서 모든 비구들은 어찌하여 그 3의三衣에 관한 지계바라밀持戒波羅蜜을 깨뜨리고 보시바라밀布施波羅蜜을 행하는가라는 질문에 대해, 부처님은 성도한 지 12년이 지난 후에 계율을 정했으므로 이 비구들이 옷을 보시했을 때는 아직 계율을 정하지 않았다고 대답하

증명'(文證)에 의거하면 [『반야경』을 말씀한 시기가 부처님이 깨달음을 성취한 지] 12년 이후인 것으로 국한되지 않는다.

또 저 논서(『대지도론大智度論』)에서는 "[『대품반야경大品般若經』에서] 수보리須菩提는 『법화경法華經』에서의 '손을 들어 [남을 높이고] 머리를 숙여 [자기를 낮추는 것]'(擧手低頭)[965]이 모두 '부처를 이루는 길'(成佛道)이라는 말씀을 들었다. 그러므로 지금 [수보리須菩提는 『대품반야경大品般若經』에서 『법화경法華經』을 들은 것에 의거하여] '[보살이 부처를 이루는 길에서] 물러나느냐 물러나지 않느냐의 뜻'(退不退義)을 물은 것이다"[966]라고 말한

는 내용이다. 본문의 인용문에서는 『대지도론』의 이 문답의 뜻을 취하여 요약한 것으로 보인다. 가은 역주(2004)와 은정희 등 공역(2017)에서도 이 문장을 지목한다. 인용한 『마하반야바라밀경』권2와 『대지도론』권40의 문장으로부터 5시교판五時敎判에서 주장하는 『반야경』을 설한 시기가 부처님이 성도成道한 지 12년 이후인 것이 아니라는 사실을 증명할 수 있는 까닭은, 간단히 말해 『마하반야바라밀경』권2에서 부처님이 반야般若(또는 『반야경』)를 설하는 것을 듣고 비구들이 옷을 벗어 보시한 시기가 『대지도론』권40에 따르면 부처님이 계율을 제정하기 이전인 성도成道한 지 12년 이전임이 드러나기 때문이라고 하겠다.

965 거수저두擧手低頭: 『법화경』권1 「방편품제2方便品第二」에서 "或有人禮拜, 或復但合掌, 乃至擧一手, 或復小低頭, 以此供養像, 漸見無量佛."(T9, p.9a19~21)이라고 하여, 불상佛像을 공양하기 위해 거수저두擧手低頭하는 작은 일로도 무량불無量佛을 점견漸見하게 된다는 부처님의 게송에서 유래한 용어이다. 지의智顗의 『묘법연화경현의』권3에서는 "低頭擧手積土弄砂, 皆成佛道. 雖說種種法, 其實爲一乘."(T33, p.716c5~6)이라고 하여 거수저두擧手低頭의 실질적인 뜻은 법화法華 일승一乘 사상에 결부되는 것이라고 지적한다.

966 이 인용문은 『대지도론』권93 「석필정품제83釋畢定品第八十三」의 다음 내용에서 뜻을 취하여 요약한 것으로 보인다. "須菩提聞『法華經』中說, 於佛所作少功德, 乃至戲笑一稱南無佛, 漸漸必當作佛. … 如『法華經』中說畢定, 餘經說有退不退. 是故今問爲畢定爲不畢定."(T25, p.713b25~c1.) 은정희 등 공역(2017)에서도 이 문장을 지목한다. 다른 경전들에서는 퇴불퇴退不退를 모두 말하는 데 비해, 부처님에게 지은 조그만 공덕으로도 반드시 작불作佛한다는 『법화경』의 말씀을 수보리須菩提가 듣고 작불作佛이 반드시 정해진 것인지 그렇지 않은 것인지를 지금 물었다는 내용이다. 이 『대지도론』 「석필정품釋畢定品」에서 해설하는 대상 경전인 『마

다. 이러한 '문헌적 증명'(文證)에 의거하면 『반야경』의 가르침이 『법화경』 이전에 있었던 것으로 국한해서는 안 되니, [따라서] '다섯 가지 시기'(五時)[에 대한 주장]을 깨뜨려서 [그 주장을] 곧바로 잘못된 것으로 만들어 버린다.967

又復若言『般若』敎中, 不破三乘, 淺968『化』969者, 『大品經』中, "舍利弗問, 若都不退, 定970復不異, 何故得有三乘差別, 不唯一乘? 須菩提答, 無二無三. 若聞不怖, 能得菩提." 此與『法花』無三言, 何別而分淺深耶? 又若『般若』不說佛性淺者, 『涅槃經』說, 佛性亦名般若波羅蜜, 亦名第一義空, 所般若及空卽是佛性, 何得說云不明佛性? 又『大品』說眞如法性, 論主釋云, "法名涅槃, 不971戲論, 法性名本分種, 如黄石972金性, 白石973銀性. 一974切衆生975有涅槃性." 此與佛性有何差別, 而不說故, 是淺耶?

[H1, pp.546c16~547a3: T38, p.255b10~21]

하반야바라밀경』 권26 「필정품畢定品」에서는 "須菩提白佛言, 世尊, 是菩薩摩訶薩爲畢定爲不畢定? 佛告須菩提, 菩薩摩訶薩畢定非不畢定."(T8, p.409b14~16)이라고 하여, 보살이 퇴전退轉하지 않고 작불作佛하는 것이 필정畢定인가 아닌가를 수보리須菩提가 묻는 내용이 나온다.

967 『대승의장』 권1의 해당 내용은 참고로 다음과 같다. "龍樹菩薩釋『大品經』云, 須菩提聞說『法華』, 擧手低頭皆成佛道, 是故今問退不退義. 以此文證, 前後不定."(T44, p.466a26~28.) 『대승의장』에서 "前後不定"이라고 말한 것을 『열반종요』에서는 "般若之敎未必先在於『法花』已前"이라고 보다 자세히 표현한다.

968 '於'가 있어야 의미가 분명해진다. '淺'을 '淺於'로 교감한다.

969 『대승의장』에는 '化'가 '法華'로 되어 있다. 이에 따른다.

970 『대승의장』에는 '定'이 '空'으로 되어 있다. 이에 따른다.

971 『대지도론』 원문에 따라 '不' 뒤에 '可'를 넣는다.

972 『대지도론』 원문에 따라 '石' 뒤에 '中有'를 넣는다.

973 『대지도론』 원문에 따라 '石' 뒤에 '中有'를 넣는다.

974 『대지도론』 원문에 따라 '一' 앞에 '如是'를 넣는다.

975 『대지도론』 원문에 따라 '衆生'을 '世間法中皆'로 고친다.

또한 『반야경般若經』의 가르침에서는 '[성문聲聞·연각緣覺·보살菩薩의] 세 가지 가르침'(三乘)을 깨뜨리지 않기에 『법화경法華經』보다 얕다고 말한다면, [『반야경』이 『법화경』보다 얕지 않다는 경증으로서] 『대품반야경大品般若經』에서는 [다음과 같이 말한다.] "사리불舍利弗이 물었다. 〈만약 [보살菩薩이] 전혀 '[불변·독자의 실체가 없음'(空)에 관한 깨달음에서] 물러나지 않는다면 '[불변·독자의] 실체가 없음'(空)[의 깨달음]에서 다시 달라지지 않아 [이승二乘으로 물러나지 않을 터인데], 어찌 '[성문聲聞·연각緣覺·보살菩薩의] 세 가지 가르침의 차이'(三乘差別)가 있어 오로지 '하나처럼 통하게 하는 가르침'(一乘)이지 않을 수 있겠는가?〉 수보리須菩提가 대답하였다. 〈'[소승小乘과 대승大乘의] 둘로 나뉨도 없고'(無二) '[성문聲聞·연각緣覺·보살菩薩의] 셋으로 나뉨도 없다'(無三). 만약 '[모든 것이 같아지는 양상'(諸法如相)에 관해] 듣고도 두려워하지 않는다면 깨달음(菩提)을 얻을 수 있다.〉"976 [『대품반

---

976 본문의 인용문은 『마하반야바라밀경』 권16의 다음 내용에서 뜻을 취하여 요약한 것으로 보인다. "舍利弗語須菩提, 如須菩提所說, 是法忍中無有菩薩於阿耨多羅三藐三菩提退還者. 若不退還, 佛說求道者有三種, 阿羅漢道辟支佛道佛道, 是三種爲無分別. 如須菩提說, 獨有一菩薩摩訶薩求佛道. 是時富樓那彌多羅尼子語舍利弗, 應當問須菩提, 爲有一菩薩乘不? 爾時舍利弗問須菩提, 須菩提, 爲欲說有一菩薩乘? 須菩提語舍利弗, 於諸法如中, 欲使有三種乘, 聲聞乘辟支佛乘佛乘耶? 舍利弗言, 不也. 舍利弗, 如中可得分別有三乘不? 舍利弗言, 不也. 舍利弗, 是如有若一相若二相若三相不? 舍利弗言, 不也. 舍利弗, 汝欲於如中乃至有一菩薩不? 舍利弗言, 不也. 如是四種中, 三乘人不可得. 舍利弗, 云何作是念, 是求聲聞乘人, 是求辟支佛乘人, 是求佛乘人? 舍利弗, 菩薩摩訶薩聞是諸法如相, 心不驚不沒不悔不疑, 是名菩薩摩訶薩能成就阿耨多羅三藐三菩提."(T8, p.337c8~26.) 은정희 등 공역(2017)에서도 이 문단을 지목하는데, 다만 끝부분인 "舍利弗, 菩薩摩訶薩聞是諸法如相, 心不驚不沒不悔不疑, 是名菩薩摩訶薩能成就阿耨多羅三藐三菩提."의 문장을 생략하고 있다. 먼저 사리불舍利弗의 견해를 요약하자면, 수보리須菩提가 말한 것처럼 보살菩薩이 아뇩보리阿耨菩提에서 퇴환退還함이 없다고 한다면 부처님이 말한 아라한도阿羅漢道·벽지불도辟支佛道·불도佛道의 세 가지가 없어지고 오로지 보살菩薩이 추구하는 하나의 불도佛道만이 있게 된다는 것이다. 사리불舍利弗은 보살승菩薩乘에 대한 집착을 경계하면서도 여전히 삼승三乘의 차별差別에 집착하는 이중적 견해를 드러내는 셈이다. 이

에 대해 수보리須菩提는 사리불舍利弗과 문답하는 형식으로 자신의 견해를 표명
하는데, 대체적인 내용을 요약하자면 '모든 것이 같아지는 지평'(諸法如)에서는 성
문승聲聞乘 · 벽지불승辟支佛乘 · 불승佛乘의 3종승三種乘이 없고 마침내 수보리
須菩提 자신이 추구하는 일보살승一菩薩乘에 대한 분별마저도 없어진다는 것이
다. 마지막 대목에서는 이러한 제법여상諸法如相을 듣고도 보살菩薩이 놀라거나
의심을 품지 않으면 아뇩보리阿耨菩提를 성취한다고 결론짓는다. 본문의 "무이무
삼無二無三"과 관련되는 내용은 수보리須菩提의 말에서 "是如有若一相若二相若三
相?"에 해당하는데, 여기서 1상一相은 일보살승一菩薩乘을, 2상二相은 소승小
乘과 대승大乘을, 3상三相은 성문승聲聞乘 · 벽지불승辟支佛乘 · 불승佛乘을 가리
키는 것으로 보인다. 〈산스크리트본의 해당 내용. PvsP IV, pp. 133.16-134.21:
"evam ukte āyuṣmān śāriputra āyuṣmantaṃ subhūtim etad avocat: yayā
dharmanayajātyā subhūtiḥ sthaviro nirdiśati, tayā na kaścid bodhisattvo
mahāsattvo vivartiṣyate anuttarāyāḥ samyaksambodheḥ. ya ime trayo
bodhisattvayānikāḥ pudgalāḥ tathāgatenākhyātāḥ, eṣāṃ ca trayāṇāṃ
bodhisattvayānikānāṃ pudgalānāṃ vyavasthānaṃ na bhaviṣyati. eka eva
bodhisattvo mahāsattvo bhaviṣyati yad uta bodhisattvayāniko yathāyuṣmataḥ
subhūter nirdeśaḥ. atha khalv āyuṣmān Pūrṇo maitrāyaṇīputra āyuṣmantaṃ
śāriputram etad avocat: kiṃ punar āyuṣman śāriputra subhūtiḥ sthavira ekam
api bodhisattvaṃ mahāsattvam icchati, paripraṣṭavyas tāvat subhūtiḥ
sthaviraḥ. atha khalv āyuṣmān śāriputra āyuṣmantaṃ subhūtim etad avocat:
kiṃ punar āyuṣman subhūte ekam api bodhisattvayānikaṃ bodhisattvam
icchasi? evam ukte āyuṣmān subhūtir āyuṣmantaṃ śāriputram etad avocat:
kiṃ punar āyuṣmañ chāriputra tathatāyāṃ trīn bodhisattvān icchasi,
śrāvakayānikaṃ vā bodhisattvaṃ pratyekabuddhayānikaṃ vā bodhisattvaṃ
bodhisattvayānikaṃ vā bodhisattvam icchasi? śāriputra āha: nāyuṣman
subhūte. subhūtir āha: tat kiṃ punar āyuṣmañ śāriputra tathatāyāṃ trayo
bodhisattvā upalabhyante? śāriputra āha: nāyuṣman subhūte. subhūtir āha: kiṃ
punar āyha: nāyuṣman subuṣmañ chāriputra tathatā ekato vā dvābhyāṃ vā
tribhir vākārair upalabhyate? śāriputra āhūte. subhūtir āha: kiṃ punar āyuṣmañ
śāriputra tathatāyām ekaṃ bodhisattvam upalabhate? śāriputra āha: nāyuṣman
subhūte. subhūtir āha: evaṃ satyataḥ sthititas te dharmā anupalabhyamānāḥ
kutaḥ punar āyuṣmataḥ śāriputrasyaivaṃ bhavati, ayaṃ śrāvakayāniko
bodhisattvo 'yaṃ pratyekabuddhayāniko bodhisattvo 'yaṃ buddhayāniko
bodhisattva ity, ayaṃ sarvadharmatathatāyāṃ prabhāvyamānāyāṃ yasya

菩薩의] 셋으로 나뉨이 없다는 말씀'(無三을)[977]을 어찌 구별하여 '얕은 가

---

bodhisattvasya mahāsattvasya cittan nāvalīyate na saṃlīyate na vipratisārī
bhavati mānasaṃ nottrasyati na saṃtrasyati na saṃtrāsam āpadyate. ayaṃ
bodhisattvo mahāsattvo niryāsyaty anuttarāyāṃ samyaksaṃbodhau. |

이와 같이 말을 들었을 때, 장로 샤리뿌뜨라는 장로 수부띠에게 다음과 같이 말했다.
"수부띠 장로께서 [궁극적 실재에서] 다르마들을 사유하는 방식(dharmanayajāti)을 가
지고 설하시는데, 그 [방식]에 의해서는 어떠한 보살마하살도 무상정등각으로부터
되돌아오지 않을 것입니다. [또한] 여래께서 말씀하셨던 보살승에 속한 세 종류의
사람들과 보살승에 속한 그 세 종류의 사람들의 구분 또한 없을 것입니다. 장로
수부띠의 설명에 따르자면 보살마하살은 단지 한 [종류] 즉 보살승에 속한 자만이
있게 될 것입니다"라고. 그러자 마이뜨라야니의 아들인 장로 뿌르나는 장로 샤리
뿌뜨라에게 다음과 같이 말했다. "샤리뿌뜨라 장로시여! 우선 장로 수부띠께 '장
로 수부띠는 총 한 종류의 보살마하살만을 인정하십니까?'라고 물어보셔야 합니
다!"라고. 그러자 장로 샤리뿌뜨라가 장로 수부띠에게 다음과 같이 물었다. "장로
수부띠시여! 당신은 보살승에 속하는 단 한 종류의 보살마하살만을 인정하십니
까?"라고. 이와 같이 말해졌을 때, 장로 수부띠는 장로 샤리뿌뜨라에게 다음과 같
이 되물었다. "장로 샤리뿌뜨라시여! 그렇다면 그대는 진여에서 세 [종류의] 보살들
을 인정합니까? [즉] 그대는 성문승에 속하는 보살 혹은 벽지불승에 속하는 보살
혹은 보살승에 속하는 보살을 인정합니까?"라고.

샤리뿌뜨라: 그렇지 않습니다. 장로 수부띠여!

수부띠: 장로 샤리뿌뜨라여! 그렇다면 진여에서 세 [종류의] 보살이 인식됩니까?

샤리뿌뜨라: 그렇지 않습니다. 장로 수부띠여!

수부띠: 장로 샤리뿌뜨라여! 그렇다면 진여가 하나 혹은 둘 혹은 셋이라는 모습으
로 지각됩니까?

샤리뿌뜨라: 그렇지 않습니다. 장로 수부띠여!

수부띠: 장로 샤리뿌뜨라여! 그렇다면 어떤 사람이 진여에서 한 [종류의] 보살을 지
각할 수 있습니까?

샤리뿌뜨라: 그렇지 않습니다. 장로 수부띠여!

수부띠: 샤리뿌뜨라여! 이와 같이 진실한 머묾의 입장으로부터 그러한 다르마들
이 지각되지 않는데, 무엇 때문에 장로 샤리뿌뜨라께서는 다음과 같은 생각을 가
지고 계십니까? '이 보살은 성문승에 속하는 보살이고, 이 보살은 벽지불승에 속
하는 보살이고, 이 보살은 불승에 속하는 보살이다'라고. 모든 다르마의 진여를
인식하고 있지만, [그럼에도 불구하고] 그 마음이 침울해지거나 가라앉거나 낙담하지
않고, 마음이 두려워하거나 공포에 떨거나 공포에 빠지지 않는 보살마하살은 무
상정등각으로 나아가게 될 것입니다. 〉

르침과 깊은 가르침'(淺深)으로 나누겠는가?[978]

또 만약 『반야경般若經』에서는 '부처 면모'(佛性)를 말하지 않기에 [『열
반경』보다] 얕은 것이라면, 『열반경涅槃經』에서는 '부처 면모'(佛性)를 '지
혜를 밝히는 수행'(般若波羅蜜)이라고도 부르고 '[불변·독자의] 실체가 없
음에 대한 궁극적 진리'(第一義空)라고도 부른다고 설하므로[979] 지혜(般
若)와 '[불변·독자의] 실체가 없음'(空)이라는 것이 곧 '부처 면모'(佛性)인
데, 어찌 [『반야경般若經』에서] '부처 면모'(佛性)를 밝히지 않는다고 말하
겠는가?[980] 또 『대품반야경大品般若經』에서는 '참 그대로인 진리면모'(眞

---

977 무삼언無三言: 『법화경』 권1 「방편품方便品」의 "我有方便力, 開示三乘法. 一切諸世
尊皆說一乘道."(T9, p.8b27~28), 권2 「신해품信解品」의 "於一乘道隨宜說三."(T9,
p.19a11) 그리고 권2 「비유품譬喩品」의 화택火宅의 비유(T9, p.12b13 이하)에서,
불타는 집에 머물고 있는 아이들을 구출하기 위해 이 양거羊車·녹거鹿車·우거
牛車의 3거三車로 유인하였으나 문밖으로 나와 보니 3거三車는 없고 일대거一大
車가 있었다는 등의 내용에서 유래하는 용어로서, 방편인 삼승三乘과 진실인 일
승一乘이라는 회삼귀일會三歸一의 법화사상法華思想을 대변한다.

978 『대승의장』 권1의 해당 내용은 참고로 다음과 같다. "若言『般若』不破三乘, 淺『法
華』者, 『大品經』中舍利弗問, 若都不退, 空復不異, 何故得有三乘差別, 不唯一乘? 須菩
提答, 無二無三. 聞不怖, 能得菩提. 此與『法華』無二無三, 其言何別而言非是破三歸
一?"(T44, p.466a5~10.)

979 『열반경』에서 불성佛性을 반야바라밀般若波羅蜜과 관련시키는 대목을 제시하자
면 권24의 "菩薩摩訶薩修大涅槃, 於一切法悉無所見, 若有見者不見佛性, 不能修習般
若波羅蜜, 不得入於大般涅槃. 是故菩薩見一切法性無所有."(T12, p.765c12~15)나 권
19의 "不聞般若波羅蜜不見般若波羅蜜, 不聞涅槃不見涅槃, 不聞大涅槃不見大涅槃."
(T12, p.736a14~16)과 같은 문장이고, 제일의공第一義空과 관련시키는 대목을 제
시하자면 권25의 "佛性者即第一義空, 第一義空名爲中道, 中道者即名爲佛, 佛者名爲
涅槃."(T12, p.768c18~20)이나 권30의 "如來常住則名爲我, 如來法身無邊無礙不生
不滅徧八自在, 是名爲我, 衆生真實無如是我及以我所. 但以必定當得畢竟第一義空, 故
名佛性."(T12, p.802c15~19)과 같은 문장이며, 제일의공第一義空과 반야般若가 한
꺼번에 나오는 대목을 제시하자면 권25의 "佛性者名第一義空, 第一義空名爲智
慧."(T12, p.767c18~19)와 같은 문장이다.

980 『대승의장』 권1의 해당 내용은 참고로 다음과 같다. "若言『般若』不說佛性, 淺於
『涅槃』者, 經說佛性亦名般若波羅蜜, 亦名第一義空, 『大品』所說般若及空即是佛性, 云

如法性)에 관해 말하고,[981] 논서(『대지도론大智度論』)의 저자[인 용수龍樹]가 해석하여 [다음과 같이 말한다.] "진리(法)를 열반涅槃이라 부르니 '분별망상으로 거론할 수 없으며'(不戱論), '진리 면모'(法性)를 '본연적으로 갖추어진 종자'(本分種)[982]라고 부르니 마치 노란 돌에 있는 금의 성질이나 흰 돌에 있는 은의 성질과 같다. 이와 같이 모든 '세간의 현상'(世間法)에 다 '열반의 면모'(涅槃性)가 있다."[983] [『대품반야경大品般若經』에서 말하는 '진리 면모'(法性)인] 이것과 [『열반경涅槃經』에서 말하는] '부처 면모'(佛性)가 무슨 차이가 있기에 ['부처 면모'(佛性)를] 말하지 않았다고 하여 이 [『대품반야경大品般若經』의 뜻]이 얕다는 것인가?[984]

> 又『法花論』云, "所成壽命復倍上數者, 此文示現如來常命. 以巧方便顯多數, 量不可數知故." 又言, "我淨土不毀, 而衆生見燒盡者, 報佛如

何說言不明佛性?"(T44, p.466a12~15.)

981 아래 『대지도론』에서 해설하는 『마하반야바라밀경』 권1의 해당 문장은 다음과 같다. "舍利弗, 菩薩摩訶薩欲知諸法如法性實際, 當學般若波羅蜜. 舍利弗, 菩薩摩訶薩應如是住般若波羅蜜."(T8, p.219c14~16.) 진여법성眞如法性의 실제實際를 알고자 한다면 반야바라밀般若波羅蜜을 배워야 한다는 내용이다.

982 본분종본分種: 경론을 통틀어 본문의 『대지도론』 인용문에서만 나오는 용어이다. 법성法性에서 법法이 열반涅槃이므로 본분종본分種은 성성을 설명하는 용어라고 하겠다. 후대의 주소註疏들에서도 대부분 이 『대지도론』의 문장에 의거하여 본분종본分種을 거론하는데, 길장의 『인왕반야경소仁王般若經疏』(권1, T33, p.324b5~6), 원효의 『기신론소』(권1, T44, p.204a1~4), 혜달惠達의 『조론소肇論疏』(권2, X54, p.68b20~24) 등이 그 사례이다.

983 『대지도론』 권32(T25, p.298b19~21). "法性者, 法名涅槃, (不可壞,) 不可戱論, 法性名爲本分種, 如黃石中有金性, 白石中有銀性. 如是一切世間法中皆有涅槃性." 괄호는 생략된 내용을 표시한다.

984 『대승의장』 권1의 해당 내용은 참고로 다음과 같다. "又『大品』中宣說眞如實際法性, 龍樹釋言, 法名涅槃, 不戱論法, 性名本分種, 猶如黃石金性, 白石銀性. 一切衆生有涅槃性. 此與佛性有何差別, 而言不說佛性? 旣齊淺深之言無宜暫施."(T44, p.466a15~19.)

來眞[985]淨土, 第一義諦之所攝故."旣顯常命及眞淨土, 而言是不了說者, 不應道理.

[H1, p.547a3~9: T38, p.255b21~26]

또 『법화론法華論』에서는 "[『법화경法華經』에서 말한] 〈[여래如來가] 성취한 수명은 가장 높은 숫자의 두 배이다〉(所成壽命復倍上數)[986]라는 것은, 이 문장에서 '여래의 늘 머무르는 수명'(如來常命)을 나타내 보여 준 것이다. [가장 높은 숫자'(上數)의 두 배라는] '탁월한 수단과 방법'(巧方便)[이 되는 말]로 '많은 숫자'(多數)를 드러내는 것이니, [가장 높은 숫자'(上數)를 넘는] 수량은 헤아려 알 수 없기 때문이다"[987]라고 말한다. 또 [『법화론法華論』에서는] "[『법화경法華經』에서 말한] 〈[부처인] 나의 온전한 세계는 훼손되지 않지만 중생들은 [그들의 오염된 세계가 고뇌의] 불에 타 없어지는 것을 본다〉(我淨土不毁, 而衆生見燒盡)[988]라는 것은, [진리성취의] 결실인 부처로

---

985 『묘법연화경론우바제사』 원문에 따라 '眞' 뒤에 '實'을 넣는다.
986 『묘법연화경』 권5 「여래수량품如來壽量品」(T9, p.42c22~23). "諸善男子, 我本行菩薩道所成壽命, 今猶未盡, 復倍上數."
987 『묘법연화경론우바제사』 권1(T26, p.19a4~6). "所成壽命復倍上數者, 此文示現如來常命. (善)巧方便顯多數, (過上數)量不可數知故." 괄호는 생략된 내용을 표시한다. 생략한 '過上數'는 번역에 반영했다. '善' 대신 '以'를 보충한 것은 문맥을 분명히 하기 위한 것으로 보인다. 앞서 유규劉虬의 5시교판五時教判에서는 『법화경』의 가르침을 제4시第四時로 설정하면서 "但彰如來壽過塵數, 未來所住復倍上數, 不明佛常, 是不了教."(H1, p.546b22~24)라고 하여 '가장 높은 숫자'(上數)의 두 배라는 유한한 숫자의 범위만을 말했지 불상佛常을 밝히지 않았다고 설명한 것에 대해, 여기서는 『법화론』의 논증論證을 통해 '가장 높은 숫자'(上數)의 두 배라는 그 표현이 바로 여래상명如來常命(불상佛常)을 드러내는 선교방편善巧方便이라고 설명하는 것으로 보인다.
988 『묘법연화경』 권5 「여래수량품如來壽量品」(T9, p.43c12). "我淨土不毁, 而衆見燒盡." 문맥 파악을 위해 앞뒤 문장을 함께 인용하면 "諸天擊天鼓, 常作衆伎樂, 雨曼陀羅花, 散佛及大衆. 我淨土不毁, 而衆見燒盡, 憂怖諸苦惱, 如是悉充滿. 是諸罪衆生, 以惡業因緣, 過阿僧祇劫, 不聞三寶名."(T9, p.43c10~15)인데, 본문 인용문의 앞 대

서의 여래가 머무르는 진실의 온전한 세계'(報佛如來眞實淨土)는 '궁극적 진리'(第一義諦)에 포함되기 때문이다"⁹⁸⁹라고 말한다. 이미 '[여래如來의] 늘 머무르는 수명'(常命)과 '진실의 온전한 세계'(眞淨土)를 드러냈는데도 이 [『법화경法華經』의 가르침]이 '완전하지 않은 가르침'(不了說)이라고 말하는 것은 도리에 맞지 않는다.⁹⁹⁰

問. 南北二說, 何者爲得爲失? 答. 若執一邊, 謂一向爾者, 二說皆失, 若就隨分, 無其義者, 二說俱得. 所以然者, 佛說『般若』等諸教意, 廣大甚深, 淺通復不可定限於一邊故. 又如隨⁹⁹¹時天台智者, 問神人言, 北立四宗會經意不? 神人答言, 失多得少, 又問, 成實論師立五教稱佛意不? 神人答曰, 小勝四宗, 猶多過失. 然天台智者, 禪惠⁹⁹²俱通, 擧世所重,

---

목은 제천諸天이 천고天鼓를 울리고 여러 기악伎樂을 늘 연주하며 만다라화曼茶羅華의 꽃비가 부처님과 대중들에게 내리는 등 정토淨土의 낙상樂相을 묘사하는 내용이고, 뒤 대목은 중생들이 죄악업죄惡業으로 인해 무수한 세월 동안 삼보三寶의 가르침을 듣지 못하여 걱정과 공포의 고뇌에 빠져 있는 예토穢土의 고상苦相을 묘사하는 내용이다. 본문 번역은 이 『묘법연화경』의 문맥을 반영했다. 그리고 본문의 인용문에서는 『묘법연화경』 원문의 "衆見燒盡"의 '衆'을 '衆生'으로 보충했는데, 게송의 형식인 『법화경』의 문맥을 분명히 하려는 원효의 의도로 보아 '衆生'을 그대로 둔다.

989 『묘법연화경론·우바제사』 권1(T26, p.19a6~7). "我淨土不毀, 而衆見燒盡者, 報佛如來眞實淨土, 第一義諦攝故." 여기서도 원효는 북방사北方師의 관점을 대신하여, 보불여래報佛如來가 머무르는 정토淨土가 진실眞實이자 제일의제第一義諦라고 말하는 『법화론』 내용의 논증論證을 통해 『법화경』이 방편교方便教(불료교不了教)라고 주장한 남토南土 5시교판五時敎判의 관점을 비판하는 것으로 보인다.

990 『법화론』에 의거하여 『법화경』의 요의교了義教로서의 면모를 논증論證하는 이 내용은 『대승의장』 권1 「중경교적의衆經教迹義」(T44, pp.465a10~467a6)에서 찾아볼 수 없으므로, 원효는 모든 경전이 요의了義라는 일음교一音教의 취지를 보강하려는 의도에서 이 문단을 추가한 것으로 보인다.

991 문맥에 따라 '隨'를 '隋'로 고친다.

992 '惠'를 '慧'로 고친다.

凡聖難測, 是知佛意深遠無限. 而欲以四宗科於經旨, 亦以五時限於佛意, 是猶以螺酌海, 用管闚天者耳. 敎迹淺深, 略判如是.

[H1, p.547a9~23: T38, p.255b26~c9]

『涅槃經宗要』.

天治元年五月廿四日書之.

3) 묻고 대답함

묻는다. 남방과 북방의 두 가지 설명에서 어떤 것이 타당하고 [어떤 것이] 부당한가? 답한다. 만약 '하나의 극단[적 설명]'(一邊)에 집착하여 한결같이 그러하다고 말한다면 두 가지 설명이 모두 부당하지만, 만약 '제한된 조건에 따르는 것'(隨分)에 의거하면서 그 [하나의 극단적 설명에 집착하여 그 설명만으로 일관하려는] 면모가 없다면 두 가지 설명이 모두 타당하다. 왜냐하면, 부처님이 말한 『반야경』[·『유마경』·『법화경』·『열반경』] 등 모든 가르침의 뜻은 넓고 크며 매우 깊기에 '얕은 회통'(淺通)으로 [『반야경』 등 여러 경전의 가르침을] 다시 '하나의 극단'(一邊)[적 설명]에 고정적으로 국한시켜서는 안 되기 때문이다. 또 마치 수隋나라 때(581~618) 천태天台 지자智者(지의智顗)[993]가 '신령한 사람'(神人)[994]에게 묻기를 "북방에

---

993 천태天台 지자智者(지의智顗, 538~597): 천태종天台宗의 개종開宗 조사祖師이다. 세칭 지자대사智者大師, 천태대사天台大師라고도 불리는데, 지자智者는 수隋 개황開皇 11년(591)에 진왕晉王 양광楊廣(후에 양제煬帝)이 지의智顗에게 보살계를 받고 나서 그에게 하사한 이름이고 천태天台는 절강浙江의 천태산天台山에 오래 머물러 얻은 이름이다. 수십 종의 책을 저술했는데, 그중 『묘법연화경현의妙法蓮華經玄義』·『묘법연화경문구妙法蓮華經文句』·『마하지관摩訶止觀』을 천태삼대부天台三大部라고 부른다. 『佛光大辭典』 pp.5038~5039 참조. 『속고승전』 권17에서는 그의 전기를 "隋國師智者天台山國淸寺釋智顗傳."(T50, p.560c28)이라고 하여 수隋나라의 국사國師인 지자智者이자 천태산天台山 국청사國淸寺의 지의智顗라고 소개한다. 본문 아래에서 지의智顗가 신인神人에게 남북의 교판론에 관해 물었다

서 세운 '네 가지 가장 중요한 주제'(四宗)[995][에 대한 가르침]은 '경전들의 뜻'(經意)을 모아서 [소통시키지] 않습니까?"라고 말하자 '신령한 사람'(神人)이 대답하기를 "부당한 것이 많고 타당한 것은 적다"라 말하고, 또 "『성실론成實論』에 능통한 논사'(成實論師)[996]들이 세운 '다섯 가지 시기

는 고사는 『속고승전』 권17의 「석지의전釋智顗傳」(T50, p564a18 이하)이나 지의 智顗의 교상판석론이 소개되는 『묘법연화경현의妙法蓮華經玄義』 권10의 '제5석 교상第五釋敎相'(T33, p.800a19 이하) 단락 등에서 발견되지 않는다. 아마도 기록 에 의거한 것이 아니라 천태종天台宗 조사祖師로서의 권위에 의거하여 전해지는 말로 통용되었던 일화인 듯하다.

994 신인神人: 신인神人의 대표적인 용례는 『사십이장경四十二章經』 권1에서 "昔漢孝 明皇帝夜夢見神人, 身體有金色, 項有日光, 飛在殿前, 意中欣然, 甚悅之. 明日問群臣, 此爲何神也? 有通人傅毅曰, 臣聞天竺有得道者, 號曰佛, 輕擧能飛, 殆將其神也."(T17, p.722a14~18)라는 일화에서 나온다. 한한漢 효명孝明 황제가 꿈에 금빛 몸의 항배 일광項背日光을 갖춘 신인神人이 궁전으로 날아오는 것을 보았는데, 신하인 부의 傅毅가 그 신인神人이 천축天竺의 부처님이라고 대답하는 내용이다. 『佛光大辭典』 에 따르면 신인神人은 『보살본업경菩薩本業經』에서 거론되는 부처님의 10명十名 중 하나로서(p.4244 참조), 그 책 권1에서는 "或有名佛爲 ① 大聖人, 或有名佛爲 ② 大沙門, 或號 ③ 衆祐, 或號 ④ 神人, 或稱 ⑤ 勇智, 或稱 ⑥ 世尊, 或謂 ⑦ 能儒, 或謂 ⑧ 昇仙, 或呼 ⑨ 天師, 或呼 ⑩ 最勝."(T10, p.447a14~17, 번호는 역자 보충)이라 고 하여 부처님의 10명十名 중 네 번째로 나온다. 한편 길장吉藏의 『법화의소法華 義疏』 권1에서는 "莊周尚云, 至人無心, 神人無功, 聖人無名. 法身菩薩形不可以像惻, 心不可以智知, 何故乃爲立名耶?"(T34, p.463c15~18)라고 하여 "至人無心, 神人無 功, 聖人無名."이라는 『장자莊子』 「소요유逍遙遊」편의 출전을 들어 신인神人을 법 신보살法身菩薩에 비견하는 용례도 보인다. ("至人無心"은 『장자』 「소요유」편에 서는 "至人無己"이다.)

995 북립4종北立四宗: 앞의 '2) 북방에서 통용되는 설명'에서 "如『般若經』等智惠爲宗, 『維摩經』等解脫爲宗, 『法花經』者一乘爲宗, 『大涅槃經』妙果爲宗."(H1, p.546c4~6) 이라고 하여 『반야경』은 지혜智慧를, 『유마경』 등은 해탈解脫을, 『법화경』은 일 승一乘을, 『열반경』은 묘과妙果를 각각 종의宗義로 삼는다고 말한 것을 가리키는 것으로 보인다.

996 성실론사成實論師: 소승에서 대승에 걸치는 과도기적 성격을 띠는 것으로 평가되 는 『성실론』이 구마라집鳩摩羅什에 의해 후진後秦 홍시弘始 13~14년(411~412)에 역출된 이후 중국에서는 남조南朝 양대梁代의 개선사開善寺 지장智藏(458~522),

로 나눈 가르침'(五教)은 '부처님의 뜻'(佛意)에 맞지 않습니까?"라고 묻자 '신령한 사람'(神人)이 대답하기를 "'네 가지 가장 중요한 주제'(四宗) [에 대한 가르침]보다 조금 뛰어나지만 여전히 허물이 많다"라고 말한 것과 같다. [997] 그런데 천태天台 지자智者(지의智顗)가 '선정과 지혜'(禪慧)에 모두 능통한 것은 모든 세상 사람들이 존중하는 바이고 [그의 경지는] 범부凡夫나 성자聖者가 헤아리기 어려우니, 그러므로 '부처님의 뜻'(佛意)

장엄사莊嚴寺 승민僧旻(467-527), 광택사光宅寺 법운法雲(467-529)이 3대 성실론사成實論師로서 거론된다. 『대품경유의』 권1에서는 "成實論師云,『大品』等五時, 波若唯解果內淺事, 非是難解. 故名爲顯現教. … 其『法華經』兼內外事深. 故非易可見, 名爲祕密也."라고 하여, 『반야경』은 묘과妙果를 이해하는 것이 얕아서 난해難解한 경전이 아니므로 현현교顯現教이고 『법화경』은 내외로 깊어서 쉽게 알 수 있는 경전이 아니기에 비밀교祕密教라고 하는, 5시교五時教에 입각한 성실론사成實論師 견해의 일단이 소개되어 있다.

[997] 지의智顗와 신인神人의 문답에 관한 고사에서 신인神人이 북방의 4종四宗보다 남토의 5교五教가 조금 뛰어나다고 말하는 대목에는 지의智顗의 행적과 교판론의 성격이 반영되어 있는 것으로 보인다. 지의智顗는 양대梁代에 형주荊州 화용현華容縣(현재의 호남성湖南省 잠강潛江 서남쪽)에서 태어나 주로 금릉(현재의 남경南京)과 절강성浙江省 천태산天台山을 중심으로 홍법弘法하여 남조南朝 시대 후반과 수대隋代 초기에 걸쳐 남방에서 활동한 사람이고, 그의 교판론인 5시8교五時八教 역시 남방 5시교五時教의 전통을 잇는 성격을 갖는다. 지의智顗의 5시교五時教는 ① 화엄시華嚴時(『화엄경』, 부처님 성도成道 직후), ② 녹원시鹿苑時(『아함경』, 화엄시 후 12년간), ③ 방등시方等時(『유마경』·『사익경』·『승만경』 등, 녹원시 후 8년간), ④ 반야시般若時(『반야경』, 방등시 후 22년간), ⑤ 법화열반시法華涅槃時(『법화경』·『열반경』, 『법화경』은 부처님 입멸 전 8년간, 『열반경』은 입멸하는 하루 낮밤 동안)의 다섯 가지 시기로 나눈 것이고, 8교八教는 이 다섯 가지 시기로 나눈 경전들에 대해 중생을 교화하는 형식의 특징에 따라 돈頓·점漸·비밀祕密·부정不定의 화의4교化儀四教와 중생을 교화하는 내용의 특징에 따라 장藏·통通·별別·원圓의 화법4교化法四教로 다시 나눈 것이다. 『佛光大辭典』 pp.1132, 5038~5039 참조. 이에 관해 『중국불교사-남북조의 불교(상)-3』에서는 "5시五時란 남북조시대에 연구하고 조직한 교상판석이다. … 유송劉宋의 혜관慧觀과 유규劉虬 등이 처음 주창하여 남북조시대에 유행했으며 천태지의天台智顗가 5시8교五時八教로 대성한 것이다"(鎌田茂雄 저, 장휘옥 역, 서울: 장승, 1996, p.418)라고 설명한다.

은 깊고 원대하며 한계가 없다는 것을 알 수 있다. 그런데도 [북방논사들처럼] '네 가지 핵심 주제'(四宗)로 '경전들의 뜻'(經旨)을 나누거나 [남방논사들처럼] '다섯 가지 시기'(五時)로 '부처님의 뜻'(佛意)을 국한시키려는 것은 소라껍데기로 바닷물을 퍼내고 대롱구멍 사이로 하늘을 엿보는 것998과 같을 뿐이다. '가르침이 지닌 위상의 얕음과 깊음'(教迹淺深)[에 대한 설명들]을 대략적으로 판단하면 이상과 같다.

『열반경종요』.

천치天治 원년(1124)999 5월 24일에 옮겨 쓰다.

---

998 이라작해以螺酌海와 용관규천用管闚天: 모두 견식이 짧고 협소하다는 뜻을 비유하는 말로서 『장자莊子』「추수秋水」편에 "是直用管闚天, 用錐指地也, 不亦小乎?"라고 하여 용관규천用管闚天의 용례가 보이고, 도교道教의 전적典籍인 『운급칠첨雲笈七籤』에는 "不愧窺管之微, 輒呈酌海之見."이라고 하여 규관窺管과 작해酌海를 함께 거론하는 용례도 보인다.

999 천치天治 원년元年: 천치天治는 헤이안(平安) 시대 말기의 일본 75대 왕인 숭덕崇德(재위 1123~1142)이 쓴 연호로서 천치天治 원년元年(1124)은 고려 시대 17대 왕인 인종仁宗 즉위 2년에 해당한다. 필사본의 필사시기를 알려준다. 가은 역주(2004)에서는 일본 일광산日光山 윤왕사輪王寺의 이 필사본이 "1124년 누군가에 의해 필사되었고"(p.8) 이것이 "신수대장경에 입장入藏되었는데, 제38권에 들어 있다"(같은 곳)고 하는데, 한불전본은 신수대장경본을 저본으로 삼고 있으므로 이 필사본은 한불전본의 저본의 저본이 되는 셈이다.

1. 서당화상비誓幢和上碑(9세기 초)

음리화音里火 삼천당주三千幢主인 급찬級湌 고금□高金□이 [이 비문을]
새긴다.

··· [화상은] 처음부터 [홀로] 적막하게 살지 않았으니, 부처의 자비로움
이 마치 그림자가 형상을 따르는 것과 같았다. [그의 삶은] 진실로 [중생과]
공감할 수 있는 마음에서 비롯하였기 때문에 [중생들에] 응하는 이치가
반드시 있었다. 위대하도다! 설사 법계法界를 당겨 [만물의 본래 모습을]
총괄하고자 한들, 법계에 불변의 실체가 없음을 아는 경지(法空座)에 올
라 진리를 전하는 [불빛을] 밝혀 다시 진리의 수레바퀴를 굴리는 일을 누
가 능히 할 수 있겠는가? 바로 우리 서당화상誓幢和上이 그 사람이다.
··· 이에 의거하여 [화상의] 마을 이름을 '깨달음의 땅'(佛地)이라 하였다.
··· 사람들은 '깨달음의 땅'(佛地)으로 알았지만 나는 구릉으로 보았다.
··· [화상의] 어머니가 처음에 별이 떨어져 품속으로 들어오는 꿈을 꾸고
서 임신하였다. ··· 달이 차기를 기다려 해산하려 할 때 갑자기 오색구
름이 특별히 어머니의 거처를 덮었다. ··· 문무대왕의 나라 다스림이 일
찍이 천명天命에 부응하여 이루어져 나라가 평안하였고 임금이 되어
큰 정치를 여니, 그 공이 이루 말할 수 없었고, 꿈틀거리는 미물에 이르
기까지 그의 덕화가 미치지 않은 곳이 없었다. ··· 대사의 덕은 숙세宿世
로부터 심은 것이기에 실로 태어나면서부터 도道를 알았다. 자신의 마
음으로 스스로 깨달았고, 배울 때에 정해진 스승을 좇지 않았다. 성품

은 고고하면서 자애로웠다. … 중생들의 고통을 제거하여 재앙에서 구제하고자 큰 서원을 발하였고, 미세한 도리를 연구하고 이치를 분석하여 일체의 지혜로운 마음을 … 하였다.

왕성 서북쪽에 작은 절 하나가 있었다. … 비결서(讖記)와 (?)外書 등은 세상의 배척을 받았다. [화상의 저술] 가운데 『십문화쟁론十門和諍論』은, 여래가 세상에 계실 적에는 '온전한 가르침'(圓音)에 의지하였지만, 중생들이 … 빗방울처럼 흩뿌리고 헛된 주장들이 구름처럼 내달리며, 나는 맞고 다른 사람은 틀리다고 말하기도 하고, 나는 타당한데 다른 사람은 타당하지 않다고 주장하여, [그 상이한 견해들의 배타적 주장이] 황하黃河와 한수漢水처럼 큰 강물을 이루었다. … [空을 싫어하고 有를 좋아하는 것은 마치] 산을 [버리고] 골짜기를 돌아가는 것과 같고, 유有를 싫어하고 공空을 좋아하는 것은 나무를 버리고 큰 숲으로 달려가는 것과 같다. 비유하자면, 청색과 남색은 바탕을 같이하고, 얼음과 물은 근원을 같이하며, 거울은 모든 형상을 받아들이고, 물이 [수천 갈래로] 나누어지는 것과 같다. … [有와 空에 관한 주장들을] '통하게 하고 화합하게 하여'(通融) 서술하고는 『십문화쟁론』이라고 이름하였다. 수많은 사람들이 (이 책에) 동의하며 모두 '훌륭하다!'고 칭송하였다. 또 『화엄종요華嚴宗要』는 진리는 비록 근본적으로 하나이지만 … [당나라에 왔던 陳那 Dignāga의 문도가 『십문화쟁론』을 읽고는] 찬탄하여 덩실덩실 춤을 추었다. [『십문화쟁론』을] 범어로 번역하여 곧 (?)사람에게 부쳐 보냈으니, 이것은 [바로] 그 나라 (천축) 삼장三藏법사가 [『십문화쟁론』을] 보배처럼 귀하게 여기었던 까닭에서였음을 말하는 것이다. 산승山僧이 술을 휴대했다. … 토지의 신을 서서 기다리며 다시 [자리를] 옮기지 않았으니, 이는 마음으로 그윽이 [토지의 신을 만나] 움직이지 않았음을 보여 주는 것이다. 어떤 여인이 세 번 절하자 천신이 그 여인을 가로막았으니, [이것은] 또한 [원효대사가] 애욕에 빠지지 않았음을 나타낸 것이다. … 강의를 하다가 문득 물병을 찾아서 서쪽을 [향해 뿜으면서] 말하기를, "내가 보니, 당나라의 성선사聖善

寺가 [화재를] 당했구나"고 했다. … 물을 부은 곳이 이로부터 못이 되었으니, 고선사高仙寺의 대사가 있던 방 앞의 작은 못이 바로 이것이다. 남쪽으로 법을 강연하고 봉우리에 (?)하여 허공에 올랐다. … 대사가 신비하게 아는 것은 헤아릴 수가 없고, 조짐을 아는 것은 더욱 아득하였다. (?) 돌아와 혈사穴寺로 옮겨 살았다. 사당(神廟)이 멀지 않았는데 [그 사당의] 신神이 기뻐하지 않음을 보고, 자신의 능력을 감추고자 하였다. 그리하여 대낮에 … 다른 곳을 교화하였다.

수공垂供 2년(686) 3월 30일, 혈사穴寺에서 입적하니 70세였다. 곧 절의 서쪽 봉우리에 임시로 감실龕室을 만들었다. 채 며칠 지나지도 않아 말 탄 무리가 떼를 지어 몰려와 유골을 가져가려 하였다. … 만선화상萬善和上이 기록한 글에 이르기를 "불법에 능한 사람이 9인 있어 모두 대(?)로 불렀다"고 했다. 대사가 초개사初盖寺에 있을 때 현풍玄風을 도운 대장大匠들이다. 대사가 말하길 … .

대력大曆 연간(766~780)의 어느 봄에 대사의 후손인 한림翰林 설중업薛仲業이 사행使行으로 바다를 건너 일본으로 갔다. 그 나라의 재상(上宰)이 [그와] 이야기를 하다가 그가 대사의 어진 후손임을 알고서 서로 크게 기뻐하였다. … 많은 사람들이 정토왕생을 기약하면서 대사의 '영험한 글들'(靈章)을 머리에 이고 잠시도 내려놓지 않았는데, 대사의 [어진] 후손을 보고는 … 3일 전에 와서 글을 지어 [대사를] '찬탄하는 글'(頌文)을 얻게 되었다. 1년이 지나서는 비록 직접 만나 예를 다하지는 않았지만 친히 (?) 받들어 … .

봉덕사奉德寺의 대덕大德인 삼장三藏법사 신장神將이 있었는데, (?) 자화慈和와 함께 마음이 공적空寂한 줄 알았고 모든 것에 실체의 생겨남이 없음을 보았다. 수행자와 속인(道俗)이 모두 '승려 가운데의 용이고 진리의 (?)'라 부르며 받들었다. … 성인을 만나 깃발로 삼아 의지하여 쓰러짐이 없었는데, 보고 싶어도 그럴 수가 없다. 더욱이 [일본 사람이 지은] 대사를 '찬탄하는 글'(頌文)을 보고 그에 의거하여 (?)을 찾아 기미라도 보나니, 어찌 (?)을 알아 다시 (?) 얻음이 있을 것인가? 이로써 정원貞元 연중(785~804)에 몸소 … 상심하여 괴롭고 (?)는 두 배나 더하니, 곧 몸과 마음을 채찍질하여 '누추한 집'(泥堂葺居)을 … 대사의 거사 居士 형상을 만들었다. 3월에 이르러 … 산에 폭주하고 옆의 들로 구름처럼 달려가서 [대사의] 거사 형상을 바라보고 정성스러운 마음으로 절을 한 후에 대사를 찬탄하는 강연을 하였다. … 각간角干 김언승金彦昇께서는 바다와 산악의 정기와 하늘과 땅의 수승한 기운을 이었다. 친히 … 그 산에 있는 대덕大德을 보고 (?)을 받들어 바야흐로 글을 새김에 (?) 마음은 목숨에 맡기고 뜻은 경건하게 하여 불법을 존경하고 사람을 귀중히 여겨 … 대사의 신령한 자취는 문자가 아니고서는 그 일을 진술할 수가 없고, 기록이 없으면 어찌 그 연유를 드러낼 수 있으리오. 그리하여 스님으로 하여금 비문을 짓게 하고 … 스스로 헤아려 보니 무능하고 학문도 익지 않아 마침내 사양하였으나 (?) 면하지 못하여 함부로 … 이르렀으니, 티끌같이 무수한 세월이 흘러도 스러지지 않고 겨자씨처럼 많은 세월이 흐르도록 오래 있으리라.

그 '고하는 말'(詞)은 다음과 같다.

위대하구나, '진리 바탕'(法體)이여! 드러나지 않는 곳이 없도다. 시방 세계에 … '세 가지 신통'(三明, 숙명통 · 천안통 · 누진통)을 (?). 고선高仙 대사는 불지촌에서 [태어나] 일생동안 말을 (?) 바른 이치를 깊이 탐구했다. 이 세상과 저 (?) … 붉은 활이 그를 겨누었고(죽일 것 같은 비판이 그에게 쏟아졌고) 모래알처럼 많은 분별없는 비난들(狂들)이 … 환속하여 거사가 되었다. 국가를 구제하고 문무를 겸하였다. (?) 그 할아버지를 (?)하였다. (?) 이기지 못하여 손으로는 춤을 추며 슬피 … 장엄한 법문은 성스러움을 (?) 명쾌한 설법은 신이함에 통하였다. 다시 혈사穴 寺에서 수행하였으니, (?) 끝내 왕궁을 멀리하며 (?)토굴 생활을 끊지 않고 걸으면서 도를 즐겼다. … 자취와 글을 남겨 모두 큰 은혜를 입었다. 대사가 (?)을 당하니, (?) 울음을 머금었고 (?)월에 (?) 매번 (?)

이 되면 모여들어 펼쳐 읽으며 … (?)를 새겼다. 혈사穴寺의 법당 동쪽 가까운 산에 (?).

서당화상비誓幢和上碑 판독 원문[1]

音里火 三千幢主 級湌 高金□鐫
… 初無適莫 慈迦如影隨形 良由能感之心故 所應之理必然 大矣哉 設
欲抽法界 括 … 相印 登法空座 作傳燈之□ 再轉法輪者 誰其能之 則
我 誓幢和上 其人也 俗 … 佛地聖體 高仙據此 村名佛地 □是一途 他
將佛地 我見丘陵 何者 只如驟 … □ 母初得夢 流星入懷 便□有□待
其月滿 分解之時 忽有五色雲 □特覆母居 … 文武大王之理國也 早應
天成 家邦□晏 恩開大造 功莫能宣 爲蠢動之乾坤 作黔 … □啓 □獨
勝歡 大師 德惟宿植 道實生知 因心自悟 學□從師 性復孤誕 □情 …
昏衢 拔苦濟厄 旣發僧那之願 硏微析理 □□薩云之心矣 王城西北 有
一小寺 … □讖記□□外書等 見斥於世□ 就中 十門論者 如來在世 已
賴圓音 衆生等 … 雨驟 空空之論雲奔 或言我是 言他不是 或說我然
說他不然 遂成河漢矣 大 … 山而投廻谷 憎有愛空 猶捨樹以赴長林
譬如靑藍共體 氷水同源 鏡納萬形 水分 … 通融 聊爲序述 名曰十門
和諍論 衆莫不允 僉曰善哉 華嚴宗要者 理雖元一 隨 … □□□□ 讚
歎婆娑 翻爲梵語 便附□人 此□言其三藏寶重之由也 山僧提酒 … □
后土立待 更不曾移 此顯冥心之倦也 女人三禮 天神遮之 又表非入愛
法 來□□□ 村主 … 心法未曾 □悉□觀□□□□□下之言 □□正講
忽索瓶水 □西□之言曰 我見 大唐聖善寺 被 … □□□□□□□□□
灌水之處 從此池成 此□高仙寺 大師房前 小池是也 倭南演法 □峰騰

1   김상현의 판독문(『원효연구』, 민족사, 2000). 생전에 김상현 교수가 제공한 자료
를 그대로 게재한다.

空 … □而□□ 大師神測未形 知機復遠 □□□歸 移居穴寺 緣以神廟
非遙 見神不喜 意欲和光 故白日 … 通化他方 以垂拱二年 三月卅日
終於穴寺 春秋七十也 卽於寺之西峰 權宜龕室 未經數日 馬騎成群 取
將髑體 …□萬善和上 識中傳□ 佛法能者 有九人 皆稱大□ 大師在初
盖 是毗讚玄風之大匠也 大師曰 我 … □ 大曆之春 大師之孫 翰林 字
仲業 □使滄溟□□日本 彼國上宰 因□語知如是 大師賢孫 相歡之甚
傾 … 諸人□□期淨刹 頂戴 大師靈章 曾無□捨 及見□孫□瞻□□論
三昨來造 得頌文 已經一紀 雖不躬申頂禮 親奉 … 知神□有□□聲者
有奉德寺 大德法師 三藏神將 理□□ 與慈和 知心空寂 見法無生 道
俗咸稱 僧龍法□ 奉尋 … 行遇聖人 攀旃靡絕 追戀無從 尤見□人頌
文據尋□□□見幾焉 寧知日□ 更有□叔哉 以此貞元年中 躬 … □□
□□ 是傷心乃苦 □□倍增 便策身心 泥堂葺屋 二□□□□□池之
□□造 大師居士之形 至于三月 □…□山輻湊 傍野雲趍 覩像觀形 誠
心頂禮 然後講讚 □□□□□□□□□□ 角干 金彦昇公 海岳精乾
坤秀 承親 … 三千 心超六月 德義資□ □光□物 見彼山中 大德奉□
□□□□□□□□ 方銘 □心委命 志在虔誠 尊法重人 … 之靈跡 非文
無以陳其事 無記安可表其由 所以令僧作□ □□□□ □求自揆 無能
學不經 遂辭不□免 輒諰 … □趣矣 塵年不朽 芥劫長在
其詞曰 偉哉法體 無處不形 十方 … 三明 高仙大師 佛地而□ 一代□
言 深窮正理 此界他□ □□□□□□□□□□ 赤弓向彼 恒沙狂言
… □□□ 還爲居士 淡海之□ 溟東相府 匡國匡家 允文允武 □□□□
其祖父□ □□欲□ 不勝手舞 惆悵 … 海□ □□□身 莊談□聖 快說通
身 再修穴□ □□□□ 長辭帝闕 不斷□窟 經行樂道 寂 … 覺 遺跡遺
文 盡蒙盡渥 大師□當□ □□□□□含啼□月□ 每至□□成臻 啓讀日
… 銘□□穴寺堂東 近山慈改□□恒□

2. 신라국新羅國 황룡사黃龍寺 원효전元曉傳(贊寧, 918~999, 『宋高僧傳』 卷4)

원효의 성은 설薛씨로 해동 상주湘州 사람이다. 관채지년丱綵之年(15세)에 홀연히 불문佛門에 들어갔다. 스승을 따라 배우고 돌아다님에 일정함이 없었다. 온갖 이론들을 용감하게 공격하고 글쓰기를 종횡무진하여 우뚝하고 굳세었으니, 앞으로 나아갈 뿐 물러서는 일이 없었다. 삼학三學(계학·정학·혜학 혹은 유·불·도 삼학)에 널리 통하여 그 나라에서는 일만 사람을 대적할 사람이라고 했다. 도리에 정통하고 입신入神의 경지에 도달함이 이와 같았다.

일찍이 의상 법사와 함께 당나라에 들어가고자 했다. 삼장법사 현장玄奘 자은慈恩의 문하를 사모해서였다. 그러나 입당入唐의 인연이 어긋났기에 푸근한 마음으로 여러 곳을 돌아다녔다. 얼마 아니 되어, 말을 미친 듯이 하고 상식에 어긋나는 행위를 보였는데, 거사居士와 함께 술집이나 기생집에도 드나들고, [양나라 때의 신이한 승려였던] 지공誌公 화상처럼 금 칼과 쇠 지팡이를 지니는가 하면, 혹은 소疏를 지어 『화엄경』을 강의하기도 하였고, 혹은 사당祠堂에서 거문고를 뜯기도 하며, 혹은 여염집에서 잠자며, 혹은 산속이나 물가에서 좌선坐禪하는 등, 계기를 따라 마음대로 하되 도무지 일정한 규범이 없었다. 그때 국왕이 '백고좌 인왕경 대법회'(百座仁王大會)를 마련하여 두루 덕이 높은 승려들을 찾았다. 본주本州에서 명망이 높아 그를 천거했는데, 여러 승려들이 그 [원효의] 사람 됨됨이를 미워하여 왕에게 나쁘게 말하여 받아들여지지 않았다.

얼마 아니 되어, 왕의 부인이 머리에 악성 종창을 앓았는데, 의원의 치료가 효험이 없었다. 왕과 왕자, 그리고 신하들이 산천의 영험 있는 사당에 기도하여 이르지 않은 곳이 없었다. 무당이 말하기를, 〈타국으로 사람을 보내어 약을 구해야만 이 병이 곧 나을 것입니다〉라고 했다. 이에 왕이 사인使人을 당나라에 보내어 의술을 찾도록 했다. 파도 높은 바다 가운데에 이르렀을 때, 한 노인이 홀연히 나타나 파도로부터 배 위로 뛰어올라 사신을 맞아 바다로 들어갔다. 바라보니 궁전이 장엄하고 화려했다. 금해鈴海라는 용왕이 있어서 사인에게 말했다. 〈그대 나라의 부인은 청제青帝의 셋째 딸이다. 우리 궁중에는 전부터 『금강삼매경』이 있는데, 이각二覺이 원통圓通하여 보살행을 보여 준다. 지금 부인의 병을 의탁해 좋은 인연으로 삼아 이 경을 부촉하여, 그 나라에 내어 놓아 유포하고자 한다.〉 이에 30장 정도의 순서가 뒤섞인 흩어진 경을 가져다가 사인에게 주면서, 〈이 경이 바다를 건너는 중에 좋지 못한 일이 있을까 두렵다〉고 했다. 용왕은 사람을 시켜 사인의 장딴지를 찢고 그 속에 경을 넣어 봉하고 약을 바르도록 하니 전과 다름없이 되었다. 용왕이 말했다. 〈대안성자大安聖者로 하여금 경을 차례로 엮어서 꿰매게 하고, 원효법사에게 소疏를 지어 강석講釋하기를 청하면, 부인의 병은 틀림없이 나을 것이다. 가령 설산 아가타약의 효력이라도 이보다 더하지는 못할 것이다.〉 그러고는 용왕이 바다 표면으로 보내 주어 마침내 배를 타고 귀국했다.

　그때 왕이 이 소식을 듣고 환희하였다. 이에 대안성자를 불러 경의 차례를 맞추게 하라고 했다. 대안은 이해하기 어려운 사람으로 모습도 복장도 특이하였고, 항상 거리에 있으면서 구리로 만든 발우를 두드리면서 '크게 평안하라! 크게 평안하라!(大安大安)'라며 노래를 했기에 대안大安이라고 불리었다. 왕이 대안에게 명령하니 대안이 말하기를, 〈다만 그 경을 가지고 오시오. 왕의 궁전에 들어가기를 원하지 않소이다〉라고 했다. 대안이 경을 받아 배열하여 8품品을 이루니, 모두 부처님 뜻에 맞아떨어졌다. 대안이 말했다. 〈속히 원효가 강의하게 하시오. 다른 사람은 안 됩니다.〉

　원효가 이 경을 받은 것은 바로 그의 고향인 상주湘州에서였다. 그는 사인에게 말했다. 〈이 경은 본각本覺과 시각始覺의 이각二覺으로써 핵심(宗)을 삼습니다. 나를 위해 '소가 끄는 수레'(角乘)를 준비하고, 책상을 두 뿔 사이에 두고 붓과 벼루도 준비하시오.〉 그리고 그는 처음부터 끝까지 소가 끄는 수레에서 소疏를 지어 5권을 만들었다. 왕이 날짜를 택하여 황룡사에서 강연하도록 했다. 그때 박덕한 무리가 새로 지은 소를 훔쳐 갔다. 이 사실을 왕에게 아뢰어 3일을 연기하고 다시 3권을 만들었는데 이를 약소略疏라고 한다. 경전을 강의하는 날이 되어 왕과 신하, 그리고 도 닦는 사람들과 속인 등 많은 사람이 구름처럼 법당을 가득 에워싼 속에서 원효의 강론이 시작되었다. 그의 강론에는 위풍이 있었고, 논쟁이 모두 해결될 수 있었다. 그를 찬양하는 박수소리가 법당을 가득 채웠다. 원효는 다시 말했다. 〈지난 날 백 개의 서까래를 구할 때에는 내 비록 참여하지 못했지만, 오늘 아침 대들보를 놓을 때에는 오직 나만이 가능하구나.〉 이때 모든 명성 있는 승려들이 고개를 숙이고 부끄러워하며 가슴 깊이 참회했다.

처음 원효는 그 행적에 일정함이 없고, 교화함에도 고정되지 않았는데, 혹은 쟁반을 던져 대중을 구하고, 혹은 물을 뿜어 불을 끄며, 혹은 여러 곳에 몸을 나타내고, 혹은 여섯 곳에서 입멸入滅을 알렸으니, 또한 [대접을 타고 물을 건너며 신통이 자재했던 진나라 때의 승려인] 배도盃渡나 [검술을 익히고 칼을 매단 석장을 짚고 다니며 일정한 거처 없이 맨발로 떠돌아다니던 양나라 때의 신이한 승려인] 지공誌公과 같은 사람인가? 그 이해에는 본연(性)을 보는 것이 밝지 않음이 없었다. 소疏에는 광약廣略 이본二本이 있어 본토本土에서는 다 유통되었는데, 중국에는 약본略本이 유입되었다. 뒷날 경전을 번역하는 삼장법사가 [소疏를] 바꾸어 논論으로 하였다. 덧붙여 말한다. "바다 용의 궁전은 어디로부터 『금강삼매경』의 원본을 가지게 되었는가?" [의문을] 통하게 말한다. "경에서는 [이렇게] 말한다. 〈용왕의 궁전 안에 칠보탑이 있는데, 모든 부처님께서 설하신 온갖 깊은 뜻들이 따로 있는 칠보로 장식된 상자에 가득 담겨 있으니, 12인연, 총지, 삼매 등이 그것이다.〉 진실로 이 경을 합하여 세간에 유통시키고 다시 대안과 원효의 신이함을 드러내었으니, 그리하여 왕비의 병으로 하여

금 가르침을 일으키는 큰 실마리가 되게 하였다."

新羅國黃龍寺元曉傳

釋元曉 姓薛氏 東海湘州人也 丱髫之年惠然入法 隨師稟業遊處無恒 勇擊義圍雄橫文陣 仡仡然桓桓然 進無前却 蓋三學之淹通 彼土謂爲 萬人之敵 精義入神爲若此也 嘗與湘法師入唐 慕奘三藏慈恩之門 厥 緣旣差息心遊往 無何發言狂悖 示跡乖疎 同居士入酒肆倡家 若誌公 持金刀鐵錫 或製疏以講雜華 或撫琴以樂祠宇 或閭閻寓宿 或山水坐 禪 任意隨機都無定檢 時國王置百座仁王經大會 遍搜碩德 本州以名 望擧進之 諸德惡其爲人 譖王不納 居無何 王之夫人腦嬰癰腫 醫工絶 驗 王及王子臣屬禱請山川靈祠無所不至 有巫覡言曰 苟遣人往他國 求藥 是疾方瘳 王乃發使泛海入唐募其醫術 溟漲之中忽見一翁 由波 濤躍出登舟 邀使人入海覩宮殿嚴麗 見龍王王名鈐海 謂使者曰 汝國 夫人是靑帝第三女也 我宮中先有金剛三昧經 乃二覺圓通示菩薩行也 今託仗夫人之病爲增上緣 欲附此經出彼國流布耳 於是將三十來紙 重沓散經付授使人 復曰 此經渡海中恐罹魔事 王令持刀裂使人腨腸而 內于中 用蠟紙纏縢以藥傅之 其腨如故 龍王言 可令大安聖者銓次綴 縫 請元曉法師造疏講釋之 夫人疾愈無疑 假使雪山阿伽陀藥力亦不 過是 龍王送出海面 遂登舟歸國 時王聞而歡喜 乃先召大安聖者黏次 焉 大安者不測之人也 形服特異恒在廛 擊銅鉢唱言大安大安之聲 故 號之也 王命安 安云 但將經來不願入王宮閫 安得經排來成八品 皆合 佛意 安曰 速將付元曉講 餘人則否 曉受斯經正在本生湘州也 謂使人 曰 此經以本始二覺爲宗 爲我備角乘將案几 在兩角之間 置其筆硯 始 終於牛車造疏成五卷 王請剋日於黃龍寺敷演 時有薄徒竊盜新疏 以 事白王 延于三日 重錄成三卷 號爲略疏 洎乎王臣道俗雲擁法堂 曉乃 宣吐有儀解紛可則 稱揚彈指聲沸于空 曉復唱言曰 昔日採百椽時雖

不預會 今朝橫一棟處唯我獨能 時諸名德俯顔慚色伏膺懺悔焉 初曉示
跡無恒化人不定 或擲盤而救衆 或噀水而撲焚 或數處現形 或六方告
滅 亦盃渡誌公之倫歟 其於解性覽無不明矣 疏有廣略二本 俱行本土
略本流入中華 後有飜經三藏 改之爲論焉

系曰 海龍之宮自何而有經本耶 通曰 經云 龍王宮殿中有七寶塔 諸佛
所說 諸深義別有七寶篋滿中盛之 謂十二因緣總持三昧等 良以此經
合行世間 復顯大安曉公神異 乃使夫人之疾爲起敎之大端者也

(贊寧,『宋高僧傳』卷四)

3. 굴레를 벗은 원효元曉不羈(一然, 1206~1289,『三國遺事』卷4)

'성스러운 스승'(聖師) 원효의 속성은 설薛씨다. 할아버지는 잉피공仍
皮公인데 또는 적대공赤大公이라고도 하며, 지금 적대연赤大淵 옆에 잉
피공의 사당이 있다. 아버지는 담날내말談捺乃末이다.

처음에 압량군押梁郡 남쪽(지금의 章山郡이다), 불지촌佛地村 북쪽 율
곡栗谷 사라수娑羅樹 아래에서 태어났다. 마을 이름이 불지佛地인데, 혹
은 발지촌發智村이라고도 한다(속어로 弗等乙村이라고 한다).

사라수에 관해서는 민간에 이런 이야기가 있다. [담날의] 집은 밤나무
골 서남쪽에 있었는데, [원효의] 어머니가 만삭이 되어 마침 이 골짜기
밤나무 밑을 지나다가 홀연히 분만하고, 창황 중에 집으로 돌아가지 못
하고, 우선 남편의 옷을 나무에 걸어 놓고 그 가운데를 자리로 하였다.
따라서 그 나무를 사라수라고 했다. 그 나무의 밤도 보통 나무와는 달
랐으므로 지금도 사라밤이라고 한다.

예부터 전하기를, [사라사의] 주지가 절의 종 한 사람에게 하루저녁의
끼니로 밤 두 개씩을 주었다. 종은 관가에 소송을 제기하였다. 이상하
게 생각한 관리가 그 밤을 가져다가 조사해 보았더니 한 개가 발우 하

나에 가득 찼다. 이에 도리어 한 개씩만 주라는 결정을 내렸다. 이 때문에 율곡이라고 부르게 되었다. 성사는 출가하고 나서 그의 집을 희사하여 절을 삼아 초개사初開寺라고 하고, 밤나무 옆에도 절을 짓고 사라사娑羅寺라고 했다.

성사의 『행장行狀』에는 서울 사람이라고 했으나 이것은 할아버지를 따른 것이고, 『당승전唐僧傳』에서는 본래 하상주下湘州 사람이라고 했다.

살펴보면 이렇다.

인덕麟德 2년(665) 중에 문무왕이 상주上州와 하주下州의 땅을 나누어 삽량주歃良州를 두었는데, 곧 하주는 지금의 창녕군昌寧郡이고, 압량군은 본래 하주의 속현이다. 상주는 지금의 상주尙州로 혹은 상주湘州라고도 쓴다. 불지촌은 지금의 자인현慈仁縣에 속해 있으니, 곧 압량군에서 나뉜 곳이다.

성사의 아명은 서당誓幢이다(幢은 속어로 털이다). 처음에 어머니가 유성이 품속으로 들어오는 꿈을 꾸고 이로 인하여 태기가 있었는데, 해산하려고 할 때에는 오색구름이 땅을 덮었다. 진평왕 39년 대업大業 13년 정축(617)이었다.

태어날 때부터 총명이 남달라 스승을 따라서 배우지 않았다. 그가 '사방으로 다니며 수행한 시말'(遊方始末)과 '널리 교화를 펼쳤던 크나큰 업적'(弘通茂跡)은 『당전唐傳』과 『행장行狀』에 자세히 실려 있다. 여기서는 자세히 기록하지 않고, 다만 『향전鄕傳』에 실린 한두 가지 특이한 일을 쓴다.

[원효가] 어느 날 상례에서 벗어나 거리에서 노래를 불렀다. "누가 자루 빠진 도끼를 허락하려는가. 나는 하늘 받칠 기둥을 다듬고자 한다." 사람들이 모두 그 뜻을 알지 못했는데, 태종太宗이 그것을 듣고서 말했다. "이 스님께서 아마도 귀부인을 얻어 훌륭한 아들을 낳고 싶어 하는구나. 나라에 큰 현인이 있으면, 그보다 더한 이익이 없을 것이다." 그

때 요석궁(지금의 學院)에 홀로 사는 공주가 있었다. 궁중의 관리를 시켜 원효를 찾아서 궁중으로 맞아들이게 했다. 궁리가 칙명을 받들어 원효를 찾으려 하는데, 벌써 남산으로부터 내려와 문천교蚊川橋(沙川인데, 민간에서는 牟川 또는 蚊川이라 한다. 또 다리 이름은 楡橋라고 한다)를 지나가다가 만났다. [원효는] 일부러 물에 떨어져 옷을 적셨다. 궁리가 스님을 요석궁으로 인도하여 옷을 말리게 하니, 그곳에서 유숙하게 되었는데, 공주가 과연 태기가 있어 설총을 낳았다. 설총은 나면서부터 명민하여 경서와 역사서에 두루 통달했다. 그는 신라 십현新羅十賢 중의 한 분이다. 우리말로써 중국 및 주변 나라들의 각 지방 풍속과 물건이름 등에 통달하고 육경문학六經文學을 훈해訓解하였으므로, 지금까지 우리나라에서 경학을 공부하는 이들이 전수하여 끊이지 않는다.

원효가 이미 파계하여 설총을 낳은 이후로는 속복俗服으로 바꾸어 입고, 스스로 소성거사小性居士라고 했다. 우연히 광대들이 놀리는 큰 박을 얻었는데 그 모양이 괴이했다. 원효는 그 모양대로 도구를 만들어 『화엄경』의 "일체에 걸림이 없는 사람은 하나처럼 통하는 길에서 삶과 죽음의 속박으로부터 벗어난다"라는 문구에서 따서 무애無碍라고 이름 짓고, 노래를 지어 세상에 퍼뜨렸다. 일찍이 이것을 가지고 천촌만락千村萬落에서 노래하고 춤추면서 교화하고, 읊조리며 돌아다녔으므로, 가난하고 무지몽매한 무리들까지도 모두 부처의 이름을 알게 되었고, 모두 '나무南無'(나무아미타불)를 부르게 되었으니, 원효의 법화가 컸던 것이다.

그가 탄생한 마을 이름을 불지촌佛地村이라고 하고, 절 이름을 초개사初開寺라고 하며, 스스로 원효元曉라 일컬은 것은 모두 '깨달음의 해가 처음 빛을 비추다'(佛日初輝)라는 뜻이다. 원효란 말도 또한 방언이니, 당시의 사람들은 모두 향언鄕言으로 시단始旦이라 했다.

일찍이 분황사芬皇寺에 살면서 화엄소華嚴疏를 짓다가 제40회향품第四十廻向品에 이르자 마침내 붓을 놓았으며, 또 일찍이 송사로 인해서 몸을 백송百松으로 나누었으므로 모두 그의 경지(位階)를 [화엄의 十地 가운데] 초지初地라고 한다.

해룡海龍의 권유에 따라 길에서 조서를 받아 『금강삼매경』의 소疏를 지으면서 붓과 벼루를 소의 두 뿔 위에 놓아두었으므로 이를 각승角乘이라 했는데, 또한 본각本覺과 시각始覺의 숨은 뜻을 나타낸 것이다. 대안법사大安法師가 배열하여 종이를 붙인 것은 음音을 안 것이고, [원효가 소를 지은 것은 그 음에 따라] 노래를 부른 것이다.

성사께서 입적하자 설총이 유해를 부수어 소상塑像의 진용眞容을 조성하여 분황사에 봉안하고, 공경·사모하여 지극한 슬픔의 뜻을 표했다. 설총이 그때 옆에서 절을 하니 소상이 홀연히 돌아보았는데, 지금도 여전히 돌아본 채로 있다. 원효가 살던 혈사穴寺 옆에 설총의 집터가 있다고 한다.

그의 행적을 기리노라(贊).

각승角乘은 처음으로 『금강삼매경』을 열었고
표주박 가지고 춤추며 온갖 거리 교화했네.
달 밝은 요석궁에 봄 잠 깊더니
문 닫힌 분황사엔 돌아보는 모습만 허허롭네.

元曉不羈

聖師元曉 俗姓薛氏 祖仍皮公 亦云赤大公 今赤大淵側有仍皮公廟 父談捺乃末 初示生于押梁郡南(今章山郡) 佛地村北 栗谷娑羅樹下 村名佛地 或作發智村(俚云 弗等乙村) 娑羅樹者 諺云 師之家本住此谷西南 母旣娠而月滿 適過此谷栗樹下 忽分産 而倉皇不能歸家 且以夫衣掛樹 而寢處其中 因號樹曰娑羅樹 其樹之實亦異於常 至今稱娑羅栗 古傳 昔有主寺者 給寺奴一人 一夕饌栗二枚 奴訟于官 官吏怪之取栗檢之 一枚盈一鉢 乃反自判給一枚 故因名栗谷 師旣出家 捨其宅

爲寺 名初開 樹之旁置寺曰娑羅 師之行狀云 是京師人 從祖考也 唐僧
傳云 本下湘州之人 按麟德二年間 文武王割上州下州之地 置歃良州
則下州乃今之昌寧郡也 押梁郡本下州之屬縣 上州則今尙州 亦作湘
州也 佛地村今屬慈仁縣 則乃押梁之所分開也 師生小名誓幢 第名新
幢(幢者俗云毛也) 初母夢流星入懷 因而有娠 及將産 有五色雲覆地
眞平王三十九年 大業十三年丁丑歲也 生而穎異 學不從師 其遊方始
末 弘通茂跡 具載唐傳與行狀 不可具載 唯鄕傳所記有一二段異事 師
嘗一日風顚唱街云 誰許沒柯斧 我斫支天柱 人皆未喩 時太宗聞之曰
此師殆欲得貴婦 産賢子之謂也 國有大賢 利莫大焉 時瑤石宮(今學院
是也)有寡公主 勅宮吏覓曉引入 宮吏奉勅將求之 已自南山來過蚊川
橋(沙川 俗云牟川 又蚊川 又橋名楡橋也)遇之 佯墮水中濕衣袴 吏引
師於宮 褫衣曬眼 因留宿焉 公主果有娠 生薛聰 聰生而睿敏 博通經史
新羅十賢中一也 以方音通會華夷方俗物名 訓解六經文學 至今海東
業明經者 傳受不絶 曉旣失戒生聰 已後易俗服 自號小姓居士 偶得優
人舞弄大瓠 其狀瑰奇 因其形製爲道具 以華嚴經一切無导人 一道出
生死 命名曰無导 仍作歌流于世 嘗持此 千村萬落且歌且舞 化詠而歸
使桑樞瓮牖玃猴之輩 皆識佛陀之號 咸作南無之稱 曉之化大矣哉 其
生緣之村名佛地 寺名初開 自稱元曉者 蓋初輝佛日之意爾 元曉亦是
方言也 當時人皆以鄕言稱之始旦也 曾住芬皇寺 纂華嚴疏 至第四十
廻向品 終乃絶筆 又嘗因訟 分軀於百松 故皆謂位階初地矣 亦因海龍
之誘 承詔於路上 撰三昧經疏 置筆硯於牛之兩角上 因謂之角乘 亦表
本始二覺之微旨也 大安法師排來而粘紙 亦知音唱和也 旣入寂 聰碎
遺骸 塑眞容 安芬皇寺 以表敬慕終天之志 聰時旁禮 像忽廻顧 至今猶
顧矣 曉嘗所居穴寺旁 有聰家之墟云 讚曰 角乘初開三昧軸 舞壺終掛
萬街風 月明瑤石春眠去 門掩芬皇顧影空

(一然,『三國遺事』卷四)

불기 (佛紀)	서기 (西紀)	왕력	원효 나이	원효 행장	주변 및 관련 사항
1161	617	진평왕39	1	압량군 불지촌(현 경북 경산)에서 출생. 속성은 설(薛)씨, 어릴 적 이름은 서당(誓幢). 할아버지는 잉피공(仍皮公), 아버지는 담날내말(談捺乃末)	
1162	618	진평왕40	2		수나라 멸망 당나라 건국
1169	625	진평왕47	9		의상 출생
1171	627	진평왕49	11		원측이 당나라에 유학
1176	632	선덕여왕1	16	출가함. 출가 이후 사미승 시절에 낭지(朗智)에게 배우고, 이후 보덕(普德), 혜공(惠空) 등으로부터 배우며 수행함	
1178	634	선덕여왕3	18		경주 분황사(芬皇寺) 창건. 백제 흥왕사(興王寺) 창건
1180	636	선덕여왕5	20		자장이 당나라에 유학(혹은 638년)
1184	640	선덕여왕9	24		중국 화엄종 초조 두순이 입적
1186	642	선덕여왕11	26		백제가 신라성 40여 곳을 공략. 대야성 공략. 고구려 연개소문이 영류왕을 죽이고 보장왕을 세움. 김춘추가 고구려에 가서 도움을 구하였으나 실패함
1187	643	선덕여왕12	27		선덕여왕의 요청에 따라 자장이 1700여 권의 경론을 가지고 급히 귀국. 불경과 함께 가지고 온 불두골(佛頭骨), 불치(佛齒) 등 불사리 백개를 황룡사(黃龍寺), 태화사(太和寺), 통도사(通度寺)에 나누어 봉안. 의상이 경주 황복사에서 19세에 출가
1189	645	선덕여왕14	29		자장의 건의에 따라 황룡사9층 목탑 조성. 당나라 현장이 17년간의 인도 유학을 마치고 장안으로 귀국
1191	647	선덕여왕16/ 진덕여왕1	31		자장이 통도사에 계단(戒壇) 설치. 비담의 반란. 선덕여왕 임종

불기 (佛紀)	서기 (西紀)	신라	원효 나이	원효 행장	주변 및 관련 사항
1194	650	진덕여왕4	34	현장에 의해 주도되고 있는 새로운 불교학풍(신유식)을 접하기 위해 의상과 함께 육로를 통해 당나라에 가려다가 요동에서 고구려 수비군에게 체포되어 실패하고 겨우 탈출함. 이 무렵 원효와 의상이 보덕스님에게서 『유마경』, 『열반경』을 배웠을 것으로 추정됨. 포항 항사사(恒沙寺)에 주석하고 있던 혜공(惠空)과 교류하며 배웠던 것도 이 무렵의 일로 추정됨	고구려의 고승 보덕(普德)이 완산주(현 전주) 고대산(현 고덕산)으로 이주함
1204	660	태종무열왕7	44		백제가 멸망함
1205	661	문무왕1	45	의상과 함께 제2차 당나라 유학을 떠남. 남양만 당항성으로 가는 중도인 직산(현 성환과 천안 사이)의 무덤(土龕)에서 자다가 깨달음을 얻어 당나라 유학을 포기함	의상은 원효와 헤어진 후 당나라로 들어가 화엄종 지엄의 제자가 됨
1206	662	문무왕2	46	소정방이 김유신에게 보낸 철군 암호를 해독해 줌	
1212	668	문무왕8	52		나당연합군에 의해 고구려 멸망. 삼국 통일. 중국 화엄종 지엄 입적
1215	671	문무왕11	55	행명사에서 『판비량론』저술	의상 귀국
1220	676	문무왕16	60		의상이 부석사를 창건. 중국 선종 6조 혜능이 광주 법성사(法性寺)에 감
1226	682	신문왕2	66		중국 법상종 규기가 자은사에서 입적
1230	686	신문왕6	70	혈사에서 입적. 설총이 유해로 원효상을 조성하여 분황사에 봉안	
1323	779	혜공왕15			손자 설중업이 신라 사신의 일원으로 일본에 감. 일본의 상재(上宰)가 설중업이 원효의 손자임을 알고는 기뻐하며 원효를 찬탄하는 시를 써 줌
1645	1101	고려 숙종6		대국국사 의천의 건의로 원효에게 '화쟁국사(和諍國師)' 시호(諡號)를 추증	

하는 마음을 일으키는 것   377

방법(謗法) 진리를 비방하는 자, [부처님의] 진리를 비방하는 것   78, 208

방편(方便) 수단과 방법   145

방편괴(方便壞) [지혜와 자비의] 수단과 방법으로 [집착을] 무너뜨린 [열반]   142, 143

방편괴열반(方便壞涅槃) [지혜와 자비의] 수단과 방법으로 [집착을] 무너뜨린 열반   145

방편정(方便淨) [지혜와 자비의] 수단과 방법으로 인한 온전함   203

백법(白法) 바른 진리   170

번뇌습기(煩惱習氣) 번뇌의 누적된 경향성   199, 200

번뇌신(煩惱身) 번뇌에 빠진 신체   150

번뇌업(煩惱業) 번뇌의 행위   159

범부유위사도(凡夫有爲四倒) 범부의 [무상無常·고苦·무아無我·부정不淨, 이] 네 가지에 대한 [뒤바뀐 분별의] 행위가 있는 왜곡   212

범위(凡位) 범부의 지위, [초지初地 이하] 범부의 경지, 범부의 경지   146, 331, 332, 342

범주(凡住) 범부 중생의 지위   144

법(法) 진리, 현상, 개념적 대상, 가르침, [마음의] 현상, 대상, 개념적 경험세계   200, 207, 221, 242, 243, 291, 297, 318, 425, 446

법계(法界) 진리세계, [하나로 통하는] 진리세계, [모든] 현상세계   170, 181, 192, 274, 313~315

법계지성(法界之性) [하나로 통하는] 진리세계라는 본연   170

법공(法空) 모든 존재에 불변·독자의 실체가 없음   258

법공관지(法空觀智) 모든 대상에 실체가 없다고 보는 지혜   329

법락(法樂) 진리의 즐거움   188

법무성(法無性) 대상에 불변·독자의 본질이 없음   383, 388

법불성(法佛性) 진리로서의 부처 면모   302, 381

법불성문(法佛性門) 진리로서의 부처 면모라는 측면   304

법불지성(法佛之性) 진리인 부처의 면모   303

법상(法常) 진리 [몸]의 늘 머무름   220

법성(法性) 진리 면모, 본연   260, 446

법성신(法性身) 진리면모의 몸   187

ㅇ

398

일성(一性) 같은 면모, 하나, 하나[로 묶어서 보는 측면], 하나처럼 통하는 본연 148, 173, 177, 295, 412

일승(一乘) 하나처럼 통하게 하는 가르침, [삼승三乘을] 하나처럼 통하게 하는 가르침, 하나처럼 통하는 경지 385, 390, 395~397, 434, 438, 442

일승파삼귀일(一乘破三歸一) 하나처럼 통하게 하는 가르침이 [성문聲聞 · 연각緣覺 · 보살菩薩의] 세 가지 가르침을 깨뜨려 하나로 돌아가게 하는 것 434

일심(一心) 하나처럼 통하는 마음, 하나처럼 통하는 마음[의 측면] 240, 292, 297, 351, 388, 392, 408, 411, 412

일심법(一心法) '하나처럼 통하는 마음'에 관한 도리 293

일심비인과성(一心非因果性) 하나처럼 통하는 마음의 원인도 아니고 결실도 아닌 면모 411

일심지성(一心之性) 하나처럼 통하는 마음의 면모, 하나처럼 통하는 마음이라는 본연 292, 412

일심지원(一心之原) 하나처럼 통하는 마음의 근원, 하나처럼 통하는 마음이라는 근원 315, 388

일심지체(一心之體) 하나처럼 통하는 마음이라는 바탕 411

일위(一位) 첫 번째 단계 338

일의(一意) 하나의 [크나큰] 뜻 75

일이자재(一異自在) 같고 다름이 자유자재한 것 240

일일념(一一念) [생멸生滅하는] 하나하나의 생각들 369

일입(一入) 하나의 경험범주 186

일즉일체일체즉일(一卽一切, 一切卽一) 하나[의 능력]이 곧 모든 [능력]이고 모든 [능력]이 곧 하나[의 능력]임, 하나가 곧 모든 것이고 모든 것이 곧 하나임 179, 247

일진신(一塵身) 하나의 먼지[처럼 작은] 몸 239

일천제(一闡提) 좋은 능력이 끊어진 자, 좋은 능력이 모두 끊어진 자 78, 147, 277, 343

일체(一體) 같은 본연 318, 319

일체각(一切覺) 모든 것을 깨달은 자 385, 391

일체경(一切境) 모든 경지 315

일체덕상(一切德相) 모든 능력의 [차별적인] 양상 192

ㅈ

ㅎ

涅槃宗要